三峡石刻研究与保护（研究卷）

【上】

中国文化遗产研究院　李宏松 编著

文物出版社

图书在版编目（CIP）数据

镌刻的峡：三峡石刻研究与保护．研究卷 / 李宏松编著．-- 北京：文物出版社，2020.12

ISBN 978-7-5010-4792-5

Ⅰ．①镌… Ⅱ．①李… Ⅲ．①石刻—研究—三峡 Ⅳ．① K877.404

中国版本图书馆 CIP 数据核字 (2019) 第 203218 号

镌刻的峡

三峡石刻研究与保护（研究卷）

编　　著：李宏松

责任编辑：李　睿　宋　丹
责任印制：苏　林
封面设计：王文娴

出版发行：文物出版社
地　　址：北京市东直门内北小街2号楼
网　　址：http：//www.wenwu.com
邮　　箱：web@wenwu.com
经　　销：新华书店
印　　刷：北京京都六环印刷厂
开　　本：889mm × 1194mm　1/16
印　　张：36.75
版　　次：2020年12月第1版
印　　次：2020年12月第1次印刷
书　　号：ISBN 978-7-5010-4792-5
定　　价：800.00元（全二册）

序

2018 年 3 月李宏松同志将他们编撰的《三峡石刻研究与保护》书稿交于我，请我作序。翻阅这部书稿，作为三峡文物保护工作的亲历者许多往事又浮现在眼前。

从 1993 年至 2011 年间先后有四十多家文博单位和大专院校在三峡库区开展了卓有成效的研究工作，他们为三峡库区各项文物抢救性保护工程的实施奠定了良好基础。因为本人工作经历、专业和研究方向的因素，我对中国文化遗产研究院（原中国文物研究所）李宏松同志负责的三峡工作组比较了解，由于他们承担的石刻保护项目大多小而分散，所以他们的足迹几乎踏遍了库区的每一个市县，为了到达每一个文物点获得第一手资料，他们常常背着测绘设备长途跋涉，在重庆市文化局组织下，我参加过他们工作成果的验收，他们提交的成果翔实可靠，获得了基层文物主管部门的好评，因此被评为重庆市三峡库区文物保护先进集体。这些工作成果为本书的编撰提供了丰富的实物资料。

本书作者从人地关系视角入手，根据三峡地区特点，围绕“山”、“水”、“人” 三个关键字，通过实物资料的整理、研究与大量文献资料的查阅、研究，对三峡 石刻进行了具有一定深度的研究。为我们今后开展石刻研究提供了一个新思路。

最后，我非常同意李宏松同志对于三峡石刻下阶段研究工作的展望。三峡地 区的文物研究和保护是一个长期性的工作。

黄克忠

2018 年

自序

1993 年—2011 年举全国文博系统的力量所实施的三峡库区文物抢救性保护 工作在中国乃至世界范围内，无论是保护文物的数量，还是投入的人力和资金，都 堪称是一项前无古人的伟大工程。本人很幸运能成为这一工程的亲历者和创造者之一。我们从 1993 年— 2003 年十年间围绕三峡工程淹没区及迁建区的石质文物，在国家和地方文物主管部门的组织下，开展了持续的保护工作，搜集了大量的第 一手资料。如今这些文物大部分已被淹没，今天甚至以后，人们可能将无法再见到它们的真容。而我们手上的资料和研究、保护成果也许将成为后人了解和研究它 们的唯一途径。因此，我们有责任，也有义务为了这份不能淹没的记忆，将这些 资料整理出来，完整地呈现给世人。这便是本人编撰此书的初衷。

书中，本人将从人地关系视角入手，根据三峡地区特点，围绕“山”、“水”、“人”三个关键字，对三峡石刻的内容、价值展开论述。

李宏松

2018 年春节

目 录

上

绪论

壹　研究背景

长江，自古以来就是我国文明的发祥地之一。而作为长江上游的三峡地区，不仅有举世闻名的自然风光，同时也包含了丰富的文物资源。从20世纪50年代年代四川省博物馆、重庆市博物馆、四川大学历史系联合组织考古调查队对这一地区进行较为全面的调查，拉开对这一地区古遗址文化性质认识的序幕开始，历年来的工作证明，早在200万年以前，我们的原始先民就在这富饶美丽的长江三峡两岸生活，从新石器时代，历夏、商、周，三峡地区不仅有一套自己的较为完整的文化发展序列，而且还有自己独立的文化发展体系。在整个中国考古学文化链条上，是不可缺少的重要环节，三峡地区系统的考古发掘和研究，对于探索人类的起源，探索中华民族文明史的起源和发展，以及三峡地区古代文明与周边文化的关系，对于补充中国考古学文化序列等等，都具有极其重要的意义[1]。

随着三峡水利枢纽工程的建设，三峡地区再次成为中国考古界乃至世界文化遗产保护领域关注的焦点。根据《长江三峡工程淹没及迁建区文物古迹保护规划报告》，经国务院三峡工程建设委员会审批，三峡库区文物保护项目共1087处，其中地面项目364处，地下项目723处。我们有幸从1994至2003年的十年间，参与了这一举世瞩目的文化遗产抢救保护工程。承担了其中大部分石质文物的保护工作。从数量上和类型分析，由于库区受淹石质文物类型复杂，包括了阙、塔、亭（池）、纤（栈）道、桥梁等古建筑90处，近现代建筑物10处，石窟寺及摩崖造像16处，石刻及其他159处，共计275处，超过了地面文物总数的一半。因此，对于三峡库区石刻的研究和保护意义重大。从年代分析，三峡库区石刻迄于汉晋，盛于唐宋，延至近代，长达1700余年。它们从不同侧面以不同形式反映了各个历史时期的政治、经济及社会生活，是我们研究三峡地区历史和文化脉络宝贵的实物资料[2]。

综上所述，对这些文物进行系统研究，是三峡地区考古研究的重要组成部分；对这些文物进行系统研究，也是三峡地区文化研究的重要组成部分；对这些文物进行系统研究，更是三峡地区文化生态建设的重要组成部分。

贰　三峡文化研究发展历程及现状

对于三峡文化的研究历程大体可分为三个阶段。

一、第一阶段（1957年至1992年）

早在20世纪30年代，一些带有探险性质的考古调查就已经在湖北宜昌至重庆万州的三峡地区进行过，比如美国自然历史博物馆中亚探险考古队的纳尔逊(N.C.Nelson)和传教士埃德加(J.H.Edgar)等。他们在三峡河谷地带进行的业余性考察活动，认为远古先民在三峡地区创造的文化甚至可以和“北京猿人文化”比肩。但在当时的情况下，他们的结论显然遭到了众多的置疑甚至是非议[3]。由于这些活动缺乏专业性，所以它们还不能被视为三峡地区的考古工作。

1949年后，为配合三峡工程的前期论证，中国科学院考古研究所、湖北、四川两省的文物考古机构和长江流域规划办公室（长江水利委员会前身）考古队，陆续进入三峡库区，进行了多次调查和发掘，发现并确定了大量遗址和墓葬，出土了数量可观的文物，为三峡文物保护工作奠定了基础。其中比较重要的调查有：1954年四川省博物馆在巴县冬笋坝发掘了20余座战国时期的船棺墓。1957年至1958年，由四川省博物馆、重庆市博物馆、四川大学历史系联合组织的考古队在三峡地区进行了第一次较全面的调查，当时调查记录的古文化遗址，古墓葬及古生物化石点有近百处。在上述调查的基础上，1959年四川省长江流域文物保护委员会文物考古队对巫山大溪遗址进行了两次发掘。发掘面积228平方米，清理了墓葬75座，出土了一批极具地方特色的重要遗物，自此有了“大溪文化”的命名，也掀起了峡江地区考古发掘的序幕。1975年，四川省博物馆又对大溪新石器时代遗址进行了第三次发掘。清理了墓葬133座。通过这次发掘，人们对“大溪文化”的性质和面貌有了较全面的认识。1972年，四川省博物馆、重庆市博物馆、涪陵县文化馆联合对涪陵小田溪战国墓地进行了一次发掘。清理了2座土坑墓，共出土了200余件青铜器和陶器。其中M1号墓出土的青铜器就有47件。有釜、甑、勺、豆、盆、盒、灯台、凿、剑、钺、矛、戈、弩机等。在这批青铜器中，尤以成套的14件编钟引人瞩目。这批随葬品的出土，表明四川地区青铜冶炼、铸造和制作工艺已达到相当高的水平。为研究古代巴国的政治、经济、军事、文化等都提供了极其重要的实物资料。通过这次发掘，使人们认识到该墓区可能是巴王族早期的陵墓区。1980年以后，四川省文物管理委员会、四川省文物考古研究所又在小田溪墓区先后清理了几座战国土坑墓。这一系列的发掘，有力地支持了该墓地为巴王族陵墓区的推断。1987年以后，中国社会科学研究院考古研究所四川队对川东地区新石器和商周时代的遗址进行了重点调查。1981年5月，四川省文物管理委员会、万县地区文化局、忠县文化局联合对忠县㽏井乡卧马凼水南侧的蜀汉时期崖墓进行了清理。共清理崖墓15座，出土文物3600余件。这次发掘轰动了国内考古界。尤其是其中的14件铜佛像、陶房、陶庖厨俑以及3000余板“直百五铢”，对于研究佛教传入我国的路线、蜀汉时期我国的建筑风格，建筑艺术、人们的风俗习惯、服饰特点以及当时的政治、军事、文化特征都提供了极其重要的实物资料。忠县㽏井沟遗址群亦发现于20世纪50年代末期的调查。1959年，四川省博物馆、重庆市博物馆和四川大学历史系联合对属于该遗址群的何家院子、汪家院子以及中坝等三个遗址点进行了试掘。掌握了部分实物和文化层位关系资料。1989年至1990年，四川省文物考古研究所对㽏井沟中坝遗址又进行了第二次发掘，发掘面积为75平方米，清理了灰坑30多个，墓葬2座，出土了一批陶器和石器，据对出土文物的碳14测定，最早的年代距今约4500年左右。从出土遗物反映的文化特征看，从新石器时代晚期直至春秋，基本上保持了文化发展的连续性。通过这次发掘，使人们认识了三峡地区新石器时代晚期至商周这段时期的古文化面貌和与邻近文化的相互关系，对三峡地区古文化序列的研究，对早于三星堆文化的古文化面貌的探索都具有重要的科学价值。此次发掘为三峡地区考古学文化序列建立了一个大致框架，为三峡地区较系统的考古学文化序列的建立打下了坚实的基础[4]。同时，20世纪60年代末长江流域规划办公室与考古、文博部门合作，对长江上游干、支流两岸与洪水有关的摩崖题刻、碑记、古建筑物的年代及其洪水痕迹、古遗址地层中洪水沉积物等方面，进行了大量的水文与考古相结合的专题调查研究；70年代又对重庆至宜昌河段进行了两次枯水题刻调查。这些调查研究成果成为了葛洲坝、三峡工程设计的重要依据资料。

该阶段初步形成了三峡文化主要特征的认识。其中以以下几处重大发现对国内甚至国际学术界和考古界影响最大。

（一）巫峡猿人

重庆市巫山县龙坪村龙骨坡，20世纪80年代中期，我国考古工作者在三峡地区的一次重大发现,震动了世界考古界,1985年秋到1986年秋的一年时间里,这里连续发现了百万年前的巨猿化石，并发掘到一枚古人类门牙化石和一段古人类的下颌骨，据国内外权威机构鉴定，它们是距今约204万年前古人类的化石。这一惊人发现，对世界考古界关于“人类起源于非洲”的论断提出了强有力的挑战。据此，有关专家认为：长江三峡是人类起源地之一，中华民族的祖先乃至世界其它民族的祖先，可能是从三峡地区走向全国以致走向世界的。

（二）郧县文化

郧县猿人化石和遗物，是长江三峡地区湖北省境内迄今发现的最早的旧石器时代遗存。1973年至1975年发现于郧县梅铺乡杜家沟口的龙骨洞中，有猿人牙齿化石四枚，堆积物中发现一些石块，其中有一件石核是经过人工连续打击而形成的。伴随出土的动物化石中，有第三纪的残存种类和更新世早期的典型种类，从而显示出动物群的古老性质，所代表的时代为更新世中期前段。郧县猿人与陕西蓝田猿人年代相当，距今约七八十万年。十余年后，在郧县曲远河口学堂梁子，分别于1989年和1990年又发现了“郧县人”头骨化石和遗物，共有两具人类头骨化石，这是湖北省古人类学和旧石器时代考古的重大发现。挖掘中获得哺乳动物化石十余种，从群体看，属更新世中期。据初步研究，“郧县人”化石和北京猿人年代相当。这次还同时获得石制品数十件。

（三）长阳文化

1956年和1957年，在长阳土家族自治县境内的黄家塘下钟家湾的一个溶洞中发现了一件残破的左上颌骨和一颗牙齿化石。据考，“长阳人”的地质年代，属更新世晚期，即考古学上的旧石器时代中期，距今约十至二十万年。“长阳人”化石的发现是1949年之初最大的考古发现之一，它给人类本身的分布和演化提供了新的资料。同时，该洞内还发掘出剑齿象、巨貘、犀牛、箭猪、大熊猫、虎等四十余种哺乳动物的化石。

（四）大溪文化

位于瞿塘峡东口，长江南岸，上距奉节县城15公里，下距巫山县城45公里，此处峡口南岸的大溪流进长江。大溪镇位于该溪东岸，著名的大溪文化即发现于此。1958年，在大溪西岸的高地上，发现了大量典型的新石器时代的生产工具、生活用品和原始的艺术品。生产工具是打制、磨制而成的石锄、石斧、石凿等，还有骨针、骨矛和陶制纺轮。生活用品都是手制的陶碗、陶罐、陶钵等陶器，其中的彩陶是三峡地区第一次发现的。艺术品有玉璜和用陶、石、骨制成的装饰品。1959年和1979年考古工作者先后在大溪西岸的大溪村进行了两次大规棋的发掘工作，出土的大量文物证明，这里是距今六千多年前原始社会后期母系氏族公社新石器时代的遗址，出土文物的形制和纹饰都表现出长江中游浓厚的地区特点。根据考古学家的分析，大溪文化与湖北的屈家岭文化、江苏的青年岗文化和浙江的河姆渡文化有着一些相同的特点，同是长江流域重要古文化的一支，但它同时又与稍早期分布在黄河流域的仰韶文化有着密切的关系，在中华民族古老文化史上占有极为重要的地位。大溪文化分布的范围很广，东起鄂中南，西至川东，南抵洞庭湖北岸，北达汉水中游南岸，主要集中在长江中游的西段地区。

（五）香炉石文化

历史学家和考古学家20世纪90年代研究证实，位于宜昌地区长阳土家族自治县境内的香炉石遗址，是我国古代早期巴文化遗址的首次发现，这一重大的考古发现，为揭开我国古代早期巴人历史之谜提供了丰富而珍贵的实物证据。

香炉石遗址是为配合清江隔河岩水电枢纽工程建设进行的抢救性考古发掘时发现的。该遗址夏、商、周时期的文化堆积较厚，当时发掘的面积虽不到400平方米，但已出土了我国古代早期的石器、陶器、骨器、甲骨、陶印章等重要历史文物近万件，经当时中国科学院考古研究所进行测定，其年代最早距今四千余年，被考古学家命名为“香炉石文化”。这一文化上起夏，下至西周，前后长达千余年，即为我国古代早期巴文化。它的影响东至鄂中江汉平原，与北方中原的商文化相接触相融合；西至川中成都平原，与早期蜀文化交叉融合，共同发展，形成了我国历史上具有重要地位和深远影响的巴蜀文化。

综上所述，巫山猿人、郧县文化、长阳文化、大溪文化、以及香炉石文化证明：三峡文化，为巴、楚文明和长江流域文明的产生和发展作出了不可磨灭的贡献。而从巫山猿人到古代巴人，短短一百多公里的三峡竟浓缩了两百万年人类发展历史，堪称世界奇迹[5]。

除此之外，该阶段还开展了一些与三峡文物保护相关的工作。如 20 世纪 80 年代，为配合葛洲坝工程建设，湖北省文物部门对受工程影响的区域进行了两次考古调查和小面积发掘。1984 至 1986 年，湖北、四川两省为配合三峡工程的前期工作，对三峡库区海拔 150 米以下的区域进行了考古调查。同时，国家文物局组织有关单位对坝区的部分遗址进行了发掘。长江流域规划办公室对海拔 175 米以下地区文物进行了调查。调查文物数量 44 处，其中地面文物 29 处，地下文物 15 处。按保护级别分，其中全国重点文物保护单位 1 处（涪陵白鹤梁题刻），省级文物保护单位 5 处（忠县石宝寨、丁房阙、无铭阙、云阳张桓侯庙、秭归屈原祠），市县级保护单位十余处。

二、第二阶段（1992 年至 2002 年）

该阶段主要是针对三峡库区实施的文物抢救性保护工作。主要包括：对库区进行了系统全面的考古研究工作，完成了一系列三峡文化研究课题，尤其是解决了考古研究中一些悬而未决的问题。

1992 年 4 月 3 日，七届人民代表大会第五次会议通过兴建长江三峡水利枢纽工程的决议。根据国家文物局的布署，湖北、四川两省文化厅组织有关部门，从 1992 年起开始展开三峡工程淹没区的专项文物普查工作。1992 年国家文物局成立了“三峡工程文物保护领导办公室”（简称领导小组），负责三峡文物保护的领导和组织工作。为了彻底了解和掌握库区文物状况，领导小组成立后，马上筹备组织全国的文物保护力量对三峡库区进行文物调查。1993 年 3 月国家文物局在重庆建立了联络站，负责组织和联络，并在湖北省秭归县和原四川省万县市分别设立了工作站，负责文物调查的业务组织、工作协调、项目计划等工作。

1993 年 6 月，国家文物局根据历年对三峡地区文物的调查和考古发掘资料，制定了《三峡文物保护规划大纲》（以下简称《大纲》）。《大纲》将 22 个区县 632 平方公里作为基本保护区域，将 828 处当时已知的文物划定为基本保护对象，从规划编制依据、指导思想、文物概况、文物价值、三峡文物保护的社会意义、文物保护初步规划、经费框算等方面进行了论述。并对这些文物的历史沿革、保存现状、价值评估和社会影响等进行了详尽的阐述。

1993 年 11 月和 12 月，国家文物局分别在北京和成都召开了由湖北省、四川两省文化厅、长江水利委员会及全国 24 家文物保护机构和高等院校参加的三峡库区文物保护规划的动员和组织工作会议（图 1-1），会后与会的 24 家单位进入三峡库区，开始了全面的文物调查、勘测和小范围的发掘工作，并分别完成了文物保护规划的基础编制工作。在此工作基础上，为更科学地制定文物

图 1-1　1993 年湖北省三峡库区文物保护工作会与会代表合影（引自《三峡文物保护研究》）

保护规划，按照国务院要求，1994 年 3 月国家文物局指定原中国历史博物馆（现中国国家博物馆）和原中国文物研究所（现中国文化遗产研究院）组建三峡工程库区文物保护规划组（以下简称规划组），负责三峡库区文物保护规划的编制工作。在国家文物局的组织和指导下，受三峡工程库区文物保护规划组的委托，从 1993 年至 1995 年初，来自全国 30 余个文物考古、建筑、地学和人类学等科研机构和大专院校的 300 余名科研人员参与了为编制规划而开展的调查、勘测及考古等基础性工作（图 1-2），并着手编制分区和专题基础规划，为总体保护划的编制提供了科学依据。这

图 1-2　规划组考察库区文物保护工作在云阳与现场工作人员合影（引自《三峡文物保护研究》）

是 1949 年以来为配合基本建设工程进行的规模最大的文物调查工作（图 1–3）。

根据三峡文物特点，本次调查以三峡工程淹没区及迁建区地下文物和地面文物为主要调查对象，并对民族民俗文物及博物馆建设进行系统调研。

经过两年多的调查，最终确定文物数量为 1282 处。其中地下文物 829 处，地面文物 453 处，包括 60 余处旧石器时代遗址和古生物化石采集点。这一数据比长江水利委员会提出的 44 处多了 1238 处，比《大纲》中估列的 828 处多了 454 处，基本摸清了三峡文物的“家底”。为最终编制《长江三峡工程淹没及迁建区文物古迹保护规划》（简称《三峡文物保护规划》）奠定了良好基础（图 1–4）。

图 1–3　水下考古（引自《三峡文物保护研究》）

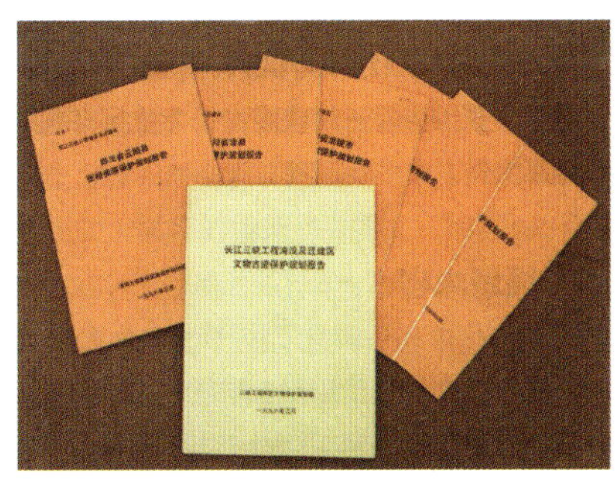

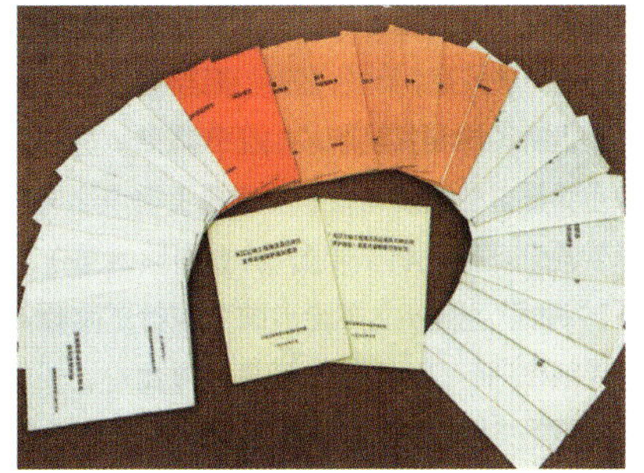

图 1–4　基础资料（引自《三峡文物保护研究》）

地下文物主要调查海拔177米高程以下的地下埋藏的遗址和墓葬，调查方式以地面调查、标本采集结合物探、钻探和试探性发掘等为主，目的是调查和确定遗址和墓葬的位置、所处高程、年代、规模、价值及保存情况等，并提出考古发掘、考古勘探、留取资料等方式的保护建议。并将考古发掘分为A、B、C、D四个等级，提出了各项目的初步概算。

地面文物主要调查海拔177米高程以下的古建筑（包括祠庙、民居、桥梁、塔、亭等）、石窟寺及石刻、近现代重要史迹及代表性建筑、栈道、纤道及其他遗存等。主要工作为核定高程和年代、测绘、价值评估、保存现状评估，按文物价值、保存情况、文物类型等分别提出了原地保护、搬迁保护、留取资料的保护建议，并完成了规划设计，提出了各项目的初步概算。

根据以上工作成果，1996年3月规划组编制完成了《三峡文物保护规划》（图1–5），该规划主要由总报告、分省报告、分县报告组成。其中总报告6册，包括附录5册，即《长江三峡工程淹没及迁建区文物古迹保护规划》及附录1《四川省涪陵市白鹤梁题刻保护规划报告》、附录2《四川省云阳县张桓侯庙保护规划报告》、附录3《四川省忠县石宝寨保护规划报告》、附录4《民族民俗文物保护规划报告》、附录5《博物馆建设规划报告》；分省报告2册，即《四川省文物古迹保护规划报告》、《湖北省文物古迹保护规划报告》；分县报告22册，其中包括湖北省宜昌、秭归、巴东、兴山4册；原四川省巫山、巫溪、奉节、云阳、开县、万县龙宝区、万县五桥区、万县天城区、忠县、石柱、丰都、涪陵、武隆、长寿、巴县、江北、重庆市市区、江津18册。

图1–5 整理出版的规划报告（引自《三峡文物保护研究》）

图 1–6　参加论证会的专家任继愈（左一）、张开济（左二）、谢辰生（左三）（引自《三峡文物保护研究》）

1996 年 5 月规划组向国务院三峡建设委员会移民开发局、湖北省移民局、四川省移民办和长江水利委员会库区处提交了《三峡文物保护规划》，1997 年至 1999 年经过多次论证和补充修改（图 1–6），1999 年 10 月国务院三峡办在京组织了“三峡文物保护规划审批会”，与会专家听取了有关部门对《三峡文物保护规划》的审核报告，对有关问题进行研究和讨论后，最终形成了会议纪要。会议认为：“鉴于《三峡文物保护规划》中大多数文物保护项目和保护方案可以确定，对保护经费的确定提出了具体途径，其他遗留问题也有了解决的方法，规划的审批工作可告一段落，下一步工作，应在规划确定保护经费、解决遗留问题的同时，重点抓文物保护的实施，会议同意将 1087 处文物列入保护规划。”

2000 年 6 月国务院三峡办向有关部门下发《关于批复 < 三峡工程淹没区及迁建区文物保护和保护方案复核意见 > 并印发 < 三峡工程淹没区及迁建区文物古迹保护规划（保护项目及保护方案）> 的通知》，正式将 1087 处文物列入保护规划，印发文物名单和保护方案。至此，《三峡文物保护规划》编制及审批工作结束。三峡文物保护工作全面进入按规划实施阶段[6]。

该阶段，1997 年重庆市升为直辖市，接管三峡工程淹没区四川境内的文物保护工作。重庆市三峡工程淹没区文物抢救工作正式实施后，30 余家科研单位、大专院校、施工单位经过六年的艰苦工作和不懈努力，截止 2002 年 6 月份统计，完成考古发掘任务 59169 平方米，出土珍贵文物 4000 余件，一般文物 30000 余件，完成地面保护项目 63 项，其中留取资料 46 项、原地保护 9 项、搬迁保护 8 项。该地区的文物搬迁和抢救发掘工作取得了丰硕的成果。通过对重要遗址的发掘，基本上弄清了这一地区古遗址的文化内涵和与周边文化的相互关系，给我们研究该地区古文化的产生发展及消亡提供了宝贵的实物资料。

该阶段结合考古成果和文献研究，许多学者都对三峡地区以往悬而未决的问题进行了全面而深入的探讨。经过十余年，在几十家科研单位和大专院校的共同努力下，人们逐渐对三峡地区文化特征尤其是考古学文化类型及发展有了一个全面的认识。

总之，通过这一阶段对三峡地区文物实施的抢救性保护和研究工作，也使我们清楚地看到，横贯祖国东西的长江与黄河一样，其文化与文明贯穿着整个中国历史，对我国社会、经济的历史进程起着十分重要的作用。长江与黄河一样，是中华民族悠久灿烂文明的摇篮。

三、第三阶段（2002 年以来）

该阶段是在第二阶段研究基础上的一次跨越。具体表现为两个方面。一是研究内容趋于多元化，研究内容几乎涵盖了三峡地区所有的相关研究领域，呈现百花齐放的景象；二是研究方法趋于综合性，鉴于研究内容的扩大，原来三峡地区以考古学、人类学方法为主导的，一枝独秀的研究状态发生了巨大改观，历史地理学、民族学、民俗学、水文学、景观学、航运文化、宗教文化、文物保护，甚至文学都成为了国内学者对于三峡文化的研究方向，并产生了一批成果。具有代表性的有以下几个方面。

（一）考古学

该阶段考古学方面的研究，除了大量考古报告的出版外，许多学者还在考古发掘资料基础上，针对专项问题，进行了整合性研究。其中以“十一五”国家重点图书出版规划项目、经典中国国际出版工程资助项目《三峡考古研究丛书》最具代表性。该研究内容涵盖了人类起源、石器时代文化、早期城镇变迁、盐业发展、水文考古等多个研究领域。还有如复旦大学文物与博物馆学系高蒙河教授利用考古发掘资料和考古地理学方法结合三峡考古实践，对一些个案进行了分析。指出要用动态的观点来分析遗存，该成果是对考古学方法的有益探索[7]。

（二）历史地理

该方面研究最具代表性的学者是西南师范大学历史系的蓝勇教授，早在 1993 年左右，他就开始致力于三峡地区历史地理研究。在以后二十余年的研究过程中，他的研究内容涉猎了历史时期三峡地区经济开发与生态变迁、历史时期三峡地区森林资源分布变迁，他的研究成果先后发表在《中国史研究》、《中国农史》、《中国历史地理论丛》、《科学·经济·社会》等刊物上，他还主持完成了国家教委“八五”规划项目《历史时期三峡地区经济开发》等科研课题。2003 年，编撰出版了《长江三峡历史地理》一书。该方面其他具代表性的成果还有 2002 年北京大学出版社出版，陈可畏编撰的《长江三峡地区历史地理之研究》，2010年中国社会出版社出版，邓显皇编著的《三峡方舆考》等。

（三）民俗学

湖北省宜昌博物馆赵冬菊结合长江三峡地区文化遗产之特征，以及工作中的体验，指出考古学与民族学、民俗学有着密切的关系。三峡考古揭示了民族、民俗文化事象；三峡地区民族民俗文物研究应与考古研究交汇和互渗；考古学应与民族学、民俗学互渗[8]。中山大学人类学系程瑜等从分析三峡地区的民俗入手，阐释了文化本身的多元复合性，总结了三峡文化的本质特点[9]。西南大学历史地理研究所白昌红通过研究指出唐宋时期三峡地区由于其特殊的自然地理环境和多个民族杂居使得这一地区的信仰民俗景观极具特色，主要表现为焚山祈雨、好淫祠祭鬼神等。但明清以后民俗事象较大变化，主要是其他少数民族的民俗事象逐渐消亡，这是明清之际大量汉族移民迁入的结果[10]。2010年三峡大学人文素质教育课程建设资助项目宜昌师专胡长贵等编著的《三峡民俗风情概说》一书，系统阐述了三峡地区当下的民俗特征。

（四）文物保护

文物保护研究是第二阶段保护工作的延续和总结。该方面主要有综合性研究和工程案例研究两类。综合性研究如国家博物馆郝国胜编著的《三峡文物保护》,该专著从调查与规划、实施与管理、成果与经验等方面全面梳理了三峡文物概况和保护历史，总结了三峡文物保护的成功经验、意义和社会影响，是迄今为止，总结三峡文物保护最全面的一部图文并茂的专著。工程案例研究如西安市文物保护修复中心等编撰的《瞿塘峡壁题刻保护工程报告》，谢向荣、吴建军等编著的《水下文化遗产保护——白鹤梁题刻原址水下保护工程》等。

（五）文学

从文学角度研究三峡文化是一个比较新颖的视角，以前该方面研究很少，但是随着三峡文化研究的多元化，该方面研究成果也如雨后春笋一般涌现出来。且表现为研究成果系统性、综合性较强，其中不乏高水平的学位论文。如中南民族大学杨文才的硕士论文《古代三峡诗的文化解读》，全文着眼于古代三峡诗，通过对这些诗歌的综合解读，再现了三峡的历史风貌、人文地理，指出了三峡诗的魅力和研究意义之所在。再如华中科技大学陈建华的硕士论文《唐宋时期三峡地区旅游文学》，全文从唐宋时期三峡旅游文学的相关概念、唐宋时期各大名家的三峡诗词及三峡旅游开发的初步探索三个方面进行了系统论述，总结了三峡旅游文学在唐宋时期的特点，并探讨了如何利用唐宋时期的旅游文学资源对旅游业发展形成促进作用。又如中央民族大学周建军的博士论文《民族文学视野下的竹枝词研究》，本文取民族文学视野，以西南少数民族竹枝词为研究重点，对多民族因迁徙、融合而形成的竹枝词进行了系统梳理和考证，并阐述了其源流以及对汉族文人竹枝词创作的影响。

该阶段除以上五个代表性的研究方面外，还产生了许多综合性、集成性的研究成果，如三峡文化与经济系列丛书，其中 2010 年由三峡大学绍华编著的《长江三峡宗教文化概论》全面阐述了三峡地区各种宗教与宗教事象的历史、现状及其区域特征，纵向梳理了各教派在三峡地区传播历程、特点和复杂影响，应是目前对三峡地区宗教文化研究最具代表性和集成性的成果；再如三峡学院中文系和三峡学院三峡文化研究所共同编辑的《三峡文化研究》，该书是以书代刊性质的系列论文集，所以其中论文内容较丰富，涉猎面较广。并致力于将“三峡文化”研究上升至“三峡学”的高度。正如武汉出版社李俊所说：“三峡文化与我国其他地域性文化迥然有别的内涵与特征充分显示了其自身的独特性、丰富性与无穷魅力。”自长江上的第一个水电枢纽工程——葛洲坝工程问世以后，尤其是跨世纪工程——三峡水电枢纽工程动工以来，伴随着地域文化在学术界的升温，三峡文化逐渐为世人瞩目，得到社会各界的广泛关注认同，长江三峡学正是在三峡文化研究基础上所进行的学术整合与提升[11]。该阶段还有一个重要事件是不得不提的，就是 2005 年 6 月 18 日，重庆直辖 8 周年纪念日之际，重庆中国三峡博物馆的正式开馆（图 1–7）。这意味着三峡库区文物保护已取得了阶段性成果，同时“三峡文化”保护和建设开启了新的篇章。

图 1–7　重庆市中国三峡博物馆外景

叁 本书研究内容及研究方法

一、研究内容

（一）石刻形制及保存现状勘测

如研究背景所述，本书的内容基于我们1993年至2003年近十年三峡文物保护工作的成果，因此，对于石刻第一手的野外调查和勘测工作既是重要的研究内容、研究基础，也是重要的工作方法。因此，本书图版卷主要反映的是该部分内容。

（二）题刻文字释读及汇编

对于石刻的研究和保护，不同于其他地面文物，由于石刻中有大量的题刻、题记，所以对于这些文字的释读、编录是一项重要的研究工作。因此，本书释文卷主要反映的是该部分内容。

（三）相关文献查考及石刻相关历史背景研究

文献查考有助更深入了解和理解文字背后的历史。所以也是石刻研究的重要内容。该部分内容主要体现在本卷，即研究卷中。

（四）石刻相关民俗活动研究

三峡石刻由于其独特的文化背景，所以，其中大部分石刻与当地民风民俗有关，因此对于石刻相关民俗活动研究也是三峡石刻研究重要组成部分。这也是本卷的主要内容。

（五）石刻相关价值评估

如研究现状中所述，目前对于三峡文化研究已呈现多元化趋势，而作为三峡文化重要实物载体的石刻，揭示和梳理其内涵的价值，为后人保留一批完整而真实的资料是我们研究三峡石刻最基本的目的。因此，利用多学科知识和成果，进行石刻相关价值的评估是所有研究中最重要的内容。因此，该部分是本卷，即研究卷的核心内容。

二、研究方法

针对以上五项研究内容，本次研究方法遵循的是实物调查和文献查考相结合的技术路线。为此，我们完成了几百幅图纸的编绘、大量历史和现代文献的查考工作，为本书的编撰奠定了扎实的基础。因我们主要工作区域以重庆市三峡库区为主，所以本书库区湖北省部分石刻的基础资料主要参考2010年国家文物局编撰出版的《三峡湖北段沿江石刻》一书。

第一篇　综述篇

第一章 三峡概念的界定

1.1 三峡的形成及其地质属性

三峡地区，在遥远的地质时代，原是一片汪洋。据地质学家考证，在距今二亿三千万年至一亿九千五百万年前的三叠纪，我国地势是东高西低，在今长江上游地区是一片辽阔大海，与古地中海相通。该海域从今湖北秭归延伸至重庆、四川、贵州、云南、青海、西藏六个省、市、自治区。而湖北省秭归县西部是滨海地区，发育有海陆交替的含煤沉积地层，而云、贵、川、青、藏等地海相沉积地层及化石也证明了这一事实。而之后三峡的形成是地质年代三次构造运动的产物。

▼ 1.1.1 印支造山运动

在距今一亿九千五百万年的三叠纪末，地球上发生过一次强烈的造山运动，即印支造山运动。该运动引起我国西部地壳上升，在今长江上游的大海，随着古地中海的海水大规模向西退去而后退，海水最终退出了现三峡地区。此时秦岭升高，黄陵背斜也初具规模露出海面。海水大退以后，原来的大海只剩下了遗留的秭归湖（今香溪宽谷）、巴蜀湖（今四川盆地）、锡常湖（今西昌一带）、滇池（今滇池、抚仙湖、星云湖等一带）等几大水域。除秭归湖外，其他的水域都被一个水系串连在一起，从东到西由难涧海峡流入地中海，这是西部古长江的雏形。在它的东部，有当阳湖（今湖北省当阳一带）、鄂湘湖（今江汉平原、洞庭平原一带）及其他一些湖泊，它们之间也有大河相连。这就是东部古长江的雏形。

▼ 1.1.2 燕山运动

在距今约七千万年前，地球上又发生过一次造山运动，即燕山运动。在这次造山运动中，造成四川盆地和三峡地区的隆起，秭归湖消失，洞庭、云梦盆地下降。今天，在三峡地区海拔 1000 米的一些山岭上，还可以见到远古地质年代海底遗留下来的大量卵石和化石，这些遗迹证明这里曾经是海洋。在威力巨大的燕山造山运动的作用下，岩层形成了连绵的“褶皱”[①]。三峡地区著名的

[①] 褶皱指岩石中面状构造形成的弯曲。

七曜、巫山、黄陵三大背斜[①]就是在燕山运动中形成的。它们隆起后，在它们东西两坡面发育的河流便各自形成相反的流向。但这时还没有形成统一的长江水系。

▼ 1.1.3 喜马拉雅造山运动

直到距今四千万年至三千万年，地球上又发生过一次喜马拉雅造山运动。这时长江流域地面普遍间歇地上升，其中以上游地区上升最为剧烈，分别形成高山、高原和峡谷，中下游地区上升稍缓，有的地方甚至继续在沉降，因而形成了一些较低的山脉、丘陵、平原和湖泊低地。于是，便形成了我国西高东低的总体地势。直到现在三峡地区的地壳还在缓慢上升，据测量，黄陵背斜每年上升 2－4 毫米。

三峡地区背斜隆起以后，在漫长的地质年代中，它们两侧的河流，在不断地下切和溯源侵蚀中相互靠近。由于西部古长江流域和东部古长江流域受地势西高东低的总体控制，东坡河流比西坡陡，其溯源侵蚀能力更强。所以，三峡地区的三个背斜在漫漫侵蚀过程中，最后被切穿，东西古长江随之贯通，整个长江形成，并从此东流入海。

三峡一经形成，奔腾向东的江水便日夜冲刷侵蚀着河床和河谷的两岸，河床不断加深，河谷不断扩大，最后形成了今天的长江和长江三峡（图 1–1）。

图 1–1 重庆至宜昌卫星影像图

① 背斜指岩层发生褶曲时，形状向上隆起的现象。

地质学意义上的三峡特指瞿塘峡、巫峡和西陵峡的总称[12]。

由于受以上三次构造运动的控制，不仅形成了三峡地区独特的地形地貌特征，而且也决定了三峡石刻岩石岩性和地层的总体特征。今天，以奉节为界，奉节至重庆段，沿江两岸主要以侏罗纪砂岩地层为主，因岩石颜色偏红，又称“红层”；奉节至宜昌段，沿江两岸主要以三叠纪、二叠纪及寒武纪碳酸盐岩地层为主。

1.2 三峡的得名、演变及其历史属性

西南师范大学历史系蓝勇教授在《三峡的得名和演变》一文中对三峡概念历史上的形成过程有一个完整详实的论述。他指出：在历史上三峡的得名和概念内涵屡有变动。但这些“三峡”与我们今天所界定的并非一个地点①。直至明清时人们对于三峡的名称才日趋统一，开始习惯称今瞿塘峡为夔峡和瞿塘峡，今巫峡仍称为巫峡，今西陵峡称为西陵峡，直至今日[13]。

1.3 三峡概念的地理属性

我们必须指出“三峡”因其所指范围不一，历来在地理学范畴中就有大、中、小三个“三峡”之别。“山高水险”是三峡总体的地理特征，该区域丘陵和山地占 95.7%（图 1-2）。

▼ 1.3.1 大三峡

广义上的三峡地区即大三峡。指长江西起宜宾，东至宜昌，长达 1044 公里的江段。

---

①早在魏晋南北朝时期，今天三峡库区概念的地域内就有两个三峡之说。如《太平御览》卷 53 引《荆州记》有“巴有三峡，明月峡、广德峡、东突峡。今谓之巫峡、称归峡、归乡峡”。这里明显记载有两个三峡，一个是巴郡之三峡，一是个巴东郡之三峡。关于巴郡之三峡，《华阳国志》卷 1《巴志》载：“其（巴）郡东积有明月峡、广德峡，故巴亦有三峡。”以今天地理位置看，在今重庆（巴郡治）与涪陵（古积县）之间依秩序有铜锣峡、明月峡、黄草峡。又据《水经注》记载巴县和积县之间依秩序有黄葛峡、明月峡、鸡鸣峡三峡，积县与平都间有东望峡。这里，鸡鸣峡即今涪陵剪刀峡。而《水经注》的东望峡有可能是《荆州记》的东突峡，在今涪陵与丰都之间，具体地点待考，只有广德峡具体位置还难以考定，只可知大概在今巴县木洞与当时的东突峡之间，也有可能便是今长寿东的黄草峡。关于巴东郡之三峡，从汉晋南北朝以来名字十分混乱。《荆州记》载：巴东三峡是巫峡、称归峡、归乡峡，但《水经》载巴东三峡是“江水又东迁广溪峡……江水又迳巫峡……江水又东迳西陵峡”。由此可知汉魏晋南北朝时今瞿塘峡称广溪峡和巫峡，今巫峡称归峡、巫峡，今西陵峡称归乡峡、西陵峡；唐初，今三峡从西向东仍称广溪峡、巫峡、西陵峡。唐初杨炯诗有《广溪峡》、《巫峡》、《西陵峡》三首可为证。不过，盛唐时今瞿塘峡名称又有变化，李白、杜甫、刘禹锡等文人的诗中皆直言瞿塘峡，即可见瞿塘峡得名于盛唐。五代时《玉堂闲话》中具体谈到三峡中的瞿塘峡时也是直呼为瞿塘峡。北宋时期今瞿塘峡又叫西陵峡，今西陵峡又叫称归峡，如《太平寰宇记》卷 148《夔州》载“三峡山谓西峡、巫峡、归峡”。同条又称“瞿塘峡，在东一里，古西陵峡也”。从以上文献可以看出今西陵峡又称归峡，但仍有西陵峡之称，故《太平寰宇记》卷 147《峡州》载“西陵峡在县西北二十五里”。南宋《方舆胜览》卷 57《夔州》仍称“三峡，谓西峡、巫峡、称归峡……瞿塘峡，在州东一里，旧名西陵峡……巫峡，在巫山县之西”。同书卷 29《峡州》则仍记当时有西陵峡。单是大概在南宋时今瞿塘峡已不常称为西陵峡了，所以陆游《入蜀记》、黄庭坚《吴船录》及陆游的许多诗文中都称今瞿塘峡为瞿塘峡，已不见有西陵峡的称呼，也不见有广溪峡的称呼了。明代《警世通言》中谈到王安石智辨峡中水的故事，将三峡分为上峡、中峡、下峡，说明宋明时在民间还有上、中、下峡的习惯称呼。

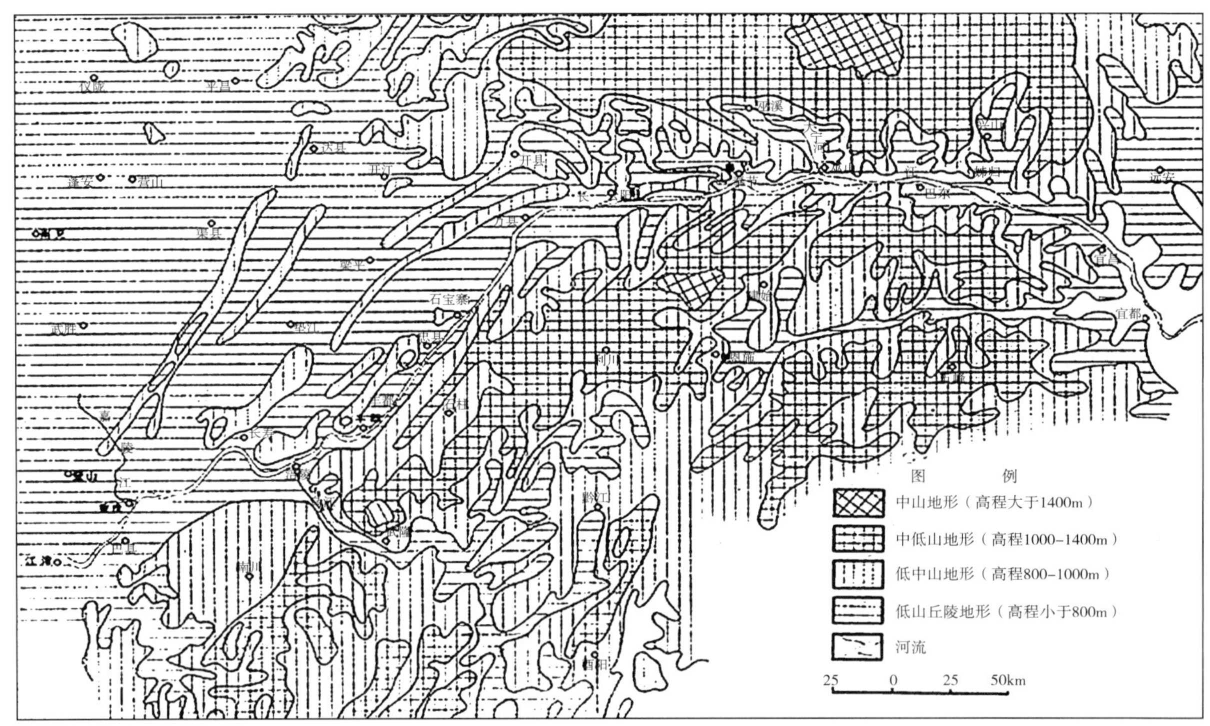

图 1–2　三峡地区地理特征图

▼ 1.3.2 中三峡

一般意义上的三峡地区即中三峡。指西起重庆，东至宜昌，全长 659 公里的江段。

▼ 1.3.3 小三峡

狭义上的三峡地区即小三峡。则特指西起奉节白帝城，东至宜昌南津关，全长 193 公里江段内的瞿塘峡、巫峡、西陵峡这三个峡谷的总称。

1.4　三峡的人文属性

文化的发展既有时代的变迁，又有地域的差异。任何文化现象总伴随有地域的特质，并且都是特定历史过程的产物。因此，文化属性的界定既离不开历史，也不能忽略地域间的差异，必须在时间与空间这两个坐标轴上来研究。长江三峡文化所涵盖的地理区域，通常有三种不同的理解和解释：一是狭义的三峡地区，指由清末民初著名学者杨守敬论定的西起重庆奉节白帝城、东到湖北宜昌南津关的 193 公里江段的瞿塘峡、巫峡、西陵峡这三个大峡谷的沿江地带。后来，旅游部门把宜昌市城东的虎牙滩和隔江对峙的荆门山这一道峡也列入了西陵峡之内，因而三峡延长为 197 公里。二是三峡库区，指三峡水利枢纽工程建成后受到淹没影响而有移民搬迁的 29 个县、市、区，地域面积约 5.8 万平方公里。三是从自然地理和人文地理角度而言的大三峡，地理范围包括长江三峡干流及支流所涵盖的广大地区，含重庆万州、黔江地区，湖北宜昌市和恩施土家族苗族自治州以及神农架林区，共 54 个县、市、区，地域面积约 13 万平方公里，人口 2000 多万。三峡文化研究的地理区域，显然不仅限于著名的长江三峡。就其文化辐射、影响的地域而言，还应包括现今的整个三峡库区在内，即指北靠大巴山，南临川鄂山地，东至宜昌，西迄重庆的峡江流域，均属三峡文化区。可见，三峡文化是指以长江三峡为主要文化区域的具有巴文化底蕴和巴、楚文化融合特征的、进入库区文化发展阶段的地域文化[14]。

1.5 三峡概念的工程属性

1992 年 4 月 3 日，全国人民代表大会七届五次会议通过了有关长江三峡工程的决议。于是三峡又多了一个工程属性，即前述的三峡水利枢纽工程建成后受到淹没影响而有移民搬迁的 29 个县、市、区，地域面积约 5.8 万平方公里的区域。三峡库区位于东经 106°20′—110°30′，北纬 29°-31°50′，东起宜昌，西至重庆 662.9 公里沿江两岸分水岭范围。水库淹没区涉及湖北省所辖的宜昌县、秭归县、兴山县、恩施州所辖的巴东县；重庆市所辖的巫山县、巫溪县、奉节县、云阳县、开县、万州区、忠县、涪陵区、丰都县、武隆县、石柱县、长寿县、渝北区、巴南区、江津区及重庆市区（包括渝中区、沙坪坝区、南岸区、九龙坡区、大渡口区和江北区）（图 1–3）。

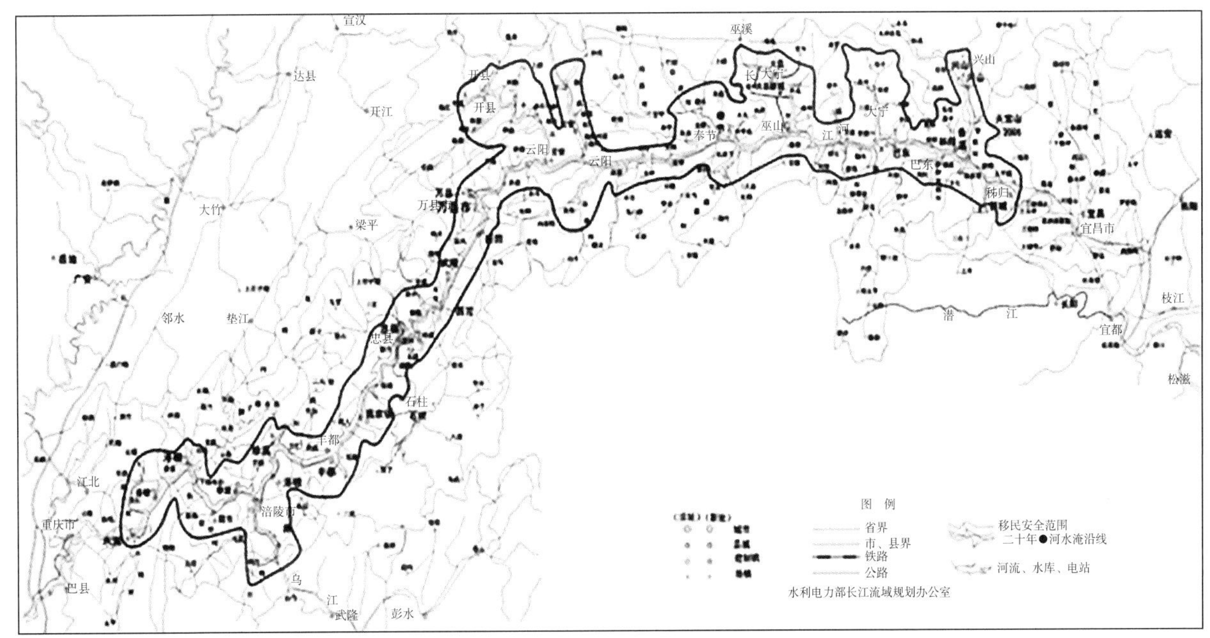

图 1–3 三峡工程库区示意图

1.6　本书三峡石刻三峡概念的界定范围

鉴于我们十年工作的重点和现掌握的资料情况，本书三峡石刻“三峡”概念主要指三峡水利枢纽工程蓄水后受到淹没影响或迁建建设影响的区域。它包括湖北省所辖的宜昌县、秭归县、兴山县、恩施州所辖的巴东县；重庆市所辖的巫山县、巫溪县、奉节县、云阳县、开县、万州区（原万县市）、忠县、涪陵区（原涪陵市）、丰都县、武隆县、石柱县、长寿县、渝北区、巴南区、原江津市及重庆市区（包括渝中区、沙坪坝区、南岸区、九龙坡区、大渡口区和江北区）。特指以上区域中库区正常蓄水淹没线海拔高程177米以下的地区（图1–4）。考虑到历史及文化的关联性，我们在研究中对研究范围作了适当延伸和辐射，为进行比较研究，将淹没线以上或库区周边相关石刻也适度纳入到研究范围中。如2001年4月，我们受重庆市考古所委托，开展的乌江支流大溪河鱼跳电站淹没区地面文物保护工作中收集的资料，特此说明。

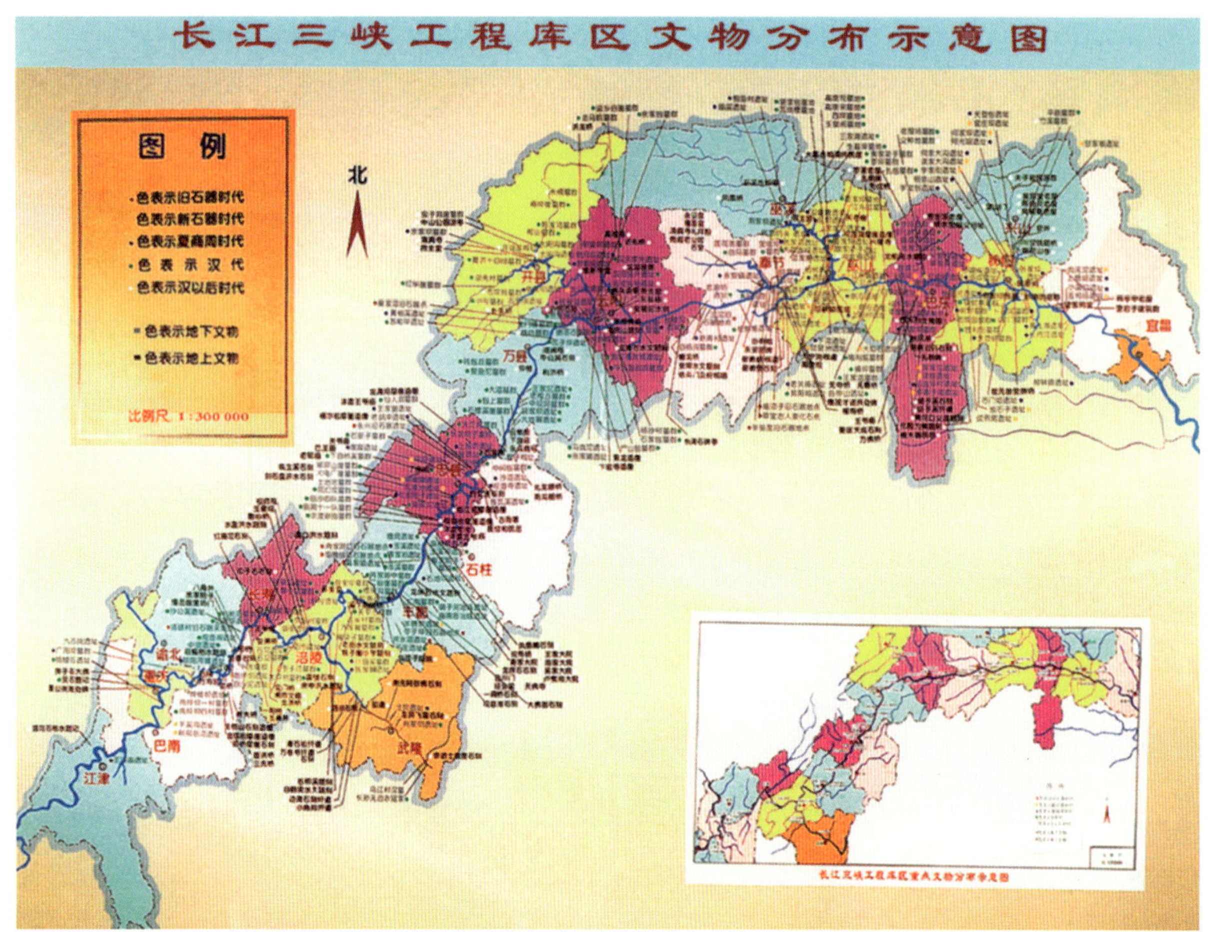

图1–4　三峡工程库区文物分布示意图（规划组编绘）

第二章　三峡石刻概念的界定及研究意义

2.1　石刻概念的界定

目前对于"石刻"概念存在两种不同的理解和认识。一个是传统的"石刻"概念；一个是广义的"石刻"概念。

▼ 2.1.1 传统的"石刻"概念

中国是世界上持续使用文字最长的国度之一。石刻作为人类最早使用文字的载体之一，在中国古代文明中占有重要的地位。尤其是石刻文字，历代都有所著录和考证研究。北宋时期形成的金石学，更是近代考古学的前身。在学术界占有重要地位。因此金石学的研究对象一直被认为是传统"石刻"的界定范围，它主要包括了历代碑刻、墓志、摩崖题刻、石鼓文、经板等文字类的石质雕刻。

▼ 2.1.2 广义的"石刻"概念

20 世纪以来，尤其是 1949 年以来，随着考古学方法的不断推陈出新，人们对石刻的研究也有了长足进步，已不仅仅局限于石刻铭文的研究，而将石刻纹饰、形制、制作方法等都作为了研究内容。于是除了传统的金石学研究对象外，石质造像、石质建筑及其构件等都被纳入到石刻研究范围中。20 世纪 90 年代，随着文物保护科学的发展，文物保护科学家更习惯用材质来界定和区分文物的类型，于是石质文物逐渐成为广义的"石刻"概念。这里的"石刻"指历史上遗留下来的，以天然岩石为材料制造而成或赋存于天然岩体中的历史遗迹或遗物。

2.2　石刻的分类及类型界定

按照广义概念"石刻"，即"石质文物"的制造工艺我们可将石刻分为以下三大类：

▼ 2.2.1 第一类

在天然岩体上凿刻（建造）的文物。如石窟寺、摩崖造像、摩崖题刻、岩画、崖墓等。

▼ 2.2.2 第二类

用多块岩石建造的建筑物及构筑物。如坊、阙、亭、塔、桥等。

▼ 2.2.3 第三类

用单块岩石雕刻的文物。如碑碣、石像生、墓志、石鼓文、画像石、拴马桩等。

2.3 本书三峡石刻概念的界定及研究范围

为了与《长江三峡工程淹没区及迁建区文物古迹保护规划》相一致，本书"三峡石刻"中的"石刻"主要以广义"石刻"概念为研究范围。同时根据《长江三峡工程淹没区及迁建区文物古迹保护规划》，由于第二类中的石塔、石桥等在规划中属于古建筑类，未纳入石刻类，我们未开展该方面工作，没有该方面资料，无法开展研究，但与它们有关的碑刻资料我们进行了整理。所以这部分将纳入研究范围。

发源于唐古拉山各拉丹东峰的万里长江跌落四川盆地后即呈巨龙腾飞之势，一泻千里，切开巫山山脉，形成了壮丽的长江三峡——瞿塘峡、巫峡、西陵峡。三峡各擅其美，瞿塘峡以雄伟险峻闻名，巫峡以秀丽幽深著称，西陵峡则以险奇峻美取胜。长江三峡支流众多，形成风光各异的"小三峡"：如嘉陵江的沥鼻峡、温塘峡、观音峡，御临河的老鹰峡、仙女峡、白龟峡，大宁河的龙门峡、巴雾峡、滴翠峡，清江的平洛峡、巴峡、伴峡等。此外还有支流的支流的"小小三峡"，如大宁河支流马渡河的三撑峡、长滩峡、秦王峡等。正是这些如同纬线的"小三峡"和"小小三峡"与宛如经线的长江三峡，共同交织成"绝壁天悬，腾波迅急"的峡谷风光[15]。所以三峡地域文化可视为"山"、"水"、"人"和谐统一的产物。因此，本书研究卷主体将由"山"、"水"、"人"三篇组成。

2.4 三峡石刻研究的意义

三峡石刻迄于汉晋，盛于唐宋，延至现代，前后长达近两千年，内容涵盖了三峡自然地理和社会生活的方方面面，可以说是古人留给我们的一部镌刻在岩石上的史书。对其所展开的研究有以下几点意义。

▼ 2.4.1 三峡石刻的研究可补史之阙，是史学研究的重要资料

首先，三峡石刻中记录的内容，有些可成为史书的佐证。如奉节瞿塘峡题刻中的《皇宋中兴圣德颂》，内容是为南宋时期高宗禅位于孝宗事件歌功颂德，刻于乾道七年（1171 年）。南宋高宗禅位事件，《宋史》等历史文献中虽有较多文字篇幅叙述，却少有实物佐证。而《皇宋中兴圣德颂》

作为实物记述此事件而留存后世，恰好弥补了历史的缺憾。类似的石刻还有瞿塘峡东口的康茂才进兵处石刻、瞿塘峡西口两岸的铁柱溪题刻等。

其次，三峡石刻中记录的一些历史事件，由于史书中未有记载，所以它们成为这些历史事件唯一记载。如万州天生城遗址中的《万州天生石壁记》摩崖题刻，刻于至元十三年（1276 年），记录了 1276 年秋，宋军和蒙军之间的天生城之战的详细情况，由于万州是川东的门户，所以天生城之战的胜败直接关系到宋末元初川东地区，甚至整个四川地区、长江流域宋蒙双方的战局。但是经查《宋史》、《元史》均未记载，仅清道光《夔州府志》和清同治《万州志》中录有此碑文，所以该碑记成为这一历史事件的唯一记录和物证。类似的石刻还有巫山天赐城摩崖题刻、涪陵龟陵城摩崖题刻、南川龙岩城摩崖题刻等。

综上所述，三峡石刻为史学研究提供了重要资料。

▼ 2.4.2 三峡石刻研究是西南地区及长江流域历史地理研究的重要内容

三峡石刻内容极其丰富，几乎涵盖了历史上三峡地区古代先民生活的方方面面。大到政治军事，小到饮水方式，是对该地区历史文化全方位的记录，可视其为一部刻在岩石上的“三峡百科全书”，其表现出来的文化属性具有鲜明的地域特点。如“山文化”所表现出来的西南地区的特点;“水文化”所表现出来的长江流域的特点。因此，三峡石刻研究也是西南地区及长江流域历史地理研究的重要内容。

▼ 2.4.3 三峡石刻的研究还可为研究重大学术问题提供帮助

在三峡石刻调查和研究过程中，我们发现了一些在以往研究中未发现或被大家忽略的石刻及其背后的问题。如万州坠儿洞摩崖造像所表现出来的早于初唐的造型风格、白帝城内的金轮寺隋代造像以及云阳张桓侯庙内南朝梁天监十三年题刻，都证明了该区域在初唐前与周边区域特别是川北、长江下游及秦岭以北区域存在着一定的文化交流。这为我们研究佛教艺术的传播路线、南丝绸之路及南北朝时期南北双方格局演变的研究无疑又提供了新的研究资料。

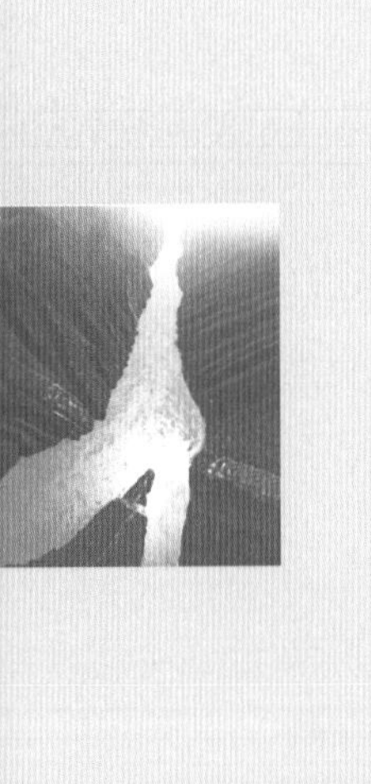

第二篇　山篇

篇首语

“轻舟已过万重山”——这句李白著名的诗句千百年来早已成为人们心中三峡“山”的意象。三峡的“山”自古就是最令人神往、令人流连忘返的地方之一，更是文人墨客怀古伤今、遣兴抒怀之地。所以历史上描写三峡“山”的千古绝句比比皆是。

但是，由于三峡地区山地和丘陵占了总面积的95.7%，所以“山”也给三峡地区先民生活、生产及对外交流带来了诸多不便，抬头见山、开门见山几乎就是三峡地区先民的生活常态。

本篇将以“山”为核心，通过对与“山”有关石刻的编录、释读和考证，从形胜石刻及与陆路交通有关石刻两部分，力图揭示“三峡石刻”与“山”的关系。

第三章 灵山圣境——形胜石刻

三峡作为中国十大风景名胜之一，其自然风光之雄奇秀丽早已誉满全球。所以自古歌颂三峡风光的诗赋、名句比比皆是，其中许多被雕刻在岩壁或石碑上，我们把这些石刻可统称为“形胜[①]石刻”，它们充分体现了三峡地区先民及往来文人、名仕对这片大山的热爱。今天在三峡地区几乎到处都可见到这方面的石刻。巴东县江边岩石上民国年间柳宝庆所书的“灵山圣境”四字是对该类石刻最好的概括。为便于叙述，我们将按照湖北省和重庆市进行编录介绍。

3.1 湖北省

▼ 3.1.1 宜昌黄陵庙碑刻

黄陵庙坐落在西陵峡中段，宜昌县三斗坪镇长江左岸黄牛岩下，又称黄牛庙、黄牛祠（图3–1）。山门海拔高程175.56米。相传东汉建安十六年（211年），由诸葛亮主持扩修。唐大中元年（847年）复建，主祀禹王。后历代多次重建。现存山门、禹王殿、武侯祠等建筑，占地面积共计8300平方米。是长江三峡地区保存较好的唯一一座以纪念大禹开江治水的禹王殿为主体建筑的古代建筑群。1956年湖北省人民政府公布为湖北省第一批重点文物保护单位。2006年黄陵庙作为明代建筑，被国务院批

图3–1 黄陵庙外景（引自《三峡湖北段沿江石刻》）

[①] 形胜是中国文化中特有的概念，泛言之，相当于所谓“风景胜地”一类。

图 3-2　黄陵庙碑刻（引自《三峡湖北段沿江石刻》）

准公布为第六批全国重点文物保护单位。目前黄陵庙内保存有 15 块历代碑刻（图 3-2）。

图 3-3　乾隆三十八年李拔题《黄牛山》诗碑（引自《三峡湖北段沿江石刻》）

一、乾隆三十八年李拔题《黄牛山》（外三首）七言绝句诗碑

碑高 1.87 米、宽 0.89 米、厚 0.13 米（图 3-3）。

该碑刻于清乾隆三十八年（1773 年）。具体文字内容详见释文卷。内容为七言绝句四首。第一首描绘了黄牛岩奇峰插天、烟绕翠滴的壮丽图景；第二首叙述了不信神牛助大禹治水的传说，而欲借黄陵庙纪念治服峡江水患的民众；第三首怀念崇仰万世师表诸葛亮，并以此言志，表白自己佐朝廷除水患的志向；第四首表达了坚信人定胜天，人类终将挥起“秦鞭”，把峡江里的一切明礁暗险驱进海底的誓言。

作者李拔亲自率众治理川江，看到了民众的力量，以大自然征服者的笔触描山绘水，忆昔观今，感时抒怀，其诗歌一扫历代文人惊叹、惶恐、凄楚之态，洋溢着乐观进取、所向披靡的激情，借景抒情，借古喻今。另外，李拔书法自成一家，诗碑字迹遒劲又清丽，工整而又流畅，雄强而又圆润，有晋人王羲之遗风。因此，该碑具有较高的历史价值和艺术价值。

二、黄肇敏撰《游黄陵庙记》碑

共两块碑，两碑高 0.38 米、宽 1.02 米。均嵌入黄陵庙内的墙壁（图 3-4、图 3-5）。具体文字内容详见释文卷。

该碑内容极为丰富，既记录了当时黄陵庙周围地形地貌、庙宇保存情况，还记录了黄陵庙

图 3-4　黄肇敏题《游黄陵庙记》碑之一（引自《三峡湖北段沿江石刻》）

图 3-5　黄肇敏题《游黄陵庙记》碑之二（引自《三峡湖北段沿江石刻》）

图 3-6　乾隆甲申金祖静题《黄陵庙》诗碑（引自《三峡湖北段沿江石刻》）

的历史沿革，尤其是碑文中还特别记录了清同治九年洪水对黄陵庙的破坏情况，这与现黄陵庙内同治九年洪水淹没线痕迹互为印证。因此，该碑具有较高的历史价值和科学价值。

图 3-7　雍正二年刻张鹏翮题《黄陵庙》诗（5 首）碑（引自《三峡湖北段沿江石刻》）

三、乾隆甲申金祖静题《黄陵庙》七言律诗碑

该碑嵌入黄陵庙内的墙壁。高 0.7 米、宽 0.31 米（图 3-6）。具体文字内容详见释文卷。

四、雍正二年刻张鹏翮[1]题《黄陵庙》（五首）七言绝句诗碑

该碑碑高 42 厘米、宽 92 厘米。嵌入黄陵庙内的墙壁（图 3-7）。具体文字内容详见释文卷。

[1] 张鹏翮，字运清，四川遂宁人，于康熙九年（1670 年）中进士，选庶吉士，改刑部主事，迁员外郎，寻迁礼部郎中，后任苏州知府、兖州知府，擢大理寺少卿、浙江巡抚，至太子太傅和文华殿大学士兼吏部尚书。在治理大运河、黄河方面建有卓著功绩。他多次出入长江三峡。

五、雍正二年刻张鹏翮题《黄陵庙》七言律诗碑

该碑高 1.18 米、宽 0.48 米、厚 0.12 米（图 3-8）。具体文字内容详见释文卷。

以上碑刻系张鹏翮康熙甲辰年（1664 年）三月九日游黄陵庙，所题诗赋，后雍正二年（1724 年）刻为碑。

六、清重刻诸葛亮[1]撰《黄牛庙记》碑

该碑高 1.73 米、宽 0.82 米、厚 0.2 米。碑的形制为带穿圭首、镌刻字体为八分书，但制作年代不详，疑为清代仿制（图 3-9）。具体文字内容详见释文卷。

此记传为诸葛亮治蜀期间亲自复兴黄陵庙时所作。所以该碑具有很高的历史价值。

以上黄陵庙十五块碑刻中的六块碑反映了历代名仕、文人对黄陵庙、黄牛山及其西陵峡景观的赞叹，也从不同侧面记录了黄陵庙的历史沿革，且诗赋、书法俱佳，因此，具有较高的历史价值、艺术价值和文化价值。

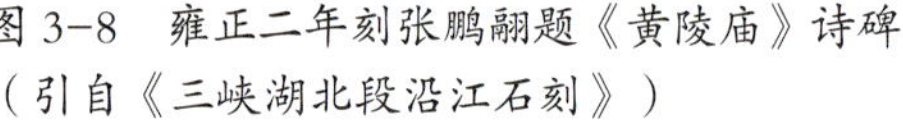

图 3-8　雍正二年刻张鹏翮题《黄陵庙》诗碑（引自《三峡湖北段沿江石刻》）

图 3-9　清重刻诸葛亮撰《黄牛庙记》碑（引自《三峡湖北段沿江石刻》）

[1] 诸葛亮（181–234 年），三国时蜀国政治家、军事家，字孔明，琅玡阳都（今山东沂南南部）人。汉司隶校尉诸葛丰后代。年幼时，父母皆丧，随叔父诸葛玄至豫章，后至荆州（今湖北襄樊），在隆中躬耕读书，隐居十余年，好为《梁父吟》。常自比管仲、乐毅，被称为“卧龙”。

图 3-10 三游洞远景（引自《三峡湖北段沿江石刻》）

▼ 3.1.2 宜昌三游洞石刻

三游洞位于湖北省宜昌市城区西北郊 20 里长江北岸西陵山，左靠长江，右临下牢溪，与我国著名的葛洲坝水利枢纽工程遥遥相望。三游洞是一个岩溶形成的岩洞，深 26 米、宽 20 米、高 5 米，地质年代为寒武纪，距今约 5-6 亿年。洞中被三根钟乳石柱分隔成前后两室。三游洞三面环水，一面连山，山水秀丽，风光绮丽，恰似一颗镶嵌在西陵峡口北岸的璀璨明珠（图 3-10）。自唐宪宗元和十四年（819 年）白居易、白行简、元稹发现此洞后，此处便成为历代名仕、文人仰慕之所。一千多年来，流传下来的历代咏赞三游洞的诗文达几百首，石刻碑刻数以百计。至今三游洞内还保存有一批石刻（图 3-11）。

图 3-11 三游洞石刻（引自《三峡湖北段沿江石刻》）

一、明娄俞彦书“三游洞”题刻

该题刻位于三游洞耳洞右方，朝正北方，距地面 2.2 米。整幅高 1.5 米、宽 0.55 米，有边框。竖排楷书阴刻“三游洞”3 字，字径 30 厘米、刻深 2 厘米；该 3 字右侧竖排楷书阴刻“明吴婁俞彦”5 个小字。刻字均填以白色（图 3-12）。

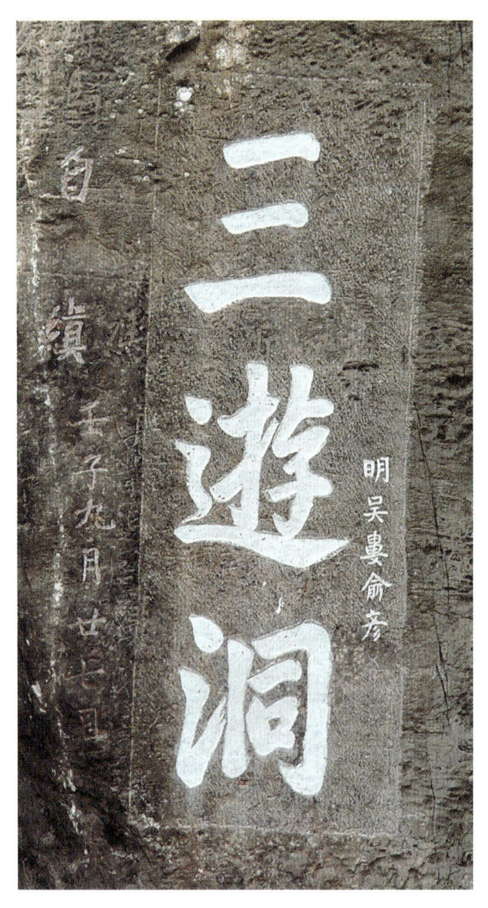

图 3-12　明娄俞彦书“三游洞”题刻（引自《三峡湖北段沿江石刻》）

图 3-13　乾隆庚寅李拔书“造物同游”题刻（引自《三峡湖北段沿江石刻》）

图 3-14　光绪壬午闺瑛篆、陈建侯题合掌岩诗题刻（引自《三峡湖北段沿江石刻》）

二、乾隆庚寅李拔书“造物同游”题刻

该题刻位于三游洞前室第一石柱柱壁上，朝东北方，距地面 2.8 米。整幅高 0.65 米、宽 1.9 米，有边框。右至左横排楷书阴刻“造物同遊”4 字，字距 10 厘米、字径 35 厘米、刻深 1.5 厘米。4 字右侧竖排楷书阴刻“乾隆庚寅嘉平”6 字。左侧竖排楷书阴刻“西蜀李拔題書”6 字。刻字均填以白色。该题刻刻于清乾隆三十五年，即 1770 年（图 3-13）。

三、光绪壬午闺瑛篆、陈建侯题合掌岩诗题刻

该题刻位于三游洞石碑门下三级台阶处，朝东北方，距地面 2.6 米。整幅高 2.2 米、宽 2.6 米，有边框。正文竖排 6 行，每行 5 字，行距 8 厘米，篆书，字距 10 厘米、字径 35 厘米，阴刻，刻深 2 厘米。此摩崖鸿篇巨制，篆书字大盈尺。诗为闺瑛篆壬午年（1884 年）所作，隶书跋文为其父陈建侯所书，字为甲申年所刻（图 3-14）。刻字均填以白色。具体文字内容详见释文卷。

四、同治十年邓万林书“洞天石古”题刻

该题刻位于三游洞前室右壁上，朝东南方，距地面 5.8 米。整幅高 1.8 米、宽 1.6 米，有边框。右至左横排，楷书阴刻“洞天石古”4 字，字径 25 厘米、刻深 2 厘米。右侧竖排楷书阴刻有“同

图 3-15　同治十年邓万林书“洞天石古”题刻（引自《三峡湖北段沿江石刻》）

治辛未秋日”6 字；左侧竖排楷书阴刻“長沙鄧萬林題”6 字。刻字均填以白色。该题刻刻于同治十年（1871 年），此题刻在三游洞洞室之顶，书法朴厚，笔势沉雄，楷法谙练（图 3-15）。

五、光绪十年陆维祺书“鬲凡”题刻

该题刻位于三游洞耳洞正上方，在原入洞小洞口上方，朝正北方，距地面 4.5 米。整幅高 0.65 米、宽 1.55 米，有边框。右至左横排，隶书阴刻“鬲凡”2 字，字径 50 厘米，刻深 3 厘米。左侧右至左竖排隶书 3 行题有“光緒十年春錢唐壽民陸維祺書”。刻字均填以白色。该题刻刻于光绪十年，即 1884 年（图 3-16）。

图 3-16　陆维祺书“鬲凡”题刻（引自《三峡湖北段沿江石刻》）

六、光绪甲申陆维祺题七言绝句题刻

该题刻位于三游洞石牌门下三级平台上，朝东北方，距地面 3.5 米，整幅高 1.7 米、宽 0.6 米，有边框。右至左竖排 3 行，每行 12 字，行距 4 厘米、字距 4 厘米、字径 10 厘米，楷书阴刻，刻

深 1 厘米（图 3–17）。刻字均填以白色。具体文字内容详见释文卷。该题刻刻于光绪十年（1884 年）。

图 3–17　光绪甲申陆维祺题七言绝句题刻（引自《三峡湖北段沿江石刻》）

七、光绪丙戌张联桂纪游题刻

位于三游洞石牌门下三级平台山题上，朝东北方，距地面 3.5 米，高 1.75 米、宽 1.55 米，有边框。右至左竖排 15 行，每行 16 字，行距 3 厘米、字距 3 厘米、字径 7 厘米，阴刻，刻深 1 厘米（图 3–18）。刻字均填以白色该题刻刻于光绪十二年（1886 年）。具体文字内容详见释文卷。

图 3–18　光绪丙戌张联桂纪游题刻（引自《三峡湖北段沿江石刻》）

八、光绪乙未陈之炜等题“洞天福地”题刻

该题刻位于三游洞前室正上方崖壁上，朝东北方，距地面 6 米，整幅高 0.8 米、宽 3 米，有边框。该题刻在三游洞洞顶，字幅最大。右至左横排，楷书阴刻“洞天福地”4 字，字距 12 厘米、字径 55 厘米，阴刻，刻深 3 厘米。右侧竖排楷书阴刻“光緒乙未秋”五字，左侧竖排楷书阴刻“宛陵[①] 陳之煒劉景墉陳之萱題”。刻字均填以白色。该题刻刻于清光绪二十一年（1895 年）（图 3–19）。

九、光绪丙申丁柔克题七言绝句并跋题刻

该题刻位于三游洞石牌门下二级平台山壁上，朝东北方，距地面 1.6 米，整幅高 2.4 米、宽 0.5 米，有边框。右至左竖排，楷书阴刻（图 3–20）。刻字均填以白色。具体文字内容详见释文卷。该题刻刻于清光绪三十三年（1907 年）。

十、光绪三十一年柯逢时题七言律诗并跋题刻

该题刻位于三游洞前室第一石柱柱壁上，朝东北方，距地面 2.3 米。整幅高 0.55 米、宽 1 米，有边框。右至左竖排，楷兼行，阴刻（图 3–21）。刻字均填以白色。具体文字内容详见释文卷。

[①] 据考，宛陵，古地名，为现安徽宣城，此地在三国时期也称丹阳，其东临苏浙，地近沪杭，为安徽东南门户。

图 3-20 光绪丙申丁柔克题七言绝句并跋题刻(引自《三峡湖北段沿江石刻》)

图 3-19 光绪乙未陈之炜等题“洞天福地”题刻（引自《三峡湖北段沿江石刻》）

图 3-21 光绪三十一年柯逢时题七言律诗并跋题刻（引自《三峡湖北段沿江石刻》）

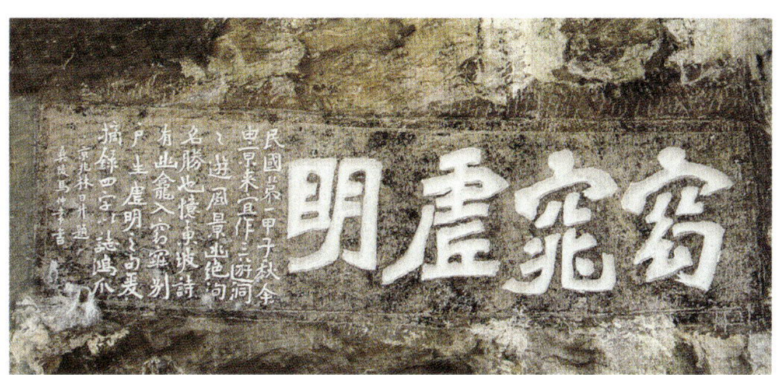

图 3-22 民国十三年林日升题“窈窕虚明”题刻（引自《三峡湖北段沿江石刻》）

此诗碑在三游洞洞室中柱石题上磨平而刻，刻书精良，至今完好无损。其书法度心裁，点画精熟，意态疏放，结字紧密，用笔健爽。题刻刻于清光绪三十一年（1905 年）。

十一、民国十三年林日升题“窈窕虚明”题刻

该题刻位于三游洞前室正上方悬壁上，朝东北方，此摩崖刻在三游洞洞室之顶，距地面 6 米。整幅高 0.7 米、宽 2.3 米，有边框。右至左横排，楷书阴刻“窈窕虚明”4 字，字径 35 厘米，刻深 3 厘米。左侧右至左竖排，楷书阴刻（图 3–22），内容为：

民國第一甲子秋余

由京来宜作三遊洞

之遊風景幽绝洵

名勝也憶東坡詩

有幽龕入窈窕别

户生虛之句爰

摘録四字以誌鸿爪

京兆林日升題

刻字均填以白色。该题刻刻于民国十三年（1924 年）。

十二、民国二十四年李基鸿书“灵区”并跋题刻

该题刻位于三游洞石牌门入口右边山壁上，朝正北方，距地面 2.5 米。整幅高 1.65 米、宽 1.35 米。刻字均填以白色。此题刻在三游洞景区入口处，其意为进入灵区（图 3-23）。具体文字内容详见释文卷。其书大字轩豁，小字清灵。

该题刻刻于民国二十四年（1935 年）。

以上 12 款题刻是三游洞石刻在编 38 处石刻中历代以咏颂三游洞形胜为主要内容的石刻，内容丰富，书体各异，雕刻技法娴熟，具有较高的历史价值、艺术价值和文化价值。

▼ 3.1.3 秭归田登题《巴风》五言律诗题刻

该题刻位于原秭归县香溪镇望江村二组，距归州旧城 3 公里，烟袋沟与江边的一座石梁上。石刻坐北朝南，海拔高程 176 米（图 3-24），具体文字内容详见释文卷。

图 3-23　民国二十四年李基鸿书“灵区”石刻（引自《三峡湖北段沿江石刻》）

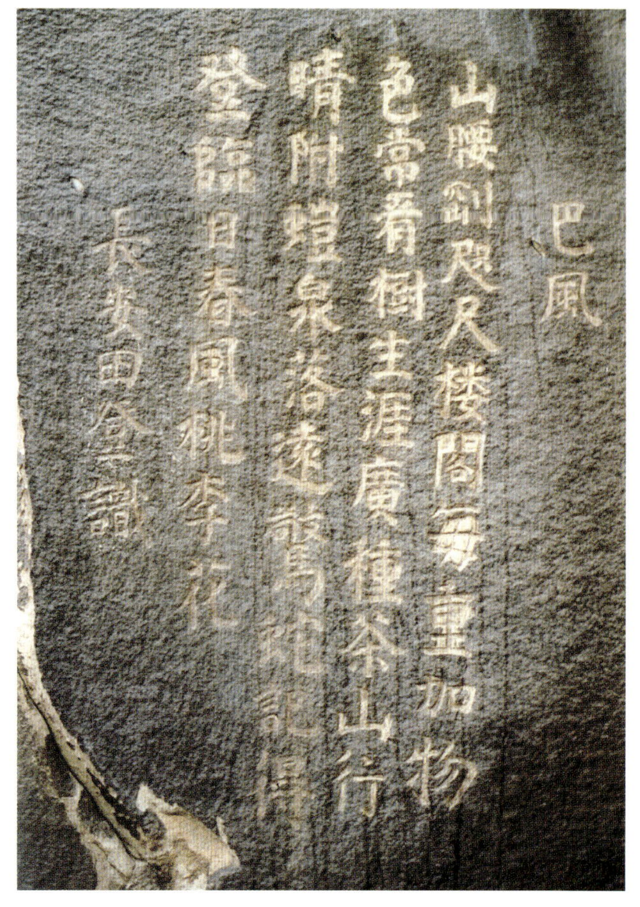

图 3-24　田登题巴风题刻（引自《三峡湖北段沿江石刻》）

据考作者田登，明弘治十八年（1505 年）进士，陕西长安人。明正德八年（1513 年）游三游洞有题名。该题刻极有可能为同年所题。

该题刻描述了春暖花开时登巴山所见的秭归优美自然环境风貌和人文景观。所以具有一定的历史价值和文化价值。

▼ 3.1.4 秭归玉虚洞题刻

玉虚洞位于原秭归县香溪镇八字门村二组，香溪河左岸谭家山山腰，又名神农洞、玉石洞。洞口呈半月形，海拔 90 米。坐东朝西。

该洞南北长 42 米，东西宽 31.5 米，顶高约 10–15 米，洞中有洞。

据《寰宇记》载：此洞启于唐天宝五年（746 年），一群猎人追捕野兽至此，发现此洞。《归州志·八景》对此洞也有详细描述："唐天宝五年有人遇白鹿于此，薄而观之，洞壁间有异纹，略作龙虎、花木之状，东西石半规如月。中有石三座，钟乳下滴，结成佛像，列于前后，温润如玉，因名玉虚洞。"

现玉虚洞内尚存可辨题记 3 款。现分述如下：

1．"玉虚洞天"题刻。位于洞东部小洞洞口上部，整幅高 0.57 米，宽 1.72 米。右至左横排，楷书双钩刻"玉虚洞天"4 字，中部略有凸起，字高 53 厘米，字径 38 厘米，刻深 0.2 厘米（图 3–25）。

2．贾选题名题记。位于"玉虚洞天"题刻洞口的右下方，整幅高 0.67 米，宽 0.8 米。具体文字内容详见释文卷。该题记题于宋乾道六年（1170 年），记载了知州贾选过生日时与其弟一起邀约几位知己游玉虚洞，咏诗题赠的经历。值得注意的是该题记书写格式为从左至右，与我国古代传

图 3–25 "玉虚洞天"题刻（引自《三峡湖北段沿江石刻》）

统的从右至左的书写方式不同，这是三峡湖北段沿岸石刻中的仅此一例。对于古代书法和石刻规制研究具有一定价值。

3. 毛铎题名题记。位于贾选题名题记下方，幅高 0.8 米，宽 0.9 米。具体文字内容详见释文卷。

▼ 3.1.5 秭归香溪河乾隆辛卯李拔题“香溪孕秀”题刻

该题刻位于原秭归县香溪河与长江交汇处左岸，在原香溪镇东 600 米，题刻刻于水府庙旁一石灰岩巨石上，坐东朝西，海拔高程 180 米。

该题刻整幅高 0.76 米，宽 2.25 米，有边框，框深 2 厘米。右至左横排，楷书阴刻“香溪孕秀”4 字，字高 45 厘米，字径 36 厘米，字距 12 厘米，刻深 1.2 厘米，刻槽底部平缓。右侧竖排楷书阴刻“乾隆辛卯”4 字；左侧竖排楷书阴刻“西蜀李拔题書”6 字，字高 8 厘米、字径 7 厘米、字距 6 厘米，刻深 0.2 厘米（图 3–26）。

图 3–26　乾隆辛卯李拔题“香溪孕秀”题刻（引自《三峡湖北段沿江石刻》）

原题刻“孕”、“秀”2 字，年号和落款均在“文化大革命”期间被凿，所幸字迹尚可辨识。

香溪河下游通长江，中段流经兴山县，为王昭君故乡。据传说，当年王昭君在香溪河里洗发时，不慎将其心爱的绿色串珠掉入河中，由此，河水逐渐变得碧绿透明，加之河流两岸繁花硕果，风景自然美不胜收。乾隆三十六年（1771 年），荆南观察史李拔沿河观察水情时，看到此处山清水秀，美景如画，便提笔写下“香溪孕秀”四字刻于岩壁之上。所以具有一定历史价值、艺术价值和文化价值。

▼ 3.1.6 秭归县新滩镇乾隆三十五年李拔题《公相石凿石行》七言绝句题刻

图 3–27　乾隆三十五年李拔题《公相石凿石行》七言绝句题刻（引自《三峡湖北段沿江石刻》）

该题刻位于原秭归县新滩镇（屈原镇）左岸江边一巨石之上（图 3–27）。具体文字内容详见释文卷。该诗由李拔于乾隆三十五年（1770 年）所题，描写了当时西陵峡山险水急的自然地理特征。至今字迹清晰，字体舒展流畅，具有较高的历史价值、艺术价值和文化价值。

▼ 3.1.7 巴东秋风亭光绪五年朱滋泽题《登巴山秋风亭望寇莱公遗迹》七言律诗碑

秋风亭是为纪念曾任巴东知县的北宋宰相寇准而建。位于原巴东县信陵镇朱家巷，长江右岸。始建于北宋太平兴国三年（978 年），明正德年间迁至现址。清代曾多次重建、维修（图 3–28）。该碑位于秋风亭旁。

图 3–28 搬迁复建后的秋风亭（引自《三峡湖北段沿江石刻》）

该碑高 1.27 米、宽 0.66 米、厚 0.1 米。刻于清光绪五年（1879 年）。具体文字内容详见释文卷。

该碑刻以律诗形式描写了三峡奇特的山水景观，且诗书俱佳。所以具有一定的艺术价值和文化价值。

该碑因处于三峡工程淹没区，所以已随秋风亭搬迁至巴东县博物馆所属狮子包三峡地面文物复建区内保护。

▼ 3.1.8 巴东新陵镇民国三十四年崔聘侯书“悟源仙泉”题刻

该题刻位于原巴东县新陵镇水聚坪村，从无源桥溯水而上约 50 米，有一巨型石壁斜于无源溪边，这就是“悟源仙泉”题刻所在地（图 3–29），题刻坐南朝北，海拔高程 105 米。

图 3–29 民国三十四年崔聘侯书“悟源仙泉”题刻所在地（引自《三峡湖北段沿江石刻》）

该题刻整幅高 0.9 米、宽 2.12 米。右至左横排，楷书阴刻“悟源仙泉”4 字，字高 33 厘米、字径 34 厘米、字距 7 厘米、刻深 2 厘米，字槽呈平缓。右侧竖排楷书阴刻“民國三十四年”6 字，左侧竖排 2 行，楷书阴刻“湖北省机械廠 / 巴东分廠廠長汪家生題崔聘侯書”，字径 5 厘米见方（图 3–30）。

图 3-30　民国三十四年崔聘侯书“悟源仙泉”题刻拓片（引自《三峡湖北段沿江石刻》）

此处北临长江。附近是无源溪，无源桥，上有无源洞。对面是高达数十米的飞瀑，气势壮观。此处山水合一，题刻点缀其间，景色宜人，浑然一体。所以具有一定的艺术价值、文化价值和景观价值。

▼ 3.1.9 巴东新陵镇民国庚申柳宝庆书“灵山圣境”题刻

该题刻位于原巴东县新陵镇东南 1.4 公里处。刻于无源桥北西侧的巨石上。坐北朝南，海拔高程 108 米。题刻倾斜 25°。为“巴东八景”之一（图 3-31）。题刻幅高 0.6 米、宽 1.08 米，有边框，框深 0.2 厘米。右至左横排，楷书阴刻“靈山聖境”4 字，字高 23 厘米、字宽 20 厘米、字距 8 厘米、字深 0.3 厘米；右侧竖排楷阴刻“民國庚申三月穀旦”8 字，字高 5 厘米、字宽 4 厘米；左侧竖排楷阴刻“柳寶慶敬题”5 字，字高 2.7 厘米、字宽 2.5 厘米（图 3-32）。

图 3-31　民国庚申柳宝庆书“灵山圣境”题刻位置（引自《三峡湖北段沿江石刻》）

题刻左侧有无源溪，稍南有“无源桥”、“无源洞”。题刻与背后江水相得益彰，风光秀丽，特别值得注意的是题刻刻在一单体石块之上，刻字一侧平整光滑，宛如一面斜立的镜子。在该题刻对面有《重建无源洞观音阁记》摩崖题刻。南有悟源仙泉题刻相伴。在此处构成了景、书、诗、画浑然一体的天然画卷。所以具有较高的艺术价值、文化价值和景观价值。

▼ 3.1.10 巴东新陵镇乾隆庚寅李拔书“楚峡云开”题刻

该题刻位于原巴东县新陵镇长江右岸蔡花街鲁家巷，秋风亭东约 200 米的崖壁上。题刻坐南朝北，海拔高程 135 米。

题刻整幅高 0.95 米、幅宽 3.1 米，有边框，框深 2 厘米。右至左横排，楷书阴刻“楚峡云闲”4 字，字高 60 厘米、宽 45 厘米、字距 12 厘米、字深 3 厘米，右侧竖排楷书阴刻“乾隆庚寅嘉平”6 字；左侧竖排楷书阴刻“荆南观察使者西蜀李拔题書”，后刻“民國丁巳年仲夏月知巴东县事馮錦文重洗”。字径 8 厘米。刻槽呈平缓状，岩石表面凹凸不平，“楚峡雲闲”4 字上端有四个穿绳孔（图 3–33）。

该题刻用“楚峡云开”四字描绘了西陵峡云开雾退时的景色。所以具有一定的艺术价值和景观价值。

▼ 3.1.11 巴东官渡口民国戊寅张胄炎书“浪淘英雄”题刻

该题刻位于原巴东县官渡口镇楠木园村，门扇峡进口，即峡江右岸的黑岩子崖壁之上，坐北朝南，

图 3–32 民国庚申柳宝庆书“灵山圣境”题刻拓片（引自《三峡湖北段沿江石刻》）

图 3–33 乾隆庚寅李拔书“楚峡云开”题刻拓片（引自《三峡湖北段沿江石刻》）

图 –34 民国戊寅张胄炎书“浪涛英雄”题刻位置（引自《三峡湖北段沿江石刻》）

海拔高程 80 米（图 3–34）。整幅高 1.4 米、宽 3.35 米，有边框，框深 0.6 厘米。右至左横排，楷兼行，阴刻“浪淘英雄”4 字，字高 68 厘米、字宽 58 厘米、字深 2.5 厘米、字距 11 厘米。右侧竖排楷书阴刻“戊寅元月”4 字，字高 22 厘米、字宽 18 厘米、字距 2 厘米；左侧竖排楷书阴刻“張胄炎書”四字，字高 18 厘米、字宽 18 厘米、字距 5 厘米（图 3–35）。该题刻是张胄炎初到巴东任县长

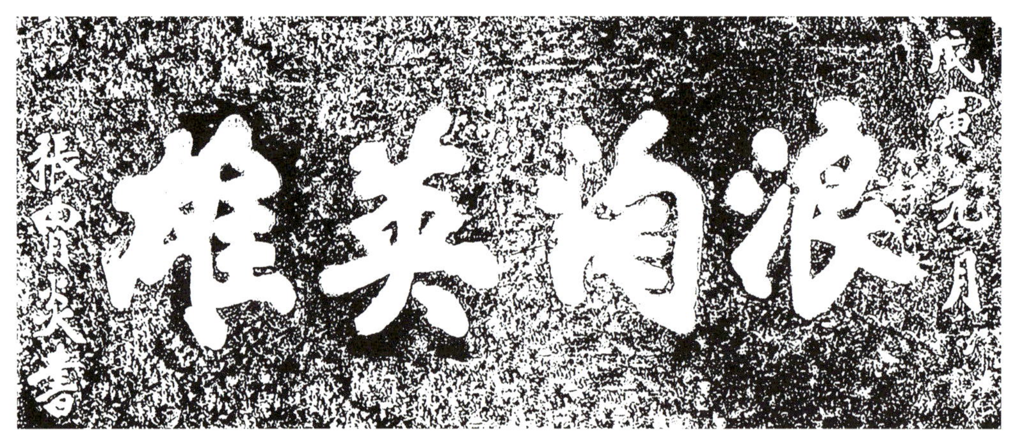

图 3–35　民国戊寅张胄炎书“浪涛英雄”题刻拓片（引自《三峡湖北段沿江石刻》）

图 3–36　宣统元年张华年等书“共话好山川”题刻（引自《三峡湖北段沿江石刻》）

时，励精图志，尽力治理巴东，面对东去的长江之水有感而发时所题。所题“浪淘英雄”四字描绘了船工在峡江穿恶浪，闯狂澜，冲急流，过险滩的英雄气概。所以该题刻具有一定的历史价值、文化价值和景观价值。

▼ 3.1.12 巴东官渡口宣统元年张华年等书“共话好山川”题刻

该题刻位于原巴东县官渡口镇楠木园村，长江右岸，坐南朝北，距江边约 80 米。题刻凿刻在一突出的崖壁上。题刻整幅高 0.43 米、宽 2.5 米。右至左横排，楷书阴刻“共話好山川”5 字，字高 29 厘米、宽 28 厘米。左侧竖排 3 行楷书阴刻“雲安張華年 / 嘉陵梁開化 / 盛唐陳文典 / 宣統元年六月泐”[①]（图 3–36）。

该题刻具有一定文化价值和景观价值。

[①] 据考“云安”、“嘉陵”皆为地名；而“盛唐”也为古县名，在今安徽六安一带。据分析该题刻应为 1909 年，张华年、梁开化和陈文典结伴而游，至此，触景生情，题刻于此处。意在赞美三峡的风光，并表达了对祖国的热爱。现三人身份已无从考证。

3.2 重庆市

▼ 3.2.1 巫山孔明碑摩崖题刻

孔明碑摩崖题刻位于原巫山县望霞乡青石村对岸长江下游 140 米，神女十二峰中著名的剪刀峰下。距原巫山县城东 30 公里。地理坐标为北纬 31°01′23″，东经 110°01′15″。海拔高程 145 米（图 3–37）。

可辨题刻 4 款，叠加现象明显，分布于高 20 米、宽 15 米的陡峭岩壁之上（图 3–38）。具体文字内容详见释文卷。

图 3–37 孔明碑摩崖题刻区远景（摄于 1999 年）

图 3–38 孔明碑摩崖题刻全景（摄于 1999 年）

从题刻内容分析，目前现存题刻始凿年代为明嘉靖十八年（1539 年），后民国又有增刻。

“孔明碑”之说主要来自于民间传说，据传此处题刻始刻年代可推至三国时期。当时蜀国宰相诸葛亮带兵西进，路过巫峡时在此处曾有刻石题言，文中内容记载了联吴破曹的正确主张，并奉劝东吴以两国利益为重，切勿轻易进兵伐蜀等字句。后来彝陵之战蜀国大败，东吴大将陆逊在追击蜀主刘备途中，发现岩壁之上的“孔明碑”，细读之后，为之所感，方退兵而去。

历代口碑相传至今，因传说中的地理位置与现存题刻位置相近。因此，“孔明碑”之说与魏晋时代应有一定的关系。所以进一步论证、探讨和细致勘查该地区，对于我们进一步认识“孔明碑”的历史价值和寻找民间传说的出处是极有意义的。

纵观全碑，虽 4 款题记分布无规律，但现存题记字体规正，楷体略现魏碑风格。又由于题刻位置处于巫峡神女十二峰一带，因此，该题刻为以“秀”著称的巫峡，无疑平添了一份神秘的人文神彩，所以具有一定的艺术价值、文化价值和景观价值。

▼ 3.2.2 奉节瞿塘峡壁题刻

瞿塘峡壁题刻位于原奉节县瞿塘峡南岸白盐山陡峭岩壁上，中心地理坐标为北纬 31°02′03″，东经 109°34′53″。海拔高程 115–119 米。

由于碳酸盐溶质附积于岩壁表面，岩壁呈灰白色，故也称其为“粉壁墙”（图 3–39）。题刻区全长 180 米，总面积达 600 平方米左右（未搬迁前）。主要集中了南宋至民国时期的题刻 13 款，均为阴刻，包含了篆、隶、行、楷等字体，内容涉及颂德、咏史、观景。

图 3–39　瞿塘峡壁题刻区全景（原址）（摄于 1998 年）

瞿塘峡壁题刻反映出三峡地区乃至全国范围各时期发生的一些历史事件，对文献记载起着补充和佐证的作用，又由于其书法技艺高超、雕刻技法精细而成为我国珍贵的石刻遗存之一。具有较高的历史价值、艺术价值和文化价值。

一、孙元良书“夔门天下雄，艦機轻轻过”题刻

该题刻由国民党八十八师少将师长孙元良于 1935 年驻防奉节时所题。整幅高 8.7 米、宽 26.6 米，面积 231.42 平方米。右至左竖排 6 行。隶书阴刻“夔门天下雄艦機輕輕過孫元良”13 字，字径 3.5 米 ×3 米。（图 3–40）。

图 3–40　孙元良书“夔门天下雄，艦機轻轻过”题刻（原址）（摄于 1998 年）

该题刻体量巨大，笔墨酣畅，工整浑厚，力透崖壁，最深处可横卧一人，所以往来船只过夔门远眺即可见，在国内也少见。已成为三峡夔门景观的重要组成部分。具有较高的历史价值、艺术价值和景观价值。

二、李端浩书“巍哉夔峡”题刻

该题刻由国民党八十八师参谋长李端浩 1937 年任巴万要塞司令驻奉节时所题。整幅高 7.2 米，宽 14.5 米，总面积达 104.4 平方米。从右至左横排 2 行，篆书阴刻“巍哉夔峡李端浩题”8 字，字径 4 米 ×2.34 米，（图 3–41）。署名字径 2.3 米 ×2.4 米。署名如此之大，为瞿塘峡壁题刻一绝。具有较高的历史价值、艺术价值和景观价值。

图 3–41　李端浩书“巍哉夔峡”题刻（原址）（摄于 1998 年）

三、光绪二十九年鄂芳[1]书“瞿唐”并跋题刻

该题刻整幅高 2.1 米、宽 3.4 米（图 3–42），具体文字内容详见释文卷。

该题刻具有一定的历史价值、艺术价值和文化价值。

四、光绪二十三年刘心源[2]书“夔门”并跋题刻

该题刻整幅高 2.4 米、宽 5.5 米（图 3–43），具体文字内容详见释文卷。

该题刻一款三种字体，在国内同类型题刻中极为罕见。所以具有较高的艺术价值和文化价值。

据考，光绪二十二年（1896 年）春，刘心源就任夔州知府，正值奉节北乡农民唐皋率饥民抗拒官绅，震动川东、鄂西地区，刘心源剿抚兼施，方平息。为此，刘撰《夔门铭》，并嘱他人为其铭文题字、撰文，因故未果。翌年（1897 年）秋，刘调补成都知府，行前自书“夔门”二字和铭跋，由其幕僚（民国初年奉节知事）鄂芳书蒯德桐安排刻于瞿塘峡南岸石壁之上。其铭文大意是：不要以为有险可峙而麻痹轻敌，即使是最安全的地方也会有问题。要使地方安靖，人的因素比关隘更为重要。所以该石刻还具有一定的历史价值。

图 3–42　光绪二十九年鄂芳书“瞿唐”并跋题记（原址）（摄于 1998 年）

图 3–43　光绪二十三年刘心源书“夔门”并跋题记（原址）（摄于 1998 年）

五、光绪乙酉鼎实父等题七言律诗两首题刻

该题刻整幅高 1 米，长 1.9 米（图 3–44），具体文字内容详见释文卷。

该题刻为鼎实父清光绪十一年（1885 年）所作。《白帝城怀古》一篇，作者用寥寥五十六字，

---

[1] 据考，鄂芳，字兰谷，时人称鄂（áo 傲）兰谷，长白蒙古人。工诗词，善书法。光绪二十八年（1902 年）任夔州知府，兴建夔州府中学堂，撰有《经始记》刊于校壁。光绪三十年离任。

[2] 据考，刘心源（1848–1915 年），谱名文申，考名崧毓，字亚甫，号冰若，另号幼丹，自号夔叟，晚号龙江先生，清末民初著名金石学家、文字学家、书法家。清同治癸酉年（1873 年）由廪生中式第六十七名举人，光绪二年（1876 年）恩科会试中七十名贡生。保和殿复试一等二十六名。殿试二甲第三十七名，赐进士出身。朝考一等第十六名，钦点翰林院庶吉士。一年后授翰林院编修、国史馆协修。此后历任顺天乡试同考官，会试同考官，江南道监察御史，江西道掌广东道御史，京畿道御史，河南副主考，四川夔州知府、成都知府，江西督粮道、按察使，广西按察使等官职。1912 年 1 月 10 日领导湖北保路运动，辛亥首义成功后被举为湖北议会议长，国会会员，湖北首任民政长，湖南巡按使。

以白帝城为背景描述了东汉末年至三国那段惊心动魄的历史画卷，堪称描写白帝城的上佳之作；如前所述，据考广谿峡即瞿塘峡，所以《晚泊广溪峡》一篇，作者用寥寥五十六字，形象生动地描绘了瞿塘峡壮丽的自然及人文景观，也可列为描写瞿塘峡的上佳之作。因此，该题刻具有一定的艺术价值和文化价值。

图 3-44 光绪乙酉鼎实父等题七言律诗两首题刻局部（原址）（摄于 1998 年）

六、景泰甲戌沈庆[①]题七言律诗两首并序题刻

该题刻整幅高 0.9 米、长 1.6 米（图 3-45），具体文字内容详见释文卷。

据考，沈庆景泰五年（1454 年）巡视湖广、四川等地，路过瞿塘峡，写下七言律诗两首，刻石留存。该两首诗从瞿塘峡的险峻，写到锁江铁柱和八阵图。高度概括和生动描绘了瞿塘峡区域的自然和人文景观，堪称描写瞿塘峡的上佳之作，所以具有一定的艺术价值和文化价值。

图 3-45 景泰甲戌沈庆题七言律诗两首题刻局部（原址）（摄于 1998 年）

七、同治辛未蔡希齐[②]题七言律诗三首题刻

该题刻整幅高 0.3 米、长 3.9 米（图 5-46），具体文字内容详见释文卷。

据考，蔡希齐同治十年（1871 年）作诗三首刻于此处。其中《入峡》是瞿塘诗作中的佳品，文字炼达。从神异写到大禹，从云椎拔地的高山写到来自西天的春水，游目骋怀，载酒扬帆，好一幅浪漫入峡图；《峡中歌》描写了从宜昌溯流而上，从黄陵庙开始，记录了沿途黄牛峡、纤夫、兵书宝剑峡、香溪、屈原庙、楚王台、归州、巴东、楚蜀鸿沟、巫峡、瞿塘峡、滟滪堆、夔门。通过杜鹃声、新妇摇桨歌声、

图 3-46 同治辛未蔡希齐题七言律诗三首题刻局部（原址）（摄于 1998 年）

① 据考，沈庆，明代著名诗人，代宗时翰林博士。
② 据考，蔡希齐，湖北蕲水人。

滩声、猿声、巴女唱竹枝等等。将当年所见三峡中美丽景色与风物特色描绘得淋漓尽致、栩栩如生。

《峡口感眺》由景生情，停舟吊古，说八阵遗恨、叹白帝草荒，令人唏嘘不已。所以该题刻具有一定的艺术价值、文化价值和景观价值。

▼ 3.2.3 云阳飞凤山题刻

飞凤山题刻位于原云阳县长江右岸飞凤山北麓张桓侯庙下及庙内山崖崖壁之上，崖壁面长约 80 米。中心地理坐标为北纬 30°57′12″，东经 108°53′49″。题刻区海拔高程 120–150 米（图 3–47）。

据 1998 年 3 月对飞凤山现存题刻统计编录，共录入题刻 13 款。其中清同治九年（1870 年）至光绪二十八年（1902 年）题刻 4 款；民国元年（1912 年）至民国三十五年（1946 年）题刻 4 款。具体年份不详者 5 款，其中清光绪年间 1 款，其余均不晚于 1949 年。其中清代著名书法家彭聚星所书“江上风清”四字，曾毁于“文化大革命”期间，现存题刻为 1981 年仿原物复制而成。

图 3–47　飞凤山题刻远景（摄于 1998 年）

飞凤山北临长江，三面环林，与云阳县城隔江而望，气象巍峨。据《明嘉靖云阳县志》所载云阳八景中，便有“凤山春色”之说，熊宇栋有诗云：“笑靥开丹嶂，清癯峭倚空，树含残雨碧，花醉夕阳红。罨画双鬟逗，胭脂一抹融，翠屏晴鸟说，岚气有无中。”又有“凤山晴雪”之说，有诗云：“飞凤山上雪，雪满凤凰台，天无趋热意，不肯下山来。”飞凤山麓上又有著名的张桓侯庙，据传始建于蜀汉末年，后经宋、元、明、清历代修葺，保存至今，形成了一组宏伟壮丽，独具一格的古建筑群，号称“巴蜀一胜境”。而飞凤山题刻便是这一胜境中不可缺少的组成部分。

一、光绪二十一年戴锡麟书“大江保障”题刻

该题刻整幅高 1.73 米、宽 4.1 米。右至左横排，楷书阴刻“大江保障”4 个大字；4 字右侧竖排楷书阴刻“光緒二十一年”；左侧竖排楷书阴刻“山右戴錫麟敬題”。所有刻字均

填以黄色（图 3–48）。

二、光绪二十年长白裕德书“中流砥柱”题刻

该题刻整幅高 1.95 米、宽 4.4 米。右至左横排，楷书阴刻“中流砥柱”4 个大字；4 字右侧竖排楷书阴刻“光緒二十年冬”；左侧竖排阴刻“長白裕德敬題”。所有刻字均填以红色（图 3–49）。

三、光绪年间无名氏书“浩气常存”题刻

该题刻整幅高 1.62 米、宽 3.5 米。右至左横排，楷书阴刻“浩氣常存”4 个大字；4 字右侧竖排楷书阴刻“光緒”2 字，其余皆已剥落；左侧竖排阴刻题跋已剥落殆尽，仅剩最后“石”字尚可辨识。现存刻字均填以黄色（图 3–50）。

四、光绪壬寅白秀英书“龙吟”并跋题刻

该题刻整幅高 1.66 米、宽 4.3 米。右至左横排，行书阴刻“龍吟”2 字；该题刻风化较严重。2 字右侧题款已剥蚀，无法辨识；左侧跋文竖排草书阴刻，也大半剥蚀。可辨识内容如下：

龙川夜涛□……八景之一在欄□……下予□停舟……拜遺像篷□……为閑人馬行□……靈雲風馬及江上来也，故书此二字于石壁以驗来者。光緒壬寅夏五夔州協副将□白英秀並識。

现存刻字均填以红色（图 3–51）。

图 3–48　光绪二十一年戴锡麟书“大江保障”题刻（摄于 1998 年）

图 3–49　光绪二十年长白裕德书“中流砥柱”题刻（摄于 1998 年）

图 3–50　光绪年间无名氏书“浩气常存”题刻（摄于 1998 年）

图 3–51　光绪壬寅白秀英书“龙吟”并跋题刻（摄于 1998 年）

图 3-52 无名氏书“义气千秋”题刻（摄于 1998 年）

图 3-53 无名氏书“正气浩然”题刻（摄于 1998 年）

图 3-54 民国元年无名氏书“山高水长”题刻（摄于 1998 年）

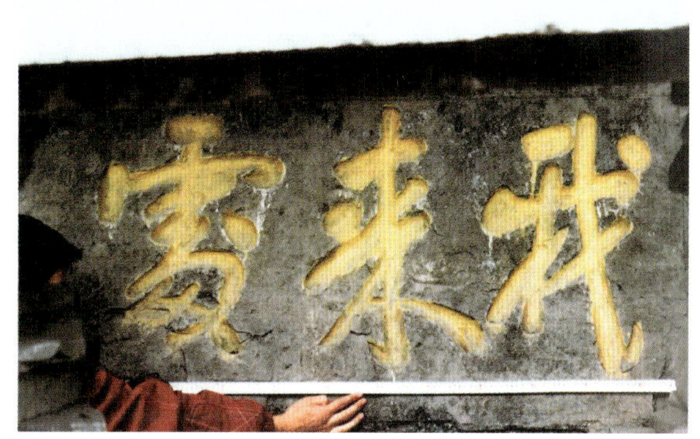

图 3-55 无名氏书“我来处”题刻（摄于 1998 年）

五、无名氏书“义气千秋”题刻

该题刻整幅高 1.15 米、宽 3.4 米。右至左横排，楷书阴刻“義氣千秋”4 个大字，字高 1.1 米、宽 0.8 米；4 字左右题跋均已剥蚀，无法辨识。现存刻字均填以黄色（图 3-52）。

六、无名氏书“正气浩然”题刻

该题刻整幅长 4.87 米、高 0.9 米，右至左横排，楷兼隶阴刻“正氣浩然”4 个大字，字高 0.9 米、宽 0.9 米；左右题跋均已剥蚀，无法辨识。现存刻字均填以黄色，右侧有一龛（图 3-53）。

七、民国元年无名氏书“山高水长”题刻

该题刻整幅高 1.1 米、宽 4.1 米，右至左横排，隶书阴刻“山高水長”4 个大字，字高 1.1 米、宽 1.1 米；4 字左右各有题跋。右侧隶书阴刻“民國元年春月”；左侧跋文已剥蚀，无法辨识，左下有两方印。现存刻字均填以红色（图 3-54）。

八、无名氏书“我来处”题刻

该题刻整幅高 0.58 米、宽 1.32 米。右至左横排，楷书阴刻“我来處”3 个大字，字高 0.58 米、宽 0.4 米；左右题跋均已剥蚀，无法辨识。现存刻字均填以黄色（图 3-55）。

九、民国三年韩开元书“同挽狂澜”题刻

该题刻整幅高 0.55 米、宽 3.83 米。右至左横排，楷兼隶阴刻“同挽狂瀾”4 个大字；4 字右侧竖排楷书阴刻“中華民國三年六月”；左侧竖排楷书阴刻“山東韓開元書”。所有刻字均填以黄色，“狂”、“澜”二字间有一裂隙（图 3–56）。

图 3–56　民国三年韩开元书“同挽狂澜”题刻（摄于 1998 年）

十、彭聚星[①]书“江上风清”题刻

该题刻整幅高 3 米、宽 11 米。右至左横排，楷书阳刻[②]“江上風清”4 个大字；字高 2 米、宽 2 米；4 字被涂以白色，由于该款题刻正位于张桓侯庙前临江崖壁上，其底被覆以黑色，字迹更现浑厚飘逸，隔江而望，洋洋大观，历历在目，已成为张桓侯庙建筑群的重要组成部分和标志（图 3–57）。因此，该款题刻具有较高的艺术价值和景观价值。

图 3–57　彭聚星书“江上风清”题刻（摄于 1998 年）

但是在 19 世纪末张桓侯庙“江上风清”石壁处清晰地刻着“靈鍾千古”4 个大字，位置不仅在现“江上风清”处，且每个字也都有近 3 米高（图 3–58）。

据传，张桓侯庙是蜀汉末年为纪念蜀国名将张飞而建的祠庙，后经宋、

① 据考，彭聚星，字云伯，又字云石，别号莲花峰樵，云阳人。少时就读于奉节，光绪十四年中举人。毛子献等撰《奉节县志稿》中，赞彭与刘海鳌、刘贞安三人“皆博通经史，贯穿百家，著声誉于京都，增光辉于桑梓，信可谓南州冠冕矣”。彭晚年闲居云阳，将生平所集名人字画刻置张桓侯庙内。彭的书法导源于欧、褚、颜、柳诸家，工楷书，亦习秦篆。其书法自成风格，形成“彭派”，故被誉为“南州冠冕”。作书之余，兼写兰竹，中国美术史上曾列其名。其石刻作品还有奉节“夔门铭”碑，云阳龙脊石题刻中的“云龙”题记等。

② 疑为堆塑。

元、明、清历代修葺扩建。但其始建年代由于缺乏实证，一直未有定论。因三峡工程而实施的张桓侯庙搬迁工程为该问题的解决带来了绝好的机遇。清华大学朱宇华博士根据张桓侯庙中馆藏宋宣和年间（1122 年）碑刻、考古资料及相关文献得出的始建年代在北宋的结论，其依据目前是比较充分的[16]。

图 3–58　19 世纪末“江上风清”处原“灵钟千古”题刻（引自历史资料）

1994 年长江三峡水利工程动工。张桓侯庙地处库区淹没范围内。经全国专家多方论证，确定了采取易地搬迁的保护方式。从规模上看，张桓侯庙是建国后继 1959 年山西永乐宫搬迁后的第二次古代建筑群整体搬迁工程，引起了海内外广泛关注。搬迁工程从 2002 年 10 月 28 日开始，至 2003 年 7 月 19 日在新址处落成，前后共历时 9 个月。在建筑解体搬迁中发现在“江上风清”四字后的原岩壁上确有“靈钟千古”四字（图 3–59）。结合张桓侯庙建筑群中为纪念传说中张飞神灵为上下船只助风三十里而建的助风阁，及当年船工祭拜张飞的习俗，可见，从张桓侯庙始建至今，其性质已由忠烈祠演变成为了江神庙，而“灵钟千古”题刻变成“江上风清”题刻也从一个侧面佐证了这点，因此，该题刻还具有一定的历史价值和文化价值。

图 3–59　张飞庙搬迁时发现的“灵钟千古”四字（摄于 2003 年 2 月 19 日）

▼ 3.2.4 万州天仙桥石刻

天仙桥石刻位于原四川省万县市龙宝区东城街天仙面粉厂东北 20 米，处于万安桥上游 400 米，跨苎溪河之上，两岸均为民居及市政建筑。中心地理坐标为北纬 30°49′11″，东经 108°22′40″。海拔高程 114–118 米（图 3–60）。又名“天生桥”，“天迁桥”。

图 3-60　天仙桥石刻所处环境（摄于 2000 年）

天仙桥石刻现存题刻 6 款，其中 1、2 号题刻位于天仙桥南壁，3、6 号题刻位于天仙桥北壁，4 号位于天仙桥西北岩壁之上，5 号位于天仙桥东壁之上。具体文字内容详见释文卷。

据清同治五年《万县志》载："在县西巨石跨溪自然成桥，方兴胜览在苎溪。乃一巨石自然成桥，长与溪等平，阔如履平地，溪流出其下。旧志桥上古额云跨虹天，剥落。又夔州军民府杨本源题额云响雪，明杜应芳、张佳允有诗载艺文。"又据民国二十五年《万县志》载："杨本源天生桥题字，在天生桥内岸，大字径二尺，小字五寸许，正书文曰无年月，校郡志称夔州府同知雍正八年移万，本源即以是年任，则此题之刻因在八年后也。"

据考，天仙桥石刻始刻年代应在明代，但题记已剥落风化。可能为 5 号题刻，后清雍正年间、乾隆三十六年（1771 年）、同治元年（1862 年）均有增刻。

天仙桥为一天然石桥，其底部由于自然侵蚀而成岩缝，苎溪河因而可从桥下流过。该处苎溪河河床平整开阔，平面呈 U 形，纵向呈阶梯状，落差最高达 3.5 米。因而每逢雨季，河水盈满，往往形成两级小瀑布。

苎溪河上，在天仙桥北有红星桥，南有万安桥。作为来往于苎溪河两岸的一处交通要道，天仙桥与其他桥梁有所不同，其利用天然岩石，自然形态为桥，是当地居民往来三马路至杨柳嘴老街的必经之地。因万安桥建于 20 世纪 30 年代，红星桥建于 20 世纪 50 年代，所以在苎溪河下游人工筑桥之前，天仙桥应是该地区来往与苎溪河两岸间的唯一通道。因此，对于研究万州区地方交通史具有一定价值。

天仙桥下的苎溪河在此附近跌岩而下，形成两级瀑布，浪花似雪，巨响如雷，古人将“石琴响雪”列为万州八景之一。又据清同治五年《万县志》载，万州十景有“仙桥虹济”或“长虹横渡”之说。作为万州著名的自然景观，是历代文人墨客游历此处的必到之地，因此，往来题留，撰文赋诗，也为天仙桥平添了一份人文色彩。其自然与人文的完美结合，使天仙桥成为万州地区历史较悠久的景观资源。所以也具有一定的艺术价值、文化价值和景观价值。

图 3-61 鸣玉溪题刻所处环境状况（摄于 2000 年）

▼ 3.2.5 忠县鸣玉溪题刻

鸣玉溪题刻位于原忠县忠州镇护国村。地理坐标为北纬 30°17′56″，东经 108°00′11″。海拔高程 175 米。1983 年公布为县级文物保护单位。题刻凿刻于高约 6 米、长约 7 米的岩壁之上，题刻距地面 1.35 米，壁面面向西，题刻区西为鸣玉溪，并在此建有一座石桥（图 3-61）。

据 2000 年调查现存题刻 3 款（图 3-62）。具体文字内容详见释文卷。

就题记内容分析，鸣玉溪题刻始刻年代应为南宋绍定三年（1230 年）。

鸣玉溪为忠县八景之一，题刻中所提到的木莲洞是其独特自然景观的组成部分。题记中所表达的多为借景抒情内容，既反映了自然景观的保存情况，又体现了山区百姓对其所生活人文环境的关注，因此，为研究当地人文地理和文化提供了实物资料，具有一定的历史价值、文化价值和景观价值。

图 3-62 鸣玉溪题刻所处在岩壁（摄于 2000 年）

图 3-63　渌水池题刻出水时的环境状况（摄于 2002 年）

图 3-64　渌水池题刻 1 号题刻所在区域（摄于 2002 年）

图 3-65　渌水池题刻 2、3、4、5 号题刻所在区域(摄于 2002 年)

▼ 3.2.6 丰都渌水池题刻

渌水池题刻位于原丰都县城西南 2 公里，长江江心孤岛石梁北侧，海拔高程 135 米，石梁只有在冬春枯水季节才露出水面（图 3-63）。

渌水池又名“龙墩”、“绿水池”，据《光绪酆都县志》载“龙墩在治西北岸石盤下注水若塘縈綠如染水落則見俗称綠水池游人多泛觴於此”。所以由于此地风光秀美，古代多有诗人到池吟咏，刻石抒情。

据 2002 年调查现存题刻 5 款，分别分布在两个区域。其中除 1 号题刻处于一区（图 3-64）外，其余 4 款题刻均处于二区（图 3-65）。具体文字内容详见释文卷。

从渌水池题刻题记内容分析，该题刻始刻于明代，目前可辨识年代为嘉靖二十五年（1546 年）。后清道光二十四年（1844 年）又有增刻。

渌水池题刻内容多为咏颂美景的诗赋，且诗书俱佳。所以具有一定艺术价值、文化价值和景观价值。

▼ 3.2.7 武隆关滩康熙四十二年陈邦器题“澎湃飞雷”题刻

该题刻位于原武隆县土坎镇关滩村西 150 米，乌江右岸一孤石之上（图 3-66）。题刻区海拔高程 172 米。

澎湃飞雷题刻凿刻于乌江右岸，高约 3.4 米，长约 6 米的孤石之上，题刻所在岩壁走向近南北向，南临乌江。孤石周围座落于坡积、崩积斜坡之上，底部坡度

图 3-66　澎湃飞雷题刻所处环境状况（摄于 2001 年）

图 3-67　澎湃飞雷题刻所在孤石（摄于 2001 年）

图 3-68　澎湃飞雷题刻保存状况（摄于 2001 年）

约 20°-30°（图 3-67）。此处因河道狭窄，水流湍急，故名“关滩”。

据 2001 年调查现存题记 1 款，整幅高 0.95 米，宽 2.11 米，龛深 0.02 米。右至左横排，楷兼行，双线钩“澎湃飛雷”四字，每字高 0.46 米，宽 0.35 米，字距 0.07 米。左右各有题跋，右为“癸未初秋”，左为“陳邦器題”，字径为 115 × 100 毫米，字距 25 毫米（图 3-68）。

据《涪州志》载，该题刻系清康熙四十二年 (1703 年) 重庆知府陈邦器途经此地去彭水时所题。

澎湃飞雷题刻所刻内容“澎湃飞雷”四字，形象地描述了乌江的雄壮气势和“关滩”的凶险，从一个侧面反映了当时交通条件的落后，“澎湃飞雷”四字通过双线钩的雕刻技法不仅还原了原书法作品的意境，而且使字体更为圆润和饱满，笔画交叉处更增添了几分浅浮雕的情趣，尤其是此处紧临乌江，景色宜人。所以该题刻具有一定的历史价值、艺术价值和景观价值。

第四章 开辟奇功——陆路交通与石刻

李白一句“蜀道难，难于上青天”形象概括了巴蜀地区道路的凶险和修路的艰难，古代三峡地区的道路和筑路史更是对这一诗句最好的阐释。而清光绪十五年柳文洙在瞿塘峡栈道处书写的“开辟奇功”四字无疑是对三峡先民在恶劣的环境下凿山开路精神的最高褒奖。

4.1 “蜀道”及其兴衰史

▼ 4.1.1 “蜀道”的界定及构成

“蜀道”一词最早出现在什么时候目前尚无研究结论。而唐朝李白的著名诗篇《蜀道难》使“蜀道”一词脍炙人口，名扬天下已是众所周知的事实。

对“蜀道”的界定也有广义和狭义之分。广义上，四川古称巴蜀，因此从四面八方出入四川的道路均可称为“蜀道”。但人们更倾向于从狭义上讲，“蜀道”作为“秦蜀古道”或“秦巴古道”的专有名词，特指古代由陕西长安通往四川的交通要道。因古称陕西为秦，四川为蜀和巴，历史文献将连接关中平原和四川盆地、穿越秦岭，分布于川陕交界区域的一系列道路统称为“秦蜀古道”(简称蜀道)，所谓“栈道千里，通于蜀汉”。这一系列呈网状分布的秦蜀古道遍布川陕甘交界区域，古道构成及走向随时代的不同发生过多次变化。但作为官方驿道，由于有官府管理维护，并有官设的驿铺邮传，在很长的历史时期内成为联接西南经济物产地区与王朝政治中心的纽带，承担了服务于军政人员、传输物资信息、满足商旅需要的多重角色。

历史上的蜀道线路构成及走向极其复杂和多样。目前被专家们确认的古道有 7 条。其中，4 条穿越秦岭，3 条穿越大巴山、米仓山。具体情况见表 4–1[17]。

表 4-1　蜀道线路的构成及走向

简况	线路名称	线路走向
穿越秦岭的 4 条蜀道（由西向东）	陈仓道	由宝鸡越大散关，经凤县至勉县茶店出口
	褒斜道	由关中眉县斜谷入山，从汉中褒谷口出山
	傥骆道	由关中周至进山，至洋县傥水口出山
	子午道	由长安县南子午镇进山至安康石泉出山
穿越大巴山和米仓山的 3 条蜀道（由西向东）	金牛道	由勉县西行经宁强入川
	米仓道	由汉中南行经碑坝进入四川
	荔枝道	由镇巴至万源道路，因曾为杨贵妃送荔枝而得名

注：其中褒斜道 1961 年被国务院公布为第一批全国重点文物保护单位。1969 年修建石门水库，褒斜道石门石刻“石门十三品”被搬迁至汉中市博物馆内陈列保护。1975 年，水库大坝按设计高水位蓄水，栈道石门及将军铺、褒姒铺、《栈道平歌》摩崖题刻（即“八个碑”）等古迹和栈道遗迹均被淹于水库中。

▼ 4.1.2“蜀道”的兴衰史

“蜀道”的历史发展脉络可分为以下五个阶段。

一、新石器时代的萌芽期

“蜀道”的起源大致可以追溯至新石器时代。因为自新石器时代始，秦岭南北的重要遗址已经表现出共同的文化面貌，这表明两地居民开始发生了某些直接或间接的往来和交流关系。考古学家在汉水上游和嘉陵江上游相继发现了一批新石器时代文化遗址。其中属于前仰韶时代的典型遗址有西乡李家村、何家湾、二里桥、土地庙、南郑龙岗寺、汉阴马家营、阮家坝、石泉后柳、宝鸡北首岭、关桃园、高家村、略阳居家院等遗址。属于仰韶时代的典型遗址有西乡何家湾、南郑龙岗寺、勉县仓台堡、红庙村、紫阳白马石、马家营、汉阴阮家坝等遗址。前者与秦岭北麓宝鸡的“老官台文化”十分相似，后者与关中渭河流域“仰韶文化”面貌几乎完全相同，属于“仰韶文化”半坡类型和庙底沟类型。四川地区目前发现年代最早的新石器时代遗址是广元中子铺遗址下层遗存，出土的陶三足器的柱状小实足，与陕西地区前仰韶时期同类器形极为接近，考古学家认为它和汉中盆地的李家村遗址文化也有一定关系，是受汉水上游地区“老官台文化”李家村类型的影响而来的。若将此与嘉陵江上游文化遗址连接起来，由北而南的文化流向是显而易见的，它反映了在距今 7000-6000 年的关中新石器时代早期及“仰韶文化”时期已通过汉中地区越秦岭并穿过大巴山、米仓山进入了四川盆地。

但是从遗址的分布区域看，在仰韶时代，它们只到达了四川盆地的边缘，尚未深入到盆地腹地。进入龙山时代这一状况发生了很大变化。1995 年以来，在成都平原发现和发掘的新津宝墩、都江堰芒城、郫县古城、温江鱼凫、崇州双河与紫竹、大邑盐店和高山等八处呈网络状分布的古城址群，考古学上称之为“宝墩文化”，年代大约在距今4500–3700年，相当于中原的“龙山文化”时代至夏代前期。“宝墩文化”陶器以泥质灰陶为主，并有一定数量的黑皮陶出土。而黑皮陶则是陕南汉水上游“龙山文化”的代表陶系。可见四川“宝墩文化”黑皮陶是受陕南汉水上游龙山文化影响的。川北嘉陵江以北的深丘地区分布有绵阳边堆山、广元张家坡、邓家坪、中子铺上层以及巴中月亮岩、通江擂古寨等遗址，文化遗物与汉中盆地的“仰韶文化”晚期和“龙山文化”也有一定关系，某些纹饰风格又接近“宝墩文化”，表现出蜀道沿途川西、川北地区可能与汉水上游新石器时代文化存在联系的线索。陕南龙山文化遗址的文化性质，考古学家认为兼有中原地区龙山文化和江汉平原石家河文化的某些特点，而尤其与川北新石器文化（相当于龙山文化时期）更为接近，被认为是融合了上述三种文化因素的陕南汉水上游地区的先巴蜀文化类型。他们指出,龙山文化晚期开始，汉水上游受到巴蜀相当大的影响，开始具有更多的先巴蜀文化的因素。这些考古成果表明，在新石器时代晚期，这一带已经存在着南北经济、文化交往的通道，揭示了蜀道起源的重要信息。

根据遗址分布状况，这条通道有可能是从成都平原宝墩文化古城群北行，经边堆山、中子铺、邓家坪、张家坡等嘉陵江水系遗址，沿嘉陵江河谷进入陕南，进而溯源至凤县、宝鸡。这应是后来金牛道等线路的雏形。虽然新石器时期萌芽兴起的蜀道线路与后来的蜀道走向和性质并非完全相同，但其常年使用和不断调整，使之更加适宜于川陕间的交通，为后来进入历史时期蜀道交通线路的形成发展奠定了一定基础。

二、夏商周的开拓期

夏商周尤其是商周之际是蜀道交通线路的开拓形成期。中原地区进入历史时期以后，由于其在政治、经济等领域的强势，周边地区纷纷与之发生联系。

蜀道交通线路于是由原来自然形成的原始谷道进入到有组织的人工开通修建阶段。

考古成果表明，三星堆遗址的陶盉、铜牌饰和玉璋、玉圭、玉戈等，其源头大都可追寻至“二里头文化”。二里头时期夏族与古蜀之间存在着广泛直接或间接的文化交流。交流途径有通过汉水上游和从南阳盆地顺汉江而下进入鄂西再溯江而上两条路线。

考古成果表明，殷商时期，中原与四川地区的联系与交流更为紧密。一方面，商文化与三星堆文化的关系更加密切。“三星堆文化”繁荣时期的青铜礼器大多来自商文化，而玉器都具有商文化的某些风格。相关文献也记载了蜀国曾与商文化有过交流的证据，在殷墟卜辞中，有三四十处记载涉及蜀，内容包括政治、经济、军事、文化、技术等多方面。另一方面，随着蜀文化在四川盆地东部的兴起，中原与四川地区文化交流的路线也发生重大变化，溯汉水上游而上进入陕南汉中盆地，而后再进入四川盆地这条线路自晚商开始发展成为一条主要途径。“宝山文化”是汉水上游地区的一种区域青铜文化，其延续年代与中原地区商文化大致处于同一时期，主要分布在汉中盆地及其以东地区，典型遗址和遗存有城固、洋县青铜器群、城固宝山遗址等。考古成果表明，“宝山文化”与关中商文化有密切关系，城洋青铜器与商文化在文化面貌上的相似性便是实物证据。同时“宝山文化”还受“三星堆文化”的重要影响,包含有较多的具有明显“三星堆文化”的特征，与之保持着更为紧密的关系，在文化性质上具有一致性。有学者指出：殷商时期，商文化沿汉江而上到达汉中附近，与蜀文化在这里碰撞，形成了商文化的青铜礼器与蜀文化的青铜兵器相融合的城固铜器群。“宝山文化”的特征表明，殷商时期，在汉中盆地与关中、四川三个不同区域的交流关系中，汉中盆地扮演着四川与关中交流过渡区域的角色。汉中盆地既是古蜀文化连续性分布空间，也是商文化进入四川盆地的中介地带。殷商时期逐步形成的这一文化交流新格局，也使中原、关中与四川盆地的交流途径产生了阶段性变化，其结果是最终催生了最早的“蜀道”交通线路在商周时期的形成。

商周时期，秦岭南北政治形势变化剧烈。周人随着商势力退出，在关中盆地西部崛起，并最终灭商建立周王朝。古蜀国也发生了由杜宇取代鱼凫为蜀王的王朝更替,古蜀文化发展达到顶峰，并翻越秦岭，涉足渭水流域。周、蜀两支处在上升期的政治实体，都具有与周边发展关系的强烈要求和条件。所以“故道”当是这一时期最早形成的一条蜀道交通线路。“故道”是秦汉人对此道的习称，西周时则称为“周道”。此“周道”自丰镐西出，经郃（今武功县西南）、眉（今眉县）、散国，抵周道谷。自此南行，循秦岭北坡的扞水河谷，沿嘉陵江谷地通向蜀地。西周早期，周人的政治、经济中心在周原一带，周、蜀联系多利用此道。秦汉时将周人通蜀之路称为“故道”，它是周人所筑著名的周道网络的组成或延伸部分。商周时期形成的另一条蜀道交通线路当是“褒斜道”，最早有关“褒斜道”形成的信息，是古史中有关蜀派军参加周武王伐纣的记载[①]。大军参战，必须顺利穿越秦岭至关中聚集，这一记载说明当时沟通周、蜀间的交通道路已经通畅。虽然史书未明载蜀人加盟武王伐纣大军究竟走的是哪条道路，但从伐商之役由丰镐为出发地，也就是周联军的聚集地来看，蜀人应是从汉中翻越秦岭，由“褒斜道”到达关中的。因为以地理而论，此道在当时是最为便捷的。在周文王灭商并将其政治中心迁丰后，为寻求经营江汉更为便捷的路径，极可能有目的、系统地对这条通道进行了整修和拓展。至于商周时期周人为何接连开通“故道”、“褒斜道”两条蜀道交通线路，有学者分析认为是出于交通分工的考虑，“褒斜道”为转而东南向经营江汉之要道，“故道”则为直接向南连通蜀中之主道。商周时期“故道”和“褒斜道”的开辟对此后中国政治格局具有深远影响。虽然受秦岭地势险峻和开山凿路工具的限制，此时开通的“故道”、“褒斜道”还不可能筑成能够通行车马的大规模道路，也不可能修筑栈道，但它们的开拓形成，标志着在先前长时期民间依地理地势之随机踩踏，并随着社会经济发展、区域和人

[①] 据《尚书·牧誓》载，当时有“庸、蜀、羌、髳、微、卢、彭、濮人”八国参加了伐纣大军。“八国”中，蜀排在第二。这同《华阳国志·巴志》中“周武王伐纣，实得巴蜀之师，著乎《尚书》”的记载相吻合。

群的互动逐渐频繁而形成道路的基础上，“蜀道”交通线路建设被纳入有计划有目的地人工修筑、国家兴办交通的阶段。交通线路趋于稳定，后世“褒斜道”、“故道”的基本走向由此定型，这为后代扩大而整治筑成大规模的“蜀道”交通网络，长期成为连接川陕的主要传统交通线路奠定了基础。

三、战国秦汉魏晋的发展期

战国秦汉至南北朝时期是“蜀道”主干线路拓展，并形成基本格局的重要阶段。此时“蜀道”，以拓展贯通关中至汉中、巴蜀的道路交通为主线，以建设栈道和整修道路为重点，是蜀道主干线路成形的重要时期。秦汉两代均立都关中，在统一全国和巩固统治的过程中，都把拓展连接“恃险而富”的四川盆地的道路交通，作为以交通建设促成政治军事进取和稳定执政的条件，而不遗余力地加强“蜀道”建设，开启了“蜀道”建设的新阶段。突出表现便是若干条新入蜀道路的开通，“蜀道”交通干线格局因之基本形成。“金牛道”是这一时期最早在秦灭蜀战争中开辟修建的入蜀线路。秦灭蜀之战，发生在秦惠文王更元九年，即公元前316年。“金牛道”的具体开通时间，当然早于秦灭蜀之际，其作为民间小道及川陕往来通道的历史相当久远，但其改为大道的时间当为秦灭蜀时期。“金牛道”的开通是在秦国主导下，由秦、蜀两国通力合作的结果。但不同的是，蜀因道成而亡国。“子午道”是秦汉时开通的又一新线路[①]，同时“米仓道”也在汉末开通[②]。除新开线路外，秦在灭蜀后，还对“蜀道”线路进行了有计划有组织地维修改造。“褒斜”和“金牛”两道上的栈道便是在此时出现的[③]。栈道工程技术的出现是战国时期独一无二的交通建设创举，更是对包括“褒斜道”在内的“蜀道”最具革命性的一次改造。它的出现，减轻了翻山越岭的艰辛，减少了绕道而行的里程，使来往行旅得以捷径、平道而进，并具备了通行车马的条件。“褒斜”、“金牛”两道堪称“蜀道”栈道之始。楚汉相争时，刘邦被项羽封于汉中，曾“烧绝所过栈道，示天下无还心”，“褒斜道”一度断绝。是“蜀道”历史上的第一次人为的大破坏。驿道因此改行“故道”。直到汉武帝时“发数万人作褒斜道五百余里”，“褒斜道”因其近捷少坂，重新成为川陕间的主要通道，与“金牛道”同被定为驿路[④]。东汉国力虽不及西汉，但对蜀道交通的整饬不减前朝。官府征调民力大规模治路，并勒碑石记其事，一时蔚为成风。仅褒斜道有记载的整修就有汉光武帝建武年间、永平九年（66年）、延光四年（125年）、建和二年（148年）、永寿元年（155年）等5次之多。镌刻在石门的《汉鄐君开通褒斜道摩崖》、《石门颂》等石刻记载了这些工程。其中，永平六年（63年）

---

① “子午道”最早见于《汉书》卷九九《王莽传》，相传为西汉末年王莽下令所开，但其实此道最晚在秦代已经存在。楚汉之争中，刘邦封汉王入汉中，走的就是子午道。因其北口接近长安，往来方便，所以王莽循旧道将其疏通拓展，形成正式驿道。

②《三国志》卷三六《蜀书·张飞传》载，东汉建安二十年（215年）汉中张鲁为曹操所破，由“米仓道”奔南山入巴中。

③ 史载，“栈道千里，通于蜀汉”，“栈道千里，无所不通”。

④《华阳国志》卷三《蜀志》载：“玺书交驰于斜谷之南，玉帛践乎梁、益之乡。”

汉中太守鉅鹿鄐君"以诏书受广汉、蜀郡、巴郡徒二千六百九十人，开通褒斜道"，并凿通了世界上最早的一条能通行车马的交通隧道"石门"，是褒斜道建设史上最重要的工程之一。"故道"一带也相继有武都太守虞诩、李翕、耿勋的整修，《郙阁颂》、《西狭颂》等石刻对此也有详细记载。它们和《石门颂》并称为"汉三颂"。魏晋南北朝时期政治分裂、动乱。关中和四川先后被多个王朝占据、管辖，汉中成为南北激烈争夺的对象。蜀道扮演了重要角色。一方面因频繁战乱，蜀道多次遭到严重破坏。另一方面，由于军事斗争、民族融合、人口迁移的需要，在道路屡被战乱破坏的同时，也几乎同样地被频繁修复，因此蜀道的线路、质量都有了发展提高。傥骆道是这一时期见于记载的一条新辟蜀道[①]。三国时姜维率数万人攻魏，钟会参与灭蜀之役，均是经由傥骆道。除新开傥骆道外，原有的金牛、褒斜、陈仓、子午等道路也得到广泛利用和维护。诸葛亮相蜀，整修剑阁道，于大小剑山间"凿石架空为飞梁阁道，以通行旅"，并设阁尉守之。北魏正始四年至永平二年（507 年 –509 年），梁秦二州刺史羊祉及贾三德开斜谷旧道，凿修褒斜道南段二百里。这是继永平九年（66 年）鄐君开通褒斜道和石门后的又一次重大工程。此后褒斜道一直沿用的是这次所修道路。著名的《石门铭》摩崖石刻详细记载了工程情况。同时"子午道"也有一次重要整修[②]。从战国到南北朝，"蜀道"交通获得了新的发展。交通线路上，在前代基础上，又开辟开通了四条新的主干线路，蜀道交通基本格局基本形成。路况方面，历代都有修整，尤其是"蜀道"上最具非凡创造性和标志性的交通设施——栈道，也在这一时期出现，并获得高度发展，在"蜀道"交通中发挥了至关重要的作用。

四、隋唐两宋的兴盛期

从隋唐至两宋的 700 余年间，是蜀道交通的兴盛时期。蜀道交通线路无论是规模和质量，还是交通网络格局、具体线路，都发展到了一个新阶段，是历史上最繁盛的时期，也为隋唐王朝的繁荣作出了巨大的贡献。隋唐时期四川发展进入一个新阶段，经济更加繁荣，"恃险而富"的四川成为隋唐王朝财赋的主要供应区之一和后方基地，"蜀道"交通线路因此得到了空前发展。首先是开辟新道。著名的"荔枝道"于天宝年间开通，这也是"蜀道"七条主干线路最后开通的一条。在"褒斜道"江口镇以南的东侧，又开辟了"文川道"。西侧由武休关向西北，修筑了通往凤州、散关的驿道，即唐宋"褒斜道"。还有一条名为"太白山路"的大道以及作为"傥骆道"和"荔枝道"联系线的兴道、西乡间的百余里驿道新线等。隋唐时开辟的新线路因选线较为科学，多为后世所继承和发展。元明清时期著名的"连云栈"即是在唐宋"褒斜道"基础上发展而成。其次是修整和优化旧

---

① 《三国志》卷九《魏书·曹爽传》载："正始五年，爽乃西至长安，大发卒六七万人，从骆谷入。"有学者考证东汉《石门颂》中的"围谷道"、"堂光道"应是傥骆道的前身。

② 梁武帝天监六年（507 年）梁将王神念以旧子午道缘山避水，桥梁百数，多有毁坏，另开乾路，更名"子午道"，道路因此而更为通畅。

道。以“褒斜道”为例，唐代规模较大的整修记载就有七次之多，部分线路则根据需要加以优化改线，以提高线路的科学性[①]。再次是完善驿运系统。隋唐时期，“蜀道”北段的“故道”、“褒斜”、“傥骆”、“子午”四线均被先后辟为驿路。南段的“金牛”、“米仓”和“荔枝”三道也都曾设驿通邮[②]，驿站的增多，既反映了驿路的发达，也反映了“蜀道”使用的频繁和广泛。其四，注重“蜀道”的经济交通作用，宋朝最终决定以“故道”为正驿路的原因，正是以当时茶马贸易所需的川茶运送方便与否为主要考虑因素的[③]，这反映了经济因素对驿道选线所起的决定作用。其五，建立“蜀道”沿线植树造林制度。沿线植树既可养护道路、荫庇路人，又可增补官用木材[④]。这样使宋代“蜀道”沿线的生态环境得到很好的保护，全线都分布有大面积的森林和草地。这与宋政府重视和组织在蜀道沿线植树造林“列树以表道”不无关系。其六，重视完善“蜀道”交通设施和制度建设。宋时联系川陕交通的主要驿道依然是“故道”和“金牛道”。政府在驿路上建立了较完善的“递铺”制度[⑤]。这些举措对保证蜀道的畅通起到了重要作用。这一时期“故道”作为川陕主要通道，往来货物众多，仅纺织品一项就达到“日输月积，以衣被于天下”。茶叶贸易也十分繁荣，“产茶之地尽在川路，卖茶之地全占陕西”。随着经济发展和蜀道货流量的增大，北宋中期形成了以“蜀道”为轴线，以成都府、梓州、兴元府、洋州、京兆府、秦州等三府三州为支点的“蜀道”城市带，沿线的利州（四川广元）、绵州（今四川绵阳）、遂州（今四川遂宁）、三泉（今陕西宁强）、兴州（今陕西略阳）、凤翔府（今陕西凤翔）等一批城市也随之崛起，成为区域经济和交通网络的重要节点，商业发达，经济繁荣。蜀道城市带的形成与繁荣成为这一时期川陕经济和蜀道繁荣发展的一大亮点。随着金人的崛起，秦岭散关—汉中成为南宋抗金军事前哨和巴蜀屏障，在南宋百年抗金战争期间，南宋军民利用蜀道险关要塞，严防死守，牢牢地阻击金人于秦岭以北，阻止了金人入川，延缓了南宋的灭亡。这一时期“蜀道”及嘉陵江是南宋西部抗金战场的生命线。总之，隋唐两宋时期，“蜀道”交通以新辟、改线“故道”、“褒斜道”、“荔枝道”、“金牛道”等“蜀道”诸线路及广泛利用

[①] 据考，隋初修改了“金牛道”剑阁附近的险段；唐时利州成都间又有南北两道并行。宪宗、敬宗时整修斜谷路也都涉及线路优化调整。

[②] 据考，唐制三十里一驿。但“蜀道”上的驿站究竟有多少确已难考，据西南大学蓝勇考证，仅从金牛驿至成都，可考的驿站就有17个之多。

[③] 据考，元丰元年（1078年）川陕驿路最终改回“故道”，关键原因就是“现今官中收买川茶，正由此路经过”。“故道”已成为当时西北重镇秦州（今甘肃天水）转输川茶的必由之路。“茶纲见行旧路，商客皆由此出”，茶纲及商旅供给易办等输往秦州，由旧路更捷近。茶兴于唐而盛于宋。宋代四川地区茶叶产量超过其他地区茶叶产量的总和。神宗熙宁、元丰年间是“蜀道”线上茶马贸易最为繁荣的时期，对宋的政治经济影响非凡，亦是促进宋代“蜀道”走向繁荣的主要动因。

[④] “马递铺卒，夹官道植榆柳，或随土地所宜种杂木，五、七年可致茂盛，供用之外，炎暑之月亦足荫及行人”。天圣三年（1025年），知兴元府褒城县窦充请求在凤州至益州的大道上种植树木，并根据种植树木多少作为考评官吏政绩的依据。这两项建议，后均被朝廷采纳。

[⑤] 据考，宋制十、二十和二十五里设一递铺。为抵抗蒙古军队，川陕各“蜀道”递铺改为九里一置。宋对递铺兵士生活亦比较关心，屡次下诏，要求完善递铺，“增葺补屋”，购置运输工具“小车”等。对“蜀道”各“形胜要害”、“要冲”、“咽喉之地”，则注重“选武略重臣镇守之”，加强沿线地方官吏的考核监督。

和维护修复旧路为主体工程，使“蜀道”的线路、里程、质量、驿站都有了发展提高，其在政治、军事和经济各个方面的频繁利用和高度发达，使“蜀道”交通达到了历史上最繁盛的时期。

五、元明清的发展与变革期

元朝建立直至明清的800多年间，首都在北京，故各方驿道均自北京辐射，蜀道是北京通往西北、西南的主要驿道干线，仍受到统治者的重视。但随着社会经济和政治形势的变化，蜀道本身也发生了变革。

早在蒙、金交战初期，蒙元方面即注意到秦岭蜀道汉中一带的战略意义，成吉思汗亲自制定了绕道陕南“假道宋境灭金”的战略。蒙军执行这一决策，借“蜀道”千里迂回东进，灭掉金国，随后又沿“蜀道”夺取巴蜀。元统一全国后，曾大力经营“蜀道”，并确定以唐宋“褒斜道”为川陕驿道北段的唯一驿道，但已不再称“褒斜道”或“斜谷路”，而有了“连云栈”的专名，也称为“北栈”或“秦栈”，处于四川省境和汉中以南的“金牛道”，则称为“蜀栈”和“南栈道”。此前，川陕驿路呈多元、交替发展的态势，“褒斜道”、“故道”、“子午道”、“傥骆道”等都曾被辟为驿路，有时甚至数条道路同时为驿路。元代一改此前路线繁复的状况，而以南栈和北栈，维系南北交通。自此以后，由关中到成都的驿路，就是沿这条路线而行。这就奠定了以“连云栈”和“金牛道”作为西南各省与首都联系的主要驿道的格局，完成了与全国政治、军事中心由关中长安东移开封，再北移大都相适应的全国驿道网络的变化和调整。而这种选择一直被明、清和民国各代沿用，达七八百年之久。

明代仍以连云栈和金牛道为川陕驿路，但线路改为由广元经阆中、盐亭、潼川、中江、汉州至成都，而不经剑州、梓潼、绵州一线。明政府十分重视“蜀道”建设，对于重大修路工程，必由中央派大员主持，或令当地主要官员负责，组织军民施工，整修了不少道路。洪武二十四年（1391年），“命景川侯曹震往四川治道路”，开凿广元千佛岩附近的险道，“垒石为岸，益为坦途”。次年（1392年），又“命普定侯监督军夫，增损历代旧路”。成化十二年（1476年），陕西巡抚余子俊“通南山道，直抵汉中，以便行旅”。正德年间，剑州知州李璧整修金牛道南段梓潼、昭化间三百里驿道，路旁植树数十万株，号“翠云廊”。神宗万历年间，汉中太守崔应科修北段“连云栈”，四川巡抚张士佩修南段“金牛道”。从道路整修情况来看，在“蜀道”维修上中央和地方已形成了某种分工。与前代不同，明政府对蜀道的整修最重要一点即改栈道为“碥路”。碥路又称“扁路”，是在水流湍急、崖岸险峻的地段，铲石削坡，利用铲削下来的土石砌成道路，或开山以石块砌成石板路。由于碥路以土石为基，其牢固程度比栈道好，承载能力也超过栈道，加之它“回山取途”，路基比栈道高，距河流水面较远，容易避开洪水的冲击，所以总体来说，要优于栈道。改栈道为碥路始于唐朝，入明后明显加快。经过明政府多次整修，到明末，“连云栈”和“金牛道”原来的栈道已多改为碥路，交通状况大为改观。明人王士性说：“自古称栈道险，今殊不然。屡年修砌，可并行二轿四马”，“今之栈道非昔也，联舆并马，足当通衢。”这种碥路实际就是近现代公路的前身，是“蜀道”历史上发生的又一次营造技术的重要变革。

明末清初四川战乱不已，“蜀道”遭到严重破坏。随着战后四川经济的发展，“蜀道”整修受到中央和地方高度重视。“天下一统，而西服朝宗，势必以栈道为咽喉”。“连云栈”和“金牛道”仍是当时联接关中与四川的主要通道。文献中有“惟栈道为川陕往来之要路”之说。可见“连云栈”还是我国西部地区南北往来的大动脉。呈现出“云、贵两省俱改道由此行走，文报差使络绎不绝”的局面。康熙三年（1664 年），陕西巡抚贾汉复大举修复连云栈道，调集宝鸡、凤县、褒城三县人力，不到三个月，便竣工告成，道路畅通，商旅往来络绎不绝，基本上恢复了昔日的通行能力。其后康熙二十八年（1689 年）、嘉庆十六年（1811 年）、咸丰五年（1855 年）、同治六年（1867 年）又作续修。康熙二十九年（1690 年），四川巡抚葛尔图大修剑门驿路，使川陕大驿道又移回到剑门一线上来。此后乾隆三年（1738 年）、乾隆二十七年（1762 年）、道光二十八年（1848 年），清政府又三次对“金牛道”广元、昭化一线进行了较大规模整修。经过多次整修，至清末，“连云栈”和“金牛道”的木质栈道基本为土石碥路所替代。这是清代“蜀道”交通发展最重要的成就和特点。

随着经济的发展，“蜀道”在川陕交通格局中的地位也发生着巨大变化。隋唐以前，四川对外交通格局的重心在北边，“蜀道”交通是四川地区与中原交流和沟通的主要通道。元明清时期，中国政治中心完成北移，西方列强逐渐从沿海深入内陆，这些变化促使长江上游与中下游的联系加强，四川对外交通联系也为之改变，从原来的以“蜀道”为主转移到以长江为主干的峡路交通上来。这一重大变化过程，实际上也是“蜀道”交通在四川交通格局中地位逐步下降、作用逐渐弱化的过程。而直接导致蜀道交通衰落的，则是民国以来近现代交通工具逐渐传入中国。然而，古蜀道并没有彻底消失。蜀道数千年间穿越着秦岭巴山，也穿越着中国历史的重重关山，积淀了一份厚重的历史文化遗产。连接川陕两省近现代建设的公路、铁路、高速路是在古蜀道的基础上演进的，不少选线也基本上是沿古蜀道线路设计施工的。如民国时修建的川陕公路（今 108 国道路段），取线于唐宋“褒斜道”（元明清“连云栈”）和“金牛道”；建国后修建的宝成铁路，其北段取线于“故道”，南段取线于古“金牛道”；由西安到四川万源的西万公路，北段取线于“子午道”，南段取线于“荔枝道”；由周至到洋县的周洋公路，大部取线于“傥骆道”；由眉县到汉中褒谷口的褒斜公路，取线于秦汉“褒斜道”；由南郑县到四川南江线的二南公路，基本上取线于“米仓道”[18]。

在这里，我们梳理“蜀道”兴衰史其目的有三点。第一“蜀道”沿线分布着众多的历史悠久、内涵丰富的历史遗存。尤其是唐宋之前，这些遗存是我们研究中国南北经济文化交流、道路交通文化发展史的重要实物依据。第二“蜀道”作为我国境内早期重要的文化线路，对于其发展脉络的研究，还有助于我们研究和解决一些文化传播线路问题，如南丝绸之路问题，佛教艺术传播路线问题等。第三通过梳理，我们不难发现三峡地区唐宋以前与北方地区及对外的经济文化交流主要是依靠“蜀道”完成的。而以长江峡路为干道的对外交通线路的兴起应在元明清时期。

4.2 三峡地区交通史略 [19]

我国长江三峡地区艰辛的交通发展历程，大致可将其分为四个阶段。第一阶段是从远古到宋以前时期，该时期三峡地区的交通是以水运和栈道为代表的水陆路交通，水上交通是远古时代的主要交通形式，而陆上的栈道仅是水上交通的补充和延伸。第二阶段是从宋元时期到重庆开埠，该时期三峡交通得到初步发展，除官方驿道沿途普设驿站，使驿道、邮道均得以发展外，川江航道也得到有效整治并初步设立了导航设施，加之沿江水上驿站的设置，使得千里三峡成为了当时重要的漕运路线。第三阶段是近代到建国以前，该时期是三峡地区近代交通兴起的时期。轮船运输业的兴起是水上交通近代化的显著标志，三峡地区轮船运输业的兴起是与西方人对川江航运权的夺取密切联系的，英国轮船向长江三峡内河水域扩张，刺激了以民生公司为代表的民族航运业的快速发展。公路建设及汽车运输业的出现，是交通运输业现代化的重要标志之一，这一时期 1932 年 8 月 1 日成渝公路建成，后来重庆又有了陆上与外省区相通的川黔、川湘、川鄂等公路。20 世纪 30 年代，重庆又艰难地诞生了铁路交通和航空运输。第四阶段是 1949 年后至今，该阶段三峡地区的交通事业迎来了一个崭新的发展时期。特别是改革开放和重庆成为直辖市以来，该地区的交通事业更有了突飞猛进的发展，以水路、公路（特别是高速公路）、铁路、民航为主体的，辐射全国、连通世界的现代化立体大交通格局已经逐步形成并完善。

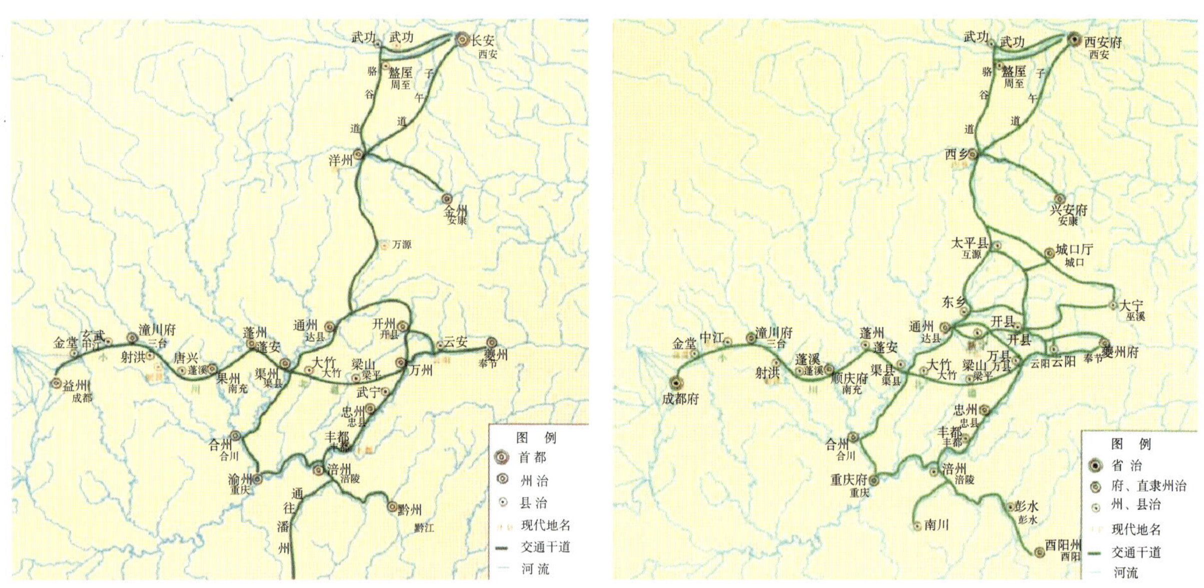

图 4-1 历史时期秦巴古道线路图 左：唐宋时期 右：明清时期（引自《三峡开县秦巴古道路线考述》）

4.3 古代三峡地区与秦巴古道间的关系 [20]

秦与巴蜀之间被东西走向的秦岭、大巴山切割，万山重叠，群峰纵横，成为了隔断南北贸易往来和文化交流的屏障，所以“蜀道之难”并非诗人笔下的多愁善感。但是勤劳智慧的古代先民从未敬而远之，在生产力水平低下的条件下，开通了数条秦与巴蜀之间的通道，这些通道现在习惯称其为“蜀道”。关于“蜀道”的界定和构成详见 4.1 节，在此不再赘述。

目前三峡地区的秦巴古道路线研究也已取得丰硕的成果，在《四川古代交通路线史》一书中对“蜀道”东路的 3 条通道 (洋万涪道、荔枝道、洋蕖道) 和宁河、堵水道都作了详细考证，还针对历史时期三峡地区网状的秦巴古道绘制了明晰的路线图（图 4–1）。

唐以前，仅有一条史料可以佐证秦巴古道的开通 ①。唐宋时期，以开州（今三峡地区重庆市开县）为中心的秦巴古道已呈四通八达之势 ②。明清以来，秦巴古道的战略地位下降，但此道并未废弃，反而成为了区内商贸活动的重要通道。这一时期三峡地区以开县为中心的陆路交通更加发达，形成了西北、北、东北、东、东南、南、西等呈放射状大道，成为秦巴古道以开县为中心在三峡地区的拓展和延伸。

4.4 三峡地区古代道路类型初步讨论

纵观三峡地区交通发展的四个阶段，我们不难发现，从远古时期到改革开放之前，三峡地区的交通总体表现为“水上交通为主，路上交通为辅”的特点。究其原因，主要是因为该地区崇山峻岭、沟壑纵横，在生产力水平低下、技术落后又缺乏足够资金保障的条件下，非国家之力，很难完成长距离陆路交通线路的建设。所以古代三峡地区的陆路交通建设多以区内道路和乡镇道路建设为主。除大宁河栈道、瞿塘峡栈道等少数几条长线路的陆路交通线路外，从目前调查整理的题刻和文献资料看，其他线路几乎都是短距离的县道、乡道和村道。

从现有资料分析，三峡地区道路多为利用自然地形修筑的土路和剔凿的石路，路面一般罕见

---

①《晋书》载：“太和四年（230 年），迁大将军，加大都督、假黄钺，与曹真伐蜀。帝自西城（今安康）斫山开道，水路并进，泝沔而上，至于朐忍（今云阳），拔其新丰县（今开县境内）。军次丹口，遇雨，班师。”据考，“新丰”为“汉丰”的误写，这次伐蜀的进军路线是从汉江逆流而上，翻越大巴山直取汉丰县。这一事件证明了能通过千军万马的秦巴古道此前已开通。

② 开州至长安的秦巴古道是经通州，越过大巴山达洋州，再经“子午道”抵长安的。《太平寰宇记》载：“(涪州) 东至万州水路六百一十里，自万州取开州、通州宣汉县及洋州路至长安二千二百四十里。”《元和郡县志》也有类似的记载：“(涪州) 从万州北开通 (州) 宣 (汉) 县及洋州路至上都二千三百四十里。”历史上把从洋州经通州、万州达涪州的通道称为“洋万涪道”。再参照《通典》、《元丰九域志》等文献各州里程可推知，这条古道起于渝州，顺江 340 里到涪州，350 里到忠州，260 里到万州，弃舟从小路 160 里或大路 200 里到开州（今开县），然后顺下蒲江（今后河），北上翻大巴山沿洋水到西乡，取“子午道”抵长安，约三千里左右。这条古道成为巴渝到长安的捷径，开州就位于长江与大巴山之间，居于秦巴交通的枢纽之地。

铺装其他材料。如前所述，这种类型道路应属于明清时期的“土石碥路”。

而前面所提到的栈道可以说是三峡地区，乃至巴蜀地区先民发明的适于山地环境建造的道路和交通设施。

据目前调查，三峡地区的栈道可分为木栈和石栈两种形式。

木栈道由于年代久远，木结构已不复存在，只存栈孔遗迹可供人研究。如巫山至巫溪的大宁河栈道、奉节的偷水孔栈道等。其中大宁河栈道龙门峡段和翠峡段“品”字型双排孔在我国栈道遗存中极为少见，有学者认为其形制应为下面两孔安梁铺木板，木板正中立简易柱托上孔横出的梁、同时又在木板两边各立一柱托上面木板[21]。

三峡地区的石栈道多以凹槽式为主，凹槽式即将山崖剥凿成石槽，道路从槽中通过，民间俗称碥路，是石栈道中最典型和最原始的形式，如巴东链子溪栈道、奉节瞿塘峡栈道。石槽深处可并排数人通过，如瞿塘峡栈道，石槽浅处只勉强一人通过。为保证路人安全在栈道沿线会设置石砌护栏或铁链，如链子溪栈道，而链子溪也正因此处栈道设有铁链而得名。具体介绍详见4.5节。

如前所述，道路的类型和所处环境决定了修路工程的艰难，需要花费巨大的人力、物力，加之这些道路多依山临水，洪灾、山石崩塌等自然灾害对道路破坏在所难免，所以建造、维修工程就更为艰巨，非个人和少数人能完成。因此道路的建造和维修工程大多是依靠地方政府或乡民集体捐资完成的，这种修路形式在三峡某些地区一直延续至今。这些过程大多被古代先民以石刻形式记录下来，成为了我们研究三峡地区古代交通史的重要实物依据。

4.5 栈道、筑路及修路石刻

▼ 4.5.1 秭归郭家坝乾隆辛卯李拔书“路别云泥”题刻

该题刻位于原秭归县郭家坝镇莲花村三湾长江右岸的岩壁上。题刻坐南朝北，海拔高程180米。

该题刻整幅高1米、宽2.13米，有边框，框深2厘米。右至左横排，楷书阴刻“路别雲泥”4字，字高34厘米、字径30厘米、字距2厘米、字深0.5厘米，刻槽平缓。右侧竖排楷书阴刻“乾隆辛卯”4字；左侧竖排楷书阴刻“西蜀李拔题書”6字，题跋字高8厘米、字径7厘米、字距5厘米（图4-2、图4-3）。

图4-2 秭归乾隆辛卯李拔书“路别云泥”题刻（引自《三峡湖北段沿江石刻》）

据传说，历史上此处无路，后有人在此凿通了历来不便通行的悬崖，行人得以通畅，告

图 4–3 秭归乾隆辛卯李拔书“路别云泥”题刻拓片（引自《三峡湖北段沿江石刻》）

别了翻山越岭和涉水而行之险，故李拔于乾隆三十五年（1770 年）在此处题“路别云泥”四字，刻于江边，以示纪念。因此，具有一定的历史价值。

▼ 4.5.2 秭归香溪镇烟袋沟筑路题刻

该题刻位于原秭归县香溪镇望江村的路边崖壁上。题刻幅高 1 米，宽 0.6 米，题刻表面风化严重（图 4–4）。具体文字内容详见释文卷。

该题刻虽年代、作者不详，但从可辨识内容分析，其记录了此处历史上的修路事件，所以具有一定历史价值。

▼ 4.5.3 巴东链子溪栈道及链子溪石刻

链子溪栈道位于原巴东县官渡口镇火焰石村，巫峡中链子溪与长江右岸交汇处（图 4–5），链子溪石刻紧靠链子溪栈

图 4–4 烟袋沟筑路题刻（引自《三峡湖北段沿江石刻》）

图 4–5 链子溪栈道照片(引自《三峡湖北段沿江石刻》)

道末端。石刻坐北朝南，海拔高程 92 米，（图 4–6）。

现存题记两款，内容记载了主持建造工程的官员和建造时间，字体凿刻非常随意，楷书阴刻，刻深很浅，由于凿刻处岩石表面极不平整，表层自然风化也很严重，所以部分字迹已不清晰（图 4–6）。具体文字内容详见释文卷。

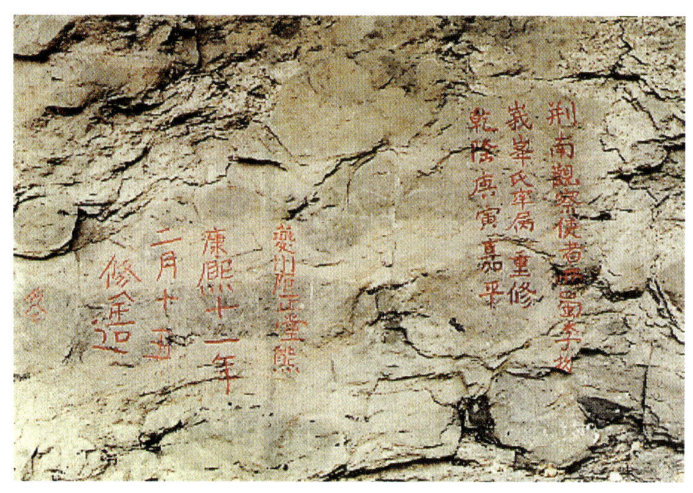

图 4–6　链子溪石刻照片（引自《三峡湖北段沿江石刻》）

链子溪栈道共有上下两处，分别在岩壁上凿刻浅槽或台阶为道。极为危险，所以康熙十年（1671 年），夔州水利官员打了 99 个铁环安装在崖壁上，以利行人通过使用，故得名。古往今来，此道一直为生活于此地山民进出的唯一交通道路，始建年代已无从考证，但从两则题记内容可知，由于年久失修，在清康熙十一年（1672 年）、乾隆三十五年（1770 年）曾进行过两次维修，并刻石为记。所以该石刻具有较高的历史价值和科学价值。

图 4–7　观音洞全景（摄于 2000 年）

▼ 4.5.4 巫山观音洞石刻造像及修路碑

观音洞石刻造像位于原巫山县秀峰乡江东村东南 2 公里，猪脑壳包北坡，一天然溶洞内，其对岸为著名的大昌古镇原址，地理坐标为北纬 31°15′38″，东经 109°47′11″。海拔高程 142 米（图 4–7）。

据 1999 年调查，洞内现存 2 处造像龛、1 处线刻。保存情况如下。

1. 为一造像龛：龛高 0.6 米，宽 0.55 米，已被毁，除隐约可见龛形外，造像已不复存在。

2. 为一造像龛：整个造像龛距地面 1.5 米，位于一宽约 1.3 米的外凸岩石之上。现存 3 尊造像，浅浮雕，造像平均高 0.24 米，宽 0.08-0.09 米，由于溶蚀严重，具体形态已模糊不清（图 4–8）。

3. 为一线刻图案，在 2 号造像龛西岩石上还刻有一线刻莲花图案，高约 0.09 米，宽约 0.08 米。

图 4-8　观音洞 2 号造像龛（摄于 2000 年）

图 4-9　观音洞修路碑（摄于 2000 年）

在洞口中东部，现立有一石碑，碑宽 0.75 米，因该碑半埋于地下，总高不详，地面以上高 1.15 米，中上部两侧被毁（图 4-9）。具体文字内容详见释文卷。

该处造像及碑刻在清光绪《巫山县志》中未有记载，但就造像形制分析，年代不会早于清初，而修路碑上铭刻年代为“皇清乾隆伍歲歲次……春月”。又据当地王姓老人介绍，立像的主要原因在于震滩平险，因此在此造像与修路有一定的关系，可初步推断造像的可能年代应在乾隆年间。

观音洞位于大宁河洪、枯水位相对高程之间，其上为高约 5 米的陡壁，其前为大宁河。

溶洞有大小三个岩洞组成，造像龛位于西部岩洞，该岩洞平均深度 2 米，最深达 3 米，宽约 3.5 米，高约 1.7 米；中部岩洞，平均深度 1.5 米，宽约 0.95 米，高约 2 米，东部岩洞，平均深度 1.5 米，宽约 0.45 米，高约 1.5 米。

由于常年季节性被河水冲刷，造像及碑身文字多已模糊。而每年洪枯水位的交替，又使溶洞底板被洪积物淤积，所以原约 3 米高（据当地百姓称）的修路碑已被掩埋大半。

观音洞石刻造像就其形制和体量看，应属民间造像。

综上所述，造像应与民间风俗或公益活动有关，据当地寻访调查和有关碑刻研读，观音洞石刻造像的产生有两方面原因。首先，可能与震滩有关，因观音洞前原为一险滩，多有船只在此倾覆，

20世纪80年代初治理航道方平其险，因此造像以求舟船平安极有可能是一个原因。另一原因，应与修路有关，据洞内修路碑载："……往来凭聊间留恨，□所予於土田一路，平其危险，阔其阴隘，凸者□之，凹者平之……。"又据当地百姓言，观音洞前原为一土路，因整治航道，治滩炸石，废弃不足二十年，该路东至天灯湾，西至韩家铺、朱家店，原为当地百姓来往与两地间的必经之路。而该路路基状况较差，长期被河水侵蚀，多有崩塌，给往来百姓人身安全造成极大威胁，故极有可能在此造像，求行人往来平安。

该造像及碑刻从艺术造型和保存现状来看，艺术价值已不高，但对于我们了解该地区的地方交通史有一定的实物佐证意义。所以具有一定的历史价值。

▼ 4.5.5 大宁河栈道

大宁河是长江中游左岸的一条一级支流，古称巫溪，盐水，又名昌江。其发源于重庆市北部与陕西湖北交界的大巴山南坡，流经重庆市的巫溪、巫山二县，在巫山县城东南注入长江，全长202公里，流域面积4180平方公里。上游分为东溪、西溪两支。西溪的源头在重庆市巫溪县高楼乡龙潭河，为大宁河的主流，长117公里。东溪的源头在巫溪县的高竹乡，长59.5公里。两水在两河口汇合后始称大宁河。其干流切穿多处东西向高山，形成极为险峻的峡谷，深者可达千米上下，最窄处仅40米左右（图4-10）。两岸绝壁绵延，奇峰插天，产生许多悬泉飞瀑，暗河溶洞。地质运动中造成的巨大断裂，控制了河谷的发育，水系网有纵横相交的特点。这些特征同时也造就了大宁河沿线优美的自然风光。沿河亦有一些小型山间盆地与开阔的河谷，形成水深流急，山峡与川道交错的局面。其中著名的峡谷有荆竹峡、牛肝马肺峡、剪刀峡、庙峡、滴翠峡、巴雾峡、龙门峡等，其中后三处峡谷因地近长江流域，风景奇绝，又称"小三峡"。

图4-10　大宁河河谷地貌（摄于2002年）

大宁河上下游河床比降比较大，以中下游为例，巫溪县城一带河面海拔高程约205米，至巫山县城的大宁河口海拔高程90米左右，比降在15‰之上。大宁河平时水流清澈碧绿，山洪暴发时则亦浑浊。其上游水文情况以巫溪县城为例：多年平均流量65.24m^3／s。最小流量接近10m^3／s，最大流量则可达5000m^3／s之上，最低水位1972年为205.19米，最高水位光绪二十二年为216.53米，相差在

10米之上。

该区域地层岩性多为石灰岩，间有变质岩、砾岩，在一些山间小盆地亦可发现少量第三纪红色堆积物，有的盆地还残留有黄土堆积。灰岩经地表水与地下水的长期作用，岩溶地貌发育较强，滑坡与断层发育，河流下切严重。除峡谷外，还发育有大量的溶洞、漏斗、岩溶堆积等地貌。峡谷中多有岩体崩塌所留坡积物与崩石，河谷中则多被第四纪堆积。构造上断层发达，据《四川通志》载大宁县（今巫溪县）“众峰屏列，峡中桃源”，巫山县则“诸山萦绕，峭壁如画”，反映了此地特殊的地理风貌。

山大坡陡，切割剧烈，河谷深切，岩溶发育，泉流丰富，因而耕地面积破碎，居民分布甚散，成为这一地域的地理特点，北部巫溪素有“九山微水一分田”之称。

大宁河栈道遗迹分布最密集的区段为巫溪宁厂至巫山的大宁河中下游，一般于河谷右岸的崖壁上开凿。在宁厂之北至陕西及陕西境内，栈道分布稀少，以山区其他形式道路为主，只在特别险峻处开凿一些短线栈道。在一些支道上也分布有少数栈道。

各区段形制特点及保存现状如下：

一、巫山县龙门峡段

遗存位于龙门峡谷大宁河右岸峭壁之上，段内多浅滩。该段栈道孔为典型的“品”字形双排孔，局部可见三排孔形制，孔距2.8–3米，行距1.7–2.5米，下排孔距离水面平均距离8–9米。整体保存完整，部分区段有溶蚀现象（图4–11）。

二、巫山县龙门峡北口至琵琶洲段

遗存位于龙门峡北口至琵琶洲段峡谷，大宁河右岸峭壁之上，段内有浅滩。该段栈道孔为单排孔，孔距2.7–3米，孔距离水面平均距离8–9米。孔口径21厘米，孔深35厘米。总体溶蚀严重，分段分布，残缺不全。

三、巫山县巴雾峡段

遗存位于巴雾峡谷大宁河右岸峭壁之上，段内有浅滩和暗礁。该段栈道孔单排双排交替出现，以单排孔为主，孔距2.7–3米，行距1.6–2.9米，双排孔上排间距小于下排，下排孔距离水面平均距离9–11米。孔口径20–23

图4–11　龙门峡段栈孔遗迹保存情况（摄于2002年）

厘米，孔深 31–35 厘米。整体保存完整，部分区段有溶蚀现象。

四、巫山县滴翠峡段

遗存位于滴翠峡谷大宁河右岸峭壁之上，段内有浅滩和暗礁。该段栈道孔为典型的“品”字形双排孔，局部可见单排孔形制，孔距 2.7–3.5 米，行距 3–3.6 米，下排孔距离水面平均距离 6.5–15 米。孔口径 24 厘米，孔深 33 厘米。总体溶蚀严重，分段分布，总体残缺不全。仅部分区段保存完整（图 4–12）。

五、巫山县大昌镇邓家岭段

遗存仅在手扒岩处保存 150 米，该段栈道孔为单排孔形制，孔距离水面平均距离约 9 米。溶蚀严重，岩体破碎，残缺不全。

六、巫山县龙溪镇坑湾段

遗存仅在坑湾上游对岸岩壁上保留 200–300 米，该段栈道孔为单排孔形制，孔距离水面平均距离约 9 米。溶蚀严重，岩体破碎，残缺不全。

图 4–12　滴翠峡段栈孔遗迹保存情况（摄于 2002 年）

七、巫溪县龙王乡庙峡段

遗存位于庙峡峡谷大宁河右岸峭壁之上，段内有浅滩。该段栈道孔单排双排交替出现，孔距 2.5–3.3 米，行距 3.4 米，下排孔距离水面平均距离 6.5 米。孔口径 20–23 厘米，孔深 24–35 厘米。总体溶蚀严重，分段分布，残缺不全。仅有 5 段保存完整（图 4–13）。

八、巫溪县城厢镇段

遗存位于大宁河右岸峭壁之上，河谷宽约 120–150 米，该段栈道孔为单排，孔距 2–3 米，孔距离水面平均距离 10–20 米。仅存 2 段，约 30 孔，总长度约 100 米，孔口径 12 和 20–23 厘米两种规格，孔深 30–40 厘米。总体溶蚀严重，残缺不全。

图 4–13　庙峡段栈孔遗迹保存情况（摄于 2002 年）

九、巫溪县城厢镇北门村段

遗存位于大宁河右岸峭壁之上，河谷宽约 80–130 米，该段栈道孔为单排，孔距 2–3.2 米，孔距离水面平均距离 2–4 米。总长度约 900 米，孔口径 20–25 厘米，孔深 30–40 厘米。总体保存较好。

十、巫溪县城厢镇天鹅村段

遗存位于大宁河右岸峭壁之上，河谷宽约 80–110 米，该段栈道孔为单排，孔距 2–3.2 米，孔距离水面平均距离 2–3 米。总长度约 900 米，孔口径 20–23 厘米，孔深 30–40 厘米。总体保存较好。

十一、巫溪县前河乡桃树坪村至狮子村段

遗存位于大宁河右岸峭壁之上，河谷宽约 60–180 米，该段栈道孔为单排，孔距 2–3.2 米，下排孔距离水面平均距离 2–3 米。总长度约 350 米，孔口径 20–23 厘米，孔深 30–40 厘米。总体保存较好，内有石砭道同高程分布。

十二、巫溪县前河乡水井湾村至五溪口段

遗存位于大宁河右岸峭壁之上，河谷宽约 50–100 米，该段栈道孔以单排为主，局部双排，孔距 2–3.2 米，下排孔距离水面平均距离 1–2 米。总长度约 740 米，孔口径 20–23 厘米，孔深 20–40 厘米。总体保存较好，内有石砭道和石阶道同高程分布。

十三、巫溪县宁厂镇衡家涧社区至两河口段

遗存位于大宁河右岸峭壁之上，河谷宽约 50–120 米，该段栈道孔为单排，孔距平均 2–3.2 米，1–3 段仅 0.15–0.3 米，孔距离水面平均距离 5–7 米。总长度约 95 米，孔口径 13–23 厘米，孔深 20–40 厘米。总体保存较好，内有石砭道、石阶道和垒石道同高程分布。

十四、巫溪县两河口至铜罐沟口（东溪河）段

遗存位于东溪河两岸峭壁之上，河谷宽约 5–80 米，该段栈道孔为单排，偶见不规律的双排及三排孔，孔距 0.8–5 米不等，下排孔距离水面距离 1–90 米不等。孔口径不等，孔深不等。零星分布，共 71 孔，段内主要以石砭道为主。

十五、巫溪县铜罐沟段

铜罐沟自上向下第二道峡谷中存有栈道遗迹，峡谷长约 20 米，最窄处宽 8–10 米左右，左岸（自上向下）石壁上发现栈孔三，皆中型方栈孔，距地表 1.2 米。其中东西二孔已残，保存好者为中孔。孔距 1.1–1.4 米，孔口径 18 厘米，孔深 20 厘米。段内主要以石砭道、土石道为主。

大宁河栈道孔现存者多为方形栈孔，其孔一般边长在 20–25 厘米间，深 30–45 厘米，以此推算栈道出梁长度为五古尺。梁用木质，孔间距为 3 米，则其足以通行人马，行人亦可对面而行，且可保证骡马负重。又据地方志记载，大宁河绝壁石孔为唐代刘晏所凿，目的在于导引盐泉。唐代时为了引输盐卤，以竹为导管，凿孔安梁，架设输送，该方法在宁厂镇可见遗迹，因此，此说有一定道理。另外，目前在宁厂周围盐业遗迹颇多（图 4–14），南北盐关尚存，且多沿大

宁河栈道分布，所以大宁河栈道的主要功能应与宁厂盐业的发展和川盐外运有着必然的联系。

图 4-14　巫溪宁厂镇盐泉遗址保存情况（摄于 2002 年）

综上所述，可初步推断其最大可能兼有输送盐卤和运盐商道的功能，但在时间上后者稍晚。同时，必须提出的是，大宁河栈道可能在历史上因功能性的调整，经历过多个时期的修建，而后期也可能广泛用于交通、运输、军事等方面，成为长江三峡地区与关中重要的交通纽带。但是由于史书上对该栈道记载很少，所以目前对于大宁河栈道始建年代、历史沿革和功能等问题还未有定论，需进一步开展深入研究。

我国是世界栈道保存最为集中和数量最多的国家。栈道多为历史时期建造，主要分布于山区沟谷中通行不易之处，以“蜀道”上留存的遗迹最多，规模最大。除此之外，在许多名山大川与一些偏远地区，也有一定数量的栈道遗迹保留，如悬空寺。这些古代栈道，绝大多数已经废弃，只有少数尚在沿用。

其构造主要是在石壁上凿孔安桩，架设道路，有完全悬空的平梁式或平梁斜柱式，也有下部带直立支撑柱的梁柱式，更高形式还建有防雨之阁。同时可见大量石砭道、土石道、石槽道和个别隧道与之相连，此外往往还有渡水过涧的津梁相通。

随着现代交通技术的发达，历史上在交通道路中占有一定重要地位的栈道已经成为历史陈迹，日渐消亡，因而对其资料收集整理和深入研究就更为重要。

大宁河古道以栈道结构为主，沿途栈孔连绵不绝，号称三百里，比之著名的秦、蜀间的栈道更胜一筹，是国内目前保存规模最大、最险峻的古代栈道和道路工程遗迹。如果考虑到我国是世界古代栈道最发达地区这一特点，则此条道路亦可称之为世界道路工程史上的奇观。

大宁河栈道是中国古代典型的平梁式、梁柱式栈道，其大部分凿于人烟稀少的峡谷地带。其工程规模浩大，历史悠久，因所处之地多罕无人迹，高不可攀，所以除梁栈木不存外，其栈孔人为破坏很少，保存较为完好，应为我国现存最大规模的古代栈道工程遗址。除此之外，与之相连的石砭道、土石道、石阶道、垒石道以及各种类型的栈桥遗迹，综合反映了峡江地区先民在不同地形环境下开拓交通的各种技术手段，对于我国古代交通史的研究具有重大的科学价值。

与古道相伴的沿途还分布有大量的古代文化遗存，如建筑、墓葬、古遗址等。这些大量的地面遗存表明，古道与该区域古代盐业生产、交通运输等经济活动有着必然的联系，反映了数千年来当地文化历史、经济生活的变迁，是地理文化的重要见证。所以，对大宁河古栈道的研究，不仅有助于我们探讨中国古代交通科技的发展状况，还有助于我们了解中国古代巴、秦、楚、蜀四大文化区域的关系。

▼ 4.5.6 奉节偷水孔栈道

偷水孔栈道位于原奉节县白帝山南坡。中心地理坐标为北纬 31°02′56″，东经 109°35′40″。海拔高程 74.2–120 米。

由于自然破坏力的作用和其功能性的丧失，现栈道的木结构已不复存在，南坡岩壁之上，只残存了上下错落排列的两排石孔，全长约 100 米（图 4–15）。据 1999 年 4 月 6 日调查统计，当日水位以上，上排现存石孔 21 个，下排现存石孔 53 个，下排石孔距地面高差不等，多在 1.5–2.5 米之间。石孔宽 28–38 厘米，高 22–37 厘米，深 27–35 厘米。在下排 44 号、45 号石孔上方（由西至东编号）有残碑一块，高 1.1 米，宽 0.6 米，但字迹已不复存在。

据《水经注》载："……又东傍襄溪，即以为隍。西南临长江，窥之眩目，惟马岭小差逶迤，犹斩山为路。羊肠数四，然后得上。益州刺史鲍陋镇此，为谯道福所围，城内无水，乃南开水门，石为函道，上施木，天公直下至注中，有似猿臂，相牵引汲，然后得水……" 因此，可推断该栈道始建于西晋末年，由当时益州刺史鲍陋主持开凿，称"偷水孔栈道"。

因栈道原有结构已不复存在，因此很难对其建筑结构进行剖析。而该处栈道除《水经注》、《蜀中名胜记》中略有记载外，无文献可考。就现有文字和当地传说来分析，西晋末年，益州刺史鲍陋在白帝城被敌将谯道福率军所围，城内水源被断，鲍陋遂命工匠开凿此栈道，用以取长江之水以解燃眉。因此，后人称之为"偷水孔"。

图 4–15　偷水孔栈道（摄于 1999 年）

综上，偷水孔栈道在研究白帝城的历史沿革以及三峡地区古栈道的发展演化过程具有一定的实物佐证意义。

▼ 4.5.7 奉节瞿塘峡栈道及其石刻

瞿塘峡栈道开辟于长江左岸，西起白帝城，东至大溪口，全长十多公里，古人称其长三十里。未见有开凿栈孔的道路，主要以槽道、半槽道和砭道为主（图 4-16）。其中槽道和砭道多分布于窄谷段江岸，槽道最长者石板岬槽道，长约 220 米。栈道在沟涧处还建有石板桥等设施。该栈道 1949 年后还一直在使用。但随着过往船只改为机动船，道路的纤道功能基本失去，作为步道。由于水路通行速度优于陆路，加之水路交通保障的提高，所以至三峡水利工程蓄水前，该栈道已行人稀少，无人维护，近于荒废。但绝大多数槽道和砭道尚保存完好。沿线还保存的两处摩崖题刻，是研究三峡地区古代交通史，中国栈道古代道路系统和建造史的重要实物依据，其意义不言而喻。

一、光绪十五年柳文洙书“开辟奇功”题刻

该题刻位于原奉节县永乐镇白龙村，位于瞿塘峡中部。地理坐标为北纬 31°02′16″，东经 109°35″58′。海拔高程 153 米，题刻下有东西向道路。

图 4-16　瞿塘峡栈道（摄于 1998 年）

该题刻整幅高 3.7 米，宽 11 米，下缘距路面约 5 米，中间右至左横排，楷书阴刻“開辟奇功”4 个大字，字径约 1.5 米；4 字右侧右至左竖排楷书阴刻“大清光緒十五年夔郡太守汪公創開峡路因敬題”；左侧右至左竖排楷书阴刻“知開縣事濟南柳文洙書”（图 4-17）。

图 4-17　“开辟奇功”题刻（夔州博物馆提供）

二、光绪十五年汪鉴书“天梯津逮”题刻

该题刻位于原奉节县白帝镇，位于瞿塘峡中部。地理坐标为北纬 31°02′01″，东经 109°35″59′。海拔高程 145 米，题刻下部为江

图 4-18 “天梯津隷”题刻（夔州博物馆提供）

图 4-19 被三峡工程蓄水淹没中的“天梯津隷”题刻（夔州博物馆提供）

边滩地，滩地上部与崖壁衔接处为一平阶，古道在其阶下东西向通过。

该石刻整幅高 3.3 米，宽 11 米，下缘距古道地表约 8.5 米，中间右至左横排，楷书阴刻“天梯津隷”4 个大字，字径约 1 米；左侧右至左竖排楷书阴刻“大清光緒□子乙丑，集資創开夔巫两峡道橋，均逾年乃成，餘万六千金，盡以培文教。其倡议則泾縣查宗仁，督工則合肥蒯德桐也。汪鑒書并識”。其下有刻印两方。该题刻由于崖面不平，凿刻最深处达 1 米。题刻下部崖面上存有多个方形石孔，东西两侧各有竖排方孔 3 个，此外，周边还有小圆孔数个，疑为开凿石刻、支搭脚手架时所留（图 4-18、图 4-19）。

据考，该处题刻作者汪鉴与第一款中所提汪公应为同一人，字晓潭，安徽旌德人，同治四年（1865年）进士。光绪十四年（1888年），由御史简放夔州知府。据光绪《奉节县志》载，为疏通三峡险隘，方便行旅，其筹款数万金，汪本人捐廉逾万，创开夔门至湖北省界峡路百余里，后调补首郡以道员简用。另第二款所提蒯德榈，为同治夔州知府蒯德谟之弟，擅长工程，同治九年，曾主持修建夔州府城池，光绪十五年督修夔巫峡路，光绪十九年，主持修建奉节文峰塔，光绪三十年监修夔州府中学堂，其在夔数十年，颇有建树。因此，该两处题刻对于研究瞿塘峡栈道和三峡交通史，具有较高的历史价值。

图 4-20　团石板题刻环境状况（摄于 2000 年）

▼ 4.5.8 万州团石板题刻

团石板题刻位于原万县市龙宝区瀼渡乡重岩村八队一孤石上，距长江约 200 米，前临一条小路，其前为一深约 2 米，宽约 5 米的深沟（图 4-20），地理坐标为北纬 30°37′33″，东经 108°19′40″，海拔高程 145.88 米。题刻所在孤石高约 7 米，宽约 8 米，厚约 6 米，现存题记共 3 款（图 4-21）。

1 号题记为一洪水题记。具体文字内容详见释文卷。

2 号题记为一修路题记。上刻修路工程的支出情况。具体文字内容详见释文卷。

3 号题记为一修路碑记。具体文字内容详见释文卷。

图 4-21　团石板题刻题刻区（摄于 2000 年）

通过对题记释读，可知团石板题刻始刻于乾隆五十三年（1788 年），1 号题记中有“六月十九日”，3 号题记中有“仲春月”，因而该两款题记的凿刻时间较接近。2 号题记凿刻时间略晚，应在乾隆五十四年（1789 年）。

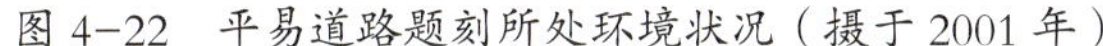

图 4-22 平易道路题刻所处环境状况（摄于 2001 年）

图 4-23 平易道路题刻保存状况（摄于 2001 年）

团石板题刻的内容可分为两部分。第一部分为洪水题记，第二部分为修路题记和碑记。其中洪水题记记录了乾隆五十三年双峰型洪水第一次洪峰在团石板附近的最高水位，对于研究长江洪峰的水文规律具有一定的参考价值。

两款修路题记和碑记，2 号题记记录了整个工程经费的支出情况。3 号题记记录了修路的缘由、经过和捐款人姓名及相应金额。在三峡地区同类型题刻中，2 号题记内容较为独特，对于研究三峡地区社会经济活动而言，是极好的实物资料。

▼ 4.5.9 武隆江口镇李铭熼书“平易道路”题刻

平易道路题刻位于原武隆县江口镇上街，芙蓉江与乌江交汇处，乌江左岸，海拔高程 185 米，平易道路题刻凿刻于芙蓉江与乌江交汇处，倾角为 48° 的岩坡底部。其北临乌江，西靠芙蓉江。题刻岩壁东西走向（图 4–22）。

据 2001 年调查现存题记 1 款，整幅高 1.5 米，宽 2.63 米。右至左横排，楷书阴刻“平易道路”4 个大字，字距 0.36 米，字径 0.35 米 ×0.49 米，残深 40 毫米。右侧竖排楷书阴刻“李铭熼题爲”5 字，字径 85 毫米 ×120 毫米，字距 30 毫米；左侧竖排楷书阴刻“善士涪州修立”，字径 90 毫米 ×120 毫米，字距 25 毫米。平易道路摩崖题刻已被人为破坏，字迹多被凿毁，难以辨析。但由于灰岩抗风化能力强，因此，表面除由于常年水涨水落，被部分淤泥覆盖外，风化程度较轻（图 4–23）。

由于题记无落款年号，也无文献记载，所以平易道路题刻确凿的凿刻年代现无法确定。但据当地百姓传说，其凿刻年代在清代的可能性较大。

平易道路题刻所凿刻内容应与古时修建道路等公益事业有关，所以为研究三峡地区交通发展史提供了实物资料。具有一定的历史价值和社会价值。

▼ 4.5.10 武隆梯子岩修路碑

梯子岩修路碑位于原武隆县羊角镇梯子岩村，海拔高程 165 米。

该石刻呈方形，边长为 0.8 米，普查时石刻已严重破坏。

该碑记录了民国六年（1917 年）修建梯子岩小路的史实，所以具有一定的历史价值。

▼ 4.5.11 武隆“南无阿弥陀佛”石刻

南无啊弥陀佛石刻位于原武隆县土坎乡采石村，海拔高程 168 米。

该石刻整幅高 1.43 米，宽 0.59 米。右至左横排，楷书阴刻“南无阿弥陀佛”6 个大字，字径 0.5 米。该 6 字下竖排楷书阴刻“佑永发孙佑氏佑奉佛，吴彦仁同堂李氏建此路祈乞过往舟车平达者。太岁癸亥正月十八日”。

该石刻以修路碑形式表达了峡江地区先民自发修路以求佛祖保佑行人安全的良好愿望，具有一定的历史价值和社会价值。

▼ 4.5.12 南川光绪二十三年周瑞卿书“其新孔嘉”并题补修路序题刻

该题刻位于原四川省南川市峰岩乡正阳村虹飞桥上游 400 米、鱼全河右岸、长约 5.9 米、距地面高 2.4 米的岩壁上。

该题刻整幅高 2.2 米、宽 1.87 米（图 4-24）。具体文字内容详见释文卷。

该题刻记录了光绪二十三年当地先民洪灾后捐资补修路桥的史实，具有一定的历史价值。

图 4-24 “其新孔嘉”题刻拓片（摄于 2001 年）

4.6 三峡库区古桥梁情况综述

由于三峡地区沟谷纵横，溪流密布，所以桥梁就成为跨越沟谷连接陆路的重要交通设施，也成为古代沟通巴楚、秦巴以及相临地区的重要交通设施。因此桥梁是三峡库区文物中数量较多的一类，三峡库区各县、市桥梁（文物普查点）分布情况见表 4-2。

表 4-2 三峡库区（三峡工程淹没及迁建区）各市县桥梁（文物点）分布情况

省	市县	名称	位置	高程（米）	类型	时代	保存状况	文物级别
湖北	兴山	竹溪桥	峡口镇秀龙村	135	二孔石梁桥	清	较差	县级
		川汉铁路桥墩	峡口镇秀龙村	120	混凝土桥墩	清	一般	县级
	秭归	洗马桥	归州镇民主路	116	单孔石拱桥	清	一般	
		一善桥	归州镇望江村	96	单孔石拱桥	清	较好	
		二善桥	归州镇望江村	85	单孔石拱桥	清	一般	
		三善桥	泄滩乡老坟园村	98	单孔石拱桥	清	较好	
		五马桥	郭家坝东门头村	105	单孔石拱桥	清	一般	
		惠济桥	新滩镇桂林村	115	单孔石拱桥	清	一般	
		江渎桥	新滩镇桂林村	80	单孔石拱桥	清	较好	
		屈子桥	新滩镇西陵村	80	单孔石拱桥	近代	较好	
		珍珠桥	新滩镇西陵村	125	单孔石拱桥	清	一般	
		千善桥	新滩镇龙溪村	95	单孔石拱桥	清	较好	
		鸳鸯桥	泄滩乡坊家山村	85	单孔石拱桥	明清	一般	
	巴东	万佛桥	管渡口镇东坡村	100	单孔石拱桥	清	较好	县级
		无源桥	信陵镇无源溪	105	单孔石拱桥	清	较好	州级
		相公桥	信陵镇凉水寺	173	单孔石拱桥	清	较好	县级
		青云桥	信陵镇祭祀坪东	150	单孔石拱桥	清	较差	
		济川桥	东瀼渡口镇雷家坪村	110	单孔石拱桥	清	较好	
		见龙石桥	东瀼渡口镇江寺	95	单孔石拱桥	清	较好	
		古石桥	东瀼渡口	120	单孔石拱桥	清	较好	县级
重庆	巫山	无伐桥	培石镇	128	单孔石拱桥	清	较好	县级
		无暴桥	培石镇东	130	单孔石拱桥	清	较好	县级
		无夺桥	培石乡黄龙村	132	单孔石拱桥	清	较好	县级
		福寿桥	大溪乡二龙村	140	单孔石拱桥	清	较好	
		锁津桥	曲尺乡礁滩村	135	单孔石拱桥	清	一般	

续表

省	市县	名称	位置	高程（米）	类型	时代	保存状况	文物级别
重庆	奉节	蟠龙桥	康坪乡小湾村	300	单孔石拱桥	清	一般	
	云阳	述先桥	盐渠乡广木村	160	单孔平桥	近代	完好	县级
		洪龙桥	高阳乡红庙村	163	单孔石桥	近代	较好	县级
		同德桥	高阳乡团堡村	168	单孔石拱桥	近代	较好	县级
	开县	长生桥	赵家镇赵市村	190	单拱平桥	清	完好	县级
	万州（原万县）	五梁桥	无梁镇三清村	165	单拱石桥	清	较好	
		崇德桥	小周镇	155	单拱石桥	清	较好	
		利济桥	新田镇白水溪	150	单拱石桥	清	较好	县级
	石柱	南龙眼桥	西沱镇胜利街	142	单拱石桥	清	较好	县级
		北龙眼桥	西沱镇胜利街	142	单拱石桥	清	较好	县级
	丰都	双寿桥	十直乡双溪村	153	单拱石桥	清	完好	县级
	涪陵	龙门桥	蔺市西梨香溪河口	171	三孔平桥	清	较好	市级
		安澜桥	蔺市镇东青溪河口	171	单孔石拱桥	清	较好	市级
		志意桥	马武区小溪	163	单孔石拱桥	清	一般	
		一阳桥	新妙区一阳村	172	三孔平桥	清	一般	
		散心桥	李渡镇太乙村	164	单孔石拱桥	明	一般	
		义和桥	李渡镇西南场口边	160	单孔平桥	不详	一般	
		永顺桥	荣桂乡永顺一社	168	单孔平桥	清	一般	
		凤阳桥	蔺市镇凤阳村	173	单孔平桥	清	一般	
		望澜桥	敦仁办事处附近	164	单孔平桥	清	一般	
		同心桥	江东办事处坝上村	165	单孔平桥	不详	一般	
		龙济桥	新妙区映河村	155	单孔石拱桥	清	一般	
	武隆	永济桥	土坎乡五龙村	172	单孔平桥	明	一般	县级
		兴隆桥	羊角镇场口	185	单孔石拱桥	明	一般	县级
	长寿	长乐桥	扇沱乡长乐村	160	单拱石桥	清	完好	
	巴南（巴县）	人和桥	清溪乡新隆村	156	单孔石拱桥	清	完好	县级
		箭桥	木洞镇箭村	160	三孔梁板桥	清	完好	县级
		无名桥	木洞镇水沟街	165	单孔石拱桥	清	完好	县级
		升恒桥	木洞镇马家河	165	单孔石拱桥	清	完好	
		普济桥	木洞镇保安村	155	单孔石拱桥	清	完好	县级
		三元桥	木洞镇保安村	162	单孔石拱桥	清	完好	县级
		永利桥	木洞镇保安村	150	单孔石拱桥	清	完好	县级
		新大桥	双河口镇相复村	173	三拱平桥	清	完好	县级

因为该地区石材的开采极为方便，所以现存的古代桥梁多为石砌拱桥。

长江干流是三峡地区与外界交流的主要水路交通枢纽，因水流湍急，江面宽阔，只见沿线栈道，未见古代桥梁，这主要是受当时生产力水平低下和技术落后的限制。这些古代桥梁多分布于长江支流的峡谷和溪流之上。目前保留下来的古代桥梁多为明清时期建造，尤以清代为多。拱桥主要有单孔拱券和三孔拱券，其中以单孔拱券为最多，又以双圆心拱为数最多，少见半圆拱和弧形拱。拱石排列多为横联无铰式拱券为主，这与常规的“明清石拱桥大多是有铰石的”定式不同。拱石相互接触面以比较粗糙的斩刻痕迹相叠压，用灰浆砌筑。多数桥基直接坐于基岩上，一般河岸为岩石的不再砌筑雁翅和泊岸。与环境以及建筑的巧妙结合是三峡地区古代桥梁的一大特色。许多桥梁设在镇口村头，与其周围的祠堂寺庙相呼应，比如江渎庙前的江渎桥。许多古桥梁也成为路人休息之处。

三峡地区最原始的越溪过沟方式，即在溪沟流水较浅的地方，简单地安放一排石墩，行人跨上石墩越过溪沟。这些石墩被形象地称为跳蹬桥，这便是三峡先民建造的最早的原始桥，这种原始桥梁形式在云、贵、川地区也多见。

忠县的跳蹬桥在三峡地区最具特色，多达 356 处，其中有几十处集中在县境内的汝溪河上。县城北涂井乡境内汝溪河上的金银跳蹬桥已有 670 多年历史，建于元惠宗至元五年（1339 年）由忠州（今忠县）人任宗海、赵瑞募资修建，总长 113 米，石墩 125 个，每个高 2.2 米，宽 1.3 米，厚 0.65 米，清雍正九年（1731 年）和 1939 年曾两次补修。1958 年大炼钢铁时，铁厂为经常过河运送货物需要之用，在跳蹬上铺设石板作桥面，跳蹬桥成了一座简支石板桥。后来汝溪河发大水，石板被全部冲走，又恢复了跳蹬桥的原貌。三峡库区蓄水后，江水漫进汝溪河，金银跳蹬桥被淹没。在汝溪河上，还曾有座 126 个石墩的跳蹬桥，每 20 个石墩立一个石柱，串一节铁链作扶手。后因考虑过河的人多，加之洪水期间安全等原因，1918 年该桥被改造为 24 孔，宽为 1.5 米的石板平简支桥，1958 年又改为堤坝式石墩，用木板作桥板的平桥。1966 年修建万（州）忠（县）公路时被拆除，建起 5 孔圆腹的空腹式石拱桥，长 124 米，成为忠县第一座公路大桥。虽然三峡地区现在各式桥梁星罗棋布，但跳蹬桥因修建简捷便宜，仍在民间发挥着巨大作用。

在目前调查的三峡库区桥梁名录中，有两座桥梁因建于 20 世纪 70 年代属现代桥梁而其价值往往被人忽视，但它们在我国桥梁史上具有重要地位。因桥梁已被淹没，在此做一简单介绍。

云阳县云安镇自古就是三峡盐业重镇，被誉为“三峡盐都”。但由于汤溪河从镇中穿过，把云安镇分为南北两岸，千百年来，当地居民隔河渡水十分不便，每遇夏季洪水，两岸只能望洋兴叹。这种情况一直延续至 20 世纪 70 年代，当时为解决几千年因交通不便给当地居民带来的不便，政府决定在此修建一座桥梁。

1972 年 1 月—1975 年 3 月间，经设计单位与建设单位反复比较优化方案，完成了一座钢筋混凝土斜张桥，该桥桥长 153 米，高 25 米，宽 3.7 米，由主塔、斜拉索和主梁组成。主塔中间不设桥墩，主梁由两个主塔上的各 12 根高强度柔性钢缆索斜向张拉，因此称斜拉桥，或斜张桥。云安斜张桥也因而成为我国历史上第一座斜拉桥（图 4–25）。

丰都九溪沟桥是一座大型石拱桥，桥长 140 米，桥面宽 7.5 米，高 20 米，桥拱跨径 116 米。1972 年 7 月 1 日建成时，是世界上跨径最大的石拱桥。筹建九溪沟桥时，建设单位原拟建一座 3 孔石拱桥，由于没有钻探设备，无法掌握详细的地质资料，桥墩基础开挖 10 余米深后还未见基岩，河水浸入基坑中，又缺乏抽水机具排水，只好另选桥址。经踏勘，选在原址下游 300 米的地方建桥，这里两岸基岩裸露，基础开挖量小，河面也最窄。于是建设单位将原设计 3 孔石拱桥改为单孔石拱桥，跨径 116 米。于是造就了一个三峡桥梁的“世界之最”（图 4–26）[22]。

图 4–25　云阳云安汤溪河斜拉桥（引自中国桥梁网）

图 4–26　丰都九溪沟大桥（引自《三峡遗珠话古桥》）

图 4-27 原址保护的云阳述先桥（引自《三峡遗珠话古桥》）

据统计，三峡工程库区蓄水淹没尚存完好的三峡古代桥梁 43 座，其中 17 座实施了易地搬迁，1 座原地加固保护（图 4-27），25 座留取资料后已淹没。

三峡地区的古代桥梁与道路一样，多靠乡民集体捐款集资完成修建，所以便随着这些桥梁还保留下来一批修桥石刻，这些石刻大多为碑刻，一般记录内容为修桥的缘由、过程及捐资人和相应款项。今天大部分桥梁已不复存在，有的也离开了原有的位置，但是这些石刻记录的那段历史，具有文献价值，是我们研究该区域古代交通史重要的实物资料。如刻于北宋康定元年通远桥记题刻是目前发现记录三峡地区修建桥梁最早的石刻，虽然通远桥早已不知所踪，但通远桥记题刻记录了下牢溪与长江汇合处北宋及更早时期修建桥梁的史实。

4.7 修桥石刻

▼ 4.7.1 宜昌三游洞康定元年贡史师□□撰《通远桥记》题刻

该题刻原在宜昌三游洞东侧下牢溪与长江汇合处的左岸临江石壁上，刻于北宋康定元年（1040 年）。具体文字内容详见释文卷。

因其处于葛洲坝水利枢纽淹没线下，1982 年迁至三游洞后山山洞外嵌于右壁之上，距地面 2.2 米，题刻高 0.7 米，宽 1.15 米（图 4-28）。

图 4-28　北宋通远桥记题刻（引自《三峡湖北段沿江石刻》）

该题刻是目前发现记录三峡地区修建桥梁最早的石刻，且碑文中还记录了此处建桥系在更早的旧址上复建的史实，所以该题刻具有较高的历史价值和科学价值。

▼ 4.7.2 秭归郭家坝天启元年立《续凤桥》碑

该碑位于原秭归县郭家坝镇邓家坡村三组（原东门头村三组）龚家大沟续凤桥东侧的山坡上，海拔高程 100 米。据当地村民说，此桥原名“凤凰桥”，后改为“续凤桥”。

该碑呈长方形，上端委角，碑高 1.4 米、宽 0.72 米，厚 0.16 米。碑体表层上部剥落严重（图 4-29）。碑体下端有楔型石榫，榫高 0.13 米、上部宽 0.46 米、下部宽 0.41 米、厚 0.16 米。具体文字内容详见释文卷。

该碑因处于三峡工程淹没区，所以现已搬迁到秭归县凤凰山古建筑群内保护。

▼ 4.7.3 秭归归州镇乾隆三十六年立《广济桥》碑

该碑位于秭归归州镇汽车渡口。

碑额右至左横排，楷书阴刻“百子千孫”4 字。碑文内容如下：

图 4-29　《续凤桥》碑（引自《三峡湖北段沿江石刻》）

中间竖排楷书阴刻“廣濟橋”3个大字；3个大字右侧右至左竖排2行，楷书阴刻“歸州香溪市/廩膳生員譚國鼎號鳳山獨力捐脩”；左侧右至左竖排2行，楷书阴刻“工师龔雲魁/乾隆三十六辛卯歲蕤宾月上浣立地主趙”（图4–30）。

该碑记录了清乾隆三十六年（1771年）捐修广济桥的事件。所以具有一定的历史价值。

▼ 4.7.4 秭归香溪镇光绪九年立《万寿桥》碑

该碑位于原秭归县香溪镇八字门村二组，香溪河左岸，嵌在一农户门前的石质台阶内，海拔高程98米。

该碑刻经打磨，呈长方形，中间断裂，下有碑座，上有碑盖，似船形，四角向上斜翘。碑盖高0.2米、上宽0.97米、下宽0.92米、上厚0.2米、下厚0.11米。碑盖中间有一圆石球，直径0.18米。碑额右至左横排，楷书阳刻“万寿桥”3字，3字刻在20×17厘米的委角方框内，碑体高1.32米、宽0.65米、厚0.14米。碑体下端有石榫，榫高0.12米、宽0.17米、厚0.13米（图4–31）。具体文字内容详见释文卷。

该碑记录了从汉晋至明清期间新滩地质灾害、洪灾演化和治理历程，并记录了清光绪九年（1883年）修建万寿桥的历史事件。因此，具有较高的历史价值和科学价值。

图4–30 《广济桥》碑（引自《三峡湖北段沿江石刻》）

图4–31 《万寿桥》碑（引自《三峡湖北段沿江石刻》）

因该碑处于三峡工程淹没区，所以现已搬迁到秭归县凤凰山古建筑群内保护。

▼ 4.7.5 巴东瀼口镇乾隆五年吴云客撰《济川桥》碑

济川桥位于原巴东县瀼口镇雷家坪村，始建于明代，清代重修。该碑位于巴东县长江右岸，距离长江 90 米，距离济川桥 3 米，坐北朝南，竖立在通往旧县古城遗址的要道边。

碑通高 1.3 米、宽 0.48 米、厚 0.22 米，碑下端有石榫，榫高 0.14 米、宽 0.28 米、厚 0.21 米（图 4–32）。具体文字内容详见释文卷。

该碑记录了清乾隆五年（1740 年）募资维修济川桥的事件，所以具有一定历史价值和社会价值。

该碑因处于三峡工程淹没区，所以现已搬迁到巴东县博物馆所属狮子包三峡地面文物复建区保护。

▼ 4.7.6 巴东东瀼口乾隆二十二年立《复建飞凤桥》碑

《复建飞凤桥》碑位于原巴东县东瀼口乡、东瀼口村一组长江右岸沿江公路旁沙帽心脚下，紧靠“镇江寺”处，海拔高程 80 米，坐北朝南。

该碑通高 2.22 米。其中碑额高 0.55 米、宽 0.45 米、厚 0.15 米。碑额刻双龙戏珠浮雕，图案生动清晰，碑两侧有石砌护壁，上设两坡水石质顶盖。顶盖两侧刻双龙中间刻火珠。碑额下端有石榫，榫高 0.1 米，宽 0.15 米，厚 0.14 米。碑体高 1.67 米、宽 0.78 米、厚 0.14 米。保存基本完好，碑上部略有裂纹（图 4–33）。

图 4–32 《济川桥》碑（引自《三峡湖北段沿江石刻》）

图 4–33 《复建飞凤桥》碑（引自《三峡湖北段沿江石刻》）

该碑碑文右至左竖排，楷书阴刻。具体文字内容详见释文卷。

该碑记录了清乾隆二十二年（1757 年）巴东县募资重建飞凤桥的事件。所以具有一定的历史和社会价值。

▼ 4.7.7 巴东新陵镇光绪辛卯立《修复无源桥记》碑

无源桥位于长江右岸原巴东县新陵镇东南 1.5 公里，东西向跨无源溪，为单孔石拱桥。始建于明代，清代重修。

该碑位于无源桥以西一条狭窄的小路边，东有“灵山圣境”石刻，海拔高程 108 米。

该碑通高 1.48 米，碑额高 0.46 米、宽 0.69 米、厚 0.48 米，碑额为委角，刻麒麟、凤凰图案。碑体高 1.02 米、宽 0.64 米、厚 0.16 米，左右各有 4 厘米花纹镶边，下有 5 厘米花草纹镶边，碑下有石榫，榫高 0.08 米、宽 0.14 米、厚 16 厘米（图 4–34）。具体文字内容详见释文卷。

该碑记录了清光绪癸卯年（1903 年）募资修复无源桥的事件。所以具有一定的历史价值和社会价值。

图 4–34 《修复无源桥记》碑（引自《三峡湖北段沿江石刻》）

▼ 4.7.8 南川峰岩乡正阳桥及碑刻

正阳桥位于原南川市峰岩乡正阳村九社（图 4–35）。

该桥始建于清同治九年（1870 年），光绪二年（1876 年）竣工，历时七年，为古代邑人合力倡修，耗资颇巨、工程规模浩大，做工精巧。涪州进士王儒亭记述道：

图 4–35 正阳桥保存情况（摄于 2001 年）

“合口河正阳桥之肇修也，起同治庚午，讫光绪乙亥，七历寒暑而始成，高壮雄阔，为黔蜀边道中鲜有。”

正阳桥系石砌三孔拱桥，呈南北走向。护栏中段有桥碑。通高 2.4 米、宽 1.5 米，竖排楷书阴刻“正阳桥”3 个大字，左右各有题款。右侧竖排，楷书阴刻“同治九年庚午十月中浣經始”；左侧竖排，楷书阴刻“光绪二年丙子三月下浣完功”（图 4–36）。碑后有缕空石刻龙首，口含宝珠，昂首凌空，张嘴吞云纳雾，怒睁溪水波涛，栩栩如生。龙身隐匿于桥身下作金石，独具匠心，龙尾则连接于下游，亦作缕空石雕，有摆动飘逸之感，尤如苍龙背负石桥逆流而上，降妖镇魔（图 4–37）。中孔桥面护

图 4–36　正阳桥桥上碑刻（摄于 2001 年）

图 4–37　正阳桥金石龙头、龙尾雕刻（摄于 2001 年）

栏四角望柱上，立有石狮一对，形象生动，刻工精细（图 4-38）。桥头护栏望柱上有南瓜、石榴、仙桃等石雕。值得一提的是该桥与三峡库区涪陵的龙门桥在形制和制造工艺上极为相似，甚至相同，据民间传说为同一批工匠所建，可说明两个地点间文化关系的相似性。

图 4-38　正阳桥望柱石狮雕刻（摄于 2001 年）

桥南是一处山王庙遗址，现存由 12 通巨型石碑（图 4-39），其中 4 通《补修合口河正阳桥记》、《南川县合口河创修正阳桥记》、《募修合口河正阳桥记》、《合口河山王庙观音会底小引》为序事碑，其余皆刻碁修正阳桥一万余捐款人姓名。具体文字内容详见释文卷。每通均高 2.7 米，宽 1.3–1.45 米，厚度约 0.31 米，重达 3.5 吨以上。除 12 通碑外，该处尚存神龛、会合桥碑、字库等石质构件。1985 年 10 月 30 日，南川市人民政府将其公布为市级文物保护单位。因位于鱼跳水电站库区，现

图 4-39　正阳桥石碑群（摄于 2001 年）

已就地搬迁上移。

▼ 4.7.9 涪陵聚宝乡高厚桥碑

高厚桥位于原四川省涪陵市聚宝乡长青村一社，南北向，为石结构简支桥，中间仅用一巨石作桥墩分南北两跨，桥面用条石铺成（图 4–40）。

高厚桥碑南距高厚桥 15 米。碑身上设仿木建筑歇山式四层重檐顶。碑高 5.3 米、宽 3.65 米、厚 0.31 米（图 4–41）。该碑记叙了高厚桥始建于明朝万历年间，后名永定桥，清同治五年（1866 年）重建的历史沿革。具体文字内容详见释文卷。

该碑碑额上刻有浮雕动物、花卉、蝙蝠、蝴蝶、檐椽瓦脊等图案及圆雕龙头龙尾（图 4–42），具有较高的历史价值、艺术价值和科学价值。1987 年 10 月 30 日，涪陵市人民政府将其公布为市级文物保护单位。因位于鱼跳水电站库区现已就地搬迁上移。

图 4–40　高厚桥（摄于 2001 年）

图 4-41　高厚桥碑（摄于 2001 年）

图 4-42　高厚桥碑碑额上的雕刻图案（摄于 2007 年）

第三篇 水篇

篇首语

“地与山根裂，江从月窟来”是唐代大诗人杜甫对三峡地区江水最形象的描绘。

水的形象在中国文化之中几乎无处不在：《周易》中有取象于“水”、“五行”之一有“水”、儒家用“水”比“德”、老庄以“水”喻“道”、后世文人骚客以水为“兴象”，水蕴含种种审美情感。

水是人类生存的必要条件，所以早期人类多临水而居，这点在三峡地区新石器遗址分布特点得到了充分体现。同时人类在适应自然、利用自然的过程中，水也起着很大作用。自古水又是人类相互交流的通道，所以有考古遗迹和遗物表明，在上古时代，长江流域先民就开始了原始的舟航活动，并在商周时期形成了早期航运的雏形。长江也成为我国通航最早、通航距离最长的河流。

由于我国整个地形西高东低，长江的上游比下游倾斜度要大，再加上三峡峡谷的地理特征，所以三峡地区江水具有水浅、水急的特点。这也使峡江之水与三峡地区先民结下了不解之缘。

本篇将以“水”为核心，通过对与“水”有关石刻的编录、释读和考证，从水文石刻及与航运有关石刻两部分，系统揭示“三峡石刻”与“水”的关系。

第五章 水落石出——水文与石刻

水文题刻是江河流域一种独特的文化现象，是江河流域先民观察和记录水位涨落的一种简单而直观的方法，在长江流域尤其是三峡地区已发现的题刻很多，具有大范围、长时期、多点位的特点。这些题刻是我们研究长江流域历史水位变化规律的珍贵历史资料，也为我们设计和建设长江流域的水利工程如葛洲坝水电站、三峡水利枢纽工程提供了科学依据。这些题刻多刻在沿江或江中岩石上，所以有的题刻常年淹于水下，唯有枯水季节方能露出，如白鹤梁题刻。因而龙脊石题刻上单行举所书“水落石出”四字无疑是对水文题刻最形象的比拟。

5.1 三峡地区水文题刻发展史初步讨论

综合分析三峡地区水文题刻的凿刻年代、内容及形式等因素，我们大体可将三峡地区水文题刻发展历程分为以下四个阶段。

一、唐宋以前的萌芽期

该时期三峡地区具有水文价值的题刻只有位于重庆朝天门的灵石题刻一处。据乾隆《巴县志》记载“唯唐张孟所称光武时题识不可复见矣”，可知其始刻年代在汉光武帝年间（25—57 年）。而晋义熙三年的《晋义熙灵石社日记》题记由于其内容明确记录了 407 年 3 月 2 日这一具体时间，所以可视为三峡地区最早的与水文有关的石刻。同时据考证云阳龙脊石题刻上“梁天监十三年二月鄱阳王益州军府率五万人过此”题记也刻于该时期，只可惜该款题记现已被搬迁至张桓侯庙内。该时期的题刻有以下三个特点。一是数量少，除上述两处三款外，三峡地区目前还未发现该时期的其他题刻；二从内容上看，除汉光武年间题刻内容不详外，其他两款题记内容都是叙事性质，内容中没有明确观察水位涨落的信息；三从题刻形式上看，也没有主动记录水位涨落的方式。因此就目前调查资料分析，该时期的题刻还不能称为真正意义上的水文题刻。

二、唐宋年代的成熟期

该时期是真正意义上的水文题刻的形成阶段。以涪陵白鹤梁题刻为代表的水文题刻表现出以下四个特点。一从题记内容分析，大多有明确的水位涨落时间和观察人等信息的记录；二是水位观察方式也趋于科学，如涪陵白鹤梁题刻在唐广德年间创立了以“石鱼”为枯水水位标志的观察方法，这种观察方法一直影响到近代；三是多点位水文题刻的出现，使题刻内容得以互相印证，使内容的真实性得以保证；四是水文题刻内涵的价值趋于多元化，如“石鱼出水兆丰年”的气象学意义。总之，这一时期的水文题刻是长江中上游地区独特的水文化形成的标志。

三、明清年代的发展期

明清时期的水文题刻，特别是洪水题刻与唐宋时期相比又有了更大的发展。突出表现为以下三个特点。一是分布区域更广。除长江干流外，在一级，甚至二级支流上都出现了洪水题刻，如乌江流域武隆县清道光十年棉花坝洪水题刻。二是记录内容更详细。一些洪水题刻不仅记录了洪水位、洪水涨水时间，还记录了洪峰维持时间及退水时间，有的甚至记录了洪水的破坏情况，如湖北秭归县小屈原庙咸丰十年洪水题刻、湖北宜昌黄陵庙碑刻。三是出现了一批同一地点记录不同年份洪水情况的题刻，如湖北秭归的五马桥石刻分别记录了乾隆五十三年、嘉庆元年及咸丰十年三次洪水情况。

四、民国以来的变革期

随着现代水文观测技术的引入，清末至民国起在三峡地区长江两岸设立了一系列的海关水尺，为科学观测和记录长江水位变化提供了条件。如 1877 年设立的宜昌海关水尺（英制），1890 年设立的重庆海关水尺（英制）（图 5–1），1917 年设立的万县海关水尺（英制）。特别是 1949 年以来，沿江水文测站（图 5–2）的系统设立，使水文观测从单一的水位观测扩展到流量、流速等内容的全方面的观测。所以在这一背景下，以题刻形式记录水位的方式在三峡地区逐渐被现代技术所取代

图 5–1　重庆海关水尺（引自《长江三峡工程水库水文题刻文物图集》）

图 5–2　大宁河巫溪水文站（引自《长江三峡工程水库水文题刻文物图集》）

图 5-3 重庆朝天门 1981 年洪水位标记（引自《长江三峡工程水库水文题刻文物图集》）

而逐渐减少。但是这种记录方式并未完全消失，而是由个人行为转变为国家行为进行凿刻，1949 年以后，大多由各地防汛、防洪部门完成，如 1981 年三峡地区各市县的洪水位标记（图 5-3）。这些部门还对历史洪水题刻进行了系统保护，对一批被破坏的历史洪水题刻实施了原位复制。

5.2 三峡地区枯水题刻界定及其价值综述

三峡地区由于受地质构造的影响，在长江中分布着许多各种形态的礁石，这些礁石一般常年淹没在水下。仅在冬末春初的时间段才露出水面，于是这些礁石多成为三峡地区先民观察水位，休憩游春的地方。因此，今天其中一部分礁石上便留下了许多题刻，这些题刻内容大多以览胜纪事为主，其中也有许多是记录枯水季节水位变化的内容。我们可将这类题刻统称为“枯水题刻”。

一、科学价值

如前所述，20 世纪 60、70 年代长江流域规划办公室与考古、文博部门合作，进行了大量的水文与考古相结合的专题调查研究，结合我们对三峡地区水文题刻的调查，重庆至巫山段，以始刻于唐代的涪陵白鹤梁题刻为代表的枯水题刻及题刻群目前共有九处。其中以重庆朝天门灵石题刻为最早，由于其民国以来一直淹于水下，再没露出水面，故已无法见其真容。但目前在《宝刻丛编》、《全唐文》及民国《巴县志》等文献中仍可见其记载，且编录了部分题记的文字内容，据这些记载来看，其始刻年代应在汉代，且保留了大量晋、唐时期的题记。除此之外五代有江北鱼嘴题刻，始于宋代的有云阳龙脊石题刻、丰都龙床石题刻、巴南迎春石题刻，始刻于明代的有江津莲花石题刻，民国有奉节“水落至此”碑。具体枯水题记内容统计详见表 5-1。

表 5-1　三峡地区枯水题记简表[23]

地点	公元纪年	朝代纪年	高程（米）	题记摘要
白鹤梁题刻	764 年	唐广德二年	137.54	降水退，石鱼见，下鱼去水四尺
四川省江北县鱼嘴镇	936 年	后蜀明德三年	约 155	水去此一丈
白鹤梁题刻	971 年	宋开宝四年	137.54	今又复见
白鹤梁题刻	988 年	宋端拱元年	137.86	石鱼再出
白鹤梁题刻	1074 年	宋熙宁七年	137.49	水齐至此
白鹤梁题刻	1086 年	宋元祐元年	137.46	江水至此鱼下五尺
白鹤梁题刻	1102 年	宋崇宁元年	137.86	鱼出水初
白鹤梁题刻	1107 年	宋大观元年	137.3	水去鱼下七尺
白鹤梁题刻	1129 年	宋建炎三年	137.38	时鱼去水六尺
白鹤梁题刻	1137 年	宋绍兴七年	137.46	石鱼出水面数尺
白鹤梁题刻	1138 年	宋绍兴八年	137.86	双鱼出渊
白鹤梁题刻	1144 年	宋绍兴十四年	138.00	鱼在水尚一尺
白鹤梁题刻	1144 年	宋绍兴十四年	137.86	鱼全出
白鹤梁题刻	1145 年	宋绍兴十五年	137.54	石鱼出水四尺
白鹤梁题刻	1148 年	宋绍兴十八年	137.46	鱼出水数尺
白鹤梁题刻	1156 年	宋绍兴二十六年	137.74	鱼去水无（五）尺许见鱼鳞
白鹤梁题刻	1178 年	宋淳熙五年	137.62	水落鱼下三尺
白鹤梁题刻	1179 年	宋淳熙六年	137.54	鱼出水几四尺
白鹤梁题刻	1226 年	宋宝庆二年	137.38	石鱼出水面六尺
白鹤梁题刻	1226 年	宋宝庆二年	137.82	水齐△
白鹤梁题刻	1243 年	宋淳祐三年	137.86	水落而鱼复出
白鹤梁题刻	1254 年	宋宝祐二年	137.86	双鱼已见
白鹤梁题刻	1329 年	元天历二年	137.7	水去鱼下二尺
白鹤梁题刻	1330 年	元天历三年	137.46	复去五尺
白鹤梁题刻	1405 年	明永乐三年	137.46	鱼去水五尺
白鹤梁题刻	1459 年	明天顺三年	137.86	其鱼果现
白鹤梁题刻	1506 年	明正德元年	137.86	白鹤梁复出
白鹤梁题刻	1510 年	明正德五年	137.86	鱼出
白鹤梁题刻	1589 年	明万历十七年	137.78	影浮刚一尺

续表

地点	公元纪年	朝代纪年	高程（米）	题记摘要
白鹤梁题刻	1672 年	清康熙十一年	137.86	水落见双鱼
白鹤梁题刻	1684 年	清康熙二十三年	137.86	白鹤梁复出
白鹤梁题刻	1685 年	清康熙二十四年	137.72	重镌双鱼记
白鹤梁题刻	1695 年	清康熙三十四年	137.9	白鹤梁复出予（预）兆丰年
白鹤梁题刻	1751 年	清乾隆十六年	137.9	鱼高水面
白鹤梁题刻	1796 年	清嘉庆元年	137.19	至此犹下八尺多
白鹤梁题刻	1813 年	清嘉庆十八年	137.9	鱼已见水面
白鹤梁题刻	1875 年	清光绪元年	137.9	鱼出
白鹤梁题刻	1881 年	清光绪七年	137.9	水涸鱼出
白鹤梁题刻	1909 年	宣统元年	137.9	鱼仅浮水面
白鹤梁题刻	1915 年	民国四年	137.9	江水涸白鹤梁出
四川省奉节县夔门	1915 年	民国四年	73.95	“水落至此”碑
白鹤梁题刻	1937 年	民国二十六年	137.9	白鹤梁出水
白鹤梁题刻	1937 年	民国二十六年	重庆水位 159.71	民生公司渝万河床考查团，重庆水位倒退壹尺六寸，宜昌水位倒退壹尺八寸
白鹤梁题刻	1937 年	民国二十六年	宜昌水位 139.14	

注：表中高程均以吴淞基面为基准测量。

从表 5-1 和图 5-4 可知，三峡地区历史枯水年份的记录从 764 年—1937 年，长达 1173 年。再加上该地区长江流域始于宋代数以百计的洪水题刻，形成了一种独特的水文文化现象。据了解，在国际水利工程建设的历史中，可参考的历史水文资料记载一般仅有几十年或几百年，而我国的祖先却在古老的长江中上游地区留下了千年的历史水文资料，其所记录资料的历史延续性、数据的系统性，是国内外各大河流无法相比的，应是世界水文史上的奇迹。

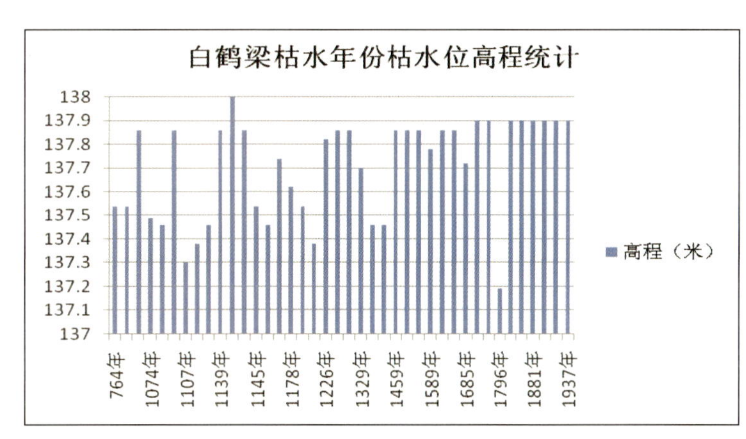

图 5-4 白鹤梁题刻历史枯水年份及对应水位高程

二、社会价值

三峡地区水文题刻数量多、

延续时代长这一特点是独特的三峡自然环境和地区性社会生活共同作用的产物，集中反映了当地先民的自然观。早在公元前3世纪以前，在《禹贡》中就曾有“刊木”观察水位涨落的记载。而长江中上游流域大江中礁石较多，因此中国古代先民便总结出利用在岩石表面雕刻来记录水位涨落的方法。例如战国时期，秦建都江堰，开凿宝瓶口，就是在岩壁上刻有分划，用来测量水位高低，亦称之为“水则”，这些应是早期水位观测和记录方法的雏形。自唐宋以后，随着长江流域经济的发展，航运活动日益频繁，人们与大江大河的关系日益密切；另一方面，三峡地区从地形地貌总体环境分析，可分为低山丘陵和峡谷两大地形单元，在这一地理环境中，自古以来当地先民多在宽谷地带的两河口处选择居住地，这一生存理念直接影响了该区域后期城市的布局和发展。从该区域诸多旧县城的平面布局来看，其多为后靠高山，前临江水，城市沿江河呈条带状分布形态，人们主要的生活空间受自然环境的限制而显得局促，因此，水位的涨落直接影响着当地先民的生活质量和生存理念。正是以上两点原因，决定了该地区古代先民对水环境的关注程度要远高于其他地区。

三、文化价值

每年冬末春初时节，长江水位降至最低，大量暗礁露出水面，或呈条带状，或呈板块状，若隐若现，给人以无限遐想，于是围绕它们产生了许多的民间传说，如“大禹斩蛟龙”、“龙女沐浴”“尔朱真人乘鹤而化”，从而将部分礁石冠以“龙脊石”、“龙床石”、“白鹤梁”等文学色彩浓厚的名称。同时，这一时节又恰逢中国农历新年，大量的民俗活动多围绕占卜丰盈、祈求平安等目的展开。中国古代初春便有水边洗浴，修禊除灾之风，而这些被赋予极强人文色彩的礁石，便成为了这一时期人们开展民俗等活动主要场所。于是古时当地先民驾舟过江“游石梁”的风俗蔚然成风，历代文人墨客、大小官吏便在石梁上题诗作赋，刻石为纪，而普通百姓则以各种方式，祈祷来年丰盈。因此自古至今便有了所谓“石鱼出水兆丰年”等说法。而对水位观测和记录的方法在这一活动过程中渐渐形成，并流传下来。

这便是以白鹤梁题刻为代表的这一独特文化现象得以保留至今的历史渊源和原动力。这些前人长期总结出来的经验至今仍影响着当地人民的生活，如白鹤梁上的石鱼水标至今仍是当地渔民预测来年水位涨落的依据，从而判断各地水情的变化。

5.3 枯水季与枯水题刻

▼ 5.3.1 奉节白帝城民国四年王骧撰《水落至此》碑

该碑原位于奉节县白帝城下江边，后搬迁至白帝城碑廊之中（图5-5）。具体文字内容详见释文卷。

该碑除记录了民国四年（1915 年）枯水年份外，还追溯了清嘉庆元年（1796 年）的枯水情况。前者在白鹤梁题刻中没有相应年份，是对白鹤梁枯水年份记录的补充；后者是白鹤梁枯水题刻中1796 年枯水年份记录的旁证。具有较高的历史价值和科学价值。

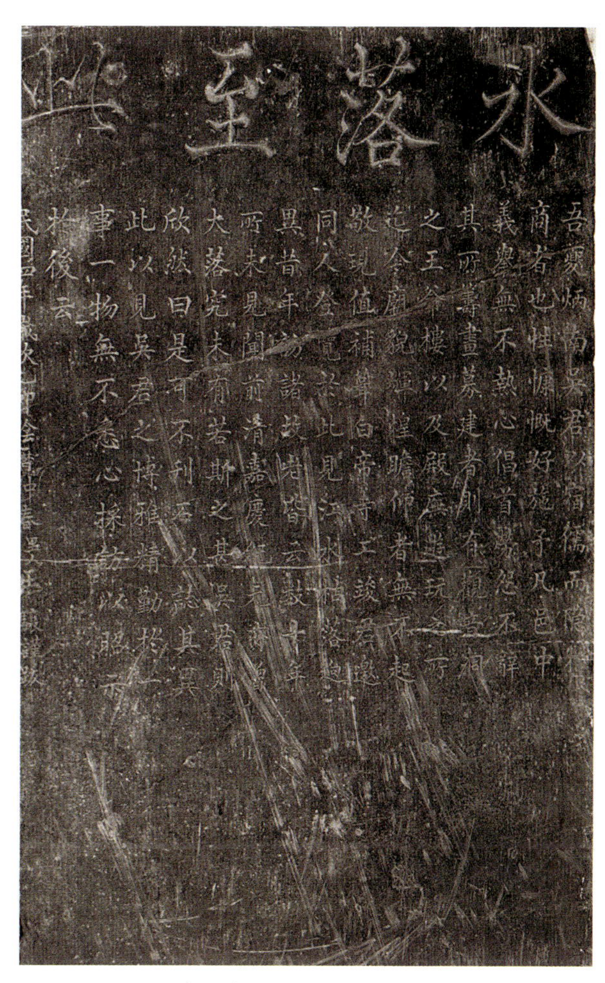

图 5-5 现保存在白帝城内的水落至此碑（摄于 1998 年）

▼ 5.3.2 云阳龙脊石题刻

龙脊石题刻位于原云阳县城南，张桓侯庙东约 150 米处的长江主航道南侧。中心地理坐标为北纬 30°57′14″，东经 108°53′48″。题刻区最高海拔高程 85.61 米，在冬末春初季节，方露出水面（图 5-6）。

题刻区分布于长江中一南北宽约 10–17 米，东西长约 400 米的石梁之上（图 5-7）。据 1998 年 3 月份调查，题刻区分上、下两段，上段约 43.7 米，下段约 143 米，中段淹没于水下，远观犹如出水之鱼脊，欲潜水之巨龙，故又称龙潜石。

据考，龙脊石题刻现存题记 170 余款，但就 1987 年云阳县文管所调查统计编号，共录入各代题刻 120 款。就 1998 年 2 月—3 月现场调查时，统计编号共录入各代题记 111 款。结合 1987 年曾露出水面，而 1998 年未露出水面

图 5-6 1998 年龙脊石题刻出水时的环境状况（摄于 1998 年）

图 5-7 龙脊石题刻所在石梁（摄于 1998 年）

的题记内容，录入题记总编号为 141，因编号中 5、8、15、87、96 含多款小幅题记，因此实际共录入题记 148 款。

在现统计编号的 148 款题记中，上段分布有 20 款，下段分布有 98 款，不详者 30 款。题记最早镌刻年代为北宋元祐三年（1088 年），其中各年镌刻题记数量见表 5-2。

据表中统计，有明确纪年的题记共计 81 款。北宋元祐三年（1088 年）至靖康元年（1126 年）共 8 款；南宋建炎二年（1128 年）至宝祐三年（1255 年）共 34 款；元至元二十九年（1292 年）1 款；明洪武十七年（1384 年）至崇桢十四年（1641 年）共 21 款；清顺治十六年（1659 年）至宣统元年（1909 年）共 17 款。无明确年代者共 67 款，其中根据《清乾隆云阳县志》进一步查实，其中宋代 2 款、明代 19 款、清代 1 款，具体年份不详，其余下限不晚于 1909 年。需要说明的是，据调查云阳张桓侯庙内南朝天监十三年（514 年）题刻是从龙脊石题刻所在岩石切割搬迁来的（图 5-8），由此推断龙脊石题刻始刻年代可能要早于北宋元祐三年。

龙脊石题刻具体文字内容详见释文卷。因 1998 年调查时部分题记淹于水下，无法记录和拍照，所以释文部分主要是以上两方面都具备条件的内容。

图 5-8　天监十三年题刻（摄于 1998 年）

表 5-2 龙脊石题刻题记年代统计一览表

	年号纪年	干支	公元纪年	题记编号（据 1998 年）	题记数
北宋	小计		1088 年— 1126 年		8
	元祐三年	戊辰	1088 年	30、36、42	3
	元祐四年	己巳	1089 年	28	1
	绍圣元年	丁丑	1094 年	77	1
	政和七年	丁酉	1117 年	90	1
	宣和七年	乙巳	1125 年	136	1
	宣和七年	丙午	1126 年	1	1
南宋	小计		1128 年— 1253 年		34
	建炎二年	戊申	1128 年	55、70、134	3
	绍兴三年	癸丑	1133 年	54	1
	绍兴十六年	丙寅	1146 年	132	1
	绍兴十九年	己巳	1149 年	49	1
	乾道六年	庚寅	1170 年	133	1
	淳熙元年	甲午	1174 年	38	1
	淳熙三年	丙申	1176 年	84	1
	淳熙四年	丁酉	1177 年	138	1
	淳熙六年	己亥	1179 年	86、122	2
	淳熙九年	壬寅	1182 年	34	1
	淳熙十年	癸卯	1183 年	85	1
	淳熙十二年	乙巳	1185 年	119	1
	淳熙十三年	丙午	1186 年	137	1
	淳熙十六年	庚戌	1189 年	46	1
	绍熙元年	庚戌	1190 年	71	1
	绍熙三年	壬子	1192 年	1、24	2
	庆元二年	丙辰	1196 年	29	1
	庆元五年	己未	1199 年	40	1
	开禧元年	丁丑	1205 年	96、97	2
	嘉定四年	辛未	1211 年	39	1
	嘉定八年	乙亥	1215 年	75	1
	嘉定九年	丙子	1216 年	74、111	2
	嘉定十年	丁丑	1217 年	73	1
	嘉定十四年	辛巳	1221 年	110	1

续表

年号纪年		干支	公元纪年	题记编号（据 1998 年）	题记数
	绍定元年	戊子	1228 年	35、135	2
	宝祐二年	甲寅	1254 年	44	1
	宝祐三年	乙卯	1255 年	93	1
元	元		1292 年		1
	至元廿九年	壬辰	1292 年	20	1
明	小计		1384 年— 1641 年		21
	洪武十七年	甲子	1384 年	17	1
	洪武十八年	乙丑	1385 年	120	1
	永乐八年	庚寅	1410 年	41	1
	弘治十二年	己未	1499 年	67	1
	正德七年	壬申	1512 年	94	1
	正德十四年	己卯	1519 年	50	1
	嘉靖廿一年	壬寅	1542 年	88	1
	嘉靖四十五年	丁卯	1566 年	131	1
	万历廿六年	戊戌	1598 年	43	1
	万历廿九年	辛丑	1601 年	80	1
	崇桢二年	己巳	1629 年	114	1
	崇桢五年	壬申	1632 年	2	1
	崇桢八年	乙亥	1635 年	33、60	2
	崇桢十年	丁丑	1637 年	6、11、121、130	4
	崇桢十一年	戊寅	1638 年	9	1
	崇桢十三年	庚辰	1640 年	128	1
	崇桢十四年	辛巳	1641 年	5	1
清	小计		1659 年— 1909 年		17
	顺治十六年	己亥	1659 年	12	1
	乾隆十八年	癸酉	1753 年	116	1
	乾隆十九年	甲戌	1754 年	117	1
	乾隆三十六年	辛卯	1771 年	124	1
	乾隆五十六年	辛亥	1791 年	16	1
	嘉庆廿年	乙亥	1815 年	21	1
	嘉庆廿一年	丙子	1816 年	82	1
	道光三年	癸未	1823 年	91	1
	光绪二年	丙子	1876 年	65	1

续表

年号纪年		干支	公元纪年	题记编号（据 1998 年）	题记数
清	光绪三年	丁丑	1877 年	51、53、59	3
	光绪十二年	丙戌	1886 年	95	1
	光绪廿七年	辛丑	1901 年	19	1
	光绪廿八年	壬寅	1902 年	52、57	2
	宣统元年	己酉	1909 年	26	1

一、艺术价值

龙脊石枯水题刻现存题记大多保存较好，字迹清晰。从文字内容分析看，题记多为达官贵人及名人学士的诗文，少量为商贾黎民的随手镌刻，雅俗杂见。诗体以五言、七言绝句，五律七律为主，诗文内容多为借景抒情，借景喻今之作。其中以明嘉靖年间何冠、毛经、潘瑜、褚鼎、杨东山、张一鹏、黄封七人，以清、瀛、情、鲸、嘸五字为韵，借景抒情，所作诗文最具情趣。而以心、深、临、吟、侵五字为韵的明代诗作也颇多。

图 5-9　斌全七言绝句（摄于 1998 年）

在诸多诗作中，借景喻今之作又从不同侧面真实地反映了各代各阶层人士的生活面貌和思想状态。其中明崇祯十三年（1640 年）武科举子斌全所题："天造江心一片石，往来何故多留题，愿将洗净贪污胆，压碎奸臣骨似泥。"把对当朝奸臣横行，贪污腐败的满腔愤慨尽写在字里行间（图 5-9）；无名氏所题："国正天心顺，官清民自安，妻贤夫祸少，子孝父心宽，国太（泰）要民安。"又从普通百姓的心态出发，表现了对国家、对生活美好的个人愿望（图 5-10）。

图 5-10　无名氏五言绝句（摄于 1998 年）

从书法、雕刻技法上分析，龙脊石枯水题刻中亦不乏上乘之作。其中镌刻技法各异，除常见的阴刻外，还有阳刻及单线双钩，并可见题刻周边以饰纹点缀。而题记之书风也各具特色，颜柳欧苏，隶篆楷草，各体皆备，其中以楷、行楷、行草居多。每款题记多者数百言，少者仅一字，大字如床，小字如粟，其书法遒石坚苍，质朴豪放、恬运渊永，许多书法诗文堪称精品。清乾隆十八年（1753年）云阳县令单行举所书“水落石出”四字，字近人高，书法遒劲，意趣盎然，后有行书“江峰览不尽，云树自年年，苍龙如可驾，我欲问青天”，字大如盘，豪迈飘逸（图5-11）；姚仁寿所镌龙字，字径约2米，行草，阴刻，镌刻最深处约3-4厘米，是我国同类体裁中难得的佳作（图5-12）；其中最大一幅题记，据查，长6.4米，高3米，据考证为明正德七年（1512年）吴从周所题，字体端庄，排列整齐，洋洋洒洒，极为壮观。又如石芳珩所题“砥柱中流”（图5-13），彭聚星所题“云龙”（图5-14），闵辅勤所题“潜见自如”，楷篆各异，极具书法欣赏价值。

图5-11　单行举水落石出题记（引自《长江三峡工程水库水文题刻文物图集》）

图5-12　姚仁寿龙字题记（摄于1998年）

图5-13　石芳珩书“砥柱中流”题记（摄于1998年）

图 5-14　彭聚星云龙题记（摄于 1998 年）

因此，从诗文题记的文字内容，书风及镌刻艺术方面看，龙脊石题刻是古代各个历史时期保留至今的难得的一处艺术长廊，对于文学、书法研究者而言，颇有研究品评的价值。

二、科学价值

在龙脊石题刻沈安义题记中有云："古渝之义熙，涪陵之石鱼，云安之龙脊，地虽不同，而古今以之占丰年则一也。"而《民国云阳县志》中亦有"小南门外江中有石梁，长百余丈，冬涸乃见，号曰龙脊，亦涪陵之石鱼矣"的记载，可见自古云阳龙脊石题刻与重庆灵石题刻（古称义熙碑）、涪陵白鹤梁题刻都是长江中上游地区先民记录枯水年份的史实佐证资料。

虽然龙脊石题刻中没有设立固定的观测水位涨落的标志，但由于龙脊石题刻题记内容丰富，历史年份记录延续长，因此其水文价值可与涪陵白鹤梁题刻媲美。就 1974 年重庆市博物馆龚廷万先生测量统计，共获得 81 个确切历史年份的枯水记录（表 5-3）。所有题记中在平均枯水年份水位以下的可用题记 68 款，其中以宋代最多，共 30 款，元代 1 款，明代 24 款，清代 13 款。可与白鹤梁枯水题刻互相印证，经测量历年平均枯水位以下题记的下沿高程，共计获得了 53 个枯水年份的历史资料，可供水文分析研究之用。表 5-3 中记录了 1974 年调查时低于平均枯水年份水位以下高程较低的 14 款题记的枯水年份。其中高程最低的题记年代为明正德十二年（1517 年），是目前发现的龙脊石枯水题刻中记录历史最枯水位的题记。

又姜勉等题记中有"余于永乐七年夏，奉命使是邑，惟时水落石出，邑之前有石若许，砥中流，询诸邑人，咸曰龙脊……"之记载，题记年代为"永乐八年，岁次庚寅孟春人日"（1410 年正月初七），从题记内容分析，1409 年疑为长江历史枯水位持续时间最长的年份，该段内容还有待进一步研究考证。

表5-3　云阳龙脊石题刻低于平均枯水年份水位以下的枯水年份及对应水位排列表(据1974年测量)

次序	公元纪年	年号纪年	海拔高程（米）
1	1517.1.22—2.20	明正德十二年春正月	83.32
2	1577.1.25	明万历丁丑人日	83.46
3	1512	明正德七年	83.53
4	1857	清咸丰七年	83.57
5	1216.1.27	宋嘉定丙子人日	83.66
6	1637.2.1	明崇桢丁丑人日	83.68
7	1179.2.15	宋淳熙己亥人日	83.71
8	1815	清嘉庆廿年乙亥	83.71
9	1217.2.14	宋嘉定丁丑岁人日	83.75
10	1754	清乾隆十九年	83.75
11	1146.2.19	宋绍兴丙寅人日	83.83
12	1250	宋淳熙庚戌	83.84
13	1185	宋淳熙乙巳	83.88
14	1556.2.17	明嘉靖丙辰春人日	83.89

备注：此表由重庆市博物馆龚廷万提供，以题记下沿高程为准。

据《民国云阳县志》山水篇中载："又舟人视其盈缩以为进止，其谣曰：龙床如拭，舟行逢吉，龙床仿佛，打椿祝福，盖蜀船三者谓：飨神□余，曰神福以须停泊候水也。"古诗上亦有："形如龙卧古滩头，劈易长江两面流，水瘦水肥随出没，不知看过几行舟。"之说，这些对龙脊石的描写，也说明了龙脊石自古便是先民在长江航行中的天然航标。

三、文化价值

据民国《云阳县志》山水篇中载："旧志云：古俗以每春上巳日邦君士女挈舟往游以鸡子卜岁丰歉。"礼俗篇中载："又云士女以上巳日游龙脊石，县大夫亦往，以鸡子卜丰歉，今皆不行，间岁时，有好事相约，往观遗意，仅未废耳。"其中上巳日为阴历三月上旬，魏晋后改为农历三月三日。从大量题记中所题年代看，以人日前后以鸡子卜吉凶者居多，人日古为正月初七。人日、上巳日是我国风俗史上的传统节日。在水边洗濯祭祀以祛病免灾，或以各种形式占卜未来是这些节日的主要内容，而以鸡子卜丰凶的风俗习惯具有鲜明的地方特色。这些节日多逢龙脊石露出水面，因而龙脊石便成为当地先民人日、上巳日占卜吉凶的主要场所，据了解，古时每逢上巳日、人日，龙脊石出水，先民们便在其上搭台唱戏，设座说书，饮酒宴游。而今虽古风已逝，但每逢龙脊石露出水面，慕名乘舟而来者，仍络绎不绝，因而龙脊石题刻也是研究我国民俗文化一处颇具价值的实物资料。

四、景观价值

龙脊石题刻所处岩石，宛如南岸飞凤山麓伸向长江中，卷起的一绺石梁。南濒蜀东胜景张桓侯庙，北望云阳古城。

据民国《云阳县志》山水篇载："石梁中稍窿下，极涸之岁，首尾全露，步行可周。或未枯竭，则通波中断，隔成两洲，仍恃叶舟乃可遍览也，里老云：百年以前，江流较低，洲露尤阔，南接山麓，曾不容刀，岸洲相直处石壁有梁天监三年及孟蜀广政题字。今则江底积沙，水渐高溢，龙石旧刻半浸沦漪，二十年前昔人所刻犹龙二字尚可拓，今久没水中不复见斯，亦沧桑之一验矣。"

由于长江中上游河床淤沙量逐年增大，而 1981 年，下游鸡伐子滩大滑坡，又使江水受阻，水位逐年增高，因而"首尾全露，步行可周"的情况，已不复存在。而冬末春初，露出水面的时间和面积也越来越少，至三峡工程蓄水前，不少题记已因长江水位的提高，永远地淹没于水下。民国《云阳县志》中所述梁天监三年及孟蜀广政两款题刻，也早已切割保存于张桓侯庙中（图 5-8）。

每逢龙脊露水，掀波劈浪，便发出阵阵轰鸣。上段龙首西迎浩瀚江水，下段龙尾向东延伸，犹如石龙经三峡夔门之险，游弋至此。而月白风清之夜，江涛翻腾，游龙长吟，有声有色，故明嘉靖《云阳县志》云阳八景中便有"龙脊夜涛"之说，嘉庆年间贡生李应发赞此景有诗云："巨石横江出，夜夜起涛声，问汝恨何事，终古不能平。"

与龙脊石相关，还有一段大禹斩老龙的奇妙传说，故当地人称，石梁中部低洼处，是金斧砍斫所致，而脸盆大的圆洞是金錾所凿，不论冬涸多久，该洞内依然清泉一潭。因此，龙脊石题刻之所以题记延续达八百余年，与其独特的自然景观是密不可分的。

综上所述，龙脊石题刻，无论从艺术、科学、文化及景观等方面，都具有极高的价值。

▼ 5.3.3 万州武陵镇水文题刻

武陵镇水文题刻位于原四川省万县市龙宝区武陵镇政府村南的长江左岸一孤石之上，其上游 150 米为武陵镇旧石器采集点。地理坐标为北纬 30°30′03″，东经 108°15′18″。海拔高程 112 米。题刻处于长江河漫滩位置，该处岸坡由基岩和崩塌堆积物组成（图 5-15）。

因 1999 年 4 月 15 日调查时，题刻已毁，无法获取其详细资料。据河南省古代建筑研究所原普查资料载："题记呈长方形，高 1.3 米，宽 0.6 米，题记已漫灭不清，残存者可辨其为一处水文题刻。"

因原资料中没有相应文字资料，又无文献可查，所以凿刻年代不详。

据调查，题刻所在岩石，在 1994 年至 1995 年间，被当地农民采石砸毁，因此题刻已不复存在。

图 5-15　武陵镇水文题刻现状情况（摄于 1999 年）

该题刻由于风化严重，所刻文字内容在任何文献中均无记载，查考长江水利委员会对三峡地区水文题刻的调查资料发现，调查资料中位于武陵镇的两处水文题刻的年代均为清同治九年（1870 年），具体详见表 5-10。该年是长江中上游地区宋代以来最大的一次洪峰，而此处题刻高程仅 112 米，如果题刻位置未发生变化，其不可能是上述两处水文题刻之一，从高程及所处位置判断极有可能是一处与枯水位记录有关的题刻。因此，进一步查寻有关资料，对研究长江枯水位的历代变化可能会有一定参考价值。

▼ 5.3.4 丰都龙床石题刻

龙床石题刻位于重庆市原丰都县城北，长江主航道南侧礁石之上。中心地理坐标为北纬 29°52′48″，东经 107°43′29″。题刻区最高海拔高程 130.8 米，在冬末春初，方露出水面（图 5-16）。

图 5-16　龙床石题刻出水时的环境状况（摄于 1998 年）

题刻区分布于长江中一南北宽约 14 米，东西长约 33 米

图 5–17 龙床石题刻所在礁石（摄于 1998 年）

的礁石群上，由六块礁石组成。岩面平缓如床，远观又如江中一叶扁舟，故又称龙船石（图 5–17）。

根据 1998 年 2 月现场编录统计，共录入题记 56 款，由于龙床石枯水题刻题记排列多不规则，其中有 10 个编号中含多款题记，因此实际录入题记 66 款。具体文字内容详见释文卷。

根据 1998 年 2 月现场编录统计，现存题记最早年代为绍兴十七年（1147 年），其中各年镌刻题记情况详见表 5–4。

据表中统计，南宋绍兴十七（1147 年）至端平元年（1234 年）3 款；明嘉靖十五年（1536 年）1 款；清嘉庆十二年（1807 年）至清光绪三十二年（1906 年）20 款；民国五年（1916 年）至民国二十九年（1940 年）5 款，其中洪宪元年 1 款；年代不详者 37 款。

表 5–4 龙床石枯水题刻年代统计一览表

年号纪年		干支	公元纪年	题记编号	题记数量
宋	小计				3
	绍兴十七年	丁卯	1147 年	25	1
	绍兴廿六年	丙子	1156 年	38	1
	端平元年	甲午	1234 年	33	1
明	小计				1
	嘉靖十五年	丙申	1536 年	55	1
清	小计				20
	嘉庆十二年	丁卯	1807 年	1	1
	嘉庆十九年	甲戌	1814 年	47	1

续表

年号纪年		干支	公元纪年	题记编号	题记数量
清	嘉庆廿二年	丁丑	1817 年	41	1
	道光八年	戊子	1828 年	2	1
	道光十五年	乙未	1835 年	54	1
	道光廿一年	辛丑	1841 年	10	1
	咸丰元年	辛亥	1851 年	45	1
	咸丰二年	壬子	1852 年	10	1
	咸丰五年	乙卯	1855 年	21、19	2
	同治七年	戊辰	1868 年	4	1
	同治十二年	癸酉	1873 年	16	1
	光绪三年	丁丑	1877 年	24	1
	光绪五年	己卯	1879 年	32	1
	光绪十年	甲申	1884 年	44	1
	光绪十五年	己丑	1889 年	7、15	2
	光绪廿五年	己亥	1899 年	1	1
	光绪廿八年	壬寅	1902 年	30	1
	光绪卅二年	丙午	1906 年	29	1
民国	小计				5
	五年（洪宪元年）	丙辰	1916 年	50	1
	七年	戊午	1918 年	20	1
	十年	辛酉	1921 年	48	1
	十一年	壬戌	1922 年	22	1
	廿九年	庚辰	1940 年	34	1

一、艺术价值

据民国《丰都县志》载："龙床治南江中，石磐耸出，流水淀绕，汹涌昼晦，疑是蛟龙窟也。刻石纪游，多宋元遗迹。石面勒龙床春玩，又石槎二大字，徐寿恺书，纪年绍兴、大德、端平诸号，今尚存，亦称笔架石。傍横勒八大字曰：天下文章莫大于是，又一联曰：阁乾坤之大笔，写江汉之雄才。冬尽水浅则见，八景载龙床暮雨。"而就 1998 年现场调查编录统计看，66 款题记，多为明清两代及民国年间的题名，除 51 号题记为篆书外，均为楷书，且大多书体随意性强，不规范，书法艺术价值不高。而县志中所题"天下文章莫大于是"及"阁乾坤之大笔，写江汉之雄才"等题记并未发现。1995 年，山西省古代建筑研究所，对龙床石枯水题刻进行调查时，也未发现该 2

款题记。疑为被毁或高程较低，未露出水面。

而就目前调查结果看，在龙床石枯水题刻66款题记中，最具代表性，书法艺术水平较高的为36号“龙床春玩”题记，该题记高1.02米，宽0.67米，楷书，阴刻，镌刻年代为绍兴二十六年（图5-18）。虽已因江沙磨蚀，字体多模糊不清，但通过拓片仍可见其书法质朴浑圆之风格。

图5-18 龙床石题刻“龙床春玩”题记（摄于1998年）

二、科学价值

龙床石题刻就其规模和题记内容来看，虽无法与涪陵白鹤梁题刻、云阳龙脊石题刻相媲美，但是，从《蜀水考》和《蜀水经》中记载来看，此地自古便是四川沿江地区主航道上的著名险滩。而且其水落石出的独特自然现象，也与沿江枯水题刻有许多相似之处。

因此，其题记的镌刻年代，可作为长江沿岸枯水年份的补充和相互印证资料，而其题记的所处高程，也为我们测算长江常年枯水水位提供了一定的科学依据。

三、文化价值

从龙床石题刻题记内容来看，以生子还愿、祈求平安为内容的题记最多，多为平民随手镌刻而成，该类体裁的题记，据统计有34款之多，占了总款数的50%以上。

究其原因，这与龙床石相关联的一段龙女下凡的美丽传说有直接的关系。该传说讲述了龙女一段美丽而凄婉的爱情故事，而龙床石便成为了这一美丽传说的唯一载体。

众所周知，在中国古代神话传说和后期宗教礼仪中，对于生殖内容的崇拜和祭祀，一直占据着很大的比重，也成为贴近平民百姓生活层面最主要的宗教活动。在这类宗教活动中的崇拜对象，呈现多元化的特点。形式大体可分为三类，第一类，以具体的女性形像为崇拜对象，诸如送子娘娘、送子观音；第二类，以生殖器官形态为崇拜对象，诸如云南剑川石钟山石窟内的“阿秧白”；第三类，以独特的地形地貌景观为崇拜对象，并附以美丽的民间传说，以增强其宗教色彩。而龙床石便是这类生殖崇拜对象中的一例，因此，从题记内容看，龙床石又多被冠以“龙床神”“石菩萨”的美称。而龙女下凡的民间传说也被赋予了新的含义。该类体裁题记，镌刻年代集中在明、清至民国年间，可见在这个时间段内，龙床石一直是当地先民进行宗教活动的一个重要场所。

四、文化景观价值

据民国《丰都县志》载，郎承诜所立丰都八景中便有“龙床夜雨”之说，且有诗云：“夜夜滩声作雨声，几经磨洗石床平，日来更觉风涛险，一卧沧江总不惊。”同时又有黄洵、卢雍以龙床夜雨为题的八言七律及四言绝句各一首，诗中云：“此地当年起卧龙，洞口深锁石床空。不知子夜千山雨，飞向云天第几重。漏转江楼催急溜，梦回渔父湿孤蓬。至今鲸吼清滩下，冥答仙都观里钟。”“神龙久化去，水底石床平。月冷江空阔，风声作雨声。”因此，龙床石题刻的产生和发展，是与其独特的自然景观密不可分的。

综上所述，龙床石题刻具有一定的科学价值、艺术价值和较高的文化价值。

图 5-19　白鹤梁题刻出水时的环境状况（摄于 2001 年）

图 5-20　白鹤梁题刻所在梁体（摄于 2001 年）

▼ 5.3.5 涪陵白鹤梁题刻

白鹤梁题刻位于重庆市涪陵区城北，长江与乌江汇合处以西约 1 公里处的长江江心石梁之上，中心地理坐标为北纬 29°43′，东经 107°24′。

白鹤题刻所在石梁长约 1600 米，宽约 15 米，自西向东延伸，与江流平行。梁脊海拔高程约为 140 米，只比常年最低水位高出 2–3 米，但低于最高洪水位达 30 米，所以几乎常年没于水中，只在每年冬春交替的最低水位时，才露出江面。这时白鹤梁以北为长江主槽，水流湍急，而白鹤梁以南则微波荡漾，清平如镜，古有“鉴湖”之称（图 5–19）。白鹤梁分上、中、下三段，题刻区位于中段，长约 220 米，宽约 15 米梁体之上（图 5–20）。

白鹤梁题刻迄今发现有题记约 165 款（在编），文字内容约三万余字，具体文字内容详见释文卷。

图 5-21 白鹤梁题刻东段题刻密集区（摄于 2001 年）

题刻区分东西两段，东段为题刻密集区（图 5-21），在编题记 138 款，多为早期作品；西段在编题记 27 款，多为清至近代作品。

白鹤梁题刻始刻于唐广德元年（763 年），现存有明确纪年的最早题记年代为北宋开宝四年（971 年）。其中唐代 1 款、宋代 98 款、元代 5 款、明代 16 款、清代 24 款、近代 14 款、年代不详者 7 款，在题记中还有石鱼雕刻 18 尾（在编）、白鹤雕刻 1 幅、观音及人物线刻 3 幅。这些题刻，依形就势，体量各异，大者两米见方，小者长宽不盈尺。

白鹤梁题刻因其极高的历史价值、科学价值和艺术价值，于 1980 年公布为四川省重点文物保护单位，于 1988 年公布为全国重点文物保护单位，也是当时（1992 年 -2002 年）三峡库区唯一的全国重点文物保护单位。

一、历史价值

白鹤梁题刻中现有姓名可考者 300 余人，涉及到各个历史时期和各个层面，其中上至国家重臣，下至地方官吏，又汇聚了众多文人墨客。他们在此的题留，记录了由唐代至现代 1000 多年的重要事件。其中 24 号蒙文题记，用八思巴文[①] 书写，内容为“生命的意义在于荣耀”，是三峡地区唯一

[①] 八思巴文是元世祖忽必烈在至元六年（1269 年）让国师八思巴为蒙古国创立的一种可以译写一切的新文字，也称蒙古新字，或元朝“国字”。八思巴是藏族人，他根据藏文的 41 个字母又增添了若干符号，创造了这种竖写的新文字。1281 年，忽必烈下旨，令各省、部、台、院的奏章和各种文书一律采用八思巴文，意图将这种拼音文字推向全国。但由于八思巴文字难学难懂，各地方语音都坚守自己的传统，以致八思巴文只在元朝国家颁布的法令檄文中实行了几十年，以后就随着元代的灭亡消逝在历史的长河里了。遂成为一种无人说也无人写的死文字。

的一处蒙文题记（图 5-22）。题记作者和凿刻年代虽然已无从考证，但是学者们从蒙古八思巴文字的起源、应用时间以及蒙军攻占钓鱼城，夺取重庆府的时间等角度分析后认为该题记凿刻年代应在 1279 年—1368 年之间，是蒙古人攻破重庆府、在涪陵俘获四川制置使张珏后发出的胜利宣言。白鹤梁为宋末山城防御战的最后失守提供了历史的写字板，蒙文题记是即将登上历史舞台的元朝统治者最早的舆论宣传[24]。所以具有较高的历史价值。

图 5-22　白鹤梁题刻蒙文题记（摄于 2001 年）

其中具较高历史价值的题记还有黄庭坚题记、王士桢石鱼记、朱昂题诗等。

二、科学价值

白鹤梁题刻在唐代就创立了以“石鱼”为枯水水位标志的观察方法，该方法是长江中上游地区古代劳动人民经过实践经验总结出来的，在世界水文观察史上占有重要的地位，有“世界第一水文站”之称。其最早的枯水题记比 1865 年我国在长江上设立的第一根水尺——武汉江汉关水尺的水位观测记录，要早 1100 多年，因而被誉为我国最早的至今保存完好的一座以“石鱼”作为枯水标志的富有民族风格的古代水文站。

自唐广德元年迄今，在白鹤梁题刻中涉及水文内容的题记共 108 款，记录了长江枯水年份 72 个。其中最为重要为萧星拱重镌双鱼记（图 5-23），在其题记上部有刻鱼 3 尾，其中唐代刻鱼 1 尾（已模糊不清），清康熙廿四年涪州州牧萧星拱重铭双鲤石鱼 2 尾。通过测量表明，双鲤鱼眼高程相当于川江航道部门测量的当地水尺零点，而唐代刻鱼鱼腹高程又相当于涪陵地区现代水文站观测的该地区历年枯水位平均值（表 5-5）。

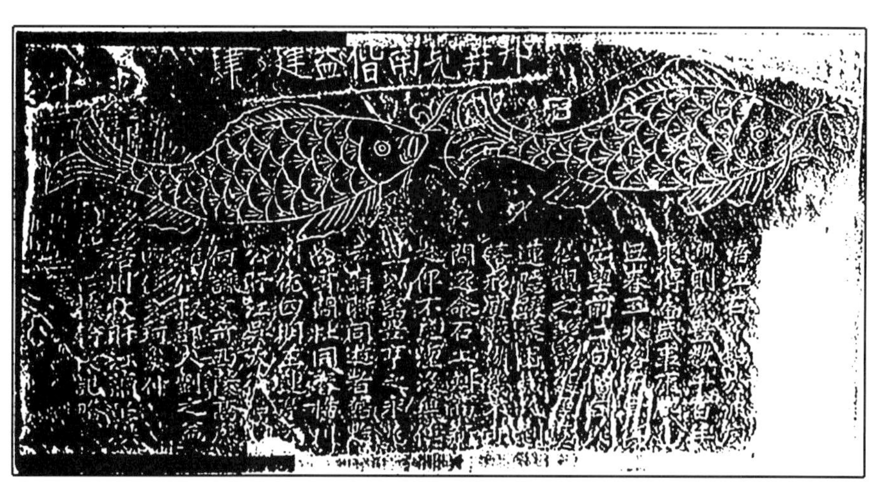

图 5-23　萧星拱重镌双鱼记（引自《长江三峡工程水库水文题刻文物图集》）

以唐代刻鱼鱼腹高程推算，历代有确

表 5-5　石鱼不同部位的海拔高程

鱼名	鱼眼平均高程（米）		鱼脊平均高程（米）		鱼腹平均高程（米）	
	黄海系高程	吴淞系高程	黄海系高程	吴淞系高程	黄海系高程	吴淞系高程
唐代所见鱼	136.334	138.037	136.359	138.062	136.290	137.993
清代双鱼（东）	136.369	138.072				
清代双鱼（西）	136.383	138.086				

以上数据为 2001 年 3 月由原建设部综合勘察设计研究院遥感制图中心所测。

定尺寸记录低于该高程的题记共有 15 款，其中唐代 1 款，宋代 8 款，元代 2 款，明代 2 款，清代 2 款。

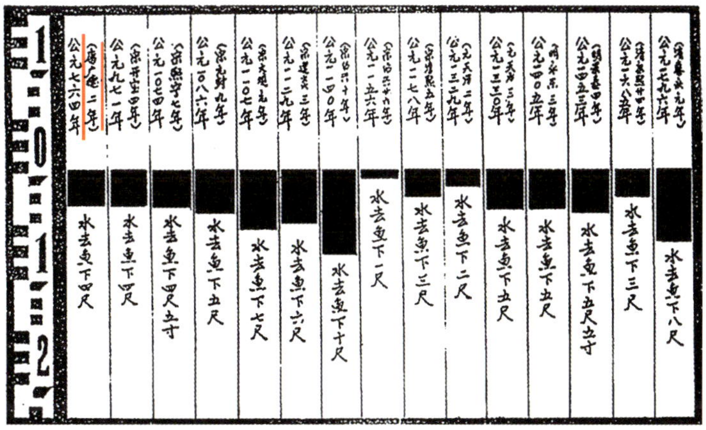

白鹤梁题刻所载的 1200 多年的枯水水文情况，系统反映了长江中上游枯水年代水位演化规律，成为长江中上游地区历代枯水年代序列标尺（图 5-24），已成为葛洲坝、三峡工程设计的重要历史水文依据。

图 5-24　白鹤梁题刻历代枯水年代序列及水位记录（引自《长江三峡工程水库水文题刻文物图集》）

对白鹤梁题刻的研究结果表明，长江洪、枯水年份的出现，大约每十年为一周期。作为最低水位标志的石鱼，其出现的年份应是枯水期的最后一年，而来年必将进入洪水期，但出现特大洪水的可能性极小。而水位的变化很大程度上反映了降雨量的增减，雨量充足程度和灾害程度是决定农业丰收的重要因素。因此“石鱼出水兆丰年”从宋开宝四年起一直成为当地百姓预测来年丰盈的依据（图 5-25），此现象也为当地农业部门了解气象变化规律，科学决策提供了一定依据。

图 5-25　白鹤梁题刻石鱼出水兆丰年楹联题刻（摄于 2001 年）

综上所述，白鹤梁题刻具有极高的科学价值。

三、艺术价值

白鹤梁题刻汇集了唐宋以来千余年各派书家遗墨。隶、篆、楷、行、草皆备；书体风格颜、柳、欧、苏俱全。其中首推宋代四大书法家之一黄庭坚所书“元符庚辰涪翁来”题记，该款题记再现了黄庭坚晚年卓绝的书法艺术境界。虽寥寥七字，漫不经意处，却见史家书风，其结字险侧奇倔，笔法苍劲老健，体势挺拔，纵横舒展，因此书艺当推第一（图 5–26）。其他值得称道的作品楷书有《陈似题记》、《郑顗题记》、《庞恭孙题记》，尤其是《陈似题记》，刚中见柔，有颜貌柳骨之风，是上乘之作（图 5–27）。篆书有《徐庄题记》、《周翊题记》、《姚觐元题记》，其中《姚觐元题记》铁线流畅，刚柔兼济，有邓石如遗风（图 5–28）。隶书有《李公玉题记》（图 5–29）。

图 5–26　黄庭坚题记（摄于 2001 年）

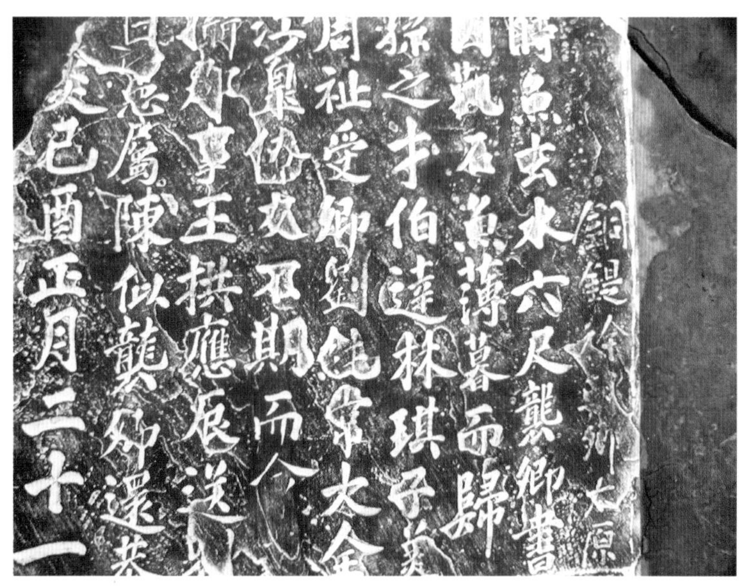
图 5–27　白鹤梁题刻陈似题记（摄于 2001 年）

白鹤梁题刻是书画艺术与镌刻技术的完美结合，在雕刻手法上，采用了轻重、增损、曲直、避让等多种表现方法，破峰之处亦清晰可见。同时，题刻多出自历代文人墨客之手，它们或诗或文，记事、抒情、怀古，内容极为丰富。所以题刻群又有“水中碑林”之称。因此，具有极高的艺术价值。

四、文化及景观价值

从景观价值上分析，白鹤梁自古就是一处闻名胜景。据《涪陵县志》记载“涪陵八景”中的三景“鉴湖渔笛”、“白鹤时鸣”、“石鱼出水”都是围绕白鹤梁形成的独特人文景观，也反映了白

图 5-28　白鹤梁题刻姚觐元题记（引自《长江三峡工程水库水文题刻文物图集》）

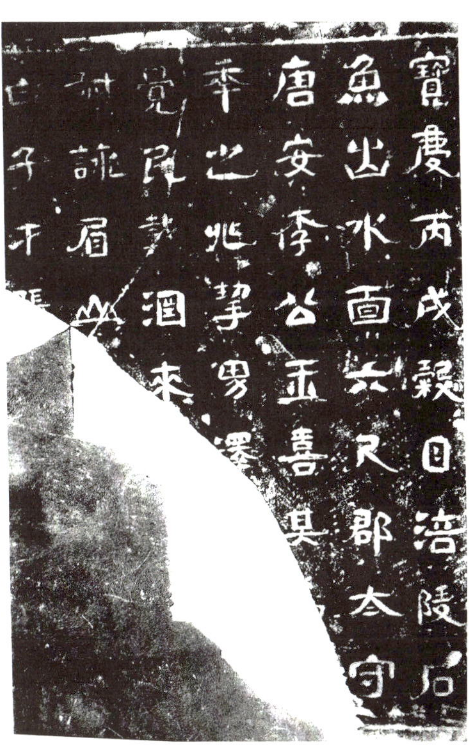

图 5-29　白鹤梁题刻李公玉题记（摄于 2001 年）

图 5-30　白鹤梁题刻中的白鹤时鸣图（摄于 2001 年）

鹤梁与水域环境之间的相互关系（图 5-30）。随着时代的发展和环境的变化，“鉴湖渔笛”和“白鹤时鸣”已淡化或消失，而“石鱼出水”逐渐成为三峡工程蓄水前涪陵的重要人文景观。

▼ 5.3.6 巴南迎春石题刻

迎春石题刻位于原重庆市巴南区麻柳镇境内的长江主航道南侧礁石上。中心地理坐标为北纬 29°42′9″，东经 106°56′6″。据有关资料记载，礁石分上、中、下三段，上、下段高程较高易露出水面，中段只在最枯水位时方露出水面（图 5-31）。

图 5-31　迎春石题刻出水时的环境状况（摄于 1998 年）

此处长江由 SN 朝 NE 流经麻柳镇，水位、流量变化大，岸线弯曲。南岸为冲刷岸，岸坡较陡峭。麻柳镇位于南岸的二级阶地以上。北岸为堆积岸，卵石滩高达 10 米，滩面宽约

30 米，河床宽约 500 米，两岸斜坡地形呈现多级台地与陡坎。

据 1998 年 2 月间现场勘测时，上、下段均露出水面。上迎春石最高点海拔高程为 155.2 米，最低点为 153 米。长 59 米，宽 22 米，出露面积约 1300 平方米。距江南岸约 100 米。1998 年 2 月 12 日观测长江水位为 152.89 米。礁石露出水面 2.31 米。礁石上游端呈浪蚀地貌。礁石被裂隙切割成条块状（图 5–32）。下迎春石最高点海拔高程为 155.9 米，最低点为 152.3 米。长 85 米，宽 31 米，出露面积约 2600 平方米。距江南岸约 140 米。据 1998 年 2 月 12 日观测长江水位为 152.35 米，礁石露出水面 3.55 米。礁石面朝西呈缓坡状倾斜，礁石南侧泥岩形成缓坡。砂岩形成陡坎，在砂、泥岩交界部位形成侵蚀岩腔，造成上部砂岩呈块状崩落（图 5–33）。

图 5–32　上迎春石裂隙交切情况（摄于 1998 年）

图 5–33　下迎春石底部崩落情况（摄于 1998 年）

图 5-34 迎春石题刻所在礁石表面剥蚀情况（摄于 1998 年）

据 1998 年 2 月间现场勘测时，上、下迎春石相距 327 米，其间尚有一礁石露出水面，但无题记发现。

据传因每逢冬末春初枯水时节，题刻所在礁石方露出水面，故名“迎春石”。1988 年由原巴县人民政府公布为县级文物保护单位。

据 1998 年 2 月对迎春石枯题刻现存题记统计编录，共录入题记 17 款，上迎春石 9 款，下迎春石 8 款。因多年受江水冲蚀，多已模糊不清（图 5-34），具体文字内容详见释文卷。

在现统计编号的 17 款题记中，最早镌刻年代为南宋绍兴十八年（1148 年）。

就目前调查结果统计，南宋绍兴十八年（1148 年）至淳熙十二年（1185 年）题记 4 款；明建文元年至永乐六年（1399 年—1408 年）题记 1 款；明万历三十六年（1608 年）至崇祯十年（1637 年）题记 5 款，其中有明确年份者 4 款；清同治元年（1862 年）题记 1 款；年代不详者 6 款。详见表 5-6。

表 5-6 迎春石题刻年代一览表

年号纪年		干支	公元	题记编号（据 1998 年）	题记数
南宋	小计		1148 年— 1185 年	具体不详者 1 款	4
	绍兴十八年	戊辰	1148 年	6	1
	绍兴廿二年	壬申	1152 年	9	1
	淳熙十二年	乙巳	1185 年	16	1
明	小计		1399 年— 1637 年	具体不详者 1 款	6
	建文至永乐		1399 年— 1408 年	3	1
	万历三十六年	戊申	1608 年	10、11、17	3
	崇祯十年	丁丑	1637 年	4	1
清	小计				1
	同治元年	壬戌	1862 年	1	1
年代不详				2、7、12、13、14、15	6

迎春石题刻在清代学者曹学诠所著《蜀中名胜记》及民国年间向楚所编《巴县志》中都未有记载。因此，虽然该处题刻已历经约八百五十年，但为世人知之甚少，直至20世纪80年代，才被当地文物工作者所发现。所以从历史、科学、艺术等各方面对其进行系统地研究，是相当重要的。

一、历史价值

迎春石题刻的题记内容多为记事性游记，与历史上的重大事件无太多关联性。但其中5号、6号、9号题记作者冯时行及4号、8号题记作者王应熊在许多文献中都有记载。

据考，冯时行，字当可，号缙云。宋代恭州洛碛人，生于哲宗元符三年（1100年）。1114年—1122年（政和后期至宣和初）读书缙云山，宣和元年（1119年）举进士。南宋高宗建炎元年（1127年）调任奉节尉，后历任江原县丞、左奉议郎、丹棱知县，颇有政绩。绍兴八年（1138年），奉召入朝，时值秦桧得宠，欲与金人和议。冯呈《请分重兵以镇荆襄疏》，主战不主和。据《宋史》载："奉礼郎冯时行，言和议不可信，到引汉高祖分羹事为喻。帝曰：联不忍闻，颦蹙而起，桧乃谪时行知万州，历时三载，寻亦抵罪。"后秦桧杀岳飞、逐张浚时，冯亦被革职。从绍兴十二年（1149年）至绍兴二十八年（1158年）间，冯时行先寓居万州山中约两年之久，后迁居缙云山，著诗作文，与笔墨为伴。并在缙云山麓开堂办学。而迎春石题刻中其所题年代为绍兴十九年至绍兴二十二年间（1148年—1152年）。正是他被贬为民期间，因此落款时也未注官衔。同期，在三峡库区的重庆灵石题刻、涪陵白鹤梁题刻及云阳龙脊石题刻上也均可见其题名。绍兴二十八年（1158年）后，冯时行又历任蓬州、黎州、彭州知县，右朝请大夫，成都府路刑狱公事，于隆兴元年（1163年）逝世于雅州。其一生几度沉浮，力主抗金，疾恶如仇，深得民众爱戴，并著有《缙云文集》四十三卷、《易伦》两卷。后明版本《缙云文集》四卷，被列入钦定四库全书。

王应熊，字非熊，号春石，四川巴县人。生于明隆庆六年（1572年）。生性聪慧，万历四十一年进士，入翰林，崇桢三年，召拜礼部右侍郎，崇桢十七年改兵部尚书兼文渊阁大学士，总督川、湖、云、贵军务。清顺治四年（1647年），清兵入渝，其杀招降使节后，逃匿隐居，后抑郁而死。其人博学多才、谙熟典故，常以古人自命，故多负才任性。除在迎春石题刻上留有两款题记外，在今慈云寺内亦有其题记，并著有《春石集》。其中8号题记内容为："春石，余别号也，义取此州矣。王应熊非熊甫识。"专门以作者名号来历为内容的题记在国内亦为罕见，具有一定的研究价值。

二、科学价值

迎春石题刻就其规模和题记内容来看，虽无法与涪陵白鹤梁题刻、云阳龙脊石题刻相媲美，但其水落石出的独特自然现象，与沿江类似题刻有许多相似之处。将其题刻中有明确年份的8款题记的上沿海拔高程整理统计，见表5-7，可作为长江沿岸枯水年份的补充资料。而其题记高程，对于测算长江江水常年枯水水位提供了一定的科学依据。

表 5-7　迎春石题刻题记海拔高程测量统计表（由低至高排列）

题记编号（据 1998 年）	年份	上沿海拔高程（米）
6	1148 年	154.3
1	1862 年	154.4
4	1637 年	154.6
16	1185 年	154.9
9	1152 年	155.0
11	1608 年	155.2
17	1608 年	155.5
10	1608 年	155.7

三、文化价值

迎春石题刻产生和发展的原因与长江沿岸其它类似题刻一样，都与当地的风俗活动有着密不可分的联系，但在内容上又有其独特之处。

在 6 号题记中，冯时行题道："乐碛大江中有石洲，烟水摇荡，云山杳霭，全似江南道土矶。可以泛舟流觞，修山阴故事。"（图 5-35）其中所提到的所谓"修山阴故事"，便是中国古代一个古老的民俗活动——"修禊"。

禊，即祓祭，是一种驱邪、消除不祥的祭祀活动，一般在春秋两季于水滨举行，亦有"春禊"、"秋禊"之分。而尤以春季的"三月三"上巳日"修禊"最为盛行，适时人们郊游聚会，观暮春之景，文人墨客也多以此为题赋诗作画。晋代大书法家王羲之所著《兰亭诗序》中便有"暮春之初，会于会稽山阴之兰亭，修禊事也。"之句；宋吴自牧《梦粱录·三月》也有"三月三日上巳之辰……赐宴曲江（今西安东黄河转折处），倾都禊饮。"的记载；南朝陈文学家江总《三日待宴宣猷堂曲水》中亦又"上巳娱春禊，芳辰喜月离"的诗句，可见魏晋时期，此民俗活动在我国南北方已相当盛行。

冯时行所题 6 号题记中还有"泛舟流觞"之句，其中"流觞"是"春禊"时水边祭祀中一种带娱乐性质的活动，又称"曲水流杯"，其源于南朝梁人吴

图 5-35　迎春石题刻 6 号题记（摄于 1998 年）

均《续齐谐记》中一段晋武帝与两位尚书间谈古论今的传说。它概括了避灾祈祥，庆贺游乐这两个关于“修禊”活动中主要方面的内容。

在迎春石题刻 3 号题记中明代谢政也含蓄地提到了这一民俗活动，其云“此石在吾家篱落下，二百五十余年，岁时上冢，每修缙云故事……”（图 5–36）此中所提“缙云”，指冯时行，而“修缙云故事”，便与 6 号题记中所提“修山阴故事”是指同一件事情。可见此风俗活动仍盛行不减至明代。

图 5–36　迎春石题刻 3 号题记（摄于 1998 年）

综上所述，迎春石题刻对于研究峡江地区先民的民俗活动和文化习俗提供了实物资料，具有较高的研究价值。

▼ 5.3.7 江北鱼嘴题刻

鱼嘴题刻位于原重庆市江北区鱼嘴镇长江左岸，海拔高程 150–160 米。俗称“耗儿石”，每年仅在枯水季节才露出水面（图 5–37）。

图 5–37　鱼嘴题刻出水时的环境状况（引自《重庆江北耗儿石“大蜀题刻”、朝天门“灵石”调查报告》）

据 1999 年 3 月调查现存题记 2 款，具体文字内容详见释文卷。

1 号题记位于江中石盘之上整幅面积 1.5 平方米，为后蜀明德三年题记，题记下沿海拔高程 152.69 米（图 5–38）。

2 号题记位于 1 号题记旁的岩壁之上，为绍兴十五年间的题记（图 5–39）。

就鱼嘴题刻现存题记落款纪年分析，可知该处题刻始刻年代为后蜀明德三年（936 年），南宋绍兴十五年（1145 年）再刻。

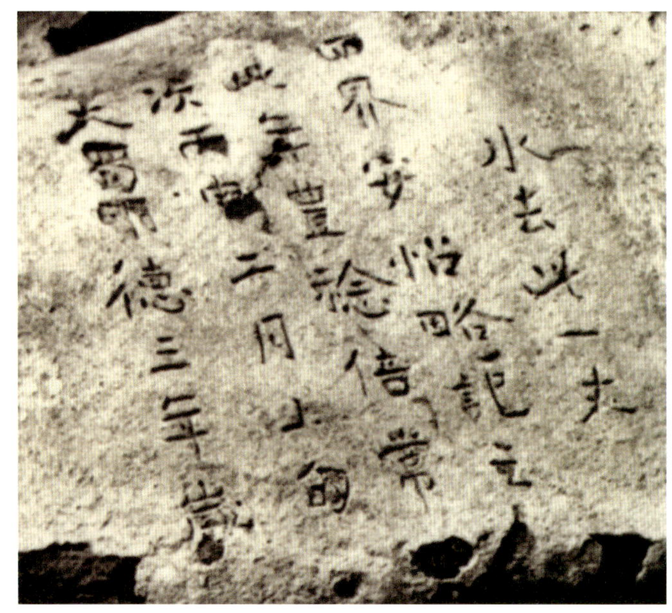

图 5–38　鱼嘴题刻后蜀枯水题记（引自《长江三峡工程水库水文题刻文物图集》）

鱼嘴题刻记录了历史上两次枯水年份，且大蜀明德枯水题记是目前三峡库区可知，可测量的较早的枯水题记，所以具有较高的科学价值；两款题记均提到石出丰年的内容，这种“丰年”意识与三峡库区的灵石题刻、白鹤梁题刻、龙脊石题刻有异曲同工之处，所以还具有一定的民俗价值。

▼ 5.3.8 渝中灵石题刻

灵石题刻位于重庆市渝中区朝天门长江与嘉陵江交汇处。清乾隆二十六年王尔鉴《巴县志》、清道光二十九年《重庆府志》、民国二十八年向楚《巴县志》均有记载。据王尔鉴《巴县志》卷一古蹟部分载：“在朝天门汉江水底石盘上，碑形天成，見則年豊。一名雍熙碑，一名靈石，漢晋以

图 5–39　鱼嘴题刻南宋绍兴枯水题记（引自《重庆江北耗儿石“大蜀题刻”、朝天门“灵石”调查报告》）

来皆有刻，非江水極不可得見。”又据向楚《巴县志》卷二十上金石部分载：“右自晋夜郎太守母稚碑以次十四通王志[①]均不載。兹據宋錢塘陳思寳刻叢編録次所謂靈石即舊志[②]稱豊年碑是也。通志據碑目攷云：在江岸謂之雍熙碑，每水落碑出則年豊，人爭摹搨，數十年不一見。王志云：在朝天門漢江水底石盤上，碑形天成，見則年豊。一名雍熙碑，一名靈石，漢晋以來皆有刻，非江水極不可得見。康熙二十三年、四十八年碑兩現，乾隆五年二月碑復現，字痕隐没泥沙，依稀可攷碑二。縣人龍爲霖録存其文，殆爲宋明人題記。陳氏[③]所載諸碑刻不復見矣。其曰雍熙或因晋刻義熙致誤而附以豊年説。大篡盇斥桓玄以爲西寇皆義熙初年事也。”所以灵石题刻，又称丰年碑、义熙碑。其始刻于汉晋时期，由于灵石题刻乾隆五年（1740 年）后再未有露出的记录，虽然 1972 年长江流域规划办公室和重庆市博物馆历史枯水调查组、1998 年及 1999 年重庆市博物馆对灵石题刻开展过若干次专项调查。但由于近 200 年来泥沙淤积增高，河床抬升，灵石题刻所在位置 200 年来从未再露出水面，故无法对题记进行锤拓和编录具体文字内容，并了解其保存情况。目前只能通过历史文献资料了解其题记内容。现综合宋《宝刻丛编》、清乾隆二十六年王尔鉴《巴县志》、清道光二十九年《重庆府志》、民国二十八年向楚《巴县志》，将灵石题刻内容、历史上出水记录列于表 5-8 中。

表 5-8　灵石题刻内容及历史出水记录情况一览表（由早至晚排列）

编号	年号纪年	公元纪年	题记内容或文献记录内容
1	汉光武	25—57 年	汉光武题记 （据乾隆《巴县志》载：“唯唐張孟所稱光武時題識不可復見矣。”）
2	晋义熙三年	407 年 3 月 2 日	晋义熙灵石社日记 （据民国《巴县志》载，具体文字内容详见释文卷）
3	唐天宝十五年正月	756 年 2 月 5 日—3 月 5 日	张萱灵石碑 （据宋《宝刻丛编》载）
4	唐乾元三年二月	760 年 2 月 22 日—3 月 21 日	王昇灵石碑 （据宋《宝刻丛编》载）
5	唐广德二年二月	764 年 3 月 8 日—4 月 5 日	郭英干灵石碑 （据宋《宝刻丛编》载）
6	唐大历四年正月	769 年 2 月 11 日—3 月 12 日	杨冕灵石颂 （据宋《宝刻丛编》载）

① 指王尔鉴《巴县志》。
② 同注①。
③ 此处指陈思。

续表

编号	年号纪年	公元纪年	题记内容或文献记录内容
7	唐大历十年正月	775 年 2 月 5 日—3 月 6 日	李全灵石诗 （据宋《宝刻丛编》载）
8	唐建中四年正月	783 年 2 月 6 日—3 月 7 日	任超灵石碑 （据宋《宝刻丛编》载）
9	唐大和七年二月	833 年 2 月 24 日—3 月 24 日	贺若公灵石碑 （据宋《宝刻丛编》载）
10	唐会昌四年	844 年	陈君从灵石铭 （据宋《宝刻丛编》载）
11	唐大顺元年二月	890 年 2 月 23 日—3 月 24 日	牟崇厚灵石铭 （据宋《宝刻丛编》、民国《巴县志》载）
12	唐景福元年 三月二日	892 年 4 月 2 日	张武题记 （据宋《宝刻丛编》、民国《巴县志》载）
13	唐景福元年 三月十日	892 年 4 月 10 日	牟知猷灵石詩 （据宋《宝刻丛编》、民国《巴县志》载）
14	宋绍兴十八年	1148 年	晁公武丰年碑题记 （据乾隆《巴县志》载，具体文字内容详见释文卷）
15	明弘治元年	1488 年	（据屈直德丰年碑题记“在弘治改元亦嘗出見”）
16	明弘治十六年 正月既望	1503 年 2 月 12 日	屈直德丰年碑题记 （据乾隆《巴县志》载，具体文字内容详见释文卷）
17	清康熙二十三年	1684 年	（据乾隆《巴县志》载：“康熙二十三年、四十八年碑兩現”）
18	清康熙四十八年	1709 年	（据乾隆《巴县志》载：“康熙二十三年、四十八年碑兩現”）
19	清乾隆五年	1740 年	（据乾隆《巴县志》载：“乾隆五年二月碑復現”）

虽然灵石题刻的具体调查工作至今无法进行，但我们仍能将灵石题刻的记载与涪陵白鹤梁题刻文字、云阳龙脊石题刻及其它水文资料相对照，推算出它的大致高程。首先，涪陵白鹤梁题刻文字内容中提到了重庆朝天门灵石题刻。在宋宝祐二年（1254 年）刘叔子题记中，有“鑑湖之石魚唐人所刻也。圖經謂：三、五年或十年方一出，出則歲稔，大率與渝江晉義熙碑相似。”；其次，云阳龙脊石题刻沈安义题记中也有“古渝之義熙，涪陵之石鱼，雲安之龍脊，地虽不同，而古今以之占豐年則一也。”之语。因此，灵石题刻与白鹤梁题刻、龙脊石题刻在题刻内容方面具有很强的相似性。现将灵石题刻与涪陵白鹤梁题刻文字有关的几个重要年份列出，以便推算出其高程数（表 5-9）。

表 5–9　灵石题刻与白鹤梁题刻相关枯水水文年份对照表

年份（朝代纪年）	灵石题刻内容或文献依据	白鹤梁题刻内容	白鹤梁题刻海拔高程（米）
唐广德二年	郭英干灵石碑	谢昌瑜题记	137.54
唐大和七年	贺若公灵石碑	唐大和年间题记	137.54
唐大顺元年	牟崇厚灵石铭	大顺元年题记	<137.86
宋绍兴十七年—二十七年	晁公武丰年碑题记	何宪、邓子华、杜与可等题记	137.86
康熙二十三年	据乾隆《巴县志》载	肖星拱题记	137.86

从表 5–8、5–9 可知，200 多年来，灵石枯水题刻再没有出水记录。据 1937 年 3 月 13 日测量重庆市枯水位为 159.7 米。据此大致可知重庆朝天门枯水季水位比涪陵枯水季水位高约 22 米。1987 年 3 月 15 日重庆枯水位为 159.61 米，而以上两次重庆地区特枯水位，灵石题刻均未露出水面。据此可知灵石题刻海拔高程必然小于 159.61 米[25]。

灵石题刻是三峡地区目前可知最早的枯水题刻，虽然目前无法开展详细的调查和测绘工作，但通过历史文献的查考，依然可获得自汉晋至明清 19 个枯水年份的记载，所以具有极高的历史价值和科学价值。

灵石题刻中晋义熙灵石题记中“有可乘之兆年豊”应是“丰年碑”之说的源头，并且也应是三峡地区枯水题记中“水落石出兆丰年”说法的源头。所以白鹤梁题刻中有“出则岁稔，大率与渝江晋义熙碑相似”之说，云阳龙脊石题刻中也有“古渝之义熙，涪陵之石鱼，云阳之龙脊石，虽地各异，然意皆同”之语。所以具有较高的文化价值。

在灵石题刻中明屈直德丰年碑题记有“在弘治改元亦嘗出見，其年大旱民饑。是知郡志石刻似難全信，今後但遇此石出見，守兹土者不可因此而弛備，荒之政，居此土者，亦不可恃此而侈靡之爲也。恐我後人，故庸是以告。”之语。这是三峡地区所有题刻中对“水落石出兆丰年”之说提出反对意见的题记，题记中用弘治元年的事实对该说法的科学性提出了异议。所以灵石题刻在该方面也具有科学价值。

▼ 5.3.9 江津莲花石题刻

莲花石，原名跳蹬石，位于重庆市江津区几江镇东门外长江航道北侧江水中，中心地理坐标为北纬 29°17′，东经 106°15′。海拔高程 176 米。常年没于水下，仅在江水特枯年份的早春时节露出水面（图 5–40）。清《四川通志》、道光二十三年《重庆府志》、民国《江津县志》均有记载。道光二十三年《重庆府志》山水篇载“莲花石，俗名跳蹬石。在几江北水中。不見，見則人占豐年。”；民国《江津县志》卷一名勝部分载“莲花石，原名跳蹬石。在縣城東阜門外江中。通志：石不常見，

图 5-40 莲花石题刻出水时的环境状况(江津文管所提供)

見則年豐。有宋乾道中石刻數行，鎸於江巖石壁。民國四年乙卯石復見，邑人遊觀不絶，題咏頗多。”

题刻所在岩石由三十六块礁石交错组成，状如莲花，故名莲花石（图 5-41）。

图 5-41 莲花石题刻所在岩石（江津文管所提供）

1987 年 3 月中旬，江水枯落，是 50 年来最低的一次水位，莲花石露出水面达 800 多平方米。在此期间，原四川省、重庆市、江津县电视台为此专程赶来录制。原县文化馆分管文物工作的同志也两次组织人员上莲花石清刷所有题记处的泥沙，并一一进行拓片留存，经过整理，专刊展出，形成了莲花石题刻题记完整的记录资料。分别在 11 块礁石上获取题记共 38 款，诗词 47 首（图 5-42）。

这些题记，除 5 处是仅记年份和题记者姓名外，余者均为诗词题记。计有五言律诗 2 首；七言律诗 5 首；五言绝句 3 首；七言绝句 36 首；词 1 首。各题记均为阴刻，无纹饰，但多数有长方形边框。字体有楷、行、草和隶书，不少题记的书法艺术堪称上品。普查资料称，题刻始刻年代上可推自宋乾道年间，但查阅江津文物管理所历史资料，未发现乾道时期题记记录，可能该时期题记淹于水下或已破坏的缘故。经查1987年调查资料目前在编题记最早年代为明洪武二十五年（1392年），调查下至民国二十六年（1937年），其中以清代题记最多。所有诗词题记都是有感而发，耐人品读。内容大致可分为三类：一是咏叹莲花石的奇特景观；二是“石现兆丰年”的祝颂；三是和韵明代女史谢秋芳在莲花石殉情前绝命诗。具体文字内容详见释文卷。因大部分题记淹于水下，无法记录和拍照，所以释文部分是以上两方面都具备条件的内容。

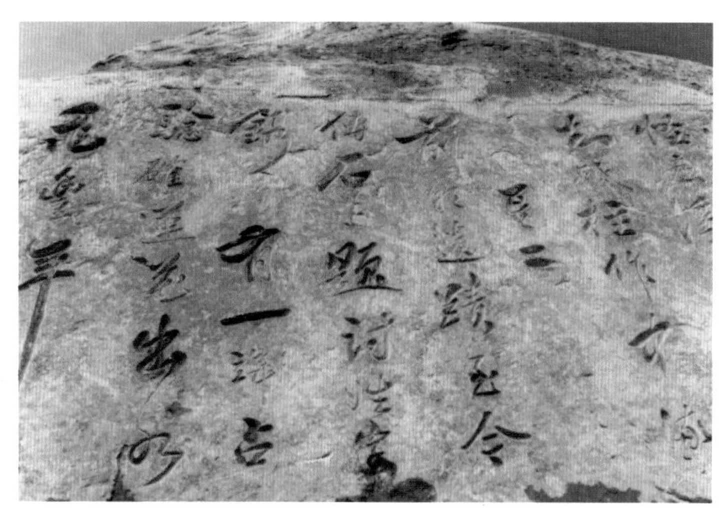

图5-42　莲花石题刻题记保存情况（江津文管所提供）

如前所述，莲花石上的最早枯水位题记见于民国《江津县志》名胜莲花石条目中有“宋乾道中刻数行镌于江岩石壁”，又据《重庆府志·江津县》记载：“跳蹬石即蓮花石在县北江水中不常見見則人以占豐年。乾道辛卯正月十九日天水赵宜之陪王屋李希仲泰原王直夫同寺首座珍况来游饮不至醉，翌日晚再陪希仲王屋李孝友書此以紀歲月雲”。明代曹学佺著《蜀中名胜记》江津县“碑目”条目中也有同样记载。因其没于北壁深水处，所以1987年3月这次枯水季期间未发现此款题记，故无法实录和拓片。

莲花石题刻明代题记有3款。

第1款：为洪武二十五年（1392年）题诗；

第2款：位于莲花石题刻中心位置，岩石表面已呈鳞片状，因而字迹残缺难辨，据考为嘉靖四十六年（1567年）题记；

第3款：经查证，为明嘉靖二十五年丙午（1546年）题记。

莲花石题刻上清代题记最多，多有年份和题记姓名落款，而且均题有诗词，其中除雍正初年山人苗济，光绪乙酉人日栖清主人源口两首题诗外，其余均为道光癸未年（1823年）三月的题诗。

民国时期，由于民国四年乙卯（1915年）正月的枯水季时间较长，所以这年题诗有5款；民国二十六年丁丑（1937年）年有2款题记，一款为题诗，另一款只有年份和姓名，却未题诗。

莲花石题刻常年没于水中，石上题记多数完好。它记录了宋乾道中（待考）至民国二十六年之间近800年的长江枯水年份情况，在水文考古方面具有重要的科学价值，为长江水利、水电、航运提供了历史枯水位数据，对长江两岸的生产建设及政治、经济的发展历史的考查提供了可靠的实物资料。至于题记本身的诗、书，镌刻艺术也颇具研究价值，具有一定的艺术价值和文化价值。

1992年，莲花石题刻，经重庆市人民政府批准，公布为第二批市级文物保护单位。

5.4 三峡地区洪水题刻与长江历史大洪水特征研究

对于长江洪水题刻的调查和研究工作始于20世纪50年代初。据统计长江干流从上游宜宾至下游大通之间，较大规模的调查有10次，其中以1956年、1959年和1966年的3次调查较为系统全面，共查得大水年份60多个、洪水题记2800余处，三峡地区共185处（表5—10）。共查得8个可以确切定量的历史洪水年份，它们是1153年、1227年、1520年、1560年、1788年、1796年、1860年、1870年。其中最高洪水位的年份是1870年（清同治九年），该年题刻也最多，有100余处；1153年最少，仅有2处。

表5-10 三峡地区洪水题刻简表[26]

公元纪年	年号纪年	地点	内容	高程(米)
1153	宋绍兴二十三年	原四川省忠县忠州镇选溪沟	绍兴二十三年六月二十七日水此	156.35
1153	宋绍兴二十三年	原四川省忠县忠州镇汪家院子	绍兴二十三年癸酉六月二十六日江水泛涨去耳史二道士吹篪书刻以记岁月云耳	158.47
1227	宋宝庆三年	原四川省邻水县鼎屏镇	丁亥宝庆三年六月初七日甲寅水泛则致（至）此	
1227	宋宝庆三年	原四川省重庆市江北区石船镇石翔三社	宝庆三年丁亥六月初八日计水界	
1227	宋宝庆三年	原四川省重庆市江北区石船镇麻柳村	宝庆三年丁亥六月初七日书长（涨）初八高至水作	192.88

续表

公元纪年	年号纪年	地点	内容	高程(米)
1227	宋宝庆三年	原四川省忠县汪家院子	宝庆三年丁亥去癸酉七十五年水复旧痕高三尺许六月初十日嗣孙道士史袭明书记	159.55
1297	元大德元年	原四川省彭水县汉葭镇	大德丁酉江涨至此甲辰夏中山书	247.27
1560	明嘉靖三十九年	原四川省涪陵市南沱镇	嘉靖三十九年庚申水安（淹）在此处	167.84
1560	明嘉靖三十九年	原四川省忠县忠州镇北门村	明庚申加（嘉）靖卅九年七月廿三日大水到此	155.98
1560	明嘉靖三十九年	原四川省忠县石宝镇和平村	加（嘉）靖三十九年七月二十三日水迹	155.61
1786	清乾隆五十一年	原四川省巴县青山镇十村	乾隆五十一丙午年六月二十一山水长（涨）上号年成	
1788	请乾隆五十三年	原四川省重庆市江北区沙湾河街	乾隆五拾三年大水淹此六月十二日长（涨）十九日退戊申立	194.19
1788	请乾隆五十三年	原四川省重庆市江北区沙湾河街	乾隆五十三年大水淹此六月十二日长（涨）水十九日退水易□立	195.3
1788	请乾隆五十三年	原四川省重庆市江北区唐家沱	大河水乾隆五十三年戊申大水安（淹）此处	191.95
1788	请乾隆五十三年	原四川省重庆市江北区五宝乡干坝村	戊申水记月	186.33
1788	请乾隆五十三年	原四川省巴县青山镇胜利三社	戊申年六月十八涨水碑记己酉年二月立	186.34
1788	请乾隆五十三年	原四川省长寿县江南镇新场乡	乾隆戊申年大水至此	181.04
1788	请乾隆五十三年	原四川省涪陵市李渡镇小溪村	水涨大江贯（灌）小溪戊申曾涨与滩齐迄今八十单三载涨过旧痕十尺梯观涨人题庚午年六月廿日水涨至此	176.6、179.9
1788	请乾隆五十三年	原四川省涪陵市百胜镇紫竹村四社	戊申年六月二十大水记	168.34
1788	请乾隆五十三年	原四川省涪陵市清溪镇石板溪一社	乾隆伍拾三年戊申岁六月十九日大水止（至）此	168.95

续表

公元纪年	年号纪年	地点	内容	高程(米)
1788	请乾隆五十三年	原四川省丰都县名山镇古家田村二社	乾隆五十三年大水至此	164.09
1788	请乾隆五十三年	原四川省丰都县汇南乡丁庄村一社	乾隆伍拾三年六月二十大水淹此	161.3
1788	请乾隆五十三年	原四川省忠县洋渡镇大乌溪	戊申年大水	
1788	请乾隆五十三年	原四川省忠县洋渡镇大堰村六组	戊申年六月廿二日长（涨）大水安（淹）齐治（至）步止人难行袁天海字	156.99
1788	请乾隆五十三年	原四川省忠县忠州镇斜石盘	乾隆五十三年六月□三大水至此	153.34
1788	请乾隆五十三年	原四川省万县市市高峰镇黄莲村	乾隆五十三年六月二十水安（淹）此处	152.37
1788	请乾隆五十三年	原四川省万县市瀼渡镇团石堡	乾隆五十三年六月十九日大河水涨安（淹）齐至记	145.88
1788	请乾隆五十三年	湖北省湖北省秭归县县归州镇东门外	□□伍拾三年□□岁七月廿水涨到此下一尺	97.72
1788	请乾隆五十三年	湖北省秭归县郭家坝镇东门头村五马桥	大清乾隆五十三年戊申□□□□□□水平此桥	96.09
1788	请乾隆五十三年	湖北省秭归县郭家坝门头村三组	五十三年大水至崩桥也又到五十四年重修崔国泰	
1788	请乾隆五十三年	湖北省秭归县香溪小屈原庙	乾隆戊申江水张墙屋不无颓坏沙泥淤积金身未免…皇清五十四年十月二十五日立	
1788	请乾隆五十三年	湖北省秭归县庙河小学	大清乾隆戊申年大水至此	86.78
1788	请乾隆五十三年	湖北省宜昌市三斗坪陈家冲	清乾隆戊申年大水至此后世莫谓言之谬也	
1794	请乾隆五十九年	原四川省重庆市江北区石船镇麻柳场	清五十九年甲寅六月初十夜水过石梁三尺九月重建会首刘文奉李仕鼎	
1796	清嘉庆元年	原四川省忠县忠州镇斜石盘	嘉庆元年六月十三日大水至此	153.28

续表

公元纪年	年号纪年	地点	内容	高程(米)
1796	清嘉庆元年	湖北省秭归县郭家坝镇东门头村五马桥	嘉庆元年丙辰岁□□□□□水平此桥洞上	92.64
1802	清嘉庆七年	原四川省重庆市北碚区北温泉小曾嘴大石	嘉庆七年水淹此处	
1806	嘉庆十一年	合川小沔区黄桷湾	境地水口昔有双桥去夏水涨将下桥推去但此桥系往来行人至要道余自捐资修建敢曰岂利济行余不过继前善之不堕云耳此序信士邹现彩嘉庆丁卯年花月上浣立	
1808	嘉庆十三年	合川蒲溪场双喜桥	嘉庆水涨到此处庚午年间高七尺	
1824	道光四年	合川临江场	道光甲申年闰七月二十七日大水	
1830	道光十年	彭水县靛水乡中心村	道光庚寅年五月十二日水长（涨）石上信仕（士）夏昌祥立	
1830	道光十年	彭水县汉葭镇粮食局仓库	道光十年水涨到此	
1830	道光十年	彭水县保家镇	道光十年庚寅五月十二大水涨齐至底	251.01*
1830	道光十年	武隆中兴场棉花坝	大清道光庚寅五月十一日大水十三日退碑记黄玉奎	123
1847	道光二十七年	原四川省忠县石宝镇和平村	丁未大水	153.92
1860	咸丰十年	原四川省屏山县塘房	大河水于清咸丰十年五月二十七二十八二十九日水淹大士天衣□□冲坏…大清咸丰十年季秋月谷旦	
1860	咸丰十年	原四川省屏山县禹王宫石柱	咸丰十年庚申五月廿七八日大水至此廿九日退	
1860	咸丰十年	原四川省重庆市江北区麻柳镇红园二社	庚申年咸丰十年六月初三长（涨）大水冯二元占（攒）	
1860	咸丰十年	原四川省忠县洋渡镇大堰村六组	庚申五月廿三日大雨长（涨）水六月初四早辰（晨）水又安（淹）这来比老戊申小五尺水	155.39
1860	咸丰十年	原四川省忠县洋渡镇张家嘴	庚申年五月廿一日涨大水	155.53

续表

公元纪年	年号纪年	地点	内容	高程(米)
1860	咸丰十年	原四川省云阳县飞龙乡飞龙村	庚申年大水止（至）	143.73
1860	咸丰十年	湖北省秭归县郭家坝镇东门头村五马桥	大清庚申大水淹崩迨…	
1860	咸丰十年	湖北省秭归县香溪镇八字门村二组	咸丰十年庚申同治庚午大水泛滥上坝洗平河底	
1860	咸丰十年	湖北省秭归县小屈原庙	庚申五月下浣江水泛涨势倍汹涌各处民居尽属漂流幸兹庙与金身皆系坚实虽淹及中梁约浸两旬而巨涛洪波不得而撼之所坏者惟后墙与厨房…同治四年岁季夏月上浣吉日石工郑其武镌立	
1860	咸丰十年	湖北省秭归县郭家坝镇东门头村	咸丰十年六月初一大水	97.66
1860	咸丰十年	湖北省秭归县郭家坝镇东门头村五马桥	咸丰十年大水志（至）桥上六月初一日止	
1860	咸丰十年	湖北省宜昌市莲沱镇窑坪乡黄金口	咸丰十年六月初一日息壤至此庚申年又三月十五日立夏下雪	
1860	咸丰十年	湖北省宜昌市太平溪张其正家祖宗牌位	大清咸丰庚申大水至青柳树脚同治庚午大水大庚申年一丈有余又大雨倾盆	92.03
1860	咸丰十年	黄陵庙碑刻	庚申庚午洪水为灾	
1860	咸丰十年	黄陵庙碑刻	因咸丰庚申同治庚午两次水灾倒塌不堪	
1860	咸丰十年	黄陵庙内	咸丰十年六月初一水淹至此	58.37
1863	同治二年	原四川省巴县铜罐驿镇观音庙	通知二年癸亥…水六月十八日	197.43
1870	同治九年	合川思居乡黑岩头	同治九年庚午岁六月十七日水涨至此光绪二十九年癸卯六月初八日小五尺	226.54
1870	同治九年	合川小沔溪红思村	同治九年庚午岁六月十五洪水徒（陡）涨淹到廿日止淹在此处	
1870	同治九年	合川小沔溪顶贯村	同治九年六月十六水泛	

续表

公元纪年	年号纪年	地点	内容	高程(米)
1870	同治九年	合川铜溪镇	大清同治九年庚午岁六月十七日洪水涨平了碲	
1870	同治九年	合川铜溪镇龙洞沟	同治九年庚午六月十六日起二十二日退大水淹此处	
1870	同治九年	合川临江场涤冠台	庚午年六月十□日□水	
1870	同治九年	合川云门区龙挡沟内桥下	大清同治九年六月十八日河水淹此函	
1870	同治九年	原四川省重庆市北碚区澄江镇中石盘	同治九年六月十八日涨水至此	217.89
1870	同治九年	原四川省重庆市北碚区二岩下码头	同治庚午大水	214.59
1870	同治九年	四川省重庆市北碚区温泉右岸	庚午年涨水同治十年五月十八日	
1870	同治九年	原四川省重庆市北碚区文星湾庙嘴	同治九年庚午岁六月十七日水涨至此	213.99
1870	同治九年	原四川省重庆市北碚区三圣庙汽渡口	同治九年六月十八日大水在此	217.89
1870	同治九年	原四川省重庆市北碚区水土镇和平路手扒岩	大清同治九年庚午六月十八日水淹至此黄阳熙题	208.55
1870	同治九年	原四川省重庆市江北区夏溪口慈幼路	庚午大水同治	
1870	同治九年	原四川省重庆市江北区沙湾河街	同治九年庚午岁大水淹此六月十三日起至二十日退众性立	197.79
1870	同治九年	原四川省重庆市寸滩正街154号后	洪水	196.81
1870	同治九年	原四川省重庆市江北区寸滩唐家沱	同治庚午年长（涨）大水止（至）	194.57
1870	同治九年	四川江北县回兴镇兴隆九队	大清同治庚午年水至此地张一式八十年回	195.87

续表

公元纪年	年号纪年	地点	内容	高程(米)
1870	同治九年	原四川省江北县洛碛镇平桥村观音阁	庚午洪水至此	187.24
1870	同治九年	原四川省江北县殊家乡大洪河写字岩	庚午洪水任涛天窖处朝居有万千鳌蟹随浪游户内鱼虾逢浪至庭前	
1870	同治九年	原四川省江北县写字岩	大清同治九年庚午岁□河六月中浪□□	
1870	同治九年	原四川省江北县鱼嘴镇大岩村	庚午大水六十六年一止（至）	192.24
1870	同治九年	原四川省江北县鱼嘴镇龙田一社	庚午年洪水六月二十涨止（至）孙记	192.43
1870	同治九年	原四川省巴县广阳镇沿江村贯口	同治九年六月中大水记	192.57
1870	同治九年	原四川省巴县木洞镇苏家浩村八社	庚午年大水记同治九年六月二十日	189.03
1870	同治九年	原四川省巴县青山镇十村	今修永垂千古大清同治九年庚午润（闰）十月六月十七日木洞洪水到此小河让（瀼）至母猪岩上让（瀼）大□塘二十一日退年岁好永记为平永万□□	
1870	同治九年	原四川省长寿县江西庙后墙定慧寺石坎下	庚午年大水至次何云生立	185.73
1870	同治九年	原四川省长寿县飞龙乡梁家坝堰沟湾	今修永垂千古大清同治九年在庚午其年润（闰）十月六月二十三日大河涨水…	185.73
1870	同治九年	原四川省涪陵市镇安镇鱼窗村二社	大清同治庚午六月十九日水涨至此信士邓仕靖武生黄士魁刊黄必轩书地主高尚志	180.92
1870	同治九年	原四川省涪陵市石坨镇石福村六社	同治庚午长（涨）大水	182.56
1870	同治九年	原四川省涪陵市石坨镇青岩子何家湾	同治庚午大水至此	
1870	同治九年	原四川省涪陵市石坨镇青春村二社	庚午年六月二十日涨此处止	177.31
1870	同治九年	原四川省涪陵市新妙镇一阳桥	大清同治九年庚午六月二十大河涨瀼至此止	181.7

续表

公元纪年	年号纪年	地点	内容	高程(米)
1870	同治九年	原四川省涪陵市新妙镇两汇乡老街	庚午年六月廿水退	181.34
1870	同治九年	原四川省涪陵市新妙镇两汇乡酌油沟	同治九年庚午六月廿六大水川（穿）巷	182.22
1870	同治九年	原四川省涪陵市新妙镇两汇乡红沙子电站左岸上游约 500 米处	同治九年庚午六月二十日大小水止（至）此胡从洲胡元金赵双合赵岐山赵歧万何玉成	181.23
1870	同治九年	原四川省涪陵市新妙镇两汇乡排楼	同治庚午六月大河水止（至）	
1870	同治九年	原四川省涪陵市新妙镇两汇乡武陵村	同治庚午六月十六日涨大水廿一日水退	190.78
1870	同治九年	原四川省涪陵市龙兴场蟠龙村傅于龙墓碑	庚午年水涨（至此山门）	
1870	同治九年	原四川省涪陵市龙桥镇水盈村	同治庚午何（河）水范（泛）六月十五长（涨）二十一止	180.09
1870	同治九年	原四川省涪陵市龙桥镇水盈村二社	映月岩邑人舒树棠题同治庚午大水云岩	179.94
1870	同治九年	原四川省涪陵市李渡镇小溪村	庚午年六月二十日水涨至此	179.9
1870	同治九年	原四川省涪陵市李渡镇周正伯家传洪水簿	同治九年庚午岁六月初十日涨大水又落大雨上涨情（齐）禹王宫土地庙坎下米市街水涨雷轰街土地庙当门水安（淹）正街张丰玉当门外盐站十八日肖公庙水打去十九日王爷庙水打去廿二日退大水以（已）过生意好	
1870	同治九年	原四川省涪陵市百胜镇紫竹村七社	同治九年河水长（涨）此石止庚午步（岁）六月二十二	174.32
1870	同治九年	原四川省涪陵市百胜镇珍溪丝厂门前桥下	同治九年庚午年大水平□	
1870	同治九年	原四川省涪陵市清溪镇石盘村	大清同治庚午年河水涨至此	174.69
1870	同治九年	原四川省涪陵市黄旗镇世忠信用社	同治九年庚午岁大水到此	175.07

续表

公元纪年	年号纪年	地点	内容	高程(米)
1870	同治九年	原四川省涪陵市珍溪镇余家湾	庚午年水涨此	
1870	同治九年	原四川省涪陵市珍溪镇木瓜洞岩壁	庚午年六月十八日长（涨）水	169.27
1870	同治九年	原四川省涪陵市大东溪口陡石	大清同治九年庚午水涨至此	172.54
1870	同治九年	原四川省涪陵市南沱镇小学猴子岩	大清同治九年庚午六月十九甲寅申时河水涨至此处上轻车都尉七十又八王肇都题	175.37
1870	同治九年	原四川省涪陵市南沱镇白洞溪左岸	同治九年庚午六月廿水淹至此	170.51
1870	同治九年	原四川省涪陵市南沱镇瓦泥湾	同治庚午水安（淹）此地	
1870	同治九年	原四川省丰都县兴名山下木牌坊旁石碑	同治庚午洪水至此	
1870	同治九年	原四川省丰都县兴义镇水天坪村六社	大清同治九年庚午六月廿水迹到此	165.6
1870	同治九年	原四川省丰都县树人镇唐兵村一组	大清同治九年岁在庚午六月中旬河水涨淹此处	167.19
1870	同治九年	原四川省丰都县高家镇四村豆芽沟	庚午水长（涨）止	165.25
1870	同治九年	原四川省丰都县龙孔乡楠竹片一村	同治九年庚午岁六月十七起长（涨）大水止廿退大水在此伯际荣攒	162.73
1870	同治九年	原四川省丰都县龙孔乡楠竹片一村	同治九年庚午年六月十七起长（涨）大水在此伯际荣攒	164.39
1870	同治九年	原四川省忠县任家镇南翔粮站	同治九年河水至此	
1870	同治九年	原四川省忠县任家镇欧家坝	□□年六月初六□大水涨至初一此崖下去谨记	
1870	同治九年	原四川省忠县鸿鹤凤凰嘴右罗寺内	庚午年洪水至此	163.16

续表

公元纪年	年号纪年	地点	内容	高程(米)
1870	同治九年	原四川省忠县新生镇石佛村四方碑	大清同治庚午六月廿日大河潮水至此	166.21
1870	同治九年	原四川省忠县新生镇回龙桥左边陡石	□□同治庚□年六□□水涌□此	
1870	同治九年	原四川省忠县乌洋镇吾空寺	庚午年水涨此	161.58
1870	同治九年	原四川省乌洋镇延羊溪到河口 5 公里处	同治九年六月十九日水长（涨）此处	
1870	同治九年	原四川省忠县忠州镇顺河街土地庙	同治庚午年六月大水至此	162.16
1870	同治九年	原四川省忠县忠州镇胜利路一号	庚午年大水	162.21
1870	同治九年	原四川省忠县忠州镇汉阙房屋墙角石碑	同治九年庚午岁洪水至此	163.36
1870	同治九年	原四川省忠县东溪镇三台村六队	同治九年六月长（涨）水止	162.52
1870	同治九年	原四川省忠县翠屏乡翠屏村	同治九年六月二十日大水至此止	160.69
1870	同治九年	原四川省忠县东溪镇徐坪村七社	庚午大水六月二十一止欠水二尺	162.01
1870	同治九年	原四川省石柱县西沱镇工农村	同治九年河水至此	160.74
1870	同治九年	原四川省石柱县西沱镇复兴场两汇口	更午六月大水在此	
1870	同治九年	原四川省石柱县西沱镇工农村磴子河	大清同治九年庚午岁大河水掌（涨）其（齐）死人唐（塘）	
1870	同治九年	原四川省万县市武陵镇长坪卢山村	□□□庚午六月二十一大水	
1870	同治九年	原四川省万县市武陵镇禹安村	庚午年六月二十涨大水己（记）	157.75

续表

公元纪年	年号纪年	地点	内容	高程(米)
1870	同治九年	原四川省万县市高峰镇黄莲村	万古流传黄清同治九年庚午岁六月二十三水安（淹）此地张大成立	156.66
1870	同治九年	原四川省万县市新田镇白水溪码头下首	庚午年六月十九日水涨此地	155.84
1870	同治九年	原四川省万县市一马路两层桥沟内	同治九年大水止（至）此	155.09
1870	同治九年	原四川省万县市红星坡一号对面岩石	庚午年大水至此	154.74
1870	同治九年	原四川省万县市泌溪下口土地庙旁	请同治九年庚午六月十九日大水涨至此张文生张俊三	154.98
1870	同治九年	原四川省云阳县高阳镇王爷庙	此存记事大河涨瀼水淹此石大清同治九年庚午岁六月廿三止	
1870	同治九年	原四川省云阳县黄石镇小学门前	庚午岁大水至此	
1870	同治九年	原四川省云阳县高阳镇建全片猫爪子	同治…年六□二十一日水…	153.17
1870	同治九年	原四川省云阳县九龙乡飞龙村四组旱塘子	同治九年大水	152.39
1870	同治九年	原四川省云阳县盘石镇正街电影院内	同治庚午年六月二十三涨大水在此	
1870	同治九年	原四川省云阳县云阳镇张飞庙杜鹃亭后	大清同治庚午洪水至此	150.58
1870	同治九年	原四川省云阳县云阳镇宝塔乡蔬菜村	大清同治九年六月二十三日大河涨水淹此古迹	149.88
1870	同治九年	原四川省云阳县新津乡姚坪村七组	大清同治九年庚午岁大水到此杨明升苦苦刊立	
1870	同治九年	原四川省云阳县姚坪村马鞍山	同治九年半水漾六角尖米卖一百六豆卖一百三	
1870	同治九年	原四川省奉节县涂家滩	同治九年水漾涂家滩七天七夜才退出屋基来	146.52

续表

公元纪年	年号纪年	地点	内容	高程(米)
1870	同治九年	原四川省奉节县安坪镇粮库旁石碑	大清同治庚午岁六月二十日洪水至此	147.24
1870	同治九年	原四川省奉节县第一招待所墙上（原鲍超阁旧址）	同治九年夏季月洪水至此光绪九年仲秋月立	146.52
1870	同治九年	原四川省奉节县白帝城内隋朝龙山公墓志附刻	同治九年六月十九日大水为灾高于城五丈余此碑被淹	
1870	同治九年	原四川省巫山县大宁河龙门峡大罗滩左岸岩石上	同治九年六月大水…	121.04
1870	同治九年	湖北省秭归县香溪镇八字门村二组	咸丰庚申同治庚午水泛滥上坝洗平河底	
1870	同治九年	湖北省宜昌市黄陵庙内碑刻	庚申庚午洪水为灾	
1870	同治九年	湖北省宜昌市黄陵庙内碑刻	因咸丰庚申同治庚午两次水灾倒塌不堪	
1870	同治九年	湖北省宜昌市太平溪张其正家祖宗牌位	大清咸丰庚申大水至青柳树脚同治庚午大水大庚申年一丈有余又大雨倾盆	
1892	清光绪十八年	原四川省永川市朱沱镇朱沱一小学侧	光绪壬辰年六月十九水涨至此	217.08
1892	清光绪十八年	原四川省江津县仙鱼乡江永桥	壬辰水	216.79
1896	光绪二十二年	原四川省邻水县丰禾乡王家小湾	丙申年四月二十八日水涨至此	
1897	光绪二十三年	原四川省江北县明月乡麻柳树	丁酉年五月二十日水淹齐穿枋	
1903	光绪二十九年	原四川省合川市思居乡黑岩头	同治九年庚午岁六月十七日水涨至此光绪二十九年癸卯六月初八日小五尺	
1903	光绪二十九年	原四川省重庆市北碚区温泉二岩下	光绪廿九年癸卯大水涨在此六月初八日	
1905	光绪三十一年	原四川省永川市松溉菜园坝总酒厂内墙上	乙巳年七月初九夜水涨在此	218.16

续表

公元纪年	年号纪年	地点	内容	高程(米)
1905	光绪三十一年	原四川省江津县仙鱼乡江永桥	光绪乙巳年天水	218.78
1905	光绪三十一年	原四川省江津县石门正街修配生产合作社	乙巳年七月初九日大水至此十二日退	212.77
1905	光绪三十一年	原四川省巴县木洞镇回龙村	大水记乙巳年七月十一日立	183.98
1905	光绪三十一年	原四川省涪陵市清溪镇石盘村七社	清光绪卅一年乙巳年水到此	166.86*
1909	宣统元年	原四川省涪陵市白涛镇陈家嘴	宣统元年水涨自（至）土地庙石庄桩已酉年五月十八涨大水	
1913	民国二年	原四川省江津县五福乡较场坝	民国二年癸丑古七月初一日水涨至此	
1931	民国二十年	原四川省巴县木洞镇回龙村	辛未年大水记	181.64*
1936	民国二十五年	原四川省江津县仙鱼乡江永桥	丙子年六月十七水天	
1937	民国二十六年	原四川省合川市临江场涤冠台	丁丑年大水至此	
1941	民国三十年	原四川省合川市临江场涤冠台	辛巳年大水至此	
1945	民国三十四年	原四川省邻水县鼎屏镇东门	民国卅四年六月廿夜十二时大雨山洪暴发水淹至此包揆文题	
1945	民国三十四年	原四川省重庆市南岸区大佛寺山门左面墙	民国三十四年洪水至此	189.59
1945	民国三十四年	原四川省江北县麻柳镇红园二社	乙酉年洪水五月十二日	
1945	民国三十四年	原四川省江北县石船镇三龙村一社	民国卅四年五月十二洪水此止	
1945	民国三十四年	湖北省秭归县香溪镇水边岩石	乙酉年江水自（至）此	

注 1：表中带 * 的高程以黄海基面为基准测量，其余均以吴淞基面为基准。

注 2：由于调查时间在重庆成为直辖市之前，故表中地点均为 1997 年以前的行政区划。

1994 年 5 月–1995 年 10 月，长江水利委员会又 3 次对三峡地区的洪水题刻进行了复查和测量。通过复核，发现部分题刻已损坏或残缺，保存完好的仅剩 70 处。

综合历代洪水题刻及历史文献统计，长江上游自唐朝至清代的近 1300 年间，共发生洪灾 230 余次，平均约 5 年一次。三峡地区则以 1153 年、1227 年、1560 年、1788 年、1860 年、1870 年六次大洪水最为突出（图 5–43）。由于缺乏同一点位，不同年代洪水题记的持续性记录，所以无法测量历次洪水淹没高程变化，我们只能通过历次洪水的影响区域来判断洪水的大小，而洪水年份洪水题刻的数量可间接反映洪峰的影响区域，图 5–43 给出了洪水年份洪水题刻的数量。从图 5–43 看，大洪水再现间隔最长为 333 年，最短为 10 年。历史再现规律不明显。现对前述六次洪水做一简介。

▼ 5.4.1 宋绍兴二十三年（1153 年）洪水

1153 年洪水是长江上游的一次大洪水，该年洪水主要来自沱江、涪江及嘉陵江下游，在历史文献中有多处记载[①]。

三峡地区 1153 年的洪水题刻共有 2 处，均在忠县。具体内容详见表 5–10 和 5.5 节。

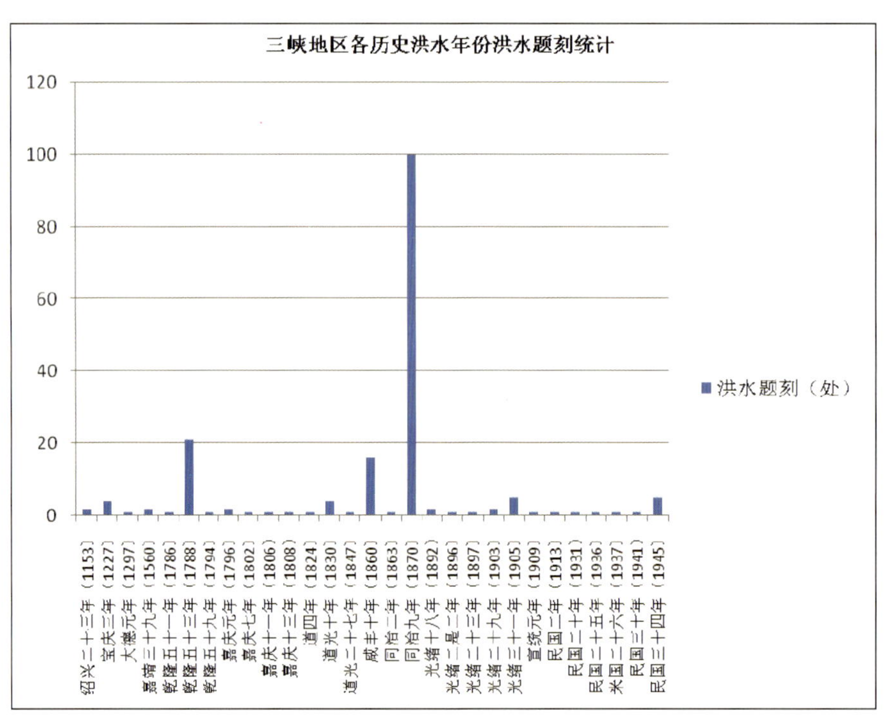

图 5–43 三峡地区历史洪水年份洪水题刻统计

[①]《宋史·高宗本纪》中有“二十三年，六月己卯，潼川大水”记述；《宋史·五行志》有“二十三年金堂县大水，潼川府江溢，浸城内外民庐”的记载；《潼川府志》中有“绍兴二十三年，潼川大水，平地五尺，死者甚众”之句；《绥宁县志》也有“绍兴癸酉夏，大水庙毁”的描述。此外在《合州志·艺文志》、《行水金鉴》、《碚志稿·大事记》、《三台县志》等文献中，均有对该年大水的记载。

▼ 5.4.2 宋宝庆三年（1227 年）洪水

三峡地区 1227 年洪水题刻共有 4 处。其中 1 处在忠县长江干流上，与绍兴二十三年题刻同一地点。其余 3 处均在小支流大洪河上。1 处在原四川省邻水县，另 2 处在原四川省江北县境内，具体内容详见表 5-10 和 5.5 节。根据历史洪水资料分析，该年的洪峰仅次于 1870 年的特大洪水，在长江上游的历史洪水中可排在第二位。

▼ 5.4.3 明嘉靖三十九年（1560 年）洪水

该年洪水文献记载较多、范围较广，上自金沙江下段，下至南京，干、支流大部分流域均有大水记载。主要雨区在金沙江下段、嘉陵江上游及三峡地区。其中尤以金沙江下段为大，据调查，当年屏山县洪水已淹至城内地势较高的文庙庙门处。从史料记载来看，巴东、秭归、兴山、宜昌等地均有“秋七月，大水异常，江水溢，漂没民房，禾稼漂没无存”（清嘉庆四十三年《归州志》）的描述。

三峡地区 1560 年的洪水题刻共有 3 处。涪陵 1 处，忠县 2 处，具体内容详见表 5-10 和 5.5 节。

▼ 5.4.4 清乾隆五十三年（1788 年）洪水

该年洪水特征是：汛期较早，4-5 月长江上、下游均有大雨，6-7 月降雨强度增大，范围扩大。6 月上旬皖南等地发生暴雨，中下旬暴雨向湘鄂西部及贵阳一带移动；7 月暴雨集中，上中旬川西地区，岷江、沱江及嘉陵江江水骤涨，此时重庆至宜昌区段普降暴雨，同时长江中下游地区又遭大雨，与上游洪水发生遭遇，造成大面积水灾，尤以荆江一带灾情最为严重，荆州城被淹。

该年洪水文献记载较多，其中故宫清乾隆五十三年 477 号《军机处奏折》对此次洪水记述十分详细[①]。另外其他州府县志也均有记载。

三峡地区 1560 年的洪水题刻共有 21 处，数量仅次于 1870 年位居第 2 位。其中重庆段 15 处（现行政区划），湖北段 6 处，具体内容详见表 5-10 和 5.5 节。

▼ 5.4.5 清咸丰十年（1860 年）洪水

该年洪水特征是：汛期较早，雨水较多。强度较大的暴雨发生在 6 月中旬至 7 月上旬。6 月长江上游干流区域及岷江流域连降大雨，7 月金沙江下游出现特大暴雨，洪水“奇涨”。7 月 14 日屏山县城被淹，此时屏山至忠县一带雨势减弱，水势有所缓和；但忠县以下雨势增强，当洪水下泄时，正值乌江、三峡地区、清江、荆江一带大雨，致使江水猛涨。巴东以下区域洪水位仅低于 1870 年历史特大洪水，至宜昌仅比 1870 年洪水位低 1-2 米，而宜都、枝江一带洪水位已接近 1870 年，荆江两岸堤溃成灾，灾情严重惨重，藕池口溃决，洪水倾泻入洞庭湖，沿江滨湖地带积水甚深。

三峡地区 1560 年的洪水题刻共有 16 处。其中重庆段 8 处（现行政区划），湖北段 8 处，具体

---

① 其中写道“四川六月以来，初七、初八、初十、十五、十六等日，连得大雨，余日亦阴晴各半……惟十五、十六等日之雨过于急骤，各处山水陡发，汇入川河。其成都、嘉定、泸州、叙府、重庆等府，沿江各州县，水势直泻而下……惟下游忠州属之丰都，夔州府之万县、云阳、奉节、巫山等县，地势稍低，宣泄不及，遂致漫溢上岸”。

内容详见表 5-10 和 5.5 节。

▼ 3.4.6 清同治九年（1870 年）特大洪水

该年的洪水发生在公历 7 月下旬，长江重庆至宜昌河段出现了 800 年来罕见的特大洪水。根据历史文献，结合实测数据，对比该年的水文、气象资料，分析推测 1870 年的洪水可能是一次低涡切变天气造成的。暴雨主要分布于嘉陵江中上游及长江重庆至宜昌区段。由于暴雨分布区域广、强度大、历时长，所以洪灾范围广，波及长江中上游广大地区，其中以四川、湖北、湖南受灾最为严重。

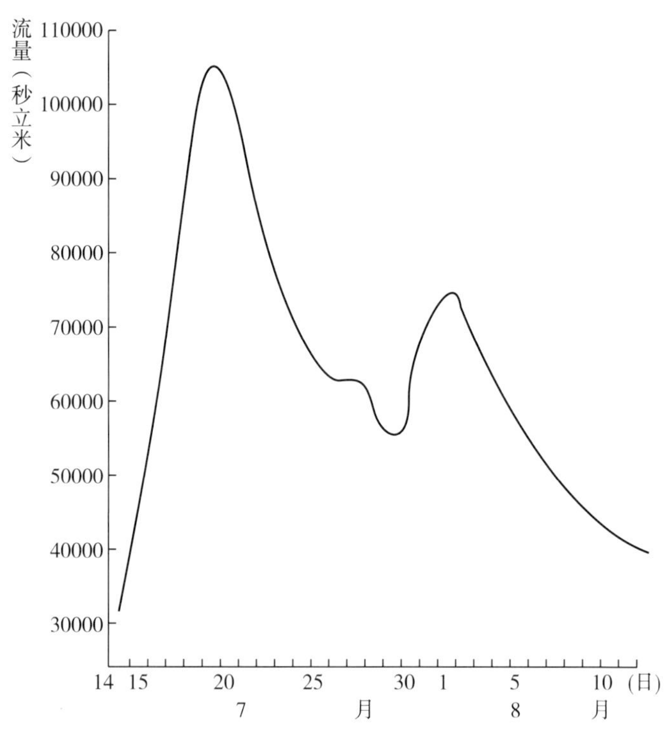

图 5-44　1807 年宜昌站流量过程图（引自《长江三峡工程水库水文题刻文物图集》）

由于该年洪水特大，给沿江城镇造成了几乎毁灭性的破坏，因而无论官方还是民间，都以各种方式对当年的雨情、水情及灾情作了大量的真实记录，包括了奏折、府志、州志及遍布嘉陵江下游和长江重庆至宜昌河段两岸的洪水题刻和题记。

三峡地区 1870 年的洪水题刻共有 100 处。其中重庆段 96 处（现行政区划），湖北段 4 处，几乎区内各县市都有分布，仅原四川省涪陵市境内就多达 25 处。具体内容详见表 5-10 和 5.5 节。

1870 年洪水的分析研究工作，对长江流域规划及葛洲坝、三峡水利枢纽工程设计起着非常重要的参考作用。所以自 20 世纪 50 年代起作了大量工作，包括洪峰水位、洪峰流量、洪水过程、洪水总量等，都先后作过专门研究（图 5-44、图 5-45）[27]。

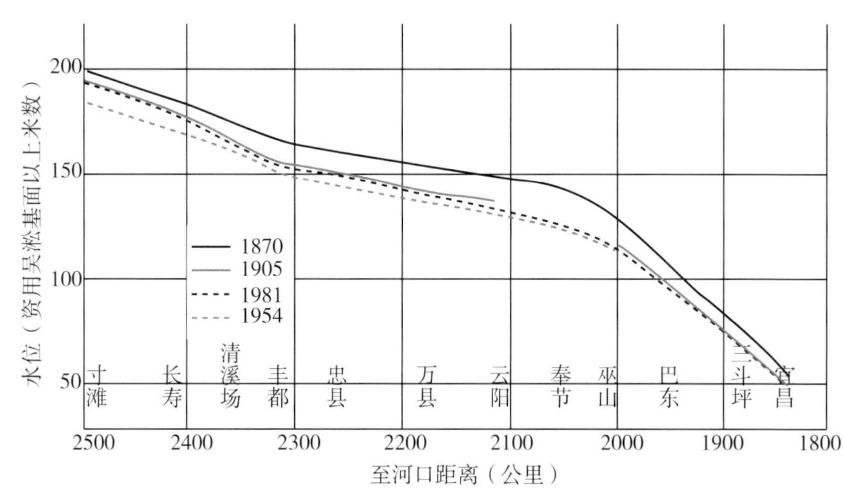

图 5-45　长江干流寸滩至宜昌河段 1870、1905、1954、1981 年历史洪水水位线图（引自《长江三峡工程水库水文题刻文物图集》）

图 5-46　五马桥石刻（引自《三峡湖北段沿江石刻》）

图 5-47　五马桥水文题记拓片（引自《三峡湖北段沿江石刻》）

5.5　库区内的主要洪水题刻

▼ 5.5.1 秭归五马桥石刻

五马桥石刻位于原秭归县归州镇东门头村五组西约 250 米五马桥西侧的岩壁上（图 5-46）。

该石刻现存 8 款题记，由右至左分别为：

1. 楷书，右至左双线钩刻“五馬橋”三字。三字周边为宽 66 厘米、高 34 厘米的长方形双线边框，字径 14 厘米、字高 13 厘米、字距 8 厘米、刻深 2 毫米；

2. “五马桥”三字下面楷书右至左双线钩刻“長生坊”三字，字高 13 厘米、字径 14 厘米、字距 11 厘米、字凸出 5 毫米；

3. 楷书右至左双线钩刻“天子萬年”四字，字高 13 厘米、字径 14 厘米、凸出 5 毫米；

4. “天子萬年”四字下楷书右至左双线钩刻“地霛人傑”四字，字高 14 厘米、字径 14 厘米、凸出 5 毫米；

5. 在“天子萬年”之上、“地灵人傑”之内和下方刻有三个不同时期的水文题记，均为楷书阴刻，字高 7 厘米、字径 6 厘米、字深 0.2 厘米（图 5-47）。具体文字内容如下：

6. 竖排阴刻“大清乾隆五十三年戊申□□□□□□水平此桥”；

7. 竖排阴刻“嘉慶元年丙辰歲□□□□□水平此桥洞上”；

8. 竖排阴刻“咸豊十年大水志桥上六月初一日止”。

因该石刻分别记录了乾隆五十三年（1788 年）、嘉庆元年（1796 年）及咸丰十年（1860 年）三次洪水淹没的历史，而这种同地点记录不同时期洪水历史的现象在三峡地区较少，在三峡库区湖北段就更少。因此，该题刻具有较高的历史价值和科学价值。

图 5–48　安坪水文石刻（引自《三峡文物珍存》）

▼ 5.5.2 奉节安坪水文石刻

安坪水文题刻位于原奉节县安坪乡公所东北 100 米处，地理坐标为北纬 30°57′35″，东经 109°18′51″。海拔高程 147 米。

该石刻为碑刻。已裂为四块。石碑残高 0.7 米，宽 0.6 米，厚 0.15 米（图 5–48）。

右至左竖排，隶书阴刻，残存“同治九年庚午歲□月二十日□水至此”15 字。该石刻记录了长江历史上同治九年的特大洪峰，所以具有一定的科学价值。

图 5–49　涂家滩水文石刻（引自《三峡文物珍存》）

▼ 5.5.3 奉节涂家滩水文石刻

涂家滩水文石刻位于原奉节县涂家滩，海拔高程 146 米。

石刻内容为“同治九年水漾涂家滩七天七夜才退出房基来”（图 5–49）。该石刻记录了长江历史上同治九年特大洪水，且记录了洪水持续时间，这在整个三峡地区洪水题刻中较罕见。所以具有一定的科学价值。

▼ 5.5.4 云阳张飞庙洪水题刻

题刻位于原云阳县张飞庙上山台阶边崖壁上。整幅高 0.4 米，宽 0.85 米，右至左竖排，

图 5-50 张飞庙洪水题刻（摄于 1998 年）

楷书阴刻“大清同治庚午洪水至此”并刻有 150.35 高程，应为建国后水利部门复制（图 5-50）。

▼ 5.5.5 万州黄莲村乾隆五十三年水文题刻

黄莲村五十三年水文题刻位于原四川省万县市龙宝区高峰乡黄莲村，南距长江 1 公里，位于跳水沟南岸。海拔高程 152.37 米。

题刻整幅高 0.9 米，宽 0.53 米。右至左竖排，楷书阴刻，内容为“皇清乾隆五十三年六月二十水安[1]此處”（图 5-51）。

该水文题刻记录了乾隆五十三年（1788 年）长江中上游一次跨越岷江、沱江、涪江和长江特大洪峰在黄莲村附近的最高水位，所以具有一定的科学价值。

图 5-51 黄莲村乾隆五十三年水文题刻（引自《三峡文物珍存》）

[1] 应为“淹”字误写。

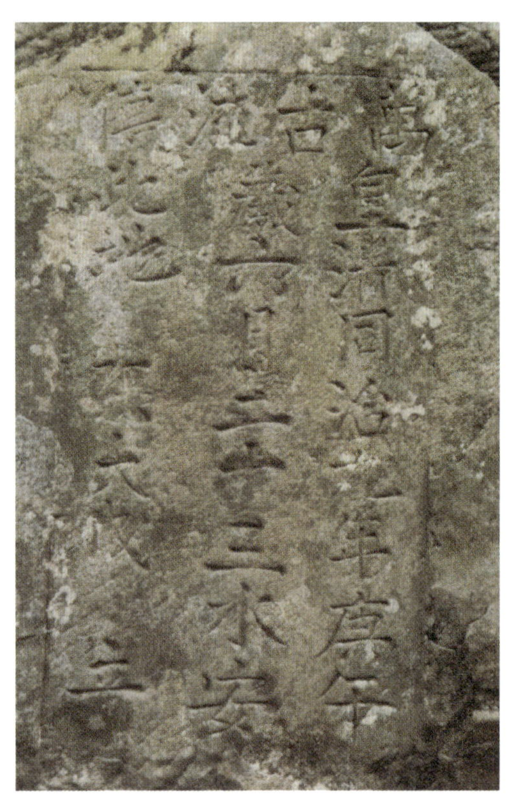

图 5-52　黄莲村同治九年水文题刻（引自《三峡文物珍存》）

▼ 5.5.6 万州黄莲村同治九年水文题刻

黄莲村同治九年水文题刻位于原四川省万县市龙宝区高峰乡黄莲村，与乾隆五十三年水文题刻相邻，刻于一巨石之上。

题刻整幅高 1 米，宽 0.5 米。上部右至左横排，楷书阴刻“萬古流傳”四字；下部右至左竖排，楷书阴刻，内容为“皇清同治九年庚午歲六月二十三日水安[①]此地張大成立”（图 5-52）。

同治九年（1870 年）是宋代以来长江中上游最大的一次洪水灾害，这次灾害为双峰型洪水，该水文题刻记录了六月第一次洪峰时在黄莲村附近的最高水位，是研究该次洪水灾害的实证依据，所以具有一定的科学价值。

▼ 5.5.7 忠县汪家院子洪水题刻

汪家院子洪水题刻位于原忠县县城东 2 公里忠州镇红星村，又称“瓦渣地”。地理坐标为北纬 30°18′27″，东经 108°02′48″。海拔高程 158 米。1983 年公布为县级文物保护单位。汪家院子洪水题刻凿刻于高约 3 米，长约 5 米的岩壁之上，题刻距地面 1.5 米，壁面面向东，前为山间小路（图 5-53）。

图 5-53　汪家院子洪水题刻所处环境状况（摄于 2000 年）

[①] 应为“淹”字误写。

据2000年调查现存题记3款，均为楷书阴刻。具体如下：

1号题记：整幅宽0.55米，高0.49米。右至左竖排，行距25毫米，字径80毫米 ×70毫米，字距10毫米，字深5毫米。内容为“紹興二十三年癸酉六月二十六日江水泛漲至此予史二道士仲篪書刻以記歳月云耳”（图5–54）；

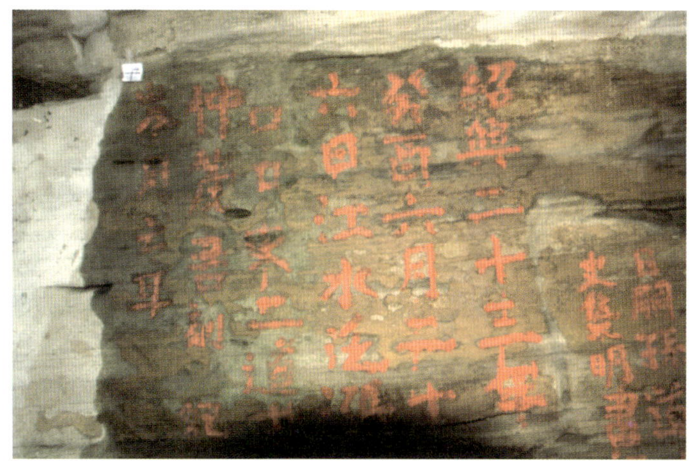

图5–54 汪家院子洪水题刻1号题记（摄于2000年）

2号题记：整幅宽0.5米，高0.33米。右至左竖排，行距25毫米，字径50毫米 ×60毫米，字距5毫米，字深3毫米。内容为“宝慶三年丁亥去癸酉七十五年水覆舊痕，高三尺許。六月初十日嗣孫道士史襲明書記”（图5–55）；

图5–55 汪家院子洪水题刻2号题记（摄于2000年）

3号题记：整幅宽0.2米，高1米。右至左竖排，行距25毫米，字径110毫米 ×60毫米，字距18毫米，字深6毫米。内容为“層□二年八月廿七日亥大佛”。

在1号、2号题记右下刻有“忠县防洪办1998.3”。总面积为1.13米 ×1.79米。

根据题记内容分析，汪家院子洪水题刻始刻年代为南宋绍兴二十三年（1153年），后宝庆三年（1227年）洪水复至此，再刻。

据有关文献及《忠县志》(1994年)记载，该洪水题刻是“长江干流沿线最早记录洪水水位的题刻”。

汪家院子洪水题刻，作为长江主流目前发现最早的洪水题刻，它为长江三峡水利工程设计提供了年代最早的实物依据，因此具有重要的科学价值。

▼ 5.5.8 忠县斜石盘洪水题刻

斜石盘洪水题刻位于原忠县忠州镇北门村。地理坐标为北纬30°17′24″，东经108°01′17″，高程156米。1983年公布为县级文物保护单位。斜石盘洪水题刻凿刻于高约0.9米，长约

2.4 米的岩坡之上，平均坡度 45°，壁面面向西北，题刻区北临长江，南靠小溪，周围为耕地（图 5-56）。

图 5-56　斜石盘洪水题刻所处环境状况（摄于 2000 年）

据 2000 年调查现存题记 2 款，均为楷书阴刻。具体如下：

1 号题记：整幅宽 0.4 米，高 0.6 米。右至左竖排 3 行 18 字，行距 35 毫米，字径 80 毫米 ×100 毫米，字距 15 毫米，字深 5 毫米。内容为“大明庚申加[①]靖卅九年七月廿三日大水到此”（图 5-57）。

图 5-57　斜石盘洪水题刻 1 号题记（摄于 2000 年）

图 5-58　斜石盘洪水题刻 2 号题记（摄于 2000 年）

2 号题记：整幅宽 0.58 米，高 0.74 米。右至左竖排 3 行 18 字，行距 70 毫米，字径 75 毫米 ×90 毫米，字距 35 毫米，字深 4 毫米。内容为“大清道光廿六年七月十叁日查出大水碑継”（图 5-58）。

[①] 应为“嘉”字误写。

图 5-59 斜石盘洪水题刻保护标志碑（摄于 2000 年）

题刻区南立文物保护标志碑（图 5-59）。

就题记内容分析，斜石盘洪水题刻始刻年代为明嘉靖三十九年（1560 年）后大清道光二十六年（1846 年）水复至此，再刻。

斜石盘洪水题刻，作为峡江地区目前发现较少的明代洪水题刻，可补该时期，该地区长江水位变化数据之缺。因此具有较高的科学价值。

▼ 5.5.9 石柱陈家和洪水题刻

陈家和洪水题刻位于原石柱县西沱镇工农村。地理坐标为北纬 30°24′40″，东经 108°10′47″。海拔高程 160 米。1984 年公布为县级文物保护单位。

陈家和洪水题刻凿刻于高约 1.8 米，长约 2.1 米，厚约 1.7 米的岩石之上，壁面面向北。题刻区北临长江，岩石前为山间小路，周围为耕地（图 5-60）。所在小地名为“陈家和”。

据 2000 年调查现存题记 1 款，整幅宽 0.59 米，高 0.65 米，右至左竖排，楷书阴刻 3 行。行距 30-50 毫米，字距 20-80 毫米不等，字径 115-200 毫米 ×125-180 毫米，字深 10-15 毫米，内容为：“同治九年河水到此”（图 5-61）。陈家和洪水题刻，确切纪录了清同治九年长江中上游特大洪水在石柱境内的水位，是研究长江水文变化的可靠实物资料。所以具有一定的历史价值和科学价值。

▼ 5.5.10 涪陵猴子崖（小学）洪水题刻

猴子崖小学洪水题刻位于原四川省涪陵市南沱镇长江左岸猴子崖峭壁之上。地理坐标为北纬29°51′27″，东经107°31′51″。1987年公布为涪陵市文物保护单位。

猴子崖小学洪水题刻位于长江左岸一级阶地和二级阶地之间。一级阶地经前人改造、整治，原为南沱镇镇政府所在地，海拔高程150–160米。一级阶地和二级阶地之间为陡崖，题刻就凿刻于陡崖岩壁面的底部。二级阶地的高程为175–185米（图5–62）。

据2002年调查，现存题记2款。

1号：整幅宽0.6米，高1米，有边框。右至左竖排，楷书阴刻“大清同治九年庚午六月十九甲寅申時河水漲到此處，上輕車都尉七十又八王肇都題”（图5–63）。

2号：整幅宽0.70米，

图5–60　陈家和洪水题刻环境状况（摄于2000年）

图5–61　陈家和洪水题刻保存情况（摄于2000年）

图5–62　猴子崖小学洪水题刻环境状况（摄于2002年）

高 1.10 米。右至左竖排 3 行，楷书阴刻“大清同治庚午嵗九年六月廿日水淹此处”；行距 12 厘米，字距 6 厘米（图 5–64）。

猴子崖小学洪水题刻确切记录了清同治九年长江上游特大洪水在涪陵地区的水位和具体时间，是研究长江水文变化的可靠实物资料。所以具有一定的科学价值。

▼ 5.5.11 涪陵白洞溪洪水题刻

白洞溪洪水题刻位于原四川省涪陵市南沱镇金鸡村一社古川屋前石壁之上，海拔高程 170 米。题刻凿刻于长约 15 米，高约 2 米的岩壁之上（图 5–65）。

图 5–63　猴子崖小学洪水题刻 1 号题记（摄于 2002 年）

图 5–64　猴子崖小学洪水题刻 2 号题记（摄于 2002 年）

图 5–65　白洞溪洪水题刻所在岩壁（摄于 2001 年）

据 2000 年调查现存题记 1 款。整幅宽 0.9 米，高 0.8 米。右至左竖排 2 行，楷书阴刻“同治九年庚午六月二十水淹至此”。行距 50 毫米，字距 25 毫米，字径 90 毫米 ×120 毫米；右下角刻“涪陵县防洪办复制 1982.5”，字径 50 毫米 ×20 毫米（图 5–66）。

白洞溪洪水题刻确切记

图 5-66　白洞溪洪水题刻保存情况（摄于 2001 年）

图 5-67　大东溪洪水题刻所在位置的环境状况（摄于 2001 年）

录了清同治九年长江上游特大洪水在涪陵地区的水位，是研究长江水文变化的可靠实物资料。所以具有一定的科学价值。

▼ 5.5.12 涪陵大东溪洪水题刻

大东溪洪水题刻位于原涪陵市南沱镇夏家村六社瓦泥湾内的一处倾斜石壁之上，海拔高程 172 米。题刻凿刻于长约 5 米，宽约 4 米的岩壁之上。岩壁倾角约 60°（图 5-67）。

据 2000 年调查现存题记 1 款。整幅宽 0.79 米，高 0.81 米。左至右竖排 2 行，楷书阴刻“大清同治九年庚午水安此地”。行距 130 毫米，字距 30 毫米，字径 110 毫米 ×135 毫米；右侧刻“涪陵县防洪办复制 1982.5”，字径 45 毫米 ×55 毫米，字距 15 毫米（图 5-68）。

大东溪洪水题刻确切记录了清同治九年长江上游特大洪水在涪陵地区的水位，是研究长江水文变化的可靠实物资料。所以具有一定的科学价值。

▼ 5.5.13 涪陵（老街）庚申洪水题刻

庚申洪水题刻位于原四川省涪陵市南沱镇长江左岸峭壁之上。海拔高程 167 米。

图 5-68　大东溪洪水题刻保存情况（摄于 2001 年）

庚申洪水题刻位于长江左岸一级阶地和二级阶地之间。一级阶地经前人改造、整治，原为南沱镇镇政府所在地，海拔高度 150–160 米。一级阶地和二级阶地之间为陡崖，题刻就凿刻于陡崖岩壁面的底部（图 5–69）。

据 2002 年调查，现存题记一款。整幅宽 1.26 米，高 0.8 米，右至左竖排 3 行，楷书阴刻“嘉靖三十九年庚申年水安[1]處。”（图 5–70）。

庚申洪水题刻确切记录了明嘉靖三十九年七月二十三日长江上游特大洪水在涪陵地区的水位，是研究长江水文变化的可靠实物资料，同时因三峡地区现存明代洪水题刻较少，所以具有较高的科学价值。

图 5–69 庚申洪水题刻所在位置的环境状况（摄于 2001 年）

图 5–70 庚申洪水题刻保存情况（摄于 2001 年）

[1] 应为“淹”字误写。

▼ 5.5.14 涪陵韩家沱洪水题刻

韩家沱洪水题刻位于原四川省涪陵市黄旗镇韩家沱村九社，米市街江北办事处房基石坎之上，海拔高程 175 米。

韩家沱洪水题刻凿刻于长约 1 米，高约 0.63 米的砌筑岩块之上。其后为江北办事处二层砖混结构楼房，其前为梯道（图 5-71）。

据 2001 年调查现存题记 1 款。整幅宽 0.55 米，高 0.9 米。右至左竖排 2 行，楷书阴刻“同治九年庚午岁六月大水至此”。行距 55 毫米，字距 25 毫米，字径 60 毫米 ×60 毫米；右侧刻“涪陵县防洪办复制 1982.5”，字径 35 毫米 ×55 毫米，字距 15 毫米（图 5-72）。

图 5-71　韩家沱洪水题刻所在位置的环境状况（摄于 2001 年）

图 5-72　韩家沱洪水题刻保存情况（摄于 2001 年）

韩家沱洪水题刻确切记录了清同治九年六月长江上游特大洪水在涪陵地区的水位，是研究长江水文变化的可靠实物资料。所以具有一定的科学价值。

▼ 5.5.15 涪陵石板溪洪水题刻

石板溪洪水题刻位于原四川省涪陵市清溪镇石板村一社及七社，长江右岸的岩壁之上，海拔高程 174 米。此处因大面积砂岩露头出露而得名“石板”之称（图 5-73）。

图 5-73　石板溪洪水题刻所在位置的环境状况（摄于 2001 年）

据2001年调查现存题记4款。

1号：整幅宽0.27米，高0.7米。右至左竖排2行，楷书阴刻“大清同治庚午年河水漲至此”。行距70毫米，字距25毫米，字径100毫米×90毫米（图5-74）。

2号：整幅宽0.32米，高0.6米。右至左竖排3行，楷书阴刻“乾隆五十三年戊申歲六月十九日大水止此”。行距60毫米，字距20毫米，字径70毫米×80毫米（图5-75）。

3号：整幅宽0.25米，高0.58米。右至左竖排2行，楷书阴刻“大清光緒卅一年乙巳年水到此”。行距40毫米，字距20毫米，字径85毫米×90毫米（图5-76）。

4号：整幅宽0.21米，高0.47米。

图5-74 石板溪洪水题刻1号题记（摄于2001年）

图5-75 石板溪洪水题刻2号题记（摄于2001年）

右至左竖排 3 行，楷书阴刻“乾隆伍拾三年戊申歲六月十九日大水止此楊殿選立”。行距 45 毫米，字距 215 毫米，字径 45 毫米 ×50 毫米（图 5–77）。

石板溪洪水题刻凿刻年代分别为乾隆五十三年（1788 年）、同治九年（1870 年）、光绪三十一年（1905 年）。

石板溪洪水题刻的四则题记所凿刻的时间跨度长达一百多年，分别记载了同一地点三次长江洪水的确切水位和时间，它们是长江水文考古研究的重要实物资料，因此具有极高的历史价值和科学价值。

图 5–76　石板溪洪水题刻 3 号题记（摄于 2001 年）

图 5–77　石板溪洪水题刻 4 号题记（摄于 2001 年）

▼ 5.5.16 涪陵木瓜洞洪水题记

木瓜洞洪水题记位于原四川省涪陵市中峰乡大胜村三社，木瓜洞崖壁之上，海拔高程 169–173 米。题记题写于长约 9 米，高约 16 米的悬崖顶部。题记所在位置位于曲溪河左岸，其下游为草把沱，其上游为跳步塘，其北隔河为包山（图 5–78）。

据 2001 年调查现存题记 1 款。左至右横排 2 行，用白灰书写，上排为“□长江止步讓水”（图 5–79），下排为“庚午年六月十八日长水”（图 5–80）。

图 5–78　木瓜洞洪水题记所在位置的环境状况（摄于 2001 年）

图 5–79　木瓜洞洪水题记上排题记保存情况（摄于 2001 年）

图 5-80　木瓜洞洪水题记下排题记保存情况（摄于 2001 年）

就题记内容分析，木瓜洞洪水题记题写年代为清同治九年（1870 年）。

木瓜洞洪水题记记录了清同治九年六月长江上游特大洪水在涪陵地区的水位和具体时间，是研究长江水文变化的可靠实物资料。所以具有一定的科学价值。

▼ 5.5.17 涪陵溪下角洪水题刻

溪下角洪水题刻位于原四川省涪陵市仁义镇百汇村百汇酒厂前，溪下角崖壁之上，海拔高程为 159 米。

该题刻刻于长江中一长 2 米、宽 1 米的石壁上，长期淹没于水中，只有每年冬春之际枯水季节才露出水面。2000 年—2002 年调查期间均未露出，故没有相应的影像资料。

据以往调查资料，现存题刻 1 款。题刻为长方形，竖排 2 行，楷书阴刻“民国四年涨水至此”，字径为 0.25 米，字距为 0.15 米，行距为 0.2 米。

就题刻内容分析，溪下角洪水题刻凿刻年代为民国四年（1915 年）。

溪下角洪水题刻是涪陵地区比较少见的民国时期的水文题刻，它对于研究历史上长江水文变化规律来说是较为重要的实物参考资料，所以具有一定的历史价值和科学价值。

▼ 5.5.18 武隆棉花坝洪水题刻

棉花坝洪水题刻位于原武隆县中兴场棉花坝，海拔高程 123 米。

该题刻刻于棉花坝大和尚丘，全文为“道光庚寅五月十一日大水五月十三日退碑記黄玉奎”。

该题刻准确记录了道光十年（1830 年）洪水水位及持续时间，为乌江及长江流域水文考古提供了可靠的实物资料，所以具有较高的历史价值和科学价值。

第六章 化险为夷——航运与石刻

如前所述，据研究，长江是我国历史上通航时间最早，也是通航距离最长的河流。

目前长江干流全线通航 2813 公里，各段通航里程如下。

长江干流宜宾以上金沙江有分段、季节性通航里程 751 公里；

长江干流宜宾至宜昌为上游航道，全长 1044 公里，其中宜宾至兰家沱 303 公里，兰家沱至重庆河段，长 81 公里，重庆至宜昌 660 公里；

宜昌至武汉为中游航道，全长 626 公里，其中宜昌至临湘 416 公里，临湘至武汉 210 公里；

武汉至长江入海口为下游航道，全长 1143 公里，其中武汉至南京 708 公里，南京至上海 435 公里。

虽然长江干流通航起源很早，但是干流 2813 公里全线通航的时间却很晚。这主要是由于古代航运工具落后和航道险恶所致，这一情况尤以重庆至宜昌间 660 公里最为突出。江水中暗礁林立，稍不留神，就会造成船毁人亡的惨剧，所以历史上为达到通航条件，多次对该河段进行整饬，其中尤以乾隆年间荆南观察使者李拔为代表，在整饬航道期间他本人还在三峡地区两岸留下了许多题刻。其中位于原巴东县东壤口的“化险为夷”题刻是乾隆三十六年李拔整饬凤凰山（黄岩）段大功告成后所题，既表达了他对整饬工程的评价，也表达了他对三峡段通航的美好祝愿，更表达了三峡两岸先民的长期夙愿。

6.1 三峡航运发展史及特点简述 [28]

▼ 6.1.1 三峡航运的开发和利用，具有不同的时代特征

最早在三峡从事舟揖船筏活动的是巴蜀先民，他们在新石器时代就认识了船和水对他们的生活所起的作用，于是制造了早期的船只——独木舟，以便在峡江从事捕鱼等早期的生产劳动。而且，他们还在文化信仰上，对船有着特殊的认识，以致于在他们的生活器物上刻下了船纹、渔纹等符号；在人死亡之后，又用船棺来埋葬，即船棺葬。船纹、渔纹符号的刻绘和船棺葬的出现，说明船与巴蜀先民生活的密不可分。特别是巴蜀先民在迁徙和战争中，三峡之水、三峡之船又给他们提供了生存和作战的先决条件。正因如此，促使了巴蜀先民对三峡航运的进一步开发和利用，从

而成为三峡航运的开拓者和奠基人。因此，巴蜀先民较早开发和利用三峡航运，是由其特定的生活条件所决定的，在客观上，推动了三峡航运业的发展，为三峡航运作出了重要贡献。春秋战国，当三峡地区战争频繁的时候，他们开发和利用三峡航道、航运，是战争的需要。巴、蜀、楚、秦等都竞相争夺，谁争得了主动权，谁就掌握了战争的主动权。因此，对三峡航道、航运都极为重视。汉唐盛世时期，由于政治稳定，经济繁荣和商业贸易的发达，三峡航道、航运的作用就得到了较好的发挥。元明之际，由于战乱的影响，经济的削弱和人口的减少等，三峡航道、航运也受其影响。明清之际，政治相对稳定，经济相对繁荣，三峡航道的治理便卓有成效。丰都的大佛面水域每年夏季洪水险恶，在明朝万历年间终于将其治平；嘉州（今乐山）水域也多礁石险滩，明代凿石平江，减轻了水患；至清乾隆年间，云贵总督为安全运输滇铜入京开凿了金沙江河道，贵州总督也为蜀盐出川而开凿赤水河河道五百余里，镌除险滩六十八处；在疏通涪江支流撞水时，曾使用将铁沙趁热倾入江底使礁石迁动的技术；忠县下游河道因“沉铁无数，以制其测嘈之水”。清光绪年间，又开凿三峡纤道，曾在瞿塘峡河段炸开峭壁开凿方得以顺利完工。

由上可知，三峡航道、航运的开发和利用，总是与每个时代当时的政治、经济因素相关联的。当政治稳定、经济繁荣的时候，三峡航道、航运的能量就能得以充分地释放；反之，则收效甚微。

▼ 6.1.2 三峡航道的开发和利用，是由其特殊的地理位置所决定的

三峡航运虽在很久以前就开始了，历代都曾开发和利用过。但是由于三峡是在地壳运动、变化过程中形成的。加之三峡独特的地形、地貌，该地区具有地质灾害频发，分布密集的特点，这又注定了三峡航运及其河道治理的艰辛，自古就有“出了南津关，两眼泪不干；要想回四川，难于上青天”之说。早在新石器时代，三峡航运虽然已经开始，但“水源未有定道，汤汤洪水方割，荡荡环山襄陵”。到了夏禹时代，三峡航运仍然障碍重重。据传当年大禹前来开道疏水时，瑶姬派天兵天将来相助，终于开通了三峡河道。这关于“大禹治理三峡航道”的传说在历代文献中均有载[①]。所以大禹也被认为是治理三峡河道的鼻祖。但是，三峡河道并未走向坦途。由于三峡的特殊地形，又使“秭归山高四百余丈，崩填溪水，压杀百余人”，阻碍了三峡航运业的发展。至东汉，当船民经过三峡这段吉凶难测的险途时，船民总是“不知该顺着哪股水流漂过去”。宋朝三峡又遭“山崩石壅，江流不通，遂成新滩”。同时期的欧阳修曾亲见三峡航运之艰险。他说：“岷江之来，合蜀众水，出三峡，为荆江，倾折回直，捍怒斗激，束之为湍，触之为漩，顺流之舟，顷刻数百里，不及顾视，一(旦)失毫厘，与崖石遇，则糜溃漂没，不见足迹。”陆游在《入蜀记》中也有：“于乾道六年闰六月十七日，从镇江扬帆而上，在十月二十七日抵达夔州，历四月有余。”从镇江至夔

[①] 据《水经注·江水注》载：“广溪峡（今瞿塘峡），其峡盖自昔禹以通江，郭纯景所谓巴东之峡，夏后疏凿者”。宋代的陆游在《入瞿塘登白帝庙》中也说：“禹功何巍巍，尚睹镌凿痕。”

州（今奉节）就需四个多月的时间，可见行船之慢。直到明清，三峡名滩暗礁仍然不少[①]。这些无不给三峡航运带来威胁。但是，三峡地区由于其特定的地理位置，以及它所占有的特殊地位，又决定了自有航运那天开始，治理、开发和利用三峡航道也随之发端。

三峡位于川鄂之咽喉．自古以来就是交通要道和兵家必争之地。它西通巴蜀，东连荆楚，南接吴越，北邻中原，“自三峡浮江而下，可济中国”。地理位置十分重要，因此受到历代王朝的特别重视，唐宋王朝甚至视其为政治经济的生命线，南方诸多省份的贡赋都是从这里出入的。所以，即便航道的治理极其艰难，航运的开发异常艰辛，但历代的中央政府都相当重视。所以在这种形势下，开发和利用三峡航运从未停止过。

▼ 6.1.3 三峡航运的开发和利用，促进了诸多方面的交流与发展

首先，三峡是连接我国南方许多地区与北方，以及东、西部间的重要交通枢纽和大动脉，所以，它在沟通中央与地方，以及地方与地方之间的关系上起着重要的作用。秦朝的秦始皇、蜀国的开明氏、明朝的朱元璋等都曾亲临三峡，并通过三峡到南方各地巡视。同时，中央所需的贡赋，许多也是经三峡运输的。所以，三峡航运对于维护国家政治的稳定，促进中央与地方，以及地方与地方之间的交流和发展，都起着重要的作用，具有极为重要的政治意义。其次，三峡航运的开发和利用，具有极为重要的经济价值。位于三峡东西的湖北和四川，都是物产富饶之地。东部的江汉平原素有“鱼米之乡”的美称，西边的四川自古就被称“天府之国”。加之，周边其他地区的资源，使三峡成为汇集这些地区物产的一个重要中间枢纽。蜀锦、蜀麻、蜀布、蜀肉、榨菜、弥猴皮、粮食、马钢、吴盐等，不仅汇集于此，而且还通过这里的航运运往全国各地。近则与恩施、建始、利川、来凤、鹤峰等地交换蜀盐和土特产品，远则与南洋诸岛的外国人交换珠宝、象牙和犀角等，商业贸易十分活跃，“巴巫间民多积黄金”，并出现了不少富商大贾。隋唐时的“康居人释道仙往来吴蜀间经商，资产达十万贯”。清朝的李本忠成大富后还自费开凿治理过三峡航道。同时，一批城镇随之发展起来，如忠州、夔州、归州、大宁监、云安、草市、夷陵等，这些城镇都是在活跃的商业贸易中发展起来的。三峡商业的发展，对改变这里山高路险、“地瘠民贫”的人民生活条件，无疑起着重要的作用，进而对地方经济也有促进作用。可见，在古代陆路交通条件恶劣的情况下，三峡航运对本地区经济发展起着举足轻重的作用。再则，三峡航运对文化的交流也具有推动作用。三峡在历史上有巴、蜀、楚、秦、僚等族，他们与周边地区的南蛮、北越、东夷、西羌（或西戎）等民族通过三峡的航运多有交往。无论是在自然灾害迫使下的民族迁徙，还是因为战争或商业的接触，都使多民族在这里交融汇合，彼此之间无论是在情感、风俗习惯还是其他方面都得到了诸多交流。比如，文献记载就有万州“略有楚风”，“夔郡土著之民少，荆楚迁避之众多，楚之风俗

[①] 据明《四川总志》载：“自嘉州（今乐山）至荆门，名滩险地凡千百余”。

即夔之风俗”等，从而使三峡成为一个民族大融合的舞台，“下里巴人”和“阳春白雪”即是民族融合和文化交流的一个最好反映。另外，我们从三峡地区出土的不同民族的文物、地面遗存特征，以及其所具有的不同文化内涵看，也具有多民族、多文化交流的特点，如石柱的福尔岩摩崖造像虽为佛教造像，但造型、纹饰和彩绘颜色等却带有鲜明的土家族风格。因此，三峡航运的开发和利用，对三峡地区文化的交流也具有助推作用。

三峡航运的历史十分悠久，从新石器时代开始，至少已有四、五千年的历史。在这段漫长的航运史中，它既包含着巴蜀楚秦等历代先民开发和利用三峡航运的聪明智慧，也有他们为三峡航运所付出的艰辛，更有他们为三峡航运所作出的巨大贡献。但同时，我们也应看到，在生产力十分低下，各方面条件都不成熟的情况下，历史上对三峡航运的开发和利用，毕竟是有限的，它还有不少价值没有得到应有的利用，其作用也没能得到最大限度的发挥。直至 1949 年以后，特别是葛洲坝及三峡水利枢纽工程的建设，才使三峡航运进入了黄金期。

6.2 险滩、航标与石刻

如前所述，重庆至宜昌河段航道内险滩、暗礁丛生，为保证航运安全，沿江便产生了许多标识险滩和导航的石刻，这些石刻在古代生产力水平低下，航运船只简陋的情况下，在三峡航运中发挥着显著的作用。1949 年以后，沿江大部分险滩都进行了治理，所以这些石刻和相关文献便成为了我们了解和研究古代三峡航运的重要依据。

▼ 6.2.1 秭归乾隆辛卯李拔书“雷鸣洞”题刻

雷鸣洞石刻位于原秭归县香溪镇望江村一组，雷鸣洞位于长江左岸叱溪河与长江交汇处的一座石梁上，距归州旧城约 2 公里，当地俗称为“九龙奔江”之处（图 6–1）。石刻坐西朝东，海拔高程 176 米。石刻处刻扇形边框，高 0.8 米、上宽 2.3 米、下宽 1.75 米。右至左横排，楷书阴刻“雷鸣洞”3 字。字高 0.55 米、字宽 0.56 米、字距 0.15 米、刻深 0.8 厘米；刻槽平缓；右侧竖

图 6–1　雷鸣洞题刻位置（引自《三峡湖北段沿江石刻》）

图 6-2　雷鸣洞题刻（引自《三峡湖北段沿江石刻》）

图 6-3　雷鸣洞题刻拓片（引自《三峡湖北段沿江石刻》）

图 6-4　对我来题刻（引自《三峡湖北段沿江石刻》）

排，楷书阴刻“钱龙（乾隆）辛卯”4 字，左侧竖排楷书阴刻“巴蜀李拔”4 字，题跋字高 10 厘米、字径 8 厘米、字距 10 厘米（图 6-2、图 6-3）。

该石刻东有一石洞，因此处滩多水急，江水涛声如雷，故名“雷鸣洞”。洞口南北长 2.95 米、东西宽 2.7 米、深 6 米。因长期处于江水之中，洞内泥沙淤积，调查时深仅 1 米左右。

归州镇前长江航道中有著名的沱滩，此处礁石林立，其中之一名为“雷鸣洞”，又称“人鲊瓮”。据归州志载：“每到春夏，水涨盈满，鼓浪翻波，漩如鼎沸，过往客商船工，即轻舟快楫，误落江心，十无一全，逐年坏船，死者不可胜数。”故李拔于乾隆三十六年（1771 年）在此题“雷鸣洞”三字以示往来行舟。所以该处石刻具有较高的历史价值和科学价值。

▼ 6.2.2 秭归“对我来”题刻

该题刻位于庙河崆岭滩江心的大珠石崖上，崆岭滩为长江三峡“险滩之冠”，古云“青滩、泄滩不冥滩，崆岭才是鬼门关”。此处滩深流急礁石林立。船下水行过此处稍有不慎便会触礁淹没。峡江船工们在长期实践中，探索出下水船行此处安全过滩的经验：船头必须对准大珠石顶端一块礁石行驶，借助水势方能过滩，所以有人在此礁石上刻“对我来”三个大字作为船过崆岭的航标（图 6-4）。所以该题刻具有一定的科学价值。

1981 年葛洲坝长江截流后，该题刻被淹没。

▼ 6.2.3 丰都凤凰嘴题刻

凤凰嘴题刻位于原丰都县楠竹乡凤凰嘴村长江东岸，海拔高程 159 米。凤凰嘴题刻凿刻于长约 12 米，高约 6 米的岩壁之上。题刻区前约 500 米为长江主航道（图 6–5）。

据 2000 年调查现存题记 1 款。整幅高 1.5 米、宽 3 米。右至左横排，楷书阴刻“鳳凰灘”3 字，字距 15 厘米、字径 85 厘米 ×90 厘米，字深 5 厘米；右侧竖排，楷书阴刻“光緒元年孟春月上浣刻”；左侧竖排，楷书阴刻“郡舉人何荣題書”；字距 25 毫米，字径 115 毫米，字深 4 毫米。题刻面积为 3 米 ×1.5 米（图 6–6）。

据查，凤凰嘴题刻西，小地名为凤凰滩，古为一处险滩，所以该题刻应是长江沿线险滩标注

图 6–5　凤凰嘴题刻所处环境状况（摄于 2000 年）

图 6–6　凤凰嘴题刻保存情况（摄于 2000 年）

类题刻，所以对于研究该地区古代航运发展史有一定参考价值。

▼ 6.2.4 丰都观音滩石刻

观音滩石刻位于原丰都县名山镇冯家坝村一队，长江北岸岩壁上。石刻区海拔高程在151米-200米之间。为县级文物保护单位。

观音滩石刻凿刻于高约25米，长约110米的崖壁之上，崖壁近东西走向。石刻区北部为平坦的二级阶地，其南约60米为长江主航道，石刻区前缘为原沿江公路（图6-7）。

据2000年调查现存造像2龛、题记4款。

1号：为一大型题刻，整幅高3.5米，长15米，右至左横排，楷书阴刻“洞天福地”四字，字径2.5米。左侧右至左竖排7行，楷书阴刻题跋（图6-8），具体文字内容详见释文卷。

图6-7 观音滩石刻所处环境状况（摄于2000年）

图6-8 观音滩石刻1号题刻（摄于2000年）

2号：距1号题刻东70米处，为一题记龛，内容为观音滩岸壁镌刻镇江王神像志略，整幅高1.7米，宽1.07米，深3厘米。右至左竖排11行，行距30毫米，楷书阴刻，字径50毫米×65毫米，字深4毫米（图6-9）。具体文字内容详见释文卷。

3号：东靠2号题记龛，为一圆拱顶造像龛，龛高1.87米，宽1.09米，深0.3米。龛上皮0.1米处凿排水槽一，龛外现有石砌保护设施。龛内刻镇江王神像1尊，着盔甲，右手持宝剑，脚踏蛟龙。像总高1.2米，其中像高1.1米，座高0.1米（图6-10）。造像各部尺寸详见表6-1。

图6-9　观音滩石刻2号题记龛（摄于2000年）

图6-10　观音滩石刻3号造像龛（摄于2000年）

表6-1　镇江王神像各部空间数据采集统计表　　单位：毫米

部位 尺度	冠	头	颈	肩处	膝处	胸处	底部	右手
宽	180	225	80	540	685	395	700	190
高	180	225	20	—	—	—	—	320
深	100	180	115	—	265	—	300	—

4号：东靠3号造像龛，为一大型题刻，整幅高2.1米，宽8.3米，右至左横排，楷书阴刻“慈懷普濟”4字，字径1.7米。右侧竖排楷书阴刻“道光十三年三月”，左侧竖排楷书阴刻“署縣事漢中李盤題”，字径200毫米（图6-11）。

图6-11 观音滩石刻4号题刻（摄于2000年）

5号：距4号题记东16米处，为一圆拱顶造像龛，龛高1.8米，宽1.17米，龛上沿深0.47米，龛下沿深0.57米。龛内刻观音造像1尊，结珈趺坐莲台，右手扶腿，左手托净瓶。总高1.62米，其中像高1.22米，座高0.4米。（图6-12）。造像各部尺寸详见表6-2。

图6-12 观音滩石刻5号造像龛（摄于2000年）

6号：北靠4号造像龛，为一题记龛：龛高1.245米，宽0.51米，深0.15米。右至左竖排3行，楷书阴刻“道光十三年春月吉旦賜同進士出身署酆都縣事山左海陽車申田敬鐫”，行距75毫米，字距15毫米，字径90毫米×80毫米，字深2毫米（图6-13）。

就以往文献记载和题记落款分析，该处石刻的始刻年代应在明万历三十二年（1604年）；后于道光十三年（1833年）增刻镇江王神像龛和观音造像龛，并镌刻2、4、6号题记；光绪辛卯年（1891年）又增刻1号题记。

表 6-2　观音造像各部空间数据采集统计表　　单位：毫米

部位＼尺度	髻	头	颈	肩处	肘处	膝处	胸处	座上皮处	座束腰处	座下皮处	宝瓶
宽	135	145	100	500	620	730	—	860	800	940	75
高	120	140	20	—	—	—	—	—	—	—	115
深	300	310	265	—	330	420	280	550	480	570	—

观音滩石刻，按其内容和地理环境考证，内容应为江河地界名胜。据清光绪《酆都县志》载："觀音灘治西十五里，江水滿時船上下俱險，舊志謂險冠全蜀。明萬歷間巡按御史李時華鑿以利行舟。黄辉為作平險記"。因此，其镌刻之原因应与险滩和航运有必然联系。据查，明万历甲辰（1604 年）巡按御史李时华凿滩开槽，以利行舟，在石崖之上刻"澄清伟绩"四字，但因历年风化，现已无存。清道光十三年三月（1833 年）知县李盘，县事车申田，又先后增刻镇江王神像龛和观音造像龛，并刻石为记。后光绪辛卯年（1891 年）知县何诒孙又增刻"洞天福地"四字，以赞胜迹。

图 6-13　观音滩石刻 6 号题记龛（摄于 2000 年）

因此，从观音滩石刻的产生缘由和 400 余年的历史沿革过程分析，其与观音滩治理有着密切关系。由于解放后航道治理，现观音滩已不复存在，但古代丰都先民和过往船只却深受此害，所以在治理水害的同时，在石崖上造龛建堂，供奉镇江神像和观音像，也成为人们希冀平安的一种方式。从这一点上讲，观音滩石刻不仅记录了此处险滩的历史地理信息，也记录了古代先民治理自然灾害的夙愿和历程。是我们研究长江沿线航运发展史和地方民间宗教不可多得实物资料。具有较高的历史价值和文化价值。

▼ 6.2.5 丰都大佛面石刻

佛面石刻位于原丰都县城西 5 公里新城乡仁艾村南，长江北岸的峭壁上，海拔高程 136 米

图 6–14 大佛面石刻环境状况（摄于 2002 年）

（图 6–14），1984 年公布为县级文物保护单位。

据 2002 年调查大佛面石刻现存造像 1 处，题记 3 款。

1 号：为一佛脸正面浅浮雕像，造像高 2.4 米，宽 2 米（图 6–15）。

2 号：位于造像右侧，为一题记。竖排，楷书阴刻“大佛面”3 字（图 6–15）。

3 号：位于造像左侧，为一题记。右至左竖排，楷书阴刻。由于风化破坏严重，目前尚可辨“…二月…柴广…丞張子銘謹記”（图 6–15）。

3 号题记：位于造像左侧，整幅宽 15 米，高 3 米，左至右横排 3 行，楷书阴刻“西歷一千九百一十一年七月十八號，蜀通輪船遇險處，買辨蕴伯，曹腾輝誌”三十字。字径 0.4 米（图 6–16）。

据查，造像刻于明天顺年间。所以大佛面石刻始刻于明代，后清末 1911 年 7 月 18 日，英商轮在此搁浅。为记此事，又刻第 3 号题记。

据清光绪《酆都县》志载：“大佛面灘治西，上連觀音灘江水滿時船上下俱險。”当地民谣又谓“大水淹佛首，神仙也难走”

图 6–15 大佛面石刻大佛面造像及 1、2 号题记（摄于 2002 年）

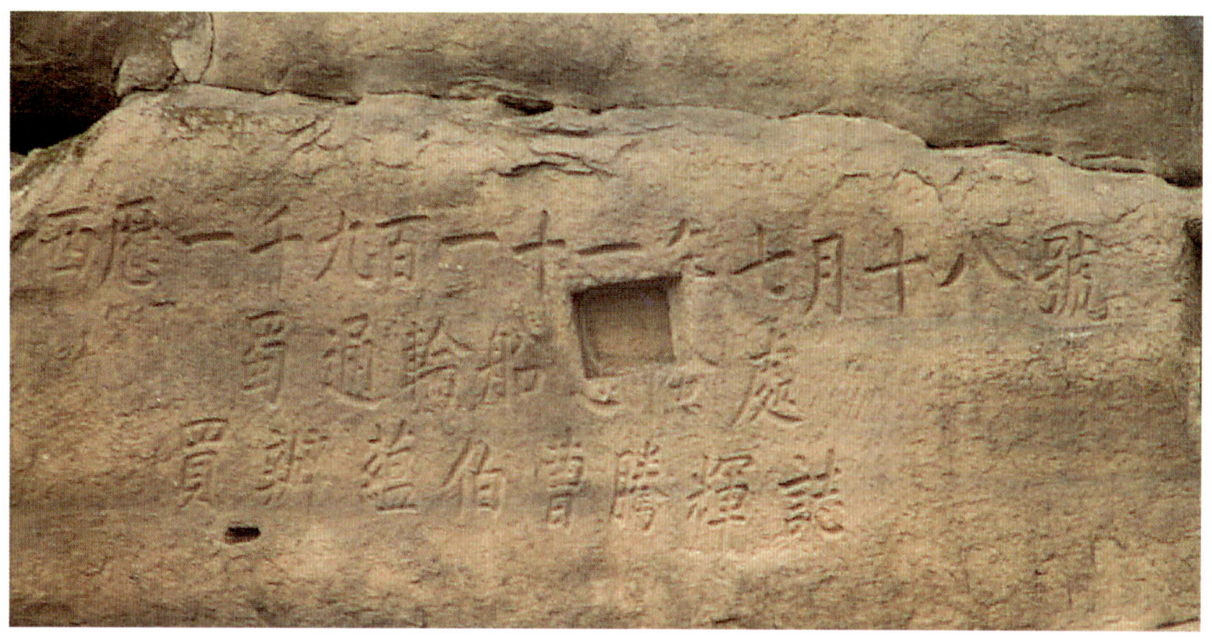

图 6-16　大佛面石刻 3 号题记（摄于 2002 年）

之说。所以大佛面石刻处古代便是一处险滩，而大佛面的雕刻应与标注险滩，供上下船只过此引导或警示之用。

在大佛面石刻造像的上下崖壁上，还存有许多方孔，这说明历史上，每到冬春枯水季节，大佛面石刻造像露出江水后，会在此搭设香烛台，供当地百姓或过往船家敬香拜佛为祈求行船、祈福平安之用。大佛面造像形式在长江流域较少，且造型古朴，保存尚佳。所以具有一定的历史价值和文化价值。

6.3　水尺与石刻

如前所述，早在公元前 3 世纪以前，我国古代劳动人民就已知以“刊木”测水位涨落的方法。最早刻石观测水位有史可查，有物可依的应在战国时期，地点在当时秦都江堰。《水经注》载：“……西于玉女房下白沙邮，作三石人立水中，刻要江神，水竭不至足，盛不没肩，是以蜀人旱则籍以为溉，雨则不遏其流，故记曰水旱从人，不知饥馑沃野千里，世号陆海，谓之天府也。”而唐代最为著名的白鹤梁枯水题刻之“石鱼”，用以观测水位，以兆丰盈，已众所周知。因此早期用以观测水位的刻石，与农用灌溉、卜吉凶、踏春、修禊有关，但用以指导内河航运的石刻早期极为罕见，这一类型的石刻出现应在宋代以后。

▼ 6.3.1 巴东信陵镇光绪乙巳童天泽书“我示行周”题刻

该题刻位于原巴东县信陵镇西瀼村。刻于官渡口对岸巫峡出口一处崖壁之上，当地称“大面山”，古地名为“三页书”。该处崖壁面后倾约 35°，横卧长江右岸，地形狭窄险要，是古代巴楚行船行人出入之要道。石刻坐北朝南，海拔高程 80 米（图 6-17）。

该题刻整幅高 1.1 米、宽 2.57 米，有边框，凹下 0.4 厘米。右至左横排，楷书阴刻“我示行周”4 字，字高 0.6 米，字宽 0.55 米，字距 2 厘米，字深 0.3 厘米。右侧竖排楷书阴刻“光緒乙巳春月穀旦”8 字；左侧竖排楷书阴刻“監脩委員渝童天澤書”9 字，题跋字高 7.3 厘米，字宽 6.5 厘米。“我示行周”四字笔画雕刻遒劲有力，所以由于凿刻较深，虽然长期遭受江水冲刷，但现字迹依旧清晰（图 6-18）。

据考童天泽，重庆人。据传，光绪十二年（1886 年）童天泽将此前的“示我行周”四字改为了现在的“我示行周”，即成为了“我指路途”的意思。据考证“我示行周”题刻实际上是一水尺，显示着当地的水情，以示行船及行人，若四字被水淹没，行船就有危险，必须就此停泊，待水消退后方能再行，而路过此处的行人也必须爬山绕道而行。所以具有一定的科学价值。

图 6-17　我示行周题刻位置（引自《三峡湖北段沿江石刻》）

图 6-18　我示行周题刻拓片（引自《三峡湖北段沿江石刻》）

▼ 6.3.2 奉节成镛题滟滪水则石刻

该石刻应位于瞿塘峡西口滟滪堆之上。

滟滪堆是三峡地区长江航道上最著名的暗礁，所以 1949 年后在长江航道整治过程中已被清除。该石刻目前已不复存在。

经查，道光《夔州府志》古迹篇有该石刻的记载，内容为淳熙十二年（1185 年）五月成镛等人在滟滪堆处测量江水深度并刻石的过程。具体文字内容详见释文卷。

▼ 6.3.3 云阳宝塔沱水则石刻

该石刻位于原云阳县宝塔村长江左岸。地理坐标为北纬 30°56′44″。东经 108°55′12″，海拔高程 110 米。其后为叫化岩，其前为滔滔江水，宝塔沱水则石刻所处的长江左岸岸坡属顺向坡，坡角 15°。坡前缘堆有大量崩积物，块径大小不一（图 6-19）。

图 6-19　宝塔沱水则石刻所在环境（摄于 1999 年）

宝塔沱水则石刻凿刻于一紧临长江的巨石之上，巨石高约 5 米，宽 8 米，厚 4.8 米（图 6-20）。

该石刻主体为一高浮雕塔龛，内刻素面台基五级攒尖式塔一座，呈经幢状，佛座三层。从形制上看与南方地区较为常见的宋代经幢极为接近。塔龛东侧高 1.58 米，西侧高 1.63 米，龛底宽 1.02 米，龛顶呈拱形，宽约 0.54 米。塔身高 1.5 米，塔座高 0.1 米（图 6–21）。

塔龛东侧有一题记，整幅宽 0.62 米，高 0.45 米。右至左竖排 4 行，隶书阴刻，内容为“光緒

图 6–20　宝塔沱水则石刻所在巨石（摄于 1999 年）

图 6–21　宝塔沱水则石刻塔龛（摄于 1999 年）

乙亥黄子翔雲辟風龕下”，每行 4 字，行距 2 厘米，字距 3 厘米，字径 12 厘米（6–22）。

图 6–22　宝塔沱水则石刻题记（摄于 1999 年）

该石刻始刻年代不详，而明嘉靖《云阳县志》内已有关于水则的记载。今水则石刻东侧题记凿刻年代为清光绪二年（1876 年），因此，宝塔沱水则石刻的始刻年代应早于明嘉靖，后光绪二年凿刻题记。

关于宝塔沱水则石刻据民国《云阳县志》载：“……昔人于石上刻浮图形，高约丈许，舟人以为水计，其谚曰：水淹宝塔顶，行船十九稳。水淹宝塔足，十船九船没。亦黄牛朝暮滟预马象之伦矣。”因此，可见宝塔沱水则石刻是民间用以观测水位，指导航运的标志。从宝塔沱水则石刻塔龛形制及有关文献分析，该石刻有可能始刻于南宋晚期，应是该地区较早的与航运有关的水尺石刻。因此，具有较高的历史价值和科学价值。

6.4　航道治理与石刻

通过对三峡航运史的梳理，我们不难发现航运的兴衰与航道的治理紧密相关。三峡航道治理的历史不仅写入了历史文献，而且被大量的镌刻在了三峡两岸的岩石上。

▼ 6.4.1 宜昌黄陵庙乾隆三十八年李拔撰《凿石平江记》碑

该碑刻于黄陵庙主体建筑禹王殿前右侧六棱石幢上（图 6–23），其中五面有字，第一至第三面，刻《凿石平江记》，第四至第五面刻督修、承修及助修峡江工程官员的职衔和姓名。该石幢通高 204 厘米，碑高 184 厘米、宽 38 厘米（图 6–23）。具体文字内容详见释文卷。

图 6–23　六棱石幢照片（引自《三峡湖北段沿江石刻》）

该碑刻于乾隆三十八年（1773 年）。记录了清乾隆年间时任湖北荆宜施道台李拔率众整治长江航道的史实。所以具有很高的历史价值和科学价值。

图 6–24 《治院黄公新开雷鸣洞口》题刻位置（引自《三峡湖北段沿江石刻》）

▼ 6.4.2 秭归香溪镇万历三十七年题《治院黄公新开雷鸣洞口》题刻

石刻位于原秭归县香溪镇望江村一组长江北岸，距归州城约 2 公里。当地传说为九龙奔江之处。题刻坐东朝西，海拔高程 70 米，该题刻分左右两款（图 6–24），具体文字内容详见释文卷。

新开雷鸣洞在原雷鸣洞以北，它们所在岩石本为一体。当时人们为行船便利，便在原雷鸣洞与新开雷鸣洞洞口之间开辟了一条东西长约 12 米、宽约 8 米的新航道。为了让后人知晓开辟新航道的艰辛，便在此处岩壁上刻字作为纪念。所以具有较高的历史价值和科学价值。

▼ 6.4.3 秭归新滩镇宋皇祐三年疏凿新滩碑

该碑位于原秭归县新滩镇长江右岸桂林村二组江渎庙内。

该碑高 1.49 米，宽 0.82 米，厚 0.1 米。碑体下端有石榫，部分残缺，榫残高 0.1 米、宽 0.21 米、厚 0.1 米，碑文右至左竖刻 11 行（图 6–25）。具体文字内容详见释文卷。

该碑记录了宋皇祐三年（1051 年）治理新滩岩崩灾害，疏通航道的史实，并与陆游《入蜀记》中记载相吻合，是目前尚存最早记录治理新滩航道的实物资料。所以具有极高的历史价值和科学价值。

该碑现已随江渎庙搬迁到凤凰山古建筑群内保护。

图 6–25 宋皇祐三年疏凿新滩碑（引自《三峡湖北段沿江石刻》）

▼ 6.4.4 巴东东壤口乾隆辛卯李拔书“化险为夷”题刻

图 6–26　乾隆辛卯李拔书“化险为夷”题刻（引自《三峡湖北段沿江石刻》）

化险为夷题刻位于原巴东县东壤口乡竹筏村九组，“破水峡”以东，距“白骨塔”200 米，紧靠宝塔河处。题刻坐北朝南，海拔高程 60 米。

石刻边框高 1.6 米、宽 1.4 米；“化險爲夷”四字分两行右至左竖排楷书阴刻，字高 60 厘米、字径 50 厘米、字深 1.5 厘米，刻槽呈平缓状；“化险为夷”四字右侧楷书竖刻“乾隆辛卯仲春”六字；左侧分两行右至左楷书竖刻“荆南觀察使者李拔率同属同脩江上題書”。小字字高 12 厘米、字径 10 厘米（图 6–26）。

“化险为夷”题刻上游，南岸是陡峭的黄岩，与北岸的凤凰山对峙，由于凤凰山一翼伸如江心，造成江面狭窄，几乎两船相对难以相让。加之江中漩涡无数，古来行船到此“十有九翻”。乾隆年间，荆南观察使者李拔，率属整治此峡，乾隆三十六年（1771 年）大功告成后，在峡北岩石上刻“化险为夷”四字。所以具有较高的历史价值和科学价值。

6.5　纤道与石刻

古代三峡交通全靠水路舟楫往来。由于该河段水急滩多，航行于险要江段的木船，靠自身的动力根本无法通过，必须用人力拉纤完成。而船工是最早的拉纤人，据考证一般一只木船需拉纤的船工少则几人，多则几十人，甚至上百人。

三峡纤夫总是行走于乱石丛生的急滩岸边或河道边的悬崖绝壁上，所经之处或开凿或自然形成了独特的人文景观和纤夫行道，即“纤道”（图 6–27、图 6–28）。一般纤道最宽处能供一人通行，最窄处仅有一脚宽度。而通常情况下，在滩险急流之处仅凭船工自身力量还远远不够，所以在这些地方便形成了专门以拉纤为生的被称作“拉滩”的群体,专门组织“拉滩”的称为“滩头”，而帮助牵引船舶的过程，也称“绞滩”。

我国峡江航运在民国以前一直采用最原始的土法绞滩，即由人将船的纤缆固定在上游的岸桩上，一寸一寸向上挪动。

图 6-27 三峡纤夫（美国《生活》杂志摄影师 Dmitri Kessel 1946 年摄）

三峡纤道起自白帝城，经巫山至鳊鱼溪，号称“二百里纤道”。三峡纤道起源何时，众说纷纭，目前尚无定论。历史学家任乃强认为，三峡纤道汉代已有。据史籍考证，至东汉时期已有三峡上下大军相互攻伐的记载[①]。古代军队要溯长江入三峡，若无人力拉纤是无法完成的。因此，东汉时三峡纤道的存在应在情理之中。

图 6-28 思南乌江白鹭洲乌江古纤道（引自 www.fengjing.com）

由于自古三峡纤道对航运的技术保障，长江三峡航运在我国多个朝代都发挥着交通大动脉的作用[②]。

历代官府对川江航运都十分重视，由官方出资修建纤道的记载很多，且尤以 1888 年清代所建最为著名[③]。纤道的开凿和通畅，使明清以来峡江水运十分繁忙。

民国“九・一八”事变后，国民政府考虑移都重庆，但最大难关是长江三峡的险恶航道。所以

① 如 35 年汉光武帝派大司马吴汉率征南大将彭岑，由荆门溯江入川，讨伐公孙述。

② 据《四川通志》记载：明代成化十七年，四川参政吴彦华曾于三峡绝壁开凿纤道。又据清代《巫山县志》卷七记载，光绪十四年，四川总督刘秉璋为支持夔州知府汪鉴开凿峡江纤道，并向朝廷呈递奏折。

③ 据《巫山县志》载，四川境内的纤道分南北两段，“北岸段”从奉节草堂河口至巫山县，长 60 公里；“南岸段”从巫山县城对岸，修至鳊鱼溪，长 37.5 公里，且多在石壁上凿成，也有在乱滩上搭成的，因其形似桥而被称为“纤道桥”。全线共造桥 27 座，历时两年。

1935年9月蒋介石电令交通部筹组“川江打滩委员会”。1936年至1937年底，川江打滩委员会对三峡重点险滩柴盘子、导流堤、崆岭、青滩等进行了整治。“七·七”事变后，特别是1938年上海、南京、九江相继沦陷，从宜昌到重庆的1300里峡江便成为中华民族存亡的生命线。三峡沿江的船夫与纤夫，不计个人生死、家庭生计，在日寇飞机轰炸下全力协助政府建设峡江绞滩站。1938年11月初至12月底，兴隆滩、表滩、东洋子、滚子角、癞洞滩、牛口滩、庙基子等第一批峡江绞滩站迅速建立起来。

民国时期，国民政府在川江上设立专门的绞滩站多达24个。但当时设施十分简陋，除青滩、泄滩是用蒸汽机外，其余均为人力。1949年后，川江航道不断改善，天然险滩逐渐减少。2002年年底，川江只剩下7个绞滩站，而且全部实现了机械化。至三峡工程二期蓄水前，油榨碛、铁滩、二道溪、小庙基、东洋子5个绞滩站已撤离浅滩，剩下的2个站也只留着拉纤船，以拉纤作为谋生手段的三峡纤夫行业终于退出历史舞台[29]。而目前唯有那狭窄的纤道和相伴的石刻成为这段历史的见证。

▼ 6.5.1 武隆小角邦卷书纤道及石刻

卷书纤道位于原武隆县小角邦村，海拔高程177米。纤道长500米，高2米，宽1.5米；纤道上有石刻一幅，整幅宽1米，高2米，内容为“光緒六年修”；此外，还保存有指路碑一块，碑高0.74米，宽0.52米，右至左竖排，阴刻，全文为“修桥补路，言是阴功。今有老君之路至毛草坪止。实难行走，倘若失足，轻则破脑，重则丧命，实堪痛惜。故商等看此残情，自捐资本，催工修理。首人唐万官、方万全、王钊、彭协和，道光八年冬月上浣吉立”该碑已严重风化，字迹多模糊不清（图6-29）。

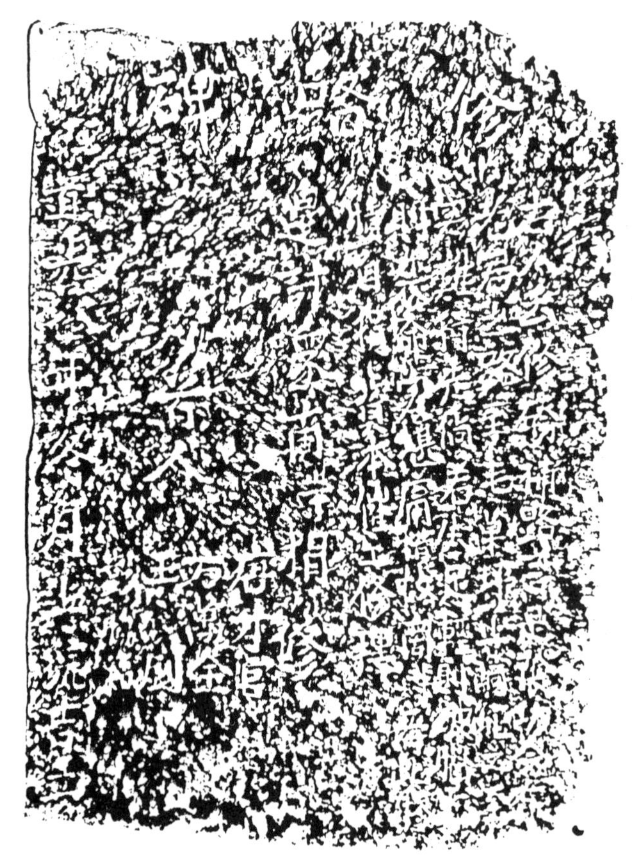

图6-29　卷书纤道石刻（引自1992年三峡工程淹没区文物普查资料）

卷书纤道及石刻以实物形式表述了峡江地区先民对修路积德的朴素认识，真实地反映了乌江沿岸古代交通条件的恶劣程度，所以具有一定的历史价值和社会价值。

图 6-30 磨船背纤道石刻（引自 1992 年三峡工程淹没区文物普查资料）

▼ 6.5.2 武隆白马镇磨船背纤道及石刻

磨船背纤道位于原武隆县白马镇观音阁村，海拔高程 177 米。纤道长约 400 米，高 2 米，宽 1.5 米；石刻位于乌江右岸一巨石上整幅宽 2.2 米，高 1 米，楷兼隶，右至左阴刻“磨船背縴道”五个大字，字径 0.04 米；上下各有题跋，上款右至左为“導淮委員會烏江工程局”，下款左至右为“中華民國十八年建”（图 6–30）。

该石刻是民国时期“导淮委员会乌江工程局”当年整治乌江航道时留下的印记，它是我国近代开发乌江水利资源的重要实物资料，所以具有较高的历史价值。

▼ 6.5.3 武隆边滩纤道及石刻

边滩纤道位于原武隆县桐麻湾兴顺乡上边滩村，海拔高程 165 米。

边滩纤道长约 150 米，高 2 米，宽 1.5 米；石刻高 2 米，宽 1 米。正文右至左竖排阴刻。该幅题为“永定成规”的题刻记录了道光八年（1828 年）客商、板主、夫头公议的若干规定。1994 年乌江大塌方，导致石刻遭到毁灭性破坏。

边滩是乌江下游第一险滩，货船经过此处必须卸货拉纤过滩，该石刻为我们研究清代乌江航运史及相关行业规定等问题提供了实物依据，所以具有较高的历史价值。

▼ 6.5.4 武隆牛屎滩纤道及石刻

牛屎滩纤道位于原武隆县羊角镇牛屎滩村乌江左岸一巨石上，海拔高程 161 米。

牛屎滩纤道长 150 米，高 2 米，宽 1.5 米；石刻整幅宽 2 米，高 0.6 米，右至左横排，楷书阴刻“光绪五年修”五个字，字径 0.45 米（图 6–31）。

该石刻记录了该纤道确切开凿时间，为我们研究乌江古代航运史提供了确切的实物资料，所以具有一定的历史价值。

图 6–31　牛屎滩纤道石刻（引自 1992 年三峡工程淹没区文物普查资料）

▼ 6.5.5 武隆小角邦纤道及石刻

小角邦纤道位于原武隆县白马镇小角邦村，海拔高程 176 米。

该纤道长约 500 米，高 2 米，宽 1 米；纤道附近乌江江边岩壁上保存有两幅题刻。一幅宽 1.7 米，高 0.4 米，右至左阴刻“光绪五年修”五字；另一幅高 1 米，宽 2 米，题刻内容上至下分三部分，上右至左横排阴刻“小角邦縴道”五字；中间右至左横排阴刻“導淮委員會烏江工程局”；下右至左横排阴刻“中華民國廿八年建”（图 6–32）。

该纤道及石刻从一个侧面反映了乌江沿线纤道从清代开凿到民国全面整治的历史过程。是近代开发利用乌江水利资源时期的历史遗存和实物资料，所以具有较高的历史价值。

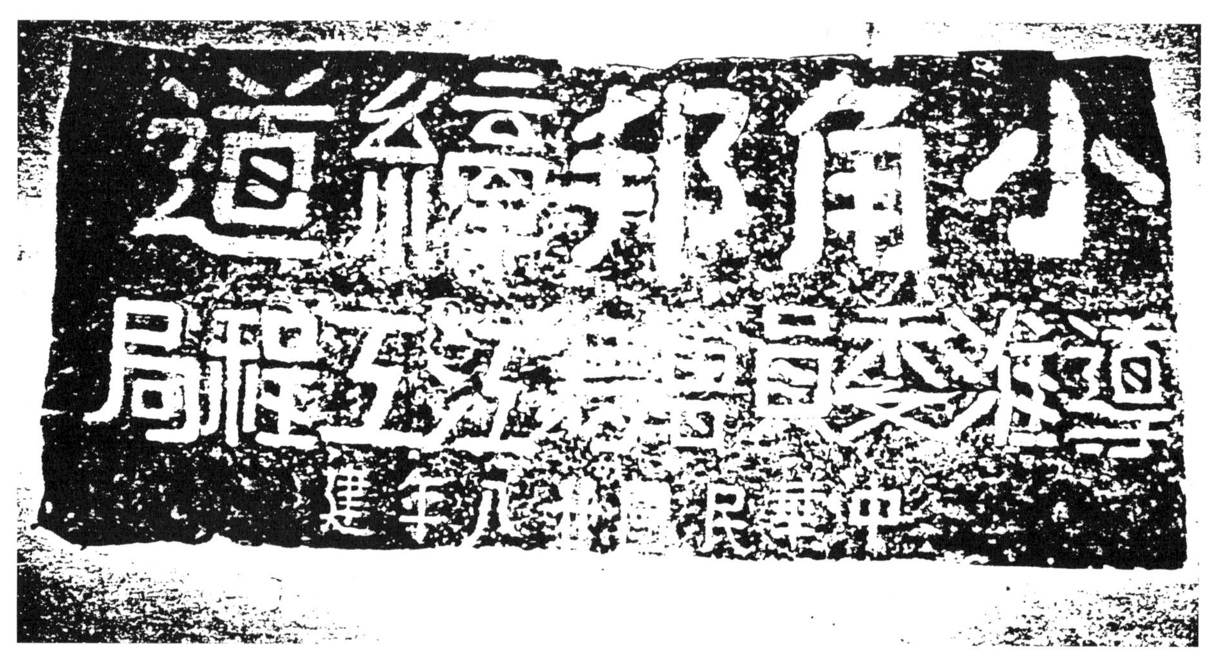

图 6–32　小角邦纤道石刻（引自 1992 年三峡工程淹没区文物普查资料）

图 6–33 “50 公里”里程碑（引自 1992 年三峡工程淹没区文物普查资料）

▼ 6.5.6 武隆羊角镇“50 公里”里程碑

“50 公里”里程碑位于原武隆县羊角镇梯子岩村，海拔高程 165 米。

该碑碑宽 2 米，高 1 米，横排阴刻于纤道月台之上，左至右横排阴刻“50 公里”（图 6–33）。该碑凿刻年代不详，应为导淮委员会乌江工程局所立。

该碑是近代开发利用乌江水利资源时期的历史遗存，所以具有一定的历史价值。

▼ 6.5.7 武隆江门峡纤道

江门峡纤道位于原武隆县巷口镇中堆坝村，海拔高程 174 米。

该纤道由人工开凿而成，总长约 500 米，高 2–5 米，宽 1–2 米。开凿时间大约在清光绪五年（1879 年）。

据考,该纤道是乌江船工拉纤拖船的必经之路。是近代开发利用乌江水利资源时期的历史遗存，所以具有一定的历史价值。

▼ 6.5.8 武隆落石岩纤道

落石岩纤道位于原武隆县白马镇桐麻湾村，海拔高程 174 米。

该纤道长约 200 米，高 2 米，宽 1.5 米。系清光绪年间开凿。

据考，该纤道的开凿使原本难以逆水的是落石岩河段的行船条件得到了明显改善。是近代开发利用乌江水利资源时期的历史遗存，所以具有一定的历史价值。

三峡石刻研究与保护（研究卷）

【下】

中国文化遗产研究院　李宏松 编著

文物出版社

目　录

下

第四篇 人篇

篇首语

“蛮鼓声坎坎，巴女舞蹲蹲”是唐代大诗人白居易对峡江地区先民生活的写照。俗话说“一方水土养一方人”，三峡地区的山水不仅哺育了三峡先民倔强、坚韧的性格，也培养了他们乐观、豁达的生活态度。

本篇将以“人”为核心，通过对与人类社会生活相关石刻的编录、释读和考证，从宗教、政治军事、文学、民风民俗及社会生活有关石刻五部分，系统揭示“三峡石刻”与“人”的关系。

第七章 慈航普渡——宗教与石刻

三峡地区因其特殊的地理位置、历史条件和民族因素，使其成为多种宗教的际会之地。复杂的宗教文化是三峡地区传统文化的重要组成部分，并影响着该地区人们的礼仪、思维、民风习俗，进而对该地区的政治、经济、军事各方面产生过复杂的作用，并渗透于社会生活的各个层面。而丰都二洞桥摩崖造像所题“慈航普渡”四字应是对三峡地区宗教文化核心思想最凝练的概括。

7.1 三峡地区宗教发展史简述 [30]

如前所述，由于三峡地区处于巴、楚、蜀、汉文化交融地区，是一个特色鲜明的地域文化空间。春秋战国时廪君巴人鄂西迁渝东，明清“湖广填四川”，抗日战争时期我国政治文化中心的西迁，都曾促进多种文化在此融合，从而形成了三峡地区独特的宗教文化。

在三峡漫长的历史过程中，先后有五种宗教传入该地区。

佛教于西汉末东汉初随南方丝绸之路传入，经过长期传播，至明清时期，三峡地区佛教寺庙众多，其中许多寺庙甚至一直沿用至今。最具影响的有重庆南岸区的慈云寺、重庆渝中区的罗汉寺、重庆九龙坡区的华岩寺以及重庆梁平的双桂堂（图 7-1）。

图 7-1 梁平双桂堂（引自国保申报材料）

道教于东汉末年传入，丰

都是早期的主要活动区域，经魏晋南北朝至唐宋时期，道教的传播在三峡地区达到鼎盛，但其发展及规模远不及佛教。1949 年后，三峡地区道教日趋衰弱，道徒陆续还俗，宫观多改为他用。

伊斯兰教于元朝由陕甘一带回民迁入定居而传入，明清期间，随湖广移民又有发展，民国时期更有较大发展，1949 年后，随着国家对风俗习惯及宗教信仰的尊重，伊斯兰教在三峡地区展现出新的风貌，一批历史悠久的清真寺不仅被作为宗教场所，更被作为该地区重要的历史文化遗存被保护下来，如始建于雍正二年（1724 年）的开县清真寺（图 7–2）。

图 7–2　开县清真寺（摄于 2002 年）

康熙四十三年（1704 年），天主教开始在涪州（今涪陵）传播，据历史文献统计，天主教自 17 世纪正式传入三峡地区，先后有英国、法国、德国、比利时、加拿大、澳大利亚等八个国家在该地区广建教堂，如始建于 1914 年的开县救主堂（图 7–3）。

图 7–3　开县救主堂（摄于 2002 年）

光绪三十二年（1906 年）基督教传入，1840 年鸦片战争以后，随着一系列不平等条约的签订，成千上万的外国传教士由沿海渗透至内地，三峡地区无论是城镇，还是乡村，基督教堂也比比皆是。抗日战争期间，随国民政府西迁重庆，沦陷区的教会、教堂也随之内迁，教徒剧增，战后，它们大都回迁原址。1949 年以后，基督教在该地区仍有一定传播，也是当地影响较大的宗教派别，一些教堂也一直被沿用至今，如始建于 1911 年的奉节福音堂（图 7–4）。

图 7–4　奉节福音堂（摄于 2002 年）

7.2　三峡地区石窟寺及摩崖造像空间分布特征

三峡地区宗教类石刻主要类型是石窟寺及摩崖造像，从造像题材来看，除佛教以外，还有道教，甚至佛、儒、道三教合一的内容，并表现出民俗化和地域化的特点。从空间分布来看，主要集中于上三峡地区（重庆奉节县以上），具体情况详见表 7–1。由表 7–1 我们不难发现三峡地区石窟寺及摩崖造像主要集中于两个区域内。一个是原万县市所辖地区（万州、云阳、忠县、石柱），分布有 10 处；一个是重庆市库区上游及周边地区，分布有 7 处。这种空间分布特征与佛教及佛教艺术在这两个区域的传播有直接关系。三国曹魏时佛教传入万县，明清两代佛教达到鼎盛；佛教传入巴县也在南北朝时期[①]，这说明这两个区域是三峡地区最早接受佛教传播的区域。同时由于唐宋期间大足地区将我国佛教造像艺术推向了一个新高峰，从而也促进了相邻区域佛教造像艺术的发展。重庆市库区上游及周边地区便紧邻

[①] 据巴县《缙云山志》载："刘宋少帝景平元年（423 年）有僧慈应，于缙云山开山建寺。"这是佛教传入巴县最早的史料。

表 7-1　三峡地区石窟寺及摩崖造像分布情况统计表

<table>
<tr><th>省</th><th>市、区县</th><th>数量</th><th>时代</th><th>备注</th></tr>
<tr><td rowspan="4">湖北</td><td>宜昌</td><td></td><td></td><td></td></tr>
<tr><td>兴山</td><td></td><td></td><td></td></tr>
<tr><td>秭归</td><td></td><td></td><td></td></tr>
<tr><td>巴东</td><td></td><td></td><td></td></tr>
<tr><td rowspan="14">重庆</td><td>巫溪</td><td></td><td></td><td></td></tr>
<tr><td>巫山</td><td>1</td><td>清</td><td></td></tr>
<tr><td>奉节</td><td></td><td></td><td></td></tr>
<tr><td>云阳</td><td>3</td><td>唐—当代</td><td></td></tr>
<tr><td>万州</td><td>3</td><td>唐之前—明清</td><td></td></tr>
<tr><td>忠县</td><td>3</td><td>唐—明清</td><td></td></tr>
<tr><td>石柱</td><td>1</td><td>明清</td><td></td></tr>
<tr><td>丰都</td><td>2</td><td>清—当代</td><td></td></tr>
<tr><td>涪陵</td><td></td><td></td><td></td></tr>
<tr><td>武隆</td><td></td><td></td><td></td></tr>
<tr><td>长寿</td><td></td><td></td><td></td></tr>
<tr><td>巴南</td><td>2</td><td>明—当代</td><td></td></tr>
<tr><td>南岸</td><td>1</td><td>元</td><td></td></tr>
<tr><td>江津</td><td>2</td><td>宋—清</td><td></td></tr>
<tr><td>重庆</td><td>合川</td><td>2</td><td>唐宋—当代</td><td>注：其中合川不在三峡库区，但鉴于它位于长江支流嘉陵江沿线，紧邻三峡库区，在地域文化属性上具有相似性和相关性，为更清楚地反映三峡地区石窟寺及摩崖造像分布特点，故在此将该地区也一并进行了统计。特此说明。</td></tr>
</table>

大足地区。而万县地区佛教造像艺术的发展起源及脉络目前由于缺乏周边地区资料，还有待进一步研究，在后面有关章节中将会对该问题进行初步探讨。

7.3　三峡地区石窟寺、摩崖造像及相关宗教造像、题刻汇编

▼ 7.3.1 奉节金轮寺隋代造像

金轮寺隋代造像现保存在白帝城东碑林之中（图 7-5），为清同治十二年（1873 年）维修奉节城墙，在城南大南门金轮寺遗址处出土，该造像虽在 20 世纪 50 年代头与手均被毁，但从现存造

像躯干部分服饰和雕刻风格上看，带有明显的隋代造像风格，且在造像背面底座部位还保留有同治十二年题记一款，记录了同治十二年造像被发现和安置至白帝城的经过。具体文字内容详见释文卷。作为该造像建造年代的有力佐证和依据，同治十二年同时被发现的还有《金轮寺舍利塔下铭碑》，该碑高 0.7 米，宽 0.68 米，刻于隋仁寿二年（602 年），现与造像一起保存于白帝城东碑林之中。具体文字内容详见释文卷。

图 7-5　白帝城藏金轮寺隋代造像（摄于 1998 年）

值得注意的是，1998 年陕西省西安市周至县仙游寺法王塔地宫中发掘起获的鎏金铜棺内发现有十枚佛舍利，同时还出土了 60 厘米见方、刻于唐开元二十三年（735 年）的《仙游舍利塔铭》[1]。该碑无论是行文格式和内容，与《金轮寺舍利塔下铭碑》都极为相似。隋时西安为雍州，夔州（今奉节）为信州。以上两碑的发现，证明了隋文帝令天下三十一州建塔藏舍利的史实。而金轮寺和仙游寺便是当时分藏舍利之地。根据《金轮寺舍利塔下铭碑》碑框外侧同治十二年题记，遗憾的是金轮寺舍利，因匠人误启而流失。但《金轮寺舍利塔下铭碑》的发现比《仙游舍利塔铭》早 125 年。同时出土的隋代造像是目前三峡地区发现的罕见的早于唐代，且有题记佐证的早期佛教造像遗存，为我们研究三峡地区佛教发展史、佛教艺术发展史提供了珍贵的实物依据。因此，具有极高的历史价值、艺术价值和文化价值。

▼ 7.3.2 云阳水井湾造像

水井湾造像位于原云阳县云硐乡新硐村，汤溪河左岸。地理坐标为北纬 30°59′13″，东经 108°53′39″。海拔高程 125 米。

---

[1]《仙游舍利塔铭》内容为："維大隋仁壽元年歲次辛酉，十月辛亥朔十五日丁丑，皇帝普為一切法界幽顯生靈，謹於雍州周至縣僊游寺，奉安舍利，敬造靈塔，願太祖武元皇帝、明元皇太后、皇帝、皇后、皇太子、諸王子孫等并外郡官，衆多民庶，六道三途，人、非人等，生生世世，值佛聞法，衆離苦因，同昇妙果。"

图 7–6　水井湾造像所处环境状况（摄于 1999 年）

图 7–7　水井湾造像区全景（摄于 1999 年）

图 7–8　水井湾造像 1 号造像龛（摄于 1999 年）

图 7–9　水井湾造像 1 号造像龛力士像（摄于 1999 年）

水井湾摩崖造像凿刻于一高约 3.26 米，长约 4.42 米的巨石之上，其前为坡度 35° 的斜坡，坡脚至汤溪河。隔河与明家河坝遥遥相对（图 7–6）。

据 1999 年调查共发现三龛（图 7–7）。

1 号龛：为圆拱龛，龛宽 0.88 米，高 1.08 米，内刻一佛、二弟子、二菩萨，为圆雕（图 7–8）。龛外两侧各刻一力士，为浅浮雕（图 7–9）。主佛高 0.53 米，结跏趺坐于金刚座之上，座高 0.12 米；右弟子高 0.45 米，双手合十；左弟子高 0.46 米，双手合十；右菩萨高 0.51 米；左菩萨高 0.54 米；右力士高 0.45 米；左力士高 0.68 米。

2 号龛：为圆拱龛，龛宽 0.17 米，高 0.29 米。内刻坐像一，像高 0.16 米，座高 0.4 米（图 7–10）。

3 号龛：为圆拱龛，龛宽 0.21 米，高 0.33 米。有龛线，未开凿。

图 7-10 水井湾造像 2 号造像龛（摄于 1999 年）

图 7-11 大佛头摩崖造像所处环境（摄于 2000 年）

图 7-12 大佛头摩崖造像所在岩壁（摄于 2000 年）

由于水井湾摩崖造像无造像题记，而文献上也从未记载，因而其凿刻的确切年代便无从考证。从四川地区石窟寺及摩崖造像的总体布局来看，川北地区的广元、巴中由于受北方丝绸之路的影响，集中了四川地区的早期造像，最早年代可推至南北朝时期，集中开凿年代应在初唐至盛唐期间。而川东地区主要开凿年代应在唐至宋。从水井湾摩崖造像形制上分析，1 号造像龛布局较严谨，力士造型具唐风，但饰纹简单，因此将其定在晚唐时期较为合理。

水井湾摩崖造像与三峡地区同时期其他造像相比，规模较小，所以对于研究该地区佛教造像的发展和演变过程有一定的借鉴意义。

▼ 7.3.3 云阳大佛头摩崖造像

大佛头摩崖造像位于原云阳县云硐乡新硐村六组，汤溪河右岸，其东临汤溪河，北靠云阳县城至云安镇公路（图 7-11），海拔高程 152 米，小地名“大虎头”。1987 年公布为县级文物保护单位。大佛头摩崖造像凿刻于高约 7 米，长约 9 米的岩壁之上，壁面南北向（图 7-12）。

据 2000 年调查现存造像 9 龛，分四层横向排列（图 7-11、图 7-12）。具体内容及尺寸详见表 7-2。

表 7-2　大佛头摩崖造像造像龛内容一览表

编号	规模（单位毫米）	深度（单位毫米）	形制	内容
1	1410×1210	470	平顶龛	一佛二弟子二菩萨二力士
2	900×900	185	平顶龛	一佛二弟子
3	760×840	300	弧顶龛	二佛并坐
4	800×520	85	平顶龛	一佛二弟子二力士
5	不详 ×600	245	平顶龛	一佛二弟子二力士
6	560×545	94	平顶龛	一佛二弟子
7	700×675	84	弧顶龛	一佛二弟子二力士
8	不详 ×820	95	平顶龛	一佛二弟子二菩萨二力士
9	不详 ×1115	480	平顶龛	一佛二弟子二菩萨二力士

大佛头摩崖造像始刻年代已无从考证，也无题记，因此无法确定其建造的具体年代。但从龛窟形制、造像组合关系、雕刻技法（图 7-13）及以往考古专家鉴定，其具有明显的盛唐造像特征，可推断其建造年代应在唐代中期，是三峡地区盛唐时期佛教造像的代表。因此，具有较高的历史价值和艺术价值。

图 7-13　大佛头摩崖造像代表性造像龛（摄于 2000 年）

▼ 7.3.4 云阳下岩寺摩崖造像

下岩寺摩崖造像位于原云阳县双江乡塘坊村长江左岸，中心地理坐标为北纬 30°55′08″，东经 108°43′29″，海拔高程 136-138 米。又名“下仙岩”、“下崖寺”、“云岩寺”、“古书岩”、“燕子龛”。

图 7–14 下岩寺摩崖造像所处环境（摄于 1999 年）

下岩寺摩崖造像所在地区地貌单元属剥蚀低山—丘陵类型。山体形态受岩性和构造控制，以平顶台阶状地形为特征。长江自西北向东南流经本区，在长江北岸仅见两级基座阶地，一级阶地阶面高程约 140 米，下岩寺摩崖造像便位于此阶地之上（图 7–14）。

据 1999 年调查，下岩寺摩崖造像现存造像龛七个，题刻（题记）及题刻遗迹四处，具体编号内容如下：

1 号：为一题刻，整幅宽 0.43 米，高 0.84 米。右至左竖排。楷兼行，阴刻。内容为“奇穴問靈骨，江水静絶塵。客遊吾已倦，願與渡迷津。光緒庚寅冬月朔日陳董佑題”（图 7–15）。

2 号：为一题刻，整幅宽 0.44 米，高 0.58 米。右至左竖排，楷书阴刻。内容为“斯地慈悲岸，法水救急難。君若处心時，却病亘远年。”（图 7–16）

图 7–15 下岩寺摩崖造像 1 号题刻（摄于 1999 年）

图 7–16 下岩寺摩崖造像 2 号题刻（摄于 1999 年）

3 号：为一平顶敞口式造像龛，龛高 3.05 米，宽 3.82 米。内刻三像；主尊为普贤造像，骑白象，持莲花，左、右像已风化残缺；主像高 2.8 米，右像残高 1.2 米（图 7–17）。

4 号：为一拱顶敞口式造像龛，龛高 4.63 米，宽 5.57 米。内刻三像；主尊为文殊造像，骑青狮，持如意。右像残缺，左像已毁；主像高 3.2 米（图 7–18）。

图 7–17　下岩寺摩崖造像 3 号造像龛（摄于 1999 年）

图 7–18　下岩寺摩崖造像 4 号造像龛（摄于 1999 年）

5 号：为一题刻龛，原有六块题刻碑，现已搬迁至云阳张桓侯庙内；楷书阴刻，右至左竖排，每块题记碑高 0.42 米，宽 0.97 米；内容分别为“第一块：《云阳下岩寺诗錄》· 涂凤，《燕子龛禅师》· 王维，《下崖二首并序》· 黄庭坚；第二块：《下岩》· 范成大，《云安下岩次涪翁四首》· 喻汝礪，《按部至下岩留小诗》· 郭印，《下岩》· 郭明復，《下岩》· 令狐庆誉，《下岩》· 杜东之；第三块：《下岩避暑留题》· 杨过，《过云安军下岩僧舍》· 赵汴，《下岩》· 宋肇，《下岩和黄豫章韵》· 李寿，《下岩在云安县西》· 冯时行，《云安下岩二首》· 冯时行，《下岩》· 宋永孚，《下岩逢雨》· 宋永孚；第四块：《下岩》· 黄人傑，《下岩次令狐庆誉韵》· 朱焕，《万州放船过下岩小留》· 陆游，《忆昔》· 陆游，《就銓西归过下岩寺》· 杜世东，《游下岩寺》· 来知德《万历壬子春莫过下岩寺》· 曹学佺，《雨后望下岩》· 陶澍；第五块：《上下仙岩》· 熊宇栋，《燕子龛》· 魏瀚，《下岩寺和残碑韵》· 杨忠远，《游下岩寺次韵二首》· 瘦木，《下岩寺避暑集句》· 方廷桂，《偕涂厚庵至下岩寺》· 张朝墉，《厚庵辑刻下岩寺诗属题》· 傅增湘；第六块：《壬戌三月游下岩寺》· 涂凤，《别兄墓入都遂至下岩寺》· 涂凤，《下岩寺避暑四首》· 涂凤，《辟暑下岩寺既去復来》· 涂凤，《下岩寺观瀑》· 涂凤，中华民国二十四年岁在乙亥夏月奉节张朝墉书时年七十六”（图 7–19）。

6 号：为一大型拱顶敞口式造像龛，整龛高 11 米，宽 32 米。内刻两组一佛二弟子像和千佛龛；从西至东分别为：千佛龛，高 5 米，宽 5.3 米；一佛二弟子，主尊为坐像，结跏趺坐于莲花座上，袒右肩，高 3.9 米，宽 4.3 米；一佛二弟子，主尊为坐像，善跏趺坐，袒胸，高 4.95 米，宽 4.4 米；千佛龛，高 6.3 米，宽 8 米（图 7–20）。

图 7-19 下岩寺摩崖造像 5 号题刻龛原题刻碑位置（摄于 1999 年）

图 7-20 下岩寺摩崖造像 6 号造像龛（摄于 1999 年）

图 7-21 下岩寺摩崖造像 7 号造像龛（摄于 1999 年）

图 7-22 下岩寺摩崖造像 8 号造像龛（摄于 1999 年）

7 号：为一平顶敞口式造像龛，龛高 1.88 米，宽 2.05 米。内刻地藏造像；善跏趺坐，跣足，脚踏莲花台，戴冠着袍，双手捧珠；像高 1.25 米，宽 0.54 米；座高 0.2 米（图 7–21）。

8 号：为一圆顶敞口式造像龛，龛高 3.2 米，宽 2.1 米。内刻燃灯菩萨坐像；像高 2.3 米，宽 1.05 米（图 7–22）。

9 号：为一平顶敞口式造像龛，龛高 4.35 米，宽 4.4 米。内刻一佛二弟子；背光及龛顶处有浅浮雕，可见人物图案；主尊高 4.2 米，宽 1.95 米；右像残高 3 米，左像残高 2.64 米(图 7–23)。

10 号：为一平顶敞口式造像龛，龛高 4.2 米，宽 4 米。内刻一佛二弟子，圆形头光，浅浮雕；主尊高 4.1 米，宽 1.6 米；右像残高 2.4 米（图 7–24）。

11 号：为一题刻，整幅宽 2.9 米，高 0.84 米，右至左横排，楷书阴刻“巧映岷江”4 字，字径 0.7 米（图 7–25）。

除此之外，目前院内仍保存有原寺庙及周围收集的附属文物及建筑构件，其中包括原寺庙单体残像 11 件（图 7–26），建筑散落石构件 3 件。

图 7-23　下岩寺摩崖造像 9 号造像龛（摄于 1999 年）

图 7-24　下岩寺摩崖造像 10 号造像龛（摄于 1999 年）

据民国《云阳县志》山水下载："寰宇记称夔州西北岸有二石，左日右月，岂谓斯欤。下崖寺居其北，古记谓之燕子龛，唐末刘道者之所游息也……自唐以来，下崖尤显名流题咏，亦于是为多崖壁石刻，佛像织悉，完美缕绘，尤精俚俗。"又据民国《云阳县志》士女载："刘道者，唐末定州人，闻道于云，居膺禅师。居县西六十里下岩，为开崖第一祖。自凿石龛，曰死便藏龛中，门人奉其命。二百年至宋苏轼、苏辙、黄庭坚经行皆有题字……"因此下岩寺摩崖造像始建年代应在晚唐，为当时三峡地区第一大石窟寺，后经宋、明、清历代增刻，"文化大革命"期间被毁。1987 年，被云阳县人民政府公布为县级文物保护单位。据 1999 年调查，现造像、题刻，除 1 号题刻、2 号题刻、9 号造像龛、10 号造像龛、11 号题刻外，其余造像均应为 20 世纪 90 年代在原龛位置上后刻或重妆的。

图 7-25　下岩寺摩崖造像 11 号题刻（摄于 1999 年）

下岩寺摩崖造像在《蜀中名胜记》、《舆地碑目》等重要文献中均有记载，应为当时川东地区重要的佛教胜地。因此，历代文人墨客也多在此停留，而留下诸多名篇，其中

图 7-26　下岩寺摩崖造像现存单体残像（摄于 1999 年）

部分被后人刻于岩壁之上。如 5 号题刻龛（现存云阳县张桓侯庙内）中便包括了王维、陆游、黄庭坚、冯时行、范成大、宋永孚、赵忭、杨过、令孤庆誉、曹学佺、来知德、涂凤等 28 人各时代咏颂下岩寺的诗文作品。为研究下岩寺历史沿革提供了翔实的文字资料。

据 5 号题刻龛第六块碑刻涂凤《下岩寺诗录》载："下岩寺东距云阳治城六十里，旧名燕子龛，又号云岩。岩濒大江，截然而断，高二十丈，而虚其中，石壁刻佛像一二丈，小者才两三寸，不可数计。佛殿僧寮并游客憩息之所，为屋十数间，楼六七楹，内诸龛沛如也。"该题记落款为"中华民国二十四年岁在乙亥夏月"（1935 年）。由此可见，下岩寺在民国期间仍具相当规模，应为当时川东地区重要的佛教胜地。

就下岩寺摩崖造像形制而言，从残存的造像题材来看，其中如千佛、一佛二弟子具唐代造像的主要特征。而 10 号造像龛头光中残留的人物形象，在四川地区同类型龛中较为少见。下岩寺作为唐代三峡地区最大的摩崖造像群，虽然保存现状较差，但其总体的龛窟形制，残存的造像题材，对于研究三峡地区早期造像的艺术风格仍具较高的参考价值。

下岩寺作为川东地区著名的佛教胜地，自古便是云阳县重要的人文景观，因此以"云岩滴翠"、"上下仙岩"成为云阳八景。其神秘的宗教色彩、丰富的历代诗文和独特的自然风貌，成为历代文人墨客云游至此的必经之地。从诸多文献记载来看，其文化价值及景观价值，应不亚于奉节白帝城、云阳张桓侯庙，是三峡地区重要的历史遗存之一。

▼ 7.3.5 万州坠儿洞摩崖造像

坠儿洞摩崖造像位于原四川省万县市龙宝区武陵镇镇政府西 100 米处一突兀的孤石下部，前距长江 0.5 公里，海拔高程 160 米。造像区长约 10 米、高约 3 米，原位置位于镇煤厂操作间内，造像底部被淤埋（图 7–27）。

图 7–27　坠儿洞摩崖造像区所处环境（摄于 2000 年）

图7–28　坠儿洞摩崖造像1号龛、2号龛（摄于2000年）

图7–29　坠儿洞摩崖造像2号龛主尊及弟子造像（摄于2000年）

据2000年调查现存造像1龛，空龛2龛。

1号：为一平顶龛，龛高0.4米，宽0.63米，深0.3米。内空（图7–28左侧）。

2号：为一圆拱顶造像龛，龛高1.75米，宽1.74米，深约1米。龛内刻造像7尊。为一佛二弟子二菩萨二力士，保存情况较差，头部均已被毁。龛上部有“人”字形分水槽（图7–28右侧）。中间主尊善跏趺坐于长方座上，跣足踏莲台，总高1.25米，其中像高1.09米，莲台高0.16米。头部已毁。着双领下垂式袈裟，右手似曲肘举于胸前，左手似作抚膝状，双手均已毁。头后刻莲瓣形和桃形两重头光（图7–29）。各部具体尺寸详见表7–3。由所测尺寸可知造像整体呈削瘦状。

表7–3　主尊各部空间数据采集统计表　　单位：毫米

部位 尺度		头	胸处	肩处	上身	肘处	膝处	足部处	座处	头光
宽	—	—	—	390	—	710	480	360	880	650
高	240	260	—	—	400	—	—	—	160	560
厚（深）	—	—	240	—	—	—	360	—	250	—

左弟子立像。像高 0.78 米，深 0.09 米。座高 0.46 米。头已毁。左弟子着交领袈裟，抄手供养，有圆形头光，头光三重，内重与中重间有规则直线相连（图 7–29）。各部具体尺寸详见表 7–4。

表 7–4 左弟子立像各部空间数据采集统计表 单位：毫米

尺度＼部位	冠	头	颈处	肩处	足处	肘处	膝处	座处	头光
宽	—	150	—	200	260	—	—	—	360
高	—	160	—	—	—	—	—	—	310
深	—	—	—	—	—	—	—	—	—

右弟子立像。像高 0.77 米，深（厚）0.09 米。座高 0.46 米。头已毁，右弟子有圆形头光，似着双领下垂式袈裟，下着裙（图 7–29）。各部具体尺寸详见表 7–5。

表 7–5 右弟子立像各部空间数据采集统计表 单位：毫米

尺度＼部位	冠	头	颈处	肩处	足处	肘处	膝处	座处	头光
宽	—	130	—	200	220	—	—	—	340
高	—	160	—	—	—	—	—	—	280
厚（深）	—	—	—	—	—	—	—	—	—

左菩萨立像。总高 0.9 米，其中像高 0.8 米，深（厚）0.07 米。座高 0.1 米，左菩萨宝缯束发饰带两耳下垂，披于肩上，披巾自肩胛垂下于腹前呈 X 状交叉，双手合十，有桃形头光及舟形身光（图 7–30）。各部具体尺寸详见表 7–6。左力士立像。像高 0.9 米，深（厚）0.08 米。左力士仅余粗坯可辨其头部两侧有雕饰及圆形头光（图 7–30）。各部具体尺寸详见表 7–7。

表 7–6 左菩萨立像各部空间数据采集统计表 单位：毫米

尺度＼部位	冠	头	颈处	肩处	足处	肘处	膝处	座处	头光
宽	80	150	—	210	310	—	—	330	370
高	80	130	—	—	—	—	—	100	350
厚（深）	—	—	—	—	—	—	—	—	—

表 7-7　左力士立像各部空间数据采集统计表　　单位：毫米

尺度＼部位	冠	头	颈处	肩处	足处	肘处	膝处	座处	头光
宽	25	190	—	200	220	—	—	—	380
高	50	170	—	—	—	—	—	—	330
厚（深）	—	—	—	—	—	—	—	—	—

右菩萨立像，总高 0.93 米，其中像高 0.85 米，深（厚）0.08 米。座高 0.08 米。右菩萨仅可辩其宝缯，两耳垂于肩际，左手自然下垂，披巾自双肩下垂于腹前横过两道，下着裙，有桃形头光及舟形通身光（图 7–31）。各部具体尺寸详见表 7–8。右力士立像，像高 0.89 米，深（厚）0.11 米。身体一侧肩部的披巾作飘飞翘角状，另一侧可能已风化，有桃形头光（图 7–31）。各部具体尺寸详见表 7–9。

图 7–30　坠儿洞摩崖造像 2 号龛左菩萨、左力士像（摄于 2000 年）

图 7–31　坠儿洞摩崖造像 2 号龛右菩萨、右力士像（摄于 2000 年）

表 7-8　右菩萨立像各部空间数据采集统计表　　单位：毫米

部位＼尺度	冠	头	颈处	肩处	足处	肘处	膝处	座处	头光
宽	130	135	—	220	300	—	—	300	385
高	105	120	—	—	—	—	—	80	410
厚（深）	—	—	—	—	—	—	—	—	—

表 7-9 右力士立像各部空间数据采集统计表 单位：毫米

尺度 \ 部位	髻	头	颈处	肩处	足处	肘处	膝处	座处	头光
宽	100	145	—	280	340	—	—	—	340
高	90	130	—	—	—	—	—	—	330
厚（深）	—	—	—	—	—	—	—	—	—

3 号：为一平顶龛，龛高 0.745 米，宽 0.765 米，深 0.715 米。内空（图 7–32）。

从 1 号龛、3 号龛现存情况分析，坠儿洞摩崖造像应为一处未凿刻完工的摩崖造像。因无纪年题记，故凿刻年代已无从考证。但根据 2 号龛窟形制，造像组合及其雕刻风格看，应属该地区早期佛教造像遗存，始刻年代不应晚于初唐。

2 号龛造像呈现的整体削瘦的形态、主尊莲瓣形头光、菩萨披巾于腹前呈 X 状交叉等特征表明，坠儿洞摩崖造像具备唐以前石窟寺造像的某些特点，到目前为止，可能是三峡地区发现的最早的摩崖造像，因此对于研究川渝地区早期石窟寺艺术在川东地区的传播具有重要的价值。

▼ 7.3.6 万州马家溪摩崖造像

马家溪摩崖造像位于原四川省万县市龙宝区高峰镇朝阳村五组，凿刻于村东北 150 米左右的一块孤石上。南距长江 200 米，海拔高度 153 米，造像凿刻于一长 3.3 米、宽 4.5 米、高 2 米的不规则孤石上（图 7–33），现位置正处于农户桔园之中。其周围被第四纪坡积物覆盖，造像区周边有淤埋现象（图 7–34）。

据 2000 年调查现存造像 4 龛。

1 号：为一拱顶造像龛，龛高 1.5 米，宽 1.6 米，深在 0.48 米。龛内刻造像 5 尊。主尊为观音坐像，左右为善财、龙女和男女供养人（图 7–35）。观音坐像，结跏趺坐莲台。总高 0.84 米，

图 7–32 坠儿洞摩崖造像 3 号龛（摄于 2000 年）

图 7–33 马家溪摩崖造像造像龛分布情况（摄于 2000 年）

图 7-34　马家溪摩崖造像所处环境状况（摄于 2000 年）

图 7-35　马家溪摩崖造像 1 号龛（摄于 2000 年）

其中像高 0.6 米，座高 0.24 米。各部具体尺寸详见表 7–10。

表 7–10 观音坐像各部空间数据采集统计表 单位：毫米

尺度＼部位	冠	头	颈处	肩处	上身	肘处	膝处	座处	背光
宽	140	90	65	230	275	305	365	430	450
高	45	130	15	—	—	—	102	240	480
厚（深）	—	62	—	—	60	—	90	100	—

善财立像。总高 0.81 米，其中像高 0.63 米，座高 0.18 米。各部具体尺寸详见表 7–11。

表 7–11 善财立像各部空间数据采集统计表 单位：毫米

尺度＼部位	冠	头	颈处	肩处	足处	肘处	膝处	座处	背光
宽	130	150	70	195	195	—	—	270	295
高	40	110	15	—	—	—	—	180	310
厚（深）	—	68	—	—	65	—	—	—	—

龙女立像。总高 0.87 米，其中像高 0.69 米，座高 0.18 米。各部具体尺寸详见表 7–12。

表 7–12 龙女立像各部空间数据采集统计表 单位：毫米

尺度＼部位	冠	头	颈处	肩处	足处	肘处	膝处	座处	背光
宽	85	120	70	200	215	—	—	220	285
高	53	125	18	—	—	—	—	180	325
厚（深）	—	38	—	—	53	—	—	—	—

男供养人立像。总高 0.98 米，其中像高 0.83 米，座高 0.15 米。各部具体尺寸详见表 7–13。

表 7–13 男供养人立像各部空间数据采集统计表 单位：毫米

尺度＼部位	冠	头	颈处	肩处	足处	肘处	膝处	座处	背光
宽	250	130	70	225	230	—	—	255	250
高	86	145	20	—	—	—	—	150	290
厚（深）	—	60	—	—	64	—	—	55	—

女供养人立像。总高 0.98 米，其中像高 0.79 米，座高 0.19 米。各部具体尺寸详见表 7–14。

表 7–14　女供养人立像各部空间数据采集统计表　　单位：毫米

尺度＼部位	冠	头	颈处	肩处	足处	肘处	膝处	座处	背光
宽	85	135	70	210	245	—	—	265	270
高	70	120	15	—	—	—	—	190	340
厚（深）	—	64	—	—	70	—	—	70	—

2 号：为一圆拱顶造像龛，龛高 0.43 米，宽 0.25 米，深 0.75 米。内刻坐像一，像高 0.31 米（图 7–36）。各部具体尺寸详见表 7–15。

表 7–15　2 号龛坐像各部空间数据采集统计表　　单位：毫米

尺度＼部位	冠	头	身
宽	80	75	150
高	45	80	310
厚（深）	—	35	25

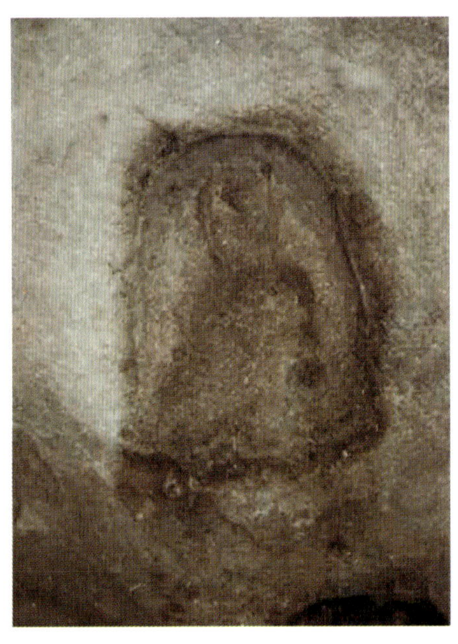

图 7–36　马家溪摩崖造像 2 号龛（摄于 2000 年）

图 7–37　马家溪摩崖造像 3 号龛（摄于 2000 年）

3号：为一圆拱顶造像龛，龛高0.21米，宽0.24米，深0.35米。内刻坐像一，像高0.21米（图7–37）。各部具体尺寸详见表7–16。

表7–16　3号龛坐像各部空间数据采集统计表　　单位：毫米

尺度＼部位	冠	头	身
宽	—	75	140
高	—	85	210
厚（深）	—	—	20

4号：为一圆拱顶造像龛，龛高0.21米，宽0.26米，深0.55米。内刻坐像一，像高0.19米（图7–38）。各部具体尺寸详见表7–17。

图7–38　马家溪摩崖造像4号龛（摄于2000年）

马家溪摩崖造像年代现无从考证，但从造像服饰风格上看，应属明代民间所刻的一处佛道二教合一的摩崖造像。

马家溪摩崖造像虽始刻年代不详，保存状况也不甚理想，但其所刻题材在三峡地区较为少见。现存四龛中规模最大，保存最好的1号龛，主尊结跏趺坐于莲座之上，高发髻上覆头巾，上身着双领下垂式大衣，覆披肩，下着裙，裙带于胸前结穿环，垂于腹际，右手置左手上，掌心向上，两手相叠置于腿上，有桃形背光。主像两侧的善财、龙女像均束高发髻，发带作飘扬状，皆跣足立于莲台之上，一穿圆领大衣，一穿交领大衣，抄手供养，均有圆形头光。龛外侧两男女供养人像也均跣足立于莲台之上，合十供养，有圆形头光，皆着交领大衣，其右者束高发髻，左侧者似戴冠，头两侧隐约可见冠梁。这些造像衣饰呈蓝色，崖面饰黄红色。从主龛的造像手法来看，马家溪摩崖造像具有浓郁的地方特点，造像服饰更加民间化、世俗化，反映了宋朝以后该地区佛教造像由“三教合一”进一步向宗教多元化、世俗化的过程。因此该造像是研究该地区佛教造像史及宗教发展史不可或缺的实物资料。

7–17　4号龛坐像各部空间数据采集统计表　　单位：毫米

尺度＼部位	冠	头	身
宽	—	75	140
高	—	90	190
深	—	—	25

▼ 7.3.7 万州观音岩摩崖造像

观音岩摩崖造像位于原四川省万县市龙宝区武陵镇凤安村。海拔高程 153–157 米，崖面面对长江，距长江百余米，观音岩摩崖造像凿刻于高 15 米，长约 100 米的崖壁底部。崖壁近南北向，造像区东临长江。崖壁之上有黄桷古树一株，是沿江寻此古迹的明显标志（图 7–39）。

据 2000 年调查现存两个造像区。北区现存造像龛 4 龛、题记 2 款（图 7–40）；南区现存造像龛 1 龛、题记 2 款和若干将军箭题刻（图 7–41）。

图 7–39　观音岩摩崖造像环境状况（摄于 2000 年）

图 7–40　观音岩摩崖造像北区（摄于 2000 年）

图 7–41　观音岩摩崖造像南区（摄于 2000 年）

（一）北区

1 号：为一弧顶造像龛，内空。龛高 1.545 米，宽 3.01 米，深 0.67 米。龛右下角有题记龛一款，龛高 0.68 米，宽 1.56 米，深 0.045 米。龛左右原有对联一幅，现已残，现上联仅存“千載”二字，下联仅存“萬年”二字，楷书阴刻，字径 80 毫米 ×120 毫米，字距 45 毫米；碑文共 33 行，前 7 行为序，后为人名 26 行，行距 18 毫米，字距 10 毫米，字径 31 毫米 ×35 毫米（图 7–42）。具体文字内容详见释文卷。

2 号：为一圆拱顶造像龛高 2.465 米，宽 2.31 米，深 1.17 米。龛内刻观音坐像 1 尊，莲台，头已毁，为后补。龛额右至左横排，楷书阴刻“作普陀觀”四字，长 1.04 米，

图 7-42 观音岩摩崖造像北区 1 号造像龛（摄于 2000 年）

图 7-43 观音岩摩崖造像北区 2 号造像龛（摄于 2000 年）

高 0.3 米，字径 224 毫米 ×228 毫米，字距 53 毫米，深 20 毫米；其左右有“日”、“月”二字。龛两侧有对联一幅，上联为“勢智宏通消八難”，落款“大清乾隆四十二年”；下联为“能仁廣錫運三多”，落款“孟秋月下浣之吉”，联高 1.15 米，字径 160 毫米 ×140 毫米，字距 30 毫米，深 8 毫米。龛右下角有题记龛一，为嘉庆九年所刻，宽 0.32 米，高 0.6 米，顶作尖拱状，内刻碑文 5 行，行字数不等。具体文字内容详见释文卷。龛内观音像，结跏趺坐于莲座之上。总高 0.98 米，其中像高 0.55 米，座高 0.43 米（图 7-43），观音像各部具体尺寸详见表 7-18。

3 号：为一弧顶造像龛，内空。龛高 1.583 米，宽 2.14 米，深 0.47–0.72 米之间（图 7-44）。

4 号：为一弧顶造像龛，龛高 0.41 米，宽 0.4 米，深 0.12 米。内刻土地像一，像高 0.36 米（图 7-45）。

表 7-18 2 号龛观音造像各部空间数据采集统计表 单位：毫米

部位 / 尺度	肩处	膝处	上身	下身	座莲花处	座束腰处
宽	340	450	—	—	530	230
高	—	—	345	205	—	—
深	—	—	190	320	—	—

土地像各部具体尺寸详见表 7-19。

5 号：为一尖顶造像龛，距 1-4 号龛北约 15 米处，内空。龛高 0.86 米，宽 0.53 米，深 0.24-0.68 米之间。距龛上皮 0.1 米平行龛楣线有圆孔三，直径 105-120 毫米（图 7-46）。

表 7-19　4 号龛土地像各部空间数据采集统计表　　单位：毫米

部位 / 尺度	头	肩处	底处
宽	80	140	205
高	150	—	—

图 7-44　观音岩摩崖造像北区 3 号造像龛（摄于 2000 年）

图 7-45　观音岩摩崖造像北区 4 号造像龛（摄于 2000 年）

图 7-46　观音岩摩崖造像 5 号造像龛（摄于 2000 年）

（二）南区

距北区南约 50 米处。

6 号：为一圆拱顶造像龛，龛高 0.97 米，宽 0.66 米，深 0.25 米。内刻观音像一和供养人像二（图 7–47）。

观音像，结跏趺坐于莲台上，头、手已毁。总高 0.77 米，其中像高 0.6 米，座高 0.17 米。观音像各部具体尺寸详见表 7–20。

供养人像毁坏严重，基本无法辨认。总高 0.35 米，像高 0.29 米，座高 0.06 米。

图 7–47　观音岩摩崖造像南区 6 号造像龛（摄于 2000 年）

表 7–20　6 号龛观音造像各部空间数据采集统计表　　单位：毫米

尺度 \ 部位	肩处	膝处	上身	座
宽	360	360	—	350
高	—	—	—	170
深	—	250	120	250

7 号：为一摩崖题记，位于 6 号龛东岩壁下方。高 1 米，宽 1.2 米，深 0.35 米。其额右至左横排，楷书阴刻“永垂万古”四字，额高 0.13 米，字距 100 毫米，字径 75 毫米 ×105 毫米，深 8 毫米。内刻文字大面积风化严重无法辨析，落款可见“光緒二十四年□姓仝立”，残存题记约 21 行，行距 25 毫米，字距 20 毫米，字径 25 毫米 ×25 毫米（图 7–48）。

8 号：为一摩崖题记，位于 7 号题记右上方，为清“嘉庆十一年十二月”所刻的捐钱碑，但已模糊不清无法辨认。

除此之外，在南区还残存 10 余款年代不详的将军箭[①] 题刻（图 7–49），均为线刻，形式各异。

① “将军箭”是雕刻在路边某块岩石上的一支箭。它的作用是三峡地区百姓用来为小儿求“保爷”的一种形式。从外在形式上看，用“将军箭”来寻求保爷与用其他方式寻求保爷在程式上就有很大不同。“将军箭”寻求保爷的指导思想具有“绝对天意”的天命观念（而其他方式则不同程度具有人为选择性），“将军箭”寻求保爷的乞求者只需请一匠人在某块石头上刻一支箭，然后就可以在此认定箭头所指方向第一个到来者为“保爷”（其他方式在认定保爷的问题上还必需经过很多仪式），根据“将军箭”认定保爷之后，乞保者与被乞者之间在传统规定上就处在了“决不反悔”的地位上。因此，这就导致了“将军箭”寻保与其他方式寻保的外在表象最大的不同；其他方式所寻之保至少一定是一个人，而“将军箭”认定的第一个到来者则不一定是人。所以，长江三峡地区历史上就大量流传着“老虎保爷”、“熊保爷”、“豺狗保爷”等野兽成为小孩保爷的故事传说。

图 7-48　观音岩摩崖造像 7 号题记（摄于 2000 年）

图 7-49　观音岩摩崖造像南区将军箭题刻（摄于 2000 年）

其中内容如下：

①“上走重庆，长命富贵，下走宜昌”

②“上走石包在（石宝寨），长命富贵，下走武凌（陵）场，癸酉年五月上浣旦”

③“上走石包塞（石宝寨），下走武凌（陵）场，石走下埂，壬寅年正月七日立”

④“上走石凸塞（石宝寨），下走武凌（陵）场，石走下埂，辛丑年二月初一立”

另外，在造像区内发现残像 2 尊，着盔甲，疑为武士像（图 7-50）。残像一：残高 0.68 米，肩宽 0.35 米，厚 0.23 米；残像二：残高 0.3 米，肩宽 0.23 米，厚 0.13 米。在造像区崖壁面上，还残存大量大小不等的方形及圆形孔洞，疑为早期营建寺庙的建筑遗迹。

图 7-50　观音岩摩崖造像武士残像（摄于 2000 年）

就题记内容分析，观音岩摩崖造像始刻年代应在清乾隆四十二年（1777 年）。后于嘉庆九年（1804 年）、嘉庆十一年（1906 年）、光绪二十四年（1898 年）进行过维修和增刻。

观音岩摩崖造像虽保存现状不甚理想，但遗存内涵丰富，除主要的佛教造像外，还包括民间造像和过往客商留下的民间题记，并且发现了许多建筑遗迹，所以，可推断该处是本地区清代主要的宗教活动场所和客商往来的必经之地。因此，从这一点上讲，对于观音崖摩崖造像的研究，将有助于我们了解三峡地区独特的宗教、人文环境和生活习俗。

▼ 7.3.8 “南无阿弥陀佛”摩崖题刻

“南无阿弥陀佛”摩崖题刻位于原四川省万县市五桥区扁寨村长江左岸崖壁之上，其下游 500 米为万州长江大桥。地理坐标为北纬 30°45′51″，东经 108°25′17″。海拔高程 135 米。其上海拔 160 米处为五桥水厂加压站（图 7–51）。题刻所在岩壁高约 35 米，崖壁底面高程 125 米，顶面高程 160 米，为二级阶地。其前至江面为坡度约 60° 的斜坡，坡上多为崩塌堆积物（图 7–52）。

右至左横排，楷书阴刻，“南无阿弥陀佛”六字，长 8.8 米，字径 0.6 米。其左右各刻一梵文，字略小（图 7–53）。

万州五桥区扁寨村古寨门处，另有一处梵文题刻，该梵文题刻题跋为“辛酉安镇”四个汉字。因此“南无阿弥陀佛”题刻可能与其雕刻年代相近。

据调查，就目前所了解的三峡地区题刻类型而言，这种汉梵相间的题刻形式，仅在万州发现。究其原因，极有可能与扁寨村古寨的历史沿革有关。

图 7–51 “南无阿弥陀佛”摩崖题刻所处环境状况（摄于 2000 年）

图 7–52 “南无阿弥陀佛”摩崖题刻所在崖壁（摄于 2000 年）

图 7–53 “南无阿弥陀佛”摩崖题刻保存状况（摄于 2000 年）

图 7-54　观音岩摩崖造像环境状况（摄于 2000 年）

图 7-55　观音岩摩崖造像造像区现状（摄于 2000 年）

图 7-56　观音岩摩崖造像 1 号龛（摄于 2000 年）

因无从查考，还有待进一步了解古寨的相关遗存。

就题刻本身的书法艺术水平而言，该题刻字体浑圆饱满，应属中上乘作品。

总而言之，该处题刻的综合价值还需进一步研究。

▼7.3.9 忠县观音岩摩崖造像

观音岩摩崖造像位于原忠县任家镇江星村。中心地理坐标为北纬 30°09′14″，东经 107°56′24″ 。造像区高程在 152–155 米之间，观音岩摩崖造像主要凿刻于高 6 米，长约 22 米的崖壁之上。造像区西部为平坦的二级阶地，其前为狭窄的一级阶地（图 7–54）。1986 年公布为县级文物保护单位。

造像分布在长江右岸，高 6 米，长 22 米的崖壁之上（图 7–55）。

据 2000 年调查现存造像 2 龛、题记 3 款。

1 号：为一平顶造像龛，龛高 1.75 米，宽 3.23 米，深在 0.27–0.32 米之间。龛上皮 0.26 米处凿深 50 毫米引水槽。龛内刻造像 3 尊（图 7–56）。

主尊为净瓶观音，结跏趺坐于莲台上，瓶捧于掌上。总高 1.27 米，其中像高 0.88 米，座高 0.39 米。各部具体尺寸详见表 7–21。

表 7-21 净瓶观音造像各部空间数据采集统计表 单位：毫米

尺度＼部位	髻	头	颈	肩处	肘处	膝处	胸处	座上皮处	座下皮处	背光	宝瓶
宽	120	115	95	290	410	540	—	600	540	920	60
高	75	140	10	—	—	—	—	—	—	1220	115
厚（深）	—	190	—	—	225	265	170	210	85	—	65

观音像左为文殊菩萨，结跏趺坐于青狮之上。总高 1.32 米，其中像高 0.94 米，座高 0.38 米。各部具体尺寸详见表 7-22。

表 7-22 文殊菩萨造像各部空间数据采集统计表 单位：毫米

尺度＼部位	冠	头	颈	肩处	肘处	膝处	座上皮处	狮头	狮身	背光
宽	160	160	140	290	360	630	690	170	900	920
高	130	150	15	—	—	—	—	200	—	1135
厚（深）	—	195	—	145	210	270	240	—	290	—

观音像右为普贤菩萨，结跏趺坐于白象之上。总高 1.22 米，其中像高 0.94 米，座高 0.28 米。各部具体尺寸详见表 7-23。

表 7-23 普贤菩萨造像各部空间数据采集统计表 单位：毫米

尺度＼部位	冠	头	颈	肩处	肘处	膝处	胸处	座上皮处	象头	象身	背光
宽	210	145	125	290	370	630	—	730	170	940	965
高	150	160	12	—	—	—	—	—	210	—	1220
厚（深）	—	190	—	—	210	250	170	235	—	245	—

2 号：为一平顶题记龛，龛高 0.7 米，宽 0.6 米，深 0.05 米。龛上皮 0.13 米处凿深 50 毫米引水槽。龛内右至左竖排刻捐款人姓名 12 行，每行 13 字，由于风化无法辨析。龛外可辨“首信士，陳仕禎助錢一千文，潘正倫助錢二千文，李先道助錢三百文”字迹。字径 35 毫米 ×40 毫米，字距 10 毫米，行距 10 毫米（图 7-57）。

3 号：为一平顶造像龛，龛高 0.57 米，上外宽 0.56 米，上内宽 0.5 米，深 0.12 米。龛内刻造像 2 尊（图 7-58）。

图 7-57　观音岩摩崖造像造像区 2 号龛（摄于 2000 年）

图 7-58　观音岩摩崖造像造像区 3 号龛（摄于 2000 年）

左像为一男坐像。像高 1.43 米，深（厚）0.07 米；座高 0.11 米，深 0.05 米。各部具体尺寸详见表 7-24。

表 7-24　男像各部空间数据采集统计表　　单位：毫米

尺度＼部位	冠	头	翅	肩处	肘处	膝处	底处
宽	80	100	45	150	160	195	200
高	45	70	20	—	—	—	—
厚（深）	—	50	—	—	—	—	—

右像为一女坐像。像高 425 毫米，深（厚）0.07 米；座高 1.05 米，深 0.05 米。各部具体尺寸详见表 7-25。

表 7-25　女像各部空间数据采集统计　　单位：毫米

尺度＼部位	头	肩处	肘处	膝处	底处
宽	60	125	140	190	200
高	80	—	—	—	—
厚（深）	50	—	—	—	—

图 7-59 观音岩摩崖造像区 4 号龛（摄于 2000 年）

图 7-60 观音岩摩崖造像区 5 号龛（摄于 2000 年）

4 号：为一尖拱顶题记龛，龛高 1.2 米，宽 0.86 米，深 0.1 米。距龛上皮 0.45 米处凿深 25 毫米排水槽一。题记内容为重修碑记，刻序及捐款人姓名 16 行，行距 5–20 毫米，字径 18–22 毫米，字距 4–5 毫米，具体文字内容详见释文卷。镌刻年代为嘉庆十四年（1809 年）（图 7–59）。

5 号：为一摩崖题刻，可辨“移洞灘”三字，楷书阴刻。字径 0.6 米 ×0.55 米，字距 0.1 米（图 7–60）。

另外 1 号龛下有残像一座，高 0.75 米，除头部被毁外，其余基本完好（图 7–61）。

就以往文献记载和造像形制分析，该处摩崖造像的始刻年代应在明代，并于清嘉庆十四年（1809 年）进行过维修。

观音岩摩崖造像，尤其是保存最完整的 1 号龛，具有明代佛教造像的典型风格。造像

图 7-61 观音岩摩崖造像残像（摄于 2000 年）

图 7-62 龙滩河摩崖造像环境状况（摄于 2000 年）

图 7-63 龙滩河摩崖造像区正立面（摄于 2000 年）

图 7-64 龙滩河摩崖造像区侧立面（摄于 2000 年）

图 7-65 龙滩河摩崖造像区 1 号龛（摄于 2000 年）

服饰更加民间化、世俗化，反映了从宋以后该地区佛教造像由“三教合一”进一步向信仰多元化、佛教造像风格世俗化的过程。由于造像雕刻工艺细腻，造型生动，特别是青狮、白象造型活泼可爱，有呼之欲出之势，所以应属三峡地区同时代造像中的上乘之作，是研究该地区佛教造像史及宗教发展史不可或缺的实物资料。

▼ 7.3.10 龙滩河摩崖造像

龙滩河摩崖造像位于原忠县石宝区万金乡高台村东龙滩河左岸。地理坐标为北纬 30°25′22″，东经 108°07′48″。海拔高程 167 米，前为汝溪河（图 7-62）。1986 年公布为县级文物保护单位。龙滩河摩崖造像凿刻于高约 5 米，长约 7 米的由两块巨石组成的岩壁之上，壁面面向西南（图 7-63、图 7-64）。

据 2000 年调查现存造像 46 龛，分四至六层横向排列，其中圆拱龛 32 龛，尖拱龛 4 龛，佛帐龛 3 龛（图 7-65），平顶龛 3 龛，题记龛 2 龛，线刻 1 龛，无法辨识 1 龛。具体形制、内容及空间尺寸详见表 7-26。

表 7-26 造像龛内容一览表

编号	宽 × 高（单位毫米）	深度（单位毫米）	形制	内容
1	950 × 785	70	佛帐龛	一佛二弟子二菩萨二力士
2	555 × 685	90	圆拱龛	一佛二弟子二菩萨，左上存题记 1 款
3	540 × 680	95	圆拱龛	一佛二弟子二菩萨
4	405 × 600	40	佛帐龛	一佛二弟子，右下角存题记 1 款
5	113 × 200	30	圆拱龛	一佛
6	210 × 267	55	圆拱龛	一佛二菩萨
7	113 × 200	30	圆拱龛	一佛
8	215 × 280	45	圆拱龛	一佛二弟子，左侧存题记 1 款
9	330 × 935	0	题记	右至左竖排，隶书阴刻 6 行
10	210 × 275	40	圆拱龛	一佛二弟子
11	230 × 285	50	圆拱龛	一佛二弟子
12	215 × 250	40	无法辨认	二佛
13	240 × 330	50	圆拱龛	一佛
14	540 × 675	85	尖拱龛	一佛二弟子二菩萨
15	540 × 675	85	尖拱龛	一佛二弟子二菩萨
16	550 × 675	85	尖拱龛	一佛二弟子二菩萨
17	370 × 240	85	平顶龛	二菩萨二力士
18	280 × 490	0	阴刻	线刻三层宝塔
19	140 × 240	50	圆拱龛	一佛
20	2935 × 800	0	题记	右至左竖排，楷书阴刻 67 行
21	760 × 530	55	圆拱龛	一佛，未完成
22	710 × 875	90	圆拱龛	一佛二弟子二菩萨二力士
23	670 × 750	180	佛帐龛	一佛二弟子二菩萨二力士
24	290 × 390	60	尖拱龛	二佛
25	160 × 220	35	圆拱龛	一佛
26	235 × 300	60	圆拱龛	一佛二弟子
27	240 × 305	50	圆拱龛	一佛二弟子
28	250 × 290	40	平顶龛	二佛，两侧存题记
29	240 × 300	45	圆拱龛	一佛二弟子
30	450 × 730	45	圆拱龛	造像题记碑
31	130 × 220	40	圆拱龛	一佛
32	235 × 320	55	圆拱龛	一佛二弟子

续表

编号	规宽 × 高（单位毫米）	深度（单位毫米）	形制	内容
33	155 × 220	35	圆拱龛	一佛
34	195 × 310	45	圆拱龛	一佛
35	150 × 230	30	圆拱龛	一佛
36	150 × 230	35	圆拱龛	一佛
37	240 × 325	50	圆拱龛	一佛二弟子
38	150 × 230	30	圆拱龛	一佛
39	150 × 240	45	圆拱龛	一佛
40	190 × 320	40	圆拱龛	一佛
41	130 × 240	35	圆拱龛	一佛
42	150 × 230	35	圆拱龛	一佛
43	240 × 325	50	圆拱龛	一佛二弟子
44	150 × 230	30	圆拱龛	一佛
45	245 × 340	55	圆拱龛	一佛二弟子
46	215（残）× 300	25	平顶龛	疑为二佛

据调查造像区内现存 8 款题记（图 7-66），由于风化，大多已无法辨识，具体文字内容详见释文卷。

崖前还保存有残碑一块，宽 0.6 米，高 1.2 米，厚 0.12 米。可见碑文 20 行，行距 15 毫米，字距 10 毫米，字径 20 毫米 ×20 毫米，字迹模糊已难以辨认（图 7-67）。

龙滩河摩崖造像始刻年代已无从考证，且所见题记多模糊不清，因此，无法确定其准确始刻年代。但就以往考古专家鉴定，其具有典型的唐代早期造像特征，可初步推断凿刻年代应在初唐时期。

图 7-66 龙滩河摩崖造像题记保存情况（摄于 2000 年）

图 7-67　龙滩河摩崖造像区内残碑（摄于 2000 年）

图 7-68 龙滩河摩崖造像细部（摄于 2000 年）

图 7-69 临江岩摩崖造像区保存情况（摄于 1992 年）

龙滩河摩崖造像虽始刻年代不详，规模又较小，保存状况也不甚理想，但其 46 个造像龛总体形制仍较完整，龛像排列规矩，且龛楣、须弥座等细部雕刻造型仍很清晰（图 7-68），种类又较丰富，颇具唐风遗韵。因三峡地区唐代造像至今保存完好者寥寥无几，所以，如果通过龙滩河摩崖造像与四川广元皇泽寺摩崖造像、巴中南龛及水宁寺摩崖造像、重庆大足石刻等相邻地区同时代造像形制的比较，对其造像形制及细部纹饰深入分析，可为我们进一步探讨该地区唐宋时期佛教造像艺术风格及发展，提供较为翔实的资料。所以具有较高的艺术价值和文化价值。

▼ 7.3.11 临江岩摩崖造像

临江岩摩崖造像位于原忠县忠州镇临江路物资局大楼地下室。地理坐标为北纬 30°17′20″，东经 108°01′39″。海拔高程 172 米。造像区坐东向西。刻于长 5 米，高 2.5 米的崖壁上。据 1992 年 6 月调查，现存造像龛 5 龛，造像 33 尊。造像龛分上下两行排列，上部现存 1 龛，编号为 1，下部现存 4 龛，由东至西为 2、3、4、5 号（图 7-69）。

1、2 号：竖长方形拱顶龛，高 0.68 米，宽 0.57 米，深 0.2 米。主尊为释迦佛，左右侍立

图 7-70　临江岩摩崖造像 1 号龛（摄于 1992 年）

图 7-72　临江岩摩崖造像 3 号龛（摄于 1992 年）

图 7-71　临江岩摩崖造像 2 号龛（摄于 1992 年）

图 7-73　临江岩摩崖造像 3 号龛题记（摄于 1992 年）

二菩萨（其中一龛左右侍立为一弟子、一菩萨，这种造像形制在我国佛教造像中极为少见）（图 7-70、图 7-71）。

3 号：竖长方形拱顶龛，高 1.4 米，宽 1.2 米。主尊高 0.67 米，善跏趺坐于金刚座上，座高 0.2 米，头已毁，身着 U 形袈裟。左右侍立二弟子、二菩萨、四天王、二力士，像高 0.7 米，龛内壁上部刻有半身天龙八部浮雕像，高 0.4 米，主尊背光为火焰纹，弟子、菩萨头光为圆心放射尖角纹（图 7-72）。该龛外壁右侧刻有题记一款内容为“二人眉山李秀英，东里薛材乡嘉泰壬戌仲夏念五日来”（图 7-73）。

4 号：方形拱顶龛，高 1.15 米，宽 1.04 米，深 0.4 米。主尊通高 0.35 米，座高 0.18 米。头着螺髻，身着 U 形袈裟，结跏趺坐于莲座之上，桃形头光。左右侍立二弟子、二菩萨，通高 0.48 米。弟子圆形头光，菩萨桃形头光（图 7-74）。

5 号：方形拱顶龛，高 0.88 米，宽 0.84 米，深 0.3 米。主尊高 0.56 米，头着螺髻，身着 U 形袈裟，善跏趺坐于金刚座之上，桃形背光。左右侍立二弟子、二菩萨，通高 0.58 米。弟子圆形头光，菩萨桃形头光（图 7-75）。

图 7-74 临江岩摩崖造像 4 号龛（摄于 1992 年）

图 7-75 临江岩摩崖造像 5 号龛（摄于 1992 年）

临江岩摩崖造像 3 号龛中的半身天龙八部[①]浮雕造像形式与川北地区广元、巴中盛唐时期造像龛如出一辙，3 号龛弟子、菩萨圆心放射尖角纹背光也见于广元、安岳盛唐造像，造像形象圆润，服饰缨络简练，花冠朴素，以上特征说明该处造像具有典型的盛唐风格。同时，临江岩摩崖造像还是该地区同时期唯一具有纪年题记的摩崖造像（图 7-75）。3 号龛题记中的“嘉泰”应为南宋宁宗年号，壬戌应为 1202 年。根据该题记位置，依据题记年代应晚于

[①]“天龙八部”一词在东汉安世高译《佛说女域因缘经》中已出现，该经首云：“如是我闻，一时佛在罗阅国，与大比丘千二百五十人，俱菩萨摩诃萨、天龙八部大众，集会说法。”经尾云：“佛说经已，大众人民、天龙八部，闻佛所说，欢喜奉行。”“天龙八部”又名“龙神八部”、“八部鬼神”、“八部众”等。东晋《舍利弗问经》中记八部鬼神“生於恶道，而常闻正法”，其具体名称为“天、龙神、夜叉、乾婆、阿修罗、迦娄罗、紧那罗、摩罗伽神”。

图 7-76　临江岩摩崖造像 3 号龛龛额细部 1（摄于 1992 年）

图 7-77　临江岩摩崖造像 3 号龛龛额细部 2（摄于 1992 年）

造像年代的逻辑，所以该处造像早于南宋是无疑的。临江岩摩崖造像是三峡地区目前保存至今最完整、最典型的盛唐时期摩崖造像，填补了该方面的空白。更可贵的是，它还具有三峡地区特有的文化元素：如 3 号龛四神人中一道髻与一虎族人应与巴地传说有关；3 号龛上龛额雕饰的中国式龙与凤（图 7-76）以及龛前额外上边的缠枝花纹似巾带相绕图案（图 7-77）都别具一格[31]。因此临江岩摩崖造像可作为三峡地区唐宋时期摩崖造像和佛教造像断代的参考标尺。

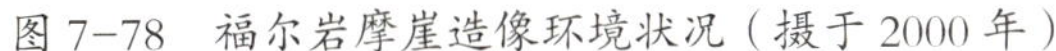

图 7-78 福尔岩摩崖造像环境状况（摄于 2000 年）

图 7-79 福尔岩摩崖造像总体保存状况（摄于 2000 年）

综上所述，临江岩摩崖造像对于研究佛教入川及佛教艺术的传播路线的研究都具有重要价值。

▼ 7.3.12 石柱福尔岩摩崖造像

福尔岩摩崖造像位于原石柱县西沱镇福兴乡与忠县沿溪乡交界处的凤凰村七队福尔岩上。地理坐标为北纬 30°19′11″，东经 108°07′42″。海拔高程 150 米。1984 年公布为县级文物保护单位。

福尔岩摩崖造像凿刻于高 6 米，长约 7 米的崖壁之上。岩壁南北走向，造像区西临长江，在造像区与江边间地带，为第四纪坡积物覆盖（图 7–78、图 7–79）。

据 2000 年调查现存造像 2 龛、题记 1 款。

1 号：为一题记碑，高 1 米，宽 0.7 米，由于风化严重无法辨析。残留部分可辨 13 行，行距 20 毫米，字距 20 毫米，字径 30 毫米 ×35 毫米。楷书阴刻。可辨内容有：“□勒像□□□……次□申□八月……”（图 7–80）。

2 号：为一圆拱顶造像龛，龛高 0.95 米，宽 0.88 米，深 0.35 米。龛内刻造像 7 尊，为一佛二弟子二菩萨二力士（图 7–81）。

图 7–80 福尔岩摩崖造像 1 号题记碑（摄于 2000 年）

图 7–81 福尔岩摩崖造像 2 号造像龛（摄于 2000 年）

主尊为坐像，善跏趺坐。通高 0.82 米，其中像高 0.65 米，座高 0.17 米。各部具体尺寸详见表 7-27。

表 7-27　主尊造像各部空间数据采集统计表　　单位：毫米

尺度 \ 部位	髻	头	颈	肩处	肘处	膝处	胸处	足处	座	背光	足	肘
宽	110	95	60	230	410	250	—	220	285	300	60	65
高	40	105	20	—	—	—	—	—	165	290	20	—
深	—	70	—	—	—	110	75	80	185	—	—	—

左右为弟子立像。通高 0.61 米，其中像高 0.42 米，座高 0.19 米。各部具体尺寸详见表 7-28。

表 7-28　弟子造像各部空间数据采集统计表　　单位：毫米

尺度 \ 部位	髻	头	颈	肩处	肘处	膝处	胸处	足处	座	背光
宽	—	95	45	145	150	—	—	120	285	120
高	—	112	5	—	—	—	—	—	185	205
深	—	55	—	—	55	—	—	—	—	—

左应为普贤菩萨立像，站于白象之上。通高 0.65 米，其中像高 0.49 米，座高 0.16 米。各部具体尺寸详见表 7-29。

表 7-29　普贤菩萨造像各部空间数据采集统计表　　单位：毫米

尺度 \ 部位	髻	头	颈	肩处	肘处	足处	座	胸处	象身	背光
宽	—	85	45	140	145	120	—	—	220	210
高	50	150	5	—	—	—	160	—	130	250
深	—	55	—	—	—	20	—	55	—	—

右应为文殊菩萨立像，站于青狮之上。通高 0.61 米，其中像高 0.45 米，座高 0.16 米。各部具体尺寸详见表 7-30。

表 7-30 文殊菩萨造像各部空间数据采集统计表 单位：毫米

尺度＼部位	髻	头	颈	肩处	肘处	足处	座	胸处	狮身	背光
宽	—	75	45	135	125	110	—	—	110	195
高	60	130	15	—	—	—	160	—	150	230
深	—	34	—	—	—	—	—	55	245	—

左力士立像，脚踩夜叉。总高 0.52 米，其中像高 0.38 米，座高 0.14 米。各部具体尺寸详见表 7-31。

表 7-31 左力士造像各部空间数据采集统计表 单位：毫米

尺度＼部位	头	肩处	肘处	足处	座	胸处	夜叉			
							总体	头	肩处	足处
宽	80	115	110	105	—	—	—	50	110	120
高	100	—	—	—	145	—	190	65	—	—
深	—	—	—	—	—	60	90	—	—	—

右力士立像，脚踩夜叉。通高 0.49 米，其中像高 0.34 米，座高 0.15 米。各部具体尺寸详见表 7-32。

表 7-32 右力士造像各部空间数据采集统计表 单位：毫米

尺度＼部位	头	肩处	肘处	足处	座	胸处	夜叉			
							总体	头	肩处	足处
宽	65	115	120	85	—	—	—	40	100	100
高	110	—	—	—	150	—	165	60	—	—
深	50	—	—	—	—	50	60	—	—	—

3 号：为一圆拱顶造像龛，龛高 0.63 米，宽 0.32 米，深 0.25 米。龛内刻立像 1 尊，其中像高 0.5 米，座高 0.05 米，像深（厚）0.03 米（图 7-82）。各部具体尺寸详见表 7-33。

表 7-33　立像各部空间数据采集统计表　　单位：毫米

尺度＼部位	头	肩处	上身	下身
宽	80	150	150	130
高	100	—	—	—

图 7-82　福尔岩摩崖造像 3 号造像龛（摄于 2000 年）

图 7-83　福尔岩摩崖造像区前的建筑台基遗址（摄于 2000 年）

除此之外，在造像区前尚依稀可见原建筑台基遗址（图 7-83）和部分建筑石料，据推断，疑为原石牌坊构件（图 7-84）。遗址面积约 33 平方米。

福尔岩摩崖造像始刻年代现已无从考证，据《石柱县志》（1994 年）载："沿溪乡长江边，有石岩深刻浮雕观音，弥勒佛像七尊，为明代石刻艺术。"就造像形制分析，"七像制释迦说法"是典型的唐代造像题材；而就造像造型而言，总体上与唐代造像有很大的差别，因此，对该造像的建造年代还有待进一步研究。

福尔岩摩崖造像，虽凿刻年代不详，但保存最完整的 2 号造像龛在该地区同类型造像龛中较为少见的。从造像服饰看，两尊菩萨造像似有肩披羽状披风的造型，且头光、头饰也极具地方民族特点；从造像彩绘来看，其颜色大量选用红、蓝、黑三色（图 7-85），这些特点与该地区传统汉文化体系下的佛教造像的彩绘特点极为不同，究其原因可能与该地区属土家族生活区域有关，因此，

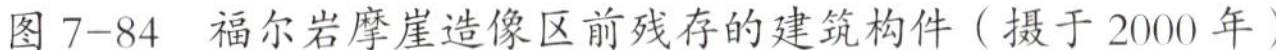

图 7-84 福尔岩摩崖造像区前残存的建筑构件（摄于 2000 年）

图 7-85 福尔岩摩崖造像 2 号造像龛细部（摄于 2000 年）

福尔岩摩崖造像是我们研究该地区佛教造像史、宗教发展史及民俗史不可或缺的实物资料，同时对研究古代土家族与汉族文化的交融具有重要意义。所以具有一定的历史价值、艺术价值和文化价值。

▼ 7.3.13 丰都二洞桥摩崖造像

二洞桥摩崖造像位于原丰都县县城西南 3 公里新城乡沙村三社长江右岸，第一建材厂后陡崖岩壁之上（图 7-86），地理坐标为北纬 29°52′15″，东经 107°41′56″。海拔高程 160 米。

图 7-86 二洞桥摩崖造像所处环境状况（摄于 1999 年）

图 7-87　二洞桥摩崖造像观音立像（摄于 1999 年）

图 7-88　二洞桥摩崖造像题刻（摄于 1999 年）

二洞桥摩崖造像为一敞口拱顶式龛，高 1.76 米，宽 1.08 米，距地面 1.9 米。内刻一观音立像，像高 1.69 米，宽 0.9 米。原造像已毁，现龛内造像为 1992 年用水泥重新塑造。观音像头戴花冠，手持莲花，脚踏双层莲花座（图 7-87）。造像龛前立一石香炉。造像龛右现有题刻一，整幅宽 0.81 米，高 1.28 米。中间竖排楷书阴刻“慈航普渡”四字，左右各有题跋，右侧竖排楷书阴刻为“南海观世音菩萨显灵癸酉仲秋”；右侧竖排，楷书阴刻为“丰都第一建材厂重修”（图 7-88）。

据丰都县志记载，二洞桥摩崖造像始刻年代为清。现造像为 1992 年丰都县第一建材厂出资用水泥重新塑造妆彩而成。但从现题刻表面看，依稀可见原题记痕迹，但已无法辨析。

二洞桥摩崖造像处原有险滩，人们刻观音石像意在祈求神灵保佑世人平安。虽然现存二洞桥摩崖造像已毁，但作为当地人民生活方式中的一种精神寄托，世代相传，延续至今。其无疑是研究三峡地区民间宗教发展最好的实物资料，具有一定的历史价值和文化价值。

▼ 7.3.14 巴南紫金山石刻造像

紫金山石刻造像位于原重庆市巴南区木洞镇保安村北侧，长江右岸岩壁之上（图 7-89）。中心地理坐标为北纬 29°35′，东经

图 7-89　紫金山摩崖造像区保存状况（摄于 2001 年）

图 7-90 紫金山摩崖造像区保存状况（摄于 2001 年）

图 7-91 紫金山摩崖造像 1 号造像龛（摄于 2001 年）

106°51′。海拔高程 164–170 米。

紫金山摩崖造像凿刻于高约 10 米，长约 36 米的崖壁中部。崖壁近东西向，造像区北临长江（图 7-90）。

据 2001 年调查现存造像龛 6 处、题刻 2 处、塑像 11 尊。由东至西依次为：

1 号：为一造像龛。在自然崖壁中新塑观音造像一，其中基座及背光疑为原物。结跏趺坐于八角座之上。总高 1.19 米，其中像高 1.06 米，座高 0.13 米（图 7-91）。各部具体尺寸见表 7-34。

表 7-34　观音造像各部空间数据采集统计表　　单位：毫米

尺度＼部位	冠	头	肩处	肘处	身底	座
宽	230	90	370	440	580	870
高	90	230	—	—	—	130
厚（深）	—	—	300	—	—	740

2 号：为一造像龛。新塑弥勒坐像及仙姑立像各一（图 7-92）。弥勒坐像，结跏趺坐于莲台上，通高 1.75 米，其中像高 1.25 米，座高 0.5 米，具体尺寸见表 7-35。仙姑立像，像高 1 米，具体尺寸见表 7-36。

图 7-92　紫金山摩崖造像 2 号造像龛（摄于 2001 年）

表 7-35　弥勒造像各部空间数据采集统计表　　单位：毫米

尺度＼部位	髻	头	肩处	肘处	膝	座
宽	—	320	640	800	900	1050
高	80	400	—	—	260	500
厚（深）	—	—	300	—	—	470

表 7-36　仙姑造像各部空间数据采集统计表　　单位：毫米

尺度＼部位	髻	头	肩处	颈
宽	210	175	320	95
高	150	220	—	90
厚（深）	—	—	260	—

3 号：为一弧顶造像小龛，内刻供养人一。龛高 0.42 米，宽 0.27 米，深 0.04 米。像高 0.39 米，无座（图 7–93），具体尺寸见表 7–37。

图 7–93 紫金山摩崖造像 3 号造像龛（摄于 2001 年）

表 7–37 供养人造像各部空间数据采集统计表 单位：毫米

部位 尺度	头	肩	肘	腰	底
宽	60	100	140	80	85
高	95	—	—	—	—
厚（深）	—	—	30	—	—

4 号：为一款题刻，整幅高 1.1 米，宽 3.19 米。左至右横排，楷书阴刻“紫金山”三字。字距、字径不等，字深约 25 毫米。右下方有一高 0.47 米，宽 0.15 米的残像（图 7–94）。

图 7–94 紫金山摩崖造像 4 号题刻（摄于 2001 年）

5 号：为一平顶题记龛。龛高 0.49 米，宽 0.38 米。右至左竖排 10 行，行距 15 毫米，字距 6 毫米，字径 22 毫米 ×30 毫米。楷书阴刻。可辨内容为：“塑脩送子眼光催生楊□

降來門庭欣□血盆□去□四表狂瀾潯來坦□路□豈…去秋匪□□……彭栖南……連安才……董義三……王民□…王治神……”（图 7–95）。

6 号：为一圆拱顶造像龛，龛高 1.24 米，宽 0.43 米，深 0.29 米。内空，两侧有楹联一幅，风化严重已无法辨认（图 7–96）。

7 号：为一平顶造像龛，龛高 3.85 米，宽 2.83 米，深 0.25 米。内刻造像 3 龛（图 7–97）。东侧为一平顶造像龛，新塑男性坐像一，龛高 0.9 米，宽 0.5 米，深 0.12 米，具体尺寸见表 7–38。中部为一平顶造像龛，新塑造像三，中间为观音坐像，左右为童男童女。龛高 0.9 米，宽 0.8 米，深 1.01 米。观音像通高 0.98 米，其中像高 0.65 米，座高 0.33 米，具体尺寸见表 7–39。童男像高 0.60 米，童女像高 0.59 米。西侧为一弧顶造像龛，新塑男性坐像一，龛高 1.14 米，宽 0.67 米，深 0.11 米。

图 7–96　紫金山摩崖造像 6 号造像龛（摄于 2001 年）

图 7–95　紫金山摩崖造像 5 号题记龛（摄于 2001 年）

图 7–97　紫金山摩崖造像 7 号造像龛（摄于 2001 年）

像通高为 0.95 米，具体尺寸见表 7–40。

8 号：新塑观音、普贤及文殊造像各一，其中观音像，结跏趺坐于莲台上，手捧净瓶，像高 1.24 米；普贤像，善迦坐于白象之上，高 1.18 米；文殊像，善迦坐于青狮之上，高 1.1 米（图 7–98）。

表 7–38 东侧男性坐像各部空间数据采集统计表 单位：毫米

尺度 \ 部位	上身	下身	头	肩处	底处
宽	—	—	160	165	135
高	690	255	130	—	—
厚（深）	—	—	—	170	—

表 7–39 中部观音造像各部空间数据采集统计表 单位：毫米

尺度 \ 部位	上身	下身	头	肩处	肘处	膝处
宽	—	—	190	310	390	490
高	260	120	100	—	—	—
深	—	—	—	145	—	—

表 7–40 西侧男性坐像各部空间数据采集统计表 单位：毫米

尺度 \ 部位	上身	下身	头	肩处	底处
宽	—	—	135	175	650
高	685	260	125	—	—
深	—	—	—	110	—

除此之外，崖壁上还凿有碑形题记六款，据有关文献记载清代 3 款，民国 3 款。最大者约 0.3 平方米，系清乾隆时期题记，内容有："观音伽蓝龙神菩萨金童玉女莲台……" 落款为 "理民府龙门处士李素怀沐手造"。其余每款不到 0.2 平方米，多为善男信女捐钱款项及姓名，已风化不清。

据民国《巴县志》载：紫金寺始建于明成化二十年 (1484 年)，清乾隆五十三年 (1788 年) 僧明道重修大佛寺，嘉庆元年 (1796 年) 重修紫金山庙宇。后造破坏而废弃，现存造像多为近年重塑。

紫金山摩崖造像保存现状不甚理想，从造像风格、妆彩方式及做法，大多应属近代或当代所塑。但该造像内容较多且具一定规模，所以，可推断该处是本地区近代主要的宗教活动场所。从这一点上讲，紫金山摩崖造像对于我们研究近代长江沿岸宗教及民间风俗活动的发展和演变有一定的参考价值。

图 7-98　紫金山摩崖造像 8 号造像龛（摄于 2001 年）

▼ 7.3.15 巴南箭桥摩崖造像

箭桥摩崖造像位于原巴南区木洞镇箭桥村 1 队，五布河左岸崖壁之上，造像区南 50 米为箭桥水电站。地理坐标为北纬 29°35′，东经 106°51′。海拔高程 160 米。

箭桥摩崖造像凿刻于高约 20 米，长约 10 米的崖壁之上。岩壁近南北向，造像区东临五布河（图 7-99）。

据 2001 年调查现存造像龛 1 龛、题记 2 处、岩画 1 处。由北至南依次为：

图 7-99　箭桥摩崖造像区环境状况（摄于 2001 年）

图 7-100　箭桥摩崖造像 1 号题记拓片（摄于 2001 年）

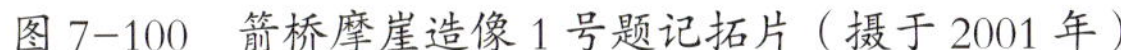

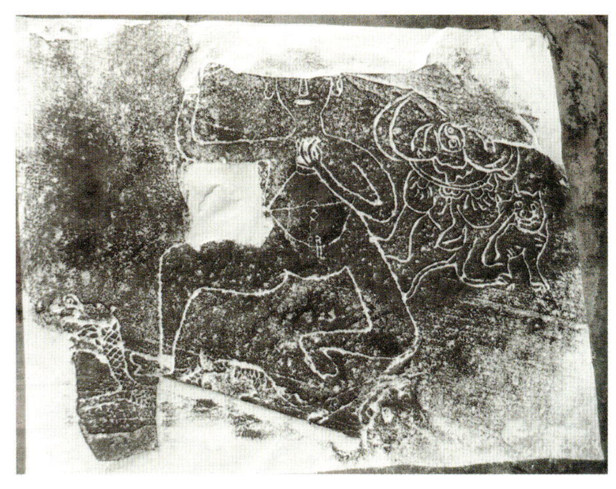

图 7-101　箭桥摩崖造像 2 号岩画拓片（摄于 2001 年）

1 号：为一题记，整幅宽 0.56 米，高 0.56 米。右至左竖排，楷书阴刻。残存 17 行，行距 5 毫米，字距 10 毫米，小字字径 3 毫米 ×5 毫米，大字字径 40 毫米 ×45 毫米。内容为装观音菩萨金身小引，目前只可见标题、落款及部分捐款人姓名（图 7-100）。

2 号：为一岩画，高 0.78 米，宽 0.98 米，线画阴刻（图 7-101）。

3 号：为一圆拱龛。龛高 1.09 米，宽 1.43 米，深 0.2-0.28 米。龛内刻观音造像 1 尊，结跏趺坐于双覆仰莲座之上，彩绘为后妆。总高 1.03 米，其中像高 0.75 米，座高 0.28 米。龛两侧有楹联一幅，上联为“涔成南海岸”，下联为“露出普陀山”，联高 1.01 米，宽 0.69 米，字径 100 毫米，字距 70 毫米，双线阴刻（图 7-102）。

图 7-102　箭桥摩崖造像 3 号造像龛（摄于 2001 年）

4号：为一题记龛，龛高1.41米，宽0.85米，深0.03米。残存20行，行距10毫米，字距10毫米，小字字径30毫米 ×40毫米。上额刻“彰善瘅恶”四字，字距105毫米，字径85毫米 ×120毫米。由于风化严重，其他内容不详（图7-103）。

图7-103　箭桥摩崖造像4号题记龛（摄于2001年）

除此之外，另有新塑三世佛3尊（图7-104）。

据题记落款年代分析：1号题记凿刻年代为清道光九年（1829年），4号题记凿刻年代为民国五年（1916年），其余凿刻年代已无从考证。据调查1998年，民间集资在造像区前修建了保护篷及凉亭一座。

箭桥摩崖造像又称观音庙，虽保存现状不甚理想，从造像风格和妆彩方法看，造像大多应属近代或当代所塑。但该造像区域就目前保存现状看，仍是本地区近代主要的宗教活动场所。从这一点上讲，箭桥摩崖造像对于我们研究近代三峡地区长江沿岸宗教及民间风俗活动的发展和演变具有一定的参考价值。

图7-104　箭桥摩崖造像新塑的三世佛（摄于2001年）

▼ 7.3.16 南岸弹子石摩崖造像[①]

弹子石摩崖造像位于重庆市南岸区弹子石街道集翠村 1 号，中心地理坐标为北纬 29°34′36″，东经 106°34′35″。2000 年被重庆市人民政府公布为重庆市文物保护单位（图 7-105），2013 年由国务院公布为第七批全国重点文物保护单位。

弹子石摩崖造像地处南岸区滨江路东端，其东、南面毗邻洋人街，西接南滨路，北面长江（图 7-106）。

图 7-105　重庆市文物保护单位标志（摄于 1992 年）

图 7-106　弹子石摩崖造像区环境状况（摄于 1992 年）

① 该部分内容参考第七批全国重点文物保护单位申报资料。

弹子石摩崖造像由临江大佛造像和五佛殿组成。临江大佛造像建于元末，造像高 7.5 米，左右二弟子高 2.3 米，佛像面对长江，背依山崖（图 7–107）；五佛殿内的五尊造像凿于明代（图 7–108、图 7–109、图 7–110），五佛殿建于清代（图 7–111）。

图 7–107　弹子石摩崖造像临江大佛（摄于 2001 年）

图 7–109　五佛殿文殊菩萨造像（引自国保申报材料）

图 7–110　五佛殿普贤菩萨造像（引自国保申报材料）

图 7–108　五佛殿三世佛造像（引自国保申报材料）

图 7–111　五佛殿（引自国保申报材料）

弹子石大佛造像由元末明初农民起义军首领明玉珍在重庆建大夏政权时所凿刻。元朝末年，1357年，红巾军将领明玉珍率部入峡，于1363年统一全川，建国号大夏，定都于重庆。当年，重庆川江水患频繁，江水流经该段江面进入铜锣峡，滩险浪急，行船常在这里触礁，导致行船至此，常遭灭顶。明玉珍信奉明教，而明教崇尚光明，反对黑暗，认为弥勒佛降生，明王出世，光明世界就会来临，百姓美好愿望就会实现。基于这种信仰，明玉珍便命大将邹兴在长江南岸凿石刻像，以佑平安。据《巴县志》载：元末农民起义红巾军领袖明玉珍攻占重庆称帝建立大夏国后，为“镇水妖驱鬼怪”，命都察院邹兴于大夏至正二十二年（1362年）在人头山对面高崖之上雕凿弥勒大佛，以镇江中水妖保黎民平安。佛高7.5米，肩宽2.5米的弥勒大佛为坐像，左右为二弟子像。元代明玉珍凿造临江大佛后，明永乐十九年后人又凿造了五尊佛；清代以后遂为佛教寺院群落，主要建筑有大雄宝殿、观音殿、玉皇殿、毗卢阁、五佛殿、望江亭、念佛堂、禅堂、僧房等，占地约三十余亩。大佛寺在民国时逐渐衰落，“文化大革命”中破坏严重，现仅存清代建筑五佛殿、明代五尊佛像和元代大佛。

综上所述，弹子石摩崖造像具有极高的历史价值和文化价值。

作为临长江的第一大佛，弹子石摩崖造像还具有一定的科学价值。以前在机动船不发达的年代，弹子石大佛是来往船只判断长江水位涨落和洪水的标志，所以当地民间有“大佛洗脚”、“大佛洗手”、“大佛洗脸”之说。

同时，弹子石大佛还是沿江进入重庆市区的重要地标之一。

因此，弹子石摩崖造像具有极高的历史价值、文化价值和相关的科学价值。

▼ 7.3.17 江津石门大佛寺摩崖造像（石门大水月观音造像）[①]

石门大佛寺位于重庆市江津长江北岸，背依高崖，俯临长江（图7-112），地理坐标为北纬29°06′06″，东经106°01′37″。海拔高程253米。1956、1980年被两次公布为四川省

图7-112 石门大佛寺摩崖造像区环境状况（引自国保申报材料）

① 该部分内容参考第七批全国重点文物保护单位申报资料。

图 7-113　四川省文物保护单位标志（引自国保申报材料）

图 7-114　重庆市文物保护单位标志（引自国保申报材料）

文物保护单位（图 7-113），2000 年被重庆市人民政府公布为重庆市文物保护单位（图 7-114），2013 年由国务院公布为第七批全国重点文物保护单位。

石门大佛寺摩崖造像由宋代开凿的水月观音造像、七重大像阁及摩崖题刻等构成。

水月观音造像系在高于江面五六十米的北岸依山开凿而成。今造像东侧石崖有三处平面近于直角的石槽，说明开凿时曾对崖面进行过整体整修。

水月观音造像接近圆雕，系坐姿，通高 13.5 米，最宽处 9.3 米，保存完好。长目秀眉，首戴花冠，身着天衣，佩挂缨络，肩披彩帛，足踏莲座。其头冠近于透雕，珠花交错，华美异常。手足丰腴，装束繁丽，呈现出一种华贵端庄，姿态闲雅的气韵（图 7-115）。

图 7-115　水月观音造像（引自国保申报材料）

据文献记载，该造像系北宋张无尽（即张商英）所开凿。历史上曾多次妆彩贴金，造像风格与潼南大佛接近，亦与文献记载年代相合。

七重像阁始建年代不详，疑与造像同期而建。今造像旁石壁上仍存有许多早年建筑遗留的梁椽石窝柱孔，说明历史上曾多次改建。现存建筑为清初所建，同治年间曾大修，有碑刻为据。近年又进行过维修。

七重像阁为抬梁式木构建筑，屋面为歇山式，七重飞檐，面阔三间 22.1 米，进深两间 8 米，

图 7–116　七重大像阁（引自国保申报材料）

图 7–117　寺门（引自国保申报材料）

通高 24.84 米。屋面琉璃覆瓦，顶部正脊饰琉璃宝瓶，翼角均饰鸱吻（图 7–116）。

像阁内设观台三重，有梯道层层上盘，以供观瞻。阁前建有二十三石阶，与寺门相通。

该七重像阁，与潼南大佛七重像阁，历史上记载的乐山大佛十三重像阁一样，均为典型的佛教建筑。

像阁左右，还夹建有左右厢房。厢房为石木结构，硬山式，小青瓦铺盖，穿斗式梁架，六柱四穿，面阔五间 17 米，进深一间 4 米，通高 4.5 米。依山就势，后高前低，形成三重上下错落形式，与中间高大的大像阁相互配合，别具风格。

院前建有寺门，寺门仿三间牌楼式，重檐庑殿顶，计三重檐十四翼角，翼角均饰鸱吻。寺门正面额题“大佛寺”，内侧顶上塑有一组唐僧师徒西天取经像（图 7–117）。寺门前有十五级阶梯形踏道，再前有二重石构半圆形月台，月台边有高 1.3 米石栏围绕，月台面积 150 平方米。寺前月台既是寺庙的组成部分与前部基础，也兼有防洪功能。

除了建筑与摩崖造像外，寺内外还存有碑刻、摩崖题刻等文物，其中有石构神坛 3 处，古泉 1 处，碑刻 1 处，摩崖题刻约 10 处。

摩崖雕刻遗迹发现 1 处，位于观音造像右下侧石壁上，面积现存约 2 平方米，破坏严重，内容不清。

图 7–118 古泉 （引自国保申报材料）

石构神坛 3 处，均处于观音造像下，分为中神坛与左右神坛，均以大石板构建。东侧神坛石板上残存有文字。

古泉 1 处，位于中央神坛之下，泉口石构如井，口径 22 厘米（图 7–118）。

碑刻 1 处，为清同治八年重修大佛寺记事碑。此碑记载了大佛寺重修时的规模（图 7–119），具体文字内容详见释文卷。

摩崖题刻分为寺内与寺外两部分。院外东侧崖壁 3 处保存尚好，内容均为清人游览大佛寺所题诗词（图 7–120）。

1. 外1号题记：位于崖壁面南，为刘绍宽题诗，下缘距地面2.8米，具体文字内容详见释文卷。

2. 外 2 号题记：位于崖壁面南，在刘绍宽题诗下方。下缘距离地面 1.6 米。为清同治年晓谭刘锡光题诗，具体文字内容详见释文卷。

图 7–119 重修大佛寺记事碑（引自国保申报材料）

图 7-120 院外保存较好的 3 处摩崖题记（引自国保申报材料）

3. 外 3 号题记：位于上述 2 款题记东侧崖面，下缘距离地面 2.5 米。为道光乙巳年周绍翔题记，具体文字内容详见释文卷。

院内摩崖共发现摩崖题记 5 处，均刻于观音造像右下方石壁上，大部文字已风化不清，其中有记载妆像之《妆金碑》等内容。还有题记 1 处，发现于一夹建于大像阁间的石柱上，系一组人名。

石门大佛寺摩崖造像大水月观音造像依山崖开凿，通高 13.5 米，为我国现存最大的以观音为供奉主尊的摩崖造像。造像雕刻精美，大像阁建筑宏大，对研究中国古代佛教艺术、中国古代建筑艺术具有重要价值。同时，该造像及寺院的缘起与长江重要险滩及航运有密切关系，对研究长江古代航运史，也具有特殊价值。

▼ 7.3.18 朝源观造像石刻 [32]

朝源观遗址位于重庆市江津区四面山国家 5A 级景区内的四面山镇洪洞村西北 4 公里森林中（图 7-121），

图 7-121 朝源观环境状况（引自《江津朝源观田野考古调查工作报告》）（江津区文物管理所提供）

西距合江县 2 公里，东距綦江区 6 公里，北距江津主城区 92 公里。

朝源观遗址主要由道教宫观遗址和祖师殿（杨来霖石室墓）组成，大致呈东西向长条形分布（图 7–122）。宫观范围内现存山门、房基、小型神龛、案台、经堂、水池、水井等遗迹，房基掩埋于地下，其余遗迹均保存较完好。造像主要分布在门内外的小型神龛、经堂内部、经堂与祖师殿（杨来霖石室墓）之间的小型神龛内，另有少部分圆雕造像放置于经堂内。朝源观造像题材丰富，大多数保存较完好，部分造像可根据造像题记明确其造像题材，主要有三清、五岳五天圣帝、五老五炁天君、尹喜、释迦、庄子、孔子、三官、灵官等。经堂后山的祖师殿（杨来霖石室墓）为双室墓，分前后室，墓门雕作牌楼状，墓主为朝源观清代开山祖师杨来霖，墓葬已被盗扰，但形制保存完好。朝源观 1992 年 3 月 19 日被公布为四川省重庆市市级文物保护单位，2000 年 9 月 7 日被公布为重庆市文物保护单位。

图 7–122　朝源观遗址遗存分布情况（航拍）
（引自《江津朝源观田野考古调查工作报告》）

一、古建筑

（一）山门

朝源观山门呈“门”字形，条石垒砌而成。正壁下为悬崖，不开门，左右壁各开一拱门。两侧拱门上部仿木构建筑、雕作不出头式牌楼状，四柱三间，三楼单层。左侧拱门上部牌楼正楼为单层檐庑殿顶，檐角起翘，正脊中央饰宝瓶，左右有鸱吻，檐面覆盖青苔，额枋上刻浅浮雕二龙戏珠并卷云图案，左右次楼额枋上雕卷云。正楼及左右次楼额枋下部各有一面方形匾额，正楼匾额刻“荡荡白白”，左侧次楼刻“芝茂”，右侧次楼刻“兰芳”。拱门宽 1.1 米、高 2.13 米，门洞处刻楹联 1 幅，上右至左横排。楷书阴刻“金阙云宫”4 字，两侧各阴刻一带茎花朵，左侧楷书阴刻“善芽长长长长长长长长长”；右侧楷书阴刻“刁三乘乘乘乘乘乘乘乘”（图 7–123）。右侧拱门上部牌楼正楼为单层檐庑殿顶，檐角起翘，左次楼损毁严重，主楼及右次楼额枋上雕饰卷云，额枋下部各有一方形匾额。主楼匾额上刻“杳杳仙源”4 字，右次楼刻“月皎”2 字。拱门宽 1.08 米、高 2.11 米，门洞处刻楹联 1 幅，上刻“元洞玉磨”4 字，左侧楷书阴刻“云朋观观观观观观观观”，门右侧楷书阴刻“霞友朝朝朝朝朝朝朝朝”（图 7–124）。

（二）经堂

位于朝源观山门东部约 30 米处。开凿于一小山包西面，立面呈拱形，朝向 278°。经堂面阔 4.11 米、

图 7-123 朝源观遗址山门右侧拱门（引自《江津朝源观田野考古调查工作报告》）

图 7-124 朝源观遗址山门左侧拱门（引自《江津朝源观田野考古调查工作报告》）

高 4.95 米、进深 5.43 米。经堂入口由条石垒砌而成，仿木构建筑、雕作不出头式牌楼状，四柱三间，三楼两层。正楼为单层檐庑殿顶，檐角起翘，正脊中央饰宝瓶，左右有鸱吻，瓦垄细密，檐口刻滴水，额枋上浅浮雕卷云，额枋下部有一块方形匾额，匾额原物不存，现存匾额为原物仿制品，上右至左横排隶书阴刻“崑崙在見”4 字，匾额左右侧立柱上各有一列题记，左侧为“魏魏金闕之中”，右侧为“渺渺重霄之上”。左右次楼檐顶同为庑殿顶，檐角起翘，屋顶正脊中部饰宝瓶，正脊外侧有鸱吻，檐口刻滴水，额枋同样浅浮雕卷云。额枋下左右各有一块方形匾额，左侧匾额刻“昆崙”二字，右侧匾额仅存字痕。左右次楼匾额外侧立柱镂雕作宝瓶，瓶内插花。二层屋檐檐角起翘，瓦垄细密，檐口刻滴水，大额枋上右至左竖排，楷书阴刻“立天之道地之道人之道德聖顯元”。明间开一方形门洞，门洞宽 1.2 米、高 2.13 米。门洞外侧有一圈门套，上部呈波浪状，原应为浅浮雕花草纹，现仅存残迹，门套两侧雕作方柱状，方柱外侧刻门联，左侧为“遊終南上崑崙約開聖域民瞻仰”，右侧为“朝五當賜香巖繪建帝景如斯觀”。左右方柱内侧相对另刻一副门联，左侧为“三洞真格遊斯境”，右侧为“八萬劫傳即此觀”。门套外侧左右另有两根方形立柱，左侧立柱刻“五千蜜言融三才之妙德”，右侧立柱刻“八十餘度接六趣之衆生”。左右次间上部各有一镂空方形华板，华板上镂雕花草纹饰及文字，左侧华板上有“五嶽”2 字，右侧有“崇观”2 字。左右次间小额枋雕刻繁密的花草纹饰，小额枋下各有一块方形碑，碑座为方形几座。右侧方碑上的碑文还可辨识，

图 7–125　朝源观遗址经堂正立面（引自《江津朝源观田野考古调查工作报告》）

具体文字内容详见释文卷。牌楼左右边柱前有抱鼓石一对，牌楼前方有台阶三级（图 7–125）。经堂顶部尖拱形，平面呈方形，四壁均用条石垒砌。经堂正壁开一小龛，为第 3–1 号龛，左壁由内至外开两小龛，分别为第 3–2 号龛与第 3–3 号龛，右壁由内至外开两小龛，分别为第 3–4 与第 3–5 号龛，经堂内部存有众多圆雕造像。

二、造像

1、（一）山门外造像

山门外两侧各有 1 龛造像，右侧编为第 1 号龛，左侧编为第 2 号龛。

（1）1 号龛

位于右侧山门外。屋形龛，通宽 1.12 米、通高 1.57 米，龛向 280°。歇山顶，屋脊上部残，檐角起翘，屋顶雕有瓦垄、滴水。檐下开一方形龛，宽 0.71 米、高 0.85 米、深 0.35 米，有方形龛楣，龛楣阴刻“保奏帝庭”4 字，左侧阴刻“三曹传奏□”，右侧阴刻“福禄寿喜神”。方形龛上部呈左右角弧形斜撑，上雕卷草纹。龛内右侧雕一着俗装女像，侧身向左而立，风化残损，高约 0.65 米。女像梳低髻，面部尖圆，眉目细长，抿嘴，嘴角下垂，着交领广袖长袍，尖头鞋，左手于肩侧托一盘，盘上搭布帛，其上置乌纱帽一顶，右手举于胸前，持一枚卷曲状物（残）。

女像左下方刻一小儿立像，头部已残损，整体风化严重，仅存轮廓，残高0.33米。小儿束髻，面部长圆，着长袍，腰束带，左手上举于头顶，撑于女像左手所托盘下方，右手似握女像衣摆。龛外下方刻一长条形束腰案台，宽1.42米、高0.98米。束腰中部开一方形龛，龛内堆积泥土，宽0.47米、高0.5米、残深0.26米，龛口两侧各雕一圆柱，圆柱后侧雕浮云，左、右侧柱上分别盘一龙、一凤，头皆朝下，口中似衔一朵卷云。龛底中部雕一动物，似为马，风化严重仅存轮廓，马背上驮一物，向左作奔走状。龛外两侧壁面打磨平整，上刻题记，左侧壁面脱落，题记不存；右侧壁面残存题记4行，可辨内容为"……魁……年……希像裕民安"（图7-126）。

图7-126 朝源观遗址1号龛（引自《江津朝源观田野考古调查工作报告》）

（2）2号龛

位于左侧山门外。屋形龛，通宽1.21米、通高1.8米，龛向282°。歇山顶，屋脊中部刻一葫芦，葫芦中部系带，带结飘向屋脊两侧，檐角起翘，屋顶雕出瓦垄、滴水。檐下开一方形龛，宽0.81米、高0.84米、深0.32米，有方形龛楣，龛楣刻"必有余庆"4字，左龛面侧阴刻"千般滋勤余"，右侧阴刻"百物扬□□"。方形龛上部左右角呈弧形斜撑，上雕卷草纹。龛内正壁右侧雕一门，门上部左右角各有一曲状斜撑，左侧门半启，门扉上似刻两本书。右侧门前雕一妇人，倚坐于方台上，已风化严重，仅存轮廓，像高0.5米、台高0.23米，梳低髻，面部尖圆，眉目细长，外着对襟宽袖袍，胸下束带打结。妇人左手于身侧牵一小儿，小儿头部残损，残高0.27米，下着裤，似跣足，左手执一长棍状物，物下端呈圆球状，右手拉妇人左手，左脚踏于门外，右脚踏于门槛上，作出门状。妇人右手伸向背后，背上有一小儿，风化严重，残高0.19米，似光头，着宽袖长袍，腰束带，双手趴于妇人右肩上，头向右倾，作窥探状。龛外下方刻一长条形束腰案台，宽1.45米、高1米。束腰中部开一方形龛，宽0.47米、高0.48米、深0.8米，龛口两侧各雕一圆柱，圆柱后雕浮云，左、右侧柱上分别盘一凤、一龙，均残，头朝下，向内侧，龙口中似衔一朵卷云。龛底中部雕一动物，似为马，已风化严重仅存轮廓，马背上有马鞍，其上驮一物（残），向左作奔走状。龛外两侧壁面打磨平整，上刻题记，具体文字内容详见释文卷（图7-127）。

（二）经堂内造像

经堂为山包向内凿进的一个石窟，编号为第3号窟，窟内后壁及左右壁皆开龛造像，详见图版卷后壁仅1龛，编为3-1号龛，两侧壁各有2龛，左壁由内至外编为第3-2号及第3-3号龛，右壁由内至外编为第3-4号及第3-5号龛。

图7-127　朝源观遗址2号龛（引自《江津朝源观田野考古调查工作报告》）

（1）第3-1号龛

位于3号窟正壁中间。屋形龛，屋脊上方刻浅浮雕卷云一排，卷云中间刻三重宝刹一座，檐顶两侧刻鱼形鸱吻，檐角起翘，屋顶刻有瓦垄、滴水。檐下开一拱形浅龛，平面呈浅弧形，宽2.2米、高2.66米、深0.26米。龛向283°。龛正壁上部有一横向裂缝，正壁中上部左右各有一个圆孔。龛内刻造像3尊，均坐于山岩上。三像均后刻三重圆形头光，披发垂肩，面部长圆，面相老态，双目突出，胡须垂及胸前。三像身后及两侧壁刻浮雕山峦。中间主尊，高约1.3米，头光内右至左横排，阴刻“玉清宫”3字，上着袒右衣，衣内下着裙，裙腰提自胸下，束带，左手执拂尘于腹前，右手抚膝，左脚前伸，右脚搭于左膝上。中间主尊身前右下刻一猴，侧身向左蹲坐，双手于身前捧寿桃，仰望中间主尊；左右侧像，均上身赤裸，肋骨凸出，下着裙，裙腰提自胸下，束带打结。左侧造像，高约1.15米，头光内右至左横排，阴刻“上清宫”3字，左手抚膝，右手捧经卷于腹前，经卷上刻“度人尊经”四字，左脚垂下，右脚盘于山岩上，身前刻一鹿，侧身向左，作奔走状，口衔仙桃，回首身后；右侧造像，高约1.24米，头光内右至左横排，阴刻“太清宫”3字，左手抱经书于腹前，经书上刻“道德尊经”四字，左脚盘于山岩上，右脚垂下，其前右侧刻一只仙鹤，侧身向右，口衔一仙桃，回首身后。龛外下方刻一长条形供桌，宽2.37米、高1.26米，供桌双足各刻一浮雕狮子，面向龛外而立，有鬃毛，尖耳，面部狰狞，双目圆睁，张嘴露齿，双足下各踏一宝珠（图7-128）。

（2）第3-2号龛

位于3号窟左壁内侧，3-1号龛左侧，与3-1号龛略呈90°夹角，3-3号龛右侧。圆拱形浅龛，阴线刻尖桃形龛楣，宽 1.27 米、高 1.45 米、深 0.24 米。龛向 13°。上部有一横向裂缝，中上部两侧各有一圆孔。龛内下部起一通壁方台，高约 0.3 米，内刻造像 2 尊，均呈倚坐状。左侧造像，高约 1.16 米，束髻，戴如意云纹万字巾，发带垂肩，面部长圆，面相老态，双目微闭，胡须及胸，着交领广袖衣，腰束带打结，着翘头履，腹部外腆，左手于腹前捧经书，右手抚膝。头上方近龛顶处刻一“庄”字。右侧造像，高约 1.15 米，束发，扎巾，发带垂肩，面相老态，双目圆鼓，着交领广袖衣，腰束带打结，着翘头履，腹部外腆，左手于胸前持一柄如意，右手抚膝，微面向正壁主尊。头上方近龛顶处刻一“孔”字（图 7-129）。

图 7-128　朝源观遗址 3—1 号龛（引自《江津朝源观田野考古调查工作报告》）

图 7-129　朝源观遗址 3—2 号龛（引自《江津朝源观田野考古调查工作报告》）

（3）3-3 号龛

位于 3 号窟左壁外侧，3-2 号龛左侧。圆拱形浅龛，宽 1.25 米、高 1.71 米、深 0.18 米。龛向 14°。上部有一横向裂缝，中部有两个圆孔。龛内刻造像 5 尊，均立于卷云上，微侧身面向后壁，造像分上下两排排列，上排 3 尊，均高约 1.04 米；下排 2 尊，高约 0.92 米。上排，左起第 1、第 2 尊，均戴五旒冕，面相老态，双目凸出，胡须及胸，着交领广袖衣，胸下束带，衣带垂于两腿间，下着长裙，双手于胸前捧一笏板（残）；第 3 尊，戴通天冠，面相老态，双目圆睁，胡须及胸，着交领广袖衣，外着裙，裙腰提自胸下，束带，双手于胸前捧一笏板（残）。下排 2 尊，左侧一尊，戴五旒冕，右侧一尊，戴通天冠。均面相老态，双目凸出，胡须及胸，着交领广袖衣，胸下束带，衣带垂于两腿间，下着长裙，双手于胸前捧一笏板（残）。龛顶左至右横排阴刻“五岳五天圣帝”6字（图7–130）。

3–2号龛、3–3号龛二龛龛底外下侧雕一张长条形供桌，宽2.02米、高0.93米。供桌有二足，足下皆有一方形台（图7–131）。

（4）3–4号龛

位于3号窟右壁内侧，3–1号龛右侧，与3–1号龛略呈90°夹角，3–5号龛左侧。圆拱形浅龛，阴线刻尖桃形龛楣，宽1.25米、高1.52米、深0.21米。龛向186°。上部有一横向裂缝，中部两端各有一个圆孔。龛内起一通壁方台，高约0.31米，内刻造像2尊，均呈倚坐状。左侧一尊，右手残，高约1.21米，螺发，有肉髻，面部长圆，面相柔和，双目微下视，双耳硕大，颈部三道蚕纹，着双领下垂式袈裟，袒胸露乳，下着裙，腰束带打结，跣足，双手戴腕钏，左手抚膝，右手于胸前似托一宝珠。头上方近龛顶处刻一“释”字。右侧一尊，高约1.2米，束髻，戴小冠，面相老态，双目圆睁，双耳硕大，络腮胡，着交领广袖长袍，腰束带打结，衣带垂于两腿间，着翘头履，腹部外腆，左手抚膝，右手于胸前执一拂尘。头上方近龛顶处刻一“尹”字（图7–132）。

图7–130　朝源观遗址3–3号龛（引自《江津朝源观田野考古调查工作报告》）

（5）3–5号龛

位于3号龛右壁外侧，3–4号龛右侧。圆拱形浅龛，宽1.25米、高1.66米、深0.18米。龛向188°。上部有一横向裂缝，中上部各有一个圆孔。龛内刻造像5尊，均立于卷云上，微侧身面向后壁，造像分上下两排排列，上排3尊，均高约1.01米；下排2尊，均高约0.97米。五

图7–131　朝源观遗址3号窟左壁（引自《江津朝源观田野考古调查工作报告》）

图 7-132 朝源观遗址 3-4 号龛（引自《江津朝源观田野考古调查工作报告》）

图 7-133 朝源观遗址 3-5 号龛（引自《江津朝源观田野考古调查工作报告》）

尊像均束发，戴小冠，面相老态，双目突出，双耳硕大，胡须及胸，着交领广袖长袍，胸下束带，衣带垂于两腿间，双手于胸前捧一笏板（残）。龛顶右至左横排阴刻“五老五氣天君”6 字（图 7-133）。

3-4 号龛、3-5 号龛两龛下部雕一长条形供桌，宽 2.05 米、高 0.94 米。供桌有二足，足下均有一方形台（图 7-134）。

图 7-134 朝源观遗址 3 号窟右壁（引自《江津朝源观田野考古调查工作报告》）

（三）经堂与祖师殿（杨来霖墓）之间造像

由经堂通往祖师殿（杨来霖墓）的小路左侧，共有 2 龛造像，分别编 4 号龛、5 号龛。

（1）4 号龛

屋形龛，宽 87 厘米、高 95 厘米、深 53 厘米，龛向为 90°。歇山顶，檐角起翘，檐下开一横长方形龛。龛口两侧有方形龛面，龛左侧刻

“尝百草苍生活”；龛右侧刻“治五谷万民安”。屋顶上部遍布青苔，龛底前方有一横长方形凹槽。龛内正壁开一方形浅龛，浅龛龛楣刻“五谷天神大帝”六字。浅龛内造一主尊，倚坐于方座上，像高52厘米、座高13厘米，主尊扎双髻，面部方圆，面相老态，双目凸出，鼻下有“一”字形胡须，内着衣，外着圆领广袖长袍，腰束带，上身遍覆树叶，左手上举于胸前，右手置于右膝上，双手似各握一把谷物。主尊身后壁面浮雕云纹。两侧壁各开一方形浅龛，龛内各造一胁侍立像。左侧壁浅龛，宽34厘米、高45厘米、深5厘米。其内胁侍呈立姿，高43厘米，戴斗笠，面部方圆，眉目细长，抿嘴，着圆领窄袖短衣，下着裤，双腿分开而立，左手叉腰，右手垂于身侧，持一农具，似为一锄头。右侧壁浅龛，宽35厘米、高45、深5厘米。其内胁侍呈立姿，高40厘米，戴斗笠，面部方圆，双目微下视，抿嘴，肩部披草叶编织的披肩，着圆领窄袖衣，腰束带，下着裤，双腿分开而立，双手于左腹前持一锄头（图7–135）。

图7–135　朝源观遗址4号龛（引自《江津朝源观田野考古调查工作报告》）

（2）第5号龛

屋形龛，龛顶上部残损，宽0.95米、残高1.3米、深0.6米，龛向253°。歇山顶，檐角起翘，檐下开一横长方形龛龛左侧刻“降雾开晴共华□”；右侧刻“布云行雨洒霄灵”。龛内侧左右各有一列题记，均漫漶不清，左侧可辨内容“遊□□河……”，右侧已无任何字迹可以辨识。龛底前方有一圆形水池，直径为0.73米。龛内现有一圆雕造像（图7–136）。

图7–136　朝源观遗址5号龛（引自《江津朝源观田野考古调查工作报告》）

三、祖师殿（杨来霖墓）

祖师殿，实为道士杨来霖之墓。位于经堂东南面约35米处，与经堂间有石板路相通，朝向270°。祖师殿入口由条石垒砌而成，仿木构建筑、雕作不出头式牌楼状，四柱三间，三楼两层。正楼为单层檐庑殿顶，檐角起翘，正脊中央饰宝瓶，左右有鸱吻，瓦垄细密，檐口处刻出一排滴水，屋檐下部额枋镂雕繁密的花草纹饰，额枋下部有一方形匾额，其上横书题记两排，上排为“三叠琴心”，下排为“静養靈胎”，匾额左右侧立柱上各有一列题记，左侧为“丹成方稱真道士”，右侧为“药□□□洞□仙”。左右次楼屋顶同为庑殿顶，檐角起翘，屋顶正脊中央饰宝瓶，宝瓶两侧有卷云，两侧正脊外端有鸱吻，檐口刻滴水，额枋装饰一排卷云。额枋下左右各有一块方形匾额，左侧匾额刻“幽谷”二字，右侧刻“含春”二字。左右匾额外侧立柱似雕作一身造像。左侧一身似着广袖衣，右手上举、似持一物于头顶，左手垂于身侧。右侧一身残损严重，不识。二层屋檐檐角起翘，瓦垄细密，檐口刻滴水，大额枋上雕一排造像：中央一身造像盘坐于蒲团上，面部风化，胸腹部表面脱落，头顶似束髻，面部呈椭圆形，颌下垂三缕胡须，着广袖衣，下似着裤，双手捂双耳，头两侧上部各有一横长方形磨光平面。中央造像左侧置一张矮几，几上有一侈口鼓腹高足瓶，瓶内插有仙草。中央造像左右各有 4 身小像。左起第 1、2、3 身风化残损严重，不识。第 4 身面向左前方，束髻，面部呈椭圆形，颌下有一缕胡须，上身赤裸，下着裤，盘腿而坐，左手横于腹前，右手上举于头侧，手中持一物，持物残不识。第 5 身风化严重，盘坐，身体向左侧倾斜，左手置于身侧，右手手掌置于膝上。第 6 身风化残损严重，仅存残迹，盘坐，双手置于体侧。第 7 身仅存残迹，坐像，身体侧向左前方，左手前置，放于一台上，右手置于身侧。第 8 身风化严重，盘坐，双手上举于头两侧。牌楼下部明间开一方形门洞，宽 152、高 184 厘米，门洞外侧有一圈门套，门套上部呈卷云状，两侧呈方柱状，方柱外侧刻门联，左侧为“結三山之霞友同修道果”，右侧为“會四海之雲朋共習長生”。门套外侧左右有两根方形立柱。左右次间上部各有一张镂空方形华板，其上镂雕花草动物。左侧华板边缘镂雕 X 形窗格及团花，中部雕一鹿，鹿四肢残损，回首望向身后，口中衔芝草，鹿周身有花叶装饰。右侧华板边缘镂雕“十”字形窗格及团花，中部雕花叶及兽，残损严重，左侧残存一仙鹤，昂首向天。小额枋雕刻繁密花草纹饰，小额枋下各有一方形碑，碑座为方形几座。左侧方碑的碑文还可辨识，具体文字内容详见释文卷。牌楼左右边柱前有抱鼓石一对，牌楼前方有台阶三级（图 7–137）。

祖师殿内部为尖拱形顶，四壁均由条石垒砌，平面呈方形，殿中部起一墙，将祖师殿分为前、后室。祖师殿宽 4.65 米、高 5.6 米、深 6.75 米，前室深 2.98 米，后室深 3.77 米。前室为方形，前室后壁刻浅浮雕仿木构不出头式四柱三间牌楼一座，正楼，檐顶檐角起翘，正脊饰宝瓶，宝瓶内插有花草，左右有鸱尾。檐下有一块匾额，其上有题记两排，上排为“净保真元”，下排为“音容形乐”。匾额左右两侧有楹联一幅，左侧刻“非色維色真道像”；右侧刻“以空得空養真靈”。前室后壁开一圆拱形浅龛，龛顶与正壁交接处有一横向裂缝，宽 1.9 米、高 1.3 米、深 0.35 米。龛向 273°。龛顶刻浮雕山峦、缠枝藤叶，藤上挂葡萄。龛内正壁刻造像 3 尊。中间主尊，斜坐于靠背椅上，椅背左端刻浮雕卷云，像高约 0.91 米，束髻戴冠，发带垂于右肩，面部短圆，内着交领衣，外着交领广袖长袍，腰束带打结，带结垂于两腿间，着鞋。左手靠于扶手上，手中握书卷，右手

图 7-137　朝源观遗址祖师殿（杨来霖墓）正立面（引自《江津朝源观田野考古调查工作报告》）

执拂尘于右膝，左腿盘坐，右腿曲起。左右胁侍，均坐于蒲团上，侧身向主尊。左侧一身，高约 78 厘米，束髻，戴小冠，发带垂于左肩前，面部短圆，面相老态，颌下垂胡须，内着交领衣，外着交领广袖长袍，腰束带打结，带结垂于两腿间，着鞋。左手于胸前持一茶杯，右手于身侧提一茶壶，左腿盘坐，右腿曲起。右侧一身，高约 0.82 米，束髻，戴冠，冠带垂于两肩，面部尖圆，嘴微抿，着交领广袖长袍，腰束带，下似着裤，着鞋。左手举于胸前，上搭一布帛，其上捧一叠书卷，右手执麈尾于右膝，左腿盘坐，右腿曲起。主尊及右侧胁侍之间壁面刻一细颈瓶，内插花叶，其左侧刻一葫芦，束腰处系带，带结挂于壁面所刻一钉上。龛外有楹联一幅，左侧刻"時時規着保養靈胎"；右侧刻"刻刻照守仙子壇台"。龛外下方刻一张长条形供桌，宽 2.2 米、高 0.84 米。供桌有二足，足底向外翻卷，足中部内侧浅刻卷云。案台前部刻一拱形框，框内浅浮雕水池，池内有带茎莲叶、莲花、莲蕾及莲蓬，左下角刻一鸟，侧身向右，右脚抬起，左脚直立。案台下雕一覆莲台，高约 0.2 米。前室左右壁中部皆浅刻一横长方形框，宽 1.65 米、高 0.58 米，框内无字迹。前室后壁两侧各开一拱门，连接后室，门洞均宽约 0.9 米、高约 1.7 米。门上各刻一扇形牌匾，牌匾及门两侧均刻楹联。左侧拱门，牌匾上刻"芳草"2 字，门左侧刻"出妻进子道辦养亲辅弟"；门右侧刻"入山耕鑿置此復命歸根"。右侧拱门，牌匾上刻"騰輝"2 字，门左侧刻"始於有作人人惜我孤忠孝"；门右侧刻"今歸無維个个来觀好静居"（图 7-138）。后室中部有一张方形棺床，棺床为条石堆砌，棺床西面与后室前壁相接，

图 7-138 朝源观遗址祖师殿（杨来霖墓）前室（引自《江津朝源观田野考古调查工作报告》）

东面呈拱形，不见棺盖，棺床高 1.3 米、宽 0.68 米、长 2.6 米，棺床上方墓顶悬铁钩。后室后壁中央刻牌位龛，屋形龛，通高 1.3 米，牌位顶部屋檐正脊中部置一葫芦，屋檐两侧有鸱尾。牌身呈方形，宽 0.32 米、高 0.73 米。牌身左右上部刻“雲霞”2 字，中部有题记竖排 3 行，左侧 1 行为“却是幽冥室”，中间一行为“清逝開山住持大恩師楊来霖却舍靈柩位”，右侧一行为“本非宝蓮臺”（图 7-139）。

图 7-139 朝源观遗址杨来霖牌位龛（引自《江津朝源观田野考古调查工作报告》）

四、其他（水池、水井、散落的建筑构件等）

（一）供桌

位于山门入口处。宽 1.12 米、高 1.14 米、长 2.76 米。供桌分三层，上层桌面刻一玄武，长 96、宽 55 厘米、高 26 厘米，面南俯卧，昂首向天，头下枕卷云，龟壳阴线刻菱形纹饰，龟身缠绕一蛇，蛇首位于龟首右前方，蛇首下枕卷云，龟右前足

图 7-140　朝源观遗址供桌（引自《江津朝源观田野考古调查工作报告》）

抓蛇身。供桌外沿中部刻二凤鸟共一日，凤鸟双翅舒展，周身分布有卷云，外沿左右侧各雕一龙，面向中央，张嘴昂首，周身围绕有卷草纹。中层有四柱三间。每一立柱均镂雕一盆，盆内插花草，左起第 3 柱花叶右下部有一兽头，鼓目张嘴，面向右侧，头后有须。中央一间装饰一张华板，宽 0.91 米、高 0.66 米。华板四角有卷云状装饰，中部雕一兽，朝向右侧，头回首身后，张嘴鼓目，颌下有须，口中吐出火焰，周身覆鳞片，有四足，蹄分两瓣，二前足共持一剑，右后足抓一葫芦，左后足抓一物，呈弯月状，尾部有缨。左侧有一字版，宽 0.35 米、高 0.64 米，其上有题记一则，具体文字内容详见释文卷。右侧有一字板，宽 0.36 米、高 0.65 米，其上有题记一则，具体文字内容详见释文卷（图 7-140）。

（二）八卦池

山墙内距山墙约 10 米处有一八边形水池（图 7-141）。

图 7-141　朝源观遗址八卦池（引自《江津朝源观田野考古调查工作报告》）

（三）水井

位于水池边上，紧挨水池。井口有石质井圈，井圈内层为圆形，外层为六边形（图 7–142）。

图 7–142 朝源观遗址水井（引自《江津朝源观田野考古调查工作报告》）

（四）香炉

经堂正前方 5 米处有一个方形香炉，香炉三面损毁，仅存西面一面，长 247 厘米、通高 90 厘米。西面上部损毁，中部有一张华板，华板宽 70 厘米、高 60 厘米，华版上雕一龙，龙身向右，龙身纤细，弯曲成 Z 字形，遍覆鳞片，周身环绕浮云，一爪位于身后，一爪置于头前方，爪中握卷云，龙身下部为海水，水中有两条鱼，左侧一条向右侧游动，右侧一条头向上竖起，口中吐水。龙身左右各刻一张矮几，几上置一圆唇鼓腹瓶，瓶中插花草。香炉下部雕作一方台，方台前部开三壸门，壸门饰卷云及花瓣（图 7–143）。

图 7–143 朝源观遗址香炉（引自《江津朝源观田野考古调查工作报告》）

（五）碑

调查发现三件散落的碑。

（1）1号碑

方形碑一件，位于经堂西北约8米处。原黄连厂厕所底部。宽1米、高0.6米。其上有一则题记，具体文字内容详见释文卷（图7–144）。

（2）2号碑

方形碑残件一件，位于经堂西北约15米，宽0.93米、高0.63米、厚0.22米。具体文字内容详见释文卷（图7–145）。

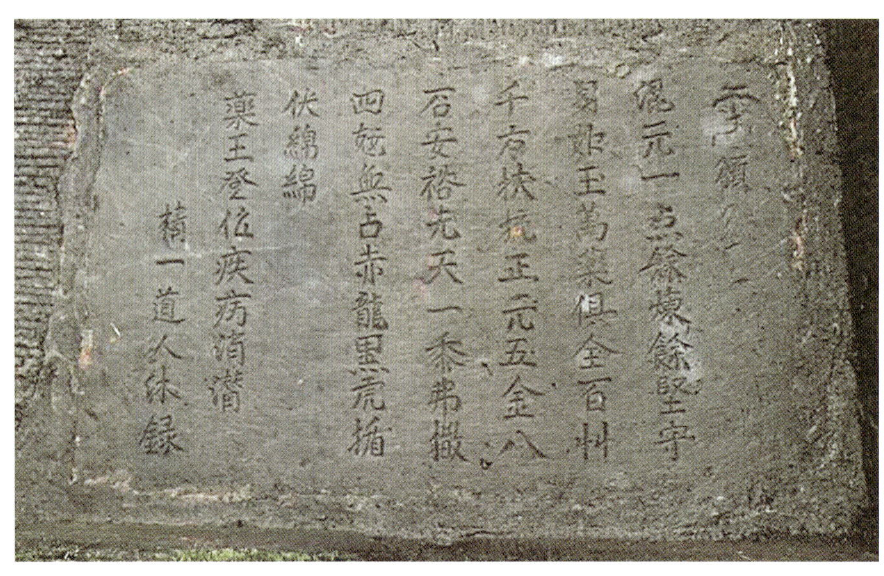

图7–144　朝源观遗址1号碑（引自《江津朝源观田野考古调查工作报告》）

图7–145　朝源观遗址2号碑（引自《江津朝源观田野考古调查工作报告》）

图 7-146 朝源观遗址 3 号碑（引自《江津朝源观田野考古调查工作报告》）

（3）3 号碑

方形碑残件一块，宽 0.89 米、高 0.64 米、厚 0.24 米，具体文字内容详见释文卷（图 7-146）。

▼ 7.3.19 合川涞滩二佛寺摩崖造像 [33]

涞滩二佛寺摩崖造像，位于今重庆市合川区涞滩古镇鹫峰山上（图 7-147）。二佛寺原名鹫峰禅寺，于清代中叶改名为二佛寺。

二佛寺摩崖造像大致始建于唐，兴盛于宋。但对于二佛寺及其造像的具体建造年代，由于缺乏相关文献及实物依据，现难以确定。据明正德十三年镌刻的碑文遗碣所载："唐广明二年辛丑 (881 年) 唐僖宗移跸成都，蜀盗风起，上遣使诣刹祈祷。" 可见涞滩的摩崖造像应早于广明二年，距今已有一千多年历史。

涞滩二佛寺摩崖造像，共有造像 42 组（龛），总数达 1700 余尊，是中国石窟艺术群中极少保存完好的大型禅宗造像群。

涞滩二佛寺摩崖造像是禅观空间与礼佛空间的有机结合。作为佛教造像世俗化的典型产物，其摩崖造像在构思经营、设计布局、造型风格、创作手法等诸方面都强烈地显示出鲜明的时代风格与民族特色。在这里，形式与内容、艺术审美与宗教义理有机融合，呈现出一幅颇具时代风格和地方特色的雕塑美卷，处处充满禅意哲趣，亦不乏浓烈的现世关怀，堪称宋代雕塑艺术的杰出代表和典范。因此，涞滩二佛寺摩崖造像不再只是佛教宣扬教义、招揽信众的工具和附庸，很大程度上，其自身的艺术魅力和文化价值得到空前的发挥和彰显，主要表现在以下几方面。

图 7-147　涞滩二佛寺摩崖造像所处环境状况（摄于 1993 年）

在主题塑造上，涞滩二佛寺以释迦牟尼说法，众菩萨、弟子、罗汉听法为主要内容贯穿全窟。面带微笑、慈悲安祥的主尊释迦牟尼，通高 12.5 米，身着褒衣博带式袈裟，双脚自然下垂，呈善跏趺坐，左手抚膝，右手施说法印，端坐于整个北崖的后壁正中。大佛的长方脸型，丰满圆润，头饰螺髻，额显白毫，两耳垂肩。其双眼微睁，目光俯视，嘴角后收，双唇微启，仿佛正在为大众说法释疑，指秘解惑，意在让观者体会“说即不说，不说即说”，“一落言铨，即失其旨”的禅宗核心“不可说”之境（图 7-148）。释迦身后的菩萨及其上方的千佛；释迦两侧的迦叶、阿难及其上方的善财、龙女；释迦左前方即南崖的达摩、须菩提、弥勒大士及其上方的五百罗汉；释迦右前方即西崖上的十六罗汉、禅宗六祖、泗州大圣、十六尊者等等，如此宏大的场面，虽有相当独特的创造，但都从属于“释迦说法”这个重大主题，各色人物以各自不同的神态形式呈现，烘托渲染出“佛以一音演说法，众生各个随所解”的生动禅境。整幅立体的释迦说法图，充分表达出禅宗“不立文字，不在言说，以心传心，见性成佛”的禅门旨归和立论根据。可见，大主题统摄全窟，而小主题龛窟又以连环画式的设计布局为大主题服务，自然各有各的精彩。譬如通过迦叶做微笑状的塑造，既辉映释迦说法的宏大主题，又巧妙地表达出“释迦拈花”、“迦叶微笑＂的禅宗故事渊源。大小主题交相呼应，使整个石窟寺内容丰富，主题突出，和谐统一，成为弥漫浓浓禅意、意境悠远、艺术创造精妙圆融的禅宗道场。

在整个石窟寺宗教空间的构筑上，充分利用自然山势，信众可以拾级而上，从不同空间角度观像膜拜，移步换景，从而获得不同样态的宗教体验，这显示出二佛寺有别于其他摩崖造像极突出的特点。信众从东南面窟口进入二佛寺，也就进入了聆听释迦说法的道场。迎面高大伟岸的释迦佛静静地俯瞰着众生，其脚下的凡俗信众则需要高仰颜面方能与佛祖交流，进而获得心灵的震颤，人、佛之间物理距离和心理距离的巧妙设置，一方面凸显出世人的渺小与佛祖的神圣，但另一方面佛祖的神秘微笑，似乎又充满着无限的温情。当信众由右侧的石阶(两侧依自然山势雕刻十六尊者和罗汉群像)到达石窟寺第二层时，与主佛的距离大大缩短，仿佛自己受到主佛更多地关注与教诲，内心更能与佛形成一种沟通和亲近之感。此外，禅宗六祖像、目连尊者、泗州大圣、五百罗汉等位于较高的二、三层的造像，信众都可以通过拾级而上到佛寺的二楼近距离地观象瞻拜，既达到由观像到观心，启迪信众“明心见性”的作用，亦可近距离地欣赏情节各异、妙趣横生的雕塑艺术作品。观像路线的空间上升，造像的层次讲究，一方面激发和丰富了信众的宗教体验，另一方面又大大强化了信众观像的审美体验，最大限度地发挥了摩崖造像自身的宗教意义和艺术价值。

图 7-148 涞滩二佛寺摩崖造像主尊释迦牟尼像（引自《中国美术全集》）

涞滩二佛寺摩崖造像在技法上的最大特点就在于对线条的充分运用和把握，特别是曲线的运用十分成功。无论是造像的整体轮廓、肢体形态还是细部的面容表情、衣纹转折等多用圆润流畅的长、短曲线造型，这就使得涞滩二佛寺的造像格外自然生动，一改过去造像中过于平直、板滞的不足。其雕刻技法手段的纯熟、精湛，完全可以说已经达到了相当杰出精湛的境界。特别值得一提的是，堪称二佛寺摩崖造像精品之一的善财、龙女像，他们以高浮雕形式分别雕凿于释迦牟尼佛左右上方，皆面部圆润，饰有圆形头光，背景则以浅浮雕表现祥云缭绕。善财双手合十，侧身呈屈身俯首参佛状（图 7–149）。龙女亦侧身成仰面参佛状。二者身披帔帛，特别是龙女的帔帛衣裙似迎风向后飘卷，流动自然，颇生“天衣飞扬，满壁风动”的艺术效果（图 7–150），充分烘托出善财、龙女佛前闻法的虔诚与喜悦。静中蕴动，动中涵静，为石窟增添了颇多的动感与生机。

图 7–149 涞滩二佛寺摩崖造像善财像（引自《中国美术全集》）

涞滩二佛寺禅宗造像不仅只是符合大众审美趣味，同时还体现了中国艺术精神中文人化倾向，比如“重意传神”、“气韵生动”的创造，富有浓浓的禅意和生机，具有较高的艺术品格。这可能与唐中叶以后，大批具有较高艺术品位和造诣的文人雅士和宫廷画人随唐室避难入蜀，在蜀地进行创作，以及后来的前后蜀时期画院的兴盛与发展有着十分密切的关系。相较于五代时的人物画创作比较注重细腻传神，注重人物仪态神情和复杂内心世界的传达表现而言，北宋文人画的兴起则似乎更加强调艺术创作中，主体的内心感受体验和“常理”的真实传达。

在涞滩二佛寺禅宗道场中，众菩萨、弟子、罗汉悉心闻法的精彩瞬间被雕塑师凝固下来，千姿百态，妙趣横生，成西方所谓“最有孕育力的瞬间”。宋代，罗汉造像风行，这在涞滩二佛寺中亦可见一斑：在涞滩二佛寺摩崖造像中，除佛、菩萨和其他造像外，仅罗汉造像就达 600 余尊，且多以群雕出现，分布在三面崖壁上。西崖的 16 罗汉组像（图 7–151），人物上下错列，动作相互穿插，生动形象的造型堪称整个石窟寺的经典之一。16 罗汉均做凝神闻法状，他们或停止手中的工作，双手合十，伸头仰面凝视主佛悉心听法，或闻法得道开怀畅笑，或深沉忧郁蹙眉哀思，其形象、表情、动作均各不相同，各有特色，好似他们都在用自己的方式体认、理解、内化着禅法，达到了忘我的境界。尤为突出者，譬如

图 7–150 涞滩二佛寺摩崖造像龙女像（引自《中国美术全集》）

前排中央的 185 号大肚罗汉像，袒胸露怀，双乳垂下，肚腹外鼓，眯着眼睛呵呵作笑。又如上层 181 号罗汉像，为一年老者，双手执拐杖，头戴披风巾，形态呈忧苦状，目光深沉，含意莫测，体态瘦弱到胸前的肋骨历历可数，苦行僧形象塑造得真是入木三分。这些罗汉或行或卧，或坐或立，或笑或哭，或悲或喜，有的挑水劈柴，有的推车运物；有的牵狗戏玩，有的抚琴自乐；有的看书识字，有的窃窃私语；有的正襟危坐，有的仰面朝天；有的张口欲呼，有的双唇紧闭；有的憨厚诚实，有的狡黠老练；有的如饥似渴，有的潇洒飘逸，有的沉黯懒散。总之，这些罗汉形象简直就如同现实生活中的众人一样，组成了一幅幅富有浓郁生活气息的人生图景。恰是禅师们“饥来吃饭，困来即睡”、“平常心是道”的真实写照。

女性化是外来佛教造像艺术本土化的一种重要表现。在涞滩二佛寺禅宗造像中，这种佛教造像女性化的典型例子特别多。北崖的“菩萨”像，每尊平均身高都在 3 米以上，头戴花冠，双耳戴环，两鬓各现一缕绕耳青丝，面目俊俏秀丽，身材高挑纤细，体态婀娜多姿，皆饰圆形头光，怡然自得，清秀典雅，充分表现了宋代绘画艺术和雕塑艺术对女性神情表达的审美共性。南崖的中国禅宗初祖菩提达摩像，跣足侧身而立，双耳戴环，头戴披风巾，微微侧转颔首，目光下视，若有所思，

图 7–151 涞滩二佛寺摩崖造像罗汉组像（引自《中国美术全集》）

图 7-152　涞滩二佛寺摩崖造像达摩像（引自《中国美术全集》）

身着袈裟，双手笼于袖内，置于腹前，表情温婉恬静，看去颇富女性特征。与以往的达摩“长着浓密的络腮胡子，身着黑色袈裟，浓眉大眼”威猛异常的男性形象截然不同（图 7-152）。

西崖第 172 号的泗州大圣像头戴披巾，面目慈祥，顶后有圆形背光，身着厚重的交领袈裟，胸饰短璎珞，惜双手所执法器残毁。泗州大圣世称“僧伽大师”，为唐代著名高僧，传说是观音的化身。这与在相邻并不太远的大足北山 177 号窟宋代泗州大圣像、南宋江津高坪石佛寺第 4 号龛主尊泗州大圣像都表现为男性形象相比，具有明显不同，此处的表现颇有几分女子气质（图 7-153）。

弥勒又名“阿逸多”,意译为“慈氏”。出生于南天竺婆罗门家族，因他将继承释迦牟尼的佛位，故为后补佛或未来佛。弥勒来东土之后，在唐末之前，都是头戴宝冠、眼长唇薄、鼻挺目秀、满带璎珞、富丽端庄的坐像。弥勒与文殊、普贤相似，也接近于佛的形象，如乐山大佛即为弥勒佛坐像。但后来很快就汉化和世俗化了，而且与布袋罗汉混为一体。或谓“大腹沙门形的弥勒”，是宋元明清以来的弥勒形象。明清以来，许多寺院都塑有“形裁腲腰，蹙额皤腹”的大肚弥勒像。阎文儒先生认为“布袋和尚在石窟造像中，仅见于杭州西湖沿岸的各石窟内。今飞来峰造像，第十五号龛有宋造布袋和尚像沙门形，大腹，作箕距状，笑容可掬，右手扶膝，左手持数珠。南宋开凿的第三十三号龛,正中刻与上述形象相同的布袋和尚像,惟腹下束绳,右手持布袋,左手持数珠。其东西两半，各刻九身罗汉像，合计十八罗汉像”。其实，在较早的涞滩二佛寺禅宗造像中就已经有了布袋和尚的原型创造。南崖的大肚弥勒,光头圆脸,袒胸露怀,腹部圆鼓,身着大袖交领袈裟，左肩扛一大布袋，左手紧捏袋口，右手抻二指指腹，作悉心听法状。这里的布袋和尚并没有表现为“开口常笑”，而是表现出一种沉浸在释迦说法气氛中，且略有忧郁哀怨的神情（图 7-154）。

在涞滩二佛寺摩崖造像中，温婉含蓄的菩提达摩，懊丧忧思的大肚弥勒，动中见静的善财、龙女，行住坐卧、人生百态的罗汉造像，以及整个石窟造像所营造的浓浓禅意，使得中国艺术中“重意传神”、“气韵生动”、“象外之趣”、“穷理尽性”的艺术追求和中国审美精神得到了非常充分的体现。所以，涞滩二佛寺摩崖造像，无论就其禅宗义理阐释空间系统的营造，还是雕刻艺术的创造，都具有显著的艺术价值和文化价值。

图 7-153 涞滩二佛寺摩崖造像泗州大圣像（引自《中国美术全集》）

综上所述，因涞滩二佛寺摩崖造像具有极高的历史价值、艺术价值和文化价值，所以涞滩二佛寺摩崖造像 1956 年被列为四川省文物保护单位，2006 年被列为重庆市文物保护单位，2006 年 5 月被国务院公布为第六批全国重点文物保护单位。

图 7-154 涞滩二佛寺摩崖造像弥勒像（引自《中国美术全集》）

▼ 7.3.20 龙多山摩崖石刻[34]

龙多山摩崖石刻位于重庆市合川区西北龙凤镇与重庆市潼南县东北檬子乡交界处的龙多山上，距合川城区 60 公里，距潼南县城 20 公里。

龙多山因峰岭逶迤，绵延天外，像一条腾飞的巨龙而得名。海拔 600 米以上，相对高差 200 余米、竖向两级台地的方山地貌景观，耸立于四周低矮的丘陵之中，是重庆北部的天然屏障（图 7-155）。

龙多山摩崖石刻总体上可分为摩崖造像和摩崖题刻两部分。

（一）摩崖造像

龙多山摩崖造像主要分布在龙多山周围崖壁上（图 7-156），根据其地理分布特点，可分为

图 7-155　龙多山区域影像图（引自《龙多山摩崖造像及题记（实验区）保护工程设计方案》）（建设综合勘察设计研究院提供）

图 7-156　龙多山摩崖石刻所处环境状况（引自《龙多山摩崖造像及题记（实验区）保护工程设计方案》）

东岩、西岩、南岩、北岩及田湾五大区域。其中东岩因山石崩塌又可分作上、下两部分；西岩因位置特殊又分为飞仙泉、飞仙石两部分。据符永利、蒋晓春、罗洪彬等人 2014 年调查统计，现存龛窟共计 94 个。其中东岩上 22 龛，编号为东上 K1- 东上 K22；东岩下 19 龛，编号为东下 K1—东下 K19；南岩 4 龛，编号为南 K1- 南 K4；西岩 26 龛，编号为西 K1—西 K26；北岩 7 龛，编号为北 K1- 北 K7；田湾 16 龛窟，编号为田 K1—田 K16。按龛窟内容分，共有造像龛 79 个，舍利塔龛 8 个，造像碑 3 个，空龛 2 个，禅窟 1 个，佛塔龛 1 个。

龙多山摩崖造像以浅小的摩崖龛像为主，也有部分大型龛，洞窟较少。造像雕刻年代以晚唐至宋为主，元、明、清时期有零星雕凿，但数量较少。龙多山摩崖造像因风化剥蚀严重，大多造像本来面目已不存。加之近年来，不断有信徒私下修补、妆彩，所以一定程度上对文物的真实性及价值造成了比较严重的破坏。

1. 龛窟形制

龙多山摩崖造像大多开凿较浅，以摩崖龛像为主，洞窟较少。其中单层方形龛、单层圆拱形龛、外方内圆拱形双层龛最多。令人惋惜的是，龙多山不少摩崖龛窟遭到了比较严重的破坏，以至于现在难以辨别其原本龛窟类型和造像内容，所以在龛窟类型分析时，不得不放弃此类造像龛。

（1）窟型

目前仅发现两处，均为单室窟，按形制可分为两种类型。

A 型：平面呈长方形，立面呈圆拱形，仅 1 窟，即田 K16。三壁开龛，敞口，穹窿顶，顶上有椭圆形藻井，左、右、后各开一小型浅龛，龛内造像以浅浮雕为主（图 7–157）。

B 型：平面呈长方形，立面呈长方形，仅 1 窟，即西 K3。利用天然洞窟改造而成，顶部为天然岩石，左右壁由宋代墓葬石垒砌，上刻浅浮雕造像，后壁设方形神坛（图 7–158）

（2）龛型

龙多山摩崖造像中以小型浅龛为主，迄今已发现 92 个，保存相对完好的就有 68 龛（图 7–159），根据它们的外立面形制，可分为两种类型。

A 型：单层龛，一般较为浅小，根据造像龛立面造型及龛楣特点的差异，可分为四种形式。

图 7–157　龙多山摩崖造像田 K16 的浮雕（引自《重庆市合川区龙多山摩崖石刻研究》）

图 7–158　龙多山摩崖造像西 K3 的浮雕（引自《重庆市合川区龙多山摩崖石刻研究》）

东上 K4：释迦佛龛

东上 K6：关羽龛

东上 K19：千手观音龛

东上 K2：三世佛龛

东下 K2：观音龛

西 K1：佛塔龛

东下 K5

东下 K7

南 K1：二佛并坐龛

南 K2：造像碑

西 K4：天尊龛

田 K2：千佛龛

南 K4

北 K1：空龛

北 K4：二佛并坐龛

西 K5：释迦多宝并坐龛

田 K2—1

西 K6：七佛龛

田 K2—2：弥勒龛

田 K2—4：弥陀龛

图 7-159 龙多山摩崖造像龛形制及造像形式代表图片（引自《重庆市合川区龙多山摩崖石刻研究》）

Ⅰ式：圆拱形龛，尖桃形龛楣。龛楣处向上凸起，呈尖桃形。共计 4 龛。

Ⅱ式：圆拱形龛，没有尖桃形龛楣，平面呈弧形。根据龛楣及龛沿装饰的差异又可分为两个亚式。

Ⅱ a 式：素面龛楣，拱形龛楣上无任何装饰。共计 15 龛。

Ⅱ b 式：龛楣及龛沿处装饰卷草纹。共计 3 龛。

Ⅲ式：平弧顶龛。龛顶略成弧形，两端抹角。共计 5 龛。

Ⅳ式：方形龛，龛顶与龛侧直角相交。共计 17 龛。

B 型：双层龛。外龛多为方形平顶，一般较浅，立面及平面呈长方形，部分龛底部凿出二层方形台；内龛立面呈长方形或圆拱形，平面呈马蹄形或浅弧形，有的左、右、后壁设方形坛，造像或坐或立于台上。根据内龛龛楣特点及保存现状不同可分为四种形式。

Ⅰ式：外方内方形龛。共计 1 龛：东下 K1。

Ⅱ式：外方内圆拱形龛。根据龛楣装饰不同又可分为两个亚式。

Ⅱ a 式：素面龛楣，共 5 计龛。

Ⅱ b 式：龛楣处有精美装饰。内龛龛楣装饰流苏、卷草纹、垂帐纹等，共计 2 龛。

Ⅲ式：外方内平弧形龛。内龛龛顶略成弧形，两端抹角，根据龛楣装饰不同又可分为两个亚式。

Ⅲ a 式：内龛龛楣无装饰。共计 10 龛。

Ⅲ b 式：内龛龛楣装饰流苏，卷草纹。垂帐纹等，共计 4 龛。

Ⅳ式：外长方内波浪形双层龛。长方形浅外龛，内龛分上下两层，上层顶部悬帐，呈波浪状，饰缠枝花纹，平面呈长方形；下层为长方形浅龛。此类龛较罕见，龙多山摩崖造像中仅发现 1 龛，即西 K9。

各类龛型具体分布情况详见表 7–41。

表 7–41　龙多山摩崖造像龛窟形制一览表

<table>
<tr><th colspan="4">龛窟形制</th><th>代表龛窟号</th></tr>
<tr><td rowspan="5">龛</td><td rowspan="5">A 型</td><td>Ⅰ式</td><td></td><td>东上 K4、东上 K6、西 K4、西 K19 中间部分</td></tr>
<tr><td rowspan="2">Ⅱ式</td><td>Ⅱ a 式</td><td>东上 K17、东上 K21、西 K10、西 K11、西 K15、西 K16、西 K19 右部分、西 K23、西 K24、西 K26、北 K5、北 K6 正中小龛、田 K2–7、田 K2–8、田 K2–9</td></tr>
<tr><td>Ⅱ b 式</td><td>田 K2–1 正中小龛、田 K2–2、田 K2–4</td></tr>
<tr><td>Ⅲ式</td><td></td><td>东上 K3、东下 K10、东下 K13、田 K2–5、田 K2–6</td></tr>
<tr><td>Ⅳ式</td><td></td><td>东上 K11、东上 K12、东上 K15、西 K5、西 K6、西 K12、西 K13、西 K19 左部分、西 K22、西 K25、南 K2、南 K3、北 K1、北 K2、北 K7、田 K1、田 K10</td></tr>
</table>

续表

<table>
<tr><th colspan="4">龛窟形制</th><th>代表龛窟号</th></tr>
<tr><td rowspan="6">龛</td><td rowspan="6">B 型</td><td>Ⅰ式</td><td></td><td>东下 K1</td></tr>
<tr><td rowspan="2">Ⅱ式</td><td>Ⅱ a 式</td><td>东上 K2、东上 K13、东上 K14、东下 K9、田 K3</td></tr>
<tr><td>Ⅱ b 式</td><td>东下 K18、西 K8</td></tr>
<tr><td rowspan="2">Ⅲ式</td><td>Ⅲ a 式</td><td>东上 K16、东上 K18、东上 K19、东下 K5、东下 K7、东下 K12、南 K1、南 K4、北 K3、北 K4</td></tr>
<tr><td>Ⅲ b 式</td><td>东上 K10、东下 K16、东下 K19、西 K14</td></tr>
<tr><td>Ⅳ式</td><td></td><td>西 K9</td></tr>
<tr><td rowspan="2">窟</td><td>A 型</td><td></td><td></td><td>田 K16</td></tr>
<tr><td>B 型</td><td></td><td></td><td>西 K3</td></tr>
</table>

2. 造像特征

由于自然和人为等原因，龙多山摩崖造像大多残损较为严重，且大部分造像经后人装彩，原貌大多不存，仅能根据造像的坐立姿势、头光、佛座以及部分服饰衣纹特点等方面去辨别造像的艺术风格。

（1）佛像

根据佛像的坐立姿势不同，可以分为两种类型。

1）坐佛

一般为外尖桃内圆形双重头光，且身后有圆形身光，与尖桃形头光组成葫芦形背光；少数佛像没有身光，仅有桃形单层头光；衣着以双领下垂式袈裟为主，部分佛像内着僧祇支，少数佛像着圆领通肩袈裟。根据坐姿不同可分为两种类型。

A 型：结跏趺坐。多坐于仰莲圆座、束腰仰覆莲圆座以及长方形须弥座上，另有部分造像坐于高茎莲台上。根据佛像袈裟下摆是否悬于座外又可分为两种形式。

Ⅰ式：袈裟裹腿。此类佛像袈裟裹于腿部，全部在佛座之上，未悬于佛座外，此类造像数量最多，如东上 K10 右侧坐佛、西 K8 左侧坐佛、西 K19 右部分坐佛，以及东上 K5、东上 K8、东下 K4、东下 K7、东下 K8、东下 K9、东下 K10、东下 K16、东下 K18、田 K2–1、田 K2–5、田 K2–6、田 K2–8、田 K2–9、田 K10、田 K11、西 K5、西 K6、西 K9、西 K13、西 K14、西 K16、西 K18、西 K20、西 K24、西 K26、南 K1、南 K4、北 K3、北 K4、北 K6 等龛的主尊（图 7–159）。

Ⅱ式：悬裳座。佛像袈裟下摆悬于座外，如东上 K2 右侧二佛、东上 K10 中佛，以及东上 K13、东下 K5、东下 K14、东下 K15、东下 K19、田 K2–4 等龛的主尊（图 7–159）。

B 型：善跏趺坐。此类佛像多倚坐于须弥座上，足踏莲花，如东上 K2 左侧弥勒、东上 K10 左侧弥勒、东下 K12 右侧坐佛、田 K2–7 中佛、西 K8 右侧坐佛，以及北 K5、田 K2–2 等龛的主尊（图 7–159）。

2）立佛

一般为尖桃形单层头光，有的为双重头光，但残损严重，装饰火焰纹等。如东上 K7、西 K19 左部分小龛等（图 7–159）。

（2）菩萨

龙多山菩萨造像大多残损较严重，或经现代改造妆彩，仅有少部分保存了原有的艺术风格。题材多样，造型多变，多以气质高贵的女性形象出现。其中最具特色的当属东上 K12、东上 K14、东上 K18、东上 K19、田 K3 等龛的菩萨造像（图 7–159）。

根据造像风格的不同可将龙多山菩萨造像分为两种类型。

A 型：密教观音造像。根据造像造型不同又可以分为两种形式。

Ⅰ式：千手千眼观音。龛后壁表现千手千眼，其中二十余手臂各执法器。根据造像坐立姿势不同又可分为三个亚式。

Ⅰa式：结跏趺坐。主尊千手观音结跏趺坐于束腰仰覆莲座上，龛内除表现千手千眼外，刻文殊、普贤、众弟子及护法神将等像。此类造像仅东上 K18 一龛（图 7–159）。

Ⅰb式：善跏趺坐。主尊善跏趺坐于方形台上，足踏莲台，龛下左右各刻弟子像一，仅东上 K19 一龛（图 7–159）。

Ⅰc式：立像。立于圆形莲座上，龛后壁表现千手千眼，仅西 K11 一龛。

Ⅱ式：宝志现十一面观音。主尊倚坐于方形台上，身着对襟长衫，头戴花冠，冠中共有 11 面，双手置于脸侧作撕扯状，应表现的是宝志和尚现十一面观音题材，仅田 K3 一龛，这是目前石窟寺考古中首次发现的此类造像。

B 型：胁侍菩萨及单尊菩萨造像。

一般头戴宝冠，身体丰满匀称，大多装饰璎珞，披帛绕肩。根据坐立姿势不同可分为两种形式。

Ⅰ式：菩萨坐像。多以单尊造像或主尊呈现，也有少数以胁侍菩萨的形式出现。根据坐姿不同又可分为两个亚式。

Ⅰa式：结跏趺坐。结跏趺坐于仰莲圆座、束腰长方形须弥座以及六菱形须弥座上，部分手持净瓶。如东上 K4、东上 K11、东上 K17、东下 K2、田 K2–7 右像、田 K2–9 等龛内菩萨造像（图 7–159）。

Ⅰb式：舒相坐。舒相坐于方形台上，一腿盘结，另一腿置于其上或自然下垂，如东上 K12、东下 K14、东下 K15、田 K2–5 右像、田 K2–6 左像等菩萨像。

Ⅱ式：菩萨立像。根据服饰和装饰的差异又可分为两个亚式。

Ⅱa式：装饰较多，一般头戴花冠，胸饰璎珞，披帛绕身飘动，衣纹流畅，多数造像有桃形头光，部分造像有葫芦形背光，装饰火焰纹、齿轮纹等。此类造像数量较多，比如东上 K8、东上 K13、东上 K14、东下 K3、东下 K5、东下 K7、田 K2–1、田 K2–2、田 K2–4、田 K9、田 K10、西

K6、西 K8、西 K10、西 K14、西 K18 等龛内的菩萨像（图 7–159）。

Ⅱ b 式：装饰较为简单或因剥蚀现已不存。如北 K4、东下 K4、南 K1、西 K19、西 K22、西 K23、西 K26 等龛内菩萨造像（图 7–159）。

龙多山摩崖造像各种形式的分布情况详见表 7–42。

表 7–42　龙多山摩崖造像形式一览表

<table>
<tr><th colspan="5">造像特点</th><th>龛窟号</th></tr>
<tr><td rowspan="4">佛</td><td rowspan="3">坐佛</td><td rowspan="2">A 型</td><td>Ⅰ式</td><td></td><td>东上 K5、东上 K8、东上 K10 右侧坐佛、东下 K4、东下 K7、东下 K8、东下 K9、东下 K10、东下 K14、东下 K16、东下 K18、田 K2–1、田 K2–5、田 K2–6、田 K2–8、田 K2–9、田 K10、田 K11、西 K5、西 K6、西 K8 左侧坐佛、西 K9、西 K13、西 K14、西 K16、西 K18、西 K19 右部分坐佛、西 K20、西 K24、西 K26、南 K1、南 K4、北 K3、北 K4、北 K6</td></tr>
<tr><td>Ⅱ式</td><td></td><td>东上 K2 右侧二佛、东上 K10 中佛、东上 K13、东下 K5、东下 K15、东下 K19、田 K2–4</td></tr>
<tr><td>B 型</td><td></td><td></td><td>北 K5、东上 K2 左侧弥勒、东上 K10 左侧弥勒、东下 K12 右侧坐佛、田 K2–2、田 K2–7 中佛、西 K8 右侧坐佛</td></tr>
<tr><td>立佛</td><td></td><td></td><td></td><td>东上 K7、西 K19 左部分小龛</td></tr>
<tr><td rowspan="8">菩萨</td><td colspan="2" rowspan="4">A 型</td><td rowspan="3">Ⅰ式</td><td>Ⅰ a 式</td><td>东上 K18</td></tr>
<tr><td>Ⅰ b 式</td><td>东上 K19</td></tr>
<tr><td>Ⅰ c 式</td><td>西 K11</td></tr>
<tr><td>Ⅱ式</td><td></td><td>田 K3</td></tr>
<tr><td colspan="2" rowspan="4">B 型</td><td rowspan="2">Ⅰ式</td><td>Ⅰ a 式</td><td>东上 K4、东上 K11、东上 K17、东下 K2、田 K2–7 右像、田 K2–9</td></tr>
<tr><td>Ⅰ b 式</td><td>东上 K12、东下 K14、东下 K15、田 K2–5 右像、田 K2–6 左像</td></tr>
<tr><td rowspan="2">Ⅱ式</td><td>Ⅱ a 式</td><td>东上 K8、东上 K13、东上 K14、东下 K3、东下 K5、东下 K7、田 K2–1、田 K2–2、田 K2–4、田 K9、田 K10、西 K6、西 K8、西 K10、西 K14、西 K18</td></tr>
<tr><td>Ⅱ b 式</td><td>北 K4、东下 K4、南 K1、西 K19、西 K22、西 K23、西 K26</td></tr>
</table>

3．造像组合及内容

龙多山摩崖造像内容丰富，组合形式多样，包括了千佛、三世佛、七佛、释迦多宝并坐、千手千眼观音、释迦说法、弥勒佛、西方三圣、西方净土变、观音菩萨、十一面观音、禅宗初祖、罗汉群雕、天尊、舍利塔、关羽、土地神多种题材。部分造像龛内还有菩提双树、飞天、莲花化佛等内容。

最常见的造像组合形式有一佛二弟子、一佛一菩萨、一佛一侍、一佛二菩萨、一佛二弟子二菩萨、一佛二弟子二菩萨二力士、二佛二弟子二菩萨二力士、二佛四弟子四菩萨二力士、二佛二弟子四菩萨二力士、三佛三菩萨、三佛三弟子、西方净土变、西方三圣、一菩萨二弟子、一菩萨一祖师、一道士二弟子、二佛并坐、七佛、三佛、七佛六菩萨等，以及佛、菩萨、土地爷、天王、居士等单尊造像。值得一提的是田 K1、田 K5、田 K6、田 K10 四龛，龛内为剔地浮雕，表现的是西方净土变题材，高浮雕大量莲花、莲茎以及化生童子等。可惜四龛造像由于自然和人为的原因受到很严重的破坏，龛内的具体造像内容已经难以清楚辨识。

此外，龙多山摩崖龛像中还有数量较多的舍利塔龛，如东上 K1、东上 K21、田 K7、田 K12、田 K13、田 K14、田 K15、西 K7 等，这些舍利塔龛大多保存较好，结构清楚，部分舍利塔上还有造像小龛，如东上 K1 等，为龙多山僧人墓葬的研究提供了难得的实物材料。造像组合及内容的具体分布情况详见表 7–43。

表 7–43　龙多山摩崖造像造像题材一览表

造像组合	代表龛窟	备注
一佛二弟子	东下 K8、东下 K9、东下 K10、西 K24	东下 K8 主尊头光顶端装饰五瓣莲花，龛楣处有七座佛；东下 K9、东下 K10 主尊头戴“人”字形风帽
一佛二弟子二菩萨	东下 K14、东下 K15、田 K2–8、西 K18	田 K2–8 右侧残毁，西 K18 经后人改造
一佛二菩萨	田 K2–7	
一佛二弟子二菩萨二力士	北 K3、东上 K8、东下 K4、东下 K5、东下 K7、东下 K16、东下 K9、南 K4、田 K2–1 主龛、田 K2–2、田 K2–4、西 K14、西 K20	东下 K19 后壁疑有天龙八部；田 K2–2、田 K2–4 龛沿装饰卷草纹，龛楣左右饰飞天；西 K14 龛楣装饰流苏，龛沿饰飞天
一佛二弟子二菩萨二力士四供养人	西 K19	由三部分组成，右部分为坐佛；中间部分为一佛二弟子二菩萨二力士四供养人；左部分为三立佛
一佛一菩萨	田 K2–5、田 K2–6	阿弥陀佛与自在观音
二佛二弟子四菩萨二力士	西 K8	龛楣悬帐，饰流苏龛楣有二飞天
二佛二弟子二菩萨二力士	东下 K18、南 K1	
一佛三菩萨六弟子二力士	东下 K12	龛内分三部分内容

续表

造像组合	代表龛窟	备注
三佛三弟子	西 K16	
二佛四弟子四菩萨二力士	北 K4	佛座下为高茎莲台
一佛一侍	北 K5	
西方三圣	东上 K13	双重头光内饰齿轮纹，外饰火焰纹
西方净土变	田 K1、田 K5、田 K6、田 K10	田 K1 内有菩提双树
千佛	北 K6、田 K2-1	
千手千眼观音	东上 K18、东上 K19、西 K11	
三佛	东上 K2、东上 K10	
单尊坐佛	东上 K5、西 K13	
单尊立佛	东上 K7	
单尊菩萨坐像	东上 K4、东上 K12、东上 K16、东上 K17	东上 K12 为自在观音
八菩萨坐像	东上 K11	
六菩萨	东上 K14	分左右两部分
单尊菩萨立像	东上 K9、东下 K3、西 K10、西 K22、西 K23	
土地神	东上 K3、东下 K1、北 K2	
关羽	东上 K6	
一菩萨二弟子	东下 K2	
宝志现观音像与达摩并坐	田 K3	
一天尊二弟子	西 K4	
一道士二弟子	东上 K21	道士陈福牒像
七坐佛六菩萨	西 K6	
七坐佛七伎乐	西 K9	内龛顶部垂帐，呈波浪形
三坐佛三菩萨	西 K26	
单尊天王立像	西 K12	
单尊僧人坐像	西 K15	
龟趺造像碑	南 K2、南 K3、西 K25	
佛塔及舍利塔	东上 K1、东上 K22、田 K7、田 K12、田 K13、田 K14、田 K15、西 K1、西 K7	西 K1 为九级方形佛塔，余皆为舍利塔

4．龛窟与造像的分期与年代

根据上述龛窟形制、造像特征和造像组合情况，可将龙多山摩崖造像按类别暂分为四期：

第一期，本期以中小型单层浅龛为主，龛楣及龛沿等均无任何装饰。平面多为浅弧形。造像装饰简单，造像组合有一佛二弟子、一佛二弟子二菩萨二力士、三佛三菩萨、摩崖碑等。本期主要为单层龛，主要有三种形式。第一种，Ⅰ式龛，即单层圆拱形龛，尖桃形龛楣，如西 K19 中间部分；第二种，A 型Ⅱ a 式龛，即单层圆拱形素面龛如西 K24、西 K26、北 K5 等；第三种，A 型Ⅳ式龛，即单层方形龛，主要有西 K25。在西 K19 左侧有唐大和四年（830 年）巴川郡赤水县归德乡蒲居士录古铭，题记中追述此地开元二年（714 年）开凿佛像之事，又有天宝十年（751 年）在此造大乘佛教造像并手植松柏的记载。由此可知，早在盛唐开元年间，龙多山即有造像活动。西 K19 中间部分，龛楣处呈现尖桃形，此类龛型一般而言年代较早。另外，龛内右侧供养人身材魁梧，头部裹巾，身着交领大衣，脚穿毡靴，不似中原地区装扮，而带有明显的北方少数民族特色，所以综合而言，西 K19 当属龙多山地区的早期造像。大和四年题刻左侧的西 K25 为双螭额龟趺碑，造型与南充青居山开元八年（720 年）摩崖碑及安岳千佛寨第 54 号龛天宝十年（751 年）摩崖碑十分相似，所以时代应相差不大，西 K25 也应是盛唐时期作品。而以西 K25 为中心的一组摩崖龛像，如西 K24、西 K26 等龛，虽然部分佛像已被现代妆彩，但仍可看出其原本衣纹贴体下垂，衣褶较少，背光以外尖桃内圆型双重头光为主，与大足尖山子摩崖造像有诸多相似之处，西 K26 三佛座下发出莲枝连接三菩萨座下，也与大足尖山子第 1 号龛佛座下忍冬纹连接菩萨、弟子莲台的做法相似。大足尖山子摩崖造像为初唐作品，这几龛造像与其风格相似但又有所变化，时代应稍晚于尖山子初唐摩崖造像，约为盛唐时期作品。西 K21 右侧尚存供养人浮雕像 3 身，据重庆文物普查培训班 1986 年考察材料，西 K2 左右均有供养人浮雕像，当时尚有 8 身。这些供养人像，头戴幞巾，拱手而立，在中原地区多见于南北朝时期，而偏远地区则年代稍晚，所以将其判定为唐代较为妥当。又此供养人形象与巴中南龛第 77 号龛右壁、第 80 号龛右壁盛唐时期供养人极似，所以此处的供养人及西 K21 等造像龛也应是盛唐时期作品。西 K21、西 K22、西 K26 均被西 K23 打破，可推知西 K23 年代应晚于前三者，不属于本期造像。另外，北 K5 为单层圆拱形素面浅龛，龛内主尊身着圆领通肩袈裟，颈部露出较少，衣纹呈平行阶梯状，且紧贴身体，与洛阳龙门奉先寺、宾阳南洞初唐佛教造像相似。而主尊善跏趺坐于方形台上，双足踏莲花，当是弥勒佛形象。弥勒造像在南北朝至武周时期都比较兴盛，中晚唐以后，弥勒佛造像逐渐减少，其面相、手印、衣着等方面也逐渐与释迦佛、阿弥陀佛等佛像造型趋同。五代十国时期，民间已经开始流行将布袋和尚作为弥勒化身的传说，所以此龛造像年代应不晚于唐。邹后曦先生也认为此二龛造像雕造技法较原始，衣纹样式又多见于早期，应属于龙多山最早造像之类，所以将其定位为盛唐造像或许比较合理。综上所述，本期龛像的开凿年代大约是唐开元二年（714 年）至天宝时期，极有可能就是蒲居士录古铭中所记，天宝十年（751 年）所造的大乘佛教造像。本期造像龛规模较小，造像组合形式较简单，造像头光主要是圆形和尖桃形，无装饰；主尊身后无身光；莲座下常以莲茎相连是本期一大特点。

第二期，本期造像龛多以单层圆拱形和外方内圆拱形双层龛为主，部分造像龛外券面装饰卷草纹等，龛型较之前期有所丰富。造像组合形式有千佛、三佛、七佛、一佛二弟子二菩萨二力士、西方净土变、一佛二菩萨、一佛二弟子、二佛四弟子四菩萨二力士、二佛二弟子二菩萨二力士等。本期龛窟形制较为复杂多样，几乎涵盖了龙多山摩崖造像的所有龛形，主要有十种不同形制。第一种，A 型Ⅱ式中的Ⅱ b 式龛，即单层圆拱形龛，外券面装饰卷草纹等，武士仗剑立于龛外两侧，部分龛外沿上部刻二飞天捧物翱翔于云端。主要是田 K2–1 中心小龛、田 K2–2、田 K2–4 等龛。此类造像龛多有纪年题刻，田 K2–1 中心小龛位于千佛龛正中间，佛座下有唐咸通五年（864 年）造像题记；田 K2–2 上部有咸通六年（865）造像题记；田 K2–4 题刻中虽无纪年内容，但从龛型及外券面装饰看，与田 K2–2 极似，所以也应是咸通年间作品。第二种 A 型Ⅱ式龛中的Ⅱ a 式龛，即单层圆拱形素面龛。主要有田 K2–7、田 K2–8、田 K2–9 等。其余四龛均位于田湾咸通五年（864 年）千佛龛左右壁上，年代应相差不远；田 K2–5 打破咸通时期造像龛田 K2–4，所以这几龛造像的大体年代应属晚唐咸通至五代时期。另外，北 K6 千佛龛型制及造像内容与田 K2–1 千佛龛相类，应同属本期造像。第三种，A 型Ⅲ式龛，即单层平弧顶龛，主要是田 K2–5、田 K2–6 两龛，这两龛造像与田 K2–2、田 K2–4、田 K2–7 等龛同位于田湾千佛龛左壁，应属同期作品。第四种，A 型Ⅳ式龛，即方形龛。以西方净土变题材为主，如田 K1、田 K10 等。龛内造出西方三圣造像，再在四周雕刻莲花化生，龛内左右壁刻出天宫楼阁及经幢，并浮雕飞天、伎乐天、祥云、化佛等。以菩提树、莲花化生、瑞兽等内容表现西方极乐世界的美妙生活，宣传净土宗的教义，这一类造像中晚唐时期比较多见。第五种，B 型Ⅰ式龛中的Ⅰ b 式龛，即双层方形平顶龛，内龛顶部两角略有弧度，部分龛外券面装饰卷草纹、宝相花纹等，力士立于龛外左右两侧。如东上 K10、东上 K12、东上 K14、东上 K18、东上 K19、东下 K5、东下 K7、东下 K12、南 K4 等。龛内造像主尊背光由尖桃形头光与圆形身光组成，两到三层不等，装饰齿轮纹、卷草纹、连珠纹、宝相花纹、火焰纹等。菩萨为桃形头光，弟子为圆形头光。造像造型大致与田湾晚唐五代造像相似，应属同期作品。东上 K12 自在观音像，虽然经现代装塑，本来面貌不存，但整体造型与田 K2–5 等龛相似，故时代应相差不远；而东上 K18、东上 K19 两龛为千手观音像，1986 年重庆文物普查培训班考察时，认为这两龛造像开凿于宋代。但从造像造型上看，龙多山东上 K19 与营山太蓬山透明岩开凿于唐乾宁二年（895 年）的第 16 号龛千手千眼观音像相似，又与大足北山五代时期第 273 号龛千手观音像风格相近，所以其开凿大致年代应是晚唐五代时期。而东上 K18 主尊左右刻三层部众造像、龛外左右刻三面六臂六字咒明王的做法与邛崃石笋山唐代第 3 号千手观音窟极似，且龛外明王像与太蓬山透明岩晚唐时期第 25 号千手佛龛明王像也大致相同。所以将东上 K18、东上 K19 判断为晚唐五代造像或许更为妥当。第六种，B 型Ⅱ式龛中的Ⅱ a 式龛，即外方内圆拱形双层龛，素面龛楣，外龛较浅，如东上 K2、东上 K13、东上 K14、田 K3 等，东上 K2 内刻三佛并坐，造像内容与东上 K10 完全相同，且左右武士仗剑而立，造型与田 K2–2、田 K2–4 相似，背光样式具有晚唐造像之风格，所以判定此龛为晚唐造像是比较合理的。东上 K14 右侧刻六菩萨像，虽然造像面目不存，但从残存局部来看，此龛造像布局合理，造型婀娜多姿，装饰繁琐精美，具有典型唐代造像的风格。而田 K3 内刻禅宗祖师像，位于咸通年间开凿的千佛龛左侧不远，其年代也应相差不远，应属同期作品。第七种，B 型Ⅱ式龛中的Ⅱ b 式龛，龛楣处装饰流苏、卷草纹、垂帐纹等，如东下 K18、西 K8 等。东下 K18 与西 K8 都是二佛并坐题材，但西 K8 右侧主尊善跏趺坐式，当是弥勒造型，所以造像内容或非释迦多宝并坐。西 K8 龛楣处的卷草纹和飞天像与开凿于咸通年间的田 K2–4 极似，但更为复杂，或在后者基础上有所发展；主尊头光造型及纹饰与南 K1、东下 K18 相似，应与后者年代相近，约为晚唐五代时期。第八种，Ⅲ式龛中的Ⅲ a 式龛，即外方内平弧形素面龛，如东上 K16、东上 K18、东上 K19、东下 K5、东下 K7、东下 K12、南 K1、南 K4、北 K3、北 K4 等。其中南 K1、北 K4 内刻二佛并坐，应表现释迦多宝并坐，这与《法华经》的流行有关。二佛并坐图像成型于 5 世纪初，北魏云冈石窟开凿后，一度成为当时主要的流行题材之一，以表现法华教义的成佛思想。故此在北方云冈、天龙山、炳灵寺、巩县石窟等都可见到释迦多宝并坐造像。而入唐以后，由于各佛教宗派对《法华经》的注解及阐发有异，所以二佛并坐的形象也不再成为艺术表现的主流。北 K4 二佛并坐龛中，莲座形式与田湾咸通年间造像相似，所以龙多山二佛并坐题材的造像，年代应是晚唐至五代时期。第九种，B 型Ⅲ式龛中的Ⅲ b 式龛，内龛龛楣装饰流苏、卷草纹、垂帐纹等，共 5 龛：东上 K10、东下 K16、东下 K19、西 K14。其中东下 K15、东下 K19 与东下 K17、东下 K18 位于一滚落巨石的同一平面，龛窟形制及装饰特征相似，应是同期造像。1986 年重庆文物普查培训班考察时，此四龛造像尚在东岩上区域，可见巨石滚落至东岩下的时间应在最近 28 年间。四龛造像中间为唐贞元六年（790 年）的《分竹颂并序》题刻，此题刻被东下 K16 打破，可知此四龛造像年代应晚于唐贞元六年。而此四龛券面装饰卷草纹的做法与田湾咸通年间单层圆拱形龛相似。略有不同之处在于此四龛装饰更复杂；佛座与弟子、菩萨所立台座之间不再以莲茎相连，而多见须弥座、方形台座；且外面多了一个方形外龛。所以东下 K16—K19 很可能是从咸通年间造像龛发展而来。又东下 K18 二佛并坐的题材与北 K4、南 K1 极似，故而这四龛造像也应是晚唐至五代时期作品。西 K14 龛后壁装饰双菩提树，整体龛型及造像组合与营山太蓬山透明岩第 37 号盛唐时期造像龛相近，但在后者基础上有所简化，后壁已没有天龙八部造像，所以时代应晚于后者，约为晚唐时期作品。第十种，B 型Ⅳ式龛，即外长方内波浪形双层龛。长方形浅外龛，内龛分上下两层，上层顶部悬帐，呈波浪状，饰缠枝花纹，平面呈长方形；下层为长方形浅龛。这种龛仅西 K9 一例，内龛上部呈波浪形悬帐的做法，或从巴中石窟中的双层檐佛帐型龛发展而来。综合而言，本期龛窟大致的年代约为晚唐至五代时期，不排除部分龛窟早到中唐的可能。龛型方面，前一期的 A 型Ⅰ式、Ⅱ a 式龛在本期仍然很流行，但本期龛型在前一期的基础上有所发展。首先，从咸通五年（864 年）开始，出现了 A 型Ⅱ b

式龛，主要是田 K2–1、田 K2–2、田 K2–4 三龛。这种龛与 A 型Ⅱ a 式相比，龛楣和券面处多了精美的卷草纹等图案，龛的深度有一定程度的增加，应该是从后者发展而来的。但是这种龛仅限田湾千佛龛区域，且咸通以后又被 A 型Ⅱ a 和 A 型Ⅳ式龛取代。这或许与造像功德主的变化和开凿资金的多少有一定关系。其次，在单层龛的基础上，出现了 B 型双层龛。这种龛形主要出现在东岩和西岩区域，其中 B 型Ⅱ b 式龛的内龛形制与 A 型Ⅱ b 式龛非常接近，只是在外多了一个方形的外龛，或许是因为四川多降水，增加一个外龛可以起到保护内龛造像不受雨水侵蚀的作用。所以 B 型Ⅱ b 式龛很有可能也是在 A 型Ⅱ b 式龛的基础上发展而来的。值得一提的是，西 K8、西 K14 两龛，龛楣处装饰流苏，这种做法与巴中南龛部分盛唐龛窟类似，虽然从装饰程度及艺术水平而言，此二龛或不及后者，但这种装饰技法极有可能受到巴中石窟的影响。第三，本期出现了规模比较大的龛，如田 K2–1、北 K6 千佛龛，东上 K18、东上 K19 千手观音龛，以及田 K1、田 K10 西方净土变龛等。这或许与龛窟装饰的变化一样，受造像功德主地位和开龛资金的影响。造像题材与组合方面，本期新增加了净土宗、密宗、禅宗等新的题材，其中净土宗题材在本期尤为流行，表现弥勒净土、弥陀净土的造像龛都有不少。而田 K3 表现的是禅、密结合的题材，龛内主尊为中华禅宗初祖达摩祖师像，左侧胁侍二祖慧可像，右侧胁侍表现宝志现十一面观音像，目前这种造像在石窟寺考古中还是首次发现。前一期中的一佛二弟子、一佛二弟子二菩萨二力士、三佛等造像组合形式在本期依然流行。一佛二弟子二菩萨二力士仍是本期最重要的造像组合形式，但本期还新增加了立佛、七佛、一佛二菩萨、一佛一菩萨、二佛二弟子二菩萨二力士、二佛二弟子四菩萨二力士、二佛四弟子四菩萨二力士等新的组合形式。总的来说，本期造像题材和组合形式较之前期都有了很大的发展。造像特征及装饰方面，由于前一期造像多残毁严重，而本期造像又多经后人彩妆，所以造像特征的变化较难把握。前一期圆形和尖桃形的头光在本期依然流行，尤其是尖桃形头光。但与前一期头光多是单层且装饰较少的特点不同，本期尖桃形头光多是外尖桃形内椭圆形双层头光，且装饰连珠纹、莲瓣纹、宝相花纹等纹饰。这种头光形式主要出现在西岩、北岩、南岩以及东岩下巨石区域的 B 型Ⅱ式、Ⅲ式龛。另外，本期部分造像主尊身后新增加圆形身光，并与桃形头光组成葫芦形背光。这一类背光多达三层，从内到外一般装饰齿轮纹、卷草纹和火焰纹。主要流行于田湾、东岩上以及东岩下卧佛院区域的 A 型Ⅱ b 式，B 型Ⅱ式和Ⅲ式龛中。莲台方面，田湾和飞仙石区域本期的 A 型Ⅰ式、Ⅱ式龛中，以莲茎连接莲座的做法仍然在使用，而且出现了比较罕见的高茎莲台。莲台占造像通高的比例甚至达到 50%–80% 左右。这种现象在邻县潼南唐代大中时期造像中偶有发现，比较罕见。而东岩和西岩区域流行的 B 型造像龛，已不再使用莲茎连接佛座，且高茎莲台也逐渐消失，佛座的形式呈现多样性，束腰莲台、束腰须弥座、金刚座等佛座形式均都比较常见，悬裳座在本期比较流行。

第三期，本期龛窟形制以单层方形龛、外方内平弧顶龛为主，造像内容渐趋单调，主要有七佛、观音、二佛并坐、佛塔龛等。本期龛窟形制主要有两种。第一种，A 型Ⅱ式龛中的Ⅱ a 式龛，即单层圆拱形素面龛，如东上 K17、西 K10、西 K11 等，西 K10 为密教千手观音造像，虽然残毁较甚，但造型与大足北山佛湾第 130 号龛摩利支天造像极为相似，而后者开凿于宋代，故西 K11 也应是宋代造像。第二种，A 型Ⅳ式龛，即单层方形龛，外立面呈方形，一般比较浅小，造像近似浅浮雕。此类龛窟主要集中在东岩上、西岩区域，主要有东上 K15、西 K5、西 K6 等，其中东上 K15 位于宋代题刻比较集中的区域，所以是宋代造像的可能性较大。西 K5 释迦多宝并坐像，无论从龛型还是造像造型上均与晚唐同类造像不同，时代上应晚于第二期造像。综上而言，本期造像的大致年代约为两宋时期。第一、二期所流行的 A 型Ⅱ a 式、Ⅳ式龛在本期依然流行，而第二期所流行的 B 型Ⅱ式、Ⅲ式、Ⅳ式龛已不再使用。本期龛窟形制整体上已趋于简化，雕造技法比较粗糙。造像题材与组合方面，净土宗题材不再流行，密宗造像还在继续。但总体来看，本期题材没有第二期丰富。造像组合形式上也比较简单，二佛、七佛等组合形式多延续上一期特点，单尊菩萨造像增多，整体艺术水平已难以达到上一期的高度。本期造像装饰简单，头光等较之前一期而言，有很大程度的简化，主要以素面尖桃形头光为主，部分造像还没有头光。前一期所流行的装饰精美的葫芦形背光在本期已不再使用。值得注意的是东下 K2 观音龛，观音身后雕刻由圆形头光和椭圆形身光组成的背光，背光外装饰的火焰纹似飘带翻飞，纹饰较为夸张且随意，与上一期围绕头光紧密镂空雕刻火焰纹的做法有了很大的区别。总之，本期无论在龛型、造像数量、造像题材与组合、造像装饰水平等方面，均无法与上一期相提并论，可见龙多山摩崖造像在第二期结束后已经开始衰落。

第四期，本期龛窟形制以单层圆拱形龛和双层平顶龛等为主，造像题材有释迦佛、观音、道士、土地神、关羽等。值得一提的是东岩下区域部分造像头戴“人”字形尖顶僧帽，疑似藏传佛教造像。本期龛窟形制大致可分为九种。第一种，A 型Ⅰ式龛，即圆拱形龛，尖桃形龛楣，龛楣处向上凸起，呈尖桃形，主要为东上 K4 和东上 K6。东上 K4 内刻观音造像，打破右侧宋代题刻，故其年代应晚于宋代。东上 K6 刻关羽像，被东上 K5 打破，所以其年代应早于东上 K5。又东上 K5 释迦佛座下有南宋乾道四年（1168 年）《蔡兴文游龙多山记》残部，清末光绪年间，合川张森楷考察龙多山时，此题刻尚能完整识读，由此推断，东上 K5 应是晚清民国时期作品。无论从造像题材、龛窟形制还是雕刻技法来看，东上 K6 关羽龛开凿的年代虽早于东上 K5，但也不会早太多，极有可能是清代中晚期作品。第二种，A 型Ⅱ式龛中的Ⅱ a 式龛，即单层圆拱形素面龛，主要有东上 K21、东下 K13。东上 K21 位于“二仙传道”阴刻线图左侧约 10 厘米，龛后壁凿痕明显，雕凿并不精细，龛内刻道士像一，左右侍立二童子。据刘长久先生考证，此龛所刻之造像是地方道教法师陈福牒像，这种地方道教法师像在过去较为罕见。此龛造像约为明代造像。第三种，A 型Ⅲ式龛，即单层平弧顶龛，如东上 K3、东下 K10、东下 K13 等。东上 K3 造像着世俗服装，与东下 K1 道光年间的土地神像类似，所以其年代应为清代。东下 K10 中，主尊头戴“人”字形尖顶僧帽，与元代藏传佛教僧人形象比较接近，而重庆地区元代造像多受藏传佛教因素影响，所以将其年代定位为元代比较妥当。第四种，A 型Ⅳ式龛，即单层方形龛，仅存北K1、北K2两龛，龛内均无造像。北K2左侧有题记，其中有“众修官寨土地神像”等字样，可知此龛开凿年代或与龙多山寨的修建有关，年代也应是清代中后期。第五种，B型Ⅰ式龛，即外方内方型龛,仅东下K1一例。此龛位于嘉庆三年（1798年）所建的永镇门内,龛外左侧有道光十四年（1834年）题记；北K1空龛位于迎恩门外，北K2右侧，其龛型与东下K1相同，所处位置又与北K2靠近，所以其开凿年代也应相近。第六种，B型Ⅱa式龛，即外方内圆拱形素面龛，仅东下K9一例。第七种，B型Ⅲa式龛，即外方内平弧形素面龛，仅东下K12一例。这两龛造像主尊头戴尖顶的“人”字形僧帽，造型与东下K10极其相似，应属同期作品。第八种，A型窟，即田湾K16，这是一个比较特殊的洞窟。此窟或为禅窟，平面呈长方形，立面呈圆拱形，三壁开龛，敞口，穹窿顶，顶上有椭圆形藻井。左、右、后各开一小型浅龛，龛内造像以浅浮雕为主。龛左壁有“竹轩刘右贤珍高氏居”题记，“竹轩”或为刘右贤之字号，东岩上有嘉庆三年（1798年）竹轩题诗，且刘右贤是道光二年岁贡，所以此窟开凿年代下限应是清代中期。禅窟的开凿在早期石窟造像中便已出现，而此窟左壁之浮雕，表现的是手持兵器的僧人形象，或与战争有关。清代中期以前，龙多山地区发生的战争主要有南宋末年的宋元之战，明崇祯十年（1637年）明军与农民起义军之战，以及清嘉庆三年（1798年）的白莲教战争。所以，此窟的开凿年代应在南宋末年至清代中期这段时间内。第九种，B型窟，平面和立面均呈长方形。此窟是人为堆砌而成，原本此处有一岩洞，深不可测，名曰“飞仙洞”，据传乃西晋冯盖罗修炼之所，后来发生绍宗等人入内而不返的事情，康熙五十七年（1718年）“事嗣因以石塞洞，即洞口建雷祖祠镇之”，于是才形成了现在可见的西K3。综上所述，本期龛窟除东下K1有确切纪年外，其余均无纪年材料，经过初步类比，本期造像龛开凿年代应是元至晚清民国时期。A型Ⅱa式，B型Ⅱ式龛仍然流行于本期，本期的A型Ⅰ式龛，虽然仍有尖桃形龛楣，但龛窟整体形制上与第一期A型Ⅰ式龛有一定区别。整体而言，本期龛窟雕刻技法粗劣，无任何装饰，甚至部分造像龛后壁都未磨平，凿痕清晰。造像题材方面，受藏传佛教影响的造像开始出现并流行，另外道教法师像、土地神像和关羽像等的出现,说明本期造像世俗化倾向比较明显。造像装饰方面,部分造像头戴尖顶“人”字形僧帽或包裹幞巾；由于本期造像世俗化倾向明显，所以大多数造像已经没有头光。造像组合形式总体较为简单，如一佛二弟子、一法师二弟子、二土地神像以及单尊造像等，但也出现了比较复杂而且较为罕见的组合形式，如东下K12的一佛三菩萨六弟子二力士、西K16的三佛三弟子等组合，这些组合形式在以往石窟寺研究资料中是很少见的。而土地造像和关羽像的出现也很可能与清嘉庆初年的白莲教战争有关。本期结束后，龙多山地区就停止了摩崖造像的开凿，转而开始塑造圆雕塑像，而且造像题材和内容也逐渐向与人们日常生活相关的神祇转变。

（二）龙多山摩崖题刻

龙多山摩崖题刻主要分布在东岩（分上、下两部分）、南岩、西岩（分飞仙泉、飞仙石两部分）、北岩、田湾等区域，现存摩崖题记共计92款。东岩上62款，其中唐代1款、宋代37款、明代3款、清代 4 款、民国 1 款、年代不详的 16 款；东岩下 6 款，其中唐代 1 款、宋代 2 款、清代 2 款、年代不详的 1 款；南岩 3 款，其中清代 1 款，年代不详的 2 款；西岩 13 款，其中唐代 2 款、宋代 5 款、明代 1 款、清代 2 款，年代不详的 3 款；北岩 1 款，疑为清代；田湾 7 款，其中唐代 2 款、五代 1 款、明代 1 款、清代 1 款，年代不详的 2 款。按题刻内容不同，大致可分为造像题记类、诗词类、游记类、颂文类、修学记类、祈雨类、题字类、寨门题记类、摩崖碑记类、重修庙宇记类等。具体信息及文字内容详见释文卷。其中残缺或难以辨识的题记内容，参考张森楷编《民国新修合川县志》、道光《蓬溪县志》、道光《重庆府志》、《全宋文》及《宋代蜀文辑存》等方志及文献资料。

龙多山摩崖石刻内容丰富，延续时间长，整体保存较好，在重庆乃至整个川东地区都比较罕见，是研究龙多山地区乃至川东地区，特别是嘉陵江及长江中上游地区宗教、历史、文学、书法等方面的重要材料。具有较高的历史价值、艺术价值和文化价值。所以 1980 年和 1987 年先后被公布为合川县重点文物保护单位和重庆市文物保护单位（注：重庆直辖后为合川区文物保护单位）（图 7–160）。

图 7–160　龙多山摩崖石刻保护标志（摄于 1993 年）

7.4　三峡地区石窟寺造像艺术创始时代及发展脉络初步研讨

▼ 7.4.1 川渝地区石窟及摩崖造像分期综述 [36]

成都考古研究院雷玉华认为，川渝地区的佛、道石窟寺和摩崖造像主要分布在四川盆地周围的山间河谷地带①，重庆以下的长江流域及长江上游支流岷江、沱江等流域也有摩崖造像分布。沱江流域主要分布在荣县、仁寿、龙泉、简阳、乐至、资阳、资中、内江、大足、泸州等区域，从地理位置上看，主要属于川中、川东地区。岷江流域的茂县、都江堰、大邑、邛崃、蒲江、丹棱、

① 其中嘉陵江、沱江、岷江三江流域的石窟寺或摩崖造像几乎包括了川渝地区除重庆以东区域（主要指三峡地区）之外的所有汉传佛教石窟寺和摩崖造像及道教摩崖造像，这当中又以嘉陵江流域数量最多，分布最广，其次是沱江和岷江流域。嘉陵江流域实际上由嘉陵江干流水系及其两大支流水系渠江水系和涪江水系所在的三大区域组成，三江汇于合川后经重庆流入长江。嘉陵江流域从东到西，在渠江水系沿线的巴中、通江、仪陇、营山、广安，嘉陵江干流水系沿线的广元、剑阁、旺苍、苍溪、阆中、南部，涪江水系沿线的江油、梓潼、绵阳、三台、中江、安岳、遂宁、潼南，嘉陵江及其两大支流汇合处的合川等地均有大量造像分布。这一区域，地理上主要属于川北和川中、川东地区。

青神、夹江、乐山、井研等地也有造像发现，在地域上主要属于川西地区。重庆以下的长江流域主要分布在涪陵、万县等地，地域上属于渝东地区。这些区域发现的佛教、道教造像，按历史交通、行政区划以及造像特征，可以分为川北区、川西区、川中区和川东区三个大的区域。几个区域的造像共性较多，但各有特点。川北地区分别以广元和巴中为中心形成两个小区域，分布在北方入川的两条主要通道两旁及邻近区域，均属于嘉陵江流域。其中广元是金牛道上造像最早的地区，也是四川造像最早的地区；巴中是米仓道上造像最多的地区，其最大的特色是佛帐形龛特别发达。因此，这两个区域可以说集中了嘉陵江流域的大半窟龛，可以代表嘉陵江流域的窟像。川西区，是指金牛古道旁绵阳及其以南的四川西部区域，以成都为中心，属于岷江流域及嘉陵江支流涪江流域，它们是川渝地区的佛教文化中心，是川渝其他区域的佛教造像渊源之一。川中及川东区域，是指四川盆地以东的四川中、东部及重庆部分区域，大部分属于沱江流域，亦有少部分属于嘉陵江流域，其辐射范围可达川南的泸州地区。这个区域除了有与川西地区一样的大量唐代造像以外，在宋代有中国最集中的密教造像，其来源与以成都地区为中心的川西地区密不可分。以上的分析，很显然忽略了长江干流重庆以下区域，特别是三峡地区石窟寺及摩崖造像的内容，她所划定的川东地区是不完整的。而这种认识似乎也是一直左右着人们对三峡地区石窟寺及摩崖造像创始年代分析及价值评价不足的症结之所在，这可能与三峡地区石窟寺及摩崖造像调查资料匮乏，人们缺乏足够了解有关。因此，首先我们有必要全面了解一下目前有关学者对川渝地区石窟及摩崖造像分期研究的基本结论。

根据成都考古研究院雷玉华的研究，四川地区石窟及摩崖造像大体可分为七个时期。

第一期：南北朝时期，即6世纪前半叶。该时期造像主要集中于嘉陵江上游广元等地区，广元嘉陵江东西两岸的皇泽寺和千佛崖隔江相望，两处摩崖造像均有北朝佛教石窟寺和摩崖造像，其中的北朝北魏、北周石窟是四川地区迄今为止发现最早的石窟。从广元往南，嘉陵江支流清水流域的剑阁也有北魏道教摩崖造像，涪江流域的绵阳有平阳府君阙南朝梁和西魏、北周佛、道摩崖造像。迄今为止，四川地区发现时代最早的南北朝时期的石窟寺和摩崖造像全部分布在这一区域。

第二期：北周末、隋代至初唐时期，即6世纪下半叶到7世纪初。这一阶段三大流域均有开凿，但大部分窟龛仍然集中在嘉陵江流域。这是一个过渡阶段，前后造像变化很大。这一阶段与历史对应的时代为北周末、隋代至唐初贞观时期，是中国石窟寺造像从南北朝时期到唐代的过渡阶段，也是四川地区石窟寺和摩崖造像逐渐兴起的时期。由于造像数量较少而且分散，调查不方便，因此所做的工作较少。从目前调查的情况看，其分布范围主要从四川石窟寺开凿最早的嘉陵江流域川北重镇广元开始，往南沿金牛古道经剑阁、梓潼、绵阳，直至成都一线。主要有嘉陵江及其支流沿线的广元千佛崖、皇泽寺，剑阁鹤鸣山、武连镇横梁子，涪江及其支流沿线的梓潼卧龙山、绵阳碧水寺、绵阳西山观。从广元东行，同是川北区域的主要有嘉陵江流域的旺苍普济镇古田坝、木门镇木门寺、阆中石室观，渠江及其支流沿线的巴中西龛、南龛、水宁寺千佛崖，通江千佛崖；巴中以南的广安肖溪冲相寺、潼南大佛寺等。其中剑阁鹤鸣山、绵阳西山观和潼南大佛寺有集中的道教造像。这些造像点或处在金牛道、米仓道与中原和成都相通的古道上，或处在嘉陵江、渠江干流或支流边，东与长江相通，西与成都相连。如广元往南至成都中途的剑阁、绵阳等区域均处在金牛道上；巴中北有米仓道与中原相连，往南有多条道路可达成都，往东通过巴河可经渠江与长江下游交通；旺苍则位于广元、巴中之间，两处石刻均在古道旁；广安冲相寺位于渠江边；潼南大佛寺造像位于嘉陵江边。这些位于北方与四川相连的古道边的区域，与川中和川东相比，造像开始时间都要早一些。重庆长江三峡地区也有这个阶段的造像[①]，川西的蒲江漏米寺、茂县校场坝等地，亦有这个阶段的造像，它们属于岷江流域。茂县造像位于成都往西的丝绸之路河南道旁，蒲江是成都往西通盐茶古道的主要区域。近年来，沱江流域的乐至睏佛寺发现本阶段造像一龛，如其中的第20号龛，是川中和川东地区目前发现的最早龛像。从造像风格特征看，其开凿上限在北周到隋代期间。可移动造像在成都的彭州龙兴寺、成都城区等地均有发现。

第三期：盛唐时期，开始于唐高宗时期，大部分造像属于武周至开元时期，下限是天宝年间的安史之乱，即7世纪中后期至8世纪中叶。这一阶段是四川开窟造像之风大盛时期，这一阶段前述四川石窟寺和摩崖造像地点，几乎所有县、市均有开窟或开龛造像，尤其是开元时期，而且出现了几处集中的道教造像。除嘉陵江流域的广元千佛崖外，绝大多数地方均以摩崖龛像为主，少有石窟寺开凿。唐代开元时期开始，纪年造像龛增多。

第四期：唐代中后期，即安史之乱以后的8世纪后半叶到9世纪中叶。前述所有县、市几乎均有造像分布，以摩崖造像为主，小龛小像数量大增。有大量的纪年龛像。

第五期：唐末至五代、北宋初，即9世纪末至10世纪中叶。晚唐时期，上述县、市大多有造像，五代、宋代造像数量和分布区域锐减。五代造像主要有涪江流域的安岳圆觉洞、卧佛院、千佛崖、庵堂寺，岷江流域的蒲江飞仙阁，沱江流域的乐至报国寺、大足北山等，多有纪年龛像。北宋造像则主要集中在安岳、大足地区，附近的仁寿、资中有少量造像，巴中等地偶有龛像。这也是一个过渡阶段，前后造像变化很大。

第六期：北宋中晚期到南宋时期，即10世纪末到13世纪。涪江流域的安岳县有圆觉洞、卧佛院、华严洞、毗卢洞、高升大佛等多处，潼南县有大佛寺，沱江流域有大足北山、宝顶，荣县二佛寺，仁寿部分地点等均有造像，但主要集中在合川、大足、安岳、仁寿等四川中、东部及重庆的部分区域。

第七期：元、明、清时期，元代造像目前仅发现于通江、合川两地，明清时期除了寺庙遗址

[①] 此结论来自于研究者对于三峡博物馆内搬迁的忠县龙滩河摩崖造像形制与巴中地区摩崖造像对比后的认识。

发现的大量可移动造像外，以上各个区域都有零星的造像，川北的巴中，川西的大邑，川中的资阳，川南的泸州、叙永等都有相对集中的开凿，实际分布地点和数量要多得多。明、清两代的造像、内容有较大差别，但由于没有进行全面的考古调查，详细情况并不清楚。

从以上论述可知，三峡地区造像创始年代最早在唐代初年或唐中期是目前大多数研究者的共识。

▼ 7.4.2 三峡地区石窟寺及摩崖造像创始年代初步讨论

在我们阐述三峡地区石窟寺及摩崖造像创始年代问题之前，重新回顾一下广元千佛崖创始年代的研究情况是极为必要的，它有助于我们更好地认识在川渝地区创始时期摩崖造像所表现出来的形态特征。

一、前人对广元千佛崖创始年代的研究 [36]

实际上在20世纪60年代以前，国内外学者一直将广元千佛崖摩崖造像的创始年代定在唐开元三年（715年），认为是当时益州刺史韦抗始建的①。史岩先生是较早对这一结论提出异议，并提出“北魏创始说”的学者。他1961年在《文物》上发表的《关于广元千佛崖造像的创始时代问题》一文中指出，这种旧的看法与实际情况不相符合。主要由于他们侧重刻文，没有重视真实的雕刻遗迹，并对这些实物进行全面调查和研究，故有必要加以纠正。在此文中，史岩先生根据千佛崖726窟和226窟造像特征提出“北魏创始说”的理由有两点②。史岩先生从造像风格和历史地理两个角度去研究石窟寺造像断代问题对于我们研究三峡地区石窟寺及摩崖造像创始年代问题是极具参考价值的，并为我们提供了研究思路和方法。

---

① 盛唐“韦抗创始说”的唯一依据是千佛崖南段中部号称“大云古洞”外壁所刻的一处功德碑题记有：“剑南道按察使银青光禄大夫行益州大都督府长史韦抗功德。”在该题记的旁边，还有这样的题记：“李光副悴，除官赴阙，睹公题记，不任感恋。开元十年六月七日。”

② 文中指出：第一，造像具有明显的南北朝时代风格特点。这两个洞窟的造像，无论从容相体态、服饰衣褶等的造形处理和表现手法各方面，都显示了浓厚的时代特征；就从群像的组织和龛窟的形制以及装饰布置等方面，也可以看出有它一定的时代特征。这些特征是属于南北朝的，决不是盛唐或以后的。如扁平的头型、体型，颌部的尖突，阶段式的衣纹，眼角唇边所显露出来的微笑等等；又如佛像方面，满头形肉髻的光平无刻纹和前后重叠的定印；菩萨像方面，头顶的双髻，耳垂的饰带，尖头的项圈，交叉于腹前的天衣，紧贴于胸际的上肢，执物的形式，以及向身体两旁飘出的衣角带头所形成的对称锐角；此外，如莲瓣形的背光，复瓣式的莲座以及圆头的龛形，龙头的拱楣等等，无一处不显示出南北朝的风格特征。第二，从历史地理上考察，千佛崖是有南北朝作品的可能性的。广元位置在四川北边，其位于在当时东北由栈道通陕西、甘肃，南循嘉陵江通重庆，西南入剑门关通成都盆地的要道上，所以广元是秦、蜀之间的水陆交通孔道，从陕西入川必先经过此地。因而在南北文化的传播上，这里也起着中途站的作用；南北朝时代，陕、甘佛教异常发达，建窟造像之风，弥漫各地，广元位于其邻近区域，决不会毫无影响，奉佛造像之事，也势所必然。千佛崖在唐开元三年韦抗开凿之前，是靠栈道通行的，在形势险要的交通要道附近凿窟造像，这是佛家惯用的宣传手段，所以此处在南北朝时代很有造窟的可能性。同时，在南北朝，广元有时属于南朝，有时改隶北朝。宋、齐之后，以属北魏及西魏时为多。所以在此时期于千佛崖凿窟造像，是很有可能的。前述两窟造像，从风格样式上观察，不仅可以断定它是南北朝时代的产物，还可以进一步推定它是属于北朝的风格，并且是北朝前期—北魏的作品。如果从佛、菩萨的造形和手法上来和外地的造像比较，就很容易让人联想到龙门宾阳洞左右壁的佛、菩萨立像和“十四洞”的菩萨立像等。它们在容相、体态、姿势和服饰样式、衣褶作法等方面基本上是相同的，仅艺术加工方面略有不同。宾阳洞和“十四洞”的主要造像，是北魏正始二年至普泰年间（505-531年）所造，即北魏末期的作品。所以，千佛崖这两个窟，可能是北魏占领广元时所造。

二、关于三峡地区石窟寺及摩崖造像创始年代的初步讨论

根据史岩先生对于广元千佛崖造像创始年代的研究方法，我们可以从造像风格、历史地理和传播路线三个方面进行讨论。

（一）造像风格

首先通过对三峡地区石窟寺及摩崖造像的调查和分析，我们不难发现万州坠儿洞摩崖造像存在明显初唐以前造像的风格。如 2 号龛主尊的莲瓣形头光，双领下垂式袈裟（图 7–29）；菩萨宝缯束发饰带两耳下垂，披于肩上，披巾自肩胛垂下于腹前呈 X 状交叉（图 7–30）；右力士身体肩部的披巾作飘飞翘角状（图 7–31）等。如前所述这些特征与广元千佛崖北魏时期的二窟有许多相似之处。如广元千佛崖 226 窟主尊也具有同样的莲瓣形头光和双领下垂式袈裟（图 7–161）。而这种形式的头光和双领下垂式袈裟是北魏后期造像的一大特征，洛阳龙门石窟宾阳洞主尊造像同样具有这种形态的头光和双领下垂式袈裟（图 7–162）。因此，我们至少可以得出一个结论就是万州坠儿洞摩崖造像至少带有一定南北朝时期，特别是北朝造像的形态特征和风格。

图 7–161　广元千佛崖 226 窟正壁大龛（引自《千佛崖》）

（二）历史地理

有了以上关于造像风格的比较，我们还无法确定万州坠儿洞摩崖造像的凿刻年代，从而提出三峡地区石窟寺及摩崖造像创始年代有实质性的观点。所以我们还需要从南北朝时期南方、北方势力范围的变迁去讨论。

通过对南北朝形势图的研究，我们不难发现四川地区，尤其是长江中上游地区一直是南北朝时期南方、北方争夺势力范围的主要地区。

图 7–162　龙门石窟宾阳洞主尊像（龙门石窟研究院提供）

北魏与宋、齐对峙时期，北魏孝文帝时期迁都洛阳，拉开了北朝南扩的序幕。但是孝文帝时期，北魏疆域南拓得并不多，主要在南阳盆地一带。但由于多次改镇为州，太和十年置立三长、定民户籍、分置州郡，特别是太和十七年迁都洛阳，政区设置变动较大，北魏后期的行政区划格局因迁都洛阳而形成。太和二十一年（497 年）孝文帝南伐，次年先后攻克新野、湖阳、储阳、舞阴、南乡、宛、邓等地，取得除樊城之外的南阳沔北地区。北魏宣武帝时期，北魏疆域继续南扩，在行政区划建制上也有相应的变化。景明元年（500 年）南齐豫州刺史裴叔业降魏，北魏因此设置了扬州，控制了建安戍以东、小岘戍以西、巢湖以北。正始元年（504 年），魏占梁义阳，将三关以北纳入版图，改梁司州为郢州；三年（506 年），北魏攻克武兴，以为武兴镇，又改为东益州。疆域已经扩展到剑阁以北，并在晋寿置益州[37]。由此可知此时北魏的势力范围已南扩到秦岭以南地区，所以广元地区北魏时期造像应开凿于这个时间段。但从该时期的形势图看，北魏的势力范围一直未到达重庆和三峡地区（图 7-163）。

东魏、西魏与梁对峙时期，该时期北朝势力继续南扩，据清同治《万州志》考，西魏废帝二年（553 年），曾改南浦[①]为鱼泉县；但是这一时期，重庆及三峡地区大部分时间还属于南朝梁的势力范围（图 7-164）。所以在云阳龙脊石题刻中发现梁天监十三年的题记便在情理之中了。

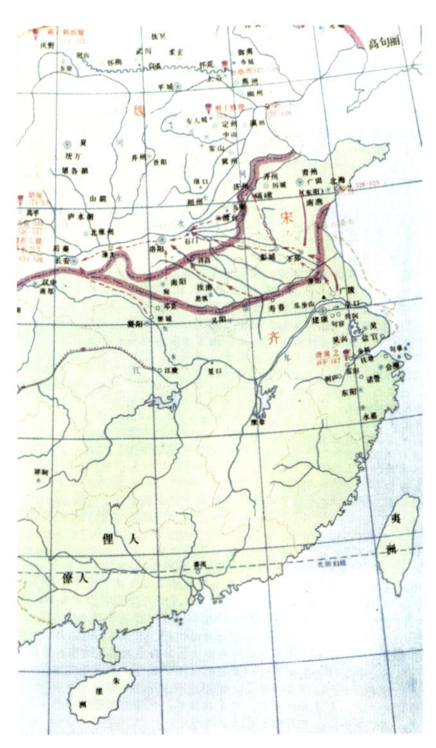

图 7-163　南北朝北魏与宋、齐对峙时期形势图（引自《中国古代历史地图集》）

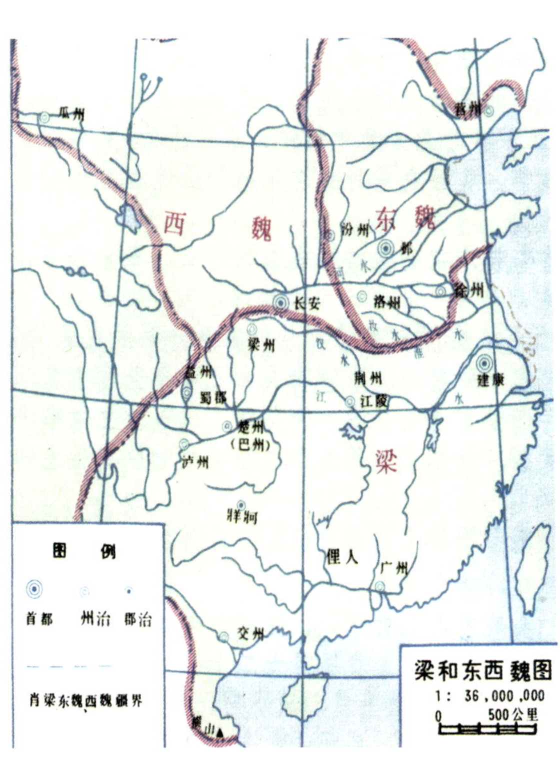

图 7-164　南北朝东、西魏与梁对峙时期形势图（引自《中国古代历史地图集》）

①万州曾名羊渠、南浦、万县。

北周、北齐与陈对峙时期，该时期北朝势力继续南扩，此时北周已占据了长江中上游大部分区域，在北周、北齐的压迫下，南朝陈的势力范围被迫缩小至长江中下游以南的东南沿海地区（图7-165）。据清同治《万州志》考，北周先改鱼泉县为安乡县，后又改万川县，与南州和万川郡同治。这种格局一直延续至隋朝建立。

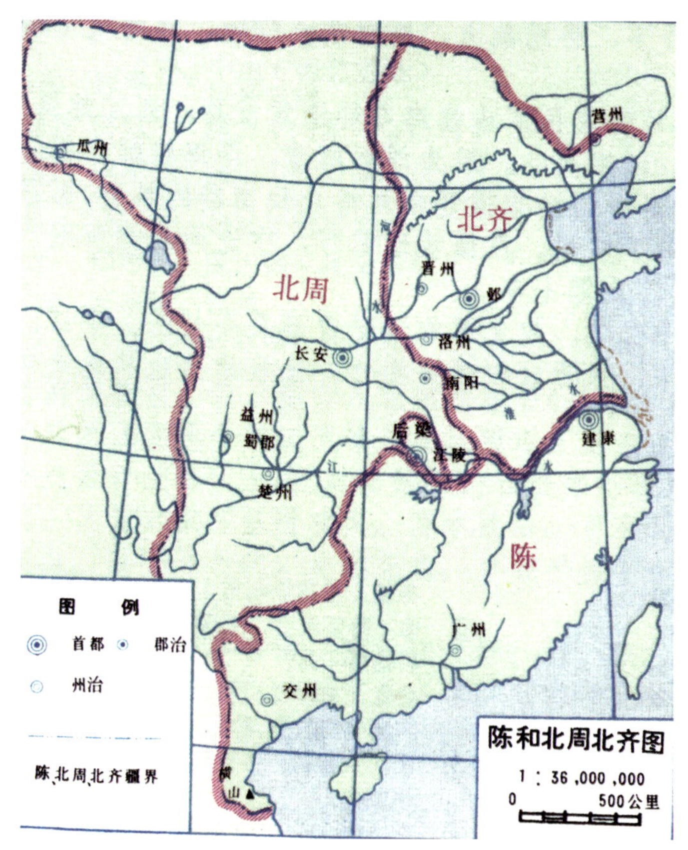

图7-165　南北朝北周、北齐与陈对峙时期形势图
（引自《中国古代历史地图集》）

（三）传播路线

如4.1所述，战国秦汉至南北朝时期是“蜀道”主干线路拓展，并形成基本格局的重要阶段。“金牛道”、“子午道”和“米仓道”均在此期间建成，这样不仅为战争运输兵力提供了便利，也为秦岭南北的文化交流提供了条件，而川渝地区早期石窟寺及摩崖造像多位于蜀道干线上也说明了这点。

根据雷玉华对于川渝地区石窟寺及摩崖造像的调查和研究，川渝地区南北朝时期及唐以前的造像集中分布于嘉陵江中上游及“金牛道”沿线。而嘉陵江下游没有遗存发现，而对于4.3节所提及和三峡地区紧密相关的“洋万涪道”的沿线造像遗存的分布情况目前由于缺乏系统调查也不得而知。

综合以上三个方面的分析，虽然万州坠儿洞摩崖造像具备了一定的北魏晚期的造像风格和特征，但是由于北魏势力范围仍未扩展至本区域，川渝地区南北朝时期造像分布地区也未到达相邻区域，所以将其始刻年代定为北魏的证据尚不足，但是造像所表现出来的特点带有鲜明的南北朝时期北朝造像特点是无疑的。从历史地理角度分析，该地区在南北朝晚期已在北周势力范围内，同为北朝的北周与早期的北魏在文化形态上具有一定的传承性；而北周杨坚建立了隋朝，所以隋朝在文化形态上与南北朝后期的北周也应该具有一定的传承性，如果将奉节隋代金轮寺造像（图7-5）与万州坠儿洞摩崖造像2号龛主尊（图7-29）比较的话，我们不难发现，虽然两者头部均已缺失，但却有许多相似之处。如双领下垂式袈裟，消瘦却略带健壮的体型，简洁而贴身的衣纹处理形式等，这些都具有南北朝时期，尤其是北魏晚期清秀型造像向唐代丰满型造像过渡阶段北周—隋时期的典型特征，同时从造像组合看，力士像的出现也在隋代[38]。

综上所述，笔者认为万州坠儿洞摩崖造像始刻年代定在北周至隋比较合适。而三峡地区石窟寺及摩崖造像的创始年代也应在这一时期，同时根据奉节《金轮寺舍利塔下铭碑》可知，历史上隋文帝令天下三十一州建塔藏舍利，其中金轮寺便是当时分藏舍利之地。可见，在隋代三峡地区已是当时重要的佛教传播区域。鉴于以上证据，三峡地区石窟寺及摩崖造像的创始年代下限应不晚于隋。

▼ 7.4.3 三峡地区石窟寺及摩崖造像分期及特征初步讨论

根据 7.3 和 7.4.2 的内容、初步的研讨结论及造像形制特征，我们可将三峡地区的石窟寺及摩崖造像暂分为五期。

第一期：唐朝以前。目前发现仅有万州坠儿洞摩崖造像 1 处，同时该时期的可明确雕刻年代的石刻造像还有奉节隋代金轮寺造像。但由于目前三峡地区石窟寺及摩崖造像未做过全面系统的调查，该时期的调查资料几乎为空白，所以还无法对该期龛窟形制、造像组合及造像题材和特征进行分析。

第二期：唐朝。是目前三峡地区石窟寺及摩崖造像数量最多，且分布区域也最广的一个时期。下至云阳，上至合川均有分布。其中以云阳大佛头摩崖造像、云阳下岩寺摩崖造像、云阳水井湾摩崖造像及忠县临江岩摩崖造像、忠县龙滩河摩崖造像为代表。该阶段的龛形比较丰富，既有敞口平顶龛、拱（弧）顶龛，也有尖拱龛、佛帐龛等龛形。与同时期川北巴中地区的造像龛有许多相似之处。如忠县龙滩河摩崖造像；尤其是云阳大佛头摩崖造像和忠县临江岩摩崖造像还可见外方内圆的双层龛形态，而这种龛形，是四川地区唐代出现的典型龛形。从造像组合上分析，该期的造像组合主要有一佛二弟子二菩萨二力士、一佛二弟子二菩萨、一佛二弟子和一佛二菩萨具典型唐代造像特征的七像制、五像制和三像制。如忠县临江岩摩崖造像、忠县龙滩河摩崖造像、云阳大佛头摩崖造像，除此之外二佛并坐和千佛也常见，如云阳大佛头摩崖造像、云阳下岩寺摩崖造像、合川龙多山摩崖造像。从造像题材和特征上分析，忠县临江岩摩崖造像 3 号龛内的天龙八部浮雕造型与唐代广元、巴中地区的唐代造像中的天龙八部题材的处理方法如出一辙；云阳水井湾摩崖造像 1 号龛力士采用浮雕造型刻于龛外两侧的处理手法也带有典型的唐代风格；而云阳下岩寺摩崖造像 9 号唐代残龛主尊背光及龛顶浮雕处理手法也带有唐代风格。从表 7–1 可知这一期间的石窟寺及摩崖造像多分布于老万县市所辖区域内，这一格局应于隋唐时期的佛教传播有关，从《金轮寺舍利塔下铭碑》可知，在隋唐时期该地区应是当时重要的佛教传播区域。

第三期：宋朝。该时期代表性的有江津石门大佛寺摩崖造像（石门大水月观音造像）、合川涞滩二佛寺摩崖造像、合川龙多山摩崖造像。该时期造像有以下几点特征。第一，观音等菩萨像开始成为独立的造像单元被供奉，并且一直影响着本地区后来造像题材，如江津石门大佛寺摩崖造像的大水月观音造像就是目前国内发现最大的一尊水月观音造像，还有龙多山摩崖造像中的千手观音、十一面观音等；第二，由于禅宗的兴起，一些新的造像题材也随之出现，如罗汉像、达摩像、禅宗初祖等；第三，造像风格趋于阴柔和女性化，如涞滩二佛寺摩崖造像。

第四期：元至明朝。该时期代表性的有南岸区弹子石摩崖造像、龙多山摩崖造像、忠县观音岩摩崖造像、万州马家溪摩崖造像、石柱福尔岩摩崖造像。该时期造像总体表现为造像题材及表现手法趋于世俗化、民间化。主要有以下几点特征。第一，菩萨并坐的组合开始出现，如南岸区弹子石摩崖造像中五佛殿中文殊、普贤像并坐，忠县观音岩摩崖造像中观音、文殊、普贤并坐；第二，三教合一和民间宗教题材开始出现。如龙多山摩崖造像中的关公、土地、天尊、道士像；第三，造像衣饰的处理日趋简单和民间化，如观音岩摩崖造像和马家溪摩崖造像中的菩萨像均未雕刻花冠，仅作头巾包头状；第四，佛教造像艺术与当地本土文化融合，如石柱福尔岩摩崖造像，虽然造像组合还基本遵循唐宋以来的典型形制，但在造像服饰、彩绘等方面却表现出浓郁的当地土家族的审美情趣。

第五期：清至现代。该时期由于我国佛教造像艺术总体呈现衰弱、下降趋势，该时期三峡地区新开凿的造像较少，加之“文化大革命”期间的破坏，所以主要表现对原有造像的重妆、重塑或增刻。总体表现为造型较粗陋、色彩运用过于鲜艳。如云阳下岩寺摩崖造像、巴南紫金山石刻造像、巴南箭桥摩崖造像等。而该时期新开凿的造像题材及表现手法也进一步世俗化、民间化。如万州观音岩摩崖造像北区 2 号龛为一外圆内圆的双层拱顶龛，内龛外侧还刻有楹联，这种形式在以往四期从未出现，是一种借鉴宗庙祭祀形式的表现手法，同时在造像区内还出现了诸如将军箭等民间雕刻内容；还有江津朝源观石刻造像，原本道教题材的石刻，但在经堂部分的造像中却融入了佛教、儒教的内容，这种佛、儒、道造像同龛同室的现象是川渝地区唐宋以后造像的一大特点，也反映了川渝地区宗教信仰趋于多元化的客观事实。同时，在朝源观石刻中还出现了屋形龛，这种龛形也是以往四期从未出现过的形式，这种表现手法更加贴近于普通百姓的生活层面，而其内所刻的五谷天神大帝像，严格上讲，似乎无法归于佛、儒、道三教之中，应属民间宗教信仰范畴。这点更进一步反映了清至近代川渝地区宗教信仰趋于多元化的客观事实。

鉴于以上分析的基础资料主要来源于三峡库区的文物调查资料和前人的研究成果，而针对整个三峡地区（包括库区以外）目前还未开展过系统调查，因此，以上对于三峡地区石窟寺及摩崖造像创始年代及分期讨论只是根据现有资料目前个人的肤浅认识。还有待于在今后资料不断充实的前提下，与业界同仁共同进一步开展深入研究。

第八章 要区天成——政治军事与石刻

三峡地区的地形地貌特征及地理位置决定了它在政治军事上的重要位置。纵观古今，凡改朝换代期间，总伴随一场顺江过三峡或溯江过三峡的战役，而日本侵华期间，当时的国民政府更是依靠三峡天险将日寇阻挡在了宜昌以东。从而确保了西部大后方的安全。所以三峡地区保留着许多古代战场遗址。而清代咸丰二年衍秀在官渡口所题“要区天成”四字，可以说是对三峡政治军事地位重要性的高度评价。

8.1 三峡地区的军事地理位置

三峡地区处于中国长江中、上游交接之地，东出有长江水道，顺流可到江汉平原及江南广大地区。东北部有巫、巴山脉环绕。西部有川江、嘉陵江之险，以及成都平原之富。北部有汉中，能通中原，进关中。同时，由于山高水险、河谷幽深、关隘丛生，三峡又具备与外界阻隔、封闭的条件，所以为历代兵家据险而守、破险而攻的必争之地。三峡区域从人类迈入文明之时起，就是古巴（蜀）楚两国交战争夺要地，这以后的历朝历代在此发生的战争几乎就未中断过，其战争的地域特色十分突出。三峡区域的自然地理位置，决定了在这一区域内只能采用水战和山地战的战争模式，决定了该区域内通常使用舟船、弓弩、浮桥、寨堡、关隘等天然武器和工事，也决定了三峡区域的占领者的战略格局只能以防御为主。

就地势险要来说，中国古代称为“山川都会”的有山险可恃、有水可凭的战略要地不少[①]。如果把三峡放在中国历代军事大势中来看，它直接涉及的军事范围是长江流域的巴蜀和荆楚，而间接涉及的军事范围至少有关中、汉中、江东。也就是说三峡地区在全国军事大势中占有举足轻重

[①] 历史上的“山川都会”之地有关中的函谷关、武关、散关和萧关；华北的居庸关、山海关、松亭关、古北口、冷口、喜封口、紫荆关、倒马关、井陉关、滏口；长江下游的京口（今江苏的镇江）、广陵（今江苏扬州）、历阳（今安徽和县）、钟离（今安徽凤阳）、寿春（今安徽寿县）、山阳（今江苏淮安）、盱眙等等。饶胜文先生在其《布局天下》一书中认为：在中国，“历代战争中起决定性作用的”有“九大战略要地”——山西、关中、河北、汉中、中原、山东、巴蜀、荆楚和江东。

的位置，涉及到九大战略要地中的五个。其中湖北有三个重心：武昌、襄阳和荆州①。而三峡据襄阳南进之道，是荆州、武昌的上游，所以三峡的战略位置无疑是极为重要的[39]。

因此，在抗战期间，正是三峡以其重要的战略位置和独特的地理位置有效地阻挡了日寇西进的攻势，确保了西南和西北大后方的稳定，并影响了整个战局的发展。所以三峡地区长江和嘉陵江两岸从宜昌到合川可见到许多该时期的石刻。

8.2 历史时期三峡地区古代战争时空分布特征②

如前所述，三峡地区西控巴蜀，东引荆襄，北接汉中、关中之地，南连云贵、武陵地区，扼长江之咽喉，为蜀、楚之门户。其地西有瞿塘之险，中有巫山之固，东有西陵之重，更兼重庆、宜昌等军事重镇，更显得其在中国版图中举足轻重的战略地位。在战争年代，它是取得全国统一的兵家必争之地，在和平岁月，它是中央王朝控御西南夷地的前沿阵地。历史上三峡地区古代究竟发生过多少战争，以前未有人作过令人信服的研究。但了解此地区战争的时空分布及其规律，是我们研究该区域历史军事地理不得不面对的问题，也是进行三峡军事史研究的先决条件。

一、关于历史时期三峡地区战争次数的统计问题

前人曾对三峡地区战争次数进行过一些研究，但由于对三峡和战争概念界定问题，统计结果都不能使人信服。目前罗权和杨光华两位学者在明确以上两个概念基础上的研究成果为我们揭示了三峡地区古代战争的时空分布特征。

首先，对于三峡的概念和范围，历史上曾多次发生变化，现在则进一步有了“大三峡地区”的概念。蓝勇教授长期从事三峡地区历史地理研究，曾对此作了系统的阐述，罗权和杨光华也采用了他总结的三峡地区的概念。具体指因长江三峡大坝修筑而引起的长江三峡库区回水所淹没的地区及其周边范围，按行政区划主要包括今重庆市主城九区以及重庆市长寿区、涪陵区、丰都县、垫江县、梁平县、忠县、石柱土家族自治县、万州区、开县、云阳县、奉节县、巫山县、巫溪县和湖北省的巴东土家族自治县、兴山县、秭归县和宜昌市。他们所统计的战争，即以历史时期发生于这些行政区划内的战争为准。对于一些不能确定战斗地点，或战斗地点不在此区域的，都没有予以统计。如《华阳国志》有几次巴楚交战的记载，战争的时间、地点无法考证，或虽有时间，却不知战斗地点。

其次，战争的概念。《辞海》给出的定义是：战争是人群间有组织有目的的武装斗争；按规模可分为战役、战斗和冲突。战役是按战略目的进行的系列战斗；战斗是战役的重要组成部分；冲

① 顾祖禹《读史方舆纪要.湖广方舆纪要》序言中载：“湖广之形胜，在武昌乎？在襄阳乎？抑荆州乎？曰：以天下言之，则重在襄阳；以东南言之，则重在武昌；以湖广言之，则重在荆州。”

② 此部分参考罗权，杨光华《三峡地区古代战争的时空分布》一文。

突是小规模的战斗。三峡地区在历史时期并非中国的文化中心区，对于该地区战事的记载往往语焉不详，更增加了统计工作的难度。他们认为涵盖战役、战斗和冲突三个方面，这也是本节的战争概念。对于有明确时间地点记载的战事都予以收录，并充分考虑一战多地的情况。对于一些没有确定时间和地点的战事，或虽有行军记载，却没有明确记载发生战事的，均不计算在内。他们以有史料确切记载的春秋时期至清朝灭亡为统计时段。具体统计结果见表 8-1。

表 8-1　三峡地区战争时空分布表

地域	先秦	秦汉	魏晋南北朝	隋唐五代	宋元	明	清	总计
重庆市区	2	10	4	1	10	4	12	43
长寿							3	3
涪陵	2		3	4	5	1	1	16
垫江							5	5
丰都				1			1	2
石柱							1	1
梁平					4	1	5	10
忠县				1	4	1	5	11
开县					11	3	8	22
万州			1		5	1	2	9
云阳					3	1	8	12
奉节		1	14	9	6	6	5	41
巫溪					2	4	6	12
巫山		1	3	1		5	5	15
巴东					1		2	3
兴山						1	3	4
秭归		1	2	4	4	1		12
宜昌	2	5	8	4	2		2	23
不详	4		1	2				7
总计	10	18	36	27	57	29	74	251

注:（引自《三峡地区古代战争的时空分布》罗权，杨光华）

二、三峡战争的空间分布特征

就区域内而言，重庆当为长江、嘉陵江要冲，奉节为四川门户，宜昌为“楚之西塞”，开县为大巴山南下要冲，屏蔽夔、万，这些地区交通便利，战略位置尤为重要。所以三峡地区战争的空间分布，以这些地区为多。其中重庆、奉节为最，都在 40 次以上，宜昌、开县次之，有 20 多次，这四个地区就占据三峡历史战争总数的53%。此外，涪陵、梁平、忠县、万州、巫溪、巫山、秭归均在10次以上，具体分布如图8-1所示。

三、三峡战争的时间分布特征

据《华阳国志》、《史记》等文献记载，三峡地区在春秋战国时期即有战事发生，在历代王朝中，

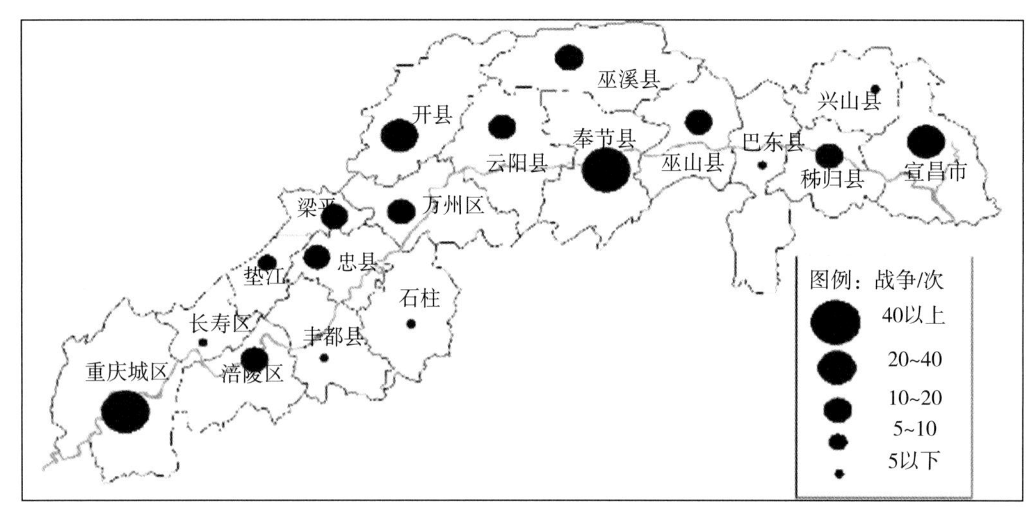

图8-1　三峡地区战争空间分布图（引自《三峡地区古代战争的时空分布》罗权，杨光华）

三峡地区的战争都是较为频繁的。经过统计，三峡地区自春秋战国至清王朝灭亡共发生大小战事249次，其中清代最多，宋元时期次之，其时间分布状况如图8-2所示。

宋元时期是三峡地区战争较频繁的时期，多达57次之多，占可考战例总数近23%，这些战争又主要集中发生于南宋末年。蒙古统治者在统一中国北方后，为实现一统中华之志，他们战略目标是由陕入川，控制长江上游，再顺江而下，统一东南，这也是蒙古军队惯用的包抄战略。自阔端大举伐蜀之后，南宋苦心经营的蜀口大开，成都平原亦为蒙古控制。南宋朝廷鉴于四川西部多次遭到破坏，成都已无险可守，决定将四川制置司建于战略地位十分重要的重庆，以重庆为中心建构了山城防御体系，自此以后重庆成为四川军政中心。宋蒙（元）对四川的争夺以开（开县）达（达州市）和重庆及其外围合川、泸州的争夺最为激烈，持续时间也最长。此外，奉节、巫山、巴东、宜昌等地，

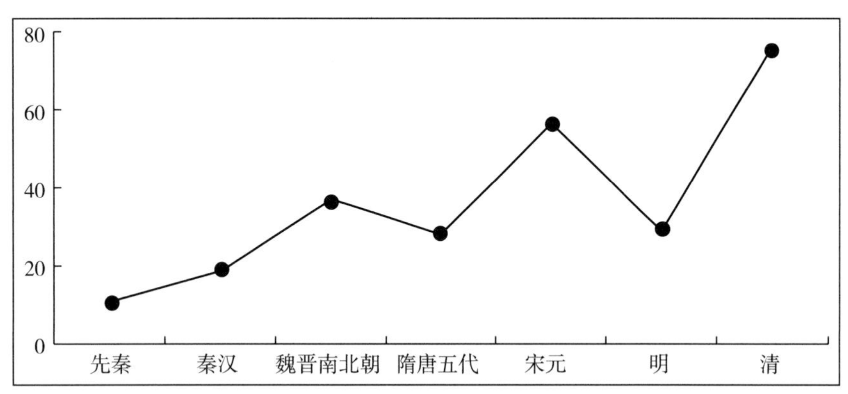

图8-2　三峡地区战争时间分布图（引自《三峡地区古代战争的时空分布》罗权，杨光华）

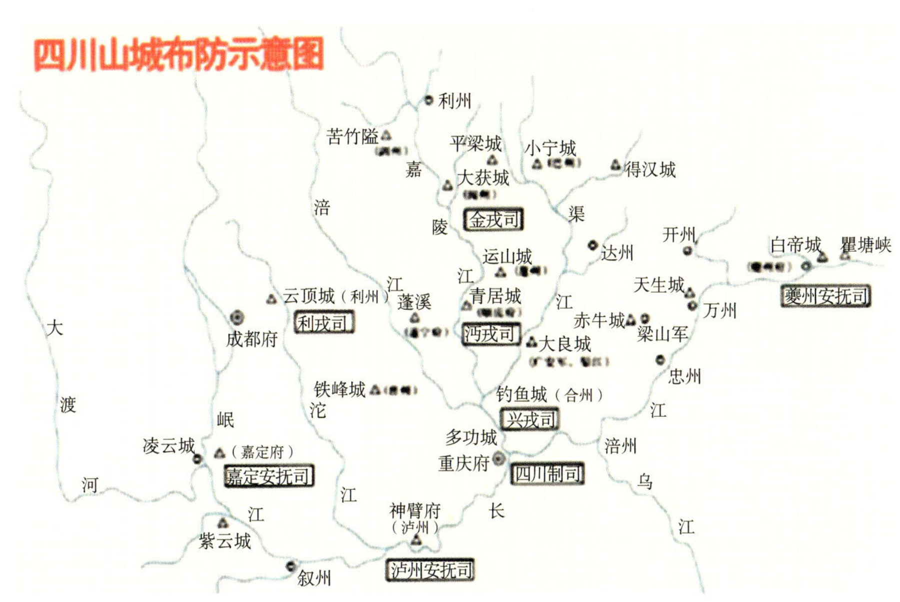

图 8-3 南宋末年四川山城分布示意图（中国文化遗产院孙延忠提供）

也有不少战事发生。直至南宋灭亡数年，三峡地区的争夺才最终尘埃落定[40]。因此，南宋末年以重庆为中心的抗蒙山城防御体系，是继我国春秋战国时期的城池筑城体系和秦汉时期的长城筑城体系之后的一种全新的城塞构筑模式。该时期城塞的构筑突出特点是：以险筑城，城塞一体，防御阵地坚固，有田池林木可供长期驻守；以城塞为点，以江河为线，形成了点线结合、网状分布的防御格局；以重庆为大本营，以合川钓鱼城为屏障和支柱，既有梯次配备、重点部署，又有一定战略纵深（图 8-3）。

重庆作为宋蒙（元）战争的主要战场和山城防御体系的指挥中心，境内已发现约 20 处重要城址，这些遗址大体沿嘉陵江、长江两岸分布，其中合川钓鱼城、万州天生城、江北多功城、涪陵龟陵城、南川龙岩城、云阳磐石城、巫山天赐城等保存较好，历史价值较高，部分遗址中还存有石刻。其中忠县皇华城地处三峡库区内。

8.3 三峡地区相关石刻汇编

▼ 8.3.1 宜昌三游洞石刻

抗日战争时期，三游洞是抗战大后方的前沿阵地，三游洞一直控制在中国军队手中，没让日军跨进半步。三游洞前下牢溪对岸，即为日军占领区，而指挥官陈诚的指挥部就曾设立在三游洞洞内。1938 年 10 月，湖北省政府代主席兼民政厅长严立三带领省府要员移驻三游洞内办公，主持全省抗日救亡工作，因此，洞内保留了 6 处该时期的石刻，是我们进行爱国主义教育的重要文物之一。也是一批不可多得的历史资料。

一、民国二十一年陈眉介等书“万方多难”题刻

该题刻位于三游洞入口处岩壁上，朝正东方，距地面 3.5 米。整幅高 0.7 米、宽 2.4 米。右至左横排，

图 8-4　三游洞民国二十一年陈眉介等书“万方多难”题刻（引自《三峡湖北段沿江石刻》）

楷书阴刻“萬方多難”4 字。字径 60 厘米，刻深 3 厘米，右侧竖排，楷书阴刻“民國二十一年十一月六日”（图 8-4）。该题刻刻于民国二十一年，即 1932 年，石刻作者为陈眉介等十五人，题刻中表达了他们作为中华儿女炎黄子孙的一部分，在国家危亡，生灵涂炭之际的忧国忧民情怀。“万方多难”一词出自唐代大诗人杜甫《登楼》诗中的“花近高楼伤客心，万方多难此登临”，此诗中的“万方多难”是指当时诗人杜甫所处的安史之乱内忧外患的动乱时代。

而这方由陈眉介等十五人所书的“万方多难”题刻的年代，正是 1931 年“九一八”事变和 1932 年“一二八”事变后，日寇大举入侵中国，民族危亡的危机时刻。

同样处于内忧外患的动乱时代，同样的中华民族的优秀知识分子，虽所处时代不同，但其历史背景却如此惊人的相似。因此，具有极高的历史价值。

二、民国二十八年冯玉祥题刻

该题刻位于三游洞石牌门下三级平台处，朝东北方，距地面 5.5 米。整幅高 0.5 米、宽 2.1 米，竖排 7 行，每行 2 字，隶书阴刻“是誰殺了我們同胞的父母和兄弟”14 字。行距 4 厘米，字距 5 厘米、字径 12 厘米、深 1.5 厘米（图 8-5）。该题刻刻于民国二十八年，即 1939 年。当年，冯玉祥将军从四川重庆莅临宜昌督练抗日军队，检查要塞，并到三游洞看望湖北省政府在三游洞的留守人员。当了解到二三月间日本飞机反复轰炸宜昌城，炸死居民逾千人时，当即题写“是谁杀了我们同胞的父母和兄弟”刻于岩壁，因此，这是一件不可多得的历史资料，也是进行爱国主义教育的重要

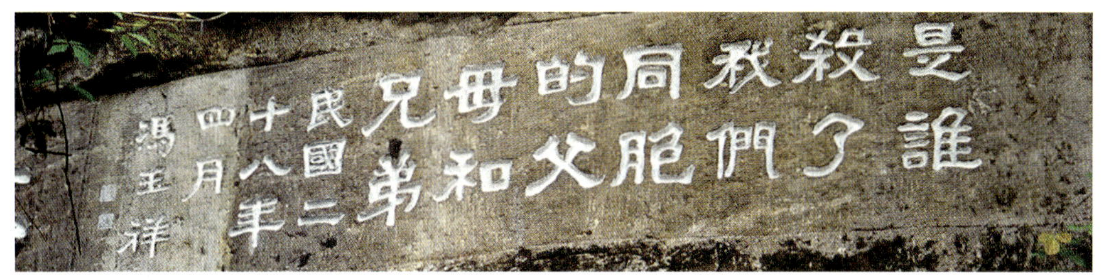

图 8-5　三游洞民国二十八年冯玉祥题刻（引自《三峡湖北段沿江石刻》）

图 8-6　三游洞民国二十八年严立三书“不共戴天”题刻（引自《三峡湖北段沿江石刻》）

文物之一，具有极高的历史价值。

三、民国二十八年严立三书“不共戴天”题刻

该题刻位于三游洞石牌门下三级平台崖壁上，朝东北方，距地面 5.5 米。整幅高 0.55 米、宽 1.35 米。右至左横排，楷兼隶，阴刻“不共戴天”4 字，字径 25 厘米，刻深 2 厘米（图 8–6）。该题刻刻于民国二十八年（1939 年）。抗战期间，时任湖北省政府代主席兼民政厅长严立三带领省府要员

移驻三游洞内办公，主持全省抗日救亡工作，1939 年在洞内石壁上刻铭作记并志耻。因此，该题刻具有较高的历史价值。

四、民国二十八年剑霞题刻

该题刻位于三游洞前室第一石柱柱壁上，朝东北方，距地面 5.5 米，整幅高 0.85、宽 0.5 米。右至左竖排 3 行，每行 6 字，楷兼行，阴刻“君子之道莫大于乎以忠诚爲天下倡二十八年春剑霞”22 字（图 8–7）。行距 5 厘米、字距 4 厘米、大字字径 10 厘米、刻深 1 厘米。该题刻刻于民国二十八年春，即 1939 年。从时间分析，该题刻刻于抗战期间。虽剑霞本人无从考证，但从题刻内容分析，作者应为爱国志士。所以该题刻具有一定的历史价值。

图 8–7　三游洞剑霞题刻（引自《三峡湖北段沿江石刻》）

五、民国二十八年石瑛、张难先题刻

位于三游洞前室第一石柱右题上，朝正北方，距地面 3.00 米，右至左竖排 5 行，每行 7 字，楷兼隶，阴刻“湖北省政府被倭寇迫遷鄂西，石瑛、張難先拎中華民國廿八年四月来此會議，特書誌恥”35 字。刻深 1 厘米（图 8–8）。题刻刻于民国二十八年，即 1939 年。从时间分析，该题刻刻于抗战期间。据考石瑛、张难先为辛亥遗老、著名爱国人士。所以该题刻具有较高的历史价值。

图 8–8　三游洞民国二十八年石瑛、张难先题刻（引自《三峡湖北段沿江石刻》）

六、严立三题刻

该题刻位于三游洞入口处山体上方，朝东北方，距地面 2.8 米，整幅高 0.7 米、宽 0.55 米，右至左竖排 4 行，每行 8–9 字不等，隶兼楷，阴刻“中華民國廿八年春，寇機屢襲宜昌，居民死傷数千，爰率本府同人駐此辧公，書以志痛”34 字。行距 4、字距 2 厘米、字径 8 厘米、刻深 0.1 厘米，后刻两枚印章（图 8–9）。该题刻刻于民国二十八年（1939 年）。记录了当年日寇轰炸宜昌，省府移驻三游洞内办公的史实。因此，具有较高的历史价值。

图 8-9 三游洞严立三题刻（引自《三峡湖北段沿江石刻》）

图 8-10 要区天成石刻照片（引自《三峡湖北段沿江石刻》）

▼ 8.3.2 巴东官渡口咸丰二年衍秀①书“要区天成”石刻

该石刻位于巫峡东口，门扇峡尽头，左岸官渡口镇老街。这处建有一道高达数米的石碚。石刻就刻在其中竖立的一长方石条上。石刻高 85 厘米，宽 55 厘米。坐南朝北，海拔高程 80 米，石面倾斜 22 °。

竖排，楷书阴刻“要區天成”4 字。字高 15 厘米、字宽 18 厘米、字深 0.4 厘米。4 字左侧右至左竖排 2 行，楷书阴刻“咸豊二年首夏 / 鐵嶺衍秀”，字高 9 厘米，字宽 8 厘米。“要区天成”4 字右上方有一枚长方印章，已模糊不清，左下也有两枚模糊不清的方形印章（图 8–10）。

官渡口地处水陆交汇处，古为巴楚两国交战争夺要地，有多处古代战场遗址。所以此处地理形势险要，为战略要地，是三峡在古代军事战略地位的具体体现。故衍秀题“要区天成”四字于此，昭示后人。所以具有一定的历史价值。

▼ 8.3.3 巴东官渡口乾隆庚寅李拔②书“楚蜀鸿沟”题刻

该题刻位于巴东县官渡口镇万流村巫峡中段长江左岸万流渡口处。题刻所处岩石呈弧形，坐北朝南，海拔高程 92 米（图 8–11）。整幅高 0.85 米、宽 2.65 米，有边框，深 0.6 厘米。右至左横排，行楷阴刻“楚蜀鴻溝”4 字。字高 60 厘米、宽 42 厘米，字距 13 厘米，字深 2 厘米。右侧竖排楷书阴刻“乾隆庚寅嘉平”6 字；左侧右至左竖排 2 行楷书阴刻“荆南观察使 / 西蜀李拔题書”。

---

① 据考，衍秀，系汉军镶黄旗人，道光二十年（1840 年）任宜昌府知府。

② 据考，李拔，系清代中期四川健为人。曾任荆南观察史，监管川江航道的治理。

图 8-11　楚蜀鸿沟题刻（摄于 1994 年）

题跋字高 10 厘米、宽 8 厘米（图 8-11）。

据考，李拔乾隆三十五年（1770 年）曾率众进三峡视察水路纤道。因此，从宜昌至巫山长江两岸均可见到其题刻，该题刻也应题于这一年。

该题刻位置地处湖北、四川（1997 年后属重庆）交界处。故“楚蜀鸿沟”有分界鸿沟的寓意。历史上楚蜀争端不断，川鄂两省的巫山、巴东先民常为争山夺柴等引起械斗，时人有“鸿沟已深，不易填矣”之说。该题刻为两省（区域）划定了界线。

土地和资源的争端是战争爆发的最原始，也是最基本的起因，从古至今一直如此。所以该题刻从一个侧面记录了古楚、巴（蜀）间的国土争端，并为争端解决提供了依据，所以具有一定的历史价值。

▼ 8.3.4 巫山康茂才[①]进兵处石刻

该石刻位于巫山县大溪乡军营村西 80 米，瞿塘峡东口北岸柜子岩下一孤石之上。地理位置东径 109°37″15′，北纬 31°00″40′，海拔高程 100 米。其对岸为著名的大溪文化遗址。

康茂才进兵处石刻所在孤石，位于瞿塘峡东口北岸的基岩河漫滩之上，可见崩积物堆积，该岸为侵蚀岸。对岸为大溪河入江口，坡岸为砂质堆积岸。

原石刻所在孤石，原刻字一面朝上，高于海拔高程 100 米。1996 年 2 月 16 日，由于航行船只栓钢缆固定，不慎将其拉翻，使孤石下移 1.5 米，并使刻字一面倾覆朝下。据 1999 年 4 月 7 日调查，石刻位置仅高出长江枯水位约 3 米（图 8-12）。

图 8-12　康茂才进兵处石刻所处位置（摄于 2000 年）

现石刻所在孤石由于翻转过程中发生碰撞，“皇”字局部已残缺，据勘察，

[①] 据考，康茂才，字寿卿，蕲人（今湖北蕲春县人），通经史大义。明朝初年将官。

石刻所在表面有 5 厘米薄层即将剥落，孤石块体上分布有四条沟槽，平均长约 180 厘米，宽约 2–3 厘米，深约 10–14 厘米。

石刻凿刻于江边一长 2.22 米、宽 1.81 米、厚 0.63 米的块石之上，石刻面积约 4 平方米。块石中央右至左竖排 2 行，楷书阴刻“皇明康茂才進兵處”8 字，平均字径 0.22 米。右书“大溪口”3 个小字，平均字径 0.15 米（图 8–13）。

图 8–13 搬迁后的康茂才进兵处石刻（摄于 2002 年）

据《巫山县志》载：“明康茂才墓在县西南九十里，官大将军，洪武初年领兵征明昇被流石中伤卒，葬于大溪滩，即今大溪口也，碑石现存。”因此，该石刻可推测凿刻于明代洪武初年。

据《明史》载：“洪武初年，康茂才随西将军汤和从湖北入川，康为先锋，兵屯大溪口，时遇江水上涨，瞿塘关被铁索横截，半夜，康带人往瞿塘方向探听虚实，行至柜子岩下，被伏兵乱箭射死，葬于大溪绿竹坡……”其说法与《巫山县志》中关于“流石中伤卒”之说有所不同，但是康茂才是在征讨明昇途中而亡的，这点是明确的。

据考证该事件发生的年代应在洪武四年（1371 年）[①]。对于这一历史事件，可查考的遗物，除“康茂才进兵处石刻外，还有康公庙和康公墓，康公庙据了解位于现大溪镇内，康茂才死后，被追封为蕲国公史谥武康，百姓为纪念他，特在大溪镇建庙祭祀，现庙宇已毁（图 8–14）。关于康公墓之说，虽县志有所记载，但具体位置已无从考证。据当地百姓传，在大溪镇西有一拱形墓，疑为康公墓，但 1998 年已塌毁（图 8–15），无确凿实物可证实这一说法，因此，

图 8–14 康公庙原址保存现状

[①] 通过对《明史》等典籍的查考，可知由于洪武三年（1370 年），夏国将领吴友仁率三万之众，攻打汉中受挫。次年，朱元璋欲与明昇和谈，但遭拒绝，明夏终于“竟绝合好”。于是朱元璋以征西将军汤和、副将军周兴德和廖永忠，率水军入川伐明昇。在瞿塘峡遭夏大将吴友仁拦江抵抗，后廖永忠设计破敌，率军上行直抵重庆下游门户铜锣峡，明昇闻讯，遂降，同年夏亡。

图 8-15　康公墓保存现状（摄于 2002 年）

目前对于这一历史事件而言，康茂才进兵处石刻已是唯一的实物遗存，并可补史之阙，所以具有较高的历史价值。

按照 1998 年《长江三峡工程淹没及迁建区巫山县文物古迹保护规划》有关内容的修订与补充，康茂才进兵处石刻已采取易地搬迁的保护措施（图 8-13）。

▼ 8.3.5 巫山天赐城遗址及石刻

天赐城遗址，位于巫山县龙溪镇天城村一社天赐山上，是重庆市级文物保护单位。天赐山位于大宁河南岸，北距巫溪老县城 40 里，东离巫山大昌镇 30 里。

图 8-16　天赐城摩崖题刻（引自《南宋天赐城抗元遗址》）

天赐城始筑于南宋景定三年（1262 年），目前墙垣大多无存，只有少数地域依稀可见筑城残迹 。城址周长约 3200 米，面积约 0.8 平方公里，东西城门相距约 1.5 公里。天赐城城内遗存如今主要有“大石碑”“小石碑”等摩崖题刻，“大石碑”碑面高两米有余，右边镌刻“癸亥年（1263 年）壬申日”字样，左边为一块宽 1.65 米、高 1.85 米的题刻，隶体阴刻，文字毁损严重，字迹难辨，总计约 1400 字。“小石碑”高 1.96 米、宽 1.22 米，保存较好，碑体呈上尖下宽，镌刻由南宋夔州路安抚使徐宗武在天赐城完工后撰写的《大宁监创筑天赐城记》。全文共 419 字，记载了天赐城创修经过及抵御蒙军入侵的作用，堪称记载宋蒙战争史的重要文物（图 8-16）。经查，在清道光《夔州府志》艺文卷录有全文，具体文字内容详见释文卷。

综上所述，天赐城及石刻具有较高的历史价值。

▼ 8.3.6 奉节瞿塘峡壁题刻

瞿塘峡在三峡中自古以“险”著称，而瞿塘峡上游的夔门更是险中之险，所以在瞿塘峡壁题刻中有一批与政治军事相关的题刻。

一、乾道七年赵不忧题皇宋中兴圣德颂

整幅题刻面积 29.52 平方米，字径 20 厘米，远望可读，在明正德和清道光《夔州府志》艺文卷均录有全文，具体文字内容详见释文卷（图 8–17）。

《皇宋中兴圣德颂》内容是为南宋时期高宗禅位于孝宗事件歌功颂德，刻于南宋乾道七年（1171 年）。南宋高宗禅位事件，《宋史》等历史文献中虽有较多文字篇幅叙述，却少有实物资料佐证。尽管《皇宋中兴圣德颂》不乏溢美之词，但作为实物记述此事件而留存后世，恰好弥补了历史缺憾。

《皇宋中兴圣德颂》具有较高的书法和文献价值，书法颇有苏（苏轼）体风格，字字端庄、笔力雄健，光绪《奉节县志》曾评此碑：“字如碗大，舟行峡中，远望可读。壁陡通江，水急岸高，人不能及，舟不能泊。”据传，后人为保护此摩崖题刻，曾在每一字上覆一大碗，敷上稀米石灰浆。若干年后，碗和灰浆脱落，字迹至今保存完好。

综上所述，该题刻具有极高的历史价值和艺术价值。

图 8–17　乾道七年赵不忧题皇宋中兴圣德颂（摄于 1998 年）

图 8-18　民国二十八年冯玉祥书“踏出夔巫打走倭寇”题记（摄于 1998 年）

二、民国二十八年冯玉祥书“踏出夔巫打走倭寇”题刻

该题刻整幅宽 23.45 米，高 2.55 米。右至左横排，隶书阴刻“踏出夔巫打走倭寇”8 字；右侧竖排隶书阴刻“二十八年五月紀念”8 字；左侧竖排隶书阴刻“冯玉祥题”4 字（图 8-18）。

该题刻刻于民国二十八年（1939 年），正值国共合作共同抗日期间，国共两党，同仇敌忾，其中涌现了一批著名的爱国将领。冯玉祥将军所书“踏出夔巫，打走倭寇”八个大字，铿锵有力，表达了其抗战到底的决心。集中代表了当时国民党爱国将领的心声，所以具有较高的历史价值。

三、民国三十五年冯玉祥题五言律诗

具体文字内容详见释文卷。

该题刻题于民国三十五年（1946 年），这一时间正值冯玉祥将军不满当时国民党继续施行反共内战政策，而出国考察水利临行之前，因此诗字里行间表达了他站在人民一边，反对独裁和内战，渴望祖国和平的良好愿望，因冯玉祥将军后在返国途中，轮船失火身亡，所以该题刻有可能是其生前在国内留下的最后一款题刻。因此具有较高的历史价值。

四、民国丙子毛书贤[1]书《夔门铭》题刻

具体文字内容详见释文卷。

[1] 据考，毛书贤（1880−1964 年），又名毛子献，号希圣。晚年号借园老人，奉节人。自幼好学，宣统元年（1909 年）拔贡，赴江西候补知县，辛亥革命后返乡，小学校长、县视学。民国年间从事教育工作，管理财政，编纂县志，颇有建树。新中国成立后，任四川省文史馆研究员，四川省政协第二三届委员。其工于诗文，擅长书法，著有诗集《借园诗草》。

该题刻刻于民国二十五年（1936年），这个历史时期，正值近代史上著名的抗日战争前夕，该题刻中“精诚团结，能开金石。山移以愚，海填以翮。卧薪尝胆，破釜沉船。何耻不学？何敌不歼？兵骄者败，兵忿者灭。直壮曲老，胜负可决。日出东海，没於西方。我当太白，气吞遐荒……岂容窥伺。祸福循环，龟卜数记。蓬莱随波，转轴靡常。瞥见沦汩，濯足扶桑”之句，表达了当时爱国人士必胜的信念。所以具有一定的历史价值。

五、马林题七言律诗

具体文字内容详见释文卷。

据考，1920年11月与1921年6月，驻宜昌王占元所部发生内讧，四处烧掠杀戮，波及武汉。鄂人不堪忍受，纷纷呼吁倒王，掀起“鄂人自治”潮流。其后，川军与湘军均出兵“援鄂驱王”。其中，川军有一将领名马林经过夔州，曾写下一首七言律诗。1922年，他再次经过此地，将七律诗刻于瞿塘峡壁上。但是关于这位民国年间的川军将领马林，没有查到关于他的记载。从诗中可知，此人自觉怀才不遇，留下诗刻抒怀。

综上所述，该题刻具有历史佐证意义，所以具有一定的历史价值。

▼ 8.3.7 奉节锁江铁柱及其题刻

锁江铁柱位于瞿塘峡口铁柱溪，草堂河与长江交汇处的礁石之上（图8-19）。地理坐标为北纬31°02′27″，东经109°36′59″。海拔高程76米。在锁江铁柱长江两岸岩壁面上，分布有与之有关的题刻，题刻的海拔高程约为80米。

图8-19 锁江铁柱原址（引自《长江三峡文物存真》）

图 8-20 搬迁后的锁江铁柱（摄于 2000 年）

一、锁江铁柱

共两根。因已搬迁（图 8-20），所以无法明确原方位，现编号以搬迁后方位为准。

（一）东柱

总高 2.245 米，共分四节，下小上大。下部直径 28 厘米，上部直径 28.9 厘米。顶部为两层圆台，下层直径 27.5 厘米，高度 12.5 厘米；上层圆台直径 17.5 厘米，高 4.5 厘米。顶端为半球状，直径 7 厘米。正面残留有纹饰，宽 17 厘米，纹饰图案与铁柱相似，纹饰内模糊可见“……大将军徐[1]……”几字，字径约 6.5 厘米（图 8-21）。

图 8-21 东柱表面纹饰（摄于 2000 年）

（二）西柱

总高 2.27 米，共分四节，由于侵蚀，直径上、下变化无明显规律可循，在 27.68–28.96 厘米之间。顶部为两层圆台，下层直径 28.3 厘米，高 10 厘米；上层圆台直

[1] 据考，铭文疑为“大将军徐宗武”。

径 20.8 厘米，高 5 厘米。顶端为半球状，直径 6.6 厘米。正面残留有纹饰，但已无法辨认。纹饰内模糊可见两字，字径约 6.5 厘米，但已无法释读。

铁柱系生铁铸造，据原址勘测，两柱间距约 11 米。在长江右岸，有“牛鼻孔”两个，为锁江孔。直径约 70 厘米。据《宋史》载，当时曾拦江置铁链七条，“长 227 丈 5 尺”，约 75 米，北系铁柱，南穿石孔（图 8-22）。具体锁江形势详见图版卷。

图 8-22　长江右岸的“牛鼻孔”（摄于 2000 年）

二、摩崖题刻

在铁柱溪锁柱铁柱所处礁石及长江两岸岩壁面上有题刻 4 款。

具体年代及作者见表 8-2，具体文字内容详见释文卷。

表 8-2　铁柱溪题刻情况一览表

编号	位置	规模	年代	作者	现状
1	铁柱溪礁石	200 厘米 ×168 厘米	至元十九年（1282 年）	不详	剥蚀严重
2	长江左岸	200 厘米 ×200 厘米	景定五年（1264 年）	贾似道	局部剥蚀
3	长江右岸	120 厘米 ×120 厘米	景定四年（1263 年）	贾似道	较清晰
4	长江右岸	70 厘米 ×50 厘米	不详	单元亨	局部剥蚀

其中贾似道两款题刻详细记录了宋景定五年（1264 年）由守关大将军徐宗武建造锁江铁柱的史实，所以具有极高的历史价值。

锁江铁柱为铁锁关遗迹。就目前现存铁柱及相关题刻分析，铁柱的铸造及立柱年代应在景定四年冬至景定五年春这一时期，即 1263 年 12 月至 1264 年仲春。据《宋史》载，此铁柱为宋景定五年（1264 年）由守关大将军徐宗武所建，这与题刻中所记时间一致。

关于锁江铁柱，文献记载颇多[①]。

南宋末年，四川境内的长江流域，是蒙军与宋朝军事力量双方相对抗的主要战场，在三峡地区，现存遗物，遗迹颇多。较著名的有合川钓鱼城，江北多功城，忠县皇华城，万县天生城，云阳磐石城等。作为重要事件的历史遗迹，其历史价值是不容置疑的，而“铸铁柱，造铁缆”以此拦江的作战方法，又体现了三峡地区在实战中，利用地形的独道之处。据调查，除皇华城仍可见类似遗迹现象外，象如此保留完整的遗物在该地区极为少见，所以锁江铁柱及其题刻是研究这一时期政治军事的重要实物佐证。

图 8-23　奉节瞿塘卫碑（夔州博物馆提供）

▼ 8.3.8 奉节瞿塘卫碑

瞿塘卫碑位于奉节县原白帝区白帝村，地理坐标为北纬 31°02′27″，东经 109°36′59″。海拔高程 175 米。

该碑半圆顶，高 2.75 米，宽 1.05 米，厚 0.18 米（图 8-23）。

该碑全名为《重建瞿塘卫右千户所碑记》，由顾华撰文，全文约 750 字，刻于明嘉靖十九年（1540 年）。经查，清道光《夔州府志》艺文卷录有全文，具体文字内容详见释文卷。该碑记录了瞿塘卫右千户所始创于明洪武三年，明嘉靖十九年重建的史实。所以具有较高的历史价值。

▼ 8.3.9 云阳飞凤山题刻

在飞凤山现存的 13 款题刻中有 2 款题刻记录了抗战期间曾经发生在云阳县城内的一段感人的历史事件。七七事变后，日本军国主义者开始了大规模的侵华战争，国土沦陷，国民流离失所，远走他乡，大批的难民涌入四川境内。当时云阳人民在城内设立了难民收容所，为他们无偿地提供栖身之地，及财物救济，长达八年。抗战胜利后，又为难民募集了足够的返乡路费，充分体现了抗战期间国民共当国难的同胞情谊。1940 年难民返乡时，便在张桓侯庙内杜鹃亭后的岩壁上，

[①] 明正德《四川志》载：“奉节铁锁关，在瞿塘峡口。铁柱二，在北岸，各高六尺四寸，景定甲子徐宗武立。铁索一条，长二百七十七丈。”道光《夔州府志》载：“铁锁关，即瞿塘关……景定五年守将徐宗武于白帝城下岩穴设拦江锁七条，长二百七十七丈五尺，共五千一十股。又为铁柱二，各高六尺四寸，刻徐宗武字。后人因呼为铁锁关。”光绪《奉节县志》载：“铁柱，瞿唐峡口石盘之上，竖铁柱二根，高六尺四寸，夏秋水没，冬春复见，上铸守关大将军徐宗武”，“铁锁，白帝城下崖穴中，宋景定五年守将徐宗武置以拦江，计七条，二百七十七丈五尺。”从文献记载来看，铁柱修建年代应在“景定五年（1264 年）”，而校之摩崖题刻，确切时间应在景定四年（1263 年）冬至景定五年春（1264 年）这个阶段。至于铁柱的修建详情，未见具体文字。从文献记载和摩崖题刻的文字内容来看，修建的目的，在于拦锁瞿塘关。就时间来看，锁江意在阻截南宋末年蒙军逆流入川，更为了遏制在蒙军顺流而下进攻临安。其具体实战效果如何，历史上未有记载。

以题记刻石的形式，表达了他们对云阳人民的深深谢意。虽历经半个世纪的风风雨雨，但“泽惠流离”“在远不遗”及部分题跋依旧历历在目。具体文字内容详见释文卷。云阳县境内，自从“抗日阵亡将士墓碑”被毁后，该两款题刻已成为本县境内唯一一处抗日爱国内容的文物遗存，故亦又“难民题刻”之称，是进行爱国主义教育的珍贵实物。具有较高的历史价值（图 8–24）。

▼ 8.3.10 云阳六冈石石刻

六冈石石刻位于原云阳县双江镇桔园村长江左岸的小岛之上。地理坐标为北纬 30°57′00″ 东径 108°38′12″。海拔高程 100 米。六冈石石刻主要凿刻于 4.5–5.5 米高，长约 18 米的岩壁面上。石刻区北部为平坦的一级阶地，其前为阶梯状的岩坡，平均坡度 20°，上有大量崩积物堆积，最大崩积块体块径高达 2 米多（图 8–25）。

图 8–24　飞凤山题刻“难民题刻”所处环境（摄于 1998 年）

图 8–25　六冈石石刻所处环境（摄于 2000 年）

据 1999 年调查，六冈石石刻可分为东、西两个区。

东区共分布有两款题刻（图 8–26）。具体文字内容详见释文卷。

西区只保留有一处石刻，编号为 3，石刻主体为一造像龛，内刻浮雕两幅，还有“道光二拾四年二月贰八日衆姓人等立”题记（图 8–27）。其南 0.2 米，有开凿痕迹，疑为一未开凿龛；其北有一幅长 1.38 米，高约 0.2 米的岩画，线画阴刻，主要内容为鱼船、花草和人脸造型，下刻有“中華民國癸丑年三月初三日士□立”题记（图 8–28）。

图 8–26　六冈石石刻东区（摄于 2000 年）

图 8–27　六冈石石刻西区造像龛（摄于 2000 年）

图 8–28　六冈石石刻西区岩画（摄于 2000 年）

六冈石石刻东区 2 号题刻落款为“顺治十七年庚子季春穀旦”，因此东区始刻年代为清顺治十七年（1660 年），疑 1 号题刻应与其同时开凿，而西区石刻从题记分析，始刻年代为道光二十四年（1844 年）开凿造像龛，后民国二年（1913 年）开凿岩画。

关于六冈石石刻的文献记载，多见于县志[①]。通过文献及相关史实的查考，该石刻应与以下两件历史事件有关。

（一）明末张献忠入川

2 号题刻题跋有：“明崇桢时，恭承简命官，夔东右路协守，甲申（1644 年）国遭闯贼变，是年成都亦遭献贼之变，予率壮士力保川东不屈于贼，屹然独存。

[①] 民国《云阳县志》山水上载：“六冈石，一曰得胜台，为明末鲍三娘与谭谊战处，石盤有刻字。”又据民国《云阳县志》山水下载：“明末流寇之乱，万县人谭弘及其弟谊、文凭据峡江拥其扼险，与石柱秦良玉连卫保完乡里……耕战保聚，十有余年，蜀东赖以粗安清兴。乃彭口上有得胜台，谊摩崖题刻以彰功伐。”

丙戌年（1646 年）开镇川湖，建牙巫阳，控制三峡，初叨封平彝伯，随晋仁寿侯爵。至戊子已丑（1648–1649 年）献贼之党踞云贵，闯贼之党尽川楚之间，庚寅岁（1650 年）移镇云安，与兄原新津侯，今慕义兄弘，连营撑持蜀福者，十有六年……”据史书记载，自明崇祯八年（1635 年）至明崇祯十七年（1644 年），张献忠由川东、川北入川，在四川境内征战达十年之久，于崇祯十六年攻克成都，同年十一月建大西国，改成都为西京。而当时谭谊、谭弘兄弟与石柱秦良玉联手，共抵义军，保一方平安，应在情理之中。

（二）夔东十三家[1]

又称川东十三家主体为李自成的旧部，主要活动在川东、鄂西三峡地区。一面开荒种地，一面习武练兵，各守一方，采用运动作战形式，抗击清军。至康熙三年（1664 年），李来亨于兴山县九连坪战死，方告结束。

由于农民起义缺乏统一的政治认识，因此在“夔东十三家”的发展过程中，时有变故。据载顺治十六年（1659 年）清军分三路入云南，为减轻西军之压力，当时“夔东十三家”沿江西上袭击重庆，以牵制清军，但在战事关键时刻，谭弘、谭谊因私愤怒杀谭文，众将不满其行为，谭氏兄弟遂降于清廷，致使此次行动以失败告终。后清顺治十八年（1661 年）西军彻底失败，致使“夔东十三家”面临险恶之境地。

在六冈石 2 号题刻中有：“不忍民生日蹙将无遗种，于戊戌之冬，同弘兄归命大清，保左桑赤，拜受新恩，荷蒙宠眷，亲帅舟师结营于此，以靖寇逆，感而赋律于右。”文中所提“戊戌之冬”，正是顺治十六年，与史载吻合。

又一说此处为“鲍三娘与谭谊战处”。据民国县志载：“按鲍三娘遗蹟，县境处处有之，初以为传，闻之妄据，此云与谭谊战事，则实有其人。盖明末丧乱，县境纷扰，强弱相躏，土人各以武功自卫。三娘者亦土豪妇女，拥众保塞，捍卫桑梓，如石柱秦良玉之伦，特势较小，不及秦显耳。谭谊兄弟割据川东，必以力兼并诸小部。故有与鲍战于江浒之事。”由此推断，鲍谭之战也在情理之中。

综上所述，六冈石石刻对于了解川东地区明末清初时期农民起义军的发展、兴衰过程是极具历史价值的实物遗存。尤其为“夔东十三家”及“谭氏兄弟”历史变故实史的研讨，提供了可以借鉴的实物佐证。所以具有较高的历史价值。

▼ 8.3.11 云阳磐石城遗址及石刻

磐石城位于原云阳县双江镇，中心地理坐标为北纬 30°56′08″，东经 108°42′23″。海拔高程 516–545 米。据文献记载磐石城始建于南宋淳祐年间（1241–1252 年），是宋末元初时期著名的抗蒙城寨，宋代大将吕师夔曾屯兵此处，率军民抵抗蒙军。整个磐石城平面布局呈梭形，

[1] 是指在川东、鄂西三峡一带联合抗击清军的数支农民起义军和其他一些地方武装的统称，其中主要人物有李来亨、刘体纯、郝摇旗、袁宗第、王光兴、杨天宝及“谭氏三兄弟”。而谭氏三兄弟便指的是谭弘、谭谊及谭文。

图 8-29 远眺磐石城遗址（摄于 2000 年）

图 8-30 磐石城残存的城墙（摄于 2000 年）

东西长 430 米，南北长 130 米，占地面积约 0.056 平方公里（图 8-29）。磐石城周圈原有城墙围护，现已基本残缺，只有前后寨门处残余 500 米左右（图 8-30）。城内建筑除 20 余户人家的住房外其余均无，只余房基。城内现有地面遗存有前后寨门、暗堡、古井、畜水池等。据《云阳县志》记载原城内有昙华寺一座，始建于元代，但毁于何年已无从考证。清代涂凤书从谭氏手中买下磐石城后，便在原昙华寺位置，建涂氏祠堂。现涂氏祠堂也已无存，据当地百姓讲，祠堂在“文化大革命”中被毁，但基址基本还在，尚可看出当时的规模。

图 8-31 磐石城前寨门（摄于 2000 年）

一、前寨门

前寨门位于磐石城东侧，依山而建，平面呈不规则状，总面积约 300 平方米，共设门三道，从山下拾阶而上，便可抵达前寨门，第一道门突出山岩，宽约 4.7 米，高约 6 米，为磐石城对外的第一道门户。前寨门砌筑材料为条石，高约 30 多厘米，宽度不等。从第一道门拾阶而上约 40 余步，便是第二道门，二道门为随墙门，墙体为条石砌筑。高约 4.3 米，门高 2.5 米，大门无。由二门至三门间距约 8 米，现有后建房屋几间（图 8-31）。

前寨门上有城垛，做瞭望及攻击之功能，前寨门两侧，左有不知何人所题摩崖题刻上书“磐石城”三字，右有清徐缵曾的《磐石城记》摩崖题刻，但由于风化严重，内容已无法辨识（图 8-32），经查，咸丰四年《云阳县志》卷十（艺文志）录有全文，具体文字内容详见释文卷。

图 8-32 磐石城前寨门磐石城记摩崖题刻（摄于 2000 年）

二、后寨门

位于磐石城的西面，稍偏北。平面呈不规则状，占地面积约 500 平方米。共设门二道，依山势而建。第一道门为随墙门，墙高 5.5 米，门高 2 米，墙体一律为条石所砌筑，条石高30多厘米，长度不等。与前寨门相反，从一门至二门须拾阶而下。

后寨门有城墙马面，悬挑外凸，挑出约1.2米，宽约2.5米，造型独特，建筑工艺精湛考究，并面对上山小路，在攻击及辽望等使用功能上独具匠新。

后寨门还包括一处暗堡，面积约17平方米，即可作屯兵之所，又可兼瞭望、攻击之功能（图8–33）。

图8–33　磐石城后寨门（摄于2000年）

三、蓄水池

畜水池在城西侧，面积约300平方米，依山势而建，外围用条石砌筑，深3米左右，具有消防之功能，现水已基本干涸（图8–34）。

四、涂氏祠堂

涂氏祠堂面积约825平方米，现仅余基础，在老房基上现有改建住房，祠堂共三进院落，在最后一进院落正殿上（原为家祠），现亦有民房一间。周围随处可见原祠堂遗物，如六边形柱、栏板、柱础、

图8–34　磐石城蓄水池遗址（摄于2000年）

图 8-35 磐石城涂氏祠堂遗址（摄于 2000 年）

花窗、装饰物等，从这些遗迹来看，可见当时祠堂规模之大，做工之考究（图 8-35）。

磐石城是宋元时期著名的抗蒙城塞，是余玠抗蒙防御体系十五处寨堡之一，他针对蒙古军的特点，采用“因山为垒，棋布星分”的守备思想，可以说是一种时代的产物。磐石城自建城以来，坚守三十余年，与川东地区几十座城池互为犄角，经历了数次战争的洗礼，确实起到了对蒙军的牵制作用，故有“夔门之抵柱，云阳之行胜”之称。其东通三峡，西连万州，南控土彝，北拥飞凤，成为当时余玠抗蒙防御体系中重要的城池要塞，所以具有极高的历史价值。

磐石城作为古军寨，最大的作用是它的防御功能。它对外是封闭的、独立的，而它的内部完全是一座小城镇。它依山就势，完全利用自然地形特点和地方建筑手法，使两者有机结合，浑然一体。成为一道天然的屏障，在三十多年的抗蒙斗争中，这种建筑特色得到了充分的发挥，在抗蒙斗争中起到了不可估量的作用，具有很高的建筑艺术价值。

从前后寨门的平面布局、建筑结构来看。磐石城采用瓮城门的做法，内外共设三道门，且通道狭窄，四周高筑。这样可以大大提高它的防御能力。在通道四周的高墙顶部，还残留有燕尾榫的凹槽，应为原木结构痕迹（图 8-36），这种外石内木的结构在防御上极具隐蔽性，从建筑构思上来看又有其独特之处。同样具有很高的建筑科学价值。

▼ 8.3.12 万州天生城遗址及石刻

天生城遗址位于重庆市万州区周家坝街道流水社区，2013 年公布为第七批全国重点文物保护单位（图 8–37）。

天生城为南宋抗击蒙战争的山城，建于南宋淳祐三年（1243 年），明末清初为抵御张献忠及清军入川，曾予补筑，清晚期再次补筑。遗址现存有前、中、后三道城门（图 8–38、图 8–39），以及两道卡门，另有一字墙残迹（图 8–40）。城内现存南宋“淳祐”“宝祐”“咸淳”等时期 5 处筑城题刻及碑刻(图 8–41、图 8–42）和元至元十三年（1276 年）纪功碑 1 处，该碑全名《万州天生城石壁记》，经查，该碑在清道光《夔州府志》和清同治《万州志》艺文卷均录有全文，两部志中除个别字词略有不同外，内容基本相同，该碑记录了 1276 年的天生城之战。具体文字内容详见释文卷。除此之外，另有炮台 3 座，水池 2 处（图 8–43）、水井、水塘若干并有部分建筑基址。

天生城是川渝地区宋末抗元防御体系的重要组成部分，是宋末抗蒙（元）战争的重要战场之一，对研究宋蒙（元）战史及山城营建技术等有着重要价值。

图 8–36　磐石城寨门通道上部的燕尾榫痕迹（摄于 2000 年）

图 8–37　天生城遗址保护标志（引自国保单位申报材料）

图 8–38　天生城城门（引自国保单位申报材料）

图 8-39 天生城城门门额上咸丰三年题刻（引自国保单位申报材料）

图 8-40 天生城城墙遗址（引自国保单位申报材料）

图 8-41 天生城摩崖题刻保存现状（引自国保单位申报材料）

图 8-42 天生城宋代摩崖题刻细部（引自国保单位申报材料）

图 8-43 天生城水池遗址（引自国保单位申报材料）

图 8-44 远眺皇华城遗址（摄于 1999 年）

图 8-45　皇华城保江岩摩崖题刻（摄于 1999 年）

▼ 8.3.13 忠县皇华城遗址及石刻

皇华城遗址位于原忠县顺溪乡皇华村，为长江中一江心岛（图 8-44）。中心地理坐标为北纬 30°20′16″，东经 108°05′37″。海拔高程 120–224 米。又名“王化城”“黄华城”。

皇华城遗址在地貌单元类型上属桌状高丘，城内至高点为鸡公岭，其海拔高程为 237.2 米。整个皇华城呈斧形，其长轴走向为西北—东南向。长江由东南流经该区，在龙王嘴分叉，环抱其周，并在其北向东折，流出该区。城内地形由高坝和坳谷相间构成。

据 1999 年 4 月调查，皇华城遗址多被耕地覆盖，地面遗存破坏严重，现存遗迹如下：

一、保江岩摩崖题刻

位于陶家嘴西陡崖之上，海拔高程 175 米，整幅高约 1 米，宽约 2.19 米。右至左横排，楷书双线钩“保江”二字，字径 0.81 米，为民国二十八年（1939 年）所刻。除“保江”二字外，其下模糊可见八个大字，但已无法辨析（图 8-45）。

二、吊佛岩摩崖造像

位于教场坝西崖壁之上，海拔高程 175 米。残存一龛，圆顶敞口式。内刻造像一，戴冠著袍，脚踏祥云，龛高 0.69 米，宽 0.46 米，深 0.02–0.08 米。龛内南侧壁残存一款题记，整幅高 0.3 米，宽 0.5 米，因风化已无法辨认，故年代不详（图 8–46、图 8–47）。龛前残存一圆雕坐像，结跏趺坐莲台，残高 0.74 米，宽 0.36 米（图 8–48）。

图 8–46　皇华城吊佛岩摩崖造像位置（摄于 1999 年）

图 8–47　皇华城吊佛岩摩崖造像（摄于 1999 年）

图 8–48　皇华城吊佛岩摩崖造像处残像（摄于 1999 年）

三、九锣石遗址

位于柳家河西南河滩上，此处为基岩岸坡，海拔高程 120–124 米。在岩石之上刻有大小、间距均一的石孔。据 1999 年 4 月 21 日调查，现存石孔 441 个，多为圆孔，最大孔径 24 厘米，最小孔径 14.5 厘米，平均孔径在 20 厘米左右。深 10–15 厘米，平均间距 7–8 厘米，其中 64 号、196 号、239 号、256 号（由江边编录）为方孔，长 24.5–32 厘米，宽 13.5–17.5 厘米，深 20–21 厘米。因无文献可查，该遗址原功能不详，疑为锁江或扎营结寨之用。其对岸打磨子礁石之上，残有石孔，长 128.5 厘米，宽 76 厘米，应与九锣石遗址有关（图 8–49）。

图 8–49　皇华城九锣石遗址（摄于 1999 年）

四、栅子门城门遗址

位于向家东北方向上山小路上，海拔高程 147 米。据查原为西北城门位置，现已拆毁，仅存基岩基础。据 1999 年 4 月 25 日调查，占地面积约 9 平方米，疑为木结构城门（图 8–50）。

五、新条河城门遗址

位于毛家院子北上山小路上，海拔高程 141 米。据查原为东北城门位置，现已拆毁，仅存基岩基础。据 1999 年 4 月 25 日调查，占地面积 10 平方米。现保留有一规整的门槛石（图 8–51）。

图 8-50 皇华城栅子门城门遗址（摄于 1999 年）

图 8-51 皇华城新条河城门遗址（摄于 1999 年）

在遗址南岩壁之上，残留有一造像龛，拱顶敞口式，造像已毁。龛高 0.48 米，宽 0.52 米，两侧刻有楹联，风化严重。左联仅存“平安”二字，右联仅存“清太”二字。下部有题记 1 款，整幅高 0.1 米，宽 0.55 米，右至左竖排 20 行，行距 1 厘米，字距 1.7 厘米，字径 1.6 厘米。风化严重，无法辨析，

图 8-52　皇华城新条河城门遗址处造像龛（摄于 1999 年）

图 8-53　皇华城城墙遗址（摄于 1999 年）

多为人名（图 8-52）。

六、城墙遗址

位于毛家院子西南，海拔高程 227 米。该段城墙是整个皇华城遗址保存较完整的一段。长约 100 米，高 5.5 米，坡角约 75°。上部被第四纪覆盖，覆盖层厚约 0.8 米。由条石垒砌而成，条石长 0.45-0.56 米，高 0.27-0.4 米不等。表面有规则的打凿痕迹（图 8-53）。

七、演武厅遗址

现为皇华城小学，海拔高程 225.5 米。上部建筑已毁，现存右配殿房基遗址，并在原址上建有小学教室（图 8–54）。残留各时期础石 3 件，须弥座构件 1 件。具体内容详见图版卷。

八、古衙署遗址

位于鸡公岭西，为 5 队所在位置，海拔高程 214–216 米。现地面建筑已全部被毁，也无原建筑房基遗迹。仅存零散石构件若干，其中包括础石 1 件，抱鼓石 1 件，石雕门板 1 件（图 8–55）。具体

图 8–54 皇华城演武厅遗址上的小学教室（摄于 1999 年）

图 8–55 皇华城古衙署遗址处的建筑构件（摄于 1999 年）

图 8–56 皇华城古衙署遗址上的陈家祠堂（摄于 1999 年）

图 8–57 皇华城校场坝遗址（摄于 1999 年）

内容详见图版卷。现位置保留有后期建造的陈家祠堂（图 8–56）。平面呈“凹”字形，正殿次间及配殿为吊脚楼形式。其正殿明间檐柱为石方柱，25 厘米 ×21.5 厘米，上刻楹联一副，右联为“忆□武来川相传数百余年或同居或异处不分远近亲疏际此奏歌绵共享”，左联为“自少林衍派岂止亿千万户有进士有秀才无论农工商贾从今发达更难量”，字径 10.5 厘米，字距 2 厘米，行距 5 厘米。

九、校场坝遗址

位于皇华城遗址西南，现改造为水田，海拔高程 222–223 米，遗址全部被毁，局部可见原石板路遗迹，约 20 米长（图 8–57）。

图 8-58 皇华城夫子池遗址（摄于 1999 年）

十、夫子池遗址

位于皇华城西北，现改造为水田，海拔高程 176–177 米，已无任何遗迹现象（图 8–58）。

十一、官山遗址

位于陶家嘴，海拔高程 170 米。现场清理出石马残像 1 件（图 8–59），石虎头残像 1 件，具体内容详见图版卷。疑为墓前甬道神像。

除此之外，在皇华城遗址西、南河漫滩上可采集到大量新石器时代的石器标本。常见石器类型有石斧、网坠、砍砸器、削刮器，同时西部地区可采集到大量宋代磁片。

据考，皇华城始建于南宋宝祐二年（1254 年）。南宋宝祐元年（1253 年）赵基立为皇子，二年十月封于忠州，为忠王，王邸设于皇华城。景定元年(1260 年)六月，

图 8–59 皇华城官山遗址处的石马残像（摄于 1999 年）

赵基立为皇太子。五年后理宗崩，赵基称帝，是为度宗，改年号“咸淳”。咸淳元年（1265年）以“度宗潜邸”故升忠州为咸淳府。时因宋末兵乱，乃徒治于皇华城。

南宋德祐元年（1275年）达州宣抚使鲜汝忠归顺元军，率杨文安部进攻咸淳府治地皇华城。元军伤亡惨重，鲜汝忠战死。杨文安率部从东、北二门佯攻，鲜汝忠部下从南门架云梯而入，遂攻陷皇华城，咸淳府军使色申阵亡，知府马堃俘后被杀。

至元二十一年（1284年），咸淳府废，复名忠州，并还治于临江县城，遂皇华城逐年颓败。因此，皇华城建城至废圮，仅30年。

1986年，由忠县人民政府公布为县级文物保护单位。

就目前地面遗存情况和有关实物标本的采集及探访，可对皇华城总体平面布局有一概括性的初步认识。

皇华城城垣分上、下两层，下层位于海拔145-165米之间，主要利用砂岩形成的陡壁为自然屏障，局部地形平缓地段，砌筑城墙。据调查可能有四个城门。东北面有栅子门、新条河两个城门，西面在陶家嘴西应有一个城门，南面在7队附近可能有一城门。上层位于海拔200-230米之间，城门位置不详，据调查，古衙署南应有一城门，局部地段与下层城垣合一。

皇华城从建府以来，正逢宋末抗蒙时期，因此其整个城市布局应围绕战争防御之需要。宋末时期，川东地区应是中国筑城防御体系发展过程中的第三次飞跃，这个时期的城市建设的最大特点是体现“城塞一体”的筑城理念。以军事为中心，以生产、生活为后盾，形成利于长期坚守的政府、军队和人民三位一体的总体防御系统。从探访调查来分析，皇华城充分体现了这一时期的筑城特点。

据推断，整个皇华城在使用功能上可分为三个区。

1. 行政中心区

位于鸡公岭西，现5队所在地。这一地区背靠整个皇华城的至高点，有良好的自然屏障和统管全局的可能性。并且该位置处在三面环抱，一面略开阔的山坳，具极好的隐蔽性，在防御体系中应是统领全局中心所在地的最佳位置。因此，当地百姓至今仍称其为“衙署”，并在此处所发现的柱础石，具宋代遗风，就其尺度看，应为大型建筑的实物遗存。据传，此处原有一残碑，但已无从查找。

2. 军队驻扎区

应位于现小学至教场坝一带。该地区为一宽阔的台地，适于操练军队和一定数量军事人员的驻扎，而其军事指挥中心所在地应在小学附近。故小学亦有“演武厅”之说，而目前散落周围的建筑构件，其中须弥座残件具宋代遗风，又不同于一般民居所用。极有可能是原“演武厅”建筑的遗存，除此之外，少量军队的驻扎地有可能围绕几个城门，驻扎在上下两道城垣之间。

3. 生活区

应位于皇华城整个城池的西北面，即校场坝西、陶家嘴、向家、夫子池一带，该地区由三个小台地组成，可见泉水露头，并且位于上层城垣之内，具备足够的耕地和水源，分布有大量的后期墓葬，并发现有墓前甬道残像和大量宋代磁片。

就目前勘查结果而言，对皇华城的研究仅能停留在总体的初步推测认识上。为探明整个城址的情况，虽作了一些试掘工作，但由于该城使用历史短，原本文化层堆积就不厚，加之后期扰动严重，文化层堆积多被破坏，目前可反映和说明问题的实物资料极为有限。由于该遗址大部分区域位于海拔 145–175 米之间，甚至 175 米以上，所以在三峡工程运行期间，它不会完全淹没。因此，对皇华城遗址的考古和研究后人还可以进一步开展。

众所周知，宋朝末年，川东地区以钓鱼城为代表，成为当时宋朝军事力量和蒙古军队的主要交战地区。“以城塞为点，以江河为线”是当时宋朝总体军事防御体系的一大特点，因此沿江遗留下来的这一时期城池多达三十至四十处，仅余玠守蜀期间，择险筑城就达二十座。该体系在防御上有效地牵制了蒙古军事力量，是钓鱼城以弹丸之地，之所以固守三十六年的根源所在。皇华城作为当时该防御体系中的一员，其发挥的作用可能远不及前者或保存下来的其他城池遗址，但对其遗存的研究，将为我们认识和研究这一时期的历史、政治、经济等问题提供更为翔实的证据。

▼ 8.3.14 涪陵龟陵城遗址及石刻

龟陵城遗址，位于原涪陵市西长江北岸的李渡街道玉屏村，龟陵城平面如一只墩坐江边的硕大乌龟，因此称“龟陵城”，因西面小溪与长江交汇沿岸成三角三迭阶地故又名“三台山”。原为涪陵市文物保护单位（图 8–60）。

图 8–60　龟陵城遗址保护标志（涪陵博物馆提供）

图 8-61　龟陵城遗址所处环境（涪陵博物馆提供）

龟陵城始建于于宋成淳二年(1266年)春,其后为抗击蒙军进犯南宋涪州,将州县治所由长江乌江交汇处的涪州城（今涪陵城区）迁至此。因此，龟陵城也是南宋抗蒙山城防御体系中的重要据点。

龟陵城依山势东北西南走向，至高点王子顶海拔 309.7 米，比正常长江水面高出 150 余米。龟陵城总占地面积约 9 万平方米。城东、西、北三面建有厚 4 米、高 4–6 米的城墙，城东南无墙，依托断崖峭壁，俯临长江。西城门夹沟而设，八字炮台拱卫；东城门仅壁路可入，依崖据险。整个山城巍然险峻（图 8–61）。

目前龟陵城遗址城墙、城门大多保存完好。东城门大致坐西向东（北偏东 70°），城门构件及左面城墙虽风化严重，但门额上“三台砦”三个欧体楷字仍明晰可辨。城门总高 4.4 米，门洞高 2.3 米、宽 2 米，拱高 1 米。城门分内外两层（门板已不存），总进深 4.83 米，其中内门深 2.25 米；外门深 2.58 米，外门比内门高 20 厘米（图 8–62）。城墙由宽 50 厘米、高 28 厘米、长约 1 米大小的砂岩条石垒砌而成。城内原有炮台 8 处,现仅有靠东门不远处(名铁炉嘴)炮台遗迹尚存。

图 8–62　龟陵城遗址城门遗址（白鹤梁博物馆黄德建提供）

图 8-63 龟陵城遗址内尚存的建筑基址（涪陵博物馆提供）

图 8-64 龟陵城遗址建筑基址上的石狮（白鹤梁博物馆黄德建提供）

图 8-65 龟陵城遗址现存宋代碑刻（白鹤梁博物馆黄德建提供）

图 8-66 多功城遗址所处环境（中国文化遗产院刘建辉摄于 2016 年）

炮台北面现为一片橘林，林中可见瓦砾，建筑基址依稀可辨（图 8-63）。王子顶西坡下现大致可辨出三重台基。在第二重台基上，现存石狮一对（图 8-64），推测为当年涪州衙门所在地。除此之外，龟陵城遗址还保留有南宋咸淳年间创建龟陵城时的碑刻（图 8-65），经查，该碑在民国《涪陵县续修涪州志》艺文志有录入，具体文字内容详见释文卷。

▼ 8.3.15 江北多功城遗址及石刻

多功城遗址，位于原重庆市江北县（现渝北区）翠云乡翠云山顶（图 8-66），城址整体呈椭圆

图 8-67　多功城遗址文物保护标志（中国文化遗产院刘建辉摄于2016年）

图 8-68　多功城遗址保存较好的城墙结构（中国文化遗产院刘建辉摄于2016年）

形，占地面积约 1 万平方米，又称“翠云寨”，现为重庆市文物保护单位（图 8-67）。

多功城始建于宋咸淳六年（1270 年），为四川安抚制置使兼重庆知府朱祀苏所建，是宋朝末年抵抗蒙军入侵防御体系中的重要据点。

明朝崇祯末年（1644 年），张献忠入川，占领重庆，曾分兵驻守多功城。明将曾英再占重庆后张献忠部下大将刘文秀率军 3 万，以多功城为大本营，曾在嘉陵江一线与明军大战。

清嘉庆初年（1797 年），地方武装也曾以多功城为据点，抵抗白莲教。清咸丰三年（1853 年）和光绪二十四年（1898 年）曾经过修缮。

多功城南北两侧较高，中部低平，共有东、西两道城门。多功城城墙长约 500 米，厚达 3.7 米，高 6 米（图 8-68），目前城墙部分墙体已经垮塌。

图 8-69　多功城遗址东门（摄于 2016 年）

图 8-70　多功城遗址东门内清光绪二十四年题记（中国文化遗产院刘建辉摄于 2016 年）

图 8-71　多功城遗址西门（中国文化遗产院刘建辉摄于 2016 年）

图 8-72　多功城遗址西门内咸淳六年题记（中国文化遗产院刘建辉摄于 2016 年）

东、西城门现保存较好，均由条石砌成，结构为拱顶。其中东门面阔 1.9 米，进深 1.8 米，高 2.8 米（图 8-69），为光绪二十四年重建，内刻有光绪二十四年重建时题记（图 8-70）；西门面阔 1.9 米，进深 1.87 米，高 2.8 米（图 8-71），内刻有的宋咸淳六年朱祀荪题记，后半段已模糊不清（图 8-72）。经查，乾隆《巴县志》录有全文，具体文字内容详见释文卷。

图 8-73　多功城遗址内翠云寺保存现状（中国文化遗产院刘建辉摄于 2016 年）

图 8-74　多功城遗址内已风化的摩崖题刻（中国文化遗产院刘建辉摄于 2016 年）

又据乾隆《巴县志》载："城中有翠云寺，池宽二丈，深一丈，清莹澈底。虽大旱不涸，锦鳞千尾，灿若浮金，一名天池寺。状元蒲国宝题寺古磬，有正德年号。"但又传翠云寺建于宋开禧年间（1205–1207 年），比多功城始建年代还早。抗战时期江北县女中部在此办学，解放后这里作为小学校舍继续沿用直至 1997 年，现被政府收回闲置待用（图 8–73）。

另城内还保存有部分题刻和石刻造像，但多因严重风化而无法辨识（图 8–74）。

从历史价值研究来讲，多功城是的宋末川渝地区军民抵御蒙军极好的实物依据，同时也是研究巴渝地区历史、政治、军事及山城建筑的实例。

▼ 8.3.16 合川钓鱼城遗址及石刻

钓鱼城遗址位于今重庆市合川区嘉陵江对岸东北方向 5 公里处的钓鱼山上，海拔 391 米，东西长 2040 米，南北宽 946 米，周围多为断裂式悬崖。钓鱼山东北方向为渠江、北面为嘉陵江，西北方向为涪江，嘉陵江自北向南而流与自东北向西南方向而流的渠江在钓鱼山北面汇流，延钓鱼山西北面继续向西南方向而流，在钓鱼山西面与涪江汇流而转向东南在重庆汇入长江，从而使钓鱼山所在之地北、西、南三面临江，形成一个鹰勾似的钳形半岛（图 8–75）。钓鱼城正处于

图 8–75　钓鱼城遗址周边环境图（中国文化遗产院孙延忠提供）

图 8-76 钓鱼城遗址区所处环境状况（中国文化遗产院孙延忠提供）

钳形半岛中心的钓鱼山上，延钓鱼山悬崖筑墙而成城。城内地势东北和西南较高而西北和东南稍低，山丘林立，台地层叠。在东北部、西北部、西南部及中部又有小山丘突出隆起，形成城内丘陵地形，如东北有插旗山、西北有马鞍山、西南有薄刀岭、中部有中岩。诸多山头之间是一些低地和台地，低地容易形成水池，如西面即有大天池；台地多为耕地。钓鱼城三面临江，四面悬崖峭立，东面有一道沟壑，沟壑之外丘山林立（图 8-76）。

钓鱼城始建于南宋淳祐二年（1242 年），是宋朝末年著名的古战场遗址，南宋抗元名将王坚、张钰坚守该城三十六年之久。南宋开庆元年（1259 年），元宪宗蒙哥亲率十万大军进攻，王坚固守力战。王坚固守力战。现存有内城、外城、一字城墙和七座城门，水军码头、演武场、皇城、敌楼、炮台等遗址。城内忠义祠和护国寺，和宋、元、明、清及现近代题刻、碑刻等遗存，为第四批全国重点文物保护单位。

一、钓鱼城的整体布局和基本设施

（一）城墙体系（包括城门、城墙、一字城等）

1. 城门

钓鱼城有 8 道城门，即护国门（图 8-77）、小东门、始关门（图 8-78）、新东门、青华门、出奇门、奇胜门、镇西门，西北方向还有一道有泄水之用的水洞门。其中，小东门被毁，不复存在。其他诸门仍可寻诸门皆为双砌石券拱门，城台上建有城楼，元初被毁。

图 8-77　钓鱼城遗址护国门
（中国文化遗产院孙延忠提供）

图 8-78　钓鱼城遗址始关门
（中国文化遗产院孙延忠提供）

正南方为护国门，是全城命门之所在。城门坐东向西，门洞高 3.15 米，宽 2.5 米，进深 2.4 米，门洞之上题石刻匾额“全蜀关键”四大字。明清经过修缮，按原貌修复了城楼，城楼是二层歇山顶建筑，高 7 米，宽 5.5 米，两层阁顶之间题匾额“护国门”3 个大字。

另外，在 2001 年 4 月至 6 月，重庆市考古所在南一字城墙东、西城墙中段（钓鱼城始关门及小东门附近）开展了考古发掘，在两处发掘区内各发现了一座保存较好的城门基址，取得了重要成果。

两座城门结构较为一致。西城门位于西城墙中段，东距现始关门约 40 米。坐东朝西，由门槛、门道、阶梯道路、八字挡墙及排水系统等几部分组成。门槛以三块修凿规整的条石连接而成，宽 2.75 米、厚 0.25 米、高 0.25 米。两端门枢孔保存较好，略呈半圆形，左孔直径 0.15 米，右孔直径 0.2 米；门道宽 4.05–4.65 米、长 6.05 米，两侧地袱石上现存柱洞两排各 10 个，柱洞近方形，边长 0.09–0.1 米、深 0.07–0.08 米、间距 0.35–0.4 米；阶梯道路位于门道东侧，东宽西窄，平面略呈梯形，长 11 米、宽 3.6–4.6 米，以条石构筑而成，共计踏步 17 级，踏步高 0.15–0.25 米、宽 0.55–0.75 米，坡度 16°；八字挡墙位于门道东部，梯道两侧，以修凿规整的楔形条石构筑而成，墙面修凿平整，由下至上层层内收，错缝砌筑，缝间以石灰粘结，左侧挡墙近弧形，长 6 米、宽 0.5–0.8 米、残高 0.45–2.25 米，右侧挡墙近长条形，长 11.5 米、宽 0.75–1.05 米、残高 0.3–3.1 米。另一座城门为钓鱼城历史上八大城门之一的“小东门”，形制为双层石门，顶部及城门主体均已坍塌损毁，残存门洞进深 2.8 米、宽 2 米、高 1.6 米，方向 102°。根据城门门道两侧的地袱石及柱洞分析，形制应为梯形木构门洞，其结构应与《清明上河图》《宋平江府碑》中的城门及山东泰安岱庙门较为接近。结合同时期渝北金堂云顶山城及现存钓鱼城明清复建主城门（很可能沿袭宋元形制）为券顶门洞的相关资料，分析认为钓鱼城的城门结构，应与《静江府修筑城池图》中外城用梯形木构门洞、主城用券顶门洞的情况相吻合。

两处城门将钓鱼城南一字城东西城墙及南水军码头等孤立、分散的遗迹紧密联系起来，使钓鱼城防御体系更趋完美。

此次发掘还对钓鱼城排水系统有了进一步认识。城门排水系统设计精巧、结构完善，由阶梯道路排水槽、八字挡墙基引水槽及门道下排水沟几部分组成。阶梯道路踏步东北高，西南低，踏步平面皆凿浅斜向排水凹槽，其上流水可通过八字挡墙基下引水槽汇至门道下排水沟。门道下排水沟由条石砌筑，上有石板封盖形成暗沟。暗沟由纵、横两沟连接而成，纵沟位于门道东侧，沟底两端高，中部低，两端设长方形进水孔，与八字挡墙引水槽连接。横沟位于门道中部，东高西低，东端与纵沟中部相连，西端直通城门外。

时至今日，钓鱼城很多地方仍然使用阶梯道路排水槽，它是钓鱼城排水系统重要方式和内容之一。

2．城墙

钓鱼城城墙周围总共7320米，连接各门的城墙全长约5810米，钓鱼城南部、西部及北部中段悬崖高耸之处，主要依天然山岩等自然屏障为城墙。其余险要地段及东部山势相对平缓处，主要为清代及现代复修城墙，其下多存在宋代墙基，当为宋城废弃后在原基础上修筑而成。各时期城墙在选材大小、砌筑方法、墙体坡度方面均有较大差别，互相的叠压打破关系也较为明显（图8–79）。

图8–79　钓鱼城遗址城墙遗迹（中国文化遗产院孙延忠提供）

现有城墙在陡峭的山崖上垒条石砌成，高5–15米，再加上崖壁高度，使得钓鱼城险绝难攻。钓鱼城城墙上部主要为凹凸制式，有约2米垛口，凹部供瞭望之用；凸部中间为一方形射洞。墙顶城内一侧为跑马道，亦用石头砌成，通宽约3.2米。每隔数米有墩台和炮台，墩台作巡逻放哨之用，长2米，宽0.5米；炮台宽约3米。

钓鱼城东南、西北两面地势略低，没有险绝的峭壁，因而修筑了内城和外城双重城墙。

3．一字城

一字城墙是钓鱼城墙的延续，分为北一字城墙和南一字城墙。北一字城墙，起筑于山北出奇门下，顺山势北下，绕经大龙潭，穿越小龙潭溪沟后止于嘉陵江边，与北水军码头相接，全长约850米，今已不存，考古工作亦尚待深入。南一字城墙分为东西两道，东段由飞檐洞以东40余米处南向延伸到嘉陵江边，长400米，基宽14.3米，残高约5米，外（东）侧为一天然冲沟，陡直难攀附，内侧呈阶梯倾斜状，可供上下。从2004年以来，对南一字城墙东段分南北两区进行进一步的发掘。

南一字城墙东城墙南段（南区）。从现代旅游步行道以南至嘉陵江边。揭露的城墙长120米、宽7.2–14.3米、高5.6–10米，横剖面略呈梯形。地层堆南一字城墙东城墙南段（南区）。从现代旅游步行道以南至嘉陵江边。揭露的城墙长120米、宽7.2–14.3米、高5.60–10米，横剖面略呈梯形。地层堆积、出土遗物及城墙的构筑方式和结构特征等均与南水军码头类似，依据叠压打破关系，从内至外可分为三期。

南一字城墙东城墙北段（北区）。钓鱼山南的二级山崖附近，揭露的城墙长30米、宽2.5–5.2米、高2.15–6.9米。清理结果显示，该区城墙存在早、晚两个建筑使用期：一期城墙特点与北区类似，内部填土内出土有宋代涂山窑系白瓷、黑釉瓷及青白瓷少量；二期城墙于一期填土内挖基槽夯筑，其上用楔形条石错缝平砌，内部出土有清代青花瓷碗、盘残片等。二期城墙打破一期，其筑墙条石打凿较为规整，上部不见錾槽，墙体较窄，墙壁竖直，这些特点与一期均有较大差别。

南一字城墙西城墙距南一字城墙东城墙400米，由薄刀岭襟带阁南下接通南水军码头，全长360米。大致分为南北走向和东西走向。东西向的城墙建在在距离江边大约数十米的陡坡上，一直延伸到钓鱼山的断崖，城墙内则还有城墙，其宽度大约近10米，中有石块筑成的不规则的陡峭石阶，一直延伸到断崖。城墙大都为约0.6米见方石头垒成，石头之间是粘土层层夯筑，城墙内还发掘出多条排水沟。2012年，南一字城西城墙上段遗址进行抢救性考古发掘，发掘面积1608平方米。发掘工作揭露宋代城墙一段，长104.70，宽5.15–14.15米，残高0.2–2.8米。城墙内外以大型条石构筑挡土墙，中部以黏土夹石块层层夯筑而成。一字城墙为夯土包石结构，依山势而建，在地势较陡的山脊部分，城墙直接砌于山脊外侧，仅存外墙而无内墙；山势较缓的部分内外均用石墙砌筑。外墙以大型条石砌筑，墙面修凿平整，斜直墙壁，靠近嘉陵江的下段外墙存在收分情况，坡度57°–68°。内墙多以不甚规整的小型石块垒筑。内外墙间以夹杂石块的粘土层层夯筑。现存城墙基宽4.8–14.3米，顶宽1.23–7.2米，高3.6–1米。

（二）水军码头

钓鱼城水军码头也有南北两座，分别位于钓鱼城南北方东西一字城之间的嘉陵江边。北水军码头已被水淹没而不存。但南水军码头保存相对完整，且为今人所用。

码头坐北朝南，北高南低，呈倒三角深入江中，共有5级平台，总长约70米，宽约60米，皆用大条石砌成(54厘米 ×581厘米 ×30厘米或57厘米 ×40厘米 ×113厘米,70厘米 ×50厘米 ×95厘米)。

2008–2010 年间，重庆考古所对南水军码头遗址进行了发掘清理。

通过揭露清理，发现南水军码头系在山脚临江处利用原有平缓坡地，进行人工平整后添加灰黄、红棕色黏土夹杂碎石块逐层夯筑，于外部砌筑护坡条石加固而成。码头所用条石及夯土均就地取材，采自钓鱼山周边地区。由于历年江水及山洪的冲刷搬运，码头上部地层均为近现代淤沙堆积，呈北高南低状向嘉陵江倾斜。出土遗物较少，主要为黑釉、白釉、青釉瓷碗、盏残片，以宋代涂山窑系为主，另外有较多数量的礌石及铁箭镞、铁马掌等。码头现存建筑面积约 8 千平方米，由石砌挡墙及其上的平台、道路、炮台、卵石堆、石臼、柱洞等遗迹组成。码头主体由 16 道石砌挡墙围筑而成，方式以丁砌为主，局部采用丁顺交错砌筑方式。挡墙条石边沿上多有人工錾刻之凹槽，便于上部条石的安放，保证整体稳定性。根据挡墙间的叠压打破关系，可将南水军码头分为早、中、晚三期。

（三）城内其他相关军事设施及遗存

1. 将军府（飞鸟楼）

将军府，即现存，蒙（元）宋战争时期亦名“武道衙门”“帅府”，位于环顶山城护国寺后钓鱼城最高点高地上。由于此地最高，俯瞰钓鱼城及周边全境，时任四川安抚制置使兼知重庆府的余玠将兴戎司驻地和合州衙署迁于此地，飞鸟楼成为此部宋军最高指挥所。降元后为元军所拆。明孝宗弘治年间虽有重建，但在民国时期被军阀刘湘部下在此所办火药局的不慎失火所再毁。现仅存残损屋基及一通“飞舄楼碑”。考古研究尚无成果。

2. 古军营

古军营位于将军府东面，即环顶山城中北部，此地较为平缓开阔，为南宋兴戎司守军驻所。古军营坐北朝南，分为营房和校场。营房靠南，分为九幢；营房之前（北面）为校场，约为圆形，直径约 86 米，面积约 5800 平方米，均用石块铺成。降元后为元军所拆。明清辟为农田。今又仿宋结构重建。

3. 跑马道

跑马道从古军营前始，绕古军营、将军府，延护国门城墙往东，直抵新东门，全长 8500 米，宽约 3.5 米，皆用条石铺成，史云“三马并进，五人并行”，是南宋守军物资与通讯之命脉（图 8–80）。

图 8–80　钓鱼城遗址跑马道（中国文化遗产院孙延忠提供）

4. 飞檐洞暗道

飞檐洞在护国门东侧约100米处的跑马道下。是环顶山城四周断崖中的一个裂缝，宽约半米，南宋军民修筑钓鱼城时所筑，裂缝之上修成拱形起加固作用，石拱上面建成城墙及跑马道。暗道出口在断崖中部，下面是悬崖，出则需下垂绳索，且草木繁盛，甚为隐秘。洞中石阶为今人所凿。

5. 上天梯及九口锅遗址

护国寺外右侧突出石岩上有一开阔平坦之地，是“九口锅遗址”，约1000平方米，沿着有四十一级的“上天梯”石阶可上，在其上向西南方可俯视大江，薄刀岭、合州旧城。平顶巨石上有安置抛石机、三弓弩等古兵器的基脚凿痕，往后则见大石坝上有九个凹坑，俗称“九口锅”（图8-81）。

图8-81 钓鱼城遗址九口锅遗址（中国文化遗产院孙延忠提供）

6. 钓鱼台粮食加工遗址

钓鱼台附近平整的石岩上有一些古代粮食加工遗迹。钓鱼台靠后两个并排的长方形和圆形石刻槽，用于架设舂碓。还有石碾碾盘和轮碾凹坑。一直以来，都认为是南宋军民自做的粮食加工场所。钓鱼城遗址由钓鱼山山顶环城，南、北一字城墙及南、北水军码头共同组成，另有连接南水军码头的城墙一道，现存各段城墙总长约7320米。

7. 钓鱼台

钓鱼台位于护国寺外正侧面的一凌空突兀巨石上，其石耸悬山际，石畔古榕扶疏，台下峭壁千仞，嘉陵江流水浩荡。台面上有一对宽0.3米，长1米，深约0.15米的石凹坑。传为远古时代洪水泛滥，人民奔山上避水，人多乏食，天帝令巨人神持竿到山上垂钓活民，洪水退后，巨人神上天复命，在所站垂钓石上留下一双大脚印，故而命名“钓鱼台”。据史籍记载，钓鱼山之名源于钓鱼台，该处既是远古遗迹，又是远眺山水景色及小憩的佳境（图8-82）。

图8-82 钓鱼城遗址钓鱼台遗址（中国文化遗产院孙延忠提供）

钓鱼城面积约2.5平方公里，城内北部分布有皇宫、插旗山、阅武场、水阁凉亭等，插旗山东面自北向南分别是阅

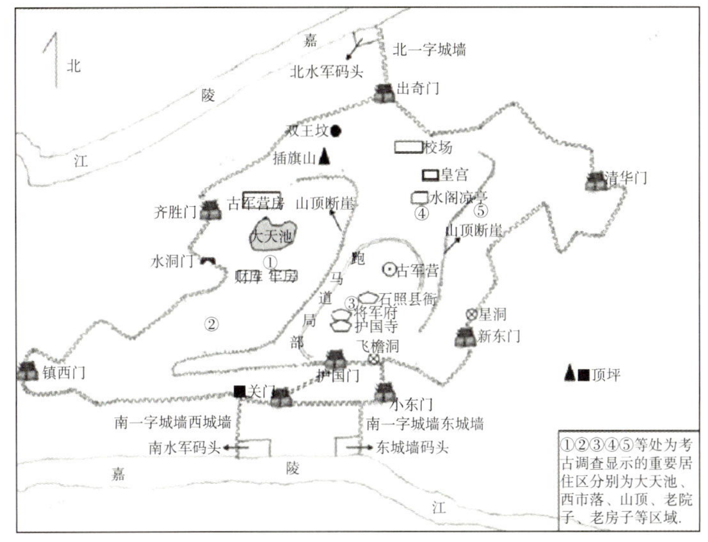

图 8-83　钓鱼城遗址总体布局图（中国文化遗产院孙延忠提供）

图 8-84　范家堰遗址（中国文化遗产院蒿川提供）

武场、皇宫和水阁凉亭；中部有古军营、飞檐洞、跑马道以及后来修建的护国寺、忠义祠等，飞檐洞位于古军营之南，跑马道环绕古军营、飞檐洞等；西部有古军营房、天池、牢房等，天池北面为古军营，南面为牢房。

居住区比较分散，调查新发现的石照县衙、大草房、范家院子等为宋元时期遗址，文化堆积丰富，钻探发现有较大面积的夯土台基及石质建筑构件，应为当时的重要居住区（图 8–83）。另外，考古调查中钓鱼城西部范家堰（大天池）遗址附近，发现了分布密集的高规格建筑，结合《钓鱼城志》关于遗址附近“财库”（俗称银子田）、“牢房”（俗称黑房子）的记载分析，处于钓鱼山西侧二级台地相对独立的封闭区域，应为南宋时期重要的政治经济区。2013–2015 年，经报国家文物局批准，重庆市文化遗产院对范家堰遗址进行了 6000 余平方米的主动发掘，基本摸清了遗址的布局结构，该遗址已初步确定为宋蒙战争时期合州州治衙署，总面积约为 20000 平方米。2013 年主动发掘至今，重庆市文化遗产研究院清理揭露面积达 5188 平方米，发现清理宋元至明清时期房址、水池、涵洞、石墙、道路、灰坑、水沟、碾盘等各类遗迹 144 处（图 8–83），被评为 2018 年度考古十大发现（图 8–84）。

（四）祠庙石坊

1．护国寺

护国寺位于钓鱼城中央南端，距护国门 0.5 公里，总占地面积约为 3000 平方米。始建于南宋绍兴二十五年（1155 年）；元大德二年，寺为兵火焚毁；明弘治七年（1494 年），合州知州金棋，于原址重建护国寺，后再毁于战火；清雍正五年（1727 年）再度重修，道光十三年（1833 年），住持僧智慧又进行维修，于道光十五年（1835 年）竣工。国寺主体建筑有山门牌坊、天王殿、大雄宝殿、观音殿和祖师殿，还建有客堂、僧房、天井、丹墀等。在布局上采用了不同的建筑组合方式，形成不同空间的传统建筑法式，使整个建筑群主次分明，相得益彰。寺内保存有明清时代重建、维修的碑记，还有八百多年历史的龙眼井和古桂树存在（图 8-85）。

图 8-85　钓鱼城遗址护国寺（中国文化遗产院孙延忠提供）

2. 忠义祠

忠义祠位于护国寺右侧，与寺内药师殿仅一墙之隔，有门洞与护国寺相通。始建于明代弘治七年（1494 年），原名“王张祠”。清初，“王张祠”遭兵燹，片瓦无存。乾隆二十四年（1759 年）由知州王采珍倡议重建，改祠名“忠义祠”。“忠义祠”整座建筑由正厅、耳房和左右厢房组成。布局采用均衡对称式。在纵轴线主要建筑相对峙、构成有大门进入的三合院。厅堂左右有宋代以来的碑刻十余通（图 8-86）。

3.“独钓中原”石坊

该坊位于护国寺山门外，面宽近 8 米、高约 9 米，四柱三门三楼，外形壮观。明代万历四十六年（1618 年），州人为颂扬钓鱼城军民抗蒙元战争的功绩建造，坊额“独钓中原”四字，系州人万

图 8-86 钓鱼城遗址忠义祠（中国文化遗产院孙延忠提供）

图 8-87 钓鱼城遗址“独钓中原”石坊（中国文化遗产院孙延忠提供）

历二十年进士李作舟题写，“文化大革命”中石坊被炸毁，现石坊系按原式重修（图 8–87）。

4. “护国名山”石坊

该坊位于钓鱼山南面始关门内大道上。系清代乾隆年间，护国寺住持山元和尚集资兴建，并亲笔书题坊额。石牌坊面宽 7 米，高 8 米，四柱三门三楼。坊额前面为“护国名山”四字，后面为“护国禅林”四字。今见石坊系按原式重建（图 8–88）。

图 8-88 钓鱼城遗址“护国名山”石坊（中国文化遗产院孙延忠提供）

（五）摩崖造像

1. 悬空卧佛造像

悬空卧佛造像凿刻在钓鱼台西侧 24 米处的山崖上，为悬空式造型，背倚石岩，面临绝壁，由岩上伸出的巨石形成一个天然的“殿堂”。佛身长 11 米，肩宽 2.2 米，双领下垂袈裟，头为高肉髻，头部两耳间距 1.8 米，赤足，双脚宽 1.2 米，是一尊头西脚东、背北面南、袒胸露肌的“释迦涅槃圣迹图”，为国内罕见的卧佛造像。卧佛造像微眯着眼，法眼庄严地凭虚侧卧。纵观悬空卧佛，雕刻精美，造型大气，面形丰满，端庄慈祥，情态自然。悬空卧佛距半山石崖开凿的栈道地表 2 米，身下为一道高 0.3–0.6 米，深为 3–5 米，且贯通整个崖壁的缝穴，由此呈现出造像凭虚而卧的奇观，给人以佛祖渐渐升腾，飘然而去，但又难以言说的动感，出神入化地展示了佛祖释迦牟尼涅盘时的情景（图 8–89）。悬

图 8-89　钓鱼城遗址悬空卧佛造像（中国文化遗产院孙延忠提供）

空卧佛衣褶、纹饰颇似晚唐石刻造像风格。加之其下方石壁题刻有“淳熙癸卯”及“赵汝愚”等刻石，说明卧佛应为北宋或晚唐时代的石刻艺术。

2. 千佛崖造像

图 8-90　钓鱼城遗址千佛崖造像（中国文化遗产院孙延忠提供）

千佛崖造像在卧佛右侧 20 余米处石壁上。龛高 4.5 米，宽 7.35 米。龛中刻造像 2772 尊，分 37 行排列，底排佛像 76 尊，至 32 排有所减少，每尊高约 12 厘米，宽约 8 厘米，赤足坐立于莲台之上，垂目下视，两手交结腹前，居中有一尊坐佛最大，结跏趺坐，通高 20 厘米，肩宽 12 厘米，后有舟形背光；龛左右两侧，各有迦叶、阿难弟子像两尊和供养人 6 尊。在千佛崖顶上 3 行造像的正中，另有 1 尊稍大的造像，民间相传为鹿女夫人像。从佛窟侧石壁上游人题刻有“咸淳八年”年号（1272 年）说明，该佛龛在南宋就存在（图 8-90）。

3. 三圣岩造像

三圣岩又称“三佛崖”，位于钓鱼山“古钓鱼城”摩崖题刻侧，距地表 3.5 米的崖壁上。面西，岩因石壁有“西方三圣”摩崖造像而得名。佛家言：西方三圣，又称“弥陀三圣：即指阿弥陀佛、

图 8-91　钓鱼城遗址三圣岩造像（中国文化遗产院孙延忠提供）

观世音和大势至菩萨。三圣岩造像，为清代道光二十三年（1843 年）护国寺与白塔寺住持智慧和尚及众门徒捐资刻造。在长 4 米，高 3 米的凹型石龛中，刻造阿弥陀佛、观世音菩萨、大势至菩萨三尊面西结跏趺坐莲台的神像。造像神情逼真，栩栩如生，躯体肌肉丰满，融端庄飘洒于眉眼衣饰间。主尊，高 2.5 米，肩宽 0.6 米，发饰为螺髻，头顶有高宽的肉髻，身着通肩式袈裟。右手施莲花印，左手托如意宝珠，表情怡淡，慈祥壮观。主尊两边菩萨，头戴宝冠、身着天衣，卷发披巾，胸前饰以璎珞，腕有环钏，一个怀抱沉香，一个手抚净瓶，含蓄温柔，亲切而恬雅（图 8-91）。

4. 站佛

钓鱼山上三圣崖侧，原有一尊高 5 米，肩宽 1.2 米的“弥勒摩崖造像”，人们称“站佛”。其造型和衣褶文饰与卧佛类似，应为北宋或晚唐作品。1945 年夏，佛像所在岩石崩裂，站佛从山顶坠下，落于始关门内“护国名山”石坊通道大路侧，仍站立。当地人为其建庙“飞来寺”拜奉（图 8-92）。

图 8-92　钓鱼城遗址站佛造像（中国文化遗产院孙延忠提供）

5. 千手观音

位于钓鱼山三圣岩下方一巨石上。原为南宋所刻“王坚纪功碑”。元统一后毁碑文改为千手观音像及浮雕佛教故事 5 方。造像在“文化大革命”多被毁，残像尚存，但残存部分仍可审观元代石刻造型艺术的特点（图 8–93）。

6. 地藏王造像

地藏王造像龛位于钓鱼城千手观音造像上面大路侧岩壁上，造像早已风化，今只有空龛尚存。

（六）碑刻

钓鱼城碑刻主要分布在护国寺、忠义祠内，共计有南宋至清代碑刻 17 通。其中属国家二级文物的有南宋乾道年间的“飞鸟楼”碑和明正德年间的“新建王张二公祠堂记”碑，属国家三级文物的有明万历年间的“崌崍山人”诗碑、“五岳山人”诗碑。

图 8–93　钓鱼城遗址千手观音造像（中国文化遗产院孙延忠提供）

1.“飞鸟楼”碑

该碑现存于钓鱼城遗址忠义祠正厅左侧。碑高 2.80 米，宽 1.07 米，厚 0.12 米。碑阴、碑侧无文字，碑正面竖排篆书阴刻“飞烏樓”3 字，每字高约 0.8 米，宽 0.56 米。落款为：“乾道辛卯冬邑令普慈杜定建資川郡丞開封李如晦書”。据清光绪《合州志》卷三“古迹”载：飞鸟楼是杜定于乾道辛卯年（1171 年）在钓鱼山建成的一座著名建筑，宋人李开作有《飞鸟楼赋》。飞鸟楼曾是钓鱼城抵抗战争时期的武道衙门，元初被焚毁，但“飞鸟楼”碑却得以保存。现在该碑因风化严重，碑下部的“楼”字已剥落无存（图 8–94）。

图 8–94　钓鱼城遗址“飞鸟楼”碑（中国文化遗产院孙延忠提供）

2.“新建王张二公祠堂记”碑

该碑现存于钓鱼城忠义祠正厅后壁右侧，刻于明代正德十二年（1517 年）。碑高 1.56 米，宽 0.88 米，厚 0.12 米。碑头呈圭形。碑额右至左横排 3 行，篆书阴刻“新建王张二

图 8-95 钓鱼城遗址“新建王张二公祠堂记”碑（中国文化遗产院孙延忠提供）

图 8-96 钓鱼城遗址卢雍诗碑（中国文化遗产院孙延忠提供）

公祠堂记”9 字。两侧分别有日、月图案。碑文右至左竖排计 18 行，楷书阴刻 817 字，其中衔名 3 行（图 8-95）。“新建王张二公祠堂记”碑概括地记述了南宋将领余玠、王坚、张珏等先后据守抗战，数十年屡建奇功，遏止了蒙古军东下，延续了宋祚的史实。

3. 卢雍诗碑

该碑位于护国寺山门内门楣上方，作于明代正德年间（1506–1521 年），具体凿刻时间不详。碑高 0.53 米，宽 1.22 米。右至左竖排。诗文 8 行，28 字，落款 3 行，14 字，草书阴刻。诗文内容为“悬崖三面阻江湍，古堞摧颓烟雨寒。盘石可能容我坐，绿蓑青笠弄长竿。落款为“明监察御史卢雍[1]留题住持□□刻”（图 8–96）。

4. “岷峡山人”诗碑

“岷峡山人诗”碑现存于钓鱼城忠义祠正厅左侧，刻于明万历七年（1579 年），碑高 1.8 米，宽 0.78 米，厚 0.17 米。右至左竖排 9 行，行书阴刻全文内容为“万历仲春，陈五岳学宪，招游钓鱼山，未赴，承枉篇章答之：‘大江东指钓鱼城，使者乘舟自在行。壁垒尚含天地色，山川不尽古今情；苔留屐迹参差见，云爱松门次第生。如此胜游难授简，野人虚负挂冠名。’是年季冬，余召开行，史相吾太守、张贞斋司户，客饯于钓鱼山，从游诸生大足吴生瑞余、邑人何生微星、兄子叔埕、三子琦佩玺也。‘沧江起愧卧龙才，祖帐孤城地主开。渐远白云频寓目，相邀落日傍登台，英雄

[1] 卢雍，字师邵。明吴县（今江苏省苏州市）人。明正德年间进士。曾任监察御史，奉命巡按四川。著有《古园集》。

往事僧能话，风雨空林鹤并回。宾从尽称平世客，倾怀岂但为离杯。’腊月初五日铜梁山人张佳胤题。”（图 8–97）。

5. “五岳山人”诗碑

该碑现存于钓鱼城忠义祠正厅左侧，刻于明代万历七至九年（1579—1581 年）。碑高 1.93 米，宽 0.9 米，厚 0.15 米。碑正面右至左竖排 6 行，行书阴刻 93 字，全文内容为“登合州钓鱼城读唐石头和尚草庵歌兼寄张崌崃中丞千仞峰峦倚仗登，宋元往事感偏增。钓鱼绝顶仙人迹，驱马中原国士能。时王公坚、张公珏以死守南渡江山逢圣主，东林烟月有高僧。披云无限悲歌意，把酒何缘问季鹰。五岳山人书。”字迹因风化严重已模糊不清。碑背面有清乾隆八年（1743 年）增刻的 547 字（图 8–98）。

除此之外，钓鱼山上的摩崖题刻，据明、清《合州志》与民国《合川县志》载，总共有两百余处，主要是历代游人记游刻石、摩崖留题、诗作刻石、题记等。但由于长期受风雨剥蚀及兵燹毁损，现仅存宋至近现代的摩崖题刻 28 款（图 8–99）。具体信息及文字内容详见释文卷。

钓鱼城在三十六年宋蒙战争中没有在军事上被攻破，却在降元后被元军大规模拆毁。之后在元、明、清、民国七百年的历史长河在反复的局部毁坏与复建中形成了我们今天看到的钓

图 8–97 钓鱼城遗址“崌崃山人”诗碑
（中国文化遗产院孙延忠提供）

图 8–98 钓鱼城遗址“五岳山人”诗碑
（中国文化遗产院孙延忠提供）

图 8-99　钓鱼城遗址摩崖题刻（中国文化遗产院孙延忠提供）

鱼城遗址的格局。钓鱼城为南宋政权遏制蒙元大军从四川方向的攻击而建，凭借着独特优越的地理位置和自身层密严实的防御系统，建成之后便成为南宋四川方面防御体系中的核心，掌控着巴蜀大地的防御网络，是我国古代军事战争中城防系统的经典案例。具有极高的历史价值。

从建筑艺术或科学角度分析，钓鱼城突破了古代筑城防御的传统营造形式，是中国古代战区筑城防御建筑体系的典范。其城凭借天险，攻防设施兼备，生产、生活与军事区域分区井然有序，给养、给排水设施自成系统，利于长期抵抗，是中国古代以山地修筑防御工事的杰出典范，在中国古代筑城史上更是独树一帜。钓鱼城遗址是战区城塞筑城体系的杰出例证，抵御了蒙元倾国之师的进攻，创造了坚持抵抗战争三十六年这一古今中外战争史上的奇迹。钓鱼城是中国古代筑城防御史上的一座丰碑，更是一座军事遗址博物馆。

另外，钓鱼城遗址历史内涵丰富，现还存有唐代悬空卧佛、千佛崖、弥勒站佛，远古遗迹钓鱼台、

800 年古桂树、天泉洞、薄刀岭、三龟石、护国寺、忠义祠、三圣岩、鱼城烟雨、鱼山八景等名胜景观，展现出了“战、雄、险、奇、秀、幽、古”的特殊风貌。

▼ 8.3.17 南川龙岩城遗址及石刻

龙岩城，又名马脑城。位于重庆城南川区龙岩山上。山顶海拔高程 1784 米。遗址面积 2400 平方米，为重庆市文物保护单位。

城址所在位置三面绝壁只一条山路可登顶（图 8-100），历史上曾被誉为“南方第一屏障”。宋理宗宝祐三年（1255 年），南平军守臣史切举奉令创筑，次年守将茆世雄增修而成。

现龙岩城遗址保存基本完好，城门主体结构仍完整（图 8-101），城门左侧岩壁上还保

图 8-100　远眺龙岩城遗址（南川文管所提供）

图 8-101　龙岩城遗址城门保存情况（南川文管所提供）

图 8-102　龙岩城遗址摩崖题刻保存情况（南川文管所提供）

存有开庆元年（1259 年）七月的摩崖题刻。整幅高 3.5 米，宽 4.3 米，右至左竖排，楷书双线钩，计 257 字，内容记述筑城和抗击蒙军获胜的史实（图 8-102）。具体文字内容详见释文卷。

发生于 1259 年的龙岩城抗蒙保卫战可以说是南宋末年抗蒙战役中的成功案例之一。它牵制了蒙古灭宋战争中最具威胁的侧翼兵力，较好地保存了南部边防的主要军事力量南平军，为南宋赢得了 1256 年以来最成功的防御胜利。正因为如此，题刻中有“闻之公朝，上恩叠颁”之句。龙岩城也被誉为“功不一书”的“南方第一屏障”。而且经考证，龙岩城摩崖题刻是迄今为止发现的镌刻时间最早、记载事件最清楚、文字保存最完整的南宋抗蒙纪功碑。它不仅记载了南宋末年南平军龙岩城抗蒙保卫战的战斗经过和结果，而且描述了当时的形势以及修筑龙岩城的具体时间，在某种意义上讲，其价值超过了钓鱼城遗址的王坚纪功碑，为研究南宋灭亡史以及南宋末年抗蒙战争的具体经过提供了难得的历史资料。所以龙岩城遗具有极高的历史价值。

▼ 8.3.18 董公死难处题刻

董公死难处题刻位于渝中区上清寺街道牛角沱大桥（嘉陵江大桥）下一孤石之上，海拔高程 180 米，董公死难处题刻位于嘉陵江右岸河漫滩之上，其北临嘉陵江，南坡地之上为公路（图 8-103）。该孤石宽约 11 米，高约 13 米，厚约 9 米，地方志中称“岩阴石”，又名纱帽石或表忠石（图 8-104）。

据 2002 年调查孤石之上现可有辨题记 19 款，具体文字内容详见释文卷。

其中 1 号“董公死難处”题记，横排楷书双线钩，面积 4.75 米 ×1.1 米，字径 0.6 米（图 8-105）。董公死难处题刻因其而得名。

董公死难处题刻现存 18 款题记中，落款可辨纪年的共 10 款，均为清代，其中乾隆年间 2 款、嘉庆年间 1 款、道光年间 3 款、光绪年间 3 款、同治年间 1 款。具体见表 8-3。

据文献记载，董公死难处题刻的产生与该地区重要的历史事件有关。据考证史实如下：

明熹宗天启元年（1621 年），永宁（今四川省叙永县）宣抚使奢崇明叛乱，占重庆为据点，

图 8-103 “董公死难处”题刻所处环境状况（摄于 2002 年）

图 8-104 “董公死难处”题刻所在孤石保存情况（摄于 2002 年）

图 8-105 “董公死难处”题刻 1 号题记（摄于 2002 年）

表 8-3 董公死难处题刻题记年代序列表

编号	年号纪年	公元纪年
2	光绪	-
7	光绪六年	1875 年
8	道光二十四年	1844 年
11	乾隆二十五年	1760 年
12	光绪三十一年	1905 年
13	同治七年	1868 年
15	道光十七年	1837 年
16	乾隆三十年	1765 年
17	嘉庆二十二年	1817 年
18	道光五年	1825 年

合川乡宦董尽伦率领士卒进攻奢崇明于牛角沱,战死于纱帽石旁。后人为纪念而题“董公死难处”五字。

又据清乾隆《巴县志》载:“岩阴石在县西三里许牛角沱沙碛中,俗呼纱帽石。明天启中,奢酋陷重庆合州董尽伦帅乡兵来援,战败殉节,倪天和题董公死难处五大字于石。”因此,董公死难处题刻始刻年代应为明天启年间,后人因纪念或求保平安而不断增刻。因此,1 号题记具较高的历史价值。而其余题记内容多以寄拜纱帽石以求平安为主,对于研究本地区民俗活动及地理文化特点有一定的参考价值。

第九章 川流悟道——文学与石刻

从战国时期屈原、宋玉开始，三峡地区便聚集了历代的文人墨客，而三峡的山水也一直成为他们笔下赞美和咏颂的对象。从唐朝李白、杜甫、白居易三大诗人，宋朝苏轼、陆游、黄庭坚，清代王世桢，到当代的郭沫若，或意气风发，或失意伤感，无论何时三峡的山水总能给他们创作的动力。所以三峡与中国文学发展有着无法割舍的渊源。通过对古代文学家在三峡地区生活和留下的文学作品，我们不难发现，除了咏颂三峡风光外，更多地表达的是他们通过山水对人生的感悟。如程颐正是在涪陵“点易洞”创立了著名的程朱理学。在巴东县新陵镇岩壁上民国年间无名氏刻“川流悟道”四字，形象地表达了文学、文学家与三峡山水的关系。

9.1 三峡旅游文学特征

早在战国时期三峡地区就出现了屈原[①]和宋玉[②]这两位在中国文学史上具有深远影响的人物。但屈宋时期的三峡文学的文体样式和艺术风格的构成比较单一。西汉铙歌中的《巫山高》乐府古曲，北魏的《巴东三峡歌》，也是著名的三峡文学作品。

魏晋南北朝时期北魏的著名的地理学家郦道元的《水经注》以水道为纲，详细记述各地的地理概况，开创了古代综合地理著作的一种新形式。其中对三峡的描述被称为历代对三峡描写的佳作。在天下词人多入蜀的唐宋时期，中国文坛上一批负有盛名的诗人和词人先后来到三峡，先后有唐代的大诗人李白、杜甫、白居易、元稹、刘禹锡和宋代的大词人“三苏”、陆游等。唐宋时期三峡文学在“屈宋”之后形成了又一个创作高潮。这一阶段的三峡旅游文学已不仅仅只是诗词类旅游

[①] 屈原作为楚国诗人和政治家，一生留下《离骚》《天问》《九歌》等不朽的诗篇。例如他的《山鬼》，楚国神话中就有巫山神女的传说。巫山是楚国境内的名山，巫山神女是楚国民间最喜闻乐道的神话。《橘颂》也是屈原不朽的作品之一，较集中地体现了他忠贞死节的爱国思想，其思想性和艺术性达到了完美的统一。

[②] 与屈原同时代的宋玉被三峡的山川风物所感染，写下了著名的《高唐赋》和《神女赋》。将三峡的自然美和人性美描写得神秘万分，若隐若现，留下了“巫山云雨”的千古传说。古今学者对《高唐赋》的艺术成就评价甚高，写的是云梦高唐的景物，多认为此赋全面展示长江三峡自然景观，极富独创性，堪称中国山水文学之祖。其艺术成就光耀千秋。

文学一枝独秀了，而是呈现多元化的发展趋势，并影响了后面的朝代。

9.2 唐宋时期旅游文学与三峡地区石刻关系研究

如前所述，整个古代三峡地区旅游文学的发展历程中，唐宋时期是一个兴盛时期，因此在这一时期这种多元化发展主要表现在旅游文学种类的增多，并一直影响到当代。

根据旅游文学的定义，我们可以将唐宋时期三峡地区旅游文学分为以下三类。

一、诗词类旅游文学

指主要指以近体诗和律词为代表的中国传统诗歌。通常认为，诗更适合“言志”，词更适合“抒情”。作为旅游文学的诗词，主要以田园山水诗以及游历山水时所写的咏史怀古诗为主。

我国素有“诗的王国”之称，从《诗经》开始，绵延数千年。涌现的诗歌数不胜数。唐宋时期，社会经济进一步发展，士人更多的喜欢漫游，三峡旅游文学也进入了繁荣时期。在唐朝主要以诗为主，唐代诗人大都与山水接下了不解之缘，王维、孟浩然、韦应物、柳宗元是唐代山水文学创作的代表作家，而前三者的山水诗文都以抒写闲情逸趣为主。应该说，这是山水文学的正宗。在三峡旅游文学中还有许多遭贬斥的诗人，借山水疗治精神上的疮伤，在其中抒发哀怨之情。例如杜甫。他是登上世界文学史上文学高峰的诗人之一，同时也是唐宋时期对三峡的感情最为深厚的诗人。他生活的时代正是唐王朝从巅峰走向没落的时代，他的一生也是处在不断漂泊之中，杜甫曾在夔州（今重庆奉节）隐居两年，写作了四百多首诗。还有唐朝著名诗人白居易在忠州（今重庆忠县）为官两年里，不但劝农生产、省事宽刑、怜老爱子、开山修路、植树种花，留下了千古政绩，而且更留下了不少传世杰作。这些作品从早期的“抱怨”情绪到后来的“难以割舍”情怀,真实表现了诗人的心路历程。

二、游记散文类旅游文学

游记属于散文的范畴，是散文的一个分支，人们习惯称之为游记散文。在游记散文中，对景物的描写也是游记的一个重要组成部分，一般人是主体，景是客体。

唐宋时期三峡游记最具代表性的当属陆游的《入蜀记》。乾道六年（1170 年）陆游从故乡山阴出发，到夔州上任，沿途经过浙江、江苏、安徽、江西、湖北，最后到达四川，在这一过程中逐日记下他的旅行经历，详细的叙述山川风土并考证古迹。《入蜀记》共六卷，其中对三峡的描写多集中在第六卷。

三、石刻类旅游文学

并不是所有石刻都属于旅游文学，在这些石刻中以描写山川名胜和感慨历史等内容的石刻，可归于旅游文学。该类石刻是集文学、书法、镌刻三者结合的综合艺术。

长江三峡两岸令人目不暇接的大量摩崖石刻、题刻，记载和见证着几千年来生长或活动在三峡地区的历史和文化名人的足迹和情结。这种繁星丽天、群珠耀海式的景象，在中国乃至世界的形胜之地都是鲜见的[41]。

9.3 相关石刻汇编

从以上有关分类研究分析，前面第三章的形胜石刻大部分都可归于石刻类旅游文学，除此之外，还有以下三类石刻也应属此类。一是石刻内容直接是文学作品，如白居易的三游洞记碑，黄庭坚的西山碑。二是石刻所在地与古代文学家在三峡地区生活经历有关，如奉节重修杜工部瀼西草堂记碑；巫山清水洞，陆游入蜀途中曾在此过夜，并在其著名的《入蜀记》中有详细描述；又如万州太白岩，曾是李白在三峡期间游历生活的地方，也是西山碑撰写和刊立之处；而涪陵北岩更是“程朱理学”的发源地等。三是石刻内容与传统文学形式有关，如楹联石刻。以下是对三峡地区该三类石刻的编录。

▼ 9.3.1 宜昌三游洞明匡铎重刻唐元和十三年白居易撰《三游洞记》碑①

图 9-1 三游洞明匡铎重刻唐元和十三年白居易撰《三游洞记》碑（引自《三峡湖北段沿江石刻》）

该碑刻位于三游洞前室第三石柱正前方，朝正北方，落地置放，高 270 厘米、宽 130 厘米（图 9-1）。具体文字内容详见释文卷。该碑巨大，刻制精良，是三游洞保存下来的最完好的碑刻，虽为明代重刻，但依然具有较高的历史价值、艺术价值和文化价值。

▼ 9.3.2 宜昌三游洞景祐四年欧阳修题名

该题刻位于三游洞后室，朝西北方，距地面 1.4 米。整幅高 0.39 米、宽 0.28 米。右至左竖排 3 行，满行 8 字。楷书阴刻。行距 2 厘米、字距 2 厘米、字径 3 厘米、字阴刻，刻深 0.5 厘米。内容为“景祐四年七月十日 / 夷陵歐陽永叔和 / 判官丁同行刻石”（图 9-2）。

该题刻刻于北宋景祐四年（1037 年）。当时欧阳修因支持范仲淹新政改革，惹怒奸党，被谪贬为夷陵（今宜昌市）县令。其虽以诗文著称，但其书法亦有大家风范。仅从这短短二十二字的摩

① 据考，唐元和十三年（818 年），白居易由江州司马升中州刺史，与弟弟白行简一同赴任，在夷陵遇到了好友元稹，便同游江上。在上牢溪上岸，发现在岩壁间有一洞，便各赋古诗二十韵，白居易特作三游洞序，诗与文均抄写在洞壁上，今诗已失传，洞中尚存有明代重刻的《三游洞记》。

崖题记中，亦能窥见其书法中透出的“外容悠邈，中实刚劲”之神韵。所以具有一定的历史价值和艺术价值。

▼ 9.3.3 宜昌三游洞绍圣二年黄庭坚题名

该题刻位于三游洞后室左侧小洞正上方，朝向东北方，距地面 1.4 米。整幅高 0.5 米、宽 0.6 米。右至左竖排 5 行，每行 15 字。楷书阴刻。行距 2 厘米、字距 2 厘米、字径 7 厘米、刻深 0.5 厘米。内容为“黄大臨弟庭 / 堅同辛紘子 / 大方紹聖二年 / 三月辛亥来 / 遊”（图 9–3）

该题刻刻于北宋绍圣二年（1095 年）。黄庭坚是北宋著名书法家，该题刻为宋哲宗绍圣二年其被贬为涪州（今重庆市涪陵）别驾，黔州（今四川彭水）安置赴任过程中经过三游洞时所题。该题刻虽已年久剥蚀，但仍可见其笔

图 9–2　三游洞景祐四年欧阳修题名（引自《三峡湖北段沿江石刻》）

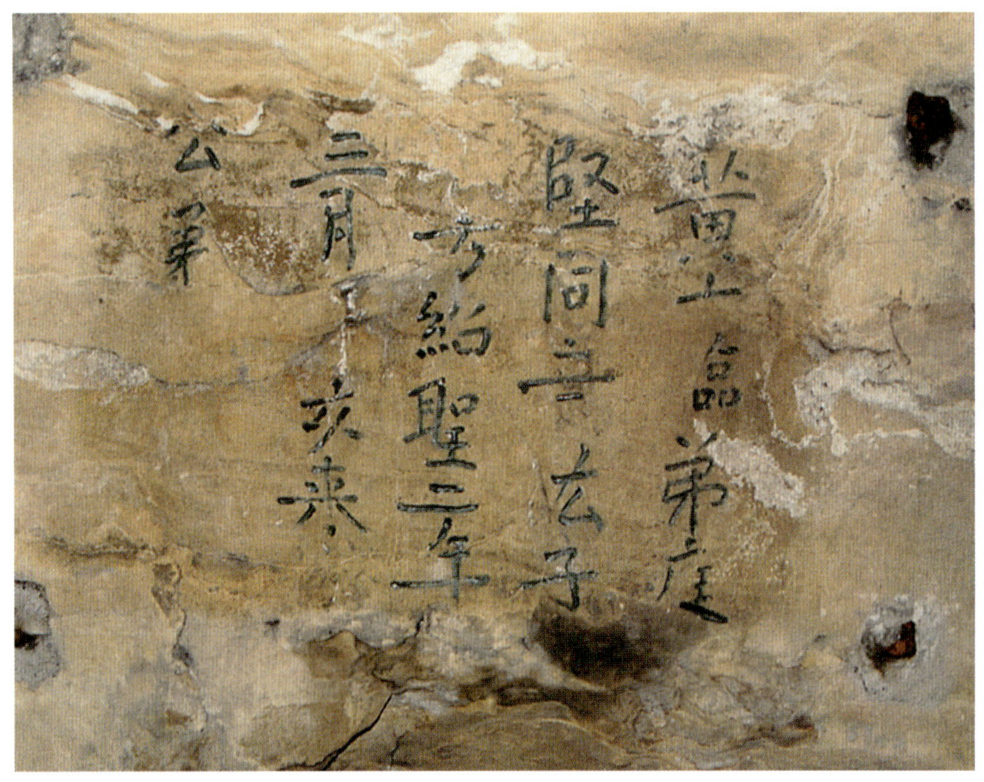

图 9–3　三游洞绍圣二年黄庭坚题名（引自《三峡湖北段沿江石刻》）

锋中逆入平出，藏锋顿挫，中宫紧敛，纵伸横逸，沉着痛快，舒展大度的气势。所以具有一定的历史价值和艺术价值。

图 9-4 川流悟道题刻照片（引自《三峡湖北段沿江石刻》）

▼ 9.3.4 巴东新陵镇无名氏书“川流悟道”石刻

该题刻位于原巴东县新陵镇东南 1.4 公里处。题刻右侧有无源溪、无源桥、无源洞及灵山圣境题刻。沿无源溪而上，还有悟源仙泉题刻。

该题刻坐北朝南，海拔高程 106 米，石面倾斜 45°。整幅高 0.76 米，宽 1.9 米。右至左横排，楷书阴刻“川流悟道”4 字，字高 0.5 米、字宽 0.36 米、字距 3 厘米、字深 0.5 厘米，刻字均填以红色。

题刻保存现状较差，有人为破坏痕迹。左侧竖刻落款字迹已被铲，只剩“北洋”2 字（图 9-4）。

川流悟道题刻是典型的借景抒怀类的题刻，古代文人、名仕或被贬巴蜀、或途径峡区，写诗作赋，题词，描绘景色不是目的，真正目的在于言志、抒怀和悟道，而“川流悟道”四字，尤其是“悟道”二字则可视为对三峡地区历代旅游文学特点和往来文人墨客经历的概括性总结，题刻书法流畅飘逸，书文合一。所以具有一定的艺术价值和文化价值。

▼ 9.3.5 巴东吴骏绩、冯锦文[①]题“历叹”、“须知”楹联石刻

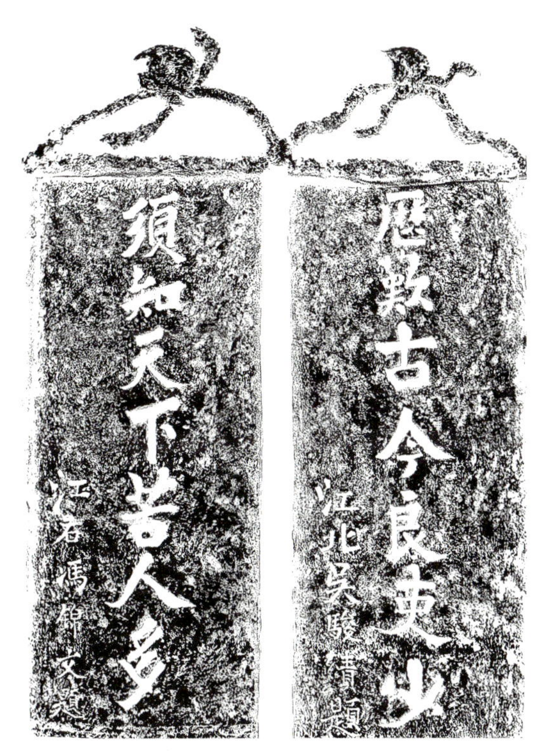

图 9-5 “万叹”“须知”联石刻拓片（引自《三峡湖北段沿江石刻》）

石刻位于巴东县“楚峡云开”石刻右侧。整幅宽 0.66 米，高 1.65 米，竖排楷书阴刻楹联一副，上联为“歴歎古今良吏少”，落款“江北吳駿績題”；下联为“湏知天下苦人多”，落款为“江右馮錦文題”。字高 20 厘米、宽 19 厘米、字距 2 厘米、字深 3 厘米；落款字高 9 厘米、字宽 9 厘米。上、下联上端均刻有天杆突起，并刻花纹结，有装饰悬挂之意（图 9-5）。

[①] 据考吴骏绩，巴东江北人，晚清秀才；冯锦文，江西宜丰人，民国六年（1917 年）六月至七 月（1918 年）元月任巴东县知事，他于 1917 年仲夏月将“楚峡云开”石刻重洗时刻此对联。

楹联题刻在我国和三峡地区并不少见，但一般都附属于建筑物、构筑物或摩崖造像，如秭归王氏祠堂、武隆清泉井等；或作为题刻群中的单款题记，如宜昌三游洞题刻群、涪陵白鹤梁题刻中均可见该类型的题记。但单独以楹联形式作为独立石刻文物点的现象在三峡地区较少见，且石刻整体雕刻形式装饰感强。所以具有一定的艺术价值和文化价值。

▼ 9.3.6 巫山清水洞题迹

清水洞位于原巫山县秀峰乡江东村东南 2 公里处，中心地理坐标为北纬 31°03″52′，东径 109°54′22″。海拔高程 125 米（图 9–6、图 9–7）。

图 9–6 清水洞远景（摄于 1999 年）

图 9–7 清水洞洞口的陆游造像（摄于 1999 年）

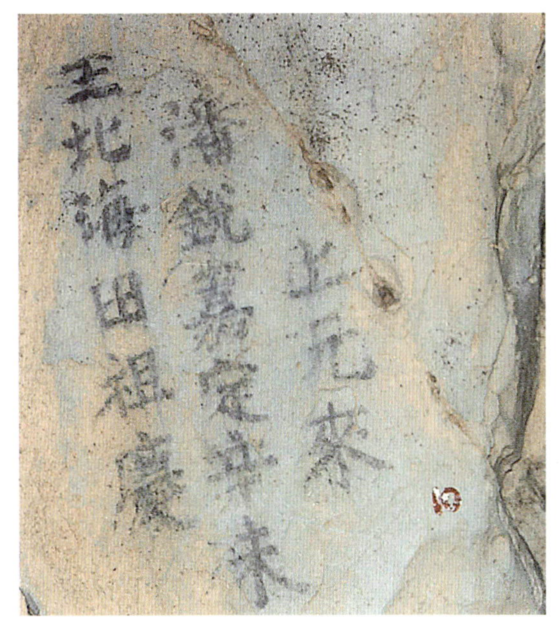

图 9-8　清水洞内的宋代题记（摄于 1999 年）

图 9-9　清水洞 49 号摩崖题记（摄于 1999 年）

据 1999 年 3 月 31 日至 4 月 1 日现场编录，现存可辨题记共 49 款，其中 48 款为墨迹，位于海拔高程 125 米的溶洞第三洞厅内。第 49 款为摩崖题记，位于海拔 200 米高程位置的上部洞口处。

48 款墨迹错落分布于长 34 米，高 4 米的岩壁范围内。篇幅不等，字迹大小各异。篇幅最大的高达 110 厘米，宽达 40 厘米；篇幅最小的高仅 30 厘米，宽仅 5 厘米。

据 1999 年 3 月 31 日至 4 月 1 日现场编录辨析，共统计具明确年份的题记 12 款。其中 15 号题记年代最早，为北宋绍圣四年（1097 年）。又据巫山县建设委员会所编《长江名胜——陆游洞》，其中记录了元丰元年（1078 年）的题记内容，据两次编录和照片比较，应为 28 号题记。目前“元丰元年”几字已无法辨认。据不完全统计，北宋年间题记 2 款，绍圣、大观年间各 1 款；南宋年间题记 8 款，其中绍兴 4 款，嘉定 2 款，建炎、开禧年间各 1 款（图 9-8）；元至元三年 1 款；清同治元年 1 款，为 49 号摩崖题记（图 9-9）。

由于题记多为墨迹所题，时代又较早，在长期水的侵蚀下，多已模糊不清，表面多还附有碳酸盐淀积物。题记所在岩面也多被后人刻画，因此，虽墨迹分布区域较大，但可辨析者仅半数而已，据推测部分早期墨迹已被毁。

从墨迹体裁上分析，大体有以下三类：

1. 题名，主要以该类型题记为主；

2. 游记及诗赋，该类型题记有 15 号、29 号、31 号、40 号等；

3. 记事，该类型题记较少，主要有 39 号、45 号、49 号三款。

题记所用字体多以楷体为主，偶见隶书、行书。

图 9-10　奉节光绪三十四年冯煦撰《重修杜工部瀼西草堂记》碑（夔州博物馆提供）

图 9-11　冯煦《重修杜工部瀼西草堂记》碑细部（夔州博物馆提供）

墨迹内容由于字迹多模糊不清，因此可辨全者极少。初步分析，在记事体题记中，内容较丰富。39 号题记中有“先君蕴道徐公号□字庸臣，为道士□□□……”。可能与当地相关宗教活动有关；45 号题记中记录了战乱时期，百姓藏身洞内，以御乱寇的经过，具体时代有待考证；49 号题记中记录了同治元年纪守智等捐修此洞，以明“地利、人和”。具体文字内容详见释文卷。

“清水洞”为巫山县著名的人文自然景观。乾道六年（1170 年），陆游入蜀，夜宿此洞，著有著名的《入蜀记》，文中有“泊清水洞，洞极深，后门自山后出，黮闇，水流其中，鲜能入者，岁旱祈雨颇应。”字句，所以，清水洞便也成为宋以后文人墨客慕名瞻仰光顾，往来停留之处，后人又称“陆游洞”，是我们研究陆游生平重要的历史佐证。加之该类型文物在全国较少，因此，具一定的历史价值、文化价值和景观价值。

▼ 9.3.7 奉节光绪三十四年冯煦撰《重修杜工部瀼西草堂记》碑

该碑位于奉节县白帝镇浣花村，碑高 2.4 米，宽 1.2 米。右至左竖排，楷书阴刻，碑体已多处开裂（图 9-10、图 9-11）。

据考，杜甫[①]瀼西草堂始建于宋，几经倾圮、迁徙重修，直至 20 世纪 50 年代，由草堂供销社接管，经过拆建，至三峡工程蓄水淹没前已面目全非，唯此碑尚存。

[①] 杜甫（712–770 年），字子美，唐湖北襄阳人，寄居河南巩县，考进士不中。玄宗天宝年间居长安，住在杜陵附近的少陵，因自号杜陵布衣、少陵野老（后世称杜少陵），郁郁不得志。安史乱起，游离在战乱之中。肃宗时，曾官左拾遗，因直言敢谏，被贬为华功参军。不久，弃官避乱入蜀，四川节度使严武表荐他为节度参军，检校工部员外郎（世称杜工部），后杜甫辞去严武幕府职务，居成都草堂。严武是西南名将，曾击退吐蕃入侵，稳定过蜀中局势。严武死后，蜀中再次动乱，于是杜甫在唐代宗永泰元年（765 年）五月，离成都东下，经嘉州、泸州、渝州、忠州`云安等地，于大历元年（776 年）四月到达夔州（今奉节）。在夔州不到两年的时间内，写诗四百三十多首，占其现存诗作的三分之一。这些诗内容广泛，手法变化多样，其诗风达到新的高峰，对后代影响很大。杜甫于大历三年（768 年）正月，离夔州出峡，漂泊于洞庭湖、湘江之间，病逝于耒阳县耒水舟中。杜甫诗造诣极深，被称为“诗圣”。有《杜工部集》传世。

碑文内容大意是：自古以来，高超之士、墨客骚人莫不受人景仰，缅怀难忘。杜甫来夔后，由赤甲迁瀼西，结庐而居，植菊为篱，拓地耕种，写诗抒怀；高洁一生，命途多舛。宋时为其建祠，以后几经兴废。光绪末，侯昌镇重建，既又将其部分屋舍作为学堂，延鸿儒以教子弟，“期稷契以许身，轶风骚而直上”，更能寄托对杜甫的敬仰之情。称赞侯公此举属邦国之本。具体文字内容详见释文卷。

由碑文可知，光绪三十四年（1908 年），奉节知县侯昌镇[①]在东屯浣花溪西岸捐资重修瀼西杜甫草堂。安徽巡抚冯煦[②]、户部主事张称达分别撰书《重修杜工部瀼西草堂记》刊碑于草堂。

目前被称为“杜甫草堂”全国只有两处。一处位于成都市西门外的浣花溪畔。唐末诗人韦庄寻得草堂遗址，重结茅屋，使之得以保存，宋元明清历代都有修葺扩建。目前保存完好，为全国重点文物保护单位、国家4A级旅游景区、国家一级博物馆、全国古籍重点保护单位；而另一处就是位于奉节的瀼西杜甫草堂。目前建筑虽已不存，但该碑刻内容详细记录了此处杜甫草堂的修建及兴衰史。是我们研究杜甫生平重要的历史佐证，所以具有较高的历史价值和文化价值。

▼ 9.3.8 万州太白岩石刻

太白岩石刻位于万州主城区北，崖壁高约400米，长约3公里，景区占地面积40公顷。太白岩古有万州八景“白岩仙迹”之称，自然风光旖旎，岩上古今题刻闻名遐迩。自唐宋以来，就有“万州名胜”之美名。

据《万县市地名录》载，太白岩之名在南朝时就已有。有资料记载，李白在唐开元十二年（724年）第一次到南浦[③]时就慕名访西山，并写下了一首《访绝尘毚老道》的诗。

据说后来李白第二次到南浦留在西山[④]读书，并留下了“大醉西山一局棋”的美好传说。

此后历代凡过往万州的文人墨客、达官贵人均会在太白岩上留下一些题刻。因而，今日太白岩上，传说迷人，石刻众多，成为万州城的一道亮丽风景。

因为历史的沧桑变迁，太白岩地势险要，山岩直立千仞，悬崖绝壁，非常险峻。在山腰绝壁间因风化而形成了一条条石缝，如走廊般大小，仅可容一二人通行。就在这种险峻的石壁间，历代文人、名仕在绝壁上题字赋诗，从而形成了太白岩石刻这一独特的文化景观（图9-12、图9-13）。

[①] 据考，奉节知县侯昌镇，湖南大庸（今张家界市永定区）人。卸官后定居奉节，对杜甫情有独钟，除捐建杜甫草堂外，生前卜居其旁，生后亦葬草堂西侧。

[②] 据考，冯煦（1842–1918年），字梦华，号蒿叟，江苏金坛人，光绪探花（一甲进士第三名），官至安徽巡抚，著有《蒿庵类稿》。

[③] 万州又名羊渠、南浦、万县。

[④] 今太白岩。

图 9-12 太白岩石刻环境状况

图 9-13　太白岩石刻景区入口

一、石刻类型

根据实地考察和查阅古籍资料记载，太白岩石刻（碑刻）最多达100余处，其内容主要有以下几类：

（一）墓室道观题名

1.“绝尘龛”题刻

多方史料记载，这是太白岩上最早的石刻。据清光绪年间学者况周仪所撰《万邑西南山石刻》载：“绝”字字径有二尺零五分大小，“尘”字有二尺二寸字径，“龛”字有字径二尺，三字平列在太白岩半山石壁上。宋·王象之《舆地记胜》和祝穆《方舆胜览》以及明·曹学铨《万县西太白祠堂记》均称：“绝尘龛”三字在西山石壁上，字画瘦劲，“字体清劲”，“类晋宋间人书”。三

图 9-14 太白岩石刻“绝尘龛”题刻

字现在仍依稀可辨，横列在太白岩绝壁上，确如古人所称，笔画细瘦，含蓄清俊（图 9-14）。

2. “观德亭”题刻

位于今日太白岩入山门口处，楷书。三字大约一尺四寸，笔画遒劲，骨力内含，《万邑西南山石刻》载：“书艺朴茂，决为宋人之笔。”当时记载此三字在太白岩半山石壁上，从此三字记载位置可知太白岩昔日上山之路与今天的参观路线是不同的。由此也可见太白岩历代之变迁。

3. “鹤龄石室”题刻

在现“太白园”之右侧，为清代道长唐鹤龄之墓，楷书，清代光绪癸未年军门胡鹏飞所书，既有欧书的峻峭，又不乏赵体之俊美。

4. “吃叟石屋”题刻

为 20 世纪著名书法家刘孟伉先生岩墓墓碑，1989 年 5 月由万州书法家、刘孟伉先生之弟子余仲久先生所书，篆兼隶，字体生涩老辣，刚健有力。

（二）名人题记、游记

该类石刻在太白岩石刻中数量最多，如据新编《万县市志·文物篇》载有唐代石刻代表作“龙泉”二字，相传在洗墨池至三清殿的岩壁间，因年代久远，现已不存。宋代的摩崖题刻有“统束余山”四字，楷书，在清水祖师殿到三清殿的岩壁间，现“统”字已剥落，从尚存的其余三字看，端严而稍修长，笔划挺拔而稍细瘦，颇似黄庭坚书法风格（图 9-15）。现存的标志性题

图 9-15　太白岩石刻“统束余山”题刻

刻“太白嵓”3 个大字，楷书，字径 2.75 米，字距 2.72 米，是太白岩摩崖石刻中最大的一处题刻，在万县市内清晰可望，为明代川东高僧破山法师所书，字形稳健，饱满大气（图 9-16）。清朝的文人士大夫在太白岩上的题刻应为太白岩石刻的主体，数量多达 43 款，主要有仿王羲之行书刻于光绪庚寅年的巨幅“鹅”字。亚拙山人王锡金书于咸丰丙辰仲春的楷书“心正”2 字。光绪年间渝城周仁勋所书楷书“福寿岩”大字。楷书“孝悌忠信，礼义廉耻”大字。在“鹤龄石室”的上方，“光绪十六年季冬月朔日东湖饶敦秩季音来游”题记（图 9-17）、姚绥荣侍行”题记、“光绪二十五年乙亥孟夏月，偕子木兄登太白岩并率诸子……登楼远眺，少梋

图 9-16　太白岩石刻破山法师所书“太白岩”题刻

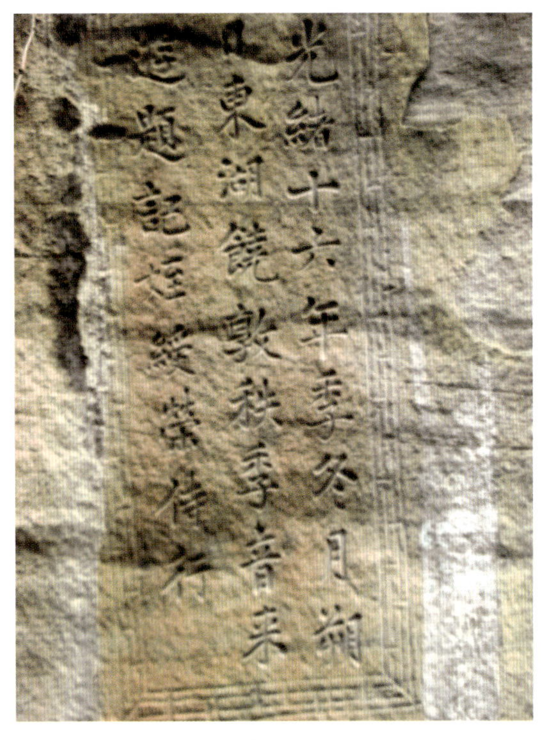

图 9-17 太白岩石刻清代题记

图 9-18 太白岩石刻孙元良书“万州第一山”题刻

程镇题石”题记等；另民国二十四年孙元良隶书大字“萬州第一山”题刻（图 9-18）、孙元良夫人孙吴懿辉所书“錦綉河山”题刻、杨鹏升所书“二仙洞”题刻、鲜英隶书“坐观泉涌”题刻及魏碑游记“江夏吴光辉、绛州杨準光绪二十五年来游同题”等均属此类型。

（三）诗词题刻

在太白岩石刻中，还有众多的诗词题刻，其中最著名的是两款诗谜碑。其一是在今李白塑像后壁石屋中，刻于明嘉靖四十二年（1563 年），碑文有“竹岩亭开…夜有事来”八个字笔划残缺不全，或竖或横或斜且大小不一，其中却寓意深刻，后人对此谜底有多种解法，其一为“小竹栽横岩，空亭门半开，夜长无一事，偏有一人来”。另一则是清代赵尚辅的摩崖石刻《诗迷碑》，在“万州第一山”大字下边岩壁上。除此之外，还保存有大量的诗词题刻。如明代破山法师的行草五言诗：“（等闲）那知春，（突出）一只眼。鱼（龙透）须藏，美人生椿点。”虽已部分残缺，但仍清晰可辩（图 9-19）。通篇章法变化跌宕稚拙，大朴不雕。亚拙山人王锡金在清代咸丰、同治及光绪年间也都分别留有题刻，光绪九年为鹤龄道长祝寿刻有隶书诗碑《恭维鹤龄道长九旬上寿》，其书挺劲俊逸，汉隶风格浓郁。《同治庚午春登太白岩王老道留饮》一诗碑，在太白岩石刻群最集中处，为楷书书写，饱满敦厚，介于颜柳之间，既大气浑厚，又骨力铮铮，笔法森严。此外，还有光绪四年赵尚辅的诗刻《和清大仙降》楷书，同治丁卯年万县儒学陈家谟所题《重阳日登高》诗刻楷书，大小均在两寸左右，书法功力极深，前者类欧稍俊逸，后者则类赵、欧、王之间，隽永遒丽，有行书意。

（四）现代碑廊

太白岩自蜀汉初年有绝尘龛道观后，历代逐渐修缮而成胜境。1949 年后，特别是十一届三中全会后，太白岩的文物逐步得到修缮、修复和发展。为了增加其观赏性，1995 年又新建了“太白岩碑廊”，现已建成 50 余块。碑廊采取了统一格式，黑底金字，颇为整齐壮观。其中收集了 20 世纪我国著名领导人、学者、书法家，包括了毛泽东、朱德、陈毅、周恩来、方毅、鲁迅、郭沫若、老舍、茅盾、邓拓、周谷城、商衍鎏、马识途、魏传统、刘孟伉、高占祥、刘江、刘炳森等及万州当地名流刘培生、周漫白、余仲九、杨孟千、郑惠伯 40 余人的作品。其中真草篆隶行各体皆备，既反映了较高的书法艺术水平，又呈现出较浓厚的文化气氛，成为太白岩上一道令人瞩目的风景（图 9–20）。

（五）青羊宫石刻群

此外，据历史记载而现已不存的山脚青羊宫一带原来也有较多石刻。如《万邑西南山石刻记》载：

1.《鲁有开题名》，拓本，高七尺，宽六尺，字径一尺，正书，在青羊宫门外田间石壁上，至和二年春正月赵恽题石。

2.《刘公仪西亭记》，拓本，高二尺八寸五分，宽三尺零五分，二十六行，行二十四字，字径一寸弱，正书，在青羊宫东北石壁上。刘公仪，合州人氏，嘉祐中进士。

图 9–19　太白岩石刻破山法师题行草五言诗碑

图 9–20　太白岩石刻现代碑廊

3.《李裁等题名》,拓本,高三尺,宽三尺二寸,字径三寸,行书,在青羊宫门外尽石磴迄南石壁上。又：李裁，宣和间万州太守。

4.《黄鲁直题名》(即西山碑)

此书共记载宋代以来太白岩脚下青羊宫周围石刻20款，绝大多数为宋代石刻，可惜目前除黄庭坚《西山碑》外，其他石刻均已毁。故在此只作一提，而《西山碑》后面将单独介绍。

二、太白岩石刻的价值评估

(一)文化价值

太白岩因宗教文化而兴，因而历代宗教人物活动于此，并以宗教教化等形式在此留下了众多的题刻。东晋初年即有道教在此活动。道教是中国本土宗教,发展到魏晋时期,活动极为频繁。“绝尘龛”便是东晋时期卓庵在此修道而形成的古迹,这也是太白岩最早,最为宝贵的石刻古迹。经过历代发展，太白岩的道观极多，有绝尘龛、三清殿、清水祖师殿、灵官殿、七仙洞、罗汉洞、玄妙观、福缘洞等10余处，包括太白岩脚下的青羊宫也属道观。民国十八年，道徒朱永三还于青羊宫成立了川东道教会，属青居派，可见昔日道教在此影响之大。从现存于太白岩石刻的诗词和众多的道观墓志如“绝尘龛”“鹤龄石室”“福寿岩”等都反映了历史上道教活动的盛况。光绪四年赵尚辅、周仁勋书写的《和清大仙降》则反映了浓郁的道教活动特色和浓厚的道教思想。魏晋以后，中国道教与儒家思想和佛教出现了大融合，形成了三教合一的局面。太白岩上的一些古迹及石刻也反映了这一特征。如“三教堂”，出现了“三教同堂”的现象；在上三清殿石梯岩壁间的三教同源的诗碑也是极好的例证。“三教源头理本通，潜心向善总相同。道人日在蒲团坐，妄念消时即是功”。“孝悌忠信，礼义廉耻”。从亚拙山人王锡金在太白岩上留下的几处诗刻也可视为太白岩宗教文化的重要标志。今天如要研究万州古代宗教发展史，无疑太白岩石刻是最有地方特性和直观性的实物资料之一。

太白岩既是万州的宗教胜地，同时又是万州的旅游胜地。万州紧依太白岩，太白岩壁立千仞，特殊的岩石风蚀形成的走廊式通道使人可攀援而上。其高耸入云的险要地势使人可登太白岩而俯瞰万州城。临高眺望，脚下万州城市整体风貌可一览无余，更可凭险眺望万里长江滚滚东去，气象万千(图9-21)。同时，太白岩上山色葱郁，林泉飞瀑景色特别幽雅，气温凉爽格外适宜休闲，因而，太白岩自古便是万州一景，历代以来均是人们的绝好去处。外来名人欲知万州城貌，惟有一登太白岩；本地人闲暇之时登岩而放眼远眺，舒散怀抱，亦是最佳的休闲方式。这样游人渐多，而往来之人尤喜题字留念，由此形成了太白岩上众多的游记题刻，如孙元良所题“万州第一山”，程鸣铣所题“江山永存”，大字“鹅”“寿”“仙岩”，鲜英“坐观泉涌”都是人们游记的体现。代代相传，前人所留字迹又成了后人游玩观摹的对象。从而形成了太白岩日渐丰富的旅游文化。尤其是20世纪90年代以来增设的“现代碑廊”“刘孟伉碑廊”“何其芳墓园”“太白书屋”等，更丰富了太白岩石刻的内容。

图 9-21　由太白岩俯瞰万州城与长江

（二）历史价值

抗战时期，太白岩是万县主要的防空要地，人们在岩壁间增挖了一些洞窟，当时政府的机要部门、首脑官员均迁居于太白岩办公，因而也在太白岩上留下了该时期的石刻（题记、题诗）。如刻于抗战时期的摩崖题刻代表作“万州第一山”“锦绣河山”“万古雄峰”等均表达了中华儿女爱我河山的爱国思想；程鸣铣于抗战胜利后四月所刻“江山永在”的楷书四字，徐恩平于民国三十年所作，刻于太白岩蛮子洞岩壁间的《为日机空袭万州题刻》的七言律诗；都真实记载了当年日寇对万州的侵略，展示了川东人民热爱祖国，不惧外患，同仇敌忾的崇高民族气节，亦具有极高的历史价值[42]。

（三）艺术价值

从目前保存下来的石刻来看，从历代留存的真、草、篆、隶、行诸种书体均反映了当时较高的书法水平和时代风貌。如“绝尘龛”，后人言“字体清劲，类晋宋人书”。因此，具有较高的艺术价值。

▼ 9.3.9 万州西山碑

万州西山碑，重庆市文物保护单位。位于重庆市万州区高笋塘广场旁。宋建中靖国元年

（1101 年）二月，诗人、书法家黄庭坚贬官后又被召回朝廷，路经此地，受太守高本仲之邀游南浦西山，作《西山记》，后刻于石上，即为著名的西山碑。西山碑保留了黄体行书真迹，碑体高 1 米，宽 2.6 米（图 9–22）。碑文中有“凡夔州一道，东望巫峡，西尽郛鄢，林泉之胜，莫与南浦争长者也”，走笔圆劲飞动，神韵绝俗，又有潇洒妩媚之气，被后人誉为“海内存世，黄书第一”。清代为保护该碑，在其上特建有六角亭一座（图 9–23）。

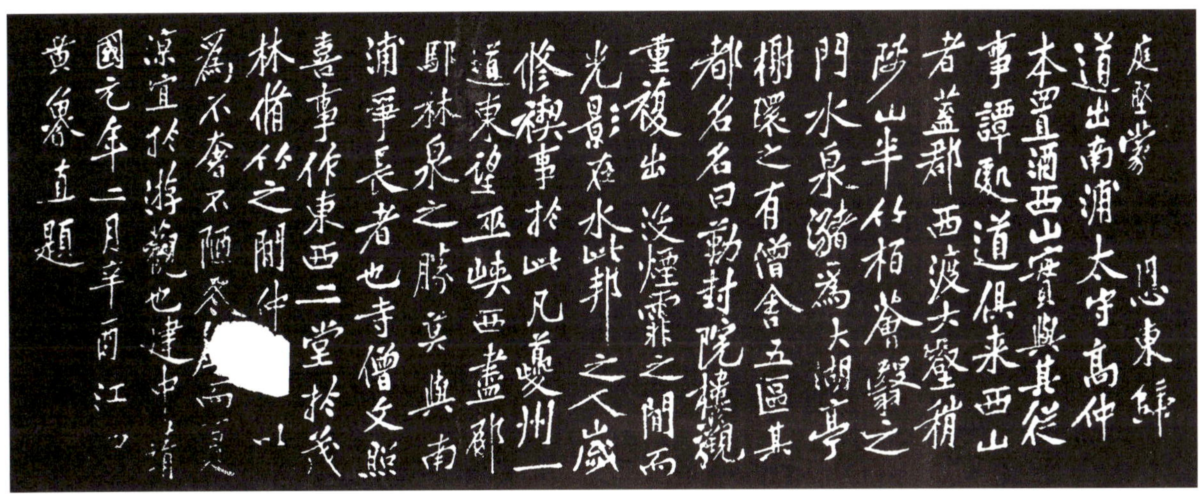

图 9–22　万州西山碑（万州博物馆提供）

西山碑既是享誉川东的名胜古迹，同时亦是太白岩石刻群中的重要代表。更是我们研究黄庭坚生平重要的历史佐证，所以具有较高的历史价值、艺术价值和文化价值。

▼ 9.3.10 万州岑公洞题刻

岑公洞题刻位于原万县市五桥区陈家坝村长江右岸（图 9–24），地理坐标为北纬 30°48′43″，东经 108°23′41″。海拔高程 145 米。

岑公洞为一天然石洞，洞口高约 10 米，宽 33 米，洞额右至左横排楷书阴刻“岑公洞”三字，字高 1.6 米，宽 0.9 米（图 9–25）。洞深 9.2 米，平面呈新月状。洞口北侧当地居民为引水需要又掘一支洞，深 12 米，洞底平缓，洞口终年清泉悬挂，以“岑洞水帘”之称古时列万县八景之一。该洞据传因隋末江陵人岑道愿在此隐居，

图 9–23　万州西山碑亭（万州博物馆提供）

图 9-24　岑公洞题刻所在位置环境状况（摄于 1994 年）

图 9-25　岑公洞洞口状况（摄于 1994 年）

百余岁后与世长辞而得名。据悉，洞内曾有历代名仕文人如黄庭坚、范成大、陆游等题记。许多已无从可寻。

据 1994 年 8 月调查，共发现题记 27 款。多集中于洞内北、西壁及洞外崖壁上，其中洞内

21 款（表 9-1、图 9-26），洞外 6 款（图 9-27）。外壁 6 款题记，仅 1 款还可模糊辨识，为四字碑，其余均已破坏。由于风化严重，题记大都无法辨识，其中洞内部分可辨识具体文字内容详见释文卷。

据考，岑公洞题刻始于唐，后北宋、南宋、明、清至近代均有增刻，虽然“文化大革命”期间因实施洞顶裂隙加固工程，导致大批题记被毁。但目前现存的题记仍记录了大量唐代以来该地区古代社会生活信息。所以具有一定的历史价值、文化价值、社会价值和景观价值。

图 9-26　岑公洞题刻洞内题记保存状况（摄于 1994 年）

图 9-27　岑公洞题刻洞外题记保存状况（摄于 1994 年）

表 9-1　岑公洞题刻洞内题记统计一览表

编号（据 1994 年）	内容	年代	规模（宽 × 高）	作者	保存状况
1	不详	不详	不规则 ×70 厘米	不详	严重风化
2	嘉祐六年清明朱师道题记	北宋嘉祐六年（1061 年）	102 厘米 ×110 厘米	朱师道	保存完好
3	不详	不详	104 厘米 ×70 厘米	不详	严重风化
4	不详	不详	84 厘米 ×75 厘米	不详	严重风化
5	绍兴李森等题记	南宋绍兴	134 厘米 ×60 厘米	李森等	残损、渗水
6	不详	南宋绍兴	50 厘米 ×70 厘米	不详	字迹略模糊
7	宣和黄庭坚题记	北宋宣和	100 厘米 ×90 厘米	黄庭坚	保存较好
8	宣和四年端午常平等题记	北宋宣和四年（1122 年）	135 厘米 ×82 厘米	常平等	保存完好
9	不详	不详	100 厘米 ×65 厘米	不详	严重风化
10	开元二年杨鼎题记	唐开元二年（714 年）	110 厘米 ×90 厘米	杨鼎	保存较好
11	不详	不详	75 厘米 ×140 厘米	不详	严重风化
12	不详	南宋建炎	75 厘米 ×40 厘米	不详	字迹模糊
13	不详	不详	60 厘米 ×70 厘米	不详	严重风化
14	南岳陈邑题记	不详	75 厘米 ×40 厘米	不详	字迹模糊
15	不详	不详	100 厘米 ×50 厘米	不详	严重风化
16	不详	不详	90 厘米 ×50 厘米	不详	严重风化
17	不详	不详	50 厘米 ×62 厘米	不详	严重风化
18	不详	不详	50 厘米 ×70 厘米	不详	严重风化
19	诗碑	南宋绍兴	55 厘米 ×90 厘米	李尊侯	保存较好
20	不详	不详	110 厘米 ×90 厘米	不详	严重风化
21	不详	不详	150 厘米 ×100 厘米	不详	严重风化

▼ 9.3.11 涪陵北岩石刻

北岩石刻区位于涪陵长江左岸江北街道办事处，与涪陵滨江文化长廊、闻名中外的白鹤梁水下博物馆隔江相望（图 9–28），分布于临江一长约 300 米的砂岩峭壁之上（图 9–29）。

据《八琼室金石补正》及《涪陵县续修涪州志》等记载，“崖壁尚有宋代王庶、程遇逊、李吕等名人题诗。钩深堂内壁间，原有宋代的《伊川先生祠堂记》《北岩书院记》《南宋断碑》《陆游诗碑》《朱子与（度）周卿书》《黄应□寄性善贴书》，明代的《李廷龙诗碑》，以及清代由州署移入的《花蕊夫人诗碑》等著名碑刻”。实际上，直到崇政殿说书、西京国子监教授程颐来此之前，北岩还只是一处清冷的禅院。

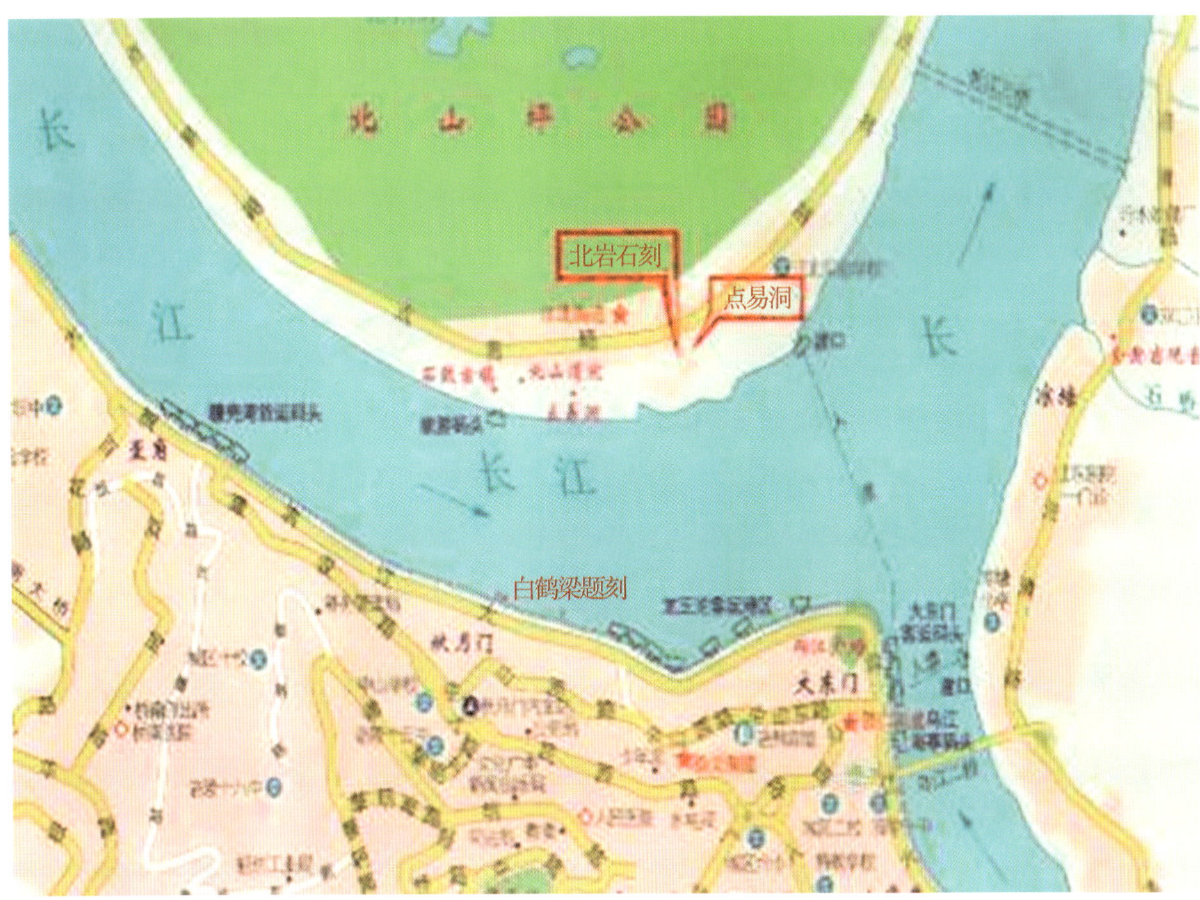

图 9-28 北岩摩崖石刻地理位置

图 9-29 北岩石刻所处环境状况（涪陵博物馆黄海提供）

北宋绍圣四年（1097 年）程颐因反对王安石推行新法被谪至涪陵。在人迹罕至的涪陵北岩普净院里，程颐苦心虑志，面壁点《易》，完成了著名的《周易程氏传》。据载“元符二年正月，《易传》成而序之。三年正月，徽宗即位，移峡州。四月，以赦复宣德郎，任便居住，制见曲阜集。还洛。”无独有偶，“元符三年庚辰（1100 年）正月十二宋哲宗卒，正月十三宋徽宗即位，元祐旧臣官复原职，五月，黄庭坚被起为宣德郎，监鄂州（今湖北武昌）在城盐税。”赴宜州上任的黄庭坚，路过涪陵时谒临北岩程子谪居，并题“钩深堂”。两位文化巨人的先后到来，增加了北岩的文化价值，洛学和蜀学在长江边的北岩发生碰撞，并最终孕育出以谯定为代表的“涪学”一派。

南宋绍兴五年（1135 年），涪州牧李瞻在“钩深堂”内建程子祠，塑程子像崇祀。南宋嘉定十一年（1218 年），涪州牧范仲武将其改为“北岩书院”。内建祭祀程颐、黄庭坚、尹和靖、谯定的“四贤楼”，竖有前蜀皇后《花蕊夫人宫词碑》《伊川祠堂碑》《朱子碑》《南宋断碑》等。此后，北岩书院逐渐成为远近闻名的游览胜地。文人雅士慕名前往，近瞻幽幽陋室，远眺滚滚长江，兴叹历史，缅怀古人，北岩石刻也由此而生。

北岩石刻 1983 年公布为涪陵市（1997 年改为“重庆市涪陵区”）文物保护单位。

北岩石刻所在区域的历史文化资源丰富，其中所发现的年代最早的文化遗迹可追溯到两汉以前的墓葬，从唐代始建佛教寺庙，北宋初有普净禅院。绍圣四年（1097 年），崇政殿说书，西京国子监教授程颐谪涪，在此讲《易》。程颐在涪数年，身穷而道通，凿岩洞注《易经》，撰写了《周易程氏传》一书。直到南宋程氏理学为其门人发扬光大，程颐的理学对社会的影响力大大提高，古代涪州点易洞遂成“理学发祥地”，闻名于天下。后来在近千年的历史岁月里，这里留下了许多历史人物及文化名人的墨迹或足迹，如宋代黄庭坚、陆游、朱熹、马提干，明代刘笈、张善古、陈计长，清代龙为霖、周煌等，数不胜数的历史文豪和人物。由于“程朱理学”上升为官方哲学，南宋以后的历代地方官吏大多比较重视北岩的文化积淀和名胜的保护，也形成了古代涪州传统的名师兴学、州官兴教、尊师重道、移民重教的良好风气。自宋以来，涪陵人才辈出，据文献记载，涪州宋代出了九名进士，明代出了三十二名进士，清代出了三十五名进士，人数居全四川之冠，文运昌盛，人才辈出，这些无不与程颐夫子在涪陵点注《易经》密切相关。

众多的历史名人在北岩这块宝地上留下了不少的诗文题记，到清代，北岩已发展成包括钩深堂、点易洞、三畏斋、洗墨池、致远亭、碧云亭、四贤楼、三仙楼、观澜阁、读画廊等十个景点的文化长廊[43]。

据涪陵市文化局 20 世纪 80 年代统计，北岩上的题刻能够辨认的有 70 余处。这些题记在历代文献资料上均无收录。但由于石刻赋存岩石砂岩抗风化能力差，所以至 2014 年保护工程实施阶段调查时，尚有痕迹的石刻仅存 75 处。其中包括造像龛 6 处，而尚可辨认字迹和内容的题刻仅存 18 处，其余已风化破坏殆尽，但仅就现存较好的 18 处题记看，仍可见北岩石刻的规模和价值。18 处题记的具体内容详见表 9–2。

表 9-2 北岩石刻具体内容统计一览表[①]

编号	名称	内容	照片
1	无名氏书“北岩书院”题记	右至左竖排，隶书阴刻“北巖書院”4字。	
2	无名氏书“阿岩”题记	左至右横排，楷书阴刻“阿巖”2字。	
3	无名氏书“北岩胜境”题记	右至左横排，楷书阴刻“北巖勝境”4字。	

[①] 编者注：表中照片由广州市白云文物保护工程有限公司提供。

续表

4	无名氏书“奔流到海”题记	右至左横排，楷兼行，阴刻“奔流倒海”4字。	
5	黄庭坚书“钩深堂”题记	竖排，楷书阴刻“鈎深堂”3字。	
6	无名氏书“北岩”题记	竖排，隶书阴刻“北巖”2字。	

续表

7	无名氏书“北岩”题记	竖排，行书阴刻“北嚴”2字。	
8	晦翁题渺然方寸诗	右至左竖排4行，楷兼行，阴刻，内容如下： 渺然方寸神明舍 天下經綸具此書 每何任闢觀一天一心 如有本七無窮晦翁	
9	丰城毛震寿[①]题记	右至左竖排4行，楷书阴刻，内容如下： 官守當為 斯民造福 臣心誓與 此水同清 落款为“豐城毛震壽”。	

① 编者注：据考，毛震寿（1812—1875年），号小梧，江西南昌府丰城县人。由监生报捐入仕，历署四川彭水、新津、丹棱、涪州、梁山知县，绵州、酉阳直隶州知州、嘉定知府、四川成绵龙茂兵备道、川东兵备道、四川按察使、陕西布政使等。为官“清廉有声，奸宄敛迹”颇得士民好评。著有《居易山房随笔》《县谱》等。与其父辉凤、其子隆辅祖孙三代皆为官作宦，并入祀乡贤祠、崇祀名宦祠。孙子毛庆蕃，为中国最后一个儒家学派“太谷学派”传人，曾任四川綦江、江油等县知县及甘肃布政使、陕甘总督，有“廉能”之誉，人称“毛青天”，是我国第一所国家银行“大清户部银行”的创始人、我国近代兵工业和红十字事业的倡导者。清道光年间任涪州知县。

续表

10	无名氏书“天地文亲”题记	右至左横排，行书阴刻“天地文亲”4字。	
11	无名氏书“草静云□”题记	右至左横排，行书阴刻“草静雲□”4字。	
12	无名氏书“涪翁洗墨池”题记	右至左横排，楷兼行，阴刻“涪翁洗墨池”5字。	
13	无名氏书“栖隐”题记	竖排，楷书阴刻“栖隐”2字。	

续表

14	无名氏书“尹子读书处”题记	竖排，楷书阴刻“尹子讀書處”5字。	
14	“地道洞天”题记及造像龛	龛上右至左横排，行书阴刻“地道洞天”4字。龛内造像已风化殆尽。	
16	无名氏书“伊洛渊源”题记	右至左横排，楷书阴刻“伊洛淵源”4字。	
17	无名氏书“涪陵名胜”题记	右至左横排，楷书阴刻“涪陵名勝”4字。	

18	范仲武书“点易洞”题记	右至左横排楷书阴刻“點易洞”3字。	

注：表 9-2 资料由涪陵博物馆提供。

北岩石刻内容涉及佛、儒、道及古代仁爱哲学思想，并与“程朱理学”的起源和发展紧密相关，且题刻书体丰富多变。所以具有较高的历史价值和艺术价值。

第十章　为善最乐——民风民俗与石刻

三峡地区独特的地理环境不仅决定了其在中国政治军事上的重要位置，也决定了该地区独特的民风、民俗特征。

人们常常习惯用“强悍”二字来形容三峡地区的民风，这其实是由于对三峡地区历史地理不了解而形成的误区。如果从历史地理的角度去分析，笔者认为三峡地区的民风包含着“忠义”“刚烈”“乐观”“豁达”和“坚韧”五个层次的内涵。

三峡地区的自古多出“忠义之士”。先秦有恪守承诺、以头换城的巴蔓子，与国共存亡的屈原；秦汉有为国远嫁漠北的王昭君；宋末元初更有以张珏、余玠、王坚为代表的一群至死不屈的抗蒙军民；抗战时期从这里还走出了一批爱国将领，同时当地百姓还收留了大批内地的难民，云阳飞凤山难民题刻所题“泽惠流离”“在远不遗”题刻是最好的印证。这种家国情怀已深深地融入到了三峡地区人民的血脉中。而三峡地区的巴蔓子墓、屈原祠、昭君故里、抗元遗址及抗战石刻无一不是我们凭吊和纪念他们的最好地方。

三峡地区气候环境潮湿，所以当地百姓饮食喜麻辣，好腥香。这种饮食习惯也形成了他们刚烈和坚韧的性格，加之受封建社会三纲五常思想的灌输，三峡地区古代出现过许多“烈女”和恪守节孝的妇女。她们都被作为楷模写入了各地历代的志书中。而三峡库区目前在忠县和武隆就发现两处与“烈女”有关的题刻，在云阳、万州还发现三处与节孝有关的石刻。

三峡地区恶劣的地理环境和喜麻辣，好腥香的饮食习惯也造就了当地百姓乐观、豁达的性格，加之该地区属于多种宗教的际会之地，同时该地区民间宗教信仰及相关民俗活动也极为活跃，如祭祀屈原、祭祀镇江神王、祭拜雨师、盂兰盆会等活动都具有鲜明的地域特色。于是形成了当地“积善行德”的社会风气。巴东新陵镇曹缉熙在岩壁上所书的“为善最乐”四字是对这一民风的具体体现。

10.1　石质建筑物及构筑物与民风民俗

▼ 10.1.1 云阳夏黄氏节孝坊

夏黄氏节孝坊位于原云阳县高阳乡牌坊村。海拔高程 168 米。建于清嘉庆十九年（1810 年）。

该牌坊为仿木三开间四柱五楼结构，开间的上下花板上有“节孝”和“坤維正氣”的刻字，中央横坊上正面刻有“处士夏承才之妻黄氏之坊”。背面刻有“表处士夏承才之妻黄氏之坊”，故此而得名（图 10–1）。

图 10–1　云阳夏黄氏节孝坊（摄于 2003 年）

夏黄氏节孝坊是典型的纪念性建筑，它是古代封建社会传统礼制与道德的具体体现，雕刻精美。因此，对于研究三峡地区民风、民俗具有重要意义，具有一定的艺术价值、文化价值和社会价值。

目前该牌坊已搬迁至云阳新县城磐石城下云阳县三峡库区文物集中搬迁新区内。该工程于

图 10–2 万州刘氏坊（引自《三峡文物珍存》）

2002 年 8 月 12 日开工，2002 年 9 月 30 日竣工。

▼ 10.2.2 万州刘氏坊

刘氏坊位于原万县市天城区天城镇桑树村双溪埔街中，地理位置为北纬 30°51′20″，东径 128°25′30″。海拔高程 160 米。

刘氏坊全名为“处士张绍武妻刘氏坊”，建于光绪元年（1875 年）。该石坊为仿木两柱三楼结构。开间正中檐下匾额刻“聖旨”2 字，周边辅以高浮雕纹饰。额垫板处右至左，楷书阴刻“旌表節孝”4 字（图 10–2）。

刘氏坊造型简洁优美，雕刻细腻，保存完好，在本地区较为少见，所以具有一定的艺术价值和文化价值。同时，刘氏坊是通往履安桥的必经之路，具有一定的地标性质，所以还具有一定的历史价值、社会价值和景观价值。

10.2 岩画及摩崖石刻与民风民俗

▼ 10.2.1 巴东天子岩手印岩画

2009 年 11 月第三次全国文物普查时，巴东县文物普查队在官渡口镇小溪河村一组天子岩的地方发现了该处手印岩画。后于 2013 年公布为第七批全国重点文物保护单位。

该岩画位于天子山山顶高达数百米的一段峭壁底部，地形陡峭。整个岩画图案由 400 余枚大小不一的横列的红色手掌印和三道红色竖画线条为一组的图案构成（图 10–3、图 10–4）。整体保存情况良好，局部因岩体风化脱落而残缺。

图 10–3　天子岩手印岩画细部照片（引自国保申报材料）

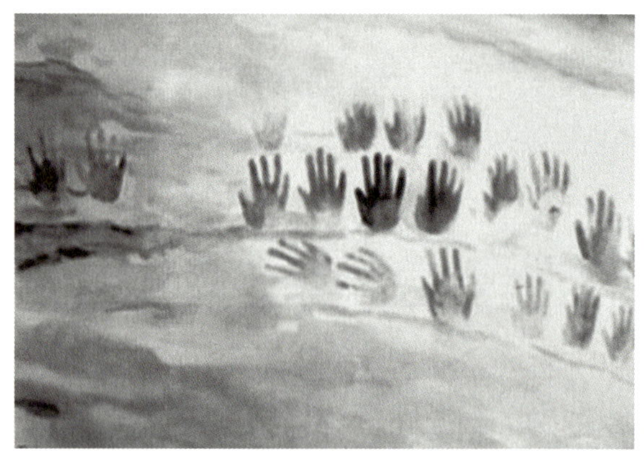

图 10–4　天子岩手印岩画临摹草图（引自国保申报材料）

该手印岩画和现代人手掌大小相近，经过观察研究，应为古人用手直接涂红色矿物质颜料按印在岩壁上；而三道一组的红色竖划线条图案似乎是用三个手指沾染涂料顺岩壁自上而下涂画而成。

从我国目前发现的手印岩画来看，内蒙古阿拉善地区和宁夏白芨沟洞窟手印岩画创作的时间最早，然后是云南沧源和耿马、宁夏贺兰口、新疆库鲁克塔格手印岩刻和三峡地区手印岩画。它们之间产生的时间跨度较大，相差一万多年，期间手印岩画在岩画创作的历史是缺失的，直接从早期狩猎者岩画到了复合经济型作品。同时，依据已知新疆、宁夏和云南手印岩画的时间，其中云南沧源和耿马的手印岩画最晚，约公元前 2000 多年到公元 1000 年之间。综合分析，天子岩手印岩画更接近于云南沧源和耿马岩画，但是从云南和天子岩岩画两者分别与阿纳蒂的复合经济型岩画的特征比较得知，云南沧源和耿马岩画具有更多的相同或者相近的特点，也就是说，天子岩手印岩画应当在云南沧源和耿马岩画之后。又据当地民间流传的赵匡胤出生传说，也可以从某种程度上给我们暗示，天子岩岩画应当是公元 1000 年之前的作品。

天子岩发现的手印岩画呈现出红色，颜料经过化学检测是从天然赭石中提取的，构成赭石的是氧化铁和不纯的土质，在颜色上呈现出色度不同的暖红色，保存的时间与岩石一样久远。

手印的红色主要与颜料颜色本身所象征的意义有关。据研究，史前人类使用的颜色几乎都有某种象征，颜色使用得当与否直接与他们的命运以及生活息息相关。直至今日，人类学的研究资料表明，在非洲的一些部落之中，和这些颜色相联系的一些典型的经验依旧在社会关系的实践中发挥着作用。

综合各类研究，红色在人类文明发展过程中代表着以下意义：

（1）表示母亲的血。与母子相联系，也与群体以及社会过程有关；

（2）表示流血。和战争、夙愿、冲突、社会的不稳定有关；

（3）表示动物食物的获得或者制作，进而表达狩猎者与畜牧者的社会地位，在性别劳动分工中男性的主导生产者的角色；

（4）表示血脉的代代传承，进而表示排泄物或者肉体的消亡，进一步表达从一个社会的人转变为神秘莫测死者的过程。

可见，考虑到红色在试验中所表现出来的意义，红色在岩画中的运用，应当还有一个能让其永久留在人们记忆中的效果。如果考虑到当地神话传说中有关赵匡胤出生的情况，有学者认为在天子岩发现的红色手印岩画应当具有两方面的意义，一个方面预示着新生命的生生不息和不断延续，另一方面在于使其保留在人们的记忆之中，作为一种永久的记忆。

此外，据当地人讲，天子岩下面的山坡上，每当草木茂密的时候，站在山下朝天子岩观望，会发现在天子岩脚下的那块山峰上，绿色的树木之间会自然而然地裸露出天然形成“天子岩”三个字，即当地人认为这是天子（赵匡胤）在那里显灵的缘故。这种带有神话色彩的因素可能也是岩画被创作于此的又一个原因。

综合世界各地的学者对手印岩画意义的阐释，有关手印的意义主要表现在以下十二个方面：

（1）作为一个艺术家单独的签名或者是为了记录一次到访；

（2）作为一种纪念，是对逝者的哀伤；

（3）是祖先神灵的信息；

（4）其他土著人世俗的消息；

（5）历史事件的记录；

（6）在神圣地点作为记录故事的方式；

（7）在施巫的地方，是能够发挥巫术力量的途径；

（8）表示占有的意思；

（9）驱邪的手势；

（10）战争之后，用敌人的血印上自己的手印表示胜利；

（11）用来记录部族成员参加仪式的人数；

（12）用五根手指中的“五”表示多，或者全部[44]。

总之，对于天子岩手印岩画的创作时间，其内容所表达的具体含义仍有待进一步的研究和考证。

天子岩手印岩画，是三峡地区和湖北省首次发现的岩画类型，且国内较为罕见。所以具有重要的科学价值和文化价值。

图 10-5　牛尾石岩画所处环境（摄于 1999 年）

▼ 10.2.2 云阳牛尾石岩画

牛尾石岩画位于原云阳县凤鸣乡马岭村长江右岸岩壁之上。地理坐标为北纬 30°55′05″，东径 108°44′30″。海拔高程 100 米。牛尾石岩画凿刻于高约 13 米，长约 10 米的岩壁面底部。岩画区南部为平坦的一级阶地，其前为阶梯状的岩坡，坡长约 13 米，平均坡度 12°，上有大量崩积物堆积，最大崩积物块体宽约 2 米，长约 8 米，厚约 0.45 米，其中第二组岩画便凿刻于上（图 10-5）。

据 1999 年调查，发现岩画共计两组。

第一组分布在长 8 米，高 1.4 米的岩壁面上，共有 15 个图案组成。其中最大的图案高 0.52 米，宽 0.5 米。

第二组分布在长 7.3 米，宽约 2 米，厚约 0.45 米的块石表面，共有 29 个图案组成。其中最大的图案高 0.33 米，宽 0.21 米。

岩画主要内容有人物、大角鹿及大量的象征性图案，整个图案布局无规律（图 10-6、图 10-7）。

关于牛尾石岩画的凿刻年代，文献上未有记载，本地区也未有确切年代的同类型岩画作参比资料。但岩画中大角鹿形象，在北方阴山岩画中可见类似形象，据考证大角鹿的出现是在更新世早期，距今约一百多万年前，大约在距今一万多年前的更新世晚期绝灭。因此，据此推测，该岩画凿刻年代有可能在一万年前，但所刻动物形象是否为大角鹿，还有待进一步考证。

早在 6 世纪初，《水经注》中所记载的岩画已多达二十余处，所涉及的地域包括当今新疆、青海、宁夏、内蒙古、河南、山西、陕西、山东、安徽、广西、四川、湖北和湖南等省。1949 年后，经

图 10-6 牛尾石岩画局部（摄于 1999 年）

图 10-7 牛尾石岩画细部拓片（摄于 1999 年）

考古工作者长达 50 年的工作，目前已发现大型岩画近千处。重庆市已发现有江津灰千岩岩画、綦江清溪河岩画、巴县一品乡岩画，而三峡库区尚无岩画发现的记载。因此对于牛尾石岩画的研究，将为我们进一步研讨三峡地区早期人类活动，提供了新的实物资料。

从岩画题材上看，在现存的 40 多个图案中，除人物、鹿有明确含义外，其他图案现无法明确其涵义。但从图案形态上分类，有以下三种图案出现频率较高。

（1）螺旋对结纹

第一组中出现 1 次，第二组中出现 4 次（图 10–7）。该图案与香港蒲台岛岩画中图案极为相似。疑为一种水中生物。

（2）蛇头流线纹

第一组中出现 5 次，第二组中出现 3 次（图 10–7）。据查考，在国内岩画中，无类似图案出现，其意义有待考证。

（3）生育神纹

主要分布在第二组中，类似图案出现 6 次。与内蒙古自治区阿拉善右旗苏海赛岩画中的图案极为相似。内蒙古岩画中因图案由三个人形表示，居中者为女神，左右为男神像，因此称其为“生育神”。而牛尾石岩画中类似图案较为简单，还有待进一步比较研究。

从牛尾石岩画所处地形地貌和岩画内容分析，应属于远古巫术祭祀活动和原始宗教的产物。其后一级阶地平坦，宽阔，后靠高山，是极佳的祭祀场地。该场地范围内应进一步勘查，寻找与牛尾石岩画产生原因相关的遗存线索。

综上所述，牛尾石岩画为我们进一步了解三峡地区早期人类发展史提供了更形象的实物资料，具有一定的科学价值。

▼ 10.2.3 江津灰千岩岩画

灰千岩岩画，位于江津市四面山管委会洪洞村东 2000 米，距江津市主城区 90 公里，地理坐标为北纬 28°37′10″，东经 106°22′0″。海拔高程 931 米，为重庆市文物保护单位。灰千岩岩画所处位置属高山地区，前为小溪。周围山清水秀，湖瀑众多（图 10–8），岩画所在崖壁坐北朝南，岩画分布于长 163 米，高 8 米的壁面上（图 10–9）。

图 10–8　灰千岩岩画所处环境状况（江津文管所提供）

岩画面积约 160 平方米，清晰可见的动物有牛、熊、鱼、山羊等十余种，可辩认的动物形象约有40余个，以点连线构成图形，大小不一，最大的牛头长3米，高2米。动物有全身、有局部，有的以大套小相重叠，生动逼真（图10-10）。崖脚一线还保存有乾隆、嘉庆、崇祯、1957年等时期题记（图10-11）。根据第三次全国文物普查不可移动文物登记表和《重庆文物总目》及凿刻工艺分析，灰千岩岩画凿刻年代定在汉或汉以前为宜。

灰千岩岩画记录了古代江津地区的地理环境生物环境及祭祀文化特点，有较高的历史价值和科学价值，为研究古代江津地区乃至三峡地区地理、社会、经济、文化发展等提供了重要的实物资料。

图10-9 灰千岩岩画所处崖壁（江津文管所提供）

图10-10 灰千岩岩画细部（江津文管所提供）

图10-11 灰千岩岩画现存题记保存情况（江津文管所提供）

▼ 10.2.4 巴东新陵镇民国二十八年沈维洲撰《重修兀渊洞观音阁记》题刻

该题刻位于原巴东县新陵镇水聚村无源桥以西 20 米，斜对面为灵山圣境石刻，该题刻镌刻在一峭壁岩面上，题刻坐南朝北，海拔高程 108 米。

该题刻通高 2.08 米、宽 1 米，其中额高 0.43 米。额上端委角，斜边长 11 厘米。额有 27 厘米 ×27 厘米方框，内右至左竖排 2 行，楷书双线钩刻“永垂不朽”4 字。字高 13 厘米、字径 11 厘米。在方框两边斜刻青天白日旗，旗子呈斜插状，旗面高 20 厘米，宽 27 厘米，旗杆长 44 厘米（图 10–12）。

题记部分整幅高 1.63 米、宽 0.95 米，四周刻有花草边框，正文右至左竖排。题为“重脩兀淵洞觀音閣記”，具体文字内容详见释文卷。

该题刻记录了民国二十八年（1939 年）重建兀渊洞观音阁的事件，是研究该地区民间信仰、风俗活动的实物资料。所以具有一定历史价值和文化价值。

▼ 10.2.5 巴东新陵镇曹缉熙书“为善最乐”题刻

该题刻位于原巴东县新陵镇铜盆溪与长江右岸交汇处，镌刻在铜盆溪左岸岩壁上，距长江 50 米。题刻坐南朝北，海拔高程 120 米。

该题刻整幅高 0.8 米，宽 1 米。右至左竖排 2 行，楷书阴刻“爲善最樂”4 字。字高 22 厘米、字宽 20 厘米、字深 0.3 厘米，刻槽平整，左侧竖排楷书阴刻“曹緝熙題”（图 10–13）。

据考，清代这里是通往县城的要道，但由于地势险恶，荒无人烟，过路行人常在此遭抢劫，

图 10–12　民国二十八年沈维洲撰《重修兀渊洞观音阁记》题刻（引自《三峡湖北段沿江石刻》）

图 10–13“为善最乐”石刻拓片（引自《三峡湖北段沿江石刻》）

有一名叫曹缉熙的长老到此，提笔在岩壁上写下“为善最乐”四字，告诫人们以善为乐，多行善事。所以该题刻从一个侧面反映了清代该地区的民风，具有一定的历史价值和文化价值。

▼ 10.2.6 奉节渔王洞摩崖造像

渔王洞摩崖造像位于原奉节县白帝区瞿塘村，著名的瞿塘峡壁题刻下游800米长江左岸。地理坐标为北纬31°02′24″，东经109°34′52″。海拔高程100米。其上为著名的瞿塘峡栈道。

整个造像区位于长2.5米，高6.1米的岩壁上部。石刻内容共分两部分。右为一造像龛，龛高1.13米，宽0.86米，深0.18米。龛顶呈“人”字型，从形制上看，为楣拱龛的后期变形。龛楣及龛左右赋有楹联，上联为“神賜無疆福”；下联为“天生有道财”；横批右至左横排楷书阴刻“金叼默估”4字。内刻人像3尊。主尊为一老者像，坐姿，高0.64米；左右刻二侍者，左像高0.36米，右像高0.35米。造像龛左为一祭祀碑，高0.8米，宽0.55米，竖排楷书阴刻“何氏祖遺戲貝男女礼到吊和尚”（图10–14）。

造像龛内附有题跋“乾隆陆年六月十九日吉旦信士弟何淳”，而祭祀碑落款为“嘉慶陆年九月初六日立”。因此，渔王洞摩崖造像始刻年代应为清乾隆六年（1741年），后于清嘉庆六年（1801年）又再立祭祀碑。

从造像内容分析，应属祭祀造像。记录了清代以来何氏家族祭祖的情况。祖先崇拜是父系氏族以后，逐渐从图腾崇拜中分离出来的一种民俗活动，以显赫地位的始祖为寄拜对象。汉族地区常见的祭祖形制，以供奉写有祖先称谓、谥号或名号的木制牌位，编写家谱等活动为主，祭祀仪

图10–14 渔王洞摩崖造像（摄于1999年）

式多在祠堂内进行。而渔王洞摩崖造像就其祭祀形式而言，属露天祭祀，造像龛类似于宗祠内的造像牌位，但却未注明始祖名号，仅以楹联概括其身平。

就其所处地理位置而言，可推断其始祖的业绩应与夔门有关，但由于题记未有此方面内容和相关文献记载的匮乏，已无从考证。但就其独特的祭祀形式而言，作为一个特例，对研究三峡地区家族组织系统发展史，具有一定的历史价值。

从造像形制上看，其造像龛在很大程度上模仿了寺庙、宗祠内的佛龛和神龛的作法。主像与侍从像的比例适当，主次分明，反映了严格的等级观念。从造像手法上看，在衣纹和细部处理上，细腻生动，在一定程度上反映了当时三峡地区造像工艺的水平，很好地表现了祭祀文化中“视死如生”的深层内涵。具有一定的艺术价值。

就“渔王洞”名称来历而言，笔者推断起源时间，应不早于清光绪年间。其原因有二。第一，名称中所提到的“洞”，应为造像区上游的溶洞。第二，所谓“渔王”其所指应是造像中的主像。因三峡流域，先民多以捕鱼为生，每逢暴雨，渔民多以岩洞为掩体避雨。而洞旁造像位置较高，于其下无法辨清上部字迹，因此极有可能将其视为“渔王”，来表达自己虔诚之心，又因该处祭祀场所日渐废圮，以讹传讹，遂将其称之为“渔王洞”。

▼ 10.2.7 云阳乘龙造像

乘龙造像位于原云阳九龙乡石龙村，大龙沟右岸，海拔高程 170 米。

乘龙造像凿刻于高约 10 米，长约 7.5 米的崖壁之上，壁面东西向，崖上为石龙村，对面为大龙村，其下小地名为大龙洞，该处沿大龙沟上游 200 米为 1981 年建造的龙洞桥（图 10–15）。

图 10–15　乘龙造像环境状况（摄于 2000 年）

图 10-16　乘龙造像区全景（摄于 2000 年）

图 10-17　雨师骑龙像（摄于 2000 年）

据 2000 年调查现存造像 1 处，题记 1 处（图 10-16）。

上部为雨师骑龙像。雨师头戴冲天冠，着长袍，双手捧笏；龙身由彩云托护。高 1.6 米，宽 1.75 米，减地平铨，浅浮雕（图 10-17）。

图 10-18　创修神像碑记（摄于 2000 年）

雨师骑龙像下 2.5 米为创修神像碑记（图 10-18）。记录了创建乘龙造像的原由。具体文字内容详见释文卷。

乘龙造像始刻年代，由于部分题记风化严重难以辨析，因此，无法确定其准确年代。但据调查和当地百姓讲凿刻年代应在清同治九年（1870 年）十月间，还有待进一步查实。

乘龙造像虽始刻年代不详，保存状况也不甚理想，但其所刻题材在三峡地区较为少见，雨师是中国古代神话中司雨之神，从造像和题记内容分析，刻此像之目的在于求雨，因此，从侧面反映了清代一定时期内，川东地区久旱不雨的史实。因此，该造像对于我们研究地方传统民俗活动及川东地区历史气象情况，提供了实物资料，具有较高的历史价值和文化价值。

▼ 10.2.8 忠县烈女滩题刻

烈女滩题刻位于原忠县东溪区复兴场水口村长江右岸。地理坐标为北纬 30°17′35″，东经 109°07′02″。海拔高程 150 米。题刻区前为一斜坡，坡长约 200 米，坡度约 30°。题刻区后，为县城至复兴场的公路。

题刻所在岩壁高 2.7 米，长 3 米。题刻整幅高 1.25 米，长 2.82 米。右至左横排，楷书阴刻“烈女灘” 3 个大字。3 字左右各有题跋，右侧右至左竖排 2 行楷书阴刻“咸丰庚戌十五歲女 / 子向喜娣盡节處”，左侧右至左竖排楷书阴刻“郡孝廉何勳偉題”。大字字径 0.87 米，小字字径

图 10-19 烈女滩题刻（摄于 1999 年）

0.18 米（图 10-19）。

因咸丰庚戌年并不存在，所以经分析题刻中所题年号应为清道光庚戌（1850 年）。

自宋理学兴起以来，形成了以儒家思想为核心，与佛道理论相渗透的唯心主义思想体系。该体系中，凡涉及婚姻问题，都把封建伦理道德提到无以复加的高度。程颐曾曰“然饿死事极小，失节事极大”，此话因后人不断引用提倡，社会上逐渐产生了强调妇女贞洁的风气。因此，宋以后为恪守贞洁的妇女树碑立传之风俗蔚然成风。因此，烈女滩题刻应是这一时期典型的历史遗物。具有一定的历史价值、社会价值。

▼ 10.2.9 涪陵聚宝乡绿溪岩题刻

绿溪岩题刻位于原涪陵聚宝乡长青村一社，距离高厚桥北约 80 米，分布在距山间小路地坪高约 10 米的岩壁处（图 10-20）。该题刻镌刻于清同治九年（1870 年），整幅宽 2.4 米，高 1.56 米。竖排 17 行，楷书阴刻，内容为题诗 7 首。具体文字内容详见释文卷。

其书法出于颜体而不拘泥于一家，楷行相间，笔力雄健，气韵生动不凡，抒发了作者们热爱家乡，赞美大好河山的情怀，褒扬了积德行善，愚公移山锲而不舍的精神。是我们研究该地区民风民俗的实物资料，具有一定的历史价值、文化价值和社会价值。1987 年，原涪陵市人民政府将其公布为市级文物保护单位。

图 10-20　绿溪岩题刻（摄于 2001 年）

10.3　碑刻与民风民俗

图 10-21　募修三游洞神像功德碑照片（引自《三峡湖北段沿江石刻》）

▼ 10.3.1 宜昌三游洞募修三游洞神像功德碑

该碑立于宜昌三游洞后室左壁处，面向北方，落于地面，高 1.5 米、宽 0.68 米（图 10-21），字距 1.5 厘米、行距 1 厘米、字径 2 厘米，具体文字内容详见释文卷。

该碑记录了清道光十五年（1835 年）募资修缮、重装三游洞佛龛、佛像，增建罗汉像，添设香火的事件，是研究该地区民间信仰，风俗活动的实物资料。所以具有一定历史价值和文化价值。

▼ 10.3.2 秭归归州镇屈原庙公议酌抽庙费以供蒸尝碑

该碑位于秭归县原归州镇内。碑高 1.36 米、宽 0.72 米、厚 0.06 米。碑体下端有石榫，榫高 0.07 米、宽 0.19 米、厚 0.05 米（图 10-22）。具体文字内容详见释文卷。

该碑记录了民国五年（1916 年）筹资祭祀屈原，培修

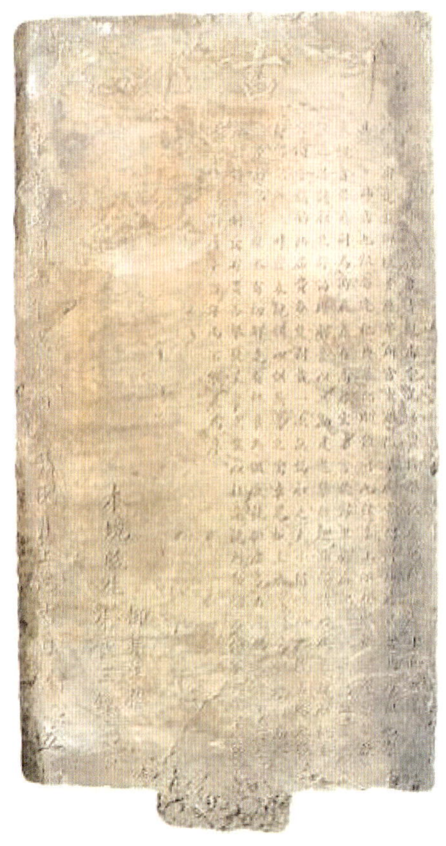

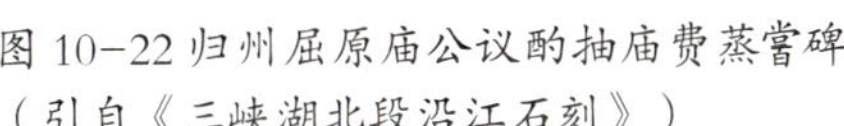

图 10-22 归州屈原庙公议酌抽庙费蒸尝碑（引自《三峡湖北段沿江石刻》）

图 10-23 重修东嶽大殿碑序（引自《三峡湖北段沿江石刻》）

屈原祠，订立族规的过程和史实，所以具有较高的历史价值和文化价值。

该碑因处于三峡工程淹没区所以现已搬迁到秭归县凤凰山古建筑群内保护。

▼ 10.3.3 秭归郭家坝镇重修东嶽大殿碑（两通）

重修东嶽大殿碑二通，出土于原秭归县郭家坝镇邓家坡村三组的“东门头遗址”，位于长江右岸，海拔 130 米。

一、重修东嶽大殿碑序

该碑呈长方形，保存较完好，字迹大部分清楚。碑高 1.42 米、宽 0.75 米、厚 0.1 米。碑底石榫残缺，具体文字内容详见释文卷（图 10–23）。

二、重修东嶽大殿功德碑

该碑呈长方形，断为两部分，碑高 1.43 米、宽 0.75 米、厚 0.12 米。碑底有梯形石榫，石榫高 10 厘米、榫上部宽 16 厘米、下部宽 14 厘米、厚 9 厘米（图 10–24），具体文字内容详见释文卷。

该碑记录了清道光二十三年（1843 年）归州（今秭归）百姓募捐重修东嶽大殿的历史事件。所以具有一定的历史价值和文化价值。

图 10-24　重修东嶽大殿功德碑（引自《三峡湖北段沿江石刻》）

图 10-25　小青滩筹凑盂蘭会功德碑

图 10-26　江渎庙祭祀镇江大王协议碑

因该二碑因处于三峡工程淹没区，所以现已搬迁到秭归县凤凰山古建筑群内保护。

▼ 10.3.4 秭归小青滩民国三年立筹办盂兰会[①]功德碑

位于秭归县原新滩镇小青滩。

该碑高 1.36 米、宽 0.72 米、厚 0.06 米。碑体下端有石榫，榫高 8 厘米、宽 16 厘米、厚 5 厘米（图 10-25）。具体文字内容详见释文卷。

该碑记录了民国三年（1914 年）小青滩募资筹办盂兰会的历史事件，因目前此类活动在我国已少见，所以具有较高的历史价值和文化价值。

因该碑因处于三峡工程淹没区，所以现已搬迁到秭归县凤凰山古建筑群内保护。

▼ 10.3.5 秭归江渎庙祭祀镇江大王协议碑

江渎庙（又名杨泗庙），始建于宋，现存为清代建筑。位于秭归县屈原镇桂林村。该碑嵌于江渎庙内墙上。

该碑高 0.95 米、宽 0.57 米（图 10-26）。具体文字内容详见释文卷。

[①] 盂兰会，农历七月初七，是古人祭祀祖先的日子，又称"盂兰盆会"或"盂兰盆斋"。也是佛教徒追念在天之灵的祭日。《盂兰盆经》佛为目连尊者说孝子救母之法，也是后世弟子应行之事，即"于七月十五日，佛欢喜日，僧自恣日，以百味饮食，安盂兰盆中，施十方自恣僧，愿使现在父母，寿命百年，无病无一切苦恼之患，乃至七世父母，离饿鬼苦，生人天中，福乐无极。"因此，弟子们奉行无违，盂兰会供僧救亲乃成为僧伽孝亲的直接体现。由此观之，佛家之孝亲是超越于世间孝的，出家并非人们所说的"不认家"，只不过是为修学佛道，将来度脱亲人，作一些必要的牺牲，是舍小取大之举。

该碑记录了民间募资祭祀镇江王的民俗活动，所以具有一定的历史价值和文化价值。

该碑现已随江渎庙搬迁到秭归县凤凰山古建筑群内保护。

▼ 10.3.6 巴东王爷庙道光二十五年立《镇江阁碑记》（四通）

王爷庙（又名镇江阁），位于巫峡内长江转弯处右岸，地处湖北省巴东县官渡口镇楠木园村东300米处。

该阁始建于清嘉庆十六年（1811年），后清道光二十五年（1845年）曾加修葺。庙内紧贴左侧墙壁立有《镇江阁碑记》，分刻在四通碑石上（图10–27）。四通碑石尺寸分别为：

1. 第一通（碑序）：高1.36米、宽0.74米、厚0.06米；
2. 第二通：高1.36米，宽0.72米，厚0.06米；
3. 第三通：高1.32米，宽0.79米，厚0.04米；
4. 第四通：高1.35米，宽0.79米，厚0.04米。

内容为庙基来源及四至界限、厘金条规、交付厘金人名单、庙宇领修人名单、碑文结尾处刻“皇图巩固，帝道遐昌”颂词。该碑由戊寅科举人、刑部司官、特授巴东县正堂松寿撰文，薌林居士陈家煜出丹。石匠向义国、向智聪、董开科、胡宗华等刊镌。具体文字内容详见释文卷。

图10–27 镇江阁碑记（引自《三峡湖北段沿江石刻》）

该碑记录了道光二十五年（1845年）募资修缮镇江阁，划定庙界，订立厘金条规的事件，因镇江阁是三峡地区船工、船帮祭祀镇江神的场所，所以该碑具有一定的历史价值和文化价值。

因以上四通碑处于三峡工程淹没区，现已随王爷庙搬迁至巴东县博物馆所属狮子包三峡地面文物复建区内保护。

第十一章 宏开利济——社会生活与石刻

乾隆年间，李拔在秭归泄滩岩壁上所书的“宏开利济”四字，记录了清康熙、乾隆年间，三峡地区商贸繁华的景象。而这种繁华的景象是三峡地区人民一代代靠着他们的坚韧和智慧换来的。

三峡地区与号称“天府之国”的四川盆地相比，由于区内95.7%为丘陵和山地，自然地理条件相对恶劣，所以人们在这种恶劣条件下生存和生活，总结形成了许多独特的生活经验和价值观。如水源获取的方法和保护意识、生态环境保护意识等。现在我们仍可从大量遗迹和遗物中找到先民的足迹和训诫。如奉节的润泽池、云阳的天师泉、武隆的清泉井、涪陵的玉泉井和雷劈石石刻及南川的“禁伐森林”摩崖题刻。

由于三峡地区多为山地江河，地形险峻，沟壑纵横，自古开山筑路，跨河建桥多有不便，因此，渡船过河是当地主要一种交通往来的形式。由此，便产生了诸多的渡口，这些渡口多为私人设立，以赢利为目的，而义渡便成为当地深得百姓崇仰的一种公益活动。这种义渡渡口常凿刻有碑刻或题记，以表彰捐资者之功绩，如巴东黄河口义渡碑、云阳长滩石碑亭碑刻、云阳彭溪口义渡摩崖题刻、万州巴阳峡黄柏溪渡口石刻等。

三峡地区自古崇尚教育，出现过许多致力教育事业的官吏和乡绅。如万州的冯卓怀、武隆的李铭熙，他们的功绩不仅被记录到了志书里，也被镌刻到了沿江的岩壁上。字库是清代地方发展公益文化事业的一种举措。而字库塔是这一举措的具体物质载体。但是目前西南地区保存完好的字库塔凤毛麟角，所以万州保存下来的两处完好的字库塔无疑是对古代三峡地区文化生活最好的反映。

社会生活的繁荣离不开有效的社会治理，这既需要政府层面的法制建设，更需要民众层面的乡规民约，三峡地区的许多石刻也从不同层面反映了这方面内容。如宜昌《公议禁止》碑、秭归县知事公署告示方碑、万州碴口石石刻、涪陵马颈子题刻、巴南普慈岩摩崖石刻、武隆烈女岩题刻、南川水趴岩摩崖题刻及南川计开团规永定章程碑等。

除以上内容外，三峡石刻还记录了三峡地区的宗族制度，如秭归王氏祠堂石刻、南川牛渡滩“夏氏世纪”题刻；还记录了三峡地区渔业生产的组织结构，如秭归上滩鱼坊题刻、鱼坊槽口记事题刻；还记录了民间土地等买卖契约，如秭归冀国陛立卖基地产业文约碑、江渎庙永卖旱田文约碑等。

综上所述，三峡石刻从不同方面记录了三峡地区古代社会生活的全景，内容丰富而翔实。

11.1 石质建筑物及构筑物与社会生活

▼ 11.1.1 奉节润泽池

润泽池位于原奉节县永安镇和平路小学东侧，堰塘边铁匠街 76 号，由县公安局消防队管辖。中心地理坐标为北纬 31°02′56″，东经 109°31′38″。海拔高程 124 米。俗称“闹巴池”，又有“老坝池”一说。

该池为一长方形池，宽 24.51 米，长 24.82 米。据清《重修润泽池碑记》载，该池“周围三十余丈，深二十余丈，用石层垒……”据调查其池底呈锅底状，锅底直径约为 7.9 米，在东北、西南两角砌有通往池底的台阶。池四周由条石交错码砌，呈底矮围栏状（图 11–1），详见图版卷。

据光绪《奉节县志·城池》载：“道光三年（1823 年）知县万承荫为浚利民池、润泽池、桂花井，

图 11–1　润泽池（摄于 1999 年）

自于衙署置太平池，令城内居民铺户，各于街坊置太平池，时时贮水。”因此润泽池的修筑年代应在清道光三年（1823 年）前。又据《重修润泽池碑记》（清・李仲良）载：“查此池为日久，道光三年（1823 年）万令次榆曾为之修……池四面甃以石，石栏环之。八年（1858 年）恩遇堂太守复浚深之,民称便焉。”具体文字内容详见释文卷。该碑凿刻年代据推断为咸丰八年（1858 年），其中记录了当时维修润泽池的情况。最后一次对润泽池的改造应在 1996 年，由承包该池的承包人李界华完成。

据光绪《奉节县志》中清朝末年奉节县城示意图，详见图版卷，原奉节县城内设有两个蓄水池，润泽池位于小东门，利民池位于水洞门。现利民池已被废弃掩埋，无遗迹可查，因此润泽池为本县仅存的古代饮水、消防设施。是研究清朝末年城市布局现存的重要遗物，具有一定的历史价值。

据清李仲良《重修润泽池碑记》载：“夔俗无井，惟以竹引山泉蟠屈山腹间，竟至有数百丈而及于池者。夔人利之，历有年所。”全文详见释文卷。又有杜甫诗云：“白帝城西万竹蟠，接筒引水喉不干。”因此可推断,至少从唐朝至清末,整个奉节县仍沿袭着古老的“接筒引水”的生活方式,“以期竹能引水，水能注池也”，从而解决整个城市人口的饮水问题。就目前来看，润泽池是这一古老生活方式的唯一实物遗存。

又据清汪志敏《重修古利民池记》载：“古利民池，嘉靖太守张公讳廷柏开浚潴水，以镇山形峭剥，和燮夔地刚燥之气，清火患，利济民生者也”。“每见祝融示警，兵役抢救，虽有官民饮水数枧，涓涓细流，迅速急需，每不足以遏其炎炎之势，取汲于江，道远莫济，均不能随时扑灭。延烧庐舍，惨目伤心。”全文详见释文卷。因此，从以上文字内容看，当时城市内诸池除有汲饮之用外，还兼有消防的功能。所以从当时城市布局分析，各井池均设置在重要建筑及街区的周边，润泽池紧靠少陵书院和寺庙，而利民池、溥利井也位于县城隍、府城隍附近。

在清李仲良《重修润泽池碑记》中曾提到：“……用石层垒，以期无渗……”可见当时工匠在培修工程中，已充分考虑了相应的防渗措施。可惜的是，这方面的记载只廖廖数笔，不足以了解当时的施工工艺。

综上所述，该池对于古代城市的防火，蓄水以及防渗技术的研究，有一定的参考价值。

▼ 11.1.2 云阳长滩石碑亭

长滩石碑亭位于原云阳县高坪乡桥亭村长滩河右岸，东临长滩河，西靠公路，南接农户，海拔高程 168 米（图 11-2），1987 年公布为县级文物保护单位。

该亭为一仿木结构石质六角亭，高 2.88 米（图 11-3）。基础落于基岩之上；碑身由六面石碑拼合而成，碑身每块宽 0.42 米，高 2.215 米，上刻内容为义渡缘起及捐款人姓名；屋面岩块由六

图 11-2　长滩石碑亭所处环境（摄于 2000 年）

图 11-3　长滩石碑亭全貌（摄于 2000 年）　图 11-4　长滩石碑亭亭刹正面造像龛（摄于 2000 年）

根四方石柱支撑，为单檐六角攒尖顶，亭刹为六面石蹬，高 0.42 米，正面（东）刻一造像龛，内刻一佛二弟子（也可能为观音像和二供养人）（图 11-4），翼角各刻辅兽一（图 11-5）具体结构详见图版卷；碑文具体文字内容详见释文卷。

从现存碑记分析，长滩石碑亭系捐置义渡而设立，据考该渡口位于长滩石碑亭南，名为“上渡口”，而碑亭正位于至渡口的小路边，可见立碑亭之目的在于昭示世人。该渡口一直至 1982 年长滩大桥修建后，方废弃。

综上所述，该亭建造形式及有关碑记对于研究三峡地区独特的乡土文化及社会生活是极好的实物佐证。

图 11-5　长滩石碑亭翼角铺首（摄于 2000 年）

图 11-6　天师泉古井所处环境（摄于 1999 年）

▼ 11.1.3 云阳天师泉古井

天师泉古井位于原云阳县师范学院内。地理坐标为北纬 30°57′33″，东经 108°53′32″。海拔高程 158 米（图 11-6）。

天师泉古井井口平面呈六边形（图 11–7），边长 0.74 米–0.95 米，占地面积约 2.5 平方米。据 1999 年 3 月 18 日调查，井深 3.3 米。井台以条石铺设，现存地面条石不规则。井壁以条石铺砌，砌筑条石表面呈外凸曲线（图 11–8），顶部两层呈直线型，疑为后期维修更换。条石平均长度

图 11–7　天师泉古井井口（摄于 1999 年）

图 11–8　天师泉古井砌筑条石形状（摄于 1999 年）

图 11-9 天师泉古井出水口（摄于 1999 年）

0.82–0.95 米，平均高度 0.3 米。东北壁第 10 至 11 层（由上至下）开出水口一（图 11-9），宽 0.33 米，高 0.31 米。

据调查该井最高水位可至井台，正常水位 -0.3 米（以井台为 ±0.00 米）。

据《四川省云阳县文物古迹保护规划报告》，天师泉古井的始建年代为明代，但目前在其它文献中，均无查考依据。1987 年 10 月 10 日，被公布为云阳县文物保护单位。

据民国《云阳县志》载："天师翟乾祐于汉城山，结坛考召，迫命群龙，谕以滩波之险，使皆平之。一夕之间风雷震击，十四里尽为平潭，唯一滩仍旧，龙亦不至。乾祐复严饬，神吏追之。又三日一女子至曰，某所以不者欲助。天师广济物之功耳，云安贫民至江口，负财货至近潭，以给衣食者众矣。今若轻舟涉平，江无虞，即贫民无佣负之所。绝衣食之路，余宁险滩，波以赡佣，负不能利舟楫，以安富商也。乾祐善其言，使群龙皆复其故，风雷顷刻而长滩。如余谓，山溪夷险势，难齐同陵谷变迁，古今或异。此溪近县而涸，盖缘土石，疏洩溪水，伏流方外虚张敕敕之术。段氏好语神怪，因而实之然其言，近仁故可存也。"通过对该段文字的辨析和现场勘察，"天师泉"之来历可能与云阳县古代天师瞿乾祐"疏洩溪水"，而筑井有关。

天师泉古井所处原云阳县师范学院所在地，经调查为原陈家祠堂遗址。而天师泉古井前院办

图 11-10　陈家祠堂原正殿础石（摄于 1999 年）

图 11-11　云阳县师范学院内的黄桷树（摄于 1999 年）

公楼所处位置，应为原陈家祠堂正殿。调查时，楼前仍保留有原正殿础石两件（图 11-10），详见图版卷，就形制而言不会早于明代。虽然原建筑遗址已完全破坏，但院内除古井及零散构件外，还保留有一棵古黄桷树（图 11-11）。

综上所述，天师泉古井作为云阳古县城的历史遗物，对于研究云阳县城的历史变迁有一定的参考价值。

▼ 11.1.4 万州小周字库塔

小周字库塔位于原四川省万县市天城区小周镇小周场小学南 10 米，距长江 50 米，东为民居，西为橘林，海拔高程 145 米。

小周字库塔为一平面六边形的五层楼阁式塔，总高 5.95 米，内中空。塔基高 0.26 米，边长 1.7 米；第一层塔身高 0.9 米，边长 1.1 米；第二层塔身高 0.8 米，边长 1.12 米；第三层塔身高 0.8 米，边长 0.9 米；

第四层塔身高 0.7 米，边长 0.7 米；第五层塔身高 0.6 米，边长 0.5 米。塔檐由石板叠成，角部呈起翘状。第二层塔身辟有一拱形门，相对一面开有一圆形孔（图 11–12）。

图 11–12 小周字库塔（引自《长江三峡文物存真》）

第四层塔身刻有造塔碑记，详细记录了造塔缘由，文中论述了字对于历史发展及社会发展的作用，并提出人们应珍惜字的观点，同时，也提出随处焚纸，对环境的污染，故“就朝阳寺公地建此塔为庫，庶得以收残篇癈字使我境人人皆得惜焉”，落款为“皇上同治八年七月吉日，劉鼎泰謹識并□□匠師夏尚碧”。其相对一面刻“字庫”两个大字及同治八年孟秋募捐建塔的题记。

字库是清代地方发展公益文化事业的一种举措。小周字库塔造型简洁，是三峡地区保存下来较完整的字库之一，更重要的是小周字库塔保存的碑记和题记仍可辨识，具有明确的纪年，是极为罕见的。

字库塔是中国古建筑中一种特殊的形式和类型，是中国独有的“尊重文字、惜字得福”文化习俗的物质载体和传播媒介。它所记载和宣示的“敬天惜字”的道德观念和社会风尚，对中华文明的不断延续和传承起着重要的作用。字库塔将焚烧字纸的实用功能与“敬天惜字、祈求福社”的精神功能相互结合，将中国传统文化与传统建筑艺术高度融合，显示出独具一格的建筑特征和突出的文化价值。字库塔虽与中国类似古塔具有相似的整体形态，且均属于承载风俗信仰的文化性建筑，但它们却属于不同的建筑类型，字库塔更加具有中国土木文化的地域性与民族性。因此，小周字库塔具有较高的历史价值、艺术价值、文化价值和社会价值。

▼ 11.1.5 万州瀼渡字库塔

瀼渡字库塔位于原万县市龙宝区瀼渡镇东 250 米处，南临长江。

瀼渡字库塔为一平面六边形的三层楼阁式塔，塔刹已毁，残高 5.12 米，塔身垒砌而成，由下至上收分明显。塔基高 1.5 米，边长 0.88 米；第一层塔身高 1.07 米，边长 0.78 米；第二层塔身高

0.98 米，边长 0.68 米；第三层塔身高 0.87 米，边长 0.34 米。三层塔檐厚 0.24 米–0.27 米，由石板叠成，角部起翘。塔身上原有题刻，由于风化严重，现已无法辨识（图 11–13）。

瀼渡字库塔建于清代，但由于缺少确凿的文献依据，所以具体建造年代还有待进一步考证和研究。

瀼渡字库塔和小周字库塔一样，同是清代提倡发展地方文化的产物，这类建筑，虽然文献记载很多，但本地区现存实物较少。因此，作为一种用途特殊的古代建筑类型，具有一定的文化价值。

▼ 11.1.6 忠县无铭阙

无铭阙位于原忠县城东北十公里的㽏井溪东岸，海拔高程 142 米。左阙已无存，现存为右阙，其朝向为南偏西 45°（图 11–14），具体结构详见图版卷。

该阙由台基、阙身、一楼、腰檐、二楼及顶盖六部分组成，通高 5.66 米（图 11–15）。

台基，为一整石，高 0.26 米，宽 1.62 米，进

图 11–13　瀼渡字库塔（引自《长江三峡文物存真》）

图 11–14　无铭阙所处环境状况（摄于 1994 年）

图 11-15　无铭阙全貌（摄于 1994 年）

图 11-16　无铭阙阙身白虎浮雕造型（摄于 1994 年）

图 11-17　无铭阙角神造型（摄于 1994 年）

深 1.17 米，四面均无雕饰。

阙身，为一整石，高 2.53 米，下宽 0.93 米，进深 0.64 米，上宽 0.7 米，进深 0.59 米，左面刻浮雕白虎（图 11-16），其他三面均无雕饰，下段已产生裂纹。

一楼，由石料分上下两层构成，第一层，高 0.42 米，宽 0.91 米，进深 0.77 米，正面上下两枋头间柱外侧，均刻有一角神（图 11-17）。第二层，上部移出呈斗形，高 0.42 米，宽 0.91 米，进深

0.72 米，素面无雕饰。

腰檐，为一整石，高 0.42 米，宽 1.53 米，进深 1.18 米，正背面出檐 0.32 米，两侧出檐 0.47 米，檐口略有残缺。

二楼，由石料分上下三层构成，第一层，高 0.44 米，宽 0.9 米，进深 0.77 米，正面两角神已严重风化。第二层，高 0.20 米，宽 0.77 米，进深 0.61 米，无残损。第三层，呈斗形，高 0.5 米，上宽 1.06 米，进深 0.77 米，四周刻有斗拱，保存较好。

顶盖，现为一整石，高 0.33 米，宽 1.76 米，进深 1.17 米，正、背面出檐 0.23 米，两侧出檐 0.38 米，雕刻形式同腰檐，为重檐庑殿结构，脊饰已无存。

1987 年 8 月，该阙曾被飓风刮倒，后维修中，在台基与阙身结合部发现数枚压基五铢钱。因为东汉武帝所铸五铢，所以可将其始建年代定为东汉。

▼ 11.1.7 忠县丁房阙

丁房阙位于原忠县东门外人民路北侧的土主庙前，海拔高程 145 米。方向朝南偏东 30°，由左、右两阙组成，相距 2.46 米。均已建有保护建筑（图 11–18）。

据考，此阙经后代修缮、补刻，现大部分可能已非汉代原物，具体结构详见图版卷。

一、左阙

由主阙和耳阙组成（图 11–19），但 1994 年调查时，由于耳阙外侧大部分已嵌入相邻的隔墙内，

图 11–18　丁房阙所处环境状况（摄于 1994 年）

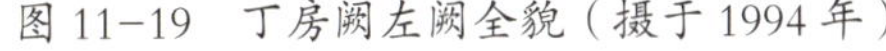

图 11-19 丁房阙左阙全貌（摄于 1994 年）

图 11-20 丁房阙左阙主阙全貌（摄于 1994 年）

故无法详述。

1994 年调查时，主阙台基已埋入地下，形状及保存情况不明。台基以上由阙身、一楼、腰檐、二楼及顶盖五部分组成（图 11-20）。阙身，由石料分上下两层构成，第一层，高 1.84 米，下宽 0.88 米，进深 0.6 米，上宽 0.77 米，进深 0.57 米。阙身表面原无雕饰，也未见早期铭刻的痕迹。正面刻有《巴国忠贞祠铭》，道光忠州直隶州志录有全文，具体文字内容详见释文卷；背面所刻内容已损失殆尽，仅有“清乾隆三十六”6 字可识；右侧刻有清康熙甲戌《重修巴国忠贞祠铭》。第二层，高 0.58 米，下宽度 0.77 米，进深 0.57 米，正面刻浮雕两兽（图 11-21），背面雕饰剥落严重，内容不明。

一楼，由石料分上下三层构成，第一层，高 0.43 米，宽 1.07 米，进深 0.83 米。第二层，高 0.2 米，宽和进深与第一层相同，四面无雕饰。第三层，呈斗形，高 0.52 米，上宽 1.07 米，进深 0.74 米，四面亦无雕饰。

腰檐，为一整石，高 0.45 米，正面出檐 0.32 米，侧面出檐 0.53 米，檐口平直。

图 11-21　丁房阙左阙主阙阙身浅浮雕（摄于 1994 年）

图 11-22　丁房阙左阙的鸳鸯交手拱（摄于 1994 年）

二楼，由石料分上下三层构成，第一层，高 0.5 米，宽 0.8 米，进深 0.6 米。第二层，高 0.2 米，宽度和进深与下石相同，无雕饰。第三层，高 0.54 米，上宽 1.12 米，进深 0.7 米，右侧刻有鸳鸯交手斗拱（图 11–22），略残。

顶盖，现由石料分上下三层构成，第一层刻庑殿样式屋面，高 0.28 米，宽 1.56 米，进深 1.26 米，正、背面出檐 0.3 米，侧出檐 0.38 米，除雕刻辐射状排列椽子，其他部分均未雕刻。第二层，高 0.21 米，宽 0.72 米，厚 0.31 米，无雕饰。第三层，高 0.6 米，宽 0.7 米，厚 0.29 米，为山形脊饰。

二、右阙

右阙通高 5.55 米，台基已埋入地下，形状及保存情况不明。台基以上由阙身、一楼、腰檐、二楼及顶盖五部分组成（图 11-23）。

图 11-23　丁房阙右阙全貌（摄于 1994 年）

阙身，由石料分上下两层构成，第一层，高 0.88 米，下宽 0.95 米，进深 0.55 米，正面曾有题记，但已模糊不清，无法辨识。第二层，高 1.36 米，下宽度 0.82 米，进深 0.52 米，上部有雕饰，但已剥落严重。

一楼，由石料分上下两层构成，第一层，高 0.51 米，宽 1.12 米，进深 0.97 米。第二层呈斗形移出，高 0.53 米，上宽 0.93 米，进深 0.72 米。

腰檐，为一整石，高 0.19 米，正、背面出檐 0.32 米，侧面出檐 0.33 米，仅具外形轮廓，未刻出瓦垄和瓦当。

二楼，由石料分上下三层构成，第一层，高 0.43 米，宽 1.07 米，进深 0.83 米。第二层，高 0.15 米，宽 0.82 米，进深 0.58 米，上部略鼓出。第三层，高 0.41 米，下宽 0.95 米，进深 0.7 米，上宽 1.07 米，进深 0.76 米。

顶盖，现为由石料分上下三层构成，第一层刻庑殿样式屋面，高 0.28 米，宽 1.56 米，进深 1.26 米，正、背面出檐 0.3 米，侧出檐 0.38 米，除雕刻辐射状排列椽子，其他部分均未雕刻。第二层，高 0.21 米，宽 0.72 米，厚 0.31 米，无雕饰。第三层，高 0.6 米，宽 0.7 米，厚 0.29 米，为山形脊饰。

该阙为一双阙，左阙配有耳阙，但右阙只有主阙。左阙阙身二层的三面浮雕，既非汉代风格，也非汉时内容；阙上的铺首、角神，也与汉风迥然不同。阙身上的明万历《巴国忠贞祠铭》，其中载有“毗左阙圮”，可知左阙是倒塌后重建的。又据《蜀中名胜记·重庆府·忠州》载“右边阙就圮，近日为有司者新之，了非故物”，可见右阙也进行过整体维修。据调查，其腰檐、二楼、顶盖可能均已非原物，是按照左阙模式仿刻而成的，且漏配了耳阙。从总体上看，该阙所刻人物、花草、鸟兽等图案，均具有明显的明代风格，因此，可推断现存主体结构应为明代重建。关于该阙始建年代的推证，一直缺乏具有说服力的实证资料，但从形制特征分析，其与四川诸阙有许多相似之处；如石阙身及斗拱形制与渠县诸阙相似，鸳鸯交手拱与雅安高颐阙相近；其总体的重楼重檐式结构，

图 11-24　乌杨阙发掘现场

图 11-25　乌杨阙复原效果图（引自《重庆忠县汉代乌杨阙再研究》）

虽为罕见，但却屡见于四川东汉墓葬出土的画像石及画像砖上。从以上特征综合分析，该阙始建年代定在东汉中晚期为妥。

▼ 11.1.8 忠县乌杨阙

乌杨阙位于原忠县县城西南约 10 公里长江南岸临江台地的小山梁上，海拔高度约 160 米，西北与忠县邓家沱阙隔江相望。在乌杨阙南 100 米处有一汉代墓地（枞树包墓地）。

2001–2002 年，重庆市文物考古所对乌杨阙遗址进行了发掘，发掘面积 4000 平方米，发现阙基 1 处、神道 1 段，以及大量汉阙石质构件（图 11–24）。这应是除汉代帝陵墓阙发掘之外，首次专门针对汉阙类遗址进行的大规模田野考古发掘，是目前我国幸存的 30 余处汉阙中，唯一通过考古发掘复原，并发现了相关的阙址、神道、墓葬的石阙。发掘者还在对遗迹和出土构件分析的基础上对该阙进行了复原研究（图 11–25），通过复原可知，乌杨阙为双子母石阙，石质砂岩，主阙高 5.4 米，进深 1.7 米，自上而下依次由脊饰、阙顶盖、上枋子层、扁石层、下枋子层、主阙体、阙基七部分构成。子阙高 2.6 米。阙身刻有当时生活场景、神话传说和飞禽走兽等图案[45]。具体结构详见图版卷。

乌杨阙的发现对于研究我国汉代石阙进一步补充了实物资料，同时由于石阙和墓葬同时发掘，所以对研究汉代丧葬制度更有特别重要的价值。现乌杨阙陈列于重庆中国三峡博物馆中厅。

汉代帝王、贵族和整个统治阶级崇尚奢华，尤其体现在丧葬制度方面，普遍的祠墓建筑特点为“制作侈大、石阙双立、高庑百尺”。阙作为这种奢华葬制的标志之一，从形制的等级，便可了解墓主人的身份、地位和权力。因此，忠县三阙对于我们研究汉代的政治、经济、社会史是不可多得的实物资料，对于进一步研究该时期巴蜀地区礼仪制度、丧葬制度的地区差异性，更具有历史价值。

阙首先是一种建筑，而石阙又是用岩石雕刻而成的。因此，从艺术角度分析，应包括建筑艺术和雕刻艺术两个方面。

丁房阙、无铭阙和乌杨阙在造型上有许多相似之处，它们与四川其他地区诸阙却又不相同。高挑秀丽是它们最为独特的造型特点。

顶盖（屋面）造型是中国古代建筑的一大特点，古代木构建筑中，挑出的屋面能起到遮挡雨水、保护墙面、基柱，便于控制阳光照射的作用。无铭阙和丁房阙的顶盖均为重檐庑殿形式，顶盖为三层，无枋子层，这种形式在川西石阙中不曾出现，而与山东嘉祥武氏阙较为接近，也常见于东汉晚期出土的画像砖上。对于研究汉代建筑形制的演变具有特殊意义。

从雕刻题材看，无铭阙左前角神很特殊，形象全裸，性器官突出，除雅安高颐阙有类似形象外，实为罕见，说明当时受汉代统治阶级思想意识影响较小，题材除了来自现实生活外，可能还来自当地的民间神话，在一定程度上反映了当时的社会生活和民风民俗。

从雕刻造型技巧看，丁房阙又有堪称独道之处。上层高浮雕怪兽铺首（图 11-26），正面见头，背面见尾，如穿石而过，构思独特巧妙，极为罕见。角神裸体力士，虽已多处破坏，但仍可见其造型的力度。

图 11-26 丁房阙的高浮雕铺首（摄于 1994 年）

▼ 11.1.9 涪陵玉泉井

玉泉井位于原四川省涪陵市新妙区两汇乡老街村，梨香溪左岸。地理坐标为北纬 29°37′43″，东径 107°05′41″。海拔高程 165 米。

玉泉井所处位置在油汇河与梨香溪两

图 11-27　玉泉井所处环境（摄于 1999 年）

图 11-28　玉泉井保存情况（摄于 1999 年）

河交汇处。玉泉井位于梨香溪左岸一缓坡上，其后为高约 20 米的陡崖。崖壁之上为曹家院子台地，台地地势平缓（图 11-27）。

玉泉井井台以条石砌筑，呈不规则形，长 3.1 米，宽 1.8 米，深 0.6 米（图 11-28）。

井台左右岩壁上现存三款题记，具体文字内容详见释文卷。

从玉泉井形制上分析，实为一利用天然泉水砌筑的蓄水池。该股泉水的形成应与其独特的地形和地质结构有关。其上为曹家院子台地，由风化泥岩和第四系覆盖层组成，形成地表含水层。当下部砂岩中发育的张开性裂隙，揭穿该层时便为地表水的下渗提供了通道。而砂岩下部为泥岩层，形成良好的隔水底板，于是水便沿砂岩与泥岩的界面流动，在玉泉井后陡崖底部产生露头，形成泉点。

据题记内容推测，在嘉庆十六年以前，该股泉水并未得到充分利用，只简单地用以洗脚洗衣。直至嘉庆十六年，人们用石板砌筑成蓄水池，方使此泉得以保护，减少了水源污染和不必要的浪费，从此玉泉井便成为当地居民生活用水的重要水源之一。

玉泉井以其实物的形式体现了三峡地区先民重视水源保护，重视环境保护的理念。显示了古人充分利用自然条件改变生存环境的聪明才智，同时也赋予了浓厚的文化意义。所以具有较高的科学价值和社会价值。

▼ 11.1.10 武隆羊角居委会清泉井及对联石刻

清泉井位于原武隆县羊角居委会，海拔高程 185 米。

清泉井水源为一碗口大泉水，因其清凉可口，往来客商及搬运工均喜在此饮水小憩。后人为保护水源，便筹资修井蓄水，得名“清泉井”；此井修筑面积约 10 平方米，井平面呈长方形，约

图 11-29 清泉井及对联石刻（引自 1992 年三峡工程淹没区文物普查资料）

2 平方米。井上凿龛，龛内原有浮雕及碑刻，现已被覆盖；龛外刻对联一幅，横批为“清泉井”，上联为“井水同三官謹备”，下联为“泉源養万民全生”，字径约 15 厘米落款为“宣統三年秋月穀日立”，以上均为楷书阴刻（图 11-29）。

该清泉井及对联石刻揭示了本地区古代先民保护水源的意识，所以具有一定的历史价值和社会价值。另一方面，该对联书法秀美，刻工精细，还具有一定的艺术价值。

▼ 11.1.11 武隆羊角场驳道

羊角场驳道位于原武隆县羊角镇羊角场，海拔高程 185 米。该驳道由羊角场大石头处修至滩眼脚，东西全长 2.5 公里。该驳道宽 2.3 米，由长约 1 米，宽 0.5 米，厚 0.05 米的石板铺砌而成。据考，该驳道始建于清康熙年间，补修于民国二十二年（1933 年）。主要是供当地鸡公车[①] 运盐之用。

采盐、运盐在三峡地区古代社会经济生活中占有相当重要地位，更是峡江地区先民的重要经济活动。该驳道是我们研究三峡地区清代运盐业发展情况的实物资料，所以具有一定的历史价值。

[①] 手推独轮车，是民国农村主要运输工具。

11.2　摩崖石刻与社会生活

▼ 11.2.1 秭归泄滩乾隆庚寅李拔书“宏开利济”题刻

该题刻位于原秭归县泄滩乡陈家湾村一组。石刻坐北朝南，海拔高程 108 米。

该石刻整幅高宽 0.92 米，1.2 米，有边框。右至左竖排 2 行，楷书阴刻“宏開利濟”4 字。字高 36 厘米、字宽 28 厘米，字距 2 厘米，刻深 1 厘米，刻槽呈平缓状。右侧竖排楷书阴刻“乾隆庚寅嘉平”6 字；左侧竖排楷书阴刻“西蜀李拔題書”6 字，题跋字高 9 厘米、字宽 7 厘米。刻字均填以白色（图 11–30）。

据考，泄滩在清康熙、乾隆年间商贸繁华，此处有一神庙，供附近居民及原来客商祭拜，常常夜有万盏灯火，日来香火鼎盛。故乾隆三十五年（1770 年），李拔在此题书“宏開利濟”四字。因此，该题刻具有一定历史价值和社会价值。

▼ 11.2.2 秭归乾隆庚寅李拔题七言绝句题刻

该题刻位于宏开利济题刻东斜上方的一块褐色砂岩之上。石刻坐北朝南，海拔高程 110 米(图 11–31)。

该石刻呈笏头碣状，上方为圆头，周边有线刻边框，整幅高 1 米、宽 0.6 米。右至左竖排 7 行，共 55 字，楷书阴刻，字高 8 厘米、字宽 7 厘米、字距 2 厘米、刻深 0.5 厘米。第 5 行为年号，第 6、

图 11–30　宏开利济题刻（引自《三峡湖北段沿江石刻》）

图 11-31 秭归无名氏题七言绝句题刻
（引自《三峡湖北段沿江石刻》）

7 行为落款，字高 5 厘米、字宽 4.5 厘米。具体文字内容详见释文卷。

秭归泄滩的水急浪高，滩险、船多，该诗描写了乾隆三十五年（1770 年）当时拉纤号子和摇橹的歌声此起彼伏，互相唱和的热闹场面。因此，具有较高的历史价值和社会价值。

▼ 11.2.3 秭归新滩镇乾隆庚寅李拔书“安怀楚甸”题刻

该题刻位于原秭归县屈原镇（新滩镇）黄岩石壁上。

右至左横排，楷书阴刻“安懷楚甸”4 字，刻槽平缓。右侧竖排楷书阴刻“乾隆庚寅”4 字，左侧竖排楷书阴刻“西蜀李拔题”5 字（图 11-32）。该题刻记录了乾隆三十五年（1770 年）甸（新滩）—楚国边远的地方，当时人们生活平安祥和的景象。因此，具有一定的历史价值和社会价值。

1981 年葛洲坝工程长江截流后，该题刻已被淹没。

▼ 11.2.4 秭归新滩镇民国十三年聂忠文题北岸上滩鱼坊题刻

该题刻位于原秭归县屈原镇（新滩镇）长江右岸江滩石壁之上（图 11-33），具体文字内容详见释文卷。

图 11-32　秭归安怀楚甸题刻（引自《三峡湖北段沿江石刻》）

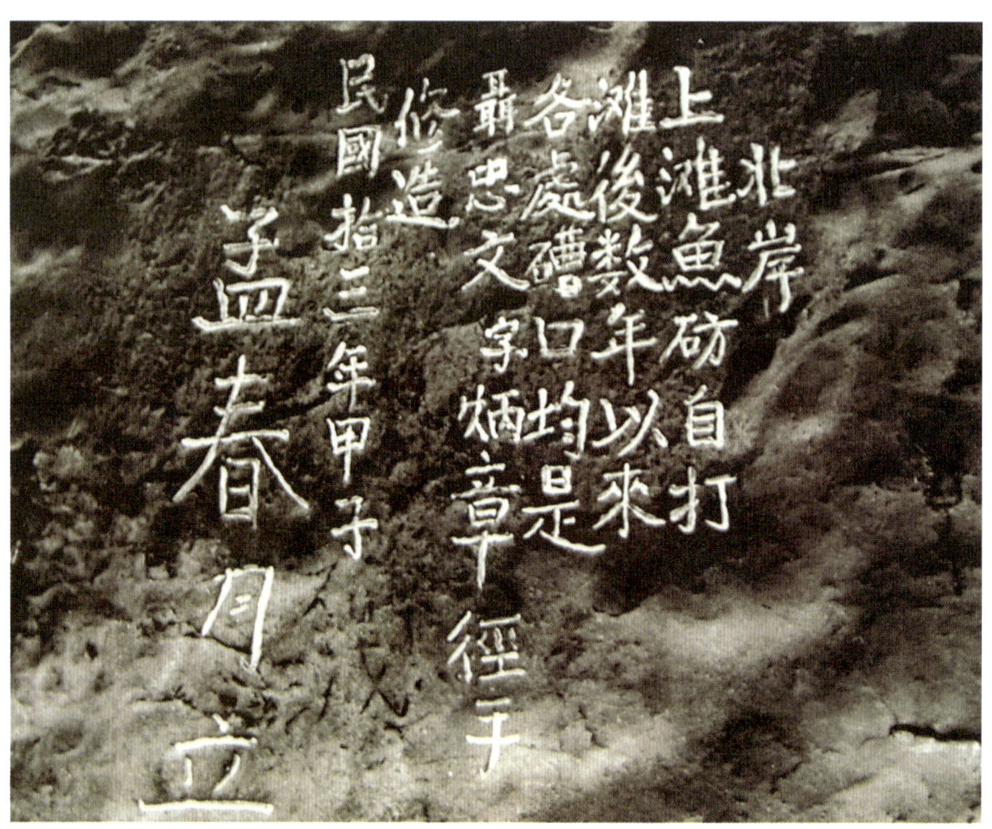

图 11-33　民国十三年聂忠文题北岸上滩鱼坊题刻（引自《三峡湖北段沿江石刻》）

图 11-34 民国二十年聂炳章刊建筑渔坊槽口记事题刻（引自《三峡湖北段沿江石刻》）

新中国成立前，在退水时，秭归新滩镇渔户们常为争夺江边捕鱼槽口的主权而产生纠纷，甚至械斗。因此，新滩镇上滩一带的渔民就自发结成了以渔坊为单位的组织，共同捐资修建渔坊槽口，共同享有捕捞的权利。并订立坊规，协调坊友间的利益并相互团结，以抵御外界的侵占。该题刻的署名人应是“北岸上滩渔坊”的头人。该题刻是反映民国十三年（1924 年）新滩地区渔业生产组织结构的历史资料。所以具有一定的历史价值、社会价值。

1981 年葛洲坝长江截流后，该题刻被淹没。

▼ 11.2.5 秭归新滩镇民国二十年聂炳章刊建筑渔坊槽口记事题刻

该题刻位于原秭归县屈原镇（新滩镇）（图 11-34）。具体文字内容详见释文卷。

该题刻反映了民国年间新滩地区渔业生产的组织结构。所以具有较高的历史价值和社会价值。

1981 年葛洲坝长江截流后，该题刻被淹没。

▼ 11.2.6 云阳彭溪口义渡摩崖题刻

该题刻位于原云阳县双江镇莲花乡桔园村，彭溪入江口右岸（图 11-35），中心地理坐标为北纬 30°57′05″，东经 108°39′16″。海拔高程 100 米。

该题刻凿刻于高约 10 米，长约 31 米的岩壁面上，题刻区后靠人头山，东濒彭溪河，与双江镇遥遥相对。为侵蚀岸，底部有明显的侵蚀凹槽（图 11-36）。

据 1999 年调查，现存题刻三款，具体文字内容详见释文卷。

由题记内容可知，该题刻凿刻年代为清嘉庆二十年（1815 年）。

据民国《云阳县志》载：“……彭溪有黄氏义渡……”该句文字是该处题刻唯一可查文献记载。通过对题刻文字的辨析。2 号题刻（现场编号）中有“……一遇江水涨或小河溪水暴发，渡夫

图 11-35　彭溪口义渡摩崖题刻所处环境（摄于 1999 年）

图 11-36　彭溪口义渡摩崖题刻区全景（摄于 1999 年）

图 11-37 彭溪口义渡摩崖题刻 2 号题记（摄于 1999 年）

乘机勒索，有不者登舟而过，无不望洋而返。蚁父目击有年，扼腕□□，誓欲制造渡船，捐置义渡，奈有志未逮，遏你物故，蚁谨佩遗诲，□继成父志。幸天从人愿。近来衣食□□，故于今春修造渡船一只……”题刻落款中有“黄本立捐置义渡以济人仰俯”，“好善黄公□正荣老先生大人”（图 11-37）。由该题刻可知，该义渡的捐资人为黄立本，其秉承其父黄正荣之遗愿，在此处开设义渡，以解当地百姓之疾苦。

彭溪口渡口至今仍在使用，其渡河工具除渡船外，还在河流两边各立一柱，拴一金属缆绳于柱间，并用粗绳将船系于金属缆之上，通过牵拉缆绳而完成摆渡。这种摆渡方式称为“扯渡”，是三峡地区较为古老的摆渡方式之一，多用在水流较急，河面较窄的河道处，以防渡船因水流湍急，而漂至下游。

综上所述，该处题刻对于研究三峡地区独特的乡土文化及社会生活是极好的实物佐证。具有较高的历史价值和社会价值。

▼ 11.2.7 云阳佘家嘴石刻

佘家嘴石刻位于原云阳县巴阳乡巴阳村佘家嘴长江左岸。根据原普查资料统计佘家嘴石刻仅存 1 款题刻，但就 1999 年 3 月 28 日现场调查发现，该地区位于 175 米水位以下的石刻数量远不止如此，据统计长江两岸现存题刻、石刻共 3 处，6 款（幅）。因长江右岸为原四川省万县市五桥区所辖，因此右岸石刻另见黄柏溪渡口石刻，而长江左岸都归入佘家嘴石刻。据调查，佘家嘴石刻可分为东、西两区。其中西区地理坐标为北纬 30°55′41″，东经 108°35′11″（图 11-38）；东区地理坐标北纬 30°55′47″，东经 108°35′15″（图 11-39）。海拔高程 125 米。

因此，佘家嘴石刻据 1999 年 3 月 28 日现场调查、统计编号现存题刻 2 款，造像龛 1 处，具

图 11-38　佘家嘴石刻西区（摄于 1999 年）

图 11-39　佘家嘴石刻东区（摄于 1999 年）

图 11-40 佘家嘴石刻造像龛（摄于 1999 年）

体如下（由上游至下游编号）：

1 号：为一题刻。位于西区，具体文字内容详见释文卷。

2 号：为一造像龛。位于东区，距 1 号题刻下游 200 米。方形平顶敞口式，龛高 0.97 米，宽约 1.4 米。内刻水府三官坐像，像高 0.54 米，宽 0.2 米。龛上右至左横排，楷书阴刻“巴陽水府”4 字，整幅高 0.7 米，宽 1.57 米。龛外壁左右两侧刻有楹联，上联为“石壁通仙界”，下联为“江雲护道心”（图 11–40）。

3 号：为一题刻。位于东区造像龛所在岩壁下部，具体文字内容详见释文卷。

据 1 号题刻和 3 号题刻内容可知，佘家嘴石刻始刻年代在清道光十二年（1832 年），因捐资维修巴阳水府造像而刻 3 号题刻；后咸丰七年（1857 年）又因万州知县冯怀卓倡义渡而刻 1 号题刻。造像龛因无铭刻题记，故始刻年代不详，但就造像形制和服饰分析，疑为明代造像。

据民国二十五年《万县志》列女上载：“熊毓甲妻陈氏……缩食减衣，十年未购一垄地，悉为施济用……黄柏溪佘家嘴津渡处，乾隆间熊伦承充船户，后嗣据为私有，旅客每受其挟制。陈捐置业，设义渡，伦裔承芳讼争于县。知县冯卓怀亲勘，破除私渡恶习，刊石为记，复题善溢巴阳四字于峡一笔，时杭（航）行者利之。复延善言者宣讲，市镇广印，福善祸淫因果书以为劝，征闻风感者众。享年八十四，子孙咸承其德不衰。”以上内容记载了佘家嘴题刻 1 号题刻凿刻的缘由，因此，

图 11–41 黄柏溪渡口石刻环境状况（摄于 1999 年）

该款题刻应与义渡有关，是研究三峡地区社会生活颇具历史价值的实物资料。

又据 3 号题刻载："……有石壁为旧塑，三官神像甚是灵应，数十年来凡商民稳载上下，而无风波之虞者，匹仗神功，孰能使之然哉。无如代远年湮又兼累年有水泛涨，遂致神像颓败，仁人君子拜不观之。则然予愧力薄，幸梓里乡台均皆乐助，而神像由是焕然一新焉，今工告竣，特为刊石永垂不朽，云是为引……" 以上文字记录了道光年间修缮水府造像的缘由和经过。从水府造像形制上看，应属民间造像，神像着官袍，具世俗化特征。因此，巴阳水府造像及 3 号题刻对于研究三峡地区民间宗教极具参考价值。而水府造像也代表了三峡地区后期造像的特点，具有一定的艺术价值。

▼ 11.2.8 万州黄柏溪渡口石刻

黄柏溪渡口石刻位于原四川省万县市五桥区黄柏乡巴阳村黄柏溪渡口长江右岸石壁之上（图 11–41）。地理坐标为北纬 30°55′22″，东经 108°35′28″。海拔高程 125 米。石刻位于一级阶地前的陡崖之上，陡崖高约 5.8 米。其前至长江为阶梯状缓坡，平均坡度 10°，坡上有崩塌堆积物（图 11–41）。

据 1999 年现场调查，现存石刻共计三幅，具体如下（由上游至下游编号）：

1 号：熊冯氏节孝坊

为一高浮雕。刻面阔三间，重檐石坊一座，高约 4 米，宽约 2.7 米。在由额垫板、柱等处共有题记 5 款。具体文字内容详见释文卷。该石刻记录了熊冯氏生平及立坊人姓名，年代。

2 号：道光乙巳邱煌书"佑贶灵长"题刻

具体文字内容详见释文卷。

3 号：咸丰拾年冯卓怀书"普同利济"题刻

具体文字内容详见释文卷。

黄柏溪渡口石刻始刻年代为清道光二十五年（1845 年），2 号佑岘灵长题刻为该年凿刻。后咸丰十年（1860 年），凿刻 1 号石刻及 3 号普同利济题刻。

因黄柏溪渡口与云阳佘家嘴渡口分别位于长江两岸，应同属一义渡。在清同治五年《万州志》艺文中有冯卓怀所撰的《黄柏溪义渡》一文。文中详细记录了渡口兴建的缘由、时间和经过。而现黄柏溪石刻中 3 号“普同利济”题刻，为冯卓怀所题，年代恰与义渡兴建时间吻合，就内容而言，应为一款义渡题刻，是研究峡江地区民俗经济的实物资料。所以具有一定的社会价值。

在黄柏溪石刻和佘家嘴石刻中，分别有一款题刻由冯卓怀所题，据民国二十五年《万县志》载：“冯卓怀，字树堂，咸丰七年任万县，万为川东巨邑，事极繁悉，亲决之，每出条教，情理曲尽，振笔直书，倚马可待，讼至即断。”其在位其间，颇有政绩。修书院，设义渡，培义冢，深受一方百姓爱戴。因此，这两款题刻是这一历史阶段最好的实物佐证。所以具有一定的历史价值。

1 号石刻熊冯氏节孝坊，为高浮雕形式，它与其他同类型坊有所不同，较为独特。是研究该地区民俗文化发展颇具价值的实物遗存。所以具有一定的艺术价值和文化价值。

▼ 11.2.9 万州碴口石石刻

碴口石石刻位于原四川省万县市龙宝区武陵镇椅城村五组东，一块名为“碴口石”的孤石之上，石刻所在岩壁面面向西南，正对长江上游。其前原为山间小路，现为宽约 7 米的公路（图 11–42）。

图 11–42　碴口石石刻环境状况（摄于 2000 年）

图 11-43　碴口石石刻所在岩壁面（摄于 2000 年）

图 11-44　一洞桥题刻环境状况（摄于 2000 年）

据 2000 年调查现存题刻 2 款（图 11-43）。

1 号：为一告示，整幅高 0.94 米，宽 0.95 米。上方右至左横排，楷书阴刻“正堂張示”四字，字径 135 毫米 ×110 毫米，字距 95 毫米；下方右至左竖排，楷书阴刻，共 5 行，现存 24 字。由于雕刻深度较浅，已风化不清。第 1 行 8 字，内容为“同治十三年冬日立”。字径 80 毫米 ×100 毫米，字距 20 毫米，其余 4 行每行 4 字，内容为“禁止不准撒放牛馬如違稟究指名不容”，行距 100 毫米，字距 35 毫米，字径 150 毫米 ×130 毫米。

2 号：为一将军箭碑，整幅高 2.9 米，宽 2.7 米，图案部分宽 0.37 米，高 0.5 米。由于风化严重，已无法辨认。

就石刻内容分析，碴口石石刻凿刻年代应为清同治十三年（1874 年）。

碴口石石刻内容应属地方管理文告，所以对研究三峡地区古代行政管理制度有一定参考意义。所以具有一定的社会价值。

▼ 11.2.10 丰都一洞桥题刻

一洞桥题刻位于原丰都县新城乡丰都县水电杆塔厂后隅大石崖之上，海拔高程 162 米。一洞桥摩题刻凿刻于长约 15 米，高约 8 米的岩壁之上（图 11-44）。

据 2000 年调查现存题刻 1 款。整幅宽 3.66 米，高 1.43 米，有边框。右至左横排，隶书阴刻“仁

图 11–45 一洞桥题刻所在岩壁面（摄于 2000 年）

壽”2 字，字距 0.85 米，字径 0.89 米 ×1.09 米，字深 65 毫米；左右各有题跋，左侧竖排楷书阴刻“□□□□此工竣誌喜”，右侧竖排，楷书阴刻“清同治癸酉年春知縣事□沐書”，字距 35 毫米，字径 70 毫米 ×80 毫米，字深 3 毫米（图 11–45）。

就题刻落款分析，一洞桥题刻凿刻年代应为清同治十二年（1873 年）。

据查，同治九年 (1870 年) 丰都县治所在地毁于长江洪水，后于同治十年在傅家堡建新城，次年竣工后，县衙迁新城六口井，一洞桥题刻应是当时为某工程竣工志喜而刻。是长江沿岸先民受长江水水患之害，治所变迁的例证。所以具有一定的历史价值和社会价值。

▼ 11.2.11 涪陵马颈子题刻

马颈子摩题刻位于原涪陵南沱镇马颈村，长江右岸石壁之上，海拔高程 145 米（图 11–46）。

马颈子题刻凿刻于长江右岸长约 3 米、高约 3 米的岩壁之上，壁面坐东朝西，题刻距地面高 2.2 米（图 11–47）。

据 2001 年调查现存题刻 2 款。

1 号：为一告示，具体文字内容详见释文卷。

2 号：为一告示，具体文字内容详见释文卷。

图 11-46　一洞桥题刻所在岩壁面（摄于 2000 年）

图 11-47　马颈子题刻所在岩壁面（摄于 2001 年）

就题刻内容分析，马颈子题刻光绪二十八年（1902 年）始刻 2 号题刻，光绪三十二年（1906 年）刻 1 号题刻。

马颈子题刻内容记录了禁止贩卖私盐及宰杀耕牛的告示，属当地地方法规和民间公约，它有助于我们了解古代法规制度，对于研究本地区人文社会环境特点，是不可多得的实物资料。所以具有一定的历史价值和社会价值。

▼ 11.2.12 涪陵雷劈石石刻

雷劈石石刻凿刻于原涪陵市江油河右岸长约 12 米，宽约 5 米，高约 7 米的两块孤石之上，石刻北 11 米处为老街桥，其西为老街村（图 11-48）。因孤石间有一宽约 0.5 米的竖直裂缝，如雷劈所致，故名“雷劈石”（图 11-49）。

图 11-48　雷劈石石刻环境状况（摄于 2001 年）

图 11-49　雷劈石石刻所在孤石保存情况（摄于 2001 年）

图 11–50　雷劈石石刻 1 号题刻（摄于 2001 年）

据 2001 年调查现存题刻 3 款，浮雕 2 幅。

1 号：为一告示（图 11–50），具体文字详见释文卷。

2 号：为“跳蹬河修桥序”（图 11–51），记载了捐款修桥人名单，具体文字内容详见释文卷。

3 号：为一题刻整幅宽 0.4 米，高 0.26 米，龛深 5 毫米。由于风化严重，文字内容已无法辨析（图 11–52）。

4 号：为浅浮雕，高 1.8 米，宽 1.2 米。刻建筑图案一，深 45 毫米（图 11–53）。

图 11-51　雷劈石石刻 2 号题刻（摄于 2001 年）

图 11-52　雷劈石石刻 3 号题刻（摄于 2001 年）

图 11-53　雷劈石石刻 4 号雕刻（摄于 2001 年）

5号：为浅浮雕，高1.15米，宽1米。刻建筑图案一，深30毫米（图11–54）。

雷劈石石刻内容记录了当地先民捐款修桥以及设立放生塘的情况，它从一个侧面反映了本地区古代交通状况以及生态环境的保护意识，对于研究本地区地理文化特点，是不可多得的实物资料。所以具有一定的历史价值和社会价值。

图11–54　雷劈石石刻5号雕刻（摄于2001年）

▼ 11.2.13 武隆羊角镇烈女岩题刻

烈女岩题刻位于原武隆县羊角镇码头村，乌江左岸一巨石之上。题刻区海拔高程175米。1983年公布为县级文物保护单位（图11–55）。

烈女岩题刻凿刻于乌江左岸，高约10米、长约20米的孤石之上，俗称“大石头”，长轴走向近南北向，东临乌江。孤石坐落于河漫滩之上，底部坡度约15°—25°（图11–56、图11–57）。

目前据2001年调查现存题刻3款。

1号题刻：位于巨石东侧，临乌江。整幅宽2.41米，高1.79米，题刻分上下两部分。上面右至左横排，楷书阴刻“烈女巖”3字。每字高0.57米，宽0.5米，笔画宽0.1米，字深0.35米，字

图 11-55　烈女岩题刻环境状况（摄于 2001 年）

图 11-56　烈女岩题刻所在孤石东侧保存情况（摄于 2001 年）

图 11-57　烈女岩题刻所在孤石西侧保存情况（摄于 2001 年）

图 11-58 烈女岩题刻 1 号题记（摄于 2001 年）

图 11-59 烈女岩题刻 2 号题记（摄于 2001 年）

图 11-60 烈女岩题刻 3 号题刻拓片（摄于 2001 年）

距 0.15 米，龛深 0.11 米；下面刻跋文（图 11-58）。跋文具体内容详见释文卷。

2 号题刻：位于巨石西侧。整幅宽 5 米，高 1.49 米，龛深 0.03 米。右至左横排，楷兼行，阴刻“人定勝天” 4 字。字径 0.7 米，字距 0.2 米，笔画宽 0.08 米，深 0.3 米，其左刻跋文（图 11-59）。跋文具体内容详见释文卷。

3 号题刻：位于巨石西侧 2 号题刻南。刻四川陆军第九师司令部布告（图 11-60）。具体文字内容详见释文卷。

就题刻落款年代分析和有关文献记载，该处题刻的始刻年代应在清咸丰十二年 (1862 年)，由涪州刺史姚宝铭所书 1 号题刻“烈女岩”及题跋。后民国十五年 (1926 年)，川军杨森部第九师师长郭汝栋为解决当地盐商与搬运工人的矛盾而凿刻 3 号布告题刻；又民国二十八年 (1939 年) 由导淮委员会乌江工程局镌刻 2 号题刻“人定胜天”，前后延续达 77 年。

烈女岩题刻所刻内容信息量较丰富，虽然年代、内容都不相同，但由于它们同处于“大石头”这一特定环境之中，因而形成了一个时间跨度达七十余年的多种文化类型的包容体。从这些题刻中，人们不仅可以了解清末当地遭受流寇侵扰的情况，也可以考察民国年间军阀势力在解决地方矛盾中所发挥的作用，同时还可看到民国年间乌江工程局在开发乌江水利资源方面所作出的努力。因此，对于我们研究乌江流域的历史、文化的变迁是极为珍贵的实物资料。具有较高的历史价值、文化价值和社会价值。

▼ 11.2.14 武隆江口镇光绪二十六年邵国本书“李进士故里”题刻

李进士故里题刻位于原武隆县江口镇下街。题刻凿刻于乌江左岸，高约 10 米、长约 100 米的自然岩坡之上，海拔高程 185 米。题刻岩壁近南北向，其西北临乌江。1999 年在题刻区上建造砖混结构的全兴酒楼（图 11-61），题刻区位于全兴酒楼主体建筑之下，其中 18 根柱子落于题刻周边（图 11-62、图 11-63）。1982 年公布为县级文物保护单位。

目前据 2001 年调查，现存大型题刻 1 款，具体内容如下。

图 11-61　李进士故里题刻环境状况（摄于 2001 年）

图 11-62　李进士故里题刻区保存状况（保护前）（摄于 2001 年）

图 11-63　李进士故里题刻保存状况（保护后）（摄于 2001 年）

题刻整幅高宽 20.5 米，6.2 米、右至左横排，楷书阴刻“李進士故里”5 个大字。每字高 3.17 米、宽 2 米，笔画宽 0.36 米，笔划深 0.11 米。大字左右各有序和跋共 388 字，字径为 16 厘米 ×11 厘米（图 11–59）。具体文字内容详见释文卷。2001 年施实原地保护工程（图 11–62、图 11–63）。具体工程内容详见图版卷。

就题刻落款年代分析，该处题刻的凿刻年代应在清光绪二十六年（1900 年）。

李进士故里题刻的内容主要记叙了清光绪年间进士江口人氏李铭熙的业绩。

李铭熙，字左卿，于光绪十九年（1893 年）中进士，曾任清廷户部尚书，浙江清吏司主事。因戊戌变法失败辞官返乡，为民兴利除弊，建学堂，兴考棚，置义渡等，深受当地人民爱戴。光绪二十三年（1897 年）受聘四川犍为县，授以减灶煎盐法，卒于任所。

江口人民为缅怀其业绩，光绪二十六年（1900 年），由江口讯署事许永洪为首募资修建，邵建侯撰文书写了该幅题刻。该题刻字迹端庄，苍劲有力，气势宏伟，无论是单字尺寸，还是整幅面积，在重庆境内乌江流域实属罕见，具有较高的艺术价值。题跋文字表达了人们对李铭熙这位一生致力于为民兴利除弊的著名人士的敬仰之情。所以还具有一定的历史价值。

▼ 11.2.15 武隆羊角镇告示石刻

告示石刻位于原武隆县羊角镇涵坪村，海拔高程 165 米。凿刻于乌江边一巨石之上。

该石刻高 1.5 米，宽 1 米，记录了清代上下货船在羊角蹟上下货船搬运货物的具体规定。据考，凿刻年代为清道光三年（1823 年）。目前该石刻风化严重，字迹已模糊不清（图 11–64）。

从记录的上下货船搬运货物规定，我们可了解当时乌江航运及商业贸易发展中的具体史实，所以具有一定的历史价值。

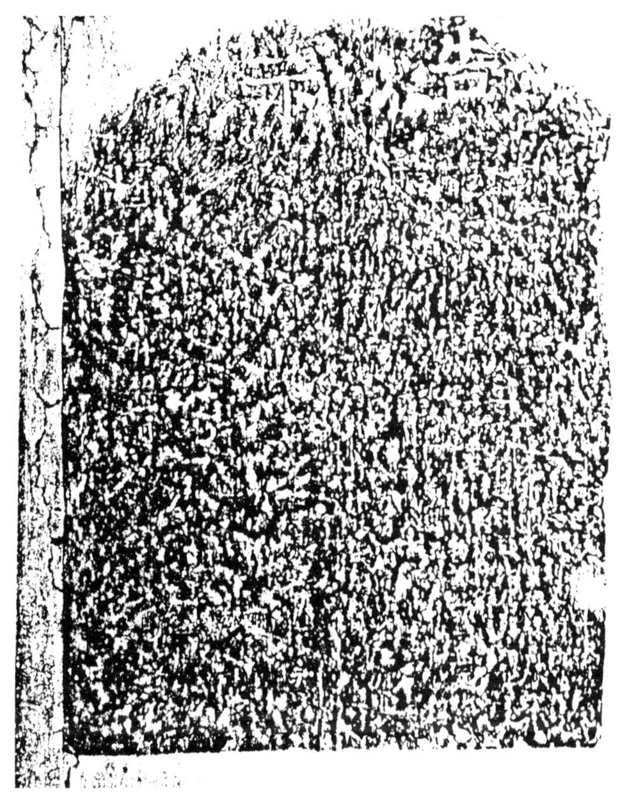

图 11–64　告示石刻（引自 1992 年三峡工程淹没区文物普查资料）

▼ 11.2.16 武隆罚贴石刻

石刻位于原武隆县羊角镇梯子岩村，海拔高程 165 米。

该石刻呈方形，边长 0.8 米，内容为清光绪二十六年（1900 年）罗洪发等人因屡次私自砍柴被抓受罚而刻写的悔过书。

该石刻是我们了解清朝末年峡江地区民间处理民事纠纷方法的实物资料，所以具有一定的历史价值和社会价值。

▼ 11.2.17 巴南普慈岩摩崖石刻

普慈岩摩崖石刻位于重庆市原巴南区木洞镇箭桥村 4 队东 100 米，长江右岸岩壁之上。地理坐标为北纬 29°35′，东经 106°51′。海拔高度 162–185 米。

普慈岩摩崖石刻凿刻于高约 25 米、长约 30 米的崖壁之上。岩壁近东西向，石刻区北临长江。地形地貌总体呈陡崖—台地状（图 11–65）。

据 2001 年调查现存题刻 2 处、石刻龛 3 处。具体内容如下：

1 号：位于石刻区西岩壁底部。为一告示，宽 0.85 米，高 1.45 米，（图 11–66），具体文字内容详见释文卷。

2 号：位于石刻区西岩壁底部。为一修路碑，宽 0.85 米，高 1.45 米，（图 11–67），具体文字内容详见释文卷。

图 11–65　普慈岩摩崖石刻环境状况（摄于 2001 年）

图 11-66　普慈岩摩崖石刻 1 号题刻（摄于 2001 年）

图 11-67　普慈岩摩崖石刻 2 号题刻（摄于 2001 年）

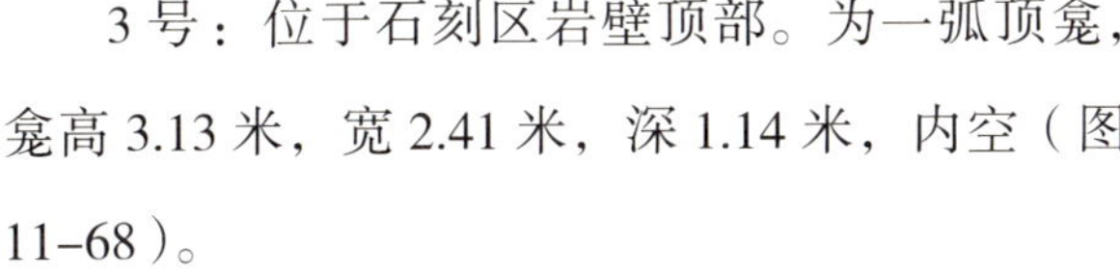

3 号：位于石刻区岩壁顶部。为一弧顶龛，龛高 3.13 米，宽 2.41 米，深 1.14 米，内空（图 11-68）。

4 号：位于石刻区岩壁顶部。为一折线平顶龛，龛高 1.23 米，宽 1.37 米，深 0.155 米，内空（图 11-69）。

5 号：位于石刻区岩壁顶部。为一折线平顶龛，龛高 0.79 米，宽 0.585 米，深 0.04 米，内空。

据题刻落款年代分析，1 号题刻凿刻年代为光绪三十年（1904 年），2 号题刻凿刻年代为公元 1993 年，其余空龛凿刻年代已无从考证。

普慈岩摩崖石刻的内容，涉及禁捕令和修路碑，反映了该地区清代水产业的发展与管理

图 11-68　普慈岩摩崖石刻 3 号龛（摄于 2001 年）

图 11–69　普慈岩摩崖石刻 4 号龛（摄于 2001 年）

及当代地方公益活动等情况，对于我们研究近现代该地区长江沿岸社会经济发展有一定的参考价值。

▼ 11.2.18 南川“禁伐森林”摩崖题刻

该题刻位于原四川省南川市民主乡德胜村通往牛渡滩大桥的大路旁的崖壁上。俗称“接渡桥题刻”。处于鱼跳水电站库区。

该题刻整幅宽 1.05 米，高 1.22 米，（图 11–70）。具体文字内容详见释文卷。

该题刻镌刻于清光绪三年（1877 年）。内容有“擅伐私砍者一经瞥见无论异姓同宗定行禀官法究决不徇情特此镌碑立禁”，记录了光绪三年刻此题刻的缘由，反映了本地区清朝末年生态环境保护意识和相关制度及乡规民约，是不可多得的实物资料。所以具有一定的历史价值和社会价值。

▼ 11.2.19 南川水爬岩摩崖题刻

该题刻区位于原四川省南川市峰岩乡正阳村东 180 米的崖壁上。处于鱼跳水电站库区。

题刻分布在长 10 米、宽 3 米的水爬岩岩脚。

据 2001 年调查，现存题刻 3 款。

1 号：为道光 12 年 3 月禁事碑，整幅宽 0.87 米，高 1.26 米（图 11–71），具体文字内容详见释文卷。

2 号：为咸丰年间捐款人姓名碑，整幅宽 1.25 米，高 2 米。

3 号：为道光甲午年 12 月捐款人碑，整幅宽 1.25 米，高 2 米（图 11–72）。

由 3 款题刻落款年代可知该题刻始刻于清道光十二年，后道光十四年及咸丰年间又有增刻。

1 号题刻内容有"署四川重慶府南川縣正堂加三级紀錄五次劉□為稟總示禁事本年二月二……十八日據士民不齐每有境内无業流民勾誘外□不法匪类……勾引无业流民骚挠兹事許爾等协拿送案……各宜稟遵毋违……"可知该题刻系道光年间南川县颁布的有关治安的告示，是我们研究清代地方法规

图 11–70 "禁伐森林"摩崖题刻（摄于 2001 年）

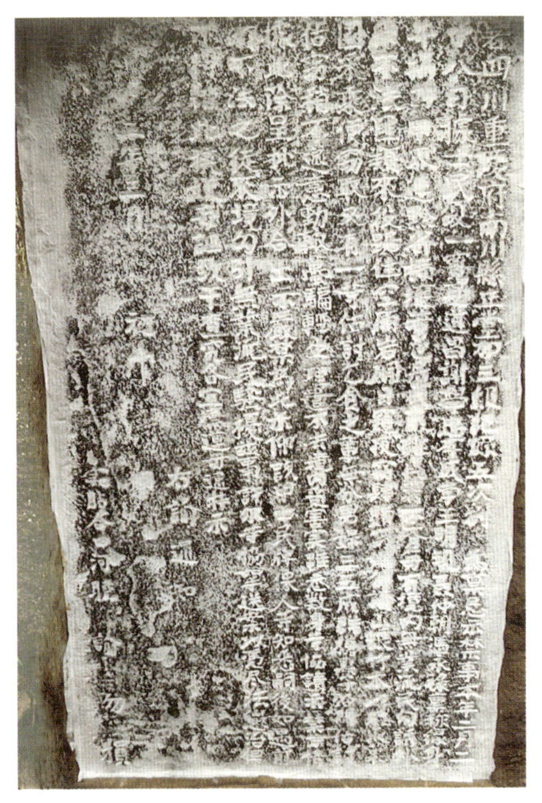

图 11–71 水爬岩摩崖题刻 1 号题刻（摄于 2001 年）

图 11–72 水爬岩摩崖题刻 3 号题刻（摄于 2001 年）

图 11—73　牛渡滩“夏氏世纪”题刻（摄于 2001 年）

的重要实物资料，还从一个侧面反映了道光年间川黔地区的社会治安情况。所以具有一定的历史价值和社会价值。

▼ 11.2.20 南川牛渡滩“夏氏世纪”题刻

该题刻位于原四川省南川市民主乡德胜村大溪河和大河嘴溪两水交汇处的崖壁上（图 10–73）。

该题刻整幅宽 8 米，高 6 米。具体文字内容详见释文卷。

据考，该题刻刻于清咸丰年间，记录了夏氏宗族历代演变过程、世系及其埋葬地点等内容。是我们研究南川地区、重庆地区乃至川东地区宗族结构、演变及其文化的重要实物资料。具有一定的历史价值、社会价值和文化价值。

11.3　碑刻与社会生活

▼ 11.3.1 宜昌黄陵庙《重修黄陵古庙工竣拟定章程》碑

该碑嵌在黄陵庙墙壁内。该碑高 0.78 米、宽 1.57 米（图 11–74）。具体文字内容详见释文卷。

该碑记录了清光绪十三年（1887 年）黄陵庙的管理制度，是研究这一时期宜昌及三峡地区寺庙管理的实物资料，所以具有较高的历史价值和社会价值。

图 1–74 《重修黄陵古庙工竣拟定章程》碑（引自《三峡湖北段沿江石刻》）

▼ 11.3.2 宜昌黄陵庙《公议禁止》碑

该碑高 0.85 米、宽 0.45 米、厚 0.08 米（图 11–75）。具体文字内容详见释文卷。

该碑记录了清咸丰六年（1856 年）间的乡规民约。所以具有一定的历史价值和社会价值。

▼ 11.3.3 秭归泄滩镇道光六年宜昌府归州正堂谢告示碑

该碑位于原秭归县泄滩镇公路边，长江左岸。

该碑高 2.24 米、宽 0.98 米、厚0.22 米。碑体上下两端均有石榫。上端榫高 0.06 米、宽 0.17 米、厚 0.15 米，下端榫高 0.16 米、宽 0.4 米、厚 0.22 米（图 11–76）。具体文字内容详见释文卷。

该碑记录了清道光四年（1824 年）至道光六年（1826 年）间归州（今秭归）整饬纤道，订立行规的过程和史实，所以具有较高的历史价值和社会价值。

图 1–75 《公议禁止》碑（引自《三峡湖北段沿江石刻》）

图 11–76 道光六年宜昌府归州正堂谢告示碑（引自《三峡湖北段沿江石刻》）

因该碑处于三峡工程淹没区，所以现已搬迁到秭归县凤凰山古建筑群内保护。

▼ 11.3.4 秭归县小厶古沱民国十四年知事公署立告示方碑

该碑位于原秭归县泄滩镇小厶古沱。

该碑为方柱体，高 0.71 米、宽 0.37 米、厚 0.33 米，四面均刻有文字（图 11–77）。碑体上下两端均有石榫。上榫高 6 厘米、宽 14 厘米、厚 11 厘米。下榫高 7 厘米、宽 14 厘米、厚 12 厘米。

图 11–77　秭归小厶古沱民国十四年知事公署立告示方碑（引自《三峡湖北段沿江石刻》）

据此知该碑原有顶盖及碑座均已缺失。具体文字内容详见释文卷。

该碑记录了民国十四年（1925 年）在秭归杨家沱设立渡口的过程和史实，所以具有较高的历史价值和社会价值。

因该碑处于三峡工程淹没区，所以现已搬迁至秭归县凤凰山古建筑群内保护。

▼ 11.3.5 秭归冀家湾道光十五年冀国陛立卖基地产业文约碑

该碑位于原秭归县郭家坝镇擂鼓台村五组冀家湾长江右岸，海拔 120 米。

该碑呈长方形，高 1.1 米、宽 0.55 米、厚 0.18 米。碑体上下两端均有石榫，上榫高 8 厘米、宽 5 厘米、厚 8 厘米，下榫高 7 厘米、宽 12 厘米、厚 9 厘米（图 11–78）具体文字内容详见释文卷。

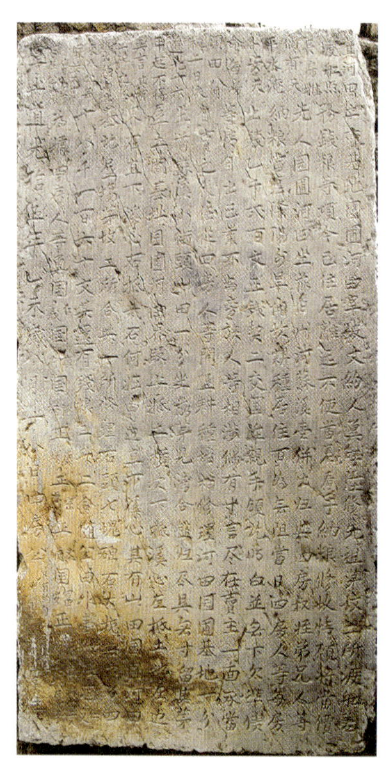

图 11–78　冀国陛立卖基地产业文约碑（引自《三峡湖北段沿江石刻》）

该碑记录了清道光十五年（1835 年）民间土地等产业过户协议。所以具有较高的历史价值和社会价值。

因该碑处于三峡工程淹没区，所以现已搬迁至秭归县凤凰山古建筑群内保护。

图 11-79　同治二年宜昌府归州正堂福为出示晓喻以禁刁风告示碑（引自《三峡湖北段沿江石刻》）

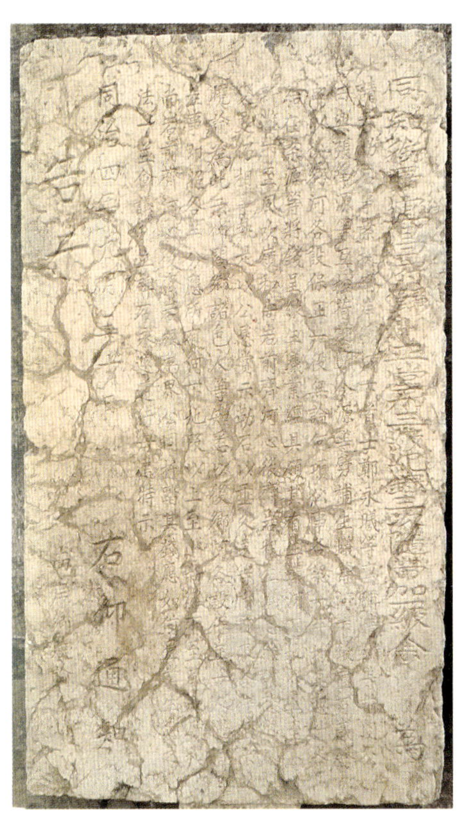

图 11-80　同治四年宜昌府归州正堂余告示碑（引自《三峡湖北段沿江石刻》）

▼ 11.3.6 秭归江渎庙同治二年宜昌府归州正堂福为出示晓喻以禁刁风告示碑

该碑是搬迁江渎庙时从地下发掘的五块碑之一。

碑高 1.04 米、宽 0.66 米、厚 0.09 米。碑体下端有石榫，榫高 10 厘米、宽 22 厘米、厚 9 厘米（图 11-79）具体文字内容详见释文卷。

该碑记录了清同治二年（1863 年）归州（今秭归）社会治安及执法情况，所以具有较高的历史和社会价值。

该碑现已随江渎庙搬迁到秭归县凤凰山古建筑群内保护。

▼ 11.3.7 秭归江渎庙同治四年宜昌府归州正堂余告示碑

该碑是搬迁江渎庙时从地下发掘的五块碑之一。

碑高 0.95 米、宽 0.66 米、厚 0.07 米。碑体下端有石榫，榫高 8 厘米、宽 16 厘米、厚 6 厘米（图 11-80）具体文字内容详见释文卷。

该碑记录了清同治四年（1865 年）归州（今秭归）执法解决乡里纠纷情况，所以具有一定的历史价值和社会价值。

该碑现已随江渎庙搬迁到秭归县凤凰山古建筑群内保护。

图 11-81　同治六年宜昌府归州正堂奎告示碑（引自《三峡湖北段沿江石刻》）

图 11-82　同治十三年代理宜昌府归州正堂杨告示碑（引自《三峡湖北段沿江石刻》）

▼ 11.3.8 秭归江渎庙同治六年宜昌府归州正堂奎告示碑

该碑是搬迁江渎庙时从地下发掘的五碑之一。

碑高 1 米、宽 0.58 米、厚 0.07 米。碑体下端有石榫，榫高 8 厘米、宽 17 厘米、厚 6 厘米（图 11-81）。

该碑记录了清同治六年（1867 年）归州（今秭归）的乡规民约，所以具有较高的历史价值和社会价值。

该碑现已随江渎庙搬迁到秭归县凤凰山古建筑群内保护。

▼ 11.3.9 秭归江渎庙同治十三年代理宜昌府归州正堂杨告示碑

该碑是搬迁江渎庙时从地下发掘的五块碑之一。

碑高 1.03 米、宽 0.54 米、厚 0.11 米。碑体下端有石榫，榫高 12 厘米、宽 16 厘米、厚 8 厘米（图 11-82）具体文字内容详见释文卷。

该碑记录了清同治十三年（1874 年）归州（今秭归）的乡规民约，所以具有一定的历史价值和社会价值。

该碑现已随江渎庙搬迁到秭归县凤凰山古建筑群内保护。

▼ 11.3.10 秭归江渎庙光绪二十一年郑□氏立永卖旱田文约碑

该碑是搬迁江渎庙时从地下发掘的五块碑之一。

碑体下端有石榫，碑高 0.75 米、宽 0.85 米、厚 0.09 米（图 11–83）。

该碑记录了清光绪二十一年（1895 年）民间田地等产业买卖协议。所以具有一定的历史价值和社会价值。

该碑现已随江渎庙搬迁到秭归县凤凰山古建筑群内保护。

图 11–83 江渎庙光绪二十一年郑□氏立永卖旱田文约碑（引自《三峡湖北段沿江石刻》）

▼ 11.3.11 秭归郑氏宗祠道光六年立置买田地文契越碑

该碑嵌在原秭归县新滩乡桂林村二组郑氏宗祠的墙壁间，海拔 135 米。高 1.38 米、宽 0.67 米、厚 0.12 米。碑体下端有石榫，榫高 15 厘米、宽 16 厘米、厚 12 厘米（图 11–84）。

该碑清道光六年（1826 年）为郑氏族众所立，记录了清道光六年（1826 年）当地张道明等的卖地文约。所以具有一定的历史价值和社会价值。

因该碑因处于三峡工程淹没区，所以现已搬迁至秭归县凤凰山古建筑群内保护。

图 11–84 （郑氏宗祠道光六年立 置买田地文契越碑（引自《三峡湖北段沿江石刻》）

▼ 11.3.12 王氏祠堂石刻（四处）

王氏祠堂位于原秭归县泄滩乡老坟园村，属清代建筑，现已整体搬迁至秭归县城凤凰山保护（图 11–85）。内有石刻共 8 处。现录有 4 处，分别为门楣对联石刻、王氏宗祠重修祠堂碑、王氏宗祠增建正殿及廊庑碑、永遵章程碑，其他 4 处已严重损坏无法记录其内容。

一、王氏祠堂门楣对联石刻

王氏祠门楣石刻对联，嵌成了大门的门框（图 11–86）。

横批长 1.94 米、高 0.2 米，下缘距离地面

图 11-85　复建后的王氏祠堂（引自《三峡湖北段沿江石刻》）

图 11-86　门楣对联石刻（引自《三峡湖北段沿江石刻》）

图 11-87　乾隆三十八年王世烈撰王氏宗祠重修祠堂碑（引自《三峡湖北段沿江石刻》）

2.16 米；上下联相距 2.1 米、高 1.9 米、宽 0.22 米。内容如下：

楣题（横批）：右至左横排隶书阳刻“王氏祠堂”4 字。

上联：竖排篆书阳刻“竦揚仁孝義敬”6 字。

下联：竖排篆书阳刻“陶鎔禮節樂和”6 字。

二、乾隆三十八年王世烈撰王氏宗祠重修祠堂碑

该碑高 1.55 米、宽 0.8 米，上部委角。嵌于王氏祠堂内的墙壁间，该碑刻于清乾隆三十八年（1773 年）（图 11-87）。具体文字内容详见释文卷。

该碑现已随王氏宗祠堂搬迁到秭归县凤凰山古建筑群内保护。

三、嘉庆二十三年立王氏宗祠增建正殿及廊庑碑

该碑高 1.12 米、宽 0.62 米，嵌于王氏宗祠内墙壁。该碑刻于清嘉庆二十三年（1819 年）（图 11–88）。具体文字内容详见释文卷。

该碑现已随王氏祠堂搬迁到秭归县凤凰山古建筑群内保护。

四、咸丰七年光海撰《永遵章程》碑

该碑高 1.15 米、宽 0.61 米，嵌于王氏祠堂内的墙壁上。该碑刻于清咸丰七年（1875 年）（图 11–89）。具体文字内容详见释文卷。

该碑现已随王氏祠堂搬迁到秭归县凤凰山古建筑群内保护。

王氏祠堂石刻记录和反映了清朝归州（今秭归）地区的宗族制度，因此具有较高的历史价值、文化价值和社会价值。

图 11–88 嘉庆二十三年立王氏宗祠增建正殿及廊庑碑（引自《三峡湖北段沿江石刻》）

图 11–89 咸丰七年光海撰《永遵章程》碑（引自《三峡湖北段沿江石刻》）

图 11-90　重修黄河口义渡船碑
（引自《三峡湖北段沿江石刻》）

图 11-91　黄河口义渡功德碑
（引自《三峡湖北段沿江石刻》）

▼ 11.3.13 巴东黄河口义渡碑（三通）

黄河口义渡位于巫峡中段，两岸山势峻峭，江面狭窄，水流湍急，行船过渡，十分危险，为便利两岸交通，百姓自筹资财造船只创设了渡口，并刻碑为记。现尚存碑刻 3 通，分别为《重修义渡船碑》《黄河口义渡功德碑》和《造船碑志》。以上三通碑发现于原巴东县官渡口镇楠木园村三组长江左岸，海拔高程 90 米。

一、重修黄河口义渡船碑

该碑高 1.28 米、宽 0.67 米、厚 0.15 米。下端有石榫，榫高 0.06 米、宽 0.08 米、厚 0.14 米。碑上部已断裂成四块，该碑刻于民国八年（1919 年）（图 11–90）。具体文字内容详见释文卷。

二、黄河口义渡功德碑

碑高 1 米、宽 0.6 米、厚 0.07 米。碑下端有石榫，榫高 8 厘米、宽 9 厘米、厚 7 厘米。北右下角残缺。该碑刻于光绪二十七年（1901 年）（图 11–91）。具体文字内容详见释文卷。

三、“造船碑志”碑

该碑下部残缺，残高 0.67 米、宽 0.72 米、厚 0.1 米。距“黄河口义渡”碑 0.4 米。该碑刻于民国十七年（1928 年）（图 11–92）。具体文字内容详见释文卷。

图 11-92“造船碑志”碑（引自《三峡湖北段沿江石刻》）

以上三碑分别记录了 1901 年、1919 年、1928 年兴建、复建黄河口义渡的事件，较完整地反映了该义渡从清光绪二十七年到民国，创立、维护的历史沿革。所以具有较高的历史价值和社会价值。

因以上三碑处于三峡工程淹没区，现已搬迁至巴东狮子包三峡地面文物复建区保护。

▼ 11.3.14 云阳东汉巴郡朐忍令景云神道碑

该碑 2004 年 3 月由吉林省文物考古研究所三峡考古队在云阳县旧县坪遗址发掘出土。该碑为方形，碑额为弧形圭首，无篆额文字，右刻朱雀及妇人启门图左刻兔首人身像。两侧分别刻日、月和青龙、白虎。碑文隶书阴刻竖排 13 行，共 367 字。具体文字内容详见释文卷。碑文四周饰以阴刻祥云飞鸟图案，碑缘有穿，位置在第 7 行至第 9 行上。碑底有插榫，已残，趺缺（图 11-93）。该碑现藏中国三峡博物馆，全文布局严整，字体稳健，是隶书艺术成熟时期的代表作，属近百年出土的汉碑中罕见精品，碑文内容为追溯景代的来源[46]。因此，具有较高的历史价值和艺术价值。

▼ 11.3.15 开县绍兴六年何麒[①]题《开州守廨题名记》碑

该碑2006年由中山大学在开县故城遗址出土，碑刻保存完整，仅刻文一面打磨。宽1.61米、高0.68米、厚0.14米。具体文字内容详见释文卷。

碑文内容并未记录具体事件，只叙述题名缘由及题名州守二人。

根据刘业沣、刘继东的研究[47]，该碑刻涉及人物中，韦处厚、唐次、柳公绰、穆质四人均有正史列传。宫自明、游舜锡则不见文献。

历代石刻史料中，与《开州守廨题名记》形制及内容相近的著录为数不少[②]。但该碑系同类石刻在考古田野发掘

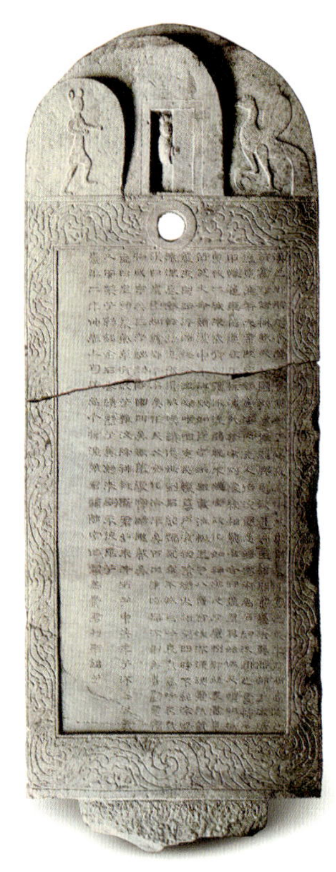

图 11-93　云阳东汉景云碑
（吉林省文物考古研究所提供）

[①] 据考，何麒字子应，青城人。建炎元年（1127年）任宣教郎。绍兴十一年（1141年）赐同进士出身，任提点湖南刑狱，未上任，转任夔州路提点刑狱公事。绍兴十二年（1142年）任太常少卿。绍兴十三年（1143年）知嘉州，同年改知邵州。绍兴二十六年（1156年）任四川安抚制置司参议官。石刻载绍兴四年（1134年）以前，何麒任右宣义郎，绍兴四年知开州，绍兴六年（1136年）转知合州，恰可补文献中建炎元年到绍兴十一年的空缺。

[②] 唐代同类石刻《舆地碑记目》有广德元年（763年）《湖州刺史题名记》，引《合州厅壁记》"刺史厅壁记始于唐"，并按"《湖州》所记五百余人，而名德如谢安、石颜，清臣之徒杰然，表见于史籍者凡数十公"。《吴兴金石记》、《吴兴志》亦有《湖州刺史题名记》，并云石刻在州治。又《宝刻丛编》引《诸道石刻录》有贞元八年（792年）《长安令题名记》；宋代"厅壁记"和"壁记"不见于著录，仅见"题名记"。较唐代而言，宋代题名记篇幅更长，形制及内容开始规范。北宋张方平《乐全集》收录其本人所撰康定元年（1040年）《吴兴郡守题名记》，《吴兴郡守题名记》强调题名不仅是记录在职年月等，更是为了存"惩劝"，使后人"得以善善恶恶"，与《开州守廨题名记》讲求"春秋之法"相似。在用语方面，二者相似性也较大，如均有"贤"、"不肖"连续使用的写法。由此可以推测宋代此类石刻应有相对固定的写作范式。清陆增祥《八琼室金石补正》收录庆历六年（1046年）《婺州题名碑记》全文，其额题虽与《开州守廨题名记》稍异，但内容大致相同，均为追述先前任官的人物，强调题名记录历史的意义，记录历任州守的姓名、到任年月以及到任前官职等信息，应属同类石刻。清丁绍基《宜禄堂金石记》亦收录此通石刻，额题为《婺州刺史题名记》。
元代此类石刻的著录不多，《江苏金石志》收录至治元年（1321年）《无锡州官题各记》及《潜研堂金石文跋尾》收录元统年间《江东建康道廉访司题名记》，其额题及内容与宋代的此类石刻相似，但篇幅可能较短。此类石刻在明代再次发展起来，在著录中较多见，且篇幅也有所增加，与宋代相当。著录所见明代同类石刻常见在县，以题名县令多见，如民国时期《东莞县志》收录《东莞县题名碑记》、《南皮县志》收录万历三十年（1602年）《南皮知县题名碑记》、《威县志》收录嘉靖二十八年（1549年）《知县题名记》等。
此类石刻清代著录较少，如《湖北通志》收录乾隆五十九年（1794年）《荆州府知府题名记碑》。综上所述，《开州守廨题名记》及同类石刻一般用以记录某一地方官职历任官员的姓名、籍贯、到任和离任时间以及到任前官职等信息。通过《开州守廨题名记》及历代著录，可对此类石刻有所认识。首先，此类石刻可能始创于唐代，并在宋代发展成熟，元代稍显衰微，而明代又再次发展，至清代仍见于著录。其次，此类石刻的额题最初被命名为"某某厅壁记"，推测其可能放置在某建筑内部的墙上。《吴兴金石记》所录《吴兴倅厅题名记》，引《吴兴志》称该石"在州治"；《添差通判厅题名记》则引《吴兴志》称该石"在县"。《宜禄堂金石记》所录《婺州刺史题名记》称其存放也业也在"试院"。《舆地碑记目》所录《和州刺史厅壁记》称其"在后厅西"。而《开州守廨题名记》石刻发现于房址内部，似可说明此类石刻应存放在官署所在的某类建筑之内。同时，《开州守廨题名记》石刻仅在刻字一面打磨平整，也可说明此类石刻嵌于墙壁之上。而到元代，此类石刻的存放地点可能有所改变，前述《潜研堂金石文跋尾》收录《江东建康道廉访司题名记》，称其在"宁国府署前"。到明代似乎又有所恢复，《南皮县志》收录《南皮知县题名碑记》，称其在"县署大堂内"。第三，此类石刻的额题有较固定的范式，即常为"某地方＋某官职＋题名记"或者"某地方＋某官职＋壁记（厅壁记）"。《开州守廨题名记》与此二者均有类似之处，此额题虽称"题名记"，但"廨"意为官署，又与"厅壁记"相似。

中首例，所以该碑刻不仅对于研究开县历史沿革具有极高价值，而且对于研究同类型石刻更是极为珍贵的实物依据。

▼ 11.3.16 南川峰岩乡计开团规永定章程碑

该碑位于原四川省南川市峰岩乡汤盆桥村西北 100 米虹垫桥南桥头大路旁。

该碑为四方碑，高 2 米、宽 0.39 米（图 11-94）。具体文字内容详见释文卷。

该碑记录了清代民间加强团防，捉拿罪犯，不徇私情，送官严办，对缉拿捕获贼犯有功之人奖励规章等内容，是我们研究清代该地区民间乡规民约的重要实物依据，所以具有一定的历史价值和社会价值。

该碑因处于鱼跳水电站库区，现已就地搬迁上移。

图 11-94　计开团规永定章程碑（摄于 2001 年）

此外，有些额题与上述范式有所出入，如“太守题名记”“长安令题名记”，多见于唐代，可能与此类石刻出现之初尚未成熟或著录失误有关。另有额题为“某地方＋题名记”的一类石刻，其内容也出入不大，多见于明代，《江苏金石志》著录的《无锡县题名记》即属此类。第四，从《开州守廨题名记》和《黎州刺史题名记》著录来看，此类石刻内容可分为“记”和“题名”两部分。

第五篇 保护篇

第十二章 三峡石刻抢救性保护工作回顾与总结

12.1 三峡工程淹没区及迁建区文物古迹保护规划的编制

如前所述，1992 年 4 月 3 日，七届人民代表大会第五次会议通过兴建长江三峡水利枢纽工程的决议。根据国家文物局的布署，湖北、四川两省文化厅组织有关部门，从 1992 年起开始展开三峡工程库区的专项文物的全面普查工作。从 1993 年至 1995 年初，来自全国 30 余家文物考古、建筑、地学和人类学等科研机构和大专院校的 300 余名科研人员参与了为编制规划而开展的调查、勘测及考古等基础性工作，并着手编制分区和专题基础规划，为总体保护规划的编制提供了科学依据。

在三峡工程淹没区基础工作初步完成后，按照国务院三峡建设委员会移民局要求，1995 年春夏，规划组又委托湖北、四川两省的文物考古研究所对三峡工程移民迁建区的文物进行了全面调查与勘测。

通过以上工作，在三峡工程淹没区及迁建区内确定文物共计 1282 处。其中地下文物 829 处，地面文物 453 处。

在全国 30 余家单位提供的基础规划资料的条件下，从 1994 年 6 月至 1995 年 11 月经 8 次文物局考古专家组、古建专家组及全国部分提供资料单位的讨论和论证，最终完成了《三峡工程淹没及迁建区文物古迹保护规划报告》（简称《保护规划》）。该报告分为总规划、分省规划、分县区规划、专题规划及附录共计 30 本。

1998 年 9 月 6 日至 10 日，在北京召开了由文物、考古、水利、建筑、规划等专业 27 位专家参加的专家论证会，与会专家根据《中华人民共和国文物保护法》本着“重点保护、重点发掘，既对基本建设有利，又对文物保护有利”的方针，以及中央领导的指示精神进行了充分论证后认为《保护规划》所列的文物项目比较全面准确，所提出的保护措施总体上是可行的，贯彻了“保护为主，抢救第一”和“两重、两利”的方针。为今后三峡库区的文物保护工作作了全面的规划；同时也为研究三峡地区文化历史的特点和发展，作了有益的探索。

是一个配合大型基本建设文物保护规划的好报告[48]。同时这也成为新中国成立以来第一部系统、完整的区域性文物保护规划。

根据国务院三峡建设委员会（简称三建委）办公室2000年批准的《保护规划》，三峡淹没区及迁建区文物保护项目共计1087项。

12.2　三峡工程淹没区及迁建区文物古迹保护工作的实施

由于《保护规划》遵循了以区县为基础，省市负责制的原则，具有较强的可操作性和可控性，为实施阶段保护工作的顺利开展奠定了坚实基础。因此，即使在1997年我国西南地区行政区划发生重大变化，重庆成为直辖市的情况下，依旧在重庆市和湖北省一市一省的组织下，有条不紊地按计划完成了所有规划项目。

按照《保护规划》和三峡工程蓄水进度要求，整个保护工作的实施大体可分为四个阶段。

▼ 12.2.1 第一阶段（1997–1998年）

本阶段重点对海拔高程78.2–82.28米的文物进行保护。本阶段因规划尚未正式批准，所以只能对亟待保护的文物，按照规划要求提前实施了保护。因82.28米高程以下文物较少，故而也对此高程以上的重要文物实施了保护或保护前的准备工作。

▼ 12.2.2 第二阶段（1998–2003年）

本阶段按规划以海拔高程82.28–135米高程的文物为保护重点。本阶段的前期，因规划尚未正式批准，所以只能对亟待保护的文物按照规划要求提前实施了保护；本阶段保护任务逐渐加重，部分重点工程按计划开始实施或完成。如涪陵白鹤梁题刻本体保护及围堰工程、云阳张桓侯庙搬迁工程等。

▼ 12.2.3 第三阶段（2004–2006年）

本阶段按规划完成了海拔高程135–156米的文物保护工作。由于大部分重要的地下和地面文物都集中在此高程范围内，所以本阶段保护工作任务量最大，工期也最紧。在国家文物局的组织和指导下，全国近200家文物保护研究机构、大专院校及施工单位进入库区，展开了一场“大会战”。因而确保了一批重点保护工程的如期实施或完工。如涪陵白鹤梁水下原址保护工程、忠县石宝寨保护工程、奉节瞿塘峡壁题刻保护工程，巫山大昌古镇搬迁工程等。

▼ 12.2.4 第四阶段（2007–2011年）

本阶段完成了海拔高程156–177米（含175米淹没线以上2米风浪影响范围）的文物保护工作。本阶段地面文物保护工作基本完成，一批重要的搬迁复建工程相继竣工[49]。

12.3 三峡石刻保护对策研究、主要技术措施及各区县落实情况

▼ 12.3.1 三峡石刻保护对策研究

按照《保护规划》提出的地面文物保护的总体要求，在规划编制阶段，我们就结合代表性的文物点开展了库区石刻保护对策研究，在此基础上，根据文物的不同类型、保存情况，提出了以下三种不同的保护策略。

一、原地保护（含易地复制）

由于库区大部分石刻多与岩体相连，如石窟寺及摩崖造像，不易迁移；部分石刻所在位置又与其文物价值紧密相关，迁移将对文物价值造成无法挽回的损失，故不宜迁移，如水文题刻。因此，对于以上两类石刻应采取原地保护的对策，除根据各文物点保存情况采取必要的加固和保护措施外，还应进行测绘、文字记录、照相、录像和拓片等资料的采集和建档工作。如白鹤梁题刻保护工程。

对于部分价值较高的石刻，在采取原地保护的基础上，可采取易地复制的形式尽可能保护和展示文物价值。易地复制根据石刻的价值、保存情况及工程实施的可行性采取以下两种方式：对于文物价值极高，所在位置还具有较高景观价值的石刻，应采取原址上移整体等大复制或在搬迁建筑处按原位整体等大复制的方式。如奉节瞿塘峡壁题刻、云阳飞凤山题刻（图 12-1）；对于文物价值较高，但不具备整体等大复制条件的石刻，可采取选择石刻中局部价值较高的重要内容采取等大复制的方式进行展示与阐释文物价值。如云阳龙脊石题刻（图 12-2）等。

图 12-1 云阳搬迁后张桓侯庙处复制的飞凤山题刻（摄于 2006 年）

图 12-2　云阳易地复制的龙脊石题刻（摄于 2003 年）

图 12-3　云阳易地搬迁保护的夏黄氏节孝坊（摄于 2003 年）

二、易地搬迁

由于碑刻类石刻一般由单块岩块构成，体量较小，易于移动；而石质建筑物及构筑物一般由多块岩块构成，可以解体。因此，对于以上两类石刻可采取易地搬迁保护的对策。如秭归王氏祠堂石刻、云阳长滩石碑亭、云阳夏黄氏节孝坊（图 12-3）、万州刘氏坊、忠县无铭阙、忠县丁房阙等。除以上两类外，部分雕刻在孤石上的石刻也可采取易地搬迁保护措施。如云阳牛尾石岩画、六冈石石刻等。同时，对于部分价值极高的摩崖石刻也采取了切割搬迁的措施，如瞿塘峡壁题刻中的《皇宋中兴圣德颂》等。

三、留取资料

在三峡石刻中有相当大比重的文物保存状况较差或后期改造较大，甚至已无法辨识文物原貌的，也有一部分经前期评估，的确文物价值相对不高的。因此，对于以上两类文物，可采取留取资料的保护方式。留取资料的方式包括：文字记录、测绘、照相、录像和拓片，对于重要的石刻还可以采取翻模的措施。

▼ 12.3.2 各区县保护工作完成情况

一、重庆市

重庆市各区县石刻保护方式和完成情况见表 12-1。

表 12-1 重庆市各区县石刻保护方式和完成情况

区县	序号	文物名称	保护方式	完成情况
渝中	1	董公死难处题刻	原地保护	2002 年完成
江北	1	鱼嘴题刻	原地保护	已完成
巴南	1	迎春石题刻	原地保护	已完成
	2	紫金山石刻造像	原地保护	2001 年完成
	3	箭桥摩崖造像	原地保护	2001 年完成
	4	普慈岩摩崖石刻	原地保护	2001 年完成
长寿	1	石缸巷石刻	原地保护	2011 年前完成
武隆	1	李进士故里题刻	原地保护	2001 年完成
	2	烈女岩题刻	原地保护	2001 年完成
	3	澎湃飞雷题刻	原地保护	2001 年完成
	4	平易道路题刻	原地保护	2001 年完成
涪陵	1	白鹤梁题刻	原地保护	2009 年完成
	2	马颈子题刻	原地保护	2001 年完成
	3	雷劈石石刻	原地保护	2001 年完成
	4	白洞溪洪水题刻	原地保护	2001 年完成
	5	大东溪洪水题刻	原地保护	2001 年完成
	6	韩家沱洪水题刻	原地保护	2001 年完成
	7	石板溪洪水题刻	原地保护	2001 年完成
	8	木瓜洞洪水题记	原地保护	2001 年完成
	9	庚申洪水题刻	原地保护	2001 年完成
	10	猴子崖小学洪水题刻	原地保护	2001 年完成
	11	溪下角题刻	原地保护	2001 年完成
	12	玉泉井	留取资料	2000 年完成
丰都	1	龙床石题刻	留取资料	1998 年完成
	2	渌水池题刻	原地保护	2002 年完成
	3	观音滩石刻	原地保护	2002 年完成

续表

区县	序号	文物名称	保护方式	完成情况
丰都	4	大佛面石刻	原地保护	2002 年完成
	5	二洞桥石刻	原地保护	2002 年完成
	6	凤凰嘴题刻	原地保护	2002 年完成
	7	一洞桥题刻	原地保护	2002 年完成
忠县	1	丁房阙	搬迁保护	2006 年完成
	2	无铭阙	搬迁保护	2006 年完成
	3	观音岩摩崖造像	原地保护	2000 年完成
	4	龙滩河摩崖造像	原地保护	2000 年完成
	5	鸣玉溪题刻	原地保护	2000 年完成
	6	汪家院子洪水题刻	原地保护	2000 年完成
	7	斜石盘洪水题刻	原地保护	2000 年完成
	8	烈女滩题刻	留取资料	2000 年完成
	9	皇华城遗址	留取资料	2000 年完成
石柱	1	陈家和洪水题刻	原地保护	2000 年完成
	2	福尔岩摩崖造像	原地保护	2000 年完成
万州	1	岑公洞题刻	搬迁保护	
	2	刘氏坊	搬迁保护	2007 年完成
	3	小周字库塔	搬迁保护	2010 年完成
	4	瀼渡字库塔	搬迁保护	2010 年完成
	5	坠儿洞摩崖造像	原地保护	2000 年完成
	6	马家溪摩崖造像	原地保护	2000 年完成
	7	观音岩摩崖造像	原地保护	2000 年完成
	8	武陵镇水文题刻	留取资料	2000 年完成
	9	黄莲村乾隆五十三年水文题刻	原地保护	
	10	黄莲村同治九年水文题刻	原地保护	
	11	团石板题刻	原地保护	2000 年完成
	12	碴口石题刻	原地保护	2000 年完成
	13	“南无阿弥陀佛”题刻	原地保护	2000 年完成
	14	天仙桥石刻	原地保护	2000 年完成
	15	黄柏溪渡口石刻	留取资料	2000 年完成
	16	武陵镇水文题刻	留取资料	2000 年完成

续表

区县	序号	文物名称	保护方式	完成情况
云阳	1	夏黄氏节孝坊	搬迁保护	2003 年完成
	2	长滩石碑亭	搬迁保护	2003 年完成
	3	六冈石石刻	搬迁保护	2002 年完成
	4	牛尾石岩画	搬迁保护	2002 年完成
	5	龙脊石题刻	易地复制	2003 年完成
	6	飞凤山题刻	易地复制	2006 年完成
	7	乘龙造像	原地保护	2002 年完成
	8	大佛头摩崖造像	原地保护	2002 年完成
	9	下岩寺摩崖造像	原地保护	2002 年完成
	10	水井湾摩崖造像	留取资料	2002 年完成
	11	澎溪口义渡摩崖题刻	留取资料	2002 年完成
	12	佘家嘴石刻	留取资料	2002 年完成
	13	天师泉古井	留取资料	2002 年完成
奉节	1	锁江铁柱	搬迁保护	2002 年完成
	2	《重修杜工部 部瀼西草堂记》碑	搬迁保护	2009 年完成
	3	区塘峡壁题刻	易地复制	2002 年完成
	4	涂家滩水文题刻	原地保护	2009 年完成
	5	安坪水文题刻	留取资料	2009 年完成
	6	渔王洞摩崖造像	留取资料	2000 年完成
	7	瞿塘峡栈道	留取资料	2002 年完成
	8	偷水孔栈道	留取资料	2000 年完成
	9			
	10	润泽池	留取资料	2000 年完成
		锁江铁柱	搬迁保护	2000 年完成
巫山	1	康茂才进兵处石刻	搬迁保护	
	2	孔明碑摩崖题刻	留取资料	1999 年完成
	3	观音洞石刻造像	留取资料	1999 年完成
	4	清水洞题迹	留取资料	1999 年完成
	5	大宁河栈道	留取资料	2003 年完成

二、湖北省

湖北省各区县石刻保护方式和完成情况见表12–2。

表12–2　湖北省各区县石刻保护方式和完成情况

区县	序号	文物名称	保护方式	完成情况
秭归	1	路别云泥石刻	搬迁保护	1996年完成
	2	雷鸣洞石刻	易地复制	1996年完成
	3	巴风石刻	易地复制	1996年完成
	4	李拔题七绝石刻	易地复制	2001年完成
	5	五马桥石刻	易地复制	2001年完成
	6	烟袋沟筑路石刻	原地保护	2001年完成
	7	香溪孕秀石刻	原地保护	1996年完成
	8	玉虚洞石刻	原地保护	1998年完成
	9	宏开利济石刻	原地保护	2001年完成
巴东	1	楚蜀鸿沟石刻	搬迁保护	1996年完成
	2	我示行周石刻	易地复制	1996年完成
	3	灵山圣境石刻	易地复制	1998年完成
	4	川流悟道石刻	易地复制	1998年完成
	5	要区天成石刻	易地复制	1998年完成
	6	共话好河川石刻	易地复制	1998年完成
	7	浪涛英雄石刻	易地复制	1996年完成
	8	化险为夷石刻	易地复制	1996年完成
	9	悟源仙泉石刻	易地复制	1998年完成
	10	链子溪石刻	易地复制	1996年完成
	11	楚峡云开石刻	原地保护	1998年完成
	12	为善最乐石刻	原地保护	1998年完成
	13	无源洞石刻	留取资料	1998年完成

注：淹没区的碑刻均已搬迁至各区县文物搬迁、复建区内。

第十三章 三峡石刻保护工程典型案例分析

13.1 涪陵白鹤梁题刻保护工程

▼ 13.1.1 前期研究

作为三峡库区文物抢救性保护阶段唯一的一处全国重点文物保护单位，为了更好地实施白鹤梁题刻保护工程，原中国文物研究所、原建设部综合勘察设计研究院及交通部西南水运工程科学研究所在 2000 年 9 月至 2001 年 3 月间完成了前期大量的基础性工作。

一、水工实验

为更好地了解白鹤梁段水域在今后几十年间水流变化对梁体的影响，交通部西南水运工程科学研究所在 1:150 模型的基础上进行了专题实验。实验内容包括：

（1）30 年系列的泥沙淤积实验；

（2）30 年系列的推移质位置及方向实验。

实验于 2001 年 1 月完成，实验结果分析表明：① 10 年左右泥沙淤积接近白鹤梁梁体，20 年梁体完全淤积；② 135−150 米正常运行时，卵石等粗砾推移质在现主槽内运行，175 米时未到梁体。因此得出以下结论，粗砾推移质不会对白鹤梁题刻区整体构成破坏，梁体可采用原地加固保护措施，除对题刻表面进行保护性处理外，应考虑梁体整体性加固，以保证 20 年内白鹤梁题刻的主体安全。

二、高精度测绘

为了采集白鹤梁高精度的梁体地形地貌及题刻信息，为梁体及题刻保护工程提供基础资料。原建设部综合勘察设计研究院遥感制图中心采用高精度的测量技术，结合 GIS 建立了白鹤梁体的高数字化模型，工作内容包括：

（1）建立精密工程控制系统；

（2）题刻区 1:50 的精密测绘；

（3）题刻区题刻近景摄影测量；

（4）题刻区小型题刻及保护区其他已知题刻的空间定位（图 13–1）；

（5）建立题刻区三维数字模型（图 13–2）。

该项工作于 2001 年 2 月开始，现场工作于 2001 年 3 月结束。

图 13–1 高精度工程测绘工作现场（摄于 2001 年）

图 13–2　白鹤梁题刻密集区三数字影像图（制作于 2001 年）

三、工程地质详勘

为了进一步查明题刻区地层岩性组合，不良工程地质现象，江水对题刻的侵蚀程度以及题刻区病害类型、发育程度并进行科学的机理分析，为梁体本体加固设计提供科学的参数，原中国文物研究所及原建设部综合勘察设计研究院对梁体进行了细致的工程地质详勘及文物病害勘察工作，主要工作内容包括：

（1）工程地质与岩土工程地质测绘 (1/50)；

（2）钻探（总进尺 75 米）（图 13–3）；

（3）取样（岩芯样 30 组，水样 3 件）；

（4）原位测试（点荷载 6 组，回弹锤击 30 组）；

（5）工程物探（声波，地脉动）；

（6）室内试验（岩石物理力学性质、化学性质、矿物成份，水质分析）；

（7）对题刻区岩体质量进行定量评价；

（8）对环境变化引起的岩体稳定性问题进行分析评价。

图 13–3　钻探工作（摄于 2001 年）

图 13-4 翻模工作（摄于 2001 年）

图 13-5 现场文字编录工作（摄于 2001 年）

（9）对文物本体现存病害进行分析评价

该项工作于 2001 年 2 月开始，现场工作于 2001 年 3 月结束。

钻探结果表明，表层砂岩厚度约 1 米，下部砂质页岩、有机质页岩及钙质页岩厚约 28 米，底部为泥岩。因此，对于白鹤梁表层岩体加固的持力层应考虑设置于页岩层内。

四、留取资料

由原中国文物研究所于 2001 年组织实施，主要工作内容包括：

（1）题刻阴模翻制（图 13-4）；

（2）文字编录（图 13-5）；

（3）摄录像；

（4）拓片（图 13-6）。

图 13-6 拓片工作（摄于 2001 年）

五、表面保护材料及施工工艺研究

为了更好地实施梁体本体保护工程，中国文物研究所于 2000 年 12 月开始，在室内及现场进行相关的实验性研究及实验性施工。主要工作内容包括：

（1）表层片板状剥落加固材料及施工工艺的研究；

（2）表面防冲蚀材料及施工工艺的研究。

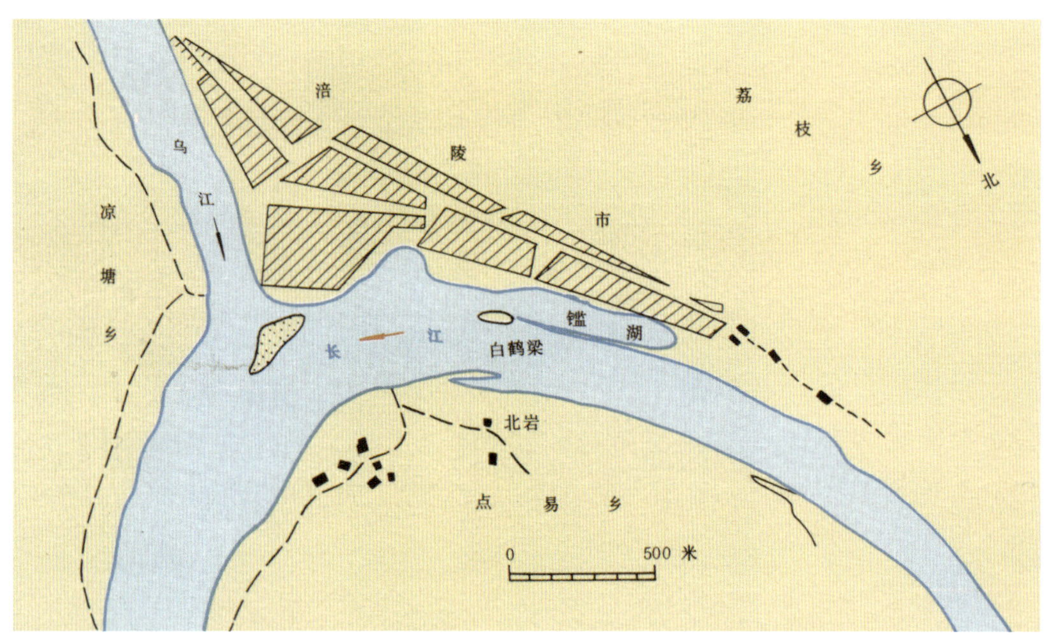

图 13-7　白鹤梁题刻所处地理位置

▼ 13.1.2　题刻区工程地质条件、病害类型、梁体稳定性分析及加固对策研究

一、区域自然地理及地质概况

涪陵区位于四川盆地东南边缘，为河谷低山丘陵地带。地理位置为东经 106°56′–107°43′，北纬 29°21′–30°01′。长江和乌江穿汇于境，城区位于长江和乌江的汇合处。长江由西向东，乌江由南向北流经该区，两江在涪陵市下游处交汇后转向北东方向（图 13–7）。区内至高点位于长江两岸，海拔高程大于 500 米，最低点位于长江河谷深槽，谷底海拔高度 121.2 米。长江在城区宽约 500 米，最大水深大于 50 米。江北岸为逆向陡坡地形，平均坡度大于 30°。江南岸为顺向缓坡地形，平均坡度为 10°–20°，是涪陵的主要建设区。

本区属亚热带湿润季风气候，四季变化明显。其气候特征为：冬暖、春旱、夏热、秋雨。湿度大，云雾多，日照少，风力小。历年平均气温为 18.1℃。最高月平均气温 28.6℃（7 月），最低月平均气温 7.1℃（1 月），极端最高气温 42.2℃，极端最低气温 –2.7℃。多年平均降水量为 1072.2 毫米，年降水量最大值为 1363.4 毫米，最小值仅 800.5 毫米。四季降雨量夏秋两季最多，占全年的 66%；冬春次之，占 34%。月降水量最大值 322.8 米，日降水量最大值为 113.1 毫米。年降水日最多值为 179 天。区内历年平均蒸发量为 1106.6 毫米，最大值 1459.5 毫米，最小值 908.5 毫米。

年平均相对湿度为 79%，最大值 83%，最小值 74%，无霜期 270–330 天，区内全年主导风向为东北风，其次为北风，年平均风速为 1.0 米 / 秒，最大风速为 28.4 米 / 秒（十级），4–9 月均可出现≥21.0 米 / 秒的大风（九级以上）。

受气候控制，长江洪、枯水期流量变幅很大。据数十年来观测统计，长江多年平均流量涪陵段为 11200m³/S。与流量变幅相应，长江洪水位与枯水位相差悬殊。涪陵市大洪水时的水位为 167 米，枯水期水位为 136 米，历史上最高洪水位记录为 169.8 米，最低水位记录为 134.6 米，最大水位差为 35.2 米。长江的泥沙含量较大，多年平均悬移质输沙量为 4.6 亿吨，沙质推移质为 600 万吨，卵石推移质为 28.97 万吨。泥沙主要来源于上游的金沙江流域、支流嘉陵江流域，以及四川盆地沿岸地带。

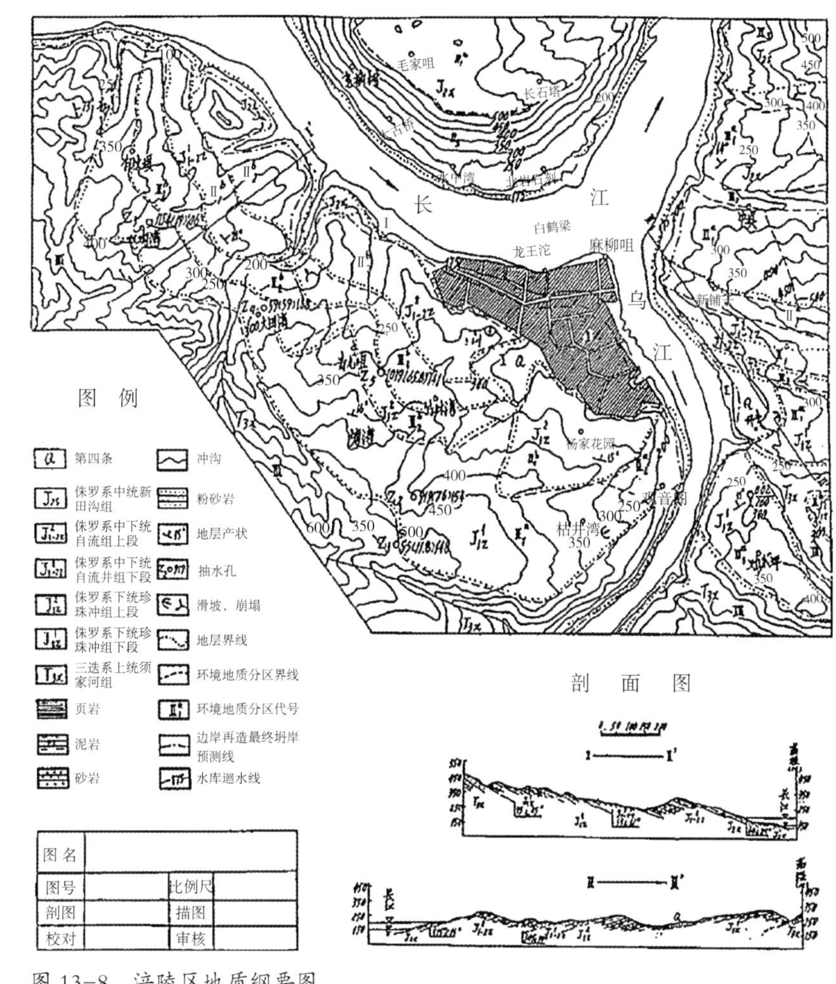

图 13–8 涪陵区地质纲要图

地质构造上本区位于川东弧形凹褶带东部，珍溪场向斜的翘起端范围。该向斜轴部平坦宽缓，两翼相对舒展，倾角一般为 10°–30°。区内地层呈单斜构造，总体产状向北倾，倾角一般为 10°–30°。区域地层由南至北分别为侏罗系下统珍珠冲组下段（J_{1z}^{1}）深灰色中厚层状岩屑石英砂岩、粉砂岩夹泥岩；侏罗系下统珍珠冲组上段（J_{1z}^{2}）紫红色砂质泥岩夹石英砂岩；侏罗系中下统自流井组下段（$J_{1\square 2z}^{1}$）灰色钙质页岩夹薄层介壳灰岩、粉砂岩；侏罗系中下统自流井组上段（$J_{1\square 2z}^{2}$）紫红色钙质泥岩夹粉砂岩及生物碎屑灰岩；侏罗系中统新田沟组（J_{2x}）下部为深灰色钙质页岩夹石英砂岩及介壳灰岩，上部为灰色厚层岩屑长石砂岩与紫红色砂质页岩互层。白鹤梁题刻即赋存于新田沟组下段的石英砂岩之上（图 13–8）。

地质构造上本区位于川东弧形凹褶带东部，珍溪场向斜的翘起端范围。该向斜总轴向为 NNE — SSW 向，轴部平坦宽缓，两翼相对舒展，倾角一般为 10°–30°。白鹤梁地层呈单斜构造，产状为 NE10° ∠ 30°。本区主要构造形迹为构造节理，具有如下特征：

（1）以 NE 和 NW 向两组构造节理为主；

（2）节理倾角较陡（65°–90°）；

（3）白鹤梁砂岩中层面节理很发育；在长江两岸和江心部位因卸荷作用和江水冲刷作用使节理的隙宽明显增大，最大隙宽达 25 厘米。题刻区所在岩体内分布有两组构造节理，产状为：①走向 NE43°，近直立；②走向 NW340°，近直立。节理密度为 0.8 条 / 米，节理延伸较上，张开度也较大，两组节理相互交切，将岩本切割成块状（图 13–9）。

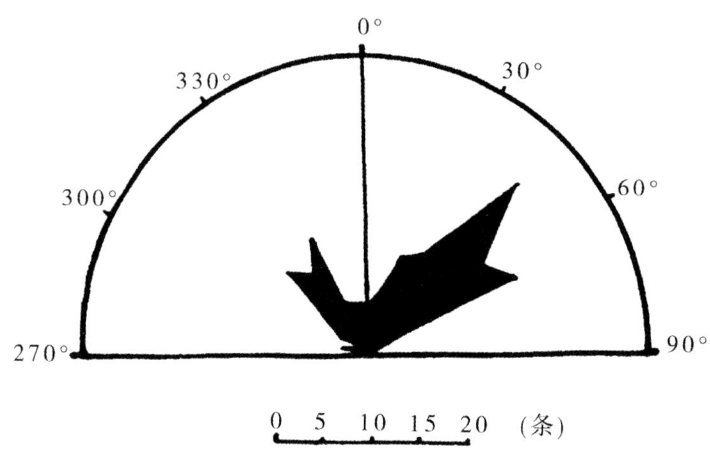

图 13–9　白鹤梁所在梁体节理玫瑰花图

涪陵区境内地下无活动性断裂带，地壳相对稳定。区内少有大的灾害性地震记录，但受邻区影响，境内有震感和发生山崩的历史记载。本区的地震基本烈度为Ⅴ度，设计烈度为Ⅵ度。

二、题刻区工程地质条件

（一）地形地貌

白鹤梁题刻位于涪陵市区龙王沱附近的江心，距南岸约 100 米，距北岸约 400 米。自西向东延伸，与江流平行。梁脊标高为 138.23 米，仅比常年最低水位高出 2 米 –3 米，但低于最高洪水位达 30 米，所以几乎常年没于水中，只有在每年冬春交替的最低水位时，才露出江面。这时白鹤梁以北为长江主漕，水流湍急，漕底海拔高度为 121.2 米，低于梁脊 17 米，水下自然坡度为 20°。而白鹤梁以南则微波荡漾，清平如镜，古有“鉴湖”之称（图 13–7）。梁脊以南砂岩形成高约 0.8 米 –1 米的自然陡坎，页岩形成缓坡，江底至梁脊的高差仅 3 米 –4 米。在梁脊以南砂岩与页岩交界处，受江水冲刷和浪蚀作用，常形成掏蚀凹槽，引起表层砂岩朝南翻转崩塌。

题刻区总长约 200 米，分东西两段。东段长 45 米，宽约 10 米（勘测时水位为 136 米），出露面积随水位涨落而有所变化。东段为石刻密集区，包括著名的唐代石鱼，共分布题记 139 款，是保护工程的重点区。梁脊表层砂岩以 16°–20° 的倾角朝北扎入江中，局部受变形作用的影响，岩层倾角可达 30° 以上。梁脊以南修筑了宽 2 米的防浪堤，该段至高点位于防浪堤上，海拔高度 138.02 米。西段长约 145 米，宽 7 米 –14 米，至高点位于梁脊，海拔高度 138.23 米。梁脊表层砂岩以 10°–20° 的倾角朝北倾。梁脊以南，靠东端修有长 50 米，宽 1.5 米的防浪堤；往西未修

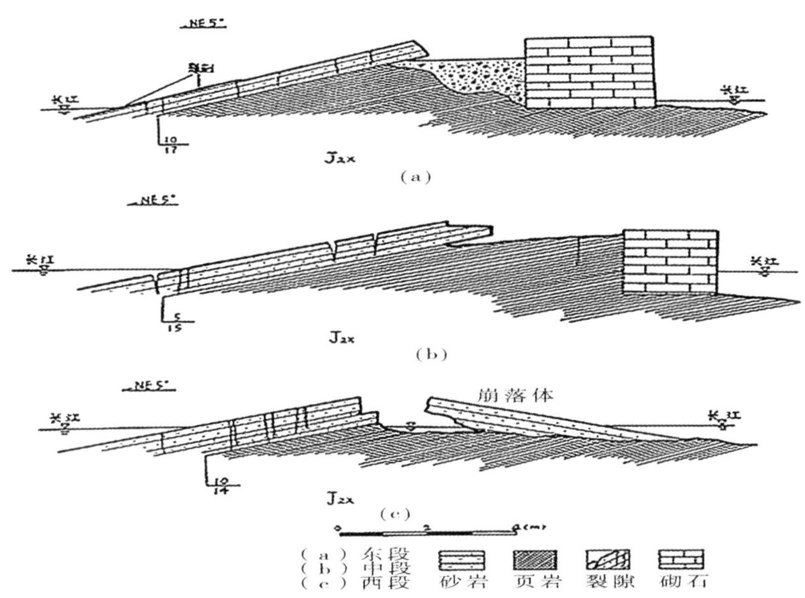

图 13-10 白鹤梁所在梁体地质剖面图

筑防浪堤，故多见顶层砂岩在重力作用下朝南崩塌翻转。西段题刻较少，仅存 24 款（图 13-10）。

（二）地层岩性

题刻区的地层简单，为侏罗系中统新田沟组下部的深灰色钙质页岩夹石英砂岩及介壳灰岩。其下部与侏罗系中下统自流井组的紫红色钙质泥岩整合接触。根据地质测绘，钻探及室内外试验等综合分析，题刻区的地层从上至下可详细划分为 7 个工程地质层（图 13-11）。①层：钙质胶结细粒长石石英砂岩，通过薄片鉴定（图 13-12）和 X 衍射分析（表 13-1），岩石的矿物成为主要为石英、长石，方解石和黏土狂舞。具细粒砂状结构，块状构造。基质组织占 15%，其中 5% 为绢云母化泥质，10% 为钙质，胶结类型为孔隙式胶结。由扫描电镜结果可知，该砂岩由石英、长石、高岭石、伊利石、绿泥石组成，粒状堆积结构。粒间孔隙和次生孔隙较大，见钙质胶

钻孔位置	涪陵白鹤梁 x: y:				孔口高程	米	开孔日期 终孔日期	2001.2.19	
钻孔目的	了解岩体结构及性状				钻孔深度	米	地下水位 观测日期		
地层代号	钻孔结构及柱状剖面 1:100	孔深（米）	高程（米）	厚度（米）	层序	岩性描述	岩芯采取率%	地下水位	点荷载取样
		0.79		0.79	1	1.薄层状粉砂岩夹砂质页岩，浅灰黄色，上部岩芯呈短柱状，7—18cm；下部呈碎块状，且见铁锰质浸染。	90%		
		1.54		0.75	2	2、砂质页岩，浅灰色，页理发育，岩芯完整性极差，破碎面上见铁锰质浸染，底部岩芯呈短柱状，7—15cm。			
		3.38		1.84	3	3、炭质有机质页岩，灰黑色，页理极为发育，局部含黄铁矿，岩芯多呈长柱状20—50cm；在2.15m—2.58m处岩芯呈薄饼状，厚2—6.5cm。			
		3.80		0.42	4	4、生物碎屑灰岩，灰白色，富含介壳类化石，约占70%，较坚硬，岩芯呈短柱状11cm—25cm。			
		19.36		15.56	5	5、炭质有机质页岩，深灰黑色，页理发育，局部呈竖向劈裂，且见黄铁矿，岩芯多呈长柱状12—45cm；局部含有介壳类化石，在6.45m处，厚20cm；在10.08m处，厚10cm；在12.8处，厚4cm；在14.34处，厚15cm；在16.39m处，厚10cm。			
		19.92		0.56	6	6、钙质页岩，浅灰黑色，页理发育，岩芯完整性较好，呈短柱状，10—20cm。			
		29.10		9.18	7	7、炭质有机质页岩，灰黑色，页理发育，岩芯呈短柱状10—26cm；局部含有介壳类化石，在21.12m处，厚13cm；在24.11m处，厚6cm。			
		29.70		0.60	8	8、泥岩，紫红色。			

图 13-11 白鹤梁所在位置 3 号钻孔柱状图

表 13-1　X 射线衍射分析结果

试样编号	石英含量	方解石含量	钠长石含量	高岭石含量	蒙脱石含量	伊利石含量
3	50%±	7%±	13%±	15%±	5%±	10%±

注：日本理学公司 D/MAX—3B 粉晶 X 射线衍射仪。Cu 靶，Ni 滤波，30KV，30mA，4 度 / 分扫描

结物。钻孔中揭露的砂岩为灰绿色，风化后呈灰黄色，致密坚硬。岩芯呈短柱状，一般长 6 厘米 -22 厘米。岩芯采取率为 90%，裂隙面上有铁锰质浸染，层厚 0.8 米 -1 米。

②层：薄层状粉砂岩夹砂质页岩，通过薄片分析，粉砂岩的矿物成分主要为石英细粉砂占 68%，绢云母 2%。基质为泥质，占 30%。具泥一粉砂结构。钻孔中揭露的粉砂岩呈浅灰黄色。岩芯多呈短柱状，长 5 厘米 -20 厘米，少数呈柱状，长 30 厘米。微层理较发育，局部有铁锰质浸染。岩芯采取率 90%，厚度 0.64 米 -0.8 米。③层：砂质页岩，通过薄片分析，岩石的矿物成分主要为泥质，占 70%，石英细粉砂 5%，绢云母 25%。具粉砂泥质结构，绢云母长轴定向，呈页理状。扫描电镜分析，该页岩主要由伊利石、绿泥石、高岭石、长石和石英组成，结构较为致密，主要为扁平状聚集体和片状颗粒。以面—面接触为主，粒间孔隙较小，泥质胶结。钻孔中揭露的砂质页岩呈浅灰色，页理发育，岩芯呈薄饼状或短柱状，长 4 厘米 -13 厘米。局部有铁锰质浸染。岩芯采取率 90%，厚度 0.5 米 -0.75 米。

图 13-12　白鹤梁题刻赋存砂岩表层薄片镜像图

④层：钙质页岩，通过薄片鉴定和 X 衍射分析，岩石的矿物成分主要为石英粉砂 30%，绢云母 3%，生物碎屑介形虫 3%，泥质组成基质，占 64%，具粉砂泥状结构，定向构造，呈页理状。通过扫描电镜分析，该页岩主要由高岭石、蒙脱石、长石和石英组成。结构致密，多为片状和片状颗粒，多以边 - 面接触为主。钻孔中揭露的钙质页岩呈灰黑色，页理极为发育。局部含动植物化石和黄铁矿。岩芯呈柱状或短柱状，长 4 厘米 -25 厘米或 25 厘米 -50 厘米。局部岩芯较破碎，见铁锰质浸染。滴 5% 盐酸微弱起泡，岩芯在露天里很快沿页理面张裂成短饼状，岩芯采取率 90%，厚度 1.84-2.46 米。

⑤层：生物碎屑灰岩。通过薄片鉴定和X衍射分析，岩石的主要组分为钙质生物碎屑，占95%，基质为细粉砂泥质，占5%。具生物碎屑结构。扫描电镜鉴定该灰岩由方解石、文石假象方解石及长石、石英、绿泥石组成，结构致密，为胶粘式结构，孔隙较小。钻孔中揭露的生物碎屑灰岩呈灰白色，富含介壳类化石。岩石较坚硬。滴5%盐酸强烈起泡。有的岩芯沿纵向裂开，见铁锰质浸染。岩芯呈短柱状，长4厘米-26厘米。岩芯采取率90%。厚度0.33米-0.44米。

⑥层：钙质页岩，通过薄片鉴定和X衍射分析，岩石的矿物成分主要为石英、长石。泥质为基质。具粉砂泥质结构，定向构造呈页理状。钻孔中揭露的钙质页岩呈灰黑色，页理发育，滴5%盐酸微弱起泡。含7层约10厘米厚的生物碎屑灰岩薄层。岩芯局部呈竖向劈裂，岩芯多呈长柱状，长20厘米-57厘米，少量呈短柱状，长2厘米-7厘米，岩芯在露天条件下迅速沿页理面强裂断开，呈短饼状。岩芯采取率90%。厚度25.3米。

⑦层：钙质泥岩，通过薄片鉴定和X衍射分析，岩石的矿物成分主要为石英粉砂10%，绢云母15%，泥质占75%，具粉砂—泥状结构，块状构造。钻孔中揭露的钙质泥岩呈紫红色，岩芯呈短柱状，长6厘米-20厘米，岩芯采取率90%，厚度未见底。

（三）岩石物理力学性质及岩体完整性评价

白鹤梁题刻赋存岩石的物理力学试验成果见表13-2。

表13-2 岩石物理力学性质实验成果一览表

编号	深度	干密度	风干密度	饱和密度	饱和吸水率	干单轴抗压强度	弹性模量	变形模量	泊松比	饱和单轴抗压强度	弹性模量	变形模量	泊松比
		g/cm^3	g/cm^3	g/cm^3	%	MPa	GPa	GPa		MPa	GPa	GPa	
3	地表	2.58	2.59	2.61	1.61	151.2	15.02	9.93	0.264	95.9	9.13	5.54	0.378
						140.8	17.49	13.18	0.268	94.9	11.06	9.32	0.335

注：本实验根据水利部《水利水电工程岩石试验规程》DL（5006—92），所用实验仪器为英国INSTRON-1346。

同时采用XJ-2型便携式剪切仪对页岩的抗剪强度进行了测试。以上实验表明涪陵白鹤梁题刻赋存砂岩强度较高，饱和单轴抗压强度达94.9-95.9MPa；而页岩的强度较低，饱和单轴抗压强度仅13.2-23.0MPa，页岩的抗剪强度参数内聚力为15-28kPa，内摩擦角为20.7°-22.0°。

将题刻区从西至东分为四段，每段长约50米，分别进行地表回弹锤击试验（表13-3），对部分钻孔样品也进行了回弹锤击试验，得出各类岩石的抗压强度平均值见表13-3，其中钙质页岩的抗压强度值偏高。

表 13–3　回弹捶击试验抗压强度平均值（MPa）成果表

分区 岩石类型	第一段	第二段	第三段	第四段	钻孔
砂岩	79.0	79.0	81.0	79.0	89.0
砂质页岩	41.5	45.0	42.0	55.0	42.0
钙质页岩	26.5	28.0			24.5
生物灰岩					92.4

采用 RS – STO1C 型非金属声波检测仪对 5 个钻孔进行了单孔声波检测。声波波速按公式$Vp=\frac{L}{t}$计算，完整性系数按公式$Kv=\left[\frac{\overline{V}_{pm}}{\overline{V}_{pv}}\right]^2$计算。其中$\overline{V}_{pm}$为岩体纵波速度，$\overline{V}_{pv}$为岩块纵波速度，取钻孔岩芯测定而得，其值为 2128m/s。单孔声波测试主要在钙质页岩夹薄层状生物碎屑灰岩中进行。由测试结果可知，5 个钻孔的纵波波速除个别测点外，从上至下几乎为一条直线，表明下卧页岩层岩性单一，完整性好。ZK1、ZK2、ZK5 钻孔岩体纵波速度与岩块的纵波速度非常接近，ZK3 和 ZK4 钻孔的纵波速值略为偏高，表 13–4 给出了单孔声波的分析结果。

表 13–4　单孔声波测试分析成果

孔号（测深范围米）	波速范围（米 / 秒）	平均波速（米 / 秒）	完整性系数
ZK1（1.4–9.2）	1701–2066	1832	0.861
ZK2(0.8–9.2)	1695–2075	1823	0.857
ZK3(0.8–27.4)	2404–2646	2498	0.174
ZK4(0.6–9.0)	2304–2551	2432	1.143
ZK5(0.6–9.0)	2000–2273	2069	0.972

（四）地质构造

区内构造简单，岩层呈单斜构造，朝北倾向江心（图 13–8）。岩层走向近东西向，与区域构造线方向一致。产状平缓，倾角一般 10°–20°，局部受变形影响，倾角大于 30°。题刻区未见大的断裂构造，主要构造形迹为构造节理。根据现场节理量测统计调查，区内构造节理具有如下特征：

（1）砂岩中主要发育二组构造节理，一组走向 NE50 – 70°，另一组走向 NW300 – 320°（图 13–9）；

（2）节理倾角较陡（65°– 90°）；

（3）白鹤梁砂岩中层面节理较发育；

（4）受江水冲刷作用和卸荷作用的影响，节理的隙宽明显增大，最大隙宽达 25 厘米；

（5）节理密度为 1.2 条 / 米；

（6）节理延伸较长，两组节理相互交切，将砂岩切割成块状。

题刻砂岩的下卧层为柔性的页岩，据跨孔声波探测表明，页岩中构造裂隙不发育，岩体完整性较好。从声波 CT 图上可知，没有明显的低速区，波速均在 1600 米 / 秒以上，表明题刻区下卧页岩的岩体完整性好。

（五）动力地质现象

题刻区的主要动力地质现象为江水冲刷掏蚀引起的表层题刻所在砂岩的位移变形和翻转崩塌，以及泥沙淤积。

白鹤梁的地层组合中，表层为被两组裂隙切割成块状的坚硬砂岩，其下卧岩层为相对较软弱的页岩层。地层以 10°-20° 的倾角朝北倾向江内。在长期的浪蚀作用下，梁脊以南的下卧页岩层被掏蚀形成凹槽，顶层的砂岩在重力作用下朝南崩塌翻转。目前，已对部分翻转的题刻砂岩进行了复位归安处理。并在东段和西段的部分地带修筑了防浪堤，有效地保护了重点题刻区的题刻砂岩现状。而靠西端约 100 米长的地带，未修防浪堤，崩塌现象较严重，目前崩塌区的范围长约 60 米，最大宽度达 6 米。

梁脊以北，砂岩表面受江浪冲刷呈薄片状剥落。沿砂岩和页岩的接触面有掏蚀现象，由于砂岩和页岩变形不协调，导致表层砂岩产生拉裂和位移。局部砂岩变形后倾角大于 30°。石块间最大隙宽达 20 厘米。根据潜水员的勘察结果，目前已知水下最低部位的题刻，位于唐鱼顺岩层往北 2.9 米处。在唐鱼往北水平距 18 米处，表层砂岩被掏蚀，形成一冲蚀凹槽。

按照三峡水库拟定的调度方案，在水库蓄水初期（2003—2009 年）涪陵河段将分别处于水库回水末端和回水变动区中下段，从 2009 年以后该河段将处于常年回水区上段。根据重庆西南水运工程科学研究所的水工模型试验研究成果，在三峡水库按 135 米水位运行的前 5 年，由于受水库回水影响较少，涪陵段泥沙淤积甚少。当三峡水库按 156 米方案运行后，涪陵河段处于水库回水变动区，主要是边滩淤积。从第 8 年开始，水库按 175 米方案运行，涪陵河段处于常年回水区上段，普遍落淤，水库运行到第 10 年，淤积泥沙逐渐逼近白鹤梁题刻。从第 15 年起开始全面覆盖白鹤梁题刻，至第 20 年白鹤梁上淤厚达 2 米 -6 米，至第 30 年白鹤梁题刻上淤厚达 4 米 -10 米。

（六）水化学

题刻砂岩常年位于水下，主要受长江水的影响，分别取白鹤梁内、外两侧的江水和雨水进行水化学分析。分析结果表明：白鹤梁内外两侧江水的水化学性质基本一致。pH 值为 7.32-7.38，矿化度为 278.56-279.11，硬度为 9.20-9.31 德度。内侧江水的游离 CO_2 含量为 8.48，外侧为 5.09。内侧江水的水化学类型为 HCO3-Ca、Mg 型，外侧江水的水化学类型为 HCO_3-Ca 型。据分析江水对混凝土无任何侵蚀性。采用高精度仪器测试江水中的 Cu、Pb、Zn、Cr 等重金属和 Hg 的含量均小于 0.001 豪克 / 升，对题刻砂岩无影响。

据北京大学地质系所做的雨水水化学全分析报告，pH 值为 6.0，偏酸性。矿化度为 68.05。硬度为 1.99 德度。水化学类型为 SO_4–Ca 型。

（七）地震工程地质

题刻区的地震基本烈度为Ⅴ度，地壳基本稳定。鉴于白鹤梁题刻为不可再生的国家级重点文物保护单位，其保护工程的抗震重要性可按甲类建筑考虑，其设防烈度可按Ⅵ度进行抗震设防。

现场勘测中，在 5 个钻孔中采用单孔声波法进行了纵波速测试同时，并从西至东，选取 5 个点作了常时微动测试。测试主要在页岩层中进行。纵波速测试得到波速平均值为 2130.8 米 / 秒。因此场地类型为坚硬场地，建筑场地类型为 I 类建筑场地。该场地为对抗震有利地段。

由常时微动时程曲线，在桩基动测分析系统下做屏蔽分析得 fs 后，按公式 ts=1/fs 计算卓越周期。测试结果见表 13–5。

表 13–5　常时微动测试结果

点号＼方位		东西		南北		上下	
		fs(Hz)	ts(s)	fs(Hz)	ts(s)	fs(Hz)	ts(s)
第 1 点	速度	6.122	0.163	6.452	0.156	6.386	0.157
	加速度	5.890	0.170	6.018	0.166	5.996	0.167
第 2 点	速度	6.670	0.150	6.116	0.164	6.046	0.165
	加速度	5.932	0.169	5.774	0.174	5.900	0.169
第 3 点	速度	6.336	0.158	6.346	0.158	6.774	0.148
	加速度	6.128	0.163	6.432	0.155	6.112	0.164
第 4 点	速度	6.732	0.149	6.884	0.145	6.322	0.158
	加速度	6.544	0.153	7.002	0.142	5.959	0.168
第 5 点	速度	6.022	0.167	6.004	0.167	6.048	0.165
	加速度	6.636	0.151	5.996	0.168	6.002	0.167
		东西 ts(s)		南北 ts(s)		上下 ts(s)	
均值	速度	0.158		0.159		0.159	
	加速度	0.161		0.161		0.167	
总均值		0.160		0.160		0.167	

由表 13–5 可知，该场地的卓越周期平均值为：东西向 ts=0.160 秒，南北向 ts=0.160 秒，上下 ts=0.163 秒，总平均值为 ts=0.161 秒。

坚硬场地的似刚性建筑的震害可能比较严重，这种破坏主要是由于场地、地基与工程设施的共振或类工程效应而引起的。为了准确估计和防止这类震害的出现，必须使工程设施的自振周期避开场地的卓越周期。

（八）基承载力与变形分析

白鹤梁题刻保护工程基础设计的最主要设计参数是地基承载力和变形参数。题刻区地层由上往下可分为四层：①层砂岩，厚 0.8 米 -1 米；②层粉砂岩夹砂质页岩，厚 1.1 米 -1.5 米；③层钙质页岩夹生物碎屑灰岩，厚近 26.6-27.2；④层泥岩，钻孔未揭底。基岩承载力主要按室内饱和单轴抗压强度值、《建筑地基基础设计规范》并结合地区经验来确定。变形参数以室内试验为主，各岩层的地基承载力与变形指标建议值见表 13-6。

表 13-6　工程设计参数

地层分层编号	地基承载力标准值	变形模量
	fk(kPa)	E(GPa)
①石英砂岩	2200	7.43
②粉砂岩夹砂质页岩	1800	5.09
③钙质页岩夹生物碎屑灰岩	800	2.03
④泥岩	900	2.24

由于题刻保护工程坐落于基岩之上，其承载力很高，变形模量也大，故在这种状况下，地基变形量将很小，且在施工期间内就能很快完成。表 13-6 给出了各地层的变形模量。

各工程地质层均能满足保护工程对地基稳定性的要求，但①层和②层厚度太小，建议采用第③层作为持力层。

二、题刻岩体斜坡稳定性分析

（一）计算模型与参数

白鹤梁北侧面向深槽形成一坡度约 20° 的自然斜坡，岩层朝北倾，为顺向坡。坡高约 9 米。斜坡主要由表层坚硬的题刻砂岩和下卧软弱页岩所组成。目前斜坡处于整体稳定状态。但随库水位上升，斜坡稳定性有降低的趋势。为此，在东、西两段各选一个代表性剖面，采用 Sarma 法进行了稳定性计算。

根据野外勘测，斜坡的可能破坏方式为沿砂岩与页岩的接触面产生顺层滑动，由此确定斜坡的潜在滑动面为砂岩与页岩的分层界面。计算参数根据室内试验、反算及邻区类比确定，斜坡的计算参数见表 13-7。

（二）计算方案

东段斜坡，西段斜坡具有相似性，均为岩质斜坡，采用同一种计算方案，计算时分别考虑 136 水位和 175 水位时自然状态和地震烈度为Ⅵ度时的稳定性。选择计算方案为：

表 13-7　斜坡性计算参数表

参数 \ 状态		水上	水下
滑体参数	内聚力 C（kPa）	120	120
	内摩擦角 φ（°）	36	36
	重度 γ（kN/ 厘米 3）	25.8	26.1
滑面参数	内聚力 C（kPa）	22	20
	内摩擦角 φ（°）	22	21

136 水位：①自然稳定性计算；②地震烈度为Ⅵ度时稳定性。

175 水位：①自然稳定性计算；②地震烈度为Ⅵ度时稳定性。

据区域地震地质研究，石刻区位于基本烈度为Ⅴ度区，按Ⅵ度设防。因此，计算时地震烈度按Ⅵ度计，地震加速度为 $63.0cm/s^2$。

（三）计算方法

Sarma 法是 Sarma 博士在 1979 年首次提出的，其后得到了广泛应用。它是一种考虑滑体强度的边坡极限平衡分析方法。Sarma 法是一种既满足力的平衡又满足力矩的平衡的分析方法。能分析具有各种滑坡结构特征的斜坡稳定性；由于引入了临时水平加速度判据，因而该方法还可以用来分析地震力对斜坡的影响。

（四）斜坡稳定性计算结果及评价

斜坡稳定性计算结果见表 13-8。

表 13-8　斜坡稳定性计算结果

水位	方案	东段	西段
136 水位	自然状态	1.99	1.27
	Ⅵ地震	1.61	1.16
175 水位	自然状态	1.40	1.09
	Ⅵ地震	1.12	0.92

一般情况下，斜坡稳定性安全系数取 1.1–1.3，当斜坡稳定性系数 Fs>1.3 时，斜坡整体处于稳定状态，当 Fs=1.1–1.3 时，斜坡处于基本稳定状态。

由计算结果可得出如下结论：

① 136 水位时，东段斜坡即使在考虑Ⅵ度地震的情况下稳定性系数也大于 1.3，斜坡整体处于

稳定状态。西段斜坡的稳定性系数在 1.1–1.3 之间，处于基本稳定状态。

② 175 水位时，东段斜坡在自然状态下，稳定性系数下降，但仍大于 1.3，处于整体稳定状态；考虑Ⅵ度地震的情况下，稳定性系数等于 1.12，处于基本稳定状态。

③ 175 水位时，西段斜坡在自然状态下稳定性系数等于 1.09，处于欠稳定状态。考虑Ⅵ度地震时，稳定性系数小于 1，斜坡将有可能失稳。

三、白鹤梁题刻病害分析

由于白鹤梁每年长时间没于水中，虽历经 1200 多年，但至今保存情况尚好，绝大多数题刻仍清晰可见。但因长期受波涛冲刷和江水侵蚀等自然地质营力的破坏，题刻所在岩体和题刻本体已产生了各种病害。所以采取了一些保护措施，使病害有所缓减。现将环境地质病害现状和保护现状分述如下：

环境地质病害可根据其成因分为两大类：第一类病害，是由于自然地质环境引起的病害，如波浪冲刷、风化等；第二类病害，是由于人类活动导致的或引起自然环境改变从而导致的病害或加剧的病害。

（一）第一类病害

1. 裂隙交切

题刻区砂岩内构造节理和层面节理的纵横交切，将题刻砂岩切割成分离块体，在江水的不断冲蚀作用下，节理的隙宽正在不断加大，最宽处已达 20 厘米；岩体内微裂隙的隙宽也正在不断加大。分离块体在外力的作用下，会产生位移和变形，而导致题刻的破坏，这种病害多分布于梁脊以北地区（图 13–13）。

图 13–13　白鹤梁题刻裂隙交切病害（摄于 2001 年）

2. 岩体崩落

由于表层题刻砂岩之下为相对软弱的砂质页岩或钙质页岩，在江水的长期冲刷掏蚀下，页岩易被掏空，形成掏蚀凹槽。由于砂岩中构造节理和层面节理十分发育，其中近东西向的纵向节理起崩落面作用，NE 向和 NW 向的节理起侧向切割面的作用，致使悬空的砂岩岩体在重力作用下产生位移失稳，崩落翻卷。从而使部分题刻遭受毁灭性的破坏。题刻区东段现有数块残缺的题刻就是从江中捞起的崩落体，现填放在冲蚀凹槽中，但已

图 13-14　白鹤梁题刻西端岩体崩落病害（摄于 2001 年）

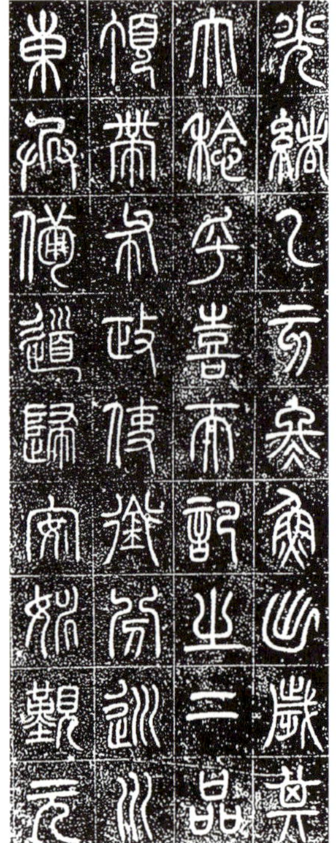

图 13-15　姚觐元题记拓片（引自《长江三峡工程水库水文题刻文物图集》）

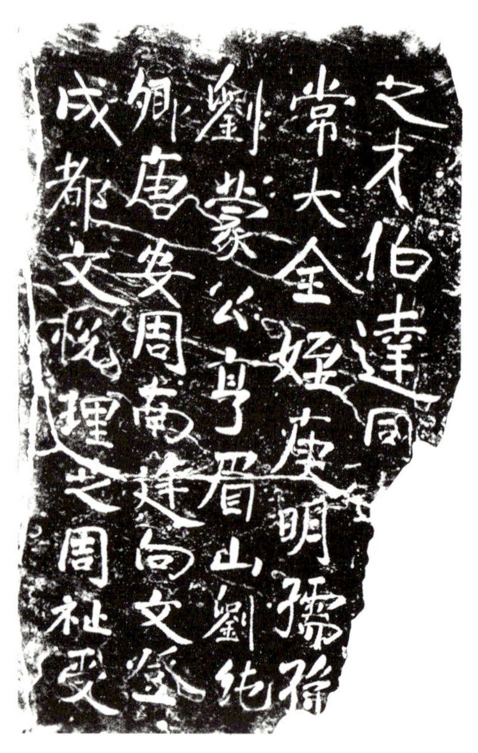

图 13-16 文悦等题名历史拓片（引自《长江三峡工程水库水文题刻文物图集》）

无法复原，岩体崩落是白鹤梁题刻区最严重的病害。鉴于以上原因，1992 年原涪陵市文物部门在白鹤梁东端梁脊以南修筑了防浪堤，使该段崩落病害得到了有效地控制。但在 2001 年调查时，白鹤梁西端岩体崩落现象仍旧十分严重（图 13-14）。2001 年我们对白鹤梁题刻进行统计编录时，在与历史编录成果和拓片资料比较时发现。已全部破坏而消失的题刻有贾承福题记、姚觐元题记（图 13-15）、刘公亨等题记、古泉诗 6 款之多。据推测这些题记完全破坏而消失应是岩体崩落导致的，而且这种破坏过程发展尤为迅速，最为明显的一例是宋建炎元年间文悦等题名题记，20 世纪 60 年代捶拓的拓片表明题记完整而清晰（图 13-16），而 2001 年 3 月调查时，该题记上方大部分已破坏殆尽（图 13-17）。2003 年施工阶段在白鹤梁梁体以南鉴湖中打捞出该题记上方所在岩块，经拼对，确属该题记上部缺失部分（图 13–18）。可见在短短的不到 40 年的时间，该题记已因岩体崩落产生了致命的破坏。

3．片板状剥落

每年 12 月、1 月、2 月及 3 月部分时间，白鹤梁所在梁体露出水面，题刻面对长江主漕，江浪不断拍击题刻表面。由于题刻所在岩体中层面节理和构造节理十分发育，在江水的冲刷作用下，造成许多题刻表面沿层理发生了片板状剥落现象（图 13–19）。其中一些题记之间的叠压现象也从一个侧面反映了该类病害的破坏速度。如孙海书“白鹤梁”题记（图 13–20），铭刻年代

图 13–17　文悦等题名拓片（摄于 2001 年）

图 13–18　文悦等题名题记 2003 年崩落岩块打捞后的拼对结果（摄于 2003 年）

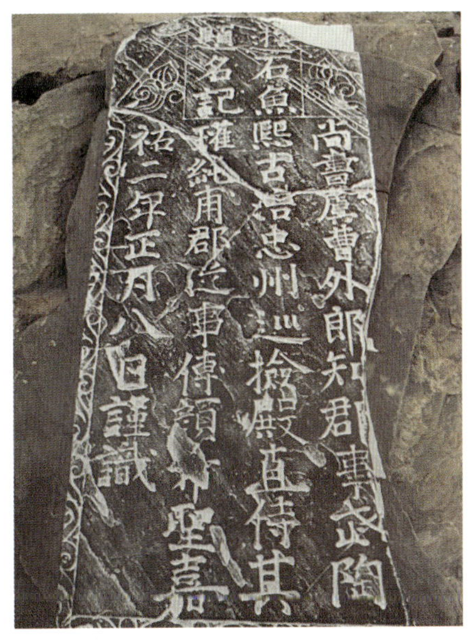

图 13–19　白鹤梁题刻表面的片板状剥落（摄于 2001 年）

图 13–20　孙海书“白鹤梁”题记（摄于 2001 年）

在 1881 年，其在李公玉题记(1226 年)破坏后的下部岩面（图 13-21）上镌刻。可见李公玉题记在 1226 年至 1881 年的 600 多年里因岩体表层的片板状剥落已产生了致命的破坏。岩体表层是题刻重要的物质载体，一旦破坏，对题刻的价值将造成无法挽回的影响。因此应作为重点部位予以重点保护。

4. 侵蚀

侵蚀病害主要表现为磨蚀和生物生长两种现象。长江具有水位变化大，含沙量高，侵蚀模数大的特点。在携带泥沙的江水长期磨蚀作用下，有些石刻已模糊不清。例如唐代所刻石鱼，按历史文献记载应为两尾，而现仅存一尾，且已模糊不清（图 13-22）。除此之外，不少石刻

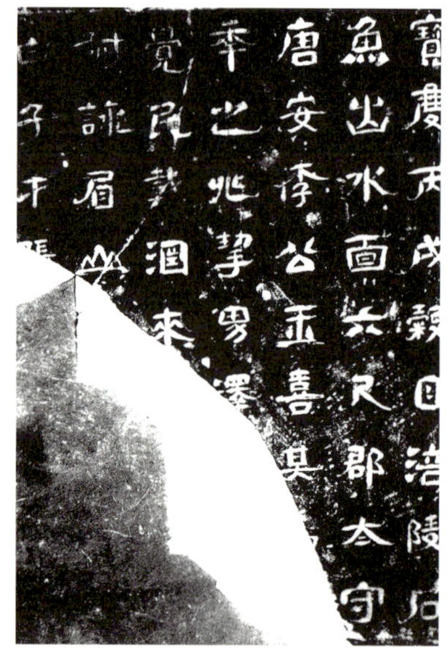

图 13-21　李公玉题记（摄于 2001 年）

图 13-22　唐代石鱼（中间）（摄于 2001 年）

图 13-23　石刻表面残留的生物遗骸（摄于 2001 年）

所在岩体表面还可见有藻类等低等生物遗骸（图 13-23），它们的存在也会降低岩石的抗破坏能力。通过扫描电镜观察，在表层岩石标本中还发现了大量的微生物遗骸。

图 13-24 高浮雕石鱼（摄于 2001 年）

（二）第二类病害

1. 船只撞击

白鹤梁题刻夏秋淹于水中，过往船只的撞击加剧了岩体的病害，甚至直接毁坏题刻。船只撞击使岩体中裂隙加宽，产生松动甚至位移。如 1986 年《安固题记》（聂文焕题记）被船只撞坏三分之一。还有《高联石鱼诗》被毁大部，长达 2.2 米的浮雕石鱼，鱼尾被毁，鱼身错位达 30 厘米（图 13-24）。

2. 游人践踏

随着城市对外开放和旅游事业的日益发展，每年冬春之际前往白鹤梁观赏的人数最多可达数万人，最高日参观人数达 1500 余人。石刻区东段题刻分布密集，游人手摸鞋踩，使题刻遭受磨损。私自拓片、乱刻画的现象也时有发生。使题刻遭受人为破坏。

3. 库水淤没

白鹤梁题刻属于三峡库区淹没的重要文物保护单位。白鹤梁题刻石鱼海拔高程为 136.33 米，仅在当地特枯水位的年份才能露出水面，根据自然规律约十年石鱼出水一次。因此，“石鱼出水”是涪陵难得一见的自然景观。三峡水库建成后，正常库水位为 175 米，高出石梁 35 米。“石鱼出水”自然景观及全部题刻将永久处于水下。如不采取措施，三峡水库运行三十年后，白鹤梁题刻上的淤积层将厚达 4 米 -10 米，淤积在题刻岩体表面的泥沙，在上部荷载的长期作用下，固结将使泥沙层与原岩体板结成一体，从而导致题刻及石刻的彻底破坏。

四、保护现状

1992 年由涪陵市文物管理所对白鹤梁题刻实施了保护工作，具体包括以下三个方面：

（1）针对岩体崩落病害，在东段题刻密集区梁体南侧修建了长 100 米、宽 1.5 米、高 1 米的防浪堤，并对堤内的冲蚀凹槽进行了水泥灌注回填，使这一病害得到了有效控制（图 13-25）。

（2）对于零散的已产生较大位移的分离题刻，进行了归位加固处理。

（3）对于部分裂隙进行了水泥灌浆处理。

五、结论与建议

图 13-25　1992 年白鹤梁东段南侧修建的防浪堤（摄于 2001 年）

通过对白鹤梁题刻区的工程地质条件分析与场地工程地质评价，可以得出如下结论：

1. 题刻区的地层主要由石英砂岩、粉砂岩夹砂质页岩、钙质页岩夹生物碎屑灰岩、泥岩等工程地质层组成，其中表层砂岩和下卧钙质页岩为题刻区最主要的工程地质层。

2. 各工程地质层的承载力较高，变形量小，均能满足保护工程对地基稳定性的要求，建议采用厚度大于 20 米的钙质页岩夹生物碎屑灰岩层作为保护工程的持力层。

3. 题刻区场地类型为坚硬场地，建筑场地类别为 I 类，该场地为对抗震有利的建筑地段。

六、白鹤梁题刻保护对策

1. 对于东段题刻密集区，应列为保护的重点区域，保护范围长 45 米，宽约 15 米。

2. 对白鹤梁所在梁体应采取砂浆锚杆支护、块石砌筑与裂隙灌浆相结合的加固措施，以解决岩体稳定性问题，以有效控制岩体整体或局部产生变形、位移和崩落。

3. 为有效保护砂岩表层的题刻，应对题刻赋存砂岩表层实施加固。因水下石质文物保护国内及国际文化遗产保护领域还未有相应成功可借鉴的工程实例，所以该部分设计必须加强针对性研究通过室内实验及现场试验以获得最优的技术方案。

▼ 13.1.3 梁体整体加固工程

一、长锚杆支护

为确保题刻所在梁体砂岩的整体性，防止岩体分离块体破坏面积进一步加大而导致题刻及梁体的彻底破坏，对题刻砂岩块体实施小锚杆加固工程。锚杆采用 ϕ10 的螺纹钢，锚孔外口孔径 30 毫米，内孔孔底将扩大至约 25 毫米，以增加锚固体的抗拔力。锚杆长度拟定为 1–3 米，锚固段长度 1–2 米。

锚固砂浆选用 525 号防水硅酸盐水泥，灰砂比 1∶1，水灰比 0.5，填料选用直径小于 1 毫米的砂。现水面以上东段布置锚杆 42 根，西段布置锚杆 68 根，设计锚固长度共计约 330 米。考虑到水下发生的工作量，实际实施的总锚固长度在 500 米左右。具体工程范围详见图版卷。

二、砌筑支护

对岩体下部掏蚀凹槽及分离体间实施原岩砌筑，以防因江水进一步掏蚀而造成崩塌区域扩展，砌筑体断面选用梯形，为确保其稳定性，内部暗插钢筋与岩体相连，底部清至新鲜岩石。材料选用原岩块石和 M7.5 的防水水泥沙浆。东段砌筑总体积约为 140 立方米，西段砌筑总体积约为 580 立方米，砌筑总体积约为 720 立方米。为确保砌筑质量和岩体整体性，对西段部分块体在有充分依据的前提下进行归安，总体积约 31 立方米。具体工程范围详见图版卷。

三、裂隙灌浆

为确保岩体的整体性，拟对岩体内部的纵横宽大裂隙实施灌浆处理。灌注砂浆选用 425 号防水硅酸盐水泥，灰砂比 1∶1，水灰比 0.5，填料选用直径小于 1 毫米的砂。其中东段约 80 立方米，西段约 700 立方米，灌浆总量约为 780 立方米。

另外，对防止题刻岩体产生整体下滑，在其北部实施抗滑桩支护，桩深 8 米，间距 6 米，东段 9 根，西段 23 根，总计 32 根，桩径 1 米。

▼ 13.1.4 题刻赋存砂岩表层本体加固技术研究

就岩石学和材料学研究说明，白鹤梁题刻岩石表层有 <1 毫米的 Fe/Mn 富集层，该层孔隙度很低。该层下部孔隙度增大，局部有裂纹，表面以下约 10 毫米处为主分离面，这也是题刻表层片状剥落的平均厚度，见图 13-12。而题刻所在岩体表层与地质体和江水无法隔离，加之蓄水后江水位抬升，岩体下部将承受 30 米 -40 米的静水压力。因此，本次针对表层病害治理所采取的加固措施应以物理加固为主，化学加固为辅。且化学加固不可采用具有憎水和防水性质的加固工艺，否则 30 米 -40 米的静水压力将对题刻表层产生新的破坏。据此，我们提出了三种加固措施相结合的技术路线。具体分项措施分述如下。

一、微型锚杆加固

该措施主要实施在表面片板状剥落严重的区域，目的在于控制片板状剥落趋势。

（一）材料的选择

针对白鹤梁题刻的表层剥落层厚度及特殊的施工环境，我们选择采用 FIS 轻型锚具。

该系列锚具选用 DIN17440，1.4401 不锈钢为锚筋，高强乙烯基酯树脂砂浆为灌注材料。

主要技术特点是①灌注砂浆不含苯乙烯，为环保型产品；②对湿度敏感度低，可在潮湿环境下使用；③高抗碱性；④钻孔封闭，可有效防止锚杆的腐蚀；

直径 8-40 毫米螺纹钢可达到很高的锚固值；⑤安装快捷简便；⑥固化时间短，可缩短施工进度，节省施工时间。

施工选用 RGM8 不锈钢螺纹杆为主筋，钻孔直径 10-12 毫米。

材料的主要技术指标见表 13-8、表 13-9。

表 13-8　锚杆物理机械参数一览表

型号	应力截面 As（mm^2）	截面抵抗力矩 w（mm2）	屈服强度 fy（MPa）	抗拉强度 fu（MPa）
RGM8	36.6	31.2	450	700
RGM10	58.0	62.3	450	700

表 13-9　高强乙烯基酯树脂砂浆施工技术指标一览表

基材温度	安装时间	固化时间
0℃	18 分钟	3 小时
5℃	13 分钟	1 个半小时
20℃	5 分钟	45 分钟

（二）板状剥落体边缘微锚加固措施的施工工艺及步骤

1. 钻孔，孔径 10 毫米 -12 毫米，深度约 120 毫米，角度垂直表面（图 13-26）；

2. 采用压缩空气或水清洗孔内；

3. 由孔底开始注射高强乙烯基酯树脂砂浆，顶部欲留 30 毫米（图 13-27）；

4. 插入不锈钢螺纹杆筋，适当用小锤敲击锚头，使杆件完全植入孔内；

5. 清洁孔口，确保孔口周边不粘落砂浆。

据 2001-2002 年施工后 2003 年工程验收时看，一至两年后由于江沙在孔口沉淀，孔位与周边岩石表面性状已无区别。工程措施具体实施区域详见图版卷。

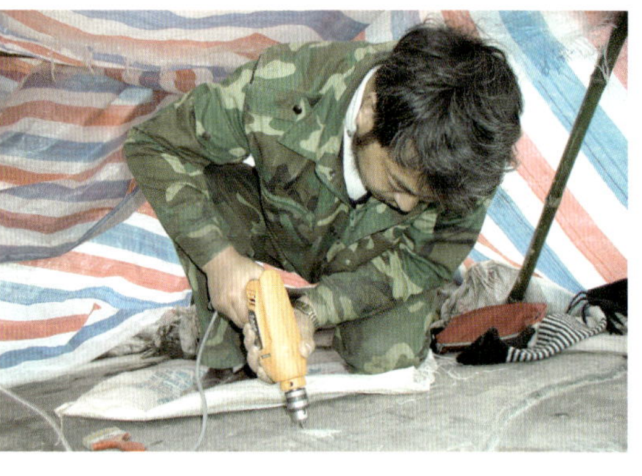

图 13-26　微锚加固的钻孔工序（摄于 2001 年）

二、渗透加固

该措施主要实施在表面侵蚀严重和存在片状剥落隐患的区域，目的在于提高题刻所在岩石表面抗磨蚀能力，同时加强表层岩石结构的整体性。

（一）材料类型的选择

根据化学加固不可采用具有憎水和防水性质的

图 13-27 微锚加固的注浆工序（摄于 2001 年）

加固工艺的原则和白鹤梁题刻所处环境特点，经比选研究，我们认为硅酸乙脂类材料（英文缩写为SAE）是白鹤梁题刻表面渗透加固最合适的材料。因为①该类材料化学加固机理为：硅酸乙脂和空气或基材中的水汽发生化学反应，固化后形成类似二氧化硅的胶体，加固增强矿物材料，副产物为挥发性的乙醇。其加固机理决定了它比其他材料更适应于潮湿环境；②由于该类材料具有渗透性好，强度增加均匀等优点，所以已被世界各地成功应用于石质文物保护中；③该类材料是目前唯一大量使用于石质文物保护的材料。大量工程案例证明该类材料具有良好的应用可靠性；④该类材料已从实验室研发阶段进入工业化生产阶段，所以能保证每次加固材料的质量不受现场施工环境影响，并且该类型材料针对文物保护领域一直在改进、优化，以适合不同岩性、环境、保存现状及保护需求，如弹性硅酸乙脂岩石增强剂 300E（Funcosil300E）就是在德国环保基金会资助下由德国大专院校及研究所合作开发的一种渗透性更好的材料。

（二）室内试验及结论

该部分试验由德国石质文物保护中心完成。

1．渗透材料渗透深度测试

测试结果表明 Funcosil300 的渗透深度可达 40 毫米（图 13-28），可有效加固表层 10 毫米处的片状剥落分离面。

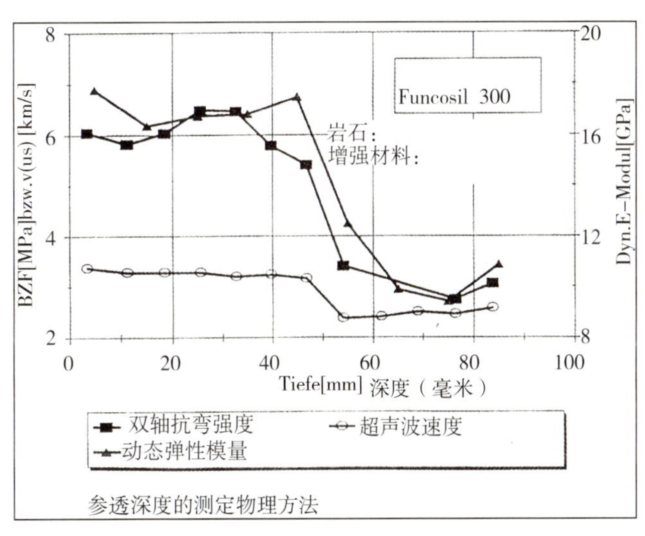

图 13-28 渗透深度测试结果

2．渗透材料加固强度测试

测试结果表明硅酸乙酯类材料对岩石表面强度提高明显，可在原强度基础上提高 0.5 倍（图 13-29）。其中硅酸乙脂 Funcosil300E 强度增高适中，脆性与其他材料相比增长幅度小（图 13-30）。

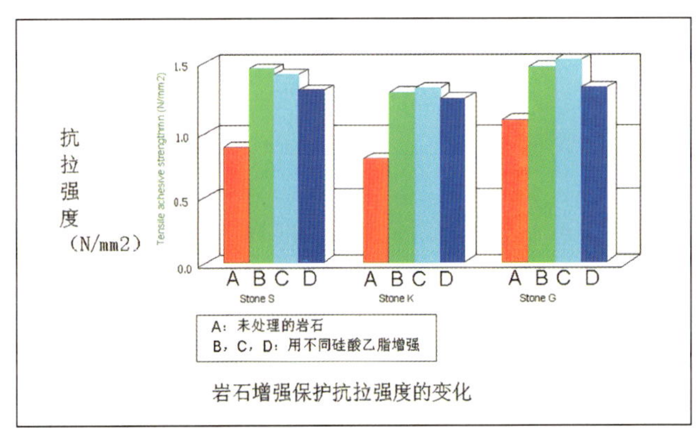

图 13-29 抗拉强度测试结果

3．注浆注射粘结加固材料与原岩性能材料匹配验证试验

试验结果表明硅酸乙脂 Funcosil500STE 与配套使用填料组成的填充加固材料固化后水汽膨胀系数与原砂岩基本接近（图 13-31）。

（三）现场试验及结论

1．表面强度测试

试验采用现场 225 型回弹仪进行回弹

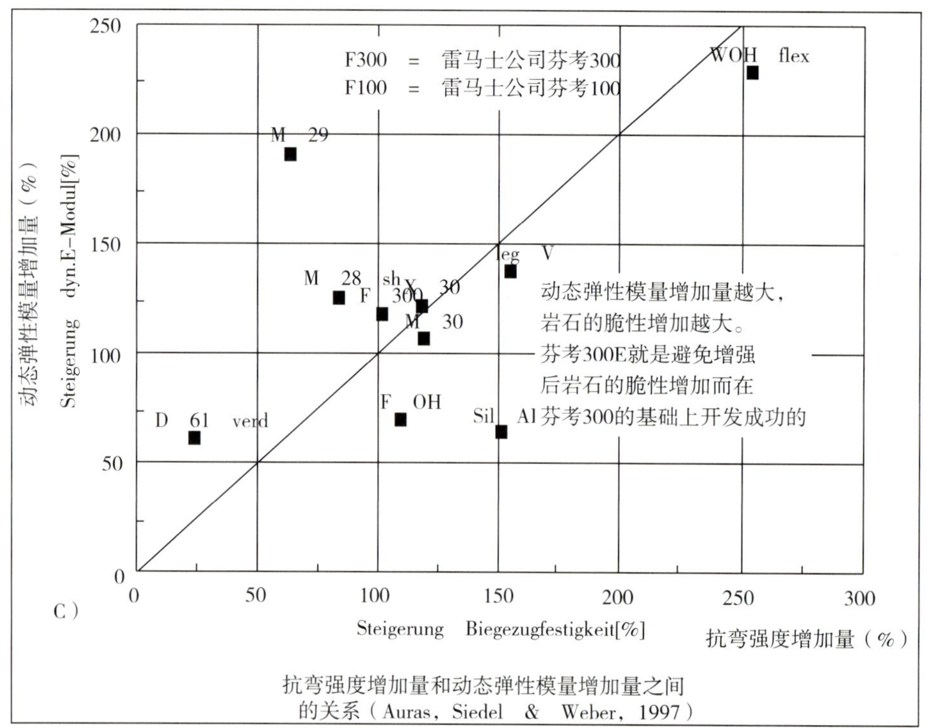

图 13-30 抗弯强度增量与动弹性模量增量测试结果

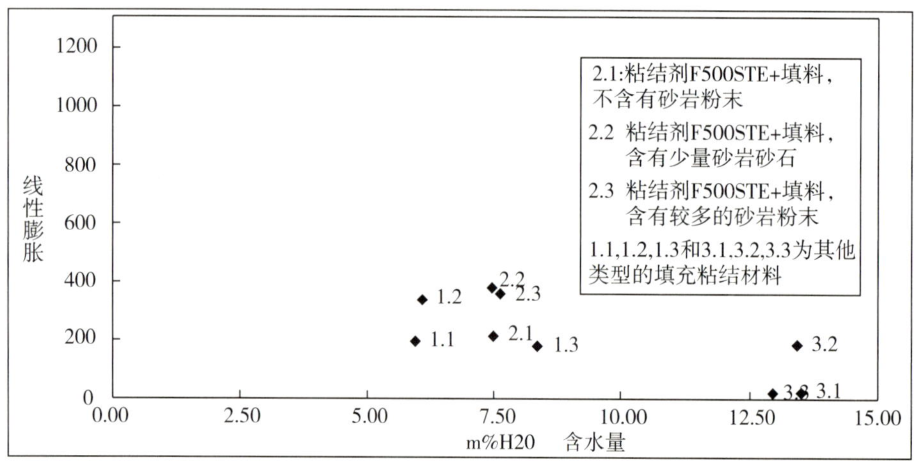

图 13-31 水汽膨胀系数测试结果

锤击测试（施密特锤法）。测试结果见表 13-10。

表 13-10 表面回弹捶击测试结果

测试点		均值（X）	方差（S）	均方差（δ）	变异系数（%）	抗压强度（Mpa）	强度提高率（%）
115	加固前	25.54	3.23	3.18	12.45	43	86.05
	加固后	39.16	3.10	3.05	7.79	80	
102、103	加固前	28.82	4.90	4.81	16.69	46	73.91
	加固后	39.43	2.39	2.34	5.93	80	

注：变异系数 =（均方差 / 均值）×100%；强度提高率 =（（加固后强度—加固前强度）/ 加固前强度）×100%

验结果表明使用Funcosil300加固后的岩石表面强度提高明显，且数据离散性变小，说明岩石表层趋与均匀。

2. 崩解耐久性测试

现场加固后取样由中科院地球物理研究所负责实验。测试结果表明使用Funcosil300加固后的岩石表层不会在长期水浸泡环境中沿渗透层剥离（图13–32）。

样品类别	不同干湿循环条件下岩块干燥饱和吸水率（%）					不同干湿循环条件崩解耐久性指标（%）					遭受5次干湿循环砂岩的浸水崩解破坏现象	工程评价
	1	2	3	4	5	Sd_1	Sd_2	Sd_3	Sd_4	Sd_5		
天然砂岩岩块	1.58	1.59	1.61	1.59	1.63	100	100	100	100	100	不破坏	水稳性极强的砂岩
上表面化学加固砂岩块	1.16	1.17	1.16	1.18	1.17	100	100	100	100	100	不破坏	水稳性极强的砂岩

注：1、每次干湿循环是在105℃烘干12h，浸水饱和12h。
2、崩解耐久性指标（sd）系烘干样品在水中浸泡12h后，在孔径2mm水筛上剩余烘干样与初始干岩块重量%，数值越大，崩解耐久性越强。

中国科学院地质与地球物理研究所
2002年5月7日

图13–32 崩解耐久性测试结果

3. 表面吸水性能测试

试验采用现场喀斯特瓶法。试验结果表明使用Funcosil300加固后的岩石表面吸水率与原岩石表面相比略有下降，但仍具备良好的透水性（图13–33）。

4. 表面色度变化测试

现场测试结果见表13–11。

亨特色差式：

亮度差：ΔL=L2–L1

总色差：ΔE=[(A2–A1)2+(B2–B1)2+(L2–L1)2]0.5

计算结果：ΔL=–4.9 ΔE=5.05

测试结果经过计算表明，加固前后颜色变化较小，主要是亮度略有加深，但肉

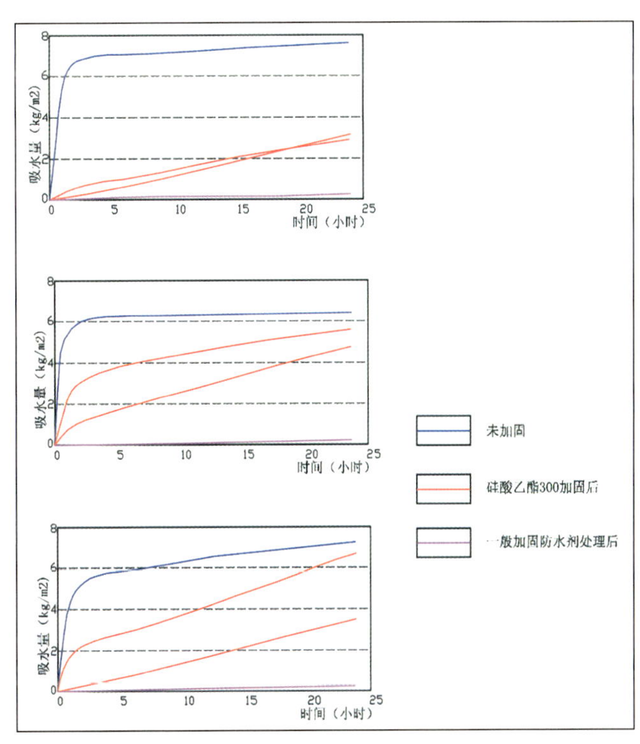

图13–33 表面吸水性能测试结果

表 13-11　表色度变化测试成果表

	测试点	X	Y	Z	L	A	B
加固前	1	15.28	15.4	12.8	39.25	2.85	6.2
	2	16.04	16.23	13.87	40.28	2.65	5.73
	3	13.43	13.49	11.7	36.72	2.91	4.91
	4	15.32	15.6	13.42	39.49	2.15	5.47
	5	14.62	14.75	12.56	38.41	2.73	5.54
	6	12.87	13.42	12.11	36.63	0.46	4.04
	平均值	14.59	14.82	12.74	38.46	2.29	5.32
加固后	1	12.44	12.72	11.21	35.66	1.69	4.45
	2	10.74	10.86	9.64	32.96	2.17	3.98
	3	10.46	10.69	9.46	32.7	1.55	4.01
	4	11.04	11.12	9.38	33.35	2.45	4.99
	5	10.68	10.97	9.94	33.12	1.31	3.61
	6（偏离）	10.39	8.28	9.7	28.77	16.02	—1.86
	平均值	10.96	10.77	9.89	33.56	1.83	4.21

眼很难辨别。所以肉眼观察加固前后颜色基本没有变化（图 13-34）。

（四）渗透加固措施的施工工艺及步骤

原设计方案中提出的题刻表面贴覆脱脂棉，然后用薄膜覆盖。参照医生点滴方法，将硅酸乙脂加固剂滴至脱脂棉中以增加增强剂的渗透深度，达到加固目的施工工艺，从 2001 年现场实验效果来看由于脱脂棉吸收量过大，不易控制。不仅造成加固材料浪费，而且造成材料在表面的聚积（图 13-35）而影响加固效果。所以，在实施过程中对原方案提出的施工工工艺进行了调整，采取纱布涂刷的方式。具体施工步骤如下：

1．清洁题刻岩石表面。

2．用洗瓶淋涂硅酸乙脂加固剂二至三遍。

3．用脱脂棉粘除表面附积材料，适当用乙醇清洗稀释表面，以控制表面颜色的变化。

3．铺设纱布，涂刷硅酸乙脂加固剂（目的是延长渗透时间）。

4．铺设保鲜膜（目的是防止材料过早挥发，并确保渗透深度）。

5．铺设彩条布（目的是防止明水溅落加固表面，从而影响反应速度）。

6．6 小时后，去除纱布和地膜，自然风干。

7．48 小时内，保持环境相对干燥。

加固前

加固后

图 13-34 渗透加固实验效果（摄于 2001 年）

因固化早期，加固材料如遇明水会加快反应速度，从而导致表面泛白，所以为确保加固后 48 小时内环境的相对干燥，我们采取了局部临时性围堰持续人工抽水的保障措施。

据 2001-2002 年施工后 2003 年工程验收时看，加固后的岩石表面透水性良好。工程措施具体实施区域详见图版卷。

五、注射黏结

该措施主要实施在表面片状剥落严重及空鼓区域，目的在于控制题刻表面片状剥落趋势（图 13-36）。

（一）材料的选择

注射技术是建筑工程广泛采用的技术。适合注射的传统材料有：有机树脂（如环氧树脂）和无机材料（如水泥）等。本次注射黏结材料选用的是类似无机的弹性硅酸乙脂，填料为纯矿物材料，固化前具有无机和有机材料的优点，固化后（乙醇挥发后）形成无机材料，克服了

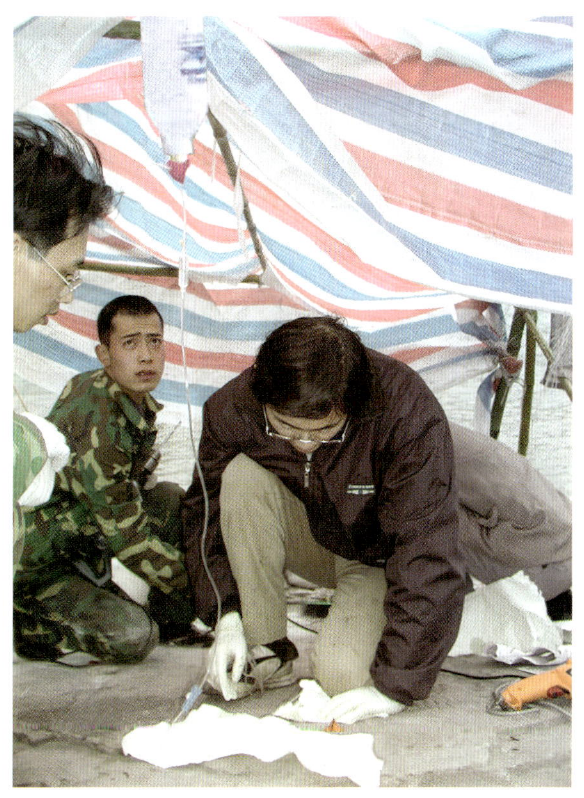

图 13-35 点滴渗透加固现场实验（摄于 2001 年）

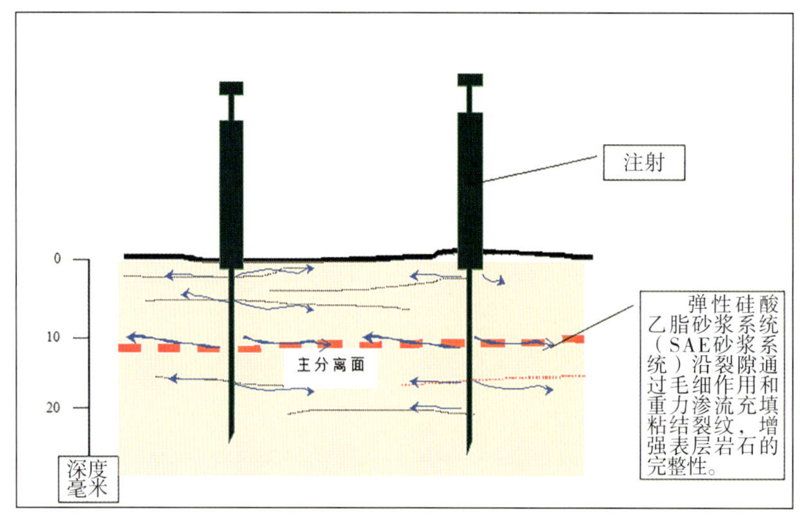

图 13-36　注射粘结加固工作原理示意图

传统有机材料和无机材料的缺点，具体比较情况详见表 13-12。是目前石质文物保护中的应用较广的加固材料之一，且该材料与渗透加固材料从固化机理分析，属一类材料，比较适合白鹤梁所在岩石赋存环境和施工环境特点。

表 13-12　弹性硅酸乙脂注射砂浆和其他注射材料的性能比较

材料品名	优点	缺点	应用领域
有机合成树脂（环氧树脂）	固化快 不透水 不透气	强度高 不透水 不透气 耐久性差 无法在湿的基面施工 化学成分和基面岩石完全不同	适合工程结构粘结补强
无机水泥	透水 透气 耐久性好 可以在湿的基面施工	流动性差，只充填裂隙 无渗透性 有时分层，和基面的粘结性差 有水溶性的盐产生（盐的结晶溶解会破坏文物）	适合墙体的补强和大型裂隙的注射粘结。
弹性硅酸乙脂砂浆（SAE）	透水 透气 耐久性好 可以在略潮湿的基面施工 具渗透性，可和两侧基面发生化学反应 固化后为无机物，和岩石的物理化学性质类似 强度适中 化学反应过程不产生水溶性的盐	硬化慢（和水汽发生化学反应，形成类似二氧化硅的无机材料，释放出乙醇，化学反应需要时间）	适合文物裂隙，空鼓的注射粘结增强； 不适合结构性的粘结。

（二）材料的主要技术指标

具体详见表 1–13。

表 13–13 弹性硅酸乙脂注射材料（SAE）主要技术指标

技术指标	
主剂	弹性硅酸乙脂（KSE500STE）
固含量	500g/L
固化物	二氧化硅胶体
增强量	约 150%–200%
渗透深度	约 10mm
憎水性	在 2–4 星期后消失
耐酸性	性能很好
化学反应副产品	乙醇（可挥发）
填料组分	含有微矿物粉末，可添加原岩岩粉
固化开始时间	约 2–24 小时（和温度，施工量，厚度等有关）
固化结束时间	约 2–3 星期 (>95% 的固体）
注射砂浆的强度	约 5–10N/mm2(经验数据）
粘结强度	>0.1–0.3N/mm2(经验数据）
3–4 星期后的吸水量	约 5%–8%(重量）
水汽膨胀系数	填充加固材料固化后水汽膨胀系数与原砂岩基本接近（图 13–31）

（四）注射粘结加固措施的施工工艺及步骤

1. 确定加固区域，用手或橡皮锤轻敲题刻岩石表面以确定空鼓的区域。

2. 打眼，孔径 2 毫米，深度约 20 毫米，角度垂直表面，孔距约 50–100 毫米，具体位置根据现场情况而定。

3. 清孔，用注射器注水清洗孔眼。

4. 预加固，干燥后，用硅酸乙酯加固剂点滴渗透空鼓内及周边。

5. 用橡皮泥封堵周边裂隙。

6. 配料，按设计配比配制 SAE 砂浆，均匀搅拌 3–5 分钟，搅拌均匀后用注射针管抽取砂浆。

6. 点滴渗透加固后 0.5–1 小时后再注射 SAE 砂浆，并欲留 1–2 排气观察孔（顺序从下到上注射，至观察孔饱和为止）。

7. 注射区域用保鲜膜覆盖养护 24 小时。

8. 清除橡皮泥。

（五）工程注射 SAE 砂浆配方

1. 100mlKSE500STE

2. 60g 填料 A（配套矿物材料）

3. 30g 填料 B（配套矿物材料）

4. 15g 岩粉（<200 目）（白鹤梁所在岩石）

据 2001–2002 年施工后 2003 年工程验收时看，加固部位效果良好。工程措施具体实施区域详见图版卷。

▼ 13.1.5 题刻保护展示技术研究

随着 2003 年 6 月三峡工程二期水位的运行，库区水位升至 135–150 米，而在涪陵段水位也抬升至 145 米，这时水位已高出白鹤梁梁脊约 7 米，而最终水位会高出梁脊 30–60 米，而梁体也将被淤积于厚厚的泥沙中（图 13–37）。这意味着见证了三峡历史，凝聚着古老三峡文化，具有重要科学价值的白鹤梁将不得不默默地沉入水底，而以其为代表的古老而神秘的三峡水文文化现象，也可能被后人渐渐地遗忘。因此，如何采取有效的手段和合理的技术方法，使这一独特的人类文化遗产，在其赖以生存的人文环境中延续下去，使后人依旧能目睹其本体形态、了解其独特的文物价值，正是从 1993 年以后 10 年间围绕白鹤梁题刻保护展示技术展开广泛论证的出发点。

为了保护和展示白鹤梁题刻，自 1993 年以来，由国家文物主管部门组织国内各大科研机构、高等院校和相关专家，对白鹤梁题刻的保护方案开展了大规模的深入研究和论证，试图寻找一种最科学的保护方式。在这一过程中主要争论的焦点是白鹤梁题刻原址保护展示的必要性和可行性。在此过程中，有许多科研单位及专家提出了各自的保护思路，但由于大部分仅停留在思路和设想阶段，没有开展更深入的可研究和设计工作，如 1998 年陈材侗提出的“高围堰方案”、1998 年汪祖进提出的“隔流隧道方案”[50]。因此，笔者在此仅就其中经过较深入研究进入设计

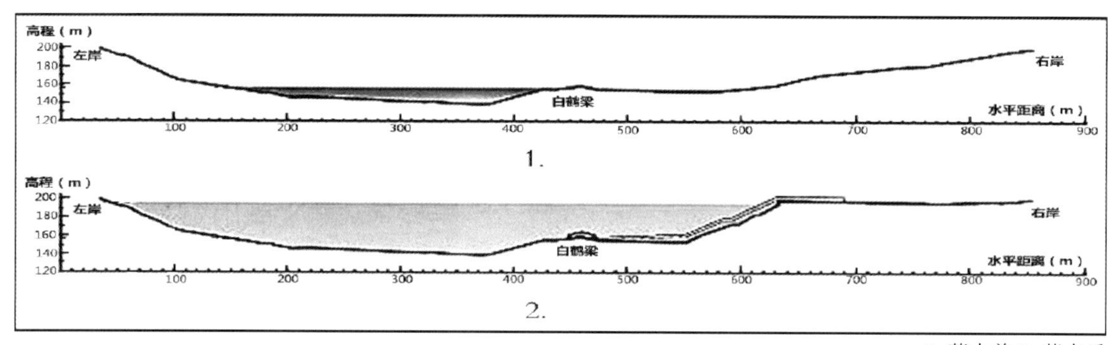

1. 蓄水前 2. 蓄水后

图 13–37 白鹤梁题刻所在处长江断面（引自《涪陵白鹤梁题刻的保护与展示》（孙华，陈元棪））

阶段的两个方案和最终实施的方案作一个总体的介绍和评述。

一、天津大学的原址水下保护展示方案

1994 年 12 月受规划组委托，天津大学承担了白鹤梁题刻保护规划的研究和编制工作。天津大学随即组成了白鹤梁课题组，该课题组由建筑、水工结构、水力学、地质学等多个专业的教授、研究生、实验技术人员数十人构成。

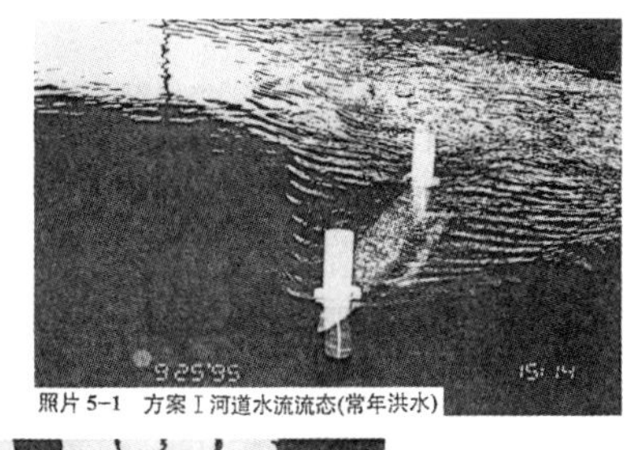

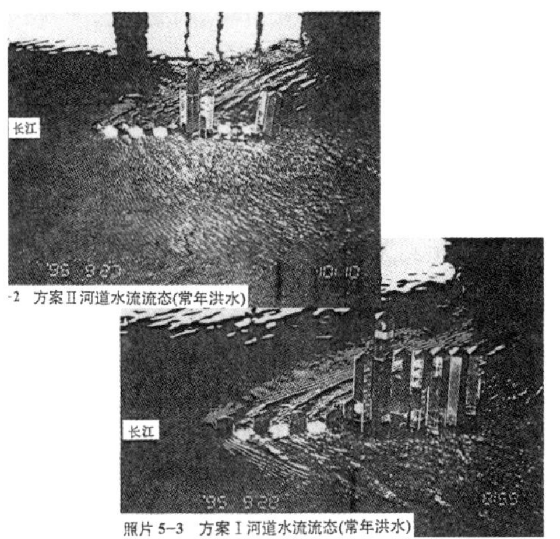

图 13–38　天津大学所做的水工实验（引自《白鹤梁题刻保护规划前期汇报（天津大学白鹤梁课题组 1995 年 11 月）》）

课题组经现场调研，室内河道水流模拟实验（图 13–38）及有限元分析，1995 年 11 月首次提出了一个白鹤梁题刻原址水下保护展示方案（又称“水晶宫方案”）。

该方案主导思想是在白鹤梁题刻的中心区构建水下保护性建筑，达到水下原址保护、参观和研究的目的（图 13–39）。

该方案包括“双层拱式耐压覆室方案”和“蜂巢格式压力覆室”两个具体方案，都是在白鹤梁题刻集中区建设覆罩式混凝土耐压覆室，其余散布的零星题刻则采用原地“封护”的方式进行水下原址保护。所不同的只是前者为双层拱式压力覆室，后者为蜂巢格式的压力覆室。此外，两个方案在水下展示与地面展示厅的连接方式和其他辅助建筑的设计上有所不同。

该方案尽管是保护和展示白鹤梁题刻的最理想方式，但方案在工程技术和建设成本方面面临着以下几方面的问题：

1. 有压覆室的保护壳将承受 30–40 米的水压力，存在巨大的结构风险；

2. 岩基与壳体的密封处理需采用高压灌浆，极难处理，就目前技术水平和梁体所处的地质环境，实现完全密封的技术可行性极小；

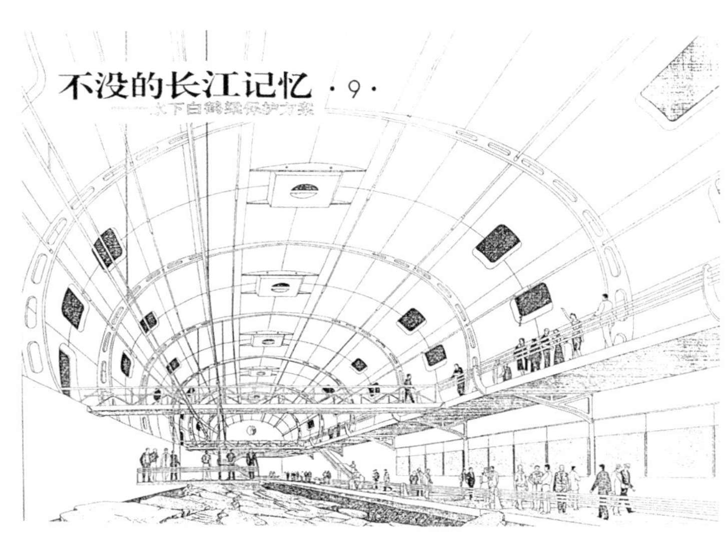

图 13–39　天津大学原址水下保护展示方案的效果（引自《白鹤梁题刻保护规划前期汇报（天津大学白鹤梁课题组 1995 年 11 月）》）

3. 长期的渗流可能导致的白鹤梁薄层砂岩的毁坏，存在文物本体破坏的巨大风险；

4. 水下施工周期长，时间紧迫，对航运和防汛的影响大，施工可行性不足；

5. 巨大的建设投资和未来存在的较大运行管理费用[51]。

鉴于以上诸多问题，所以该方案最终未能实施。

二、武汉大学的原址保护易地复制展示方案

该方案设计思路是国务院三建委办公室技术与国际合作司黄真理博士2000年3月提出的。

该方案的基本思路是：在原白鹤梁与涪陵大堤之间选择一个地点复建白鹤梁题刻220米中段。该地点与南岸之间环境关系与原来的关系相似或相近，高程在145米（汛期运行水位）至175米（正常运行水位）之间的消落区。在陆地或复建平台上修建一个小型博物馆（又称水文陈列馆）或白鹤楼与之配套。该方案尽管采取复建方式保护已失去了文物原址保护的"真实性"，并利用三峡水库水位调度和当地地形特点尽可能地再现了白鹤梁题刻与水域环境间原有的依存关系，使得与白鹤梁相关的人文景观得以延续（图13-40）[52]。重庆市文物局在2000年9月召开了有关设计科研单位参加的白鹤梁保护设计洽谈会，以该思路为基础委托武汉大学组织设计工作。具体设计内容如下。

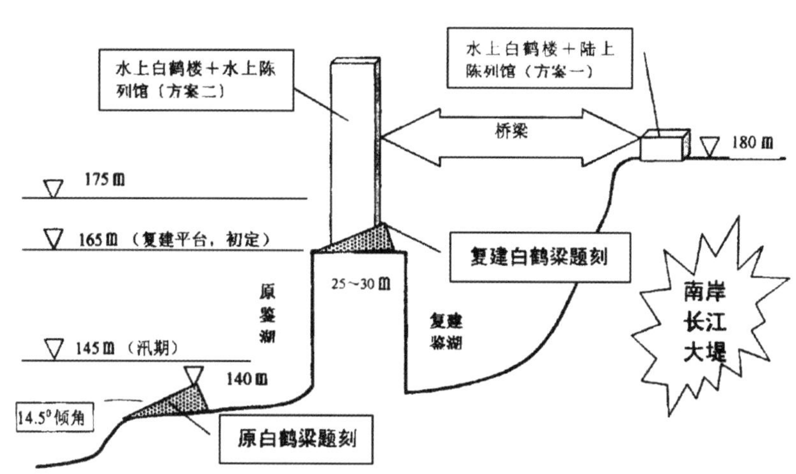

图13-40 复建白鹤梁题刻易地复制方案示意图（引自《白鹤梁题刻保护问题及其与水域环境的关系》

（一）梁体复制工程

1. 基础平台

设计分东西两段，东段长约50米，西段长约140米，宽约15米，高4米，预留砂岩岩块干挂层1米；采用梯形断面，北倾15°；采用钢筋混凝土现场浇筑。

2. 复制材料

（1）主要技术标准

岩性：同层位长石石英砂岩、砂质页岩

强度：适中，满足复制之要求

完整性：均一块状

环境：水冲蚀环境

（2）料场的选择

通过现场勘察，白鹤梁所在位置江北岸及南岸白鹤梁上段具备满足以上要求的足够数量的石材。

（3）材料的先期处理

考虑到砂岩和页岩在采料和运输过程中可能产生的破坏，尤其是页岩在接触空气和水后易崩解，所以在采料同时必须考虑作前期加固，需采用弹性硅酸乙酯进行必要的表面和结构加固。

3. 工程测量放样及监控

（1）施工控制网建立

在复制工程新址建立基于国家统一坐标高程系的一定数量的施工控制网点（位置及高程关系与原址相同），点位宜采用深埋现浇方式，点位平面及高程精度均应控制在 ±5mm 左右。

（2）题刻梁体姿态放样

以施工控制网点为基点，按原址测绘数据为依据，将题刻块体归位。

（3）题记特征点的空间放样

采用空间前方交汇的方法，对题记特征点进行三维空间放样，同样也必须考虑由于岩面姿态变化引起的差异性。

（4）复制工程竣工测绘

竣工测绘的目的在于，一是通过竣工测量，获得复制题刻与原题刻间的差异变形量，二是建立完整的数据模型，为今后进一步规划、利用提供准确的依据。

竣工测量包括：

1）复制梁体 1:50 比例尺数字地形图；

2）复制题记特征点数据采集；

3）复制梁体的剖面测绘；

4）建立复制梁体的数字模型。

借助数字摄影测量和地理信息系统等技术手段，建立复制梁体及其周边环境的三维数字影像模型，完整、直接地记录其形态，为文物资源管理及后期维护奠定详实的数据基础。

4. 题刻块体搬迁

如前所述，对于西段部分可移动，且不具水文意义的题刻可考虑搬迁，并在复建梁体的相应位置归安。据现场统计，具备以上条件的题刻有 139–145 号、129 号、157–162 号、164 号、165 号共 16 款，总计 18.06 立方米。

在表面加固完成后，在搬迁题刻块体外表面覆以聚苯乙稀泡沫板作内部软性防护材料，并在聚苯板外覆厚 5 毫米的钢板。吊离之前，块体周边设置承重钢筋，间距 20 厘米，钢板通过螺栓与钢筋连接。为防止在吊装过程中钢筋表面对块体可能产生的磨损，在钢筋与块体间用橡胶片材保护。

整个包装完成后，用粗麻绳捆扎。吊离作业选用 10 吨汽车起重机并结合载货船及汽车运输。

5. 复制梁体施工步骤

（1）依据分离块体平面图在预选砂岩毛坯上放大样，开凿出岩块基本形状；

（2）依据现状平面图在基础平台上放分离块体分布大样；

（3）依据基础平台所放大样和现状块体高程控制点将各块体归位，可考虑作适当锚固和垫砌，以达到归位的相对准确；

（4）依据现状题记分布图将各款题记定位；

（5）依据题记定位点和拓片资料，对每款题记进行放样；

（6）人工刻字（细节参照翻制的复制品）；

（7）可考虑在题记表面作加固处理；

（8）在梁体周边干挂页岩片石。

（二）水域复建工程

复建水域长 500 米，宽 50 米，深 6 米。

1. 驳岸

采用块石砌筑的自然驳岸，椭圆平面形，驳岸及池底作防渗处理。

2. 水域系统

通过管道和江水相通，使水域成为新鉴湖，以再现“石鱼出水”的自然景观，流入口设置于西端，排出口设置于东端，两端设置闸门，必要时用以调节水位（图 13-41）[53]。

图 13-41 “易地复制”方案示意图（引自《涪陵白鹤梁题刻的保护与展示》）

该方案虽然可实现白鹤梁人文景观的再现，但复制的白鹤梁题刻从文物价值的保护展示而言，是无法与白鹤梁题刻原址保护展示同日而语的。且复建的水域环境人工痕迹过重，也无法完全实现相关人文景观真正意义上的再现。所以它只能作为无法实现白鹤梁原址水下保护展示情况下的一个折中的备选方案。所以该方案最终也未能实施。

三、最终实施的原址水下保护展示方案

该方案的设计思路是中国工程院院士葛修润先生 2001 年提出的。

该方案的基本思路是：在拟保护的白鹤梁题刻集中区覆罩建设一座覆室保护建筑，建筑内通过专设的循环过滤系统与外部江水相连通。同时修建一条耐压水下管道通过覆室，游人可通行于管道中，透过耐压玻璃或水下摄像系统实现实时观赏水中白鹤梁题刻的目的，某些经过特许的研

究者还可潜水进入覆室内水中近距离观察，实施研究和保护工作。

采用这种方案，由于保护建筑内与外部江水相通，保护后的白鹤梁题刻所处环境与保护前常年所处的水下环境基本相同，加之先期实施的梁体加固工程，将会保证梁体所在岩体的长期稳定，同时覆室保护结构本身也基本处于水压平衡的状态，作用在水下保护体外面的水压与内壁面上的水压基本相同。可实现内部压力强度与作用在外壁面上的长江水压力同步变化。所以该方案又称“无压容器”方案（图 13-42、图 13-43、图 13-44）。

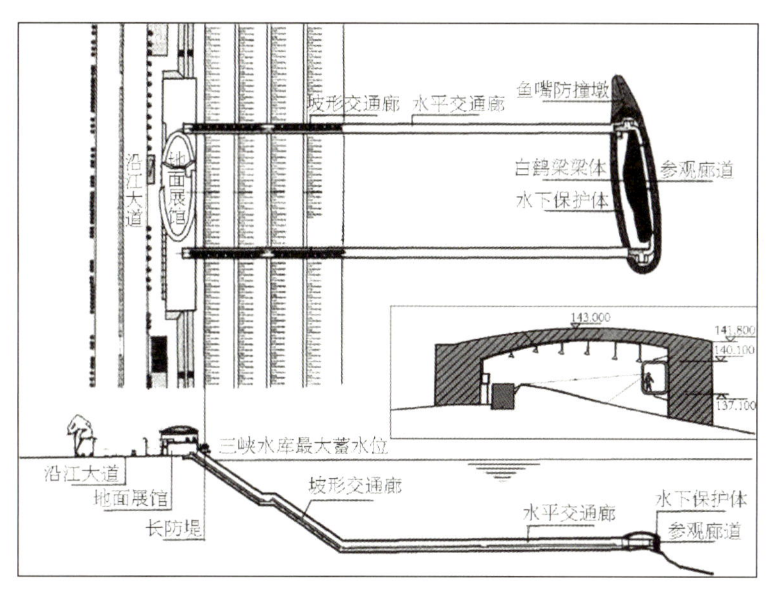

13-42 “无压容器”方案示意图（引自《涪陵白鹤梁题刻的保护与展示》）

水下保护建筑实际上是在白鹤梁题刻上兴建一座壳体容器，容器内充入经过专门的平压净水系统过滤后的长江清水，保持容器内水压与外部的江水压力平衡，题刻处于平压状态。水下保护壳体结构处于内外水压平衡的工作状态，壳体结构简单、经济。水下保护体内设置承压的参观廊道，并设计了水下照明和遥控观测系统，游客可经地面陈列馆及交通廊道进入参观廊道观赏题刻，亦可通过遥控观测系统实时观赏。在参观廊道内设置蛙人孔，可供工作人员或其他人员潜水进入保护体内开展研究、保护和维护工作。该方案有如下几个显著特点。

图 13-43 “无压容器”方案效果图（摄于 2006 年）

图 13-44 蓄水后“无压容器”方案总效果图（引自《涪陵白鹤梁题刻的保护与展示》）

（1）白鹤梁题刻仍处于长江水保护之中，并可有效防止水库内的推移质对白鹤梁题刻可能造成的损坏。

（2）水下保护体结构基本上处于水压平衡的工作状态，只承受自重荷载、水库风浪力、若干年后水库淤积的压力以及偶然的地震力。

（3）水下保护建筑结构简单、经济，且具有可修复性。

（4）水下建筑物内设耐压金属参观廊道和水下照明系统，人们可通过交通廊道自岸上进入参观廊道内，观赏水中的白鹤梁题刻，也可通过水下摄像系统实时将影像等传到岸上陈列馆展示厅，人们可通过遥控系统控制水下摄像系统的运动。

（5）特设潜水舱，供工作人员或其他人员在水中开展观测、研究、保护和维修工作。

同时鉴于操作层面的考虑，该方案还吸取了相关方案中的内容，如对于西段部分可移动，且不具水文意义的题刻实施了搬迁保护，如高浮雕石鱼现已搬迁至地面陈列馆内（图 13–45）。而对于保护建筑物以外西段的题刻实施了原地封护的保护措施，题刻的保护面层采用双面层结构，内层为柔性的 JMSN 聚酯纺粘无纺布保护层，外层为透水性的刚性防冲蚀保护层。面层以锚固方式与岩体相连，以确保面层自身的稳定性（图 13–46、图 13–47）。

图 13–45　已搬迁至地面陈列馆的高浮雕石鱼（摄于 2013 年）

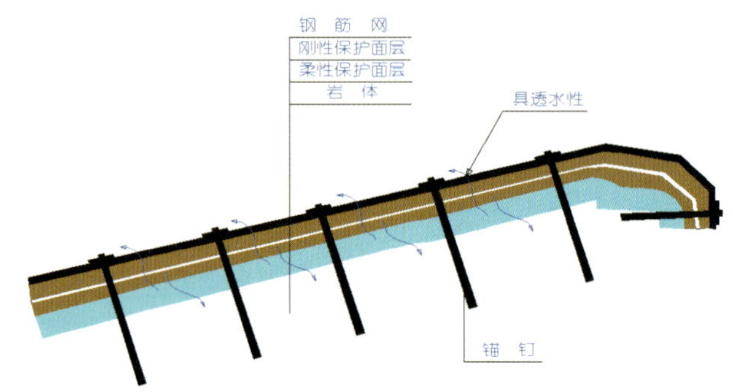

图 13–46　西段题刻表面封护保护面层结构示意图

图 13–47　西段题刻表面封护后的情况（摄于 2003 年）

2002 年 1 月，重庆市人民政府组织召开了白鹤梁题刻原址水下保护工程“无压容器”可行性方案研究报告论证会，与会专家一致认为：该方案建立在多年来国家对白鹤梁题刻保护所做工作的基础之上，充分吸取了原有保护规划工作成果。“无压容器”方案构想具有创新精神，克服了保护方案的技术难点，符合国内外文化遗产保护原则，对生态环境无不良影响，可为其申报列入世界文化遗产名录创造条件。同年10月，重庆市文物局在北京组织召开了有6位院士参加的白鹤梁题刻水下保护工程初步设计方案评审会，一致通过了“无压容器”的设计方案。2003年2月13日，白鹤梁题刻原址水下保护工程正式开工。保护工程由水下保护体、交通廊道（图13–48）及参观廊道（图13–49）、地面陈列馆（图13–50）三部分组成，总建筑面积8433平方米，工程总投资1.9亿元。

图13–48　施工中的交通廊道（摄于2006年）

该工程等级为一级，耐久年限为100年。除前期工作外，主体工程分为A、B、C三个阶段实施。

图13–49　建成的参观廊道（摄于2010年）

A段工程：主要包括防撞墩、纵向围堰、导墙基础锚固、炸礁工程（为扩宽航道）等工程内容组成。该阶段工程于2002年8月开工，2004年2月完工并通过验收。

B段工程：主要由主体土建工程内容（含导墙、穹顶、交通廊道、上下游围堰、外防水、装修等）、参观廊道及水下安装工程（含水下照明、摄像、过滤循环水、滑防、空压、通风等）等组成。该阶段工程于2004年3月开工，2005年5月完成了主体土建工程（除安装、装修外），2006年5月完成了完成了水下照明、摄像、过滤循环水管道安装及内部管线铺设等内容。

图13–50　建成的地面陈列馆（摄于2010年）

C段工程：2006年8月至2008年5月

由于资金原因，工程曾一度停工，2008 年 5 月根据重庆市政府 [2008]114 号“文物工程专题会议纪要”精神，于 2008 年 5 月全面恢复施工。2009 年 5 月中旬完成了参观廊道、交通廊道、自动扶梯、水下照明系统、水下摄像系统、过滤循环水系统、供气系统、暖通空调系统及消防监测系统等设备的安装、调试和地面陈列馆的建设与装修等内容。至此，白鹤梁题刻原址水下保护展示工程基本完工，2009 年 5 月 18 日，白鹤梁水下博物馆举行了开馆仪式。作为世界上唯一的水下博物馆——白鹤梁水下原址保护及博物馆建设，是三峡文物保护最具标志性的工程；也是中国文物保护界和中国科技界共同不懈努力的结晶；更表明了我国政府对于文化遗产保护的高度重视。

2010 年 11 月，联合国教科文组织、中国文化遗产研究院在重庆组织召开了“水下文化遗产保护展示与利用”国际学术研讨会，会上学者评价白鹤梁工程是中国文物事业从文物保护走向文化遗产保护的一个代表成果，是世界上对水下文化遗产展开就地保护的最佳范例，保存了当地民众与河流之间的文化连接。

图 13-51　通过参观廊道视窗观察的白鹤梁题刻（摄于 2013 年）

图 13-52　白鹤梁题刻表面白色物质扫描电镜照片（引自《白鹤梁题刻生物病害检测报告》

白鹤梁博物馆自开放以来，保护建筑对白鹤梁题刻保护达到了预期目标，但在展示和运行方面依然存在如下一些问题和不足。

（1）由于过滤循环水系统无法完全实现净水功能，加之水中携带有大量浮游生物和折光率的影响，在现照明条件下，通过参观廊道视窗无法清晰看清题刻文字和图案（图 13-51）。

（2）2013 年发现保护建筑内水下白鹤梁题刻表面附积有一层白色物质，2013 年中国文化遗产研究院从白鹤梁上游题刻、中游题刻、下游题刻等 7 处采集了该类白色物质样品，经扫描电镜分析，采集的每份样品的组要成分均为藻类，形态呈半月形，背侧弧形，腹侧平，分布有横线纹，横纹中部间断（图 13-52）。分子检测显示，硅藻纲双眉藻属（Amphorasp.）在白鹤梁上、中、下游白色物质样品中的比例均超过了 76%，是白鹤梁题刻感染

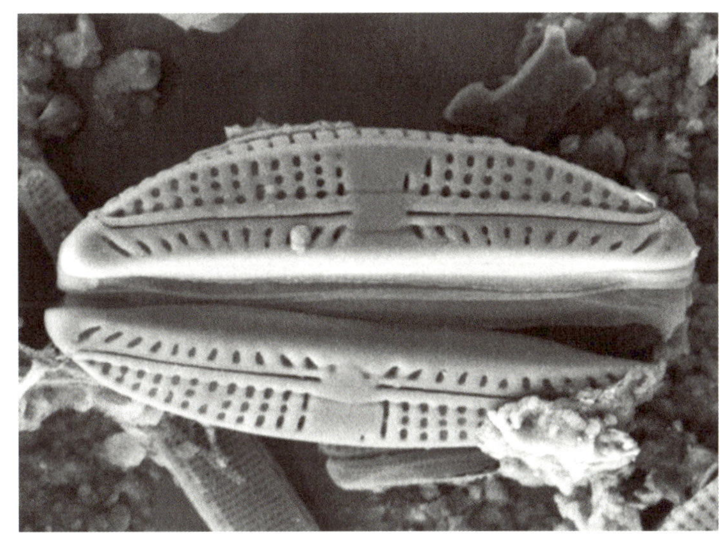

图 13–53 A.pediculus 电镜照片（引自《白鹤梁题刻生物病害检测报告》）

的最主要的生物类群，且与该属的 Amphorapediculus（图 13–53）亲缘关系最近。

A.pediculus 长 6–16μm，宽 2.5–4μm，是一种广泛分布的底栖藻类（生在在水底的藻类），耐污染。但是，上述 A.pediculus 的特性，仅能作为白鹤梁石刻所污染的双眉藻的参考，白鹤梁题刻感染的具体是双眉藻属的哪一个种，有什么生理生化特性都需进一步研究。

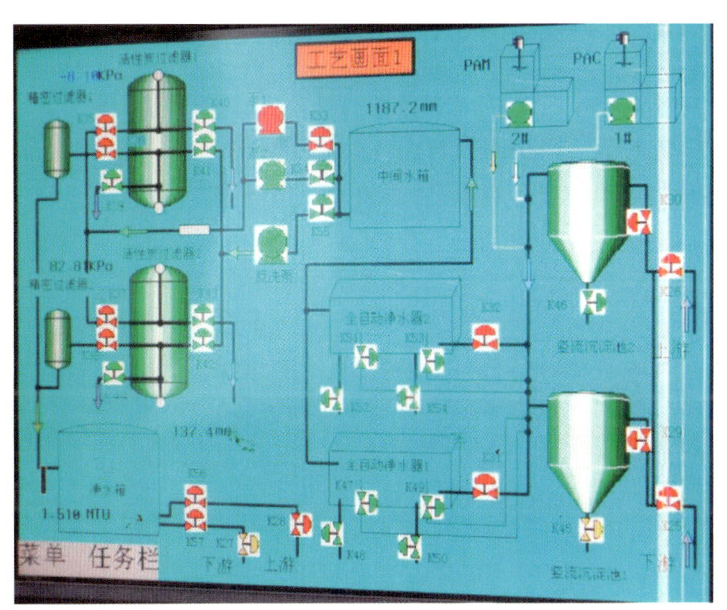

图 13–54 白鹤梁题刻保护建筑长江水处理系统示意图（引自《白鹤梁题刻生物病害检测报告》（韩彤彤，葛琴雅））

不过，可以判断的是，注入白鹤梁题刻保护建筑中的水虽经过多重沉淀和过滤（图 13–54），但由于最小孔径的滤膜约 5μm，并不足以滤掉水中的微小生物（如上述 A.pediculus 宽度不超过 4μm）[54]。加之保护建筑中的水动力特性减弱，于是便沉淀和附积在题刻表面。因此，要解决白鹤梁题刻表面屡遭白色生物膜侵扰的问题，需从三个方面着手：

1）进一步改善水处理系统，采用更小孔径的滤膜。

2）针对感染的双眉藻的生理生化特性，采取对应措施抑制或杀灭。

3）改善保护建筑中的水动力环境，适当加速水流速度。

（3）参观廊道观察窗所使用的耐压有机玻璃抗老化性能欠佳，存在安全风险，需定期（5–10 年）更换，所以维护成本依旧较高。

（4）“无压力容器”方案虽然实现了白鹤梁题刻水下原址保护和展示的目标，但白鹤梁题刻“水落石出”的科学价值和人文景观却无法再现。这无疑是该方案最令人遗憾的一点。

13.2 奉节瞿塘峡壁题刻保护工程

▼ 13.2.1 题刻区地质环境特征及原地保护工程

一、题刻区地质环境特征及病害分析

（一）地形地貌

瞿塘峡壁题刻区所处瞿塘峡口，地形单元以深沟峡谷为主。区域海拔高程 90–350 米。长江河谷具明显变化特点，白帝城以西，形成宽谷；白帝城以东形成峡谷，最窄处不足百米。在海拔高程 300–400 米处，为两个夷平面，在这两个部位，地形相对平缓（图 13–55）。

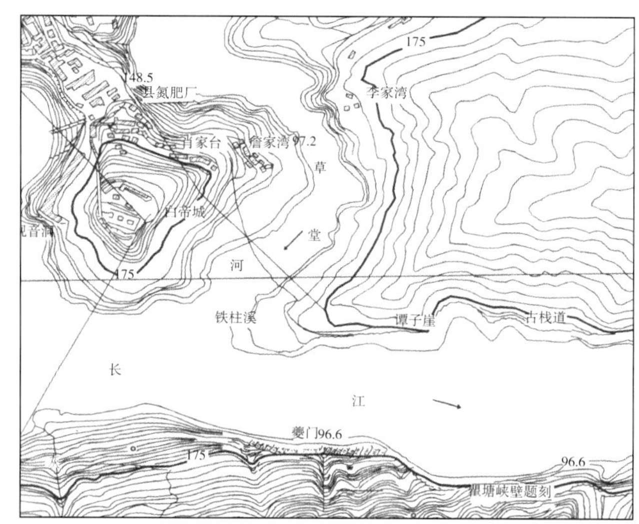

图 13–55 瞿塘峡壁题刻地理位置图（规划组提供）

瞿塘峡题刻，位于瞿塘峡入口右岸，夔门至孟良梯间一段高 140–230 米的峭壁底部，平均坡度 80° 以上，局部形成反向坡，壁面总体走向东西向（85°–265°）题刻区高程在 115–130 米之间。

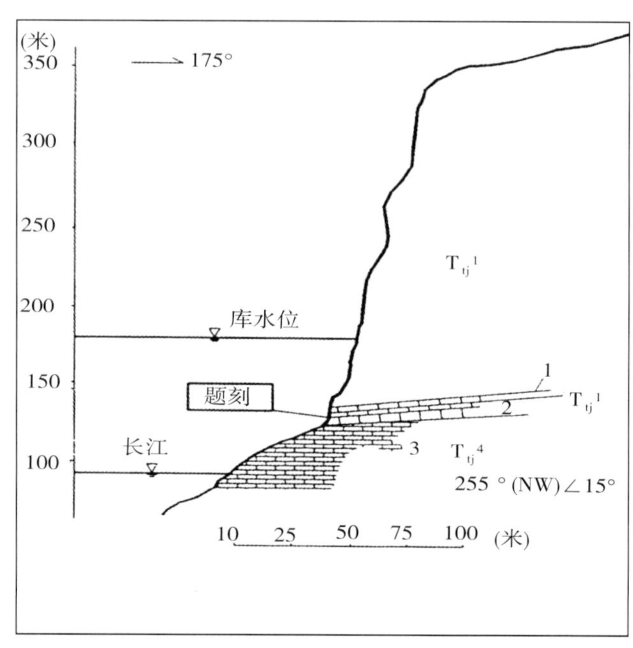

图 13–56 瞿塘峡壁题刻地理位置（李智毅编绘，1994 年）

（二）水文气象

受气候控制，长江洪、枯水期水位相差悬殊，素有“洪水阻于峡，枯水阻于滩”的特点。据调查奉节县历史最高枯水位为 146.90 米，大洪水时水位为 129.9 米，而枯水期水位仅 76 米，最大水位差高达 70.9 米。本次对题刻区海拔高程校核所用基准高程 118 米，便是题刻区内的洪水水位标志。

题刻区所处地区属亚热带湿润季风气候，四季度变化明显，其特点为：冬暖、春早、夏热、秋雨，温度大、云雾多、日照少、风力小。据调查统计，多年平均气温 16.5℃，历年最高气温 43℃，历年最低气温 –9.2℃，多年平均降水量 40 毫米。

（三）地层构造

题刻区赋存地层属三叠系下统嘉陵江组第四段（T_{1j}^{4}），为灰至深灰色中厚——厚层状白云质灰岩，厚约 14 米，隐晶质，岩质较致密坚硬。局部有岩溶发育。由于碳酸盐溶质附积于表面，岩壁面呈灰白色，故亦称“粉壁墙”。

据化学分析：CaO 占 41.79%–51.00%，MgO 占 1.87%–9.61%，酸不溶物占 4.15%–4.56%。

题刻区处于齐耀山背斜的 NW 翼，岩层产状稳定，为 255°（NW）∠15°。岩层完整性好，构造破坏轻（图 13–56）。

（四）岩体工程地质特性

1. 岩石物理力学性质

经现场采样作室内岩块物理力学性质试验，成果见表 13–14。

表 13–14 岩石物理力学性质指标一览表（T_{1j}^{4}）

项目	密度 (g/cm^3)	饱和吸水率 (%)	单轴抗压强度 σc(MPa)	单轴抗拉强度 t(MPa)	弹性模量 (MPa)
指标	2.74	1.17	67.3	2.6	2.68×10^5

从表中可知，新鲜岩石抗风化能力强。又对岩石表面作回弹锤击试验，成果见表 13–15。

从表中分析，风化岩石表面平均强度损失率为 30%，表明壁面岩体风化较轻，岩质坚硬。

表 13–15 表面回弹锤击试验成果分析表

测点位置	方向	样本 (n)	回弹指数平均值 (N)	单轴抗压强度 (MPa)
12 号题刻	水平	26	52.0	145
题刻以下	水平	20	52.3	158
题刻以下	垂直	18	50.3	155
4 号题刻	水平	24	36.6	62
题刻以下	水平	20	41.6	91

2. 岩石化学组分

据化学分析：岩石 CaO 占 41.79%–51.00%，MgO 占 1.87%–9.61%，酸不溶物占 4.15%–4.56%。

（五）岩体整体稳定性评价

岩体内主要发育有一组构造节理，产状为 245°—265°（SE）∠75°–85°，由于贯通性极佳，控制了整个岩壁的延展方向。此外，尚发育有一组与之直交的陡倾节理，贯通性较差。

题刻区岩坡属典型的顺向坡，且地形坡角远远大于岩层倾角，但由于无层间软弱夹层，岩体完整性好，所以无边坡滑动变形的破坏迹象。

（六）岩体环境地质病害类型及机理分析

1. 危岩崩塌

如前所述，题刻区岩体无整体不稳定迹象。但是，受长江深切临空的影响，岩体内多形成大致平行于岸坡的卸荷拉裂缝，主要分布于西段，其中有四条自坡顶至坡底几乎贯通。坡底拉裂缝最大宽度局部可达 50 厘米，致使局部形成危岩体。江边崩积物发育，最大崩塌体竟达 200 立方米以上（图 13-57）。

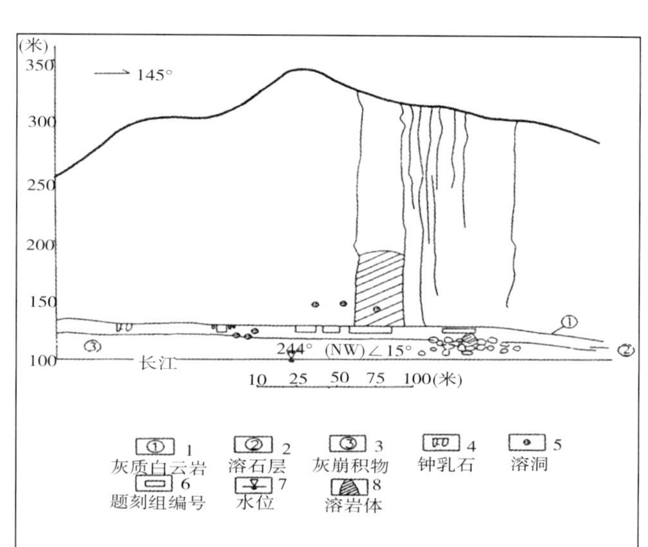

图 13-57　瞿塘峡壁题刻岩壁环境地质立面图（李智毅编绘，1994 年）

据现场调查，题刻区内共发育有三处危岩体。

（1）1 号危岩体

位于 4 号、5 号题刻东侧 2 米上部，有一外凸岩块，其后缘正好位于题刻岩壁面，已呈拉裂状态，隙宽达 2 厘米左右。

（2）2 号危岩体

位于 2 号、3 号题刻上部，高约 15 米，宽 23 米，厚 5–6 米，其后缘的拉裂缝自崖顶一直贯通至地下，最大隙宽已达 30–50 厘米。该处已由于崖体崩塌，岸边堆积了大量的崩积物，其中最大块度达 6 米见方。

（3）3 号危岩体

位于 1 号题刻底部，高约 10 米，宽 18 米，厚约 5 米，其后缘拉裂缝已贯通至地下，隙宽达 20–30 厘米，附近岩体破碎，坡脚下堆积大量崩塌体。

2. 溶蚀

题刻区所在白云质灰岩，其中白云质抗溶蚀能力强，因此溶蚀程度轻微。一般为沿细微层理面发育的溶纹及小溶孔（直径 3–5 毫米），溶蚀深度很小。但其上覆厚层状灰岩底部岩溶较为发育，形成一高约 1.5–2.0 米的“溶蚀层”，且有形态各异的钟乳石生成，它们紧贴或粘附于岩壁表面，或自岩壁悬垂至地面，加剧了水对题刻所在岩石的溶蚀作用。该类环境地质病害主要发育于 9 号题刻顶部，12 号、11 号题刻底部及 5 号题刻顶部。

二、题刻区原地保护工程

（一）题刻区原地保护工程原则

因保护对象在以后漫长的历史过程中，将永久滞留于水下相对稳定的环境中，题刻岩体表面不会发生剧烈变化，而水位上涨过程中，由于江水的侵入，岩石密度增高，裂隙面抗剪强度大幅度降低，有可能引起局部或更大规模的岩体崩塌。因此需对部分直接影响题刻岩体稳定性的危岩体采取加固措施，同时考虑到降水上涨过程中和今后可能产生的岩块崩落、漂石和船只撞击等事件对题刻可能产生的破坏，所以对题刻表面采取物理防护措施也是极为必要的。随着水下考古技术的发展，后人对该题刻价值认识的逐步提高，人们将有可能再次潜入水底，对题刻进行进一步地考证和研究，因此，应考虑建立较为精确定位的水上标志点。

（二）锚固工程

对危岩体进行稳定性系数核算，见公式 13.1：

$$K=\frac{r\times H\times b\times\frac{b}{2}}{\frac{1}{2}r_wH^2\times\frac{2}{3}H}$$ ——公式 13.1

式中：r_w– 水的密度，取 $10^3kg/m^3$；

r– 岩石饱水密度，取 $3.21\times10^3kg/m^3$；

H– 危岩体高度；

b– 危岩体厚度。

通过计算 1 号危岩体设计锚固力 2.03×10^7N；2 号危岩体设计锚固力 2.5×10^7N，3 号危岩体因岩体破碎，有可能在施工过程中产生崩塌，而造成威胁。一旦岩体崩塌，题刻底部的溶蚀会进一步加大，因而，采用了砂浆锚杆支护与挂网喷射混凝土相结合的施工技术，砂浆锚杆起与完整岩体相连接的作用，挂网喷射混凝土起表面破碎岩体封护作用。

单根锚杆锚固力按公式 13.2 计算

T=DLafg ——公式 13.2

其中 La– 有效锚固长度，取 10m；

D– 锚孔直径，取 90mm；

fg– 砂浆与孔壁岩体间的粘结强度，取 1MPa。

则 $T=1.88\times10^6N$

由单根锚杆锚固力和设计锚固力得出 1 号危岩体所需加固锚杆为 24 根，2 号危岩体所需加固锚杆为 14 根（图 13–58）。

图 13-58　锚固工程施工现场（引自《瞿塘峡壁题刻保护工程报告》）

1.1 号危岩体

锚杆采用 Φ35 的螺纹钢筋，锚孔直径 90mm，倾角 10°，锚杆有效锚固长度 4m。因此，需布置锚杆 24 根，锚固砂浆选用 525 号普通硅酸盐水泥，砂灰比取 1:1，水灰比 0.5:1，填料选用 <2mm 的砂。

2.2 号危岩体

原设计方案中单根锚杆设计锚固力为 1.88 × 106N。选用 Φ28 的螺纹钢筋作为锚固筋。而实际情况下，如锚头封护需对钢筋实施车扣处理。因此，其锚杆最小直径应为 24mm。若按螺纹钢筋设计抗拉强度标准值 310M/mm^2 计算，其最大设计抗拉值仅为 1.4 × 105N，所以在锚杆体破坏过程中，钢筋会过早疲劳拉断，所以最后对原方案设计作如下调整。

锚杆采用 Φ35 的螺纹钢筋，锚孔直径 90mm。倾角 10°，锚杆有效锚固长度 4m，单根锚杆设计锚固力为 8.75 × 105N。因此需布置锚杆 29 根。锚固砂浆选用 525 号普通硅酸盐水泥，砂灰比取 1:1，水灰比 0.5:1，填料选用 <2mm 的砂粒。

3.3 号危岩体

主筋锚杆采用 Φ35 的螺纹钢筋，锚孔直径 90mm。倾角 10°，锚杆有效锚固长度 4m，拟布置 10 根。挂网锚杆采用 Φ20 的螺纹钢筋，锚孔直径 60mm，长度 0.6m，表面布筋采用 Φ6.5 钢筋，横筋与锚杆头焊接，平均锚头间距 1m。表面喷射厚度平均为 150mm。喷射混凝土选用浆材为 425 号抗硫酸盐水泥，强度等级为 C20。

（二）裂隙灌浆

对 1 号、2 号、3 号危岩体后部拉裂缝先期实施灌浆加固。灌浆前，首先用混凝土封堵裂隙的外缘口，对隙宽较大部位实施块石砌筑封堵。灌浆由下而上，由内至外灌注，为防止跑浆，灌浆时，适当加入速凝剂。灌注完毕后，上口或外口用混凝土封堵。

（三）砌筑工程

对岩体底部溶蚀洞进行块石砌筑，防止江水进一步侵蚀，影响上部岩体的稳定性，采用浆砌块石，水泥沙浆模数 7.5，基底及后壁清至新鲜层。砌筑工程量约 $20m^3$。

（四）标志点工程

1．陆地标志点

在瞿塘峡壁摩崖题刻区东部海拔高程 180m 处，立八棱柱，高 1m，边长 20cm，在柱下埋水泥方砖作永久性标志。

在八棱柱上刻瞿塘峡壁摩崖题刻的名称、地理坐标、海拔高程、题刻的历史沿革及淹没的原因和立柱时间。

2．水下标志点

在瞿塘峡壁摩崖题刻 1 号、12 号题款下部岩体表面各埋制一 20cm × 20cm × 10cm 的永久性磁铁，以便今后水下考古工作者通过磁场异常现象，从而确定题刻区的准确定位。对预埋永久性磁铁进行编号，并建立该两处点位的 GPS 坐标，以备存档。

（五）题刻表面防护工程

据西安市文物保护修复中心《瞿塘峡壁摩崖题刻保护方案》中有关题刻所处岩体岩石岩性的测试结果表明，由于岩石内部铁质矿物的存在，在水环境下，内部矿物会产生一定的膨胀变形。但是这种膨胀变形，对于灰岩胶结程度较高，力学性能较好的岩石而言，不会影响岩石表层的完整性。只有在干湿交替环境中，膨胀与收缩共同作用下，这种影响才会明显。且题刻所在层位为中厚—厚层状白云质灰岩，层理不发育。因此，表面因膨胀变形不均一性，而造成破坏的可能性极小。测试结果也表明，表层风化层极薄，孔隙度小，较致密。因此，如选用有机硅防水材料，由于渗透深度小，虽对题刻表面起到了一定的憎水作用，但憎水材料只聚积在表层 2–3 毫米内，与内部岩面相比，其表层密度将大幅度提高，形成薄壳，人为造成岩面表层的不均一性。而水亦会从表面憎水膜的周边绕渗入憎水层后，在孔隙水压力的长期作用下，在憎水膜层后，极有可能形成薄弱带而产生破裂。另一方面，在水环境下，灰岩极易产生溶蚀作用，但灰岩内 $CaCO_3$、$MgCO_3$ 等成份被溶解，必须有两方面条件。第一，必须处在渗流或较强的水动力环境下；第二，必须有充足的 CO_2 的供给。但未来水位将上涨 20–50 米，题刻区内的水域基本上处于水下静止状态，因此溶蚀程度极低。

综上所述，此条件下，题刻区表面不宜采取化学材料的封护方法。但是，考虑到在水上涨过程中，上部岩块坠落、水流携带的漂石及过往船只对题刻表面的影响，题刻区应采取必要的隔离防护措施。

所以采用了钢筋网对岩壁表面实施隔离防护，以缓冲大型漂石和船只的直接碰撞。

在题刻岩壁表面预埋 Φ20 的螺纹钢筋作为挂网受力筋，预埋点避开雕刻字体部位。然后，在主受力筋间焊接 Φ6.5 的横竖筋，横竖筋间距在 1 米左右。最后在钢筋主框架间内安装预置的钢网。所有材料均需进行防锈处理，也可考虑采用不锈钢预制网。

主受力筋预埋深度 1 米。钢筋网与岩壁间保留 0.6–0.8 米的预留空间。该钢筋网易于拆卸，只需将主受力筋截断即可拆除（图 13–59）。

图 13–59　表面防护工程施工现场（引自《瞿塘峡壁题刻保护工程报告》）

（六）危石处理工程

在施工过程中，发现小块危石，日后在涨水过程中会发生崩塌，会危及题刻表面的情况。采取清除或黏结相结合的方法进行处理。

▼ 13.2.2 题刻本体保护展示工程

根据题刻的保存现状和体量，对题刻区 12 款题刻采取切割易地搬迁、翻模复制及人工刻石复制三种保护展示方法。

（一）切割方案

对 6 号、7 号、8 号、9 号四款题刻采取切割搬迁措施。其中 6 号题刻、8 题刻采用整体切割方案，7 号、9 号题刻采用解体切割方案。其中 6 号、7 号、8 号复原后搬迁至复建区规划位置露天展示，9 号切割块体粘结复原后搬迁至三峡博物馆室内展示。

为保证搬迁切割块体的完全。对切割厚度按公式 13.3 进行估算。

$$P_{cr}=\frac{\pi^2 EI}{(0.5L)^2} \qquad \text{公式 13.3}$$

其中 E—岩石的弹性模量，2.68×10^{10}Pa；

Ⅱ式中：

I—惯性矩，$I=\frac{bh^3}{12}$，b 块体宽度，h 块体厚度；

L—块体高度

Pcr—块体重量。

则 $h=\sqrt{\frac{3\gamma L^3}{\pi^2 E}}$

将切割方案各块体重量，尺寸列于表 13-16 中。

表 13-16 摩崖题刻分割块体的体量值统计表

题款号	块体数	块体体量				
		高度 (m)	宽度 (m)	计算厚度 (m)	安全厚度 (m)	重量（T）
6	1	2.1	3.2	0.0017	0.2	3.68
7	2	2.4	3.3	0.0021	0.2	4.34
		2.4	2.2	0.0021	0.2	2.89
8	1	1.8	2.2	0.0013	0.15	1.63
9	8	2	2	0.0016	0.2	2.19

因施工中可能产生的振动和施工现状等因素的影响，切割安全厚度应控制在 0.15–0.2 米。

（二）金刚石串珠切割技术的应用

在我国当代文物保护史中，石刻切割搬迁工程案例已多有发生，早到陕西汉中石门水库库区褒斜道石门及其摩崖石刻汉魏十三品的搬迁，晚到河南小浪底水库库区新安西沃石窟的搬迁。切割方法多以人工开凿，结合钻切、圆盘锯切割技术为主，虽然这些技术方法也能达到设计目的，但由于切割振动负面影响，对石刻的损伤很难避免。如 1969—1971 年陕西省文物管理委员会在切割搬迁褒斜道石门摩崖石刻汉魏十三品题刻时，就有个别题刻受到了损伤（图 13–60）。

如果瞿塘峡壁题刻切割工艺依据采用以前的方法的话，需要在周边开槽，后部开凿道洞，然后用电钻、圆盘锯切割、凿离。不仅开挖工程量大，而且振动大、冲击大、难控制，对题刻所在岩体稳定性产生负面影响在所难免，更可能造成切割部位的破裂和崩落。另外，7 号和 9 号题刻由于体量较大，必须采取解体切割，而 9 号题刻解体位置必须要经过刻字之间，但由于刻字间距狭窄，如果采用圆盘锯切割，必然会在解体位置周边造成损坏，从而对刻字造成无法修复的伤害。鉴于以上考虑，本次题刻切割技术决定采用能将题刻损伤降至最小的技术方法。

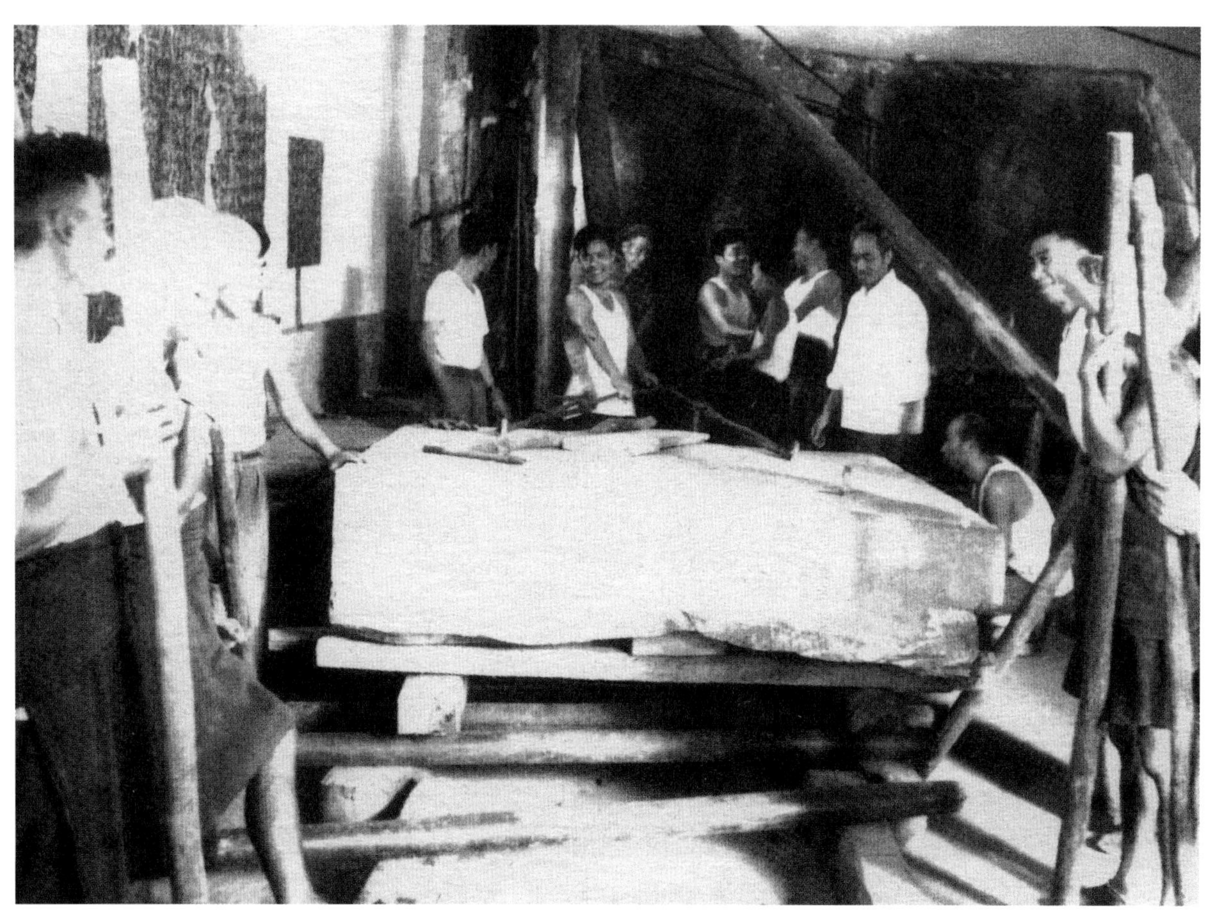

图 13–60　石门石刻搬迁工程施工现场（引自《石门石刻大全》）

20 世纪中叶以来，一系列技术的发明和应用，给石材加工行业带来了变化，尤其是 20 世纪 60 年代中期以来，工业金刚石加工技术的发展，20 世纪 80 年代后，又与电脑、数控、激光导向、高压水射流等技术相结合，使石材锯、切、磨、钻等加工工序发生了革命性的变革。正是由于加工工具的高效率、高精度、高质量和寿命长、能耗低的特点，才使石材加工从粗放型走上了自动化、机械化、连续化、批量化和文明、安全生产的道路。其中金刚石串珠切割技术（又称绳锯切割技术）便是其中最重要的技术之一。它除应用在石材加工行业外，还广泛应用于矿山开采、建筑及构筑物改造工程中。经研究本次切割工程采用金刚石串珠切割技术。该项技术有如下特点：

（1）与其他方法相比，可降低原材料消耗；

（2）切割面平整；

（3）简化了工序；

（4）移动和定位简单快速；

（5）操作简单，无振动，施工环境比较干净。

具体操作方法是确定切割位置后，用钻机钻孔引入绳锯，链接绳锯与机身，电动切割，可以按设计设定水平切割、垂直切割和任意角度的切割。本次切割工程采用的绳锯为 GranFilSuper 型，该设备轻便，组装简单，双向电动轮盘使得机器可以方便地沿轨道前后移动，并确保切割速度、切割用力均匀一致。绳锯速度为 17-38m/s，功率为 40/50HP（图 13-61）。

图 13-61　题刻切割工程施工现场（引自《瞿塘峡壁题刻保护工程报告》）

切割时，需要在题刻周边开宽30厘米、深25厘米的边槽，以便挂绳锯，然后用导向控制轮确定切割方向和厚度，在四周用木枋进行加固保护后，即可开始切割。为确保题刻切割过程中切割岩块表层稳定性，切割前对题刻表层的空鼓和小裂隙先期实施了硅酸乙酯500STE砂浆注射粘结预加固。

本次工程中，金刚石串珠切割技术充分显示了其在野外岩石切割的优越性。并针对9号题刻解体切割的复杂性，采用导引棒牵引避让措施，从而保证了解体切割未伤一字的切割质量[55]。

二、翻模复制工程

根据设计要求，本次采取翻模复制的题刻共计九款，编号为3号、5号、6号、7号、6号、9号、10号、11号、12号。如前所述，其中9号题刻原件切割后搬迁至三峡博物馆粘接复原后室内保护展示，而复制品将搬迁至复建区规划位置露天保护展示。

（一）阴模翻制

本次阴模翻制主要材料选用的是硅酸盐—合成橡胶印模类材料。具体材料如下：

（1）脱模剂：QZ5111；

（2）胶衣层：SV410/HY2404；

（3）过渡层：LSH69A/B；

（4）增强层：M/HY956及玻纤布。

上述主要材料的物理力学指标见表13-17。

表13-17　题刻阴模翻制工程主要材料物理力学指标一览表

材料名称	颜色	密度（g/cm^3）	抗压强度（N/mm^2）	抗弯强度（N/mm^2）	弹性模量（N/mm^2）	抗曲温度（℃）
SV410	白	1.4	90–100	100–110	4500–5000	60–70
M/HY956	淡黄	1.1				45–50
LSH69A/B	灰	1.1	45–55	30–40	2500–3000	40–45

为了控制翻制的阴模在拆卸过程中的变形，在增强层施工中又增加了后部的框架结构（图13-62）。具体作法如下：

根据岩面大小确定三角钢框架尺寸；

按确定的尺寸制作焊接框架，厚度20厘米左右，厚度具体尺寸根据岩面的平直程度决定；

将制作好的框架固定在岩面上，在框架四周岩面打锚固钉，并焊接在框架上；

在增强层后浇筑固化泡沫，施工时在框架外围四周用轻型木板隔挡，后部用木板，随施工进

图 13-62 题刻阴模翻制工程施工现场（引自《瞿塘峡壁题刻保护工程报告》）

度逐层加高，直到施工结束；

待泡沫固化后，用绳子及滑轮固定在框架上，切割四周焊接的锚固钉，轻撬胶衣层使其脱离岩壁面，即完成了整个翻模过程。

（二）翻模复制

本次题刻复制主要材料选用汽巴精化（中国）有限公司（Ciba）复制材料和德国雷马仕（Remmers）芬考标准古迹修复砂浆。该类材料是目前欧洲石质文物的复制材料，其物理特性及力学性质接近天然石材。具体材料如下：

（1）脱模剂：QZ5111；

（2）表面层：芬考标准石质古迹修复砂浆；

（3）过渡层：LSH69A/B；

（4）增强层：M/HY956 及玻纤布；

（5）填充层：M/HY956 加岩粉。

复制成品后埋装玻璃钢管骨架，并用爱劳达 2015A/B 及玻纤布固定在增强层背后。具体工程量统计见表 13-18。

表 13-18　题刻翻制工程主要工程量统计表

面积（m^2）	3号	5号	6号	7号	8号	9号	10号	11号	12号
阴模翻制	14.56	5.61	7.14	13.2	3.96	29.52	1.9	1.44	3.12
翻模复制		5.61				29.52	1.9	1.44	3.12

三、切割及翻模复制题刻复原工程

整个题刻区各题刻间空间分布及姿态的控制由测量控制体系来完成，具体内容详见有关章节及图版卷。本节只对单幅切割、翻模复制题刻的复原工程作具体阐述。

（一）切割题刻的复原

拟切割复原的题刻共计 4 款，编号为 6 号、7 号、8 号、9 号。其中 6 号、7 号、8 号复原后露天展示，9 号切割块体复原后在三峡博物馆室内陈列。以下为露天复原的具体步骤。

1. 预加固

为防止在复原土石方工程实施过程中岩体产生不稳定迹象，应对预复制题刻区域的周边采取预加固措施。考虑到切割块体的厚度和开凿岩槽的深度，采取短锚杆加固支护技术。孔位距复制题刻外边缘 1 米，锚杆布孔间距 1 米，长度 1 米。锚杆拉筋选用 φ20 螺纹钢筋，锚孔直径 φ60 毫米，倾角 10°。锚固砂浆选用 525 号普通硅酸盐水泥，灰砂比取 1:1，水灰比取 0.5:1，填料选用< 2 毫米砂。

2. 预开凿岩槽

切割题刻的复原采取镶嵌式，因此在吊装前必须预先开凿出岩槽以提供题刻归位的空间，在复建区规划位置剔岩槽深度控制在 20 厘米，高宽依题刻实际尺寸而定，在宽度上预留 50–60 厘米工作空间。

3. 吊装归位

为确保题刻归位时的稳定性，拟在题刻分割块体的后部预埋连接钢筋，布孔间距 1 米，钢筋采用 Ⅰ 级 Φ20 螺纹钢筋，预埋深度 10 厘米，外出 20 厘米，用以与岩体连接。钢筋与块体间的粘结材料选用环氧树脂。钢筋作防锈处理。

分割块体吊装前，必须严格包装，并在表面以橡胶板覆盖。吊装完成后，对预留的 50–60 厘米空间采用块石浆砌，表面做旧。

4. 题刻表面防水处理

为防止题刻在露天环境中，进一步遭受水的溶蚀，应对所归安题刻表面实施憎水处理。材料选用雷马士化学建材有限公司（Remmers）的 SNL 有机硅防水剂。

（二）翻模复制题刻的复原

拟翻模复制题刻计 5 幅，编号为 5 号、9 号、10 号、11 号、12 号。其中 9 号分三块分号安装。

1．预加固处理

同切割题刻复原有关内容。

2．预开凿岩槽

在复建区规划位置剔岩槽，深度控制在 30 厘米；高宽依题刻实际尺寸而定，并在顶部预留 10 厘米用于安装；在宽度上预留 50–60 厘米工作空间。

3．吊装归位

为确保题刻归位时的稳定性，应在复制成品支撑钢架中部预留固定孔，孔径 Φ22，间距 1 米。翻模复制品表面以橡胶板为防护材料。为确保翻模复制题刻与岩体连接紧密，在吊装之前依据钢架上固定孔位置，在岩槽内面钻定位孔，孔径 Φ20，深度 20 厘米，并在孔内预埋 Φ20 螺纹钢筋，环氧树脂注浆。钢筋长 30 厘米，其中 20 厘米预埋，5 厘米车扣，5 厘米调整。翻模复制品的安装采用后壁干挂式。安装完成后，将顶部 10 厘米预留槽及 50–60 厘米工作空间砌筑封护，表面做旧。具体工作量见表 13–19。

表 13–19　切割及翻模复制题刻复原工程主要工程量统计表

题刻编号	面积（m^2）	预加固（锚杆支护）		岩槽（m^3）	砌筑（m^3）
		根数	延米（m）		
5	5.61	12	18	2.11	0.43
6	7.14	12	18	1.68	0.26
7	13.2	18	27	2.93	0.29
8	3.96	10	15	1.01	0.22
9	29.52	26	39	9.83	0.98
10	1.9	6	9	0.83	0.26
11	1.44	6	9	0.66	0.23
12	3.12	10	15	1.22	0.28

4．题刻表面防水处理同切割题刻复原有关内容。

四、人工刻石复制工程

根据设计要求，本次采取人工刻石复制的题刻共计八款，编号为 1 号、2 号、3 号、4 号、5 号、10 号、11 号、12 号。

1．预处理

对复制壁面进行剔凿处理，以求复制面平整且与原题刻壁面起伏形态接近。

2．放样

1 号、2 号、4 号题刻单字拟采用室内计算机控制，切割放样。材料选用橡胶板材，该材料既可保持字型，又有一定的弹性，可适应野外岩壁面的轻微起伏。

在野外，大型题刻为确保字群的整体空间形态，采用工程测绘监控技术布字，具体内容详见有关章节及图版卷。单字大样在岩壁面上定位合理后，用环氧胶泥以点式粘结。以上步骤完成后，用油漆在自然岩壁面上放线画样。3 号、5 号 10、11、12 号题刻按拓片放样（图 13-63）。

3．刻石造型

岩壁面上放样完成后，去除大样，开始人工刻石。大型单字的凿刻深度，依据计算机内单字的三维模型控制。在测绘人员的指导下完成（图 13-64）。

4．题刻表面防水处理

同切割题刻复原有关内容。

5．复原

人工刻石完成后，在单字深度内涂刷油漆，以达到视觉效果与原址相同。

图 13-63　拓片施工现场（引自《瞿塘峡壁题刻保护工程报告》）

图 13-64 人工刻字施工现场（引自《瞿塘峡壁题刻保护工程报告》）

表 13-20 人工刻石复制题刻复原工程主要工程量统计表

题刻编号	1号	2号	3号	4号	5号	10号	11号	12号
面积（m^2）	59.8	241.25	14.56	77	5.61	1.9	1.44	3.12

具体工作量统计见表 13-20。

▼ 13.2.3 复建区规划设计研究

一、复建地址的选择与评价

复建地址的选择主要从地理位置的适宜性和场地条件的适宜性两方面开展了研究。

（一）地理位置的适宜性

要选择适宜的复建场地首先应对原题刻区地理位置进行分析，通过分析我们发现瞿塘峡壁题刻题刻作为瞿塘峡段一处著名的人文景观其所处位置是其文物价值不可分割的组成部分。

瞿塘峡在三峡自然景观中以险著称，它以古称“天开一线，峡张一门”的夔门更是咽喉之地，而瞿塘峡壁题刻恰恰位于这险中之险的要害之地。由题刻区东望，夔门雄奇，两岸山崖高耸壁立，景色壮丽（图 13-65）。从地理环境看，其背靠白盐山，面对赤甲山，西北部有清澈见底的草堂河，

图 13-65 题刻区远景（引自《瞿塘峡壁题刻保护工程报告》）

图 13-66 选定的题刻复建区远景

东部有凝碧滴翠的凤凰泉。《奉节县志》所载“夔门十二景”中，瞿塘峡西口就独占七景。

从周边文化遗存分布情况看，对岸有千年古城白帝城遗址、西晋偷水孔遗迹、清光绪年间的夔巫栈道以及风箱峡中著名的战国悬棺遗迹；江中有南宋守将徐宗武设立的锁江铁柱；其周围还分布有传说中的孟良梯、盔甲洞等历史遗迹；1993–1995 年间，在对岸赤甲山上还发现了著名的老关庙遗址。该遗址保含了新时期、商周、秦汉各时期的文化遗存。

综上所述，因瞿塘峡壁题刻与瞿塘峡夔门自然地理景观及隔江而望的白帝城等人文景观自古融为一体，其地理位置独特，所以复建地址不宜离开现有位置异地复制。

（二）场地条件的适宜性

根据地理位置的适宜性要求，应在瞿塘峡西口长江右岸区域内选择地形相似，地质环境相似、工程地质条件良好，具备足够完整壁面的位置作为复建场地。

为此设计人员、地质专家、有关技术人员及当地文物部门先后在此区域内进行了数次踏勘和比选，最终选择的位置位于原题刻区下游约 500 米长江的陡峭岩壁底部。中心地理坐标东经 109°35'3”，北纬 31°2'9”。该处岩壁长约 500 米（图 13-66）。经测绘分析该段岩壁底部海拔高程 180–185 米岩壁较完整平缓，适于题刻复制，且与原址壁面走向基本一致（图 13-67）。

1. 环境地质条件

（1）地形地貌

复建区地貌单元为典型的深切峡谷地貌，由近直立的陡崖和缓坡组成（图 13-68）。峡谷立壁陡崖高达 200 米以上，平均坡度大于 85°，局部形成反坡。缓坡坡角为 15°，由堆积物组成，长 140 米，宽 300 米，缓坡顶部海拔高程为 180 米。正好位于三峡水利工程正常蓄水位 175 米以上，因此该处地形地貌特点与原址较相似。

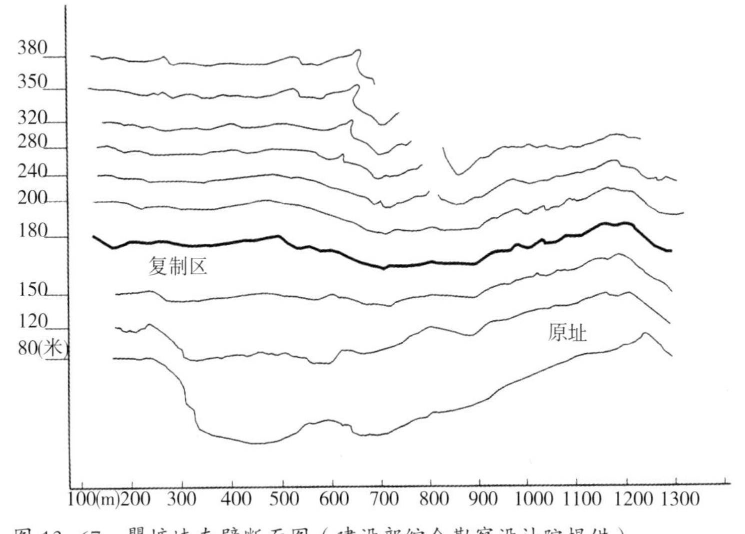

图 13-67　瞿塘峡南壁断面图（建设部综合勘察设计院提供）

长江由西北向东南流经本区，岸线由正东西向朝东南向转折，南岸为堆积岸，北岸为冲刷岸。

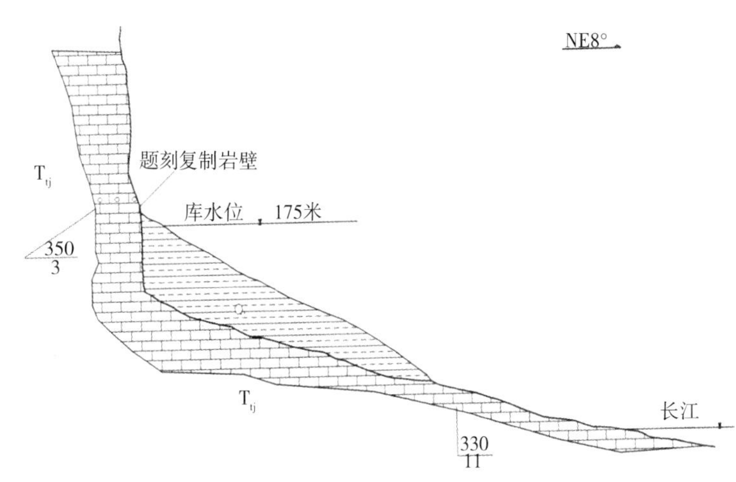

图 13-68　复建区地质剖面图（方云编绘，1998）

（2）地层构造

区内出露地层为三叠系下统嘉陵江组灰色中厚层状白云质灰岩夹厚层微晶含泥质灰岩。岩石致密坚硬，但有岩溶发育，岩壁面呈灰白色，构成陡峭岩壁。

缓坡上分布为第四系坡积、崩积物，以粉质亚黏土和块石、碎石土为主。物质成分较复杂。

区内构造简单，为单斜构造产出，岩层产状稳定。倾向 330°-350°，倾角 3°-11°。岩层受构造破坏轻微，完整性较好，区内未发现断裂。

（3）水文气象

复制区水文气象特点与原址相同，不再赘述。

2. 岩土体工程地质特性

（1）岩体工程地质特性

通过室内岩块测试，其物理、力学性质指标见表 13-21。

从表中测试结果看，岩石抗风化能力强。

表 13-21　岩石物理力学性质指标一览表（T_{1j}）

岩性	密度 (g/cm³)	吸水率 %	饱和吸水率 %	单轴抗压强度 sc(MPa)
白云质灰岩	2.74		1.17	167.3
泥质灰岩	2.58	0.92		50.4

岩体内主要发育一组近直立的构造节理（表 13-22），走向 150°-185°，裂隙面较平直，延伸长度大，贯通性好，表面张开度大，最大隙宽达 120 厘米。另外发育有一组走向 85° 的卸荷裂隙，造成局部的危岩体。

13-22　瞿塘峡壁摩崖题刻复制区节理统计表

编号	走向	倾角	张开度 (cm)	延伸长度 (m)	备注
J_1	175°	近直立	100	30	裂隙面呈波浪状弯曲
J_2	160°	近直立	5—30	30	裂隙面平直
J_3	150°	近直立	2—20	50	裂隙面平直，局部已崩塌
J_4	185°	近直立	10—120	40	裂隙面呈波浪状弯曲
J_5	165°	近直立	5—15	40	裂隙面平直

（2）土体工程地质特性

通过室内土样测试，其物理力学测试指标见表 13-23。

表 13-23　黏性土物理力学性质指标一览表

岩性	密度 (g/cm²)		含水量 %	塑性	
	颗粒	天然		液限 (%)	塑限 (%)
粉质亚黏土	2.62	1.84	19.9	27.8	17.7
含碎石粉质亚黏土	2.62	1.64	17.8	30.6	18.6

续表 13—23 黏性土物理力学性质指标一览表

塑性		压缩		抗剪强度	
塑性指数	液性指数	压缩系数 (MPa－1)	压缩模量 (MPa)	C(MPa)	f()
10.1	0.22	0.15	10.30	0.023	30
12.0	0.07	0.27	7.46	0.027	39

表 13–23 黏性土物理力学性质指标一览表

3．主要环境地质问题

（1）稳定性问题

复建区岩坡属典型的顺向坡，且地形坡角远远大于岩层倾角，但由于无层间软弱夹层，岩体完整性好，因此无边坡滑动变形的破坏迹象。而拟建的复制区岩壁面虽有五条构造节理发育，但节理密度仅 0.017 条 / 米，且走向高角度与岩壁面相交，所以除小型崩塌体以外，无整体不稳定现象，且岩壁面较完整，适宜题刻复制的需要。

陡峭岩壁下部为第四系崩积物堆积土，根据公式 13.4 计算：

$$K=\mathrm{ctg}\,\beta\,\mathrm{tg}\,\phi+\frac{2C.L}{r\cdot b\cdot H\sin\beta}$$ —— 公式 13.4 式中

r —土体天然密度（重度），取 $1.84\times10^{4}\mathrm{N/m^{3}}$；

b—堆积体水平长度，取 140m；

H—堆积体高度，取 36m；

β—堆积体坡角，取 15°；

ϕ—土体内摩擦角，取 30°；

c—土体内聚力，取 $0.023\times10^{6}\mathrm{Pa}$；

L—堆积体潜在滑动面长度，取 146m。

则稳定系数 K=2.43，因 ctgβ ·tgϕ 之积为 2.15，所以即使水位上涨过程中土体密度增大，内聚力下降，堆积土体仍可维持现有稳定状态。

（2）岩溶问题

岩壁面岩溶作用受岩性和构造节理的控制，泥质灰岩中的溶蚀现象与白云质灰岩中的溶蚀现象相比，更为发育。小型溶洞发育具垂直分带性。在距崖底 4 米高的中厚层状灰岩中，溶洞呈水平向发育，最大溶洞直径为 5–30 厘米内未发现直径大于 1 米的溶洞。而溶蚀作用使构造节理的隙宽加大，沿风化裂隙形成溶沟。因此，区内岩溶作用较轻微，需对构造节理处的溶洞发育趋势进行一定控制。

二、规划依据、原则及目标

（一）规划依据

1.《中华人民共和国文物保护法》

2.《中华人民共和国文物保护法实施细则》

3.《纪念建筑、古建筑、石窟寺等修缮工程管理办法》

4.《三峡工程淹没及迁建区四川省奉节县文物古迹保护规划报告》

（二）规划原则

鉴于瞿塘峡壁题刻本身的文物特征及价值，在制定复建区规划方案时必须坚持以下原则：

1．最大限度地保留现有题记遗存，使瞿塘峡口的这处著名的人文景观得以以新的形式延续下去。

2．注重文物保护的科学性和自身规律性，避免急功近利的短期行为倾向。同时也要联系实际，注重发挥文物本身的社会效益，使文物保护纳入良性循环的轨道。

3．因瞿塘峡壁题刻与瞿塘峡夔门自然地理景观及隔江而望的白帝城等人文景观自古融为一体，其地理位置独特，所以不宜离开现有位置易地复建。

4．瞿塘峡壁题刻中，部分题记体量大，远观仍字迹清晰醒目，应最大可能保留其原有风貌。

5．题刻复制区应尽量保持其自然属性，原则上复建区不再增加新的建筑物和构筑物。

（三）规划目标

1．运用现代科技手段和传统复制技术，再现原址风貌。

2．通过科学的规划布局和环境整治，使文物的保存环境和展示空间更趋合理化。

三、总体规划说明

（一）场地及环境关系

复建区所处地理位置，保留了原址的自然景观风貌和人文环境。从地形地貌特点上分析，陡崖和崖前缓坡两个地貌单元组合、崖壁与水流方向的关系与原址特点均极为相似。

缓坡与陡崖结合部位的海拔高程在180–85米之间，在以该海拔高程为基准面的前提下，进行岩壁面的题刻复制，具有良好的施工条件。而且通过近景摄影测绘解析发现在海拔180–200米之间的岩壁面平缓，自然起伏小，为题刻复制提供了良好的壁面条件（图13–74）。

海拔高程170米以上至岩壁面间，长约200米，宽25—45米的区域为本次复制区重点规划范围，具体内容详见图版卷。

（二）对外交通及参观路线设计

1．对外交通

复建区总体为半开放性场所，在中部主出入口处设置趸船码头，用于停泊小型机动船只。由码头至复建区为坡道（图13–69、图13–74）。具体内容详见图版卷。

2．参观路线

内部参观路线为环路。由主出入口进入复制参观区，在1号观景平台处眺望全景和夔门雄关，并可览望2号、4号、5号题记全景，参观复制记事碑；后沿石板路步行至2号观景平台参观1号题刻及淹没标志牌；再沿石板路步行至3号观景平台，在此参观6号、7号题刻。在途中可近观2号、3号、4号、5号题刻；最后沿石板路步行至4号观景平台，途中可参观8号题刻，在4

图 13-69　题刻复建区远景之一（引自《瞿塘峡壁题刻保护工程报告》西安文物保护修复中心等）

图 13-70　题刻复建区近景之一（引自《瞿塘峡壁题刻保护工程报告》）

号观景平台处，可参观 9 号、10 号、11 号、12 号题刻及《皇宋中兴圣德颂》碑的说明牌；参观结束后返回 1 号观景平台离开复建区。由于题刻体量较大，考虑到视觉效果的要求，将场区内道路设计成沿 180 米、175 米等高线的两条石板路，并以踏步相连（图 13-69、图 13-74）。具体设计内容详见图版卷。

四、设施设计

（一）石板路

选用灰岩片状石板为建筑材料，路宽为 2 米（图 13-70）。

（二）观景平台

以灰岩原岩砌筑，地面以灰岩片状石板铺砌，并设置 70 厘米高护栏，望柱柱头造型采用竹节形状，寓意三峡地区古代流传的竹枝词（图 13-71、图 13-72）。具体设计内容详见图版卷。

（三）说明牌及记事碑

选用当地灰岩制作或在岩壁面直接凿刻（图 13-73）。

（四）电力设施

在 2 号观景平台处设置一配电箱。

五、环境设计

题刻复建区保持其自然属性，体现人文景观与自然环境的有机结合，原则上不增加新的建筑物和构筑物。植被选用当地的灌木及草本植物。观景平台及道路周边种植低矮灌木，其他区域覆以草坪，草种选择高度较低，根系细密、发达的常绿型草种。既强调景观的自然状态，增强水土保持，又不影响通视效果。在环境色彩上强调绿色和灰色两种基本单元（图 13-74）。

图 13-71　施工中的观景平台（引自《瞿塘峡壁题刻保护工程报告》）

图 13-72 题刻复建区近景之二（引自《瞿塘峡壁题刻保护工程报告》）

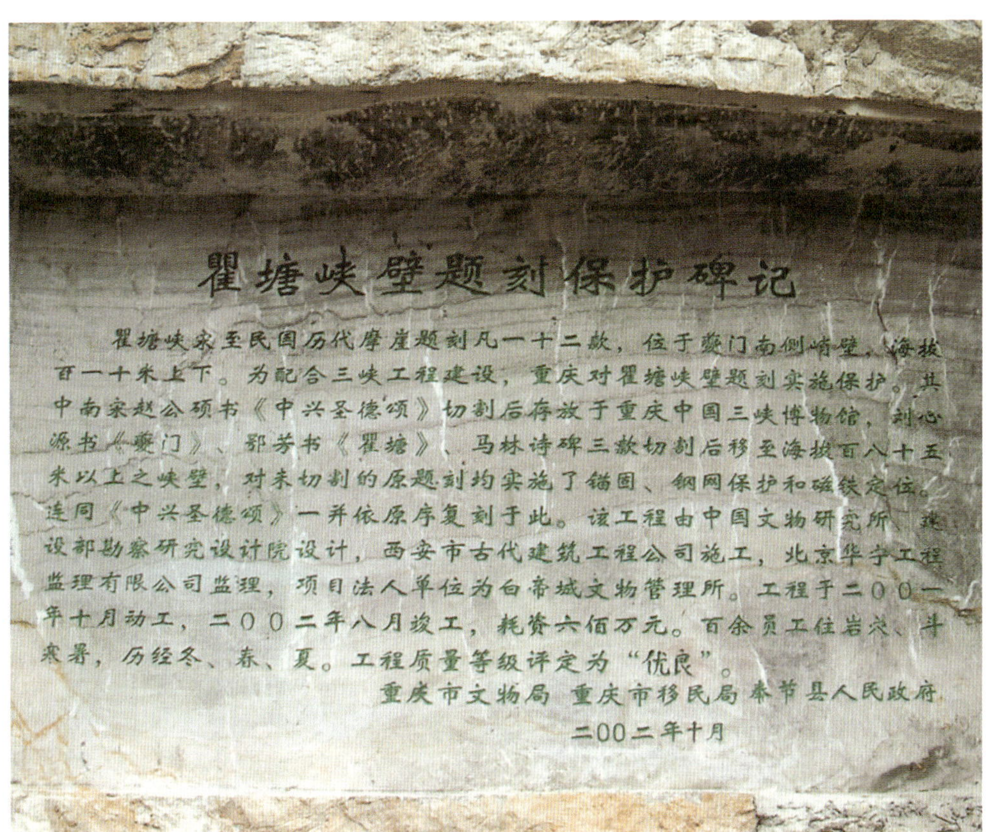

图 13-73 保护工程记事碑（引自《瞿塘峡壁题刻保护工程报告》）

图 13-74　题刻复建区远景之二（引自《瞿塘峡壁题刻保护工程报告》）

▼ 13.2.4 测绘控制技术在保护工程中的应用

为了实现瞿塘峡壁题刻保护和最大限度地展示，如前所述，本次保护工程内容包括了原地保护、切割搬迁、易地复建、馆藏复制陈列等内容。所以测绘工作也是紧密围绕以上工程内容配合完成的。

一、原址全方位数据采集

1998 年，由原建设部综合勘察研究设计院对题刻区进行了近景摄影测绘，获取了以下数据资料：

（1）题刻区立面图，反映了题刻在岩壁上的分布及岩壁与江面的关系；

（2）题刻区水平剖面图，反映了岩壁的走向和起伏程度；

（3）所有题记的竖向剖面图、立面图，反映题刻的字群形态和字深变化。

以上具体内容详见图版卷。上述资料基本描述了题刻的现状，但对易地复制工程监控而言略显不足，所以在施工阶段又进行了补充测绘，具体工作如下：

（1）原址 1:200 比例尺数字地形补充测量。采用国家统一坐标高程系，详细描述了水面、江岸、岩壁及题刻的相对关系，详细描述了题刻区域自然地表的地貌特征。

（2）题记特征点三维坐标测量。采用空间前方交会的方法，获取了各题记详实的空间姿态参数、大量的题记特征点的三维坐标，为复建工程的顺利展开奠定了坚实的数据基础。

（3）题刻区空间姿态数字模型的建立。利用原有的题记立面图、竖向及水平向剖面图、补充测绘资料，建立题刻区空间数字模型，为易地复建工程建立完备的数据档案。

（4）对拟人工刻石复制的1号、2号、4号三款大型题记三维数字模型的建立。利用近景摄影测绘及特征点三维坐标测量，建立单字的三维空间数字模型，为人工刻石复制提供翔实的数据档案。

二、复建区（新址）施工准备阶段的数据采集

（一）复制区 1:200 比例尺数字地形测量

采用国家统一坐标高程系，详细描述新址区域自然地表的地貌特征。

（二）岩壁近景摄影测绘

通过近景摄影测量的方法，获取岩壁的立面图（等值线）、竖向剖面及水平剖面图。

（三）岩壁空间姿态模型建立

利用上述测绘资料，建立复建区的空间数字模型。获取岩壁面详实的空间姿态参数。在复建工程开始实施前结合原址测绘有关资料完成室内复建区题刻复制工程的计算机三维空间模型，为复制工程奠定坚实的数据基础。

三、复建工程施工全过程测绘监控

（一）施工控制网建立

在复建工程新址建立基于国家统一坐标高程系的一定数量的施工控制网点，点位宜采用深埋现浇方式，点位平面及高程精度均在 ±5 毫米左右。

（二）题刻空间姿态放样

在每一款题刻的规划位置上测设水平基准和垂直基准，并给出基准线与题刻主特征点的二维参数——水平和垂直差值。其中充分考虑了原址岩面与复建区岩面间的差异性。

（三）题款特征点的空间放样

采用空间前方交汇的方法，对题记特征点进行三维空间放样，同样也必须考虑由于岩面姿态变化引起的差异性。

（四）大型人工刻石复原题刻风格特征及题刻雕刻深度的监测

通过对题记特征点的监控测量来控制题刻风格特征。以原单字三维计算机数字模型为依据，通过对题记深度的跟踪监控测量来控制题刻深度上的变化。

在复建区现场建立临时测绘计算机工作站，对整个复建工程实施统一地测量监控。

四、复制工程竣工测绘

目的在于第一，通过竣工测量，获得复制题刻与原题刻间的差异变形量；第二，建立完整的数据模型，为今后进一步规划、利用提供准确的依据。

竣工测量包括：

（1）新址摩崖题刻的近景摄影测绘。获得题刻的立面图、竖向及水平向剖面图；

（2）新址（复建区）题记特征点数据采集；

（3）新址 1:200 比例尺数字地形图补测。补测新建道路、设施及植被，最终生成完整的 1:200 的新址数字地形图；

（4）新址摩崖题刻数字模型建立。

借助数字摄影测量和地理信息系统等技术手段，建立新址（复建区）题刻及其周边环境的三维数字影像模型，完整、直接地记录新址摩崖题刻的形态，为文物资源管理及后期维护奠定翔实的数据基础。

▼ 13.2.5 保护工程总体进度

一、设计阶段（1994–2001 年）

受规划组委托，1994 年中国文物研究所组织由中国地质大学（北京）等专家组成的项目组，赴奉节瞿塘峡壁题刻现场开展工作，完成了原址地质条件的调查和现场相关测试工作，并取岩样完成了室内物理力学参数测试。同年向规划组提交了保护工程初步规划设计（包括工程估算），为奉节县保护规划的编制提供了依据；受重庆市文物局委托，1997–1998 年中国文物研究所组织由四川省考古研究所、中国地质大学（武汉）、原设部综合勘察研究设计院专家组成的项目组，两次赴奉节瞿塘峡壁题刻现场开展工作，完成了 13 款题刻的文字编录及 2 款题刻的拓片，1:500 复建区地形测绘，5 款题记、原址及复建区近景摄影测绘，复建区工程地质勘察工作。1998 年 8 月提交

图 13–75　开工仪式（引自《瞿塘峡壁题刻保护工程报告》）

了《重庆市奉节县瞿塘峡壁摩崖题刻保护工程设计方案》；同时，受重庆市移民局委托，1998 年 12 月西安文物保护修复中心也提交了《重庆市奉节县瞿塘峡壁摩崖题刻保护工程设计方案》；2000 年 3 月重庆市文物局组织有关专家评审，提出修改意见，要求中国文物研究所根据修改意见组织编制施工技术设计方案；2000 年 4 月中国文物研究按要求提交了《重庆市奉节县瞿塘峡壁摩崖题刻保护工程施工技术设计方案》；2001 年 4 月重庆市文物局三峡文物保护工作领导小组办公室组织专家对施工技术方案进行评审，认为该方案符合规划要求，已达到设计要求和深度，同意原则上按此方案实施。

2001 年 9 月 25 日，业主单位奉节白帝城文物管理所组织瞿塘峡壁题刻保护工程招标。西安市古代建筑工程公司和西安文物保护修复中心联合中标。

二、施工阶段（2001–2002 年）

2001 年 10 月 22 日，瞿塘峡壁题刻保护工程开工（图 13–75）。

（一）原地保护工程（2001 年 10 月 –2002 年 3 月）

本阶段完成了以下工程内容：

（1）题刻阴模翻制、拓片及补充测绘等留取资料工程；

（2）原址危岩锚固工程；

（3）原址砌筑工程；

（4）题刻表面防护工程；

（5）5、9、10、11、12 号题刻翻模复制工程；

（6）复建区“三通一平”工程。

（二）复建工程（2002 年 4 月 –2002 年 9 月）

本阶段完成了以下工程内容：

（1）1、2、3、4、5、9、10、11、12 号题刻复建区规划位置人工刻石复制工程；

（2）6、7、8、9 号题刻切割搬迁工程，其中 6、7、8 号题刻搬迁至复建区规划位置，9 号题刻搬迁至三峡博物馆；

（3）5、9、10、11、12 号题刻复制品安装工程（白帝城博物馆）；

（4）基础设施工程；

（5）绿化工程；

（6）标志点工程；

（7）文物保护单位标志碑、工程记事碑制作工程。

2002 年 10 月 18 日，瞿塘峡壁题刻保护工程举行竣工典礼（图 13–76）。经全国数十位文物保护专家评议，该工程被评为重庆三峡地面文物保护优秀工程。

图 13-76 竣工典礼（引自《瞿塘峡壁题刻保护工程报告》）

13.3 丰都大佛面石刻、渌水池题刻保护工程

重庆市丰都县大佛面石刻、渌水池题刻两处石刻为三峡工程淹没区及迁建区地面文物保护工程项目，按照国务院批准的《三峡工程淹没及迁建区四川省丰都县文物保护规划》，该三处石刻均为地面文物原地保护工程项目。

2002 年受重庆市丰都县文物管理所委托，重庆三峡地质工程技术有限公司和中国文物研究所共同承担了丰都县该三处石刻原地保护工程项目，其中重庆三峡地质工程技术有限公司负责保护工程的组织实施，中国文物研究所负责保护工程的技术指导。

▼ 13.3.1 保存情况及存在问题

三处石刻造像雕凿在长江岸边或江心岛的砂岩崖壁上，岩性为侏罗纪灰色中细粒长石石英砂岩，泥质、钙质胶结，抗风化能力比较弱。由于石刻常年裸露在大气环境中，日晒雨淋，大气污染侵蚀，尤其是大佛面石刻造像、渌水池题刻除了日晒雨淋，大气污染侵蚀外，每年 4-10 月被长江水淹没，只在枯水季节露出水面，每年干湿环境的交替变化，江水的溶蚀、冲蚀等破坏，石刻的风化破坏十分严重。主要有以下三种破坏形式。

一、粉末状剥落

由于受水的溶蚀和大气污染的侵蚀，石刻表层岩体的胶结物被破坏，表层岩体结构变得疏松，强度降低，抗风化能力降低，砂岩颗粒脱落，石刻造型变得模糊不清，有的甚至仅留下痕迹，已失去文物价值（图 13-77）。

二、片状、板状、鳞片状剥落

由于受温差的循环作用、干湿循环变化及雨水、江水的溶蚀作用，石刻表层岩体出现片状、板状、鳞片状风化剥落破坏，对造像、题刻破坏十分严重（图 13-78）。

三、裂隙切割破坏

由于岩体应力的变化、调整，在应力集中和岩体脆弱部位产生一些裂隙，对石刻造成了严重破坏（图 13-79）。

四、人为破坏

二洞桥石刻造像由于风化破坏引起造像破坏，于 20 世纪 80 年代初期，人为进行了重新塑造，对造像造成严重破坏。大佛面所在的区域为采石场，不负责的乱采，破坏了石刻造像的原有环境。

▼ 13.3.2 留取资料工程

一、翻模复制

对于价值较高、保存较好的大佛面石刻造像、渌水池题刻进行翻模。其中大佛面石刻造像、渌水池题刻先翻阴模，然后翻制复制品。阴模面积 10 平方米（图 13-80），复制品面积 12 平方米（图 13-81）。

二、测绘结合摄像、摄影留取资料

对三处石刻造像，从多个角度进行摄像、摄影，并进行了近景摄影测绘留取资料。

▼ 13.3.3 原地保护工程

一、表面渗透加固

采用经过试验、实际保护工程验证，

图 13-77　受粉末状剥落影响的题刻（摄于 2002 年）

图 13-78　受片状剥落影响的石刻造像（摄于 2002 年）

图 13-79　大佛面石刻南侧受卸荷、风化作用的构造裂隙（摄于 2002 年）

图 13-80　大佛面石刻造像的阴模（摄于 2002 年）

图 13-81　大佛面石刻造像复制品（摄于 2002 年）

符合石质文物保护要求，效果良好的加固保护材料有机硅，对三处石刻造像表面进行渗透加固。加固面积 150 平方米。具体施工步骤如下：

（1）用毛刷和压缩空气清理石刻表面的尘土、杂物。

（2）在现场做好配比试验，确保色泽效果和保护效果。

（3）用塑料喷瓶人工使压由上而下喷淋直至饱和为止，让加固材料充分渗透到风化岩石的裂隙中，确保风化岩层面能充分吸足加固材料，并达到最大的渗透深度。喷淋时，喷瓶的喷嘴要贴近石刻岩体，药液的喷量要小，不形成药液挂流为标准（图 13-82）；如发生挂流或加固材料在岩石表面集聚现象，则立即停止喷淋，并用吸水性强脱脂棉或纸巾及时将挂流或集聚的表面材料吸去。一般喷淋 2-3 遍。之间要间隔 15-20 分钟；耗材量约为 2-3L/m^2。

（4）养护 13-15 天，养护期间严禁岩体表面与水接触。

（5）施工前与表面加固 60 日后采用回弹仪对石刻造像表面强度进行无损伤检

图 13-82　表面渗透加固施工现场（摄于 2002 年）

测，以测试加固效果。

二、灌浆粘结加固

对片状、板状、鳞片状风化破坏的石刻造像及石刻造像岩体的切割裂隙，选用采用 E–51 环氧树脂进行黏结加固。

（一）裂隙灌浆加固

具体施工步骤如下：

（1）清除裂隙中的尘埃与杂物，并对裂隙两侧的岩面进行处理；

（2）沿开裂裂隙，每隔 15–20 厘米插入一段细铜管，作为注浆口；

（3）环氧树脂与石刻岩体相近性质的岩石粉调和成环氧树脂胶泥，用环氧胶泥封堵裂隙口；

（4）环氧树脂胶泥固化后，根据裂隙宽度，配制适当黏稠度的环氧树脂浆液；

（5）沿注浆口注入环氧树脂浆液，注满裂隙，并适时补浆。必要时采用加压注浆；

（6）环氧树脂浆液固化后，拔掉铜管，对注浆口及裂隙表面进行作旧处理，使其与周围岩体相谐调。

（二）空鼓灌浆加固

具体施工步骤如下：

（1）采用敲击法，确定空鼓范围；

（2）空鼓区域确定后，采用梅花状布孔，孔距为 10 厘米；

（3）用 2–5 毫米电钻由下而上进行钻孔打眼，打透空鼓表层；

（4）根据空鼓的大小空间、充填物情况，选用环氧树脂作粘结剂，调制不同粘稠度进行注射灌浆；

（5）用注射器抽取配置好的浆液，沿小孔由下而上进行注射；

（6）待每一个小孔注射满浆液后，用环氧树脂胶泥封堵；

对小孔统一进行做旧处理。

（三）砌筑支护

对裂隙切割或风化淘蚀的凹槽或悬空的岩体，开凿清理后，用砂岩块石砂浆砌筑支护（图 13–83）。砌筑支护按砖石砌筑规范要求砌筑。

（四）清理环境

对由于移民搬迁、清库造成的石刻造像周围环境杂乱、掩埋等情况，进行人工清理。

▼ 13.3.4 工期

本工程自 2002 年 11 月 10 日购买材料及做施工准备，11 月 15 日进场，12 月 10 日完工，实际

图 13-83　砌筑支护工程效果（摄于 2002 年）

工程实施天数为 31 天。整个工程实施总体可分为三个阶段。

一、工程准备阶段

该阶段完成了以下工作。

2002 年 10 月 15 日–11 月 5 日洽谈工程内容，接受施工任务，与甲方协调工作计划。

11 月 5 日–10 日，签订工程合同，办理各种施工证件和批文；详细了解施工场区的各种条件，掌握加固保护工程设计方案的具体要求及相关资料；布置施工场地，并制定施工计划与实施细则。

11 月 10 日–15 日，组织设备、物资、化学材料及人员等分批进场，落实临时设施及易燃易爆物品的安全贮藏场所，做好施工准备。

二、工程实施阶段

该阶段完成了以下工作。

11 月 12 日–20 日，三通一平；架设防雨棚，检验合格后投入施工。

按施工计划 11 月 15 日–12 月 10 日组织施工，并对每道工序作跟踪质量检查。

三、工程竣工验收阶段

施工结束后，设备、物资和人员等撤离，业主组织工程验收。

12 月 25 日前，整理施工资料，编写施工报告，完成工程决算，提交竣工报告。

第十四章 未来三峡石刻研究与保护工作展望

所有历史的遗物和遗迹我们总可以通过科学的技术路线和工程行为完成实物不同程度相对完整的保存，但是我们必须清醒地认识到优秀的文化精神、人文环境的保护和文化遗产的研究和传承，远不是一次工程能够达到的，因此，三峡地区文化遗产的保护才刚刚开始。

14.1 三峡地区和三峡库区的区别

未来三峡石刻的研究与保护首先我们必须认识到三峡地区和三峡库区是两个完全不同的概念。如第一章所述，三峡库区，即三峡工程淹没区及迁建区是一个工程概念，所以三峡库区的文物保护工作自然将伴随着三峡工程建设的结束而将告一段落；但是三峡地区是一个地理概念和文化概念，所以对于三峡地区的文物研究和保护必然是一个长期性的工作。因此，未来三峡石刻研究与保护也必然存在三峡库区和三峡地区两个层面的工作内容。

14.2 未来三峡库区的石刻保护工作

三峡库区的抢救性保护工作虽然已结束，但是还有许多后续的研究和保护工作还应继续开展。主要集中在以下两个方面。

▼ 14.2.1 半淹没状态地面遗存应进一步开展研究和保护工作

三峡工程运行期间，正常运行水位高程为 175 米，汛期运行水位高程为 145 米。这就意味在 145–175 米之间消落区采取原地保护或留取资料保护方式的地面遗存每年都处于半淹没状态，对它们继续实施研究和保护工作是具备条件，也是必须继续实施的。如忠县皇华城遗址地面遗存大部分都在高程 145–175 米之间，甚至高于 175 米，而该遗址作为宋末元初沿江的重要抗蒙遗址（咸淳府所在地），由于缺少足够的考古工作，总体格局尚不清楚。因此，利用其处于三峡工程消落区的有利地理位置，可以进一步实施考古研究工作，同时对遗址上现存的城墙遗址、部分城门遗址和石刻可进一步实施保护工作。

▼ 14.2.2 已实施的保护工程应做好监测和维护工作

同时，对于那些已采取了搬迁保护的地面文物，也要进一步地作好文物本体及其环境的监测和保护工作。如前述的白鹤梁题刻保护工程水下保护建筑内水体应实施长期监测，并做好文物本体持续地后续保护工作，而对于参观廊道视窗耐压有机玻璃的监测和更换更是长期维护的重要工作。同时，为了提高水下展示效果，进一步完善水下保护建筑内水过滤循环系统、照明系统也是极为必要的。

三峡库区的文物保护工作既是一项抢救性工作，也是一项再研究、再认识三峡库区文物的过程。所以在三峡库区文物保护规划阶段，只有白鹤梁题刻一处为全国重点文物保护单位，大部分文物点甚至连保护单位都不是。而今天许多不可移动文物得益于三峡库区文物研究和保护工作的成效，已纷纷被列入各级文物保护单位，有的甚至已被公布为全国重点文物保护单位。如前述的瞿塘峡壁题刻原地保护易地搬迁、复制后已被公布为第七批全国重点文物保护单位，保护级别的提高，意味着保护要求的提高，如保护规划的编制、石刻的长期保护与监测、环境的控制和监测都要纳入到日常工作中。

14.3　今后三峡地区石刻研究和保护工作

如前所述，目前我们对于三峡地区石刻研究方面还存在许多值得探讨的问题。如石窟寺及摩崖造像的分期问题。这些问题还有待我们今后开展深入研究。今后三峡石刻主要工作可包括以下三个方面。

▼ 14.3.1 加强三峡地区文物普查工作

如前所述，由于 1993—2011 年三峡地区的文物保护主要围绕三峡淹没区及迁建区实施抢救性保护工作，所以从普查、规划到具体实施保护的对象主要控制在三峡大坝上游沿长江两岸及主要支流两岸海拔高程 177 米以下区域。但是从三峡地区和三峡文化角度去分析，高程 177 米以下文物并不能代表三峡地区文物和三峡文化的全貌。因此，今后应加强整个三峡地区的文物普查工作，尤其是非沿江地区的普查。应该从工程概念转化到地理和文化概念去开展文物普查和研究工作。

▼ 14.3.2 加强三峡石刻的专项研究工作

本书试图从人地关系的角度从各方向去研究三峡石刻，但是由于本人水平之有限，加之所集资料之匮乏，所以许多研究只能浅尝辄止，无法进一步展开深入研究。因此，根据三峡地理文化特点，今后应加强三峡石刻的专项研究工作。如水文石刻，应结合三峡库区水文石刻资料、已有调查资料，在三峡地区开展专项调查、勘测和研究工作；又如宋末元初的抗蒙遗址及相关石刻应利用钓鱼城遗址申报世界遗产契机深入开展专门的考古研究工作；再如前述的石窟寺及摩崖造像的调查及研究工作；还有秦巴古道沿线的石刻调查和研究工作，对于研究三峡地区的文化交流都是极为重要的。

▼ 14.3.3 加强三峡地区考古、建筑、石刻的综合研究

通过 1993—2011 年的研究和保护工作，我们还发现对于三峡石刻的研究不能置身于考古和建筑研究之外，如云阳东汉巴郡朐忍令景云神道碑就是在云阳旧县坪遗址考古中发掘出来的，而《开州守廨题名记》碑也是 2006 年由中山大学在开县故城遗址发掘出土的；而沿江诸多著名祠庙中也保存有大量石刻，如宜昌的黄陵庙、奉节的白帝城、云阳的张桓侯庙，其中部分石刻资料已整理出版，但有些还缺乏系统地整理、编录和出版，如号称“文藻胜地”的云阳张桓侯庙便存在此类问题；如前所述，三峡地区还保存有一批宋末元初重要的抗蒙山城遗址，这些遗址内均保存有重要的石刻。如如巫山天赐城遗址，还保存有南宋夔州路安抚使徐宗武镌刻的《大宁监创筑天赐城记》摩崖石刻，但目前保存情况不详；而万州天生城遗址，也保存有南宋“淳祐”“宝祐”“咸淳”等时期 5 处筑城题记及碑刻，但目前在可寻资料中，对这些石刻的具体内容及保存情况均语焉不详。更令人遗憾的是，除合川钓鱼城遗址和万州天生城遗址被公布为全国重点文物保护单位外，大部分遗址至今由于得不到足够的研究和重视，正面临着自然破坏和地方开发破坏的双重威胁。因此，对于这些遗址及所存石刻展开有计划的考古研究和保护工作已刻不容缓；通过三峡库区的文物抢救性保护工作，我们还发现三峡地区还有大量石刻，特别是碑刻是保存在民居中的，如秭归的王氏祠堂石刻等。综上所述，三峡石刻的研究应是一项综合性、多学科的研究工作。应与考古、建筑研究有机结合。

致　谢

在此首先要申明的是本书作为三峡石刻研究和保护的阶段性成果是集体工作和智慧的结晶。

在此向在 1993—2018 年，中国文化遗产研究院（原中国文物研究所）曾参与三峡文物保护及后续工作的王金华、陈超平、何流、鲁明、胡源、丁燕、查群、袁毓杰、阎明、颜华、莫涛、陈秀、杨昭君、葛琴雅、韩彤彤等同志表示感谢。

1993—2003 年，我们在库区工作期间，得到了重庆市和湖北省文物主管部门及各区县文物部门的帮助，在此向所有帮助过我们的库区文物保护工作者表示敬意和感谢。

1993—2003 年，我们工作中得到了中国地质大学（武汉）、中国地质大学（北京）、四川省考古研究所、原建设部综合勘察设计研究院、重庆三峡地质工程技术有限公司等单位的大力配合和帮助，在此特向这些大专院校和科研机构表示感谢。

1993—1994 年规划编制期间，我们得到了规划组领导和工作人员的帮助，在此特向他们表示感谢。

本书在编撰过程中，释文部分得到了中国文化遗产研究院河流、杨小亮等同志及清华大学出土文献与保护中心刘晓晗同志的帮助，同时中国文化遗产研究院文献研究室（图书馆）给予了很大帮助，在此一并表示感谢。

最后向一直关心和致力于三峡文物研究与保护的乔梁先生和黄克忠老先生对我们工作的关心表示由衷的谢意！

后　记

如自序中所述，三峡库区文物抢救性保护工作是一项前无古人的伟大工程。本人能亲历其中是一生的荣幸。所以本人在收集、整理资料和编撰此书时，自始至终怀揣着一种责任感，希望能将淹没的三峡石刻资料最大限度地呈现给后人，也希望后人能将三峡石刻的研究工作持续地开展下去。

同时，由于本人是地质专业出身，对于考古、历史等领域缺乏专业训练，所以编撰此书，也带有一定的跨界性质，难免有班门弄斧、贻笑大方之嫌。书中错误在所难免，在此也真诚地希望各位同仁给予斧正！

李宏松

2018 年春节

参考文献

[1] 胡昌钰，赵殿增：三峡考古回顾与探讨：四川文物，2003 年第 3 期：27–31。

[2] 长江三峡工程淹没区及迁建区文物古迹保护规划报告编纂委员会：长江三峡工程淹没区及迁建区文物古迹保护规划报告（综合卷）：中国三峡出版社，北京，2010：153。

[3] 徐光冀、刘豫川等：永不逝落的文明（第一版）：山东画报出版社，济南，2003 年：1-2。

[4] 胡昌钰，赵殿增：三峡考古回顾与探讨：四川文物，2003 年第 3 期：27-31。

[5] 郑敬东：试论中国三峡文化的主要特征：重庆市职工大学学报，1994 年第 4 期：1-7。

[6] 郝国胜：三峡文物保护研究：科学出版社，北京，2018 年：32-50。

[7] 高蒙河：考古地理学与三峡考古实践：中原文物，2002 年第 6 期：7-15。

[8] 赵冬菊：考古学与民族学、民俗学的互渗——以长江三峡地区文化遗产为例：南方文物，2006 第 3 期：107-111。

[9] 程瑜，陈熙：三峡民俗看三峡文化的两大特点：怀化学院学报，第 25 卷第一期 (2006 年 1 月):23-28。

[10] 白昌红：唐宋以来三峡地区信仰民俗的变迁：晋中学院学报，第 24 卷第 2 期（2007 年 4 月）：106-107。

[11] 李俊：从三峡、三峡文化到长江三峡学：学习与实践，2008 年第 3 期：161-164。

[12] 陈可畏：长江三峡地区历史地理之研究：北京大学出版社，北京 2002 年：1-3。

[13] 蓝勇：三峡的得名和演变：史学月刊，1994 年第 3 期：105-106。

[14] 李俊：从三峡、三峡文化到长江三峡学：学习与实践，2008 年第 3 期：161-164。

[15] 刘玉堂：三峡文化的主要内涵：三峡大学学报 (人文社会科学版)，2005 第 5 期：5-10。

[16] 朱宇华：重庆市张飞庙搬迁工程保护问题研究：清华大学，2004。

[17] 赵晓宁、郭颖等：文化线路视野下的蜀道 (四川段) 研究现状及思路探讨：西南交通大学学报 (社会科学版)，2015 年第 2 期：32-39。

[18] 李久昌：蜀道交通兴衰的历史脉络：三门峡职业技术学院学报 2014 年第 2 期：6-12。

[19] 郑敬东：构建长江三峡交通文化研究体系的理论思考：重庆三峡学院学报，2006 年第 4 期：1-4。

[20] 蓝勇、龙驹等：三峡开县秦巴古道路线考述：三峡大学学报 (人文社会科学版)，2013 年第 4 期：1-5。

[21] 蓝勇：中国古代栈道初步研究：西南师范大学学报（哲学社会科学版），1988 年第 5 期：44-49。

[22] 陶灵：三峡遗珠话古桥：红岩春秋，2016 年第 1 期：59-63。

[23] 长江水利委员会：长江三峡工程水库水文题刻文物图集：科学出版社，北京 1996 年：147-148。

[24] 周晏：白鹤梁蒙文题刻背景追述：三峡大学学报 (人文社会科学版)2007 年第 6 期：9-12。

[25] 杨铭：朝天门灵石题记：四川文物，1997 年第 6 期：58-59。

[26] 长江水利委员会：长江三峡工程水库水文题刻文物图集：科学出版社，北京 1996 年：140-146。

[27] 长江水利委员会：长江三峡工程水库水文题刻文物图集：科学出版社，北京 1996 年：3-5。

[28] 赵冬菊：三峡航运史述略：三峡学刊（四川三峡学院社会科学学报）1997 年第 1 期：42-46。

[29] 秦素粉，蒋涛：千年长江水运的印迹——纤夫石：兰台世界 2014 年第 6 期：146-147。

[30] 胡绍华：长江三峡宗教文化概论：中国社会科学院出版社，北京 2010 年：27-120。

[31] 王家祐：忠县发现唐代摩岩造像：宗教学研究，1985 年第 4 期：107。

[32] 江津区文物管理所，四川大学历史文化学院：江津朝源观田野考古调查工作报告。

[33] 龙红，高一丹：重庆涞滩二佛寺摩崖造像的艺术成就：民族艺术研究，2012 年第 2 期：80-85。

[34] 罗洪彬：重庆市合川区龙多山摩崖石刻研究：西华师范大学，2015。

[35] 雷玉华：四川石窟分区与分期初论：南方民族考古（第十辑）：科学出版社，北京，2014 年：193-219。

[36] 史岩：关于广元千佛崖造象的创始时代问题：文物，1961 年第 2 期：24-26。

[37] 毋有江：北魏政区地理研究：复旦大学，2005。

[38] 张豫：中国佛教石窟造像艺术探究：武汉理工大学，2008。

[39] 阮荣华：长江三峡军事地理位置及其战争评价：三峡大学学报（人文社会科学版），2004 年第 1 期：37-39。

[40] 罗权，杨光华：三峡地区古代战争的时空分布：三峡论坛，2012 年第 1 期：28-34。

[41] 陈健华：唐宋时期三峡地区旅游文学：华中科技大学，2010。

[42] 王兴国，邱红峰：万州太白岩石刻书法价值浅探：重庆三峡学院学报，2003 年第 4 期：10-12。

[43] 周晏，黄海：北岩题刻的铁铜时代：重庆科技学院学报（社会科学版），2008 年第 2 期：99-101。

[44] 杨超：三峡巴东天子岩岩画的发现与初步研究：三峡论坛，2010 年第 1 期：11-17。

[45] 罗二虎：重庆忠县汉代乌杨阙再研究：考古，2016 年第 8 期：103-115。

[46] 魏启鹏：读三峡新出东汉景云碑：四川文物，2006 年第 1 期：64-67。

[47] 刘业沣、刘继东：宋《开州守廨题名记》石刻研究：文物，2013 年第 6 期：92-96。

[48] 长江三峡工程淹没区及迁建区文物古迹保护规划报告编纂委员会：长江三峡工程淹没区及迁建区文物古迹保护规划报告（综合卷）：中国三峡出版社，北京，2010 年：7。

[49] 郝国胜：三峡工程重庆库区文物保护总结性研究（1992-2011）：科学出版社，北京，2014 年：5-7。

[50] 孙华，陈元棪：涪陵白鹤梁题刻的保护与展示：四川文物，2015 年第 6 期：72-81。

[51] 龚斌，章荣发，韩建成：白鹤梁题刻原址水下保护工程方案研究：人民长江，2014 年第 11 期：1-4。

[52] 黄真理：白鹤梁题刻保护问题及其与水域环境的关系：文物保护与考古科学，2001 年第 1 期：8-14。

[53] 赵冰，李宏松，刘小虎等：白鹤梁题刻复建工程：武汉大学学报（工学版），2004 年第 2 期：125-128。

[54] 韩彤彤，葛琴雅：白鹤梁题刻生物病害检测报告。

[55] 西安市文物保护修复中心等：瞿塘峡壁题刻保护工程报告：文物出版社，北京，2003 年：63-67。